음식인문학

음식으로 본 한국의 역사와 문화

음식인문학

음식으로 본 한국의 역사와 문화

주영하 지음

식사로서의 음식은
일상이지만,
문화와 역사로서의 음식은
인문학이다

Humanist

책을 펴내며

“주영하 교수가 비빔밥에 대한 논문을 썼다. 그 관련 기사가 경향신문에 났다. 음식에 관심 있는 사람들은 꼭 읽어야 할 논문일 것이다. 이 논문 이전에도 주영하 교수는 비빔밥 전통 문제에 대해 슬쩍 언급하곤 했었다. 시장 좌판에서 시작된 전주비빔밥이 어느 날 갑자기 궁중음식으로 포장된 연유에 대해서도 어디에 쓴 글을 본 적이 있다. 이런 발언들은 구로다(黑田勝弘)의 양두구육(羊頭狗肉)만큼이나 버거운 것일 수 있다. 우리의 자랑스런 전통에 흠집을 낸다고 덤빌 인간들이 많기 때문이다. 신문기사의 제목도 그 반발을 의식한 듯 ‘발명된 전통’이라 했다. 제대로 달자면 ‘조작된 전통’이 맞다.”

이 글은 〈비빔밥에 대한 주영하 교수의 곧은 생각〉이란 제목으로 맛칼럼니스트로 알려진 황교익 선생의 블로그에 실려 있다.(http://foodi2.blog.me, 2011.11.14) 이 책에도 실린 ‘비빔밥의 진화와 담론’에 관한 나의 연구결과에 대한 그의 평가이다. 실제 내용에 비해 황교익 선생이 너무 과대포장을 해서 부끄럽기도 하다. 하지만 그의 짧은 글을 읽으면서 내가 지난 20여 년 동안 음식문화에 대한 인문학적 연구를 하면서 견지해온 속내를 들킨 듯하여 민망하기도 하다.

사실 학부에서 역사학을, 대학원 석박사 과정에서 문화인류학과 민족학을 공부하고, 대학원에서 민속학을 가르치는 나로서 음식문화를 주된 주제로 연구하는 일은 그다지 만만한 것이 아니었다. 더욱이 음식의 물질적 차원을 살피지 않으면 안 되기 때문에 줄기차게 인문학을 공부한 사람으로서 자연과학에 대한 지식 부족으로 인해 앞이 캄캄할 때도 많았다. 그래도 인문학자 중에 전적으로 이 작업에 매달린 연구자가 거의 없는 사정은 내가 자주 품었던 공부에 대한 회의를 잠재워주었다. 그 덕택에 음식문화 관련 단행본을 몇 권 출판할 수 있었다.

이번 책은 그전에 출판했던 책들과 달리 제법 어렵다. 왜냐하면 1999년 이후 내가 학회지나 연구논문집에 발표한 글들을 수정, 보완한 내용이기 때문이다. 나는 학자의 길을 걸으면서 이미 발표한 논문들을 한 권의 책으로 엮어 출판하는 일이 그다지 바람직하지 않다는 생각을 가져왔다. 그런데도 불구하고 이렇게 책으로 묶게 된 이유는 음식의 역사와 문화에 관심을 가진 분들이 여러 분야에 흩어져 있어, 그분들에게 각각의 논문을 찾는 수고를 덜어주려 한 데 있다. 2011년은 내가 한국학대학원 민속학 담당 교수로서 연구하고 학생들을 가르친 지 만 10년이 되는 해이다. 민속학의 시선에서 음식의 역사와 문화를 연구해온 결과를 이 책에 담고 싶기도 했다. 그렇다고 이 책에 실린 글들이 금과옥조(金科玉條)일 터는 없다. 이 점 독자들의 이해를 구한다.

이러한 목적에도 불구하고 휴머니스트 출판사의 편집자들이 없었다면 이 책은 세상에 나오기 어려웠다. 내가 제공한 스물한 편의 논문들을 그들은 꼼꼼히 읽고 조언과 비판을 아끼지 않았다. 그 덕택에 난삽했던 글들이 제자리를 찾았다. 그들에게 감사의 말을 전한다. 감사의 말을 전할 사람들은 또 있다. 학회지에 논문을 게재할 때마다 유익한 논평을 보내준 심사위원들이 그들이다. 민속학·문화인류학·사회사학계의 선배와 동료로서 내 논문을 심사했던 익명의 심사위원들에게 이 자리를 빌려 감사의 말을 전한다.

책 제목은 '음식인문학'이라고 붙였다. 인문학자의 음식에 대한 연구라는 뜻도 있지만, 앞으로 '음식학(Food Studies)'이라는 영역을 개척하는 데 이 책이 밑거름이 되기를 기대하는 나의 의지도 제목에 담겼다. 나아가 책의 본문에서도 밝혔지만, 장차 모든 학문 영역이 공동으로 음식이라는 주제를 함께 연구하고 교육하는 '음식학'이란 전공이 한국의 대학과 대학원에 만들어지기를 바라는 나의 기원도 '음식인문학'이란 제목에 담겨 있다. 그래서 음식에 대한 종합적 연구가 한국의 사회문화와 역사를 설명하는 데 유용한 작업이 되기를 기대한다.

2011년 봄을 기다리며

판교 두밀산 아래에서 저자 씀

일 러 두 기

이 책에 실린 글들은 다음의 논문들을 수정·보완한 것이다. 일부 논문은 전체가 실리지 않았다.

1장: 식구론-주택과 가족제도의 변화가 음식 소비에 미친 영향

- 〈식구론(食口論): 현대 한국사회에서의 음식관습〉, 《정신문화연구》 2002년 봄호 제25권 제1호(통권 86호), 한국학중앙연구원, 2002.

2장: 기대와 현실의 괴리, 한류와 한국음식

- 〈韓流對韓國飮食文化的影響〉, 《第十五屆中韓關係國際學術會議: 韓流現象國際學術會議》, 中華民國韓國研究學會, 2006.
- 〈'호루몬야키'와 '카오뤄'의 해체, 그리고 '한국음식'의 세계시민화〉, 《월간 신동아》 2008년 2월호.

3장: 한국음식의 매운맛은 어떻게 진화했는가—거슬러 올라가는 매운맛의 역사

- 〈고추의 상징화 과정에 대한 일고(一考)〉, 《역사민속학》 제11집, 한국역사민속학회, 2000.
- 〈고추와 매운맛: 동북아시아 매운맛의 유행에 대한 연구〉, 《비교민속학》 제34집, 비교민속학회, 2007.

4장: 비빔밥의 진화와 담론 연구

- 〈'비빔밥'의 진화와 담론 연구〉, 《사회와 역사》 제87집, 한국사회사학회, 2010.

5장: 식탁 위의 근대—〈조일통상장정 기념 연회도〉를 중심으로

- 〈식탁 위의 근대—1883년 조일통상조약 기념 연회도를 통해서〉, 《사회와 역사》 제66권, 한국사회사학회, 2004.

6장: 주막의 근대—만들어진 전통의 이미지, 주막

- 〈'주막'의 근대적 지속과 분화—한국음식점의 근대성에 대한 일고(一考)〉, 《실천민속학연구》 제11호, 실천민속학회, 2008.

7장: 생선 소비와 근대—민물생선에서 바다생선으로

- 〈강, 어로, 그리고 음식—19세기에서 20세기 사이 한국에서의 변용 과정〉, 《강문화국제학술대회: 아시아 강문화의 보존과 발전》, 국제아시아민속학회, 2006.
- 〈지역음식문화로서의 고래고기 식용지식 보존방안〉, 《세계고래문화와 역사의 재조명》, 울산대고래연구소, 2009.

8장: 타자화된 조선음식—일본인의 눈에 비친 조선음식을 중심으로

- 〈'내선융화'와 조선인의 식사풍속: 〈日常生活上より見たる內鮮融化の要諦〉(1928)를 대상으로〉, 《일본사상》 제9집, 한국일본사상사학회, 2005.

9장: 한국음식이란 무엇인가

- 〈식사, 기호(嗜好), 민족음식: 음식에 대한 민속학적 조망〉, 《비교민속학》 제31집, 2006.
- 〈'향토음식' 담론의 역사적 변화와 문화권론〉, 전북대쌀삶문명연구원 편, 《동아시아의 쌀과 지역의 음식문화》, 2009.
- 〈한국음식론의 담론 형성 과정에 대한 비판적 검토와 민속학의 과제〉, 사단법인 한국민속학술단체연합회 편, 《민속학과 민족문화의 정체성》, 2009.

10장: 도구의 닮음과 문화의 다름

- 〈젓가락의 닮음과 숟가락의 다름—한·중·일 삼국의 일상 생활사에 대한 역사 인류학적 접근〉, 국제한국학회 편, 《실크로드와 한국문화》, 소나무, 1999.
- 〈효과적인 식사도구 숟가락 한국인만 사용하는 이유는?〉, 《월간 신동아》 2008년 9월호.

11장: 음식문화에 나타난 유교적 질서와 일상화

- 〈유교와 음식: 음식의 유교적 질서와 일상화〉, 《유교민속의 연구시각》, 한국국학진흥원, 2006.

12장: 제물, 인간과 신령의 연결고리—서울 밤섬 도당굿에 오른 무속음식을 중심으로

- 〈밤섬 부군당 도당굿의 제물과 음식—신과 인간의 공식(共食)〉, 한국샤머니즘학회 편, 《마포 부군당 도당굿 연구》, 문덕사, 1999.

13장: 상상 속의 조선 음식—소설 《임꺽정》에 묘사된 조선음식을 중심으로

- 〈소설 《임꺽정》의 조선음식 묘사에 대한 연구〉, 《통일문학의 선구 벽초 홍명희와 《임꺽정》》, 홍명희문학제학술논문집 기획위원회 엮음, 사계절, 2005.

보론: 한국음식의 역사와 문화에 대한 연구사 50년

- 〈음식생활에 대한 연구 50년〉, 이화여대 한국문화연구원 편, 《전통문화연구 50년》, 혜안, 2007.

차 례

책을 펴내며 5
일러두기 8

서설 | 인문의 시선으로 읽는 음식학 15
음식의 역사를 읽는 다양한 방법 17
히스토리컬 레시피 연구는 왜 필요한가 23
음식에 대한 문화적 접근은 왜 필요한가 28
'음식학'의 가능성을 타진하다 31
현재에서 과거로, 과거에서 현재로 — 이 책의 구성 37

1부 | 오늘의 한국음식을 보다

1장 식구론 — 주택과 가족제도의 변화가 음식 소비에 미친 영향 43
주택의 변화가 음식에 미친 영향 48
주거 공간의 변화와 좌석 배치 58
이중적인 식구집단 63
지속과 해체의 길목에 선 어머니의 맛 66

2장 기대와 현실의 괴리, 한류와 한국음식 69
〈겨울연가〉가 해체시킨 호루몬야키 74
베이징의 한류와 조선·한국 음식점 84
에스닉과 내셔널 사이에 선 한식 세계화 90

3장 한국음식의 매운맛은 어떻게 진화했는가 — 거슬러 올라가는 매운맛의 역사 97
한국의 매운맛, 칼칼한 맛과 얼얼한 맛 100

한반도에 유입된 고추의 역사 107
후추와 천초를 지나 고추를 만나다 112
왜 고추가 한반도에 널리 퍼졌는가 118
매운맛 유행의 문화적 의미 124

4장 비빔밥의 진화와 담론 연구 127
조리법의 진화로 읽는 비빔밥의 역사 130
먹기에 좋은 음식, 비빔밥 140
비빔밥 담론에 담긴 이데올로기 144
음식의 진화로 읽는 사회문화사 155

2부 | 한국음식, 그리고 근대

5장 식탁 위의 근대 — 〈조일통상장정 기념 연회도〉를 중심으로 161
그림을 통한 역사 읽기 165
근대화되는 조선, 조선인 — 연회의 참여자와 사건 170
조선의 틀에 담긴 서양 — 연회의 주식(酒食)과 식사방법 177
연회를 보는 서로 다른 시선 185
보편성 획득에 실패한 식탁 위의 근대 190

6장 주막의 근대 — 만들어진 전통의 이미지, 주막 193
전근대 시기 주막의 모습 199
숙박에서 주점으로, 주막의 근대적 분화 206
주막, 근대 법률에 포섭되다 210
외식의 탄생, 음식점의 변용 214

7장 생선 소비와 근대 — 민물생선에서 바다생선으로 217
20세기 초 한강 하류의 어업력과 어로방법 221
밥상에서 사라진 민물생선 231
역사가 기억하지 않는 고래고기 235
기름에서 고기로, 고래의 변용 241
민물에서 바다로, 생선 소비의 변화 247

8장 타자화된 조선음식 — 일본인의 눈에 비친 조선음식을 중심으로 249
일본인의 눈으로 본 조선음식 251
《조선만화》 속 신선로, 일본인을 매료시키다 253
《내선융화요체》에 묘사된 조선인의 식사 260
조선음식의 상징이 되어버린 신선로 274

9장 한국음식이란 무엇인가 279
식민지하의 조선음식론 283
한국음식은 '향토음식'의 조합인가 289
근대화 과정과 한국음식론 298
21세기, 한국인은 어떻게 음식을 소비하는가 305
변화하는 한국음식의 역사문화적 구조 311

3부 | 한국음식, 오래된 것과의 만남

10장 도구의 닮음과 문화의 다름 321
콰이즈를 만든 중국, 콰이즈가 만든 중국 326
일본음식과 문화를 빚어낸 와리바시 338
스테인리스 수저에 담긴 한국의 성리학 343
수저의 역사 — 동일한 출발점과 각기 다른 도착점 348

11장 음식문화에 나타난 유교적 질서와 일상화 351
유교와 음식의 오래된 관계 355
여전히 굳건한 유교적 음식 관념 358
유교적 '가(家)'와 식구 366
죽음에 대한 인식과 음식 375
유교문화권의 음식학 연구를 위한 일제언 387

12장 제물, 인간과 신령의 연결고리 — 서울 밤섬 도당굿에 오른 무속음식을 중심으로 391
제물 마련과 음식 준비 394
엄격한 상차림을 통한 제물의 진설 406
제물 소비의 의미와 구조 420

13장 상상 속의 조선음식 — 소설《임꺽정》에 묘사된 조선음식을 중심으로 427
백성의 주식에 대한 오해 433
고추장을 먹는 임꺽정, 벽초의 의도된 실수 439
전혀 '민중'적이지 않은 의례음식들 444
여전히 강조되는 조선적인 것 450

보론 | 한국음식의 역사와 문화에 대한 연구사 50년 455
1960~1970년대, 한국음식의 역사에 대한 식품학적 접근 460
1980년대, 식품학에서의 인문학적 접근 468
1990년대 이후, 식품학에서 인문사회과학으로 확장 480
21세기, '음식학'의 탄생을 위하여 490

본문의 주 495
도판 목록 및 출처 530
참고문헌 532
찾아보기 548

서설

인문의 시선으로 읽는 음식학

21세기는 음식의 시대이다. 오늘날 세계 어디를 가도 매스미디어에서는 무엇을 어떻게 먹어야 하는지, 어떤 지역은 어떤 음식이 유명한지, 우리가 왜 특정한 음식을 먹는지에 대해서 대중의 관심을 끌려고 애쓴다. 또 음식의 역사에 대해서 현재를 살아가는 한국인뿐만 아니라 지구상의 많은 사람들이 궁금해한다. 자신이 즐겨 먹는 음식이 언제부터 존재했는지에 대한 궁금증은 사람이면 누구나 가질 수 있다.

음식의 역사를 읽는 다양한 방법

하지만 그것에 대한 해답을 얻기가 결코 쉽지 않다. 왜냐하면 동서양을 막론하고 특정 음식물의 역사를 체계적으로 기록해둔 문헌이 많지 않기 때문이다. 모두가 알다시피 역사란 인류가 살아온 지난 과거의 사실을 가리킨다. 역사학자들은 지난 과거를 복원하는 데 목표를 두고 연구를 수행한다. 다른 의미에서 과거의 복원은 사람들에게 현재는 물론이고, 미래에도 어떻게 살아가는 것이 현명한지를 가르쳐줄 수 있다는 믿음을 갖게 만든다. 그러나 음식의 역사에 대한 궁금증은 역사학의 이러한 철학적 관심과는 약간 거리를 두고 있는 듯하다. 오히려 과거 언제부터 특정한 음식을 먹기 시작했는가에 대해 더 많은 관심을 둔다. 그런데 문제는 음식의 역사가 결코 단순한 사실들의 확인에서 머물 수 없다는 데 있다.

음식을 구성하는 여러 가지 요소 중에서 가장 중요한 것은 재료이다. 다른 말로 식재료(食材料) 혹은 먹을거리이다. 음식을 구성하는 이들 먹을거리를 언제부터 사람들이 먹기 시작했는지를 살피는 작업은 그 어떤 요소보다도 먼저 연구되어야 할 것이다. 예를 들어 배추김치의 역사를 살핀다면, 당연히 배추의 품종학적 조건들을 규정해야 한다. 오늘날 우리가 먹고 있는 대다수의 배추는 결구(結球)배추로 불린다. 하지만 1920년대 초반까지 한반도에서 주로 재배하던 배추는 '개성배추'와 '서울배추' 였다.[1] 이들 배추는 다른 말로 조선배추라고 부른다. 당연히 비결구배추로 재래종이다. '개성배추'는 배추 잎 끝이 푸른 탓에 개성보쌈김치를 담그는 데 적절했다. 이에 비해 배추김치의 재료로는 '서울배추'가 널리 사용되었다.

독일의 민속학자 군터 비겔만(Gunter Wiegelmann, 1928~2008)은 한 사회가 경제적으로 번영하는 시기 동안 음식과 관련된 기술적 혁신은 사회의 중심에서 주변으로, 도시에서 지방으로, 상류층에서 하류층으로 전파한다고 주장했다.[2] 가령 독일사회에서 커피는 감자처럼 오랜 시간에 걸쳐 계층 이동을 하였는데, 부유층에서 먼저 향유하고 그 이후에 점차 저소득층으로 전파되었다는 것이다. 비겔만은 1800년대에 커피가 일반적으로 널리 애용됨으로써 더 이상 사회적, 지역적 전파는 이루어지지 않았다고 보았다.

음식의 역사를 문헌자료와 현장 자료를 중심으로 역사민속학적으로 연구한 성과 중에서 비겔만과 같이 이론화 작업을 시도한 연구는 그다지 많지 않다. 특히 감자나 커피와 같이 음식물이 아니라 음식 재료를 연구대상으로 삼을 경우, 비겔만이 도출한 전파와 확산의 역사는 한 사회의 기술혁신과 밀접하게 연결될 가능성이 충분히 있다. 왜냐하면 음식 재료의 재배와 보관, 유통, 그리고 음식물로의 완성 과정은 국가나 기업의 공급정책과 관련을 맺고 있기 때문이다.

특정한 음식물의 유래와 그 변화 과정에 대한 연구는 매우 복잡한 양상을 지니고 있다. 우선 유래에 대한 연구는 그것을 발명한 사실을 기록한 문헌적 증거가 요구된다. 그런데 문헌적 증거가 있다고 해도 과연 그것이 사실(事實)인지 아닌지에 대해서 사료 비판 과정을 거쳐야 한다. 그 대표적인 사례가 두부의 유래에 대한 논쟁이다. 북송(北宋) 때 사람인 도곡(陶穀, ?~970)은 《청이록(淸異錄)》에 두부를 만든 사람이 한나라 때의 회남왕(淮南王) 유안(劉安, 기원전 176~기원전 122)이라고 적었다. 하지만 두부가 한나라 때 만들어진 것이라면, 그 이후의 문헌에 계속 등장해야 하지만, 북송 때의 문헌에서야 비로소 등장한다. 최근의 연구에 의하면 두부는 12세기에 발명되었을 가능성이 많다고 한다.[3)]

이와 같이 사료에 특정 음식물의 명칭이 등장한다고 해서 그것을 그대로 수용하기에 앞서서 반드시 사료 비판 작업을 수행해야 한다. 음식의 역사를 연구할 때 필요한 사료 비판은 역사학의 그것과 크게 다르지 않다. 다만 음식이 지닌 조리학적 특성을 더욱 깊이 이해해야 한다. 이를테면 두부는 물에 불린 대두(大豆)를 갈아 식물성 단백질을 추출하고 거기에 염화칼슘 성분을 넣어 응고시켜 만든다. 이러한 기술은 우유로 치즈를 만들 때 레몬즙이나 식초와 같이 신맛 나는 성분을 넣어서 단백질을 액체와 분리시켜 응고시키는 원리와 똑같다. 중국의 북방 유목민족이 전해준 치즈 제조기술이 두유에서 두부를 만드는 기술혁신을 가져왔을 가능성이 많다. 이 점이 역사학의 사료 비판과 음식의 역사를 살필 때와 다른 점이다.

당연히 음식물을 구성하는 재료와 함께 그것을 만들어내는 조리학적 특성을 개념적으로 정리할 필요가 있다. 비빔밥의 역사를 살필 때[4] 각종 재료와 밥을 먼저 비벼서 그릇에 담고 다시 그 위에 고명을 올리는 조리법과 밥을 그릇에 담고 각종 재료를 고명으로 올리는 조리법은 분명히 다르다. 앞의 조리법은 만든 즉시 먹어야 하지만, 뒤의 조리법은 각각의 재료를 먹는 사람이 직접 비비면 된다. 나는 앞의 것은 가정식 비빔밥으로, 뒤의 것은 식당용 비빔밥이라고 규정한다. 만약 조리학적 특성을 구분하지 않았다면 이러한 발견을 하기는 어렵다.

여기에 육회와 고추장이 고명으로 올라가는 비빔밥의 조리법은 앞의 두 가지 조리법과 또 다른 양상을 지닌다. 1920년대 이후 우시장의 확산으로 인해 육회를 먹을 수 있는 기회가 늘고, 결국 식당용 비빔밥에 그것이 들어갔다. 그렇다고 우시장이 열렸던 모든 곳에서 육회가 소비된 것은 아니었다. 노동에 필요한 소만을 주로 판매하던 소규모의 우시장보다는 쇠고기용 소도 유통하던 대규모 우시장이 위치하는 곳에서 육회비빔밥이 만들어졌다. 그곳이 바로 1920년대 진주였다. 육회비빔밥의 등장과 함께 고추장이 중요한 양념 역할을 하기 시작했다. 1920년대 이전의 조리서에 소개된 비빔밥의 양념은 모두 간장이었다. 하지만 육회비빔밥의 등장과 함께 고추장이 양념으로 쓰이는 조리법이 나타났다. 그 이유는 고추장의 공급이 이전에 비해서 훨씬 활발하게 이루어졌기 때문이다.

김치의 유래와 변화 과정을 살필 때도 먼저 김치의 조리학적 특성을 규정하지 않으면 안 된다. 배추김치에만 한정할 것인지, 아니면 보다 포괄적 의미에서 소금이나 간장 혹은 된장과 같은 매개물에 절인 채소로까지 전제할 것인가를 결정해야 한다. 만약 전자의 경우로만 한정할 경우, 앞에서도 설명했듯이 비결구배추에서 결구배추로 변화되는 재료의 역사를 살펴야 한다.

이에 비해 후자의 경우로 김치의 개념적 범위를 확장할 경우에는 고려시대 문헌인 《동국이상국집(東國李相國集)》에 등장하는 짠지와 장아찌, 《목은집(牧隱集)》과 《음식디미방(飮食知味方)》에 나오는 물김치인 침채, 그리고 18세기 문헌에 등장하는 '양념김치'의 조리학적 특성을 먼저 정리해야 한다.[5] 이렇게 하지 않을 경우, 오늘날 기준으로 짠지 · 장아찌 · 물김치 · 양념김치 등을 모두 단일한 김치로 규정하면 그 역사적 전개 과정을 제대로 살피지 못하는 잘못을 저지르게 된다. 이러한 잘못은 곧장 음식의 역사를 왜곡하는 결과를 초래할 수도 있다.

《설탕과 권력(Sweetness and power)》의 저자 시드니 민츠(Sidney Mintz, 1922~)는 책의 서문에서 "내가 이 책을 쓴 취지는 한 서양 국가에서 새로운 식품이 사용되어온 사회사를 서술"[6]하는 데 목적이 있다고 밝혔다. 음식의 역사는 그 자체로 성립이 가능하지만, 동시에 그것이 지닌 변화 양상은 결코 그 자체로만 이루어진 것이 아닐 가능성이 많다. 왜냐하면 음식도 문화이기 때문이다. 문화는 정태적(靜態的)인 것이 아니라 동태적(動態的)인 것이다. 전체 사회가 변동함에 따라 하나의 문화 요소도 변동을 수반하며, 동시에 그 문화 요소의 기능 및 상징도 또 다른 변동을 불러일으킨다.

이런 면에서 음식의 역사는 다른 의미에서 사회문화적 변화 양상을 담고 있는 역사의 그릇이라고 할 수 있다. 그러니 사회사적 접근을 통해서 음식의 조리법과 그것의 소비가 지닌 사회문화적 의미를 찾아내는 데 목표를 두어야 한다. 아메리카 대륙이 원산지인 고추가 한반도에 유입된 이래 어떤 이유에서 18세기 이후 급속하게 확산되었는지를 알기 위해서는 고추의 식품학적 속성인 매운맛과 방부제 기능에 주목할 필요가 있다.

일본의 식품학자인 기무라 슈이치(木村修一)는 한국의 고추가 일본을 통해서 들어왔다면, 왜 일본에는 정착되지 못하고 한국에만 정착되었는가 하는 의문을 제기하면서 김치에 고추가 들어가게 된 배경을 다음과 같이 설명한다.[7] 그의 실험실 팀은 흰쥐를 가지고 실험했는데, 고추의 매운 성분인 캡사이신(capsaicin)을 첨가한 군의 경우 선택하는 식염 농도가 낮아 식염 섭취량도 감소했다는 결과를 얻었다. 고추가 곧 식염 절약 작용을 한다는 사실을 발견했던 것이다. 이런 결과를 전제로 하여 일본의 경우 바다에 접한 면적이 많아 일반 서민들도 소금을 구하기가 비교적 쉬웠으나, 한국의 경우 서민들이 소금을 많이 확보하기는 어려웠을 것이라 판단했다.

나는 기무라 슈이치의 이론을 수용하여 18세기 조선사회에서의 소금 부족 현상을 추적해보았다.[8] 17세기 이후 관혼상제가 피지배층에까지 널리 퍼지고, 향교·서원의 증가로 제사가 급속히 확대되자 제수용품으로서 어물의 수요가 증가했음을 발견했다. 어물은 쉽게 부패하기 때문에 어물량의 20퍼센트 이상에 해당하는 소금으로 절여야 유통과 보존이 가능하다. 당연히 소금의 수요가 증가했다. 특히 서해안에서 해물을 다루는 기술이 발전하여 젓갈 제조가 보편화되면서 소금의 수요는 더욱 급증했을 가능성이 많다. 여기에 이앙법과 대동법의 실시는 곡물 중에서도 쌀의 생산을 증가시켰다. 이로 인해 이전에 비해 곡물을 섭취하는 양이 증가하고, 밥 중심의 식단 구조가 진행되면서 반찬들이 짠맛 중심으로 변해갔을 가능성이 있다. 왜냐하면 곡류 위주의 음식 소비 습관은 반찬을 짜게 먹는 소금 과잉 섭취의 식단을 야기하기 때문이다. 이에 짠맛을 상쇄하면서 동시에 밥맛이 좋아지는 방법 중 하나로 모든 음식에 고추나 고춧가루가 사용되었을 가능성이 많다.

특히 기왕의 짠지 형태에서 양념김치 형태로 변화하면서 염분의 양을 간접적으로 늘리는 젓갈의 사용이 보편화되었다. 이로 인해 '쌀밥+양념김치'가 기본적인 식단으로 자리를 잡아가면서 고추와 고춧가루는 향신료로 음식에 쓰였다. 1800년경에 집필된 《규합총서(閨閤叢書)》에는 생선요리를 할 때 고추장과 고춧가루가 향신료로 들어가면 맛이 좋다고 적혀 있다. 이것은 고추가 지닌 기능을 당시 사람들이 잘 알고 있었음을 보여준다. 아울러 고추가 지닌 방부제 기능은 고춧가루가 들어간 김치를 더욱 장기간 보관할 수 있도록 만들었다. 결국 짠맛 위주의 짠지와 장아찌 대신에 고춧가루가 들어가서 채소의 원래 맛을 유지시키는 양념김치가 더욱 많이 소비되었다.

히스토리컬 레시피 연구는 왜 필요한가

한국음식의 역사를 살필 때 가장 중요한 자료는 고문헌이다. 일찍이 이성우(李盛雨, 1928~1992) 교수는 《한국식경대전(韓國食經大典)》[9]에서 고문헌을 다음과 같이 크게 분류했다. 식생활종합서(가정백과전서), 식품재료생산서(農書), 조리 및 식품가공서, 구황 및 감자와 고구마 관련 책(藷書), 영양 및 응용영양서(醫書), 그리고 식생활 관련서 등으로 나누었다. 사실 분류(classification)라는 것은 그것을 시도하는 사람이 지닌 인식론적 배경에서 나온다. 그런 만큼 "자료의 분류는 곧 '원자료의 고유성'이나 '포괄적 성격'을 분해하는 과정"[10]일 수밖에 없다.

그런데 이성우 교수의 분류는 다분히 자료의 '포괄적 성격'을 기준으로 이루어졌다. 한국음식과 관련된 역사상의 문헌들을 한눈에 이해하는 데는 어느 정도 도움이 되지만, 그것을 통해서 무엇을 얻을 수 있을지에 대해서는 분명한 제시가 없다. 그로 인해 후속 연구들이 지향하는 바가 한국음식 조리법에 대한 역사적 변화 과정을 살피는 작업에만 집중되거나, 아니면 특정 음식의 유래를 살피는 작업에만 집중되었다.[11]

〈그림 1〉은 일찍이 이성우 교수가 제시한 '조선시대 조리서의 계보도'이다. 이 계보도는 전체적으로 살펴보면 상당히 설득력을 가진 듯하다. 하지만 문헌들을 세밀하게 살펴보면 부분적으로 반드시 이러한 계보를 따라서 조리서가 집필되고 간행되지 않았을 가능성도 있다. 이를테면, 허균(許筠, 1569~1618)의 필사본 《도문대작(屠門大爵)》이 중국 원나라 사람 왕여무(汪汝懋, 1341~1368)의 《산거사요(山居四要)》에서 이어진다는 주장, 빙허각 이씨(憑虛閣 李氏, 1759~1824)의 필사본 《규합총서》가 안동 장씨(安東 張氏, 1598~1680)의 필사본 《음식디미방》에서 이어진다는 주장, 그리고 이규경(李圭景, 1788~1856)의 필사본 《오주연문장전산고(五洲衍文長箋散稿)》가 서유구(徐有榘, 1764~1845)의 필사본 《임원십육지(林園十六志)》에서 이어진다는 주장 등은 재고되어야 마땅하다.

주지하듯이 《도문대작》은 허균의 독자적 경험에서 나온 자료이

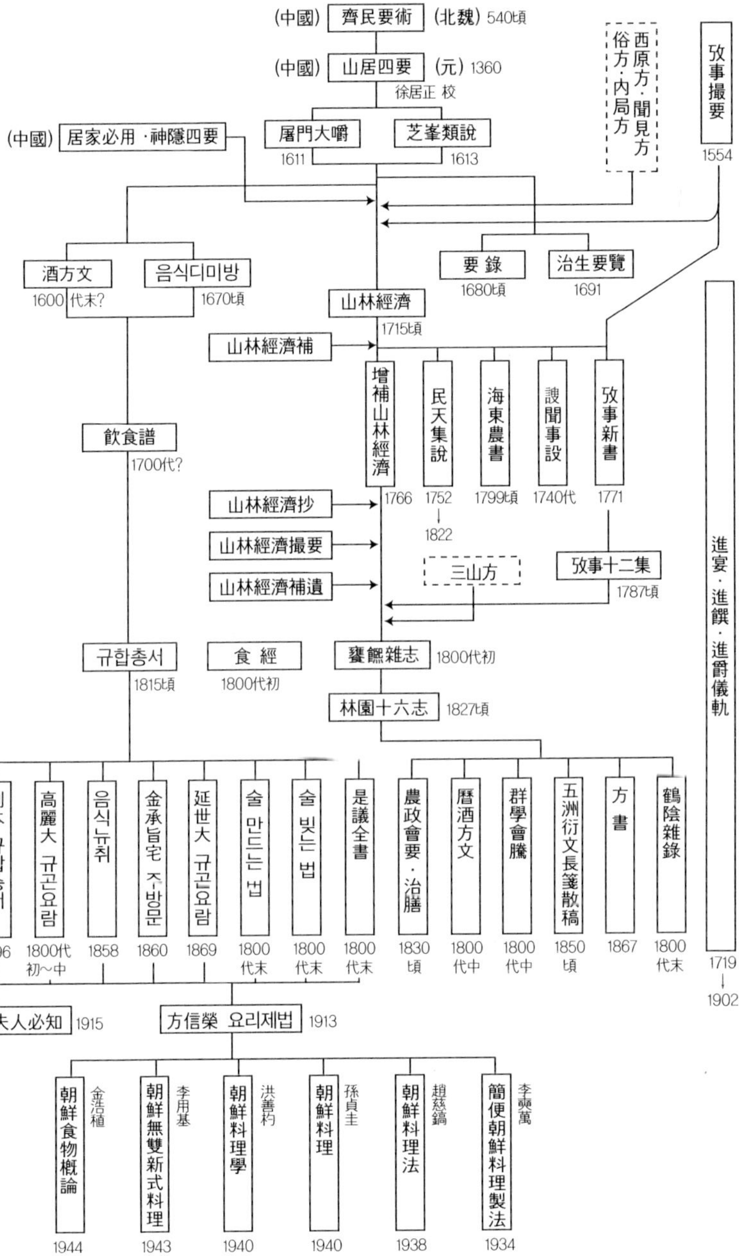

〈그림 1〉 조선시대 조리서의 계보도

다. 《규합총서》의 저자 빙허각 이씨가 필사본 《음식디미방》을 보았을 가능성은 희박하다. 오히려 《산림경제(山林經濟)》와 《증보산림경제(增補山林經濟)》, 그리고 《임원십육지 · 정조지(鼎俎志)》의 전신인 《옹희잡지(饔饎雜志)》가 더 많은 영향을 주었을 가능성이 많다. 왜냐하면 《규합총서》의 내용 중에 중국의 고전에서 가져온 것도 제법 있기 때문이다. 《오주연문장전산고》는 기본적으로 조리서라고 보기 어렵다. 이규경의 지식체계는 이익(李瀷, 1681~1763)의 영향을 많이 받았다. 하지만 이에 대한 비판적 검토는 아직 이루어지지 않고 있다.

조선시대 책의 역사는 필사본이 다수를 이룬다. 인쇄본으로 출판된 책은 주로 국가에서 통치와 계몽의 목적으로 널리 전파하기 위해서 간행한 책들이 주류를 이루었다.[12] 가장 대표적인 책이 《삼강행실도(三綱行實圖)》이다. 〈그림 1〉에 등장하는 책들 중에서 많은 책이 필사본이다. 필사본의 경우 1~3책 정도가 베껴진다. 이것을 과연 누가 보았을까 하는 의문을 가져야 한다. 곧 책의 저자와 독자의 관계를 파악하는 '책의 문화사'에 대한 연구가 이루어지지 않으면 안 된다. 단지 책의 집필 시기를 위주로 하여 계보도를 작성할 때 생기는 위험이 바로 〈그림 1〉에 내재되어 있다.

역사학에서는 책의 내용을 두고 그것의 증거 여부를 점검하는 '사료 비판' 작업을 반드시 거친다. 사료 비판 작업을 통해서 다루고자 하는 대상 자료가 얼마나 확실한 역사상의 사실과 부합하는지를 확인해야 그 다음 연구가 진행될 수 있다. 당연히 서지학적 정보에 대한 파악도 중요하다. 인용된 책판, 종이 · 장정 · 표지 등과 같은 책의 물질적 구성, 저자의 집필 의도, 그리고 책의 구성과 내용에 대한 정리 등이 이루어져야 한다. 사실 이성우 교수는 《한국식경대전》에서 이에 대한 기본적 작업을 수행한 결과를 옮겨두었다. 대단한 노고라고 생각한다. 다만 이것을 한국음식의 조리사적 맥락으로 어떻게 이끌어낼 것인가는 후배 학자들의 몫이다.

나는 한국음식의 역사와 관련된 문헌들에 대해서 다음과 같은 분류가 필요하다고 제안한다.

- 식품 재료 관련서: 각종 농서, 《세종실록(지리지)》, 《만기요람(萬機要覽)》, 각종 물목(物目)이 적힌 고문서 등
- 전문 조리서: 《음식디미방》, 《주방문(酒方文)》, 《증보산림경제 · 치선》, 《임원십육지 · 정조지》, 《규합총서》, 《시의전서(是議全書)》, 《조선요리제법》, 《부인필지(夫人必知)》 등
- 식사 방식 관련서: 진찬(進饌) · 진연(進宴) 관련 《의궤(儀軌)》, 《성호사설(星湖僿說)》, 《오주연문장전산고》 등
- 한의학 관련서: 《동의보감(東醫寶鑑)》 등
- 구황서: 《구황촬요(救荒撮要)》 등
- 식생활 풍속서: 《동국세시기(東國歲時記)》, 《경도잡지(京都雜誌)》 등

이 제안은 아직 정교한 연구의 결과는 아니다. 다만 식품 재료－조리－식사－영양－풍속 등으로 이어지는 음식문화의 프로세스를 고문헌의 분류 기준으로 삼아야 한다는 제언을 하는 데 그칠 뿐이다. 가장 중요한 연구 주제는 당연히 히스토리컬 레시피(historical recipe, 역사상의 조리법)다. 특정 음식의 역사를 살피기 위해서는 히스토리컬 레시피에 대한 기록을 통해서 그것의 물질적 특성을 먼

저 파악해야 한다.[13]

음식에 대한 문화적 접근은 왜 필요한가

의식주의 하나로 꼽히는 음식이라는 물질은 인간이 생물학적으로 육체를 유지하기 위해 확보해야 하는 일차적 대상이라고 할 수 있다. 그런데 음식과 관련된 사람들의 행위는 일반적으로 각각의 과정을 거칠 때마다 문화적 선택을 하지 않을 수 없다. 즉 음식의 재료로 무엇을 선택하는가, 어떻게 원료를 확보하는가, 무슨 음식을 어떻게 조리하는가, 어떤 조리 과정을 거쳐 음식을 완성하는가, 누가 어떤 상황에서 어떻게 마시고 먹는가, 그리고 어떤 음식을 어떻게 소화·배설하는가 등의 문제에는 언제나 '선택'이라는 조건이 따라 붙는다.

인간의 이러한 선택을 두고 "인간은 조리하는 동물이다"[14]라고도 부른다. 왜냐하면 동물과 달리 인간은 선택적 조리 과정을 통해 하나의 음식을 만들어내기 때문이다. 가장 단순한 기술을 지닌 사람이라도 자연환경에서 수렵이나 채집의 방법으로 음식 재료를 확보한 후, 여기에 일정한 조미료를 첨가하여 먹는다.[15] 인간은 이러한 과정을 거쳐 완성된 음식을 섭취하여 인체를 움직이는 에너지를 얻는다. 여기에는 물리적 차원과 생리적 차원이 함께 개입된다. 그렇기 때문에 한 문화의 구성원들이 주로 소비하는 음식 재료는 자연환경에서 비교적 구하기가 쉬운 자연물에 의해서 전적으로 결정되는 경우가 많다.[16]

즉 인간과 자연환경의 상호작용 과정에서 특정한 재료가 선택된다. 재료를 먹을 수 있는 음식으로 변환하는 데는 조리방법(cooking method)이 개입한다. 사람에 따라 서로 다른 조리방법은 행위를 위한 규칙의 하나인 조리법(recipe)을 만들어낸다. 규칙으로서의 조리법은 특별히 발명된 것이지만, 일회성에 머물지 않는다. 이러한 조리법은 어떤 목적을 위한 행위로서 마련된 것이다. 또 다른 측면에서 보면 조리법은 자연환경에서 유용한 것을 문화적으로 선택하여 기호에 맞는 음식물을 만들어내는 기술(technology)의 체계로도 이해된다. 이러한 선택의 내용은 특정 지역에 기반을 두고 집단적 삶을 사는 인간이 지닌 문화적 특성을 밝히는 단서가 될 수 있다.

하지만 같은 지역과 문화 영역에 속하는 사람들이라도 각자 소속된 계층이나 지위에 따라 특정 음식 혹은 특정 음식의 맛을 선호하는 경향을 보인다. 왜냐하면 사람들의 음식 선택과 맛의 기준은 선천적인 것이 아니라 후천적 학습을 통해 습득된 것이기 때문이다. 음식 습관은 유아동기 때 가족을 통해서 대부분 형성된다. 이때 음식은 가족구성원의 태도나 기질을 아이에게 전달하는 수단의 하나이다.[17] 이러한 과정에서 어린이는 가족구성원으로서 식사 예법을 몸에 익히게 되고, 성장하면서 가족만이 아니라 지역사회의 구성원으로서 한 사회가 지닌 문화적 지향성에 의해서 특정 음식 습관을 만들어간다. 여기에는 당시 사회가 지닌 계층적 규제, 경제적 요인과 같은 문화적 측면이 개입되어 있다. 식사 행위와 식사 예법과 같은 음식활동의 의례적이고 규범적 행위 역시 한 사회가 지닌 사회문화적 측면과 밀접한 관계[18]를 가진다.

동시에 사람들은 가능한 한 함께 어울려 음식을 섭취하려 한다.

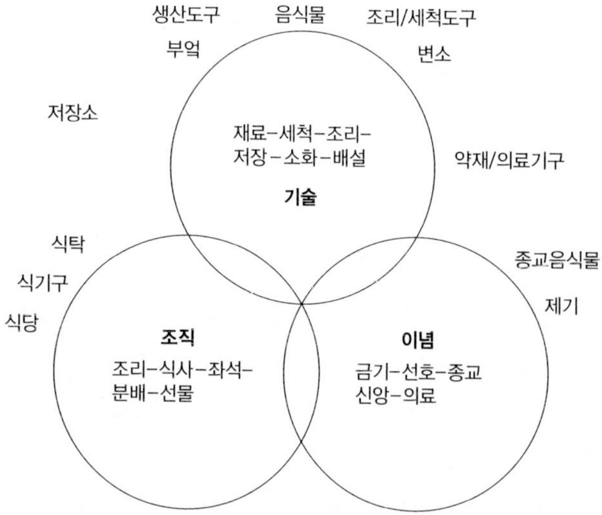

〈그림 2〉 음식과 음식 행위의 문화적 구조

즉 '한솥밥을 먹는다는 것(共食, commensalism)'은 공동운명체의 이념 및 정서와 연결되어 있다.[19] 공식의 주최자와 참여자의 관계, 주최자와 참여자의 사회적 지위와 명성, 식탁에서 앉는 자리, 식사 중의 대화와 의견 교환방법, 음식 행위의 예법, 식사 후 음식물의 증여와 분배 등에 정치와 권력의 차이가 그대로 반영되어 있다. 따라서 음식을 둘러싼 인간의 행위는 특정 조직의 인간관계를 이해하는 데 좋은 대상이 될 수 있다.

나는 음식에 대한 문화적 접근은 가능한 한 총체적 입장을 지녀야 한다고 믿는다. 이를 위해서 물질에 기반을 둔 문화를 연구할 때 채용할 수 있는 기술(technology)과 조직(organization), 그리고 이념(ideology)이라는 문화의 하위 구성요소[20)]가 역동적으로 상호 작용 한다는 시각이 필요하다. 특히 행위자를 중심에 둔 시스템적 사고를 통해 음식물이라는 물질적 차원을 문화적 차원으로 상승시킬 수 있다. 예를 들어, 음식을 생산하고 소비하는 일련의 과정에는 음식의 생산과 소비에 관련된 생업기술 및 생활기술과 같은 기술적 측면이 일정한 축을 이루며 진행되지만, 그 속에는 사람들 사이의 조직인 친척관계와 사회조직이 간여하며, 동시에 어떤 음식을 먹을 것인가 먹지 않을 것인가를 결정하는 금기나 종교적 세계관과 상징이 개입되어 있다. 이렇듯 음식과 음식 행위의 문화적 구조를 표현하면 〈그림 2〉와 같다.

이와 같이 일상적이고 사소한 듯한 음식 행위가 한 사람 혹은 한 문화집단을 이해하는 표징이 된다는 사실은 음식이 단지 식품학·영양학·농학 등에서 접근할 수 있는 물질적 연구 대상일 뿐만 아니라 인문사회과학에서도 연구해야 하는 중요한 대상임을 확인시켜준다.

'음식학'의 가능성을 타진하다

음식의 역사와 문화에 대한 접근은 단순히 식품학적, 역사학적, 혹은 문화인류학과 민속학의 연구만으로 그 전모를 밝히기는 어렵다. 그보다는 식품학적이면서 역사학적이어야 하고, 동시에 문화인류학과 민속학의 이론과 방법론이 도입되어야 가능하다. 최근에 미국학계에서는 음식의 생산과 소비를 둘러싼 다양한 사회문화적 현상에 대한 학제적 연구를 두고 '음식학(Food Studies)'이라는 별도의 학문 영역을 만들려는 시도를 하고 있다. 과학 · 예술 · 역사 · 사회, 그리고 다른 여러 학문 분과를 포함하여 음식에 대한 비판적 고찰을 하는 학문이 바로 음식학이다. 음식학은 영양학 · 농학 · 미식학 등과 같이 음식물 자체의 생산과 소비에만 집중하지는 않는다. 그와 함께 음식에 대한 철학과 역사, 문학적 구성, 사회문화적 기능과 상징, 그리고 식습관과 국가의 영양정책 등에 대한 연구 등을 모두 포괄한다. 그래서 음식학 연구에는 철학자 · 역사학자 · 과학자 · 문학연구자 · 사회학자 · 역사학자 · 인류학자 · 민속학자 등이 참여할 수 있다.

이러한 연구를 위해 미국에서는 이미 '음식과 사회 연구회(The Association for the Study of Food and Society, ASFS)'가 1985년에 설립되었다. 이 학회의 홈페이지[21]에는 연구회의 목표가 음식과 사회에 대한 학제적 연구에 있음을 밝히고 있다. ASFS는 정기적인 학술대회를 개최하고, 학회지 《음식 · 문화 · 사회(Food, Culture and Society)》를 간행하고 있다. 이와 함께 여러 학문 분과에서는 학제적 주제로 음식에 대한 관심을 보다 진전시켜 새로운 학문 영역으로 만들려는 노력을 기울이고 있다. 미국의 대학에서도 음식학에 대한 전문적 교육과 연구가 진행되고 있다. 뉴욕대학교의 교육대학 석사과정에 음식학 전공이 개설되어 운영되고 있으며, 인디애나대학교 인류학과 박사과정에서는 음식학을 직접 전공할 수 있는 과정을 개설했다.

미국에서 이러한 학문적 경향이 만들어지게 된 배경에는 1980년대 이후 각 민족의 음식문화가 혼성되면서 나타난 소비 경향에 있다. 특히 건강과 공공보건, 그리고 다양한 음식점의 성업은 미국사회를 음식학을 통해서 설명할 수 있는 계기를 만들어주었다. 하지만 미국의 저널리스트 폴 레비(Paul Levy)는 "음식학은 그 연구가 너무나 초기 단계에 있기 때문에 그것을 정의하려는 노력을 기울이거나 어떤 방식으로든 그 범위를 확정지으려는 시도는 어리석다. 왜냐하면 지금의 기준으로 제외시킨 주제나 학문 분과 혹은 연구방법이 미래에는 중요한 것이 될 수 있기 때문이다"[22]고 했다.

한국에서는 1985년 11월 16일 이화여자대학교에서 창립총회를 개최하고 출범한 '한국식문화학회'가 음식학 관련 학회의 시발점이라고 할 수 있다. 그 이전에도 식품 관련 학회는 이미 여러 개 존재했다. 1959년 한국가정학회가 창립된 것을 필두로 한국농화학회(1960년, 2004년에 한국응용생명화학회로 개명), 한국영양학회(1967년), 한국식품과학회(1968년), 한국영양식량학회(1972년), 한국조리과학회(1984년) 등이 결성되었다. 한국식문화학회는 비록 기왕에 결성된 식품 관련 학회에도 참여하고 있던 가정학 · 식품학 · 조리학 · 영양학 연구자들이 중심이 되었지만, 그들이 지향한 연구 방향은 상당히 인문학적 개념인 '문화'에 초점을 맞추고 있었다.

사실 이 학회가 출발하는 데 결정적 역할을 한 학자는 이성우였다. 그가 1970년대 중반 교토대학 인문학연구소의 시노다 오사무(篠田統, 1899~1978) 연구실에 있을 때 역사학을 전공하고 농학박사학위를 받은 민족학자 이시게 나오미치(石毛直道, 1937~)와 알게 되었다. 이때 그들의 만남이 1985년 한국에서 '한국식문화학회'를 창립하는 데까지 이어진다. 당시 일본의 국립민족학박물관 교수였던 이시게는 일본의 다학문적 시스템을 수용하여 이른바 '식문화(食文化)'에 대한 논의를 본격적으로 전개한 대표적 학자로

꼽혔다. 그는 1980년 식품회사인 아지노모토(味の素)의 지원을 받아 '식문화 심포지엄'을 주도했다.

이시게의 연구 경향은 스승인 시노다의 역사적 접근과 달리 민족학적(ethnological) 접근이었다. 즉 '문화'의 개념을 핵심에 두고 민족지적(ethnographic) 연구를 하는 데 초점이 맞추어져 있었고, 각 민족의 식사에 관심을 가지고 연구를 진행했다. 이런 이유로 이시게는 한국식문화학회 창립총회에서 기조 강연[23]을 하게 되었고, 한국식문화학회가 앞으로 해야 할 일을 제시했다. 여기서 그가 강조한 것은 자연과학과 인문사회과학 연구자들이 공동으로 학제적 연구를 해야 한다는 점이었다. 그러나 학회의 구성원 대부분이 가정학·영양학·식품학·농학 등의 연구자들이었고, 인문사회과학 연구자들의 참여를 끌어내지 못했기 때문에 학회 성립 이후에도 학제적 연구는 실제로 큰 성과를 내지 못했다.

〈그림 3〉은 일본학계에서 음식문화 연구의 학문적 영역과 그것의 주제를 도형으로 정리한 것이다. 사회과학과 자연과학의 여러 학문 분과가 학제적 연구를 할 수 있는 제안이 여기에 담겨 있다. 음식학 연구에 대한 이와 같은 학제적 연구 방안은 한국식문화학회 초기에도 이시게 나오미치에 의해서 제시되었고, 그후 아사쿠라 도시오(朝倉敏夫)가 다시 제시하기도 했다. 1990년대 후반 '한국식문화학회'가 '한국식생활문화학회'로 명칭을 바꾼 이후에도 그 사정은 크게 달라지지 않았다. 비록 잠시 인류학과 역사학을 전공한 인문사회과학 연구자들이 학회의 임원진으로 활동한 적이 있었지만, 이들의 역할 역시 회장단이 바뀌면서 사라졌다. 왜 처음부터 염두에 두었던 학제적 연구가 제대로 이루어지지 않았을까?

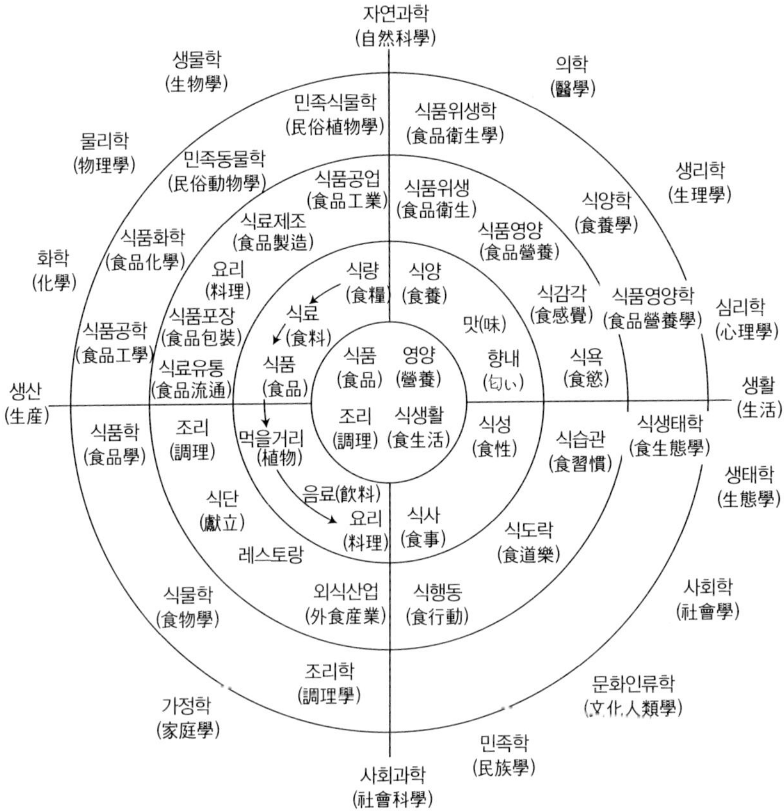

〈그림 3〉 음식문화의 기본어에 관한 자료

나는 식품학자와 인문사회과학자 사이에 넘을 수 없는 학문적 골이 존재하기 때문이라고 생각한다. 이것은 해방 이후 한국 대학이 견지해온 학문 사이의 벽 쌓기 때문이기도 하다. 이로 인해 식품학자들은 음식의 역사와 문화를 연구함에도, 역사와 문화에 대한 연구방법을 모르는 경향이 강하다. 인문사회과학 분야 연구자들 역시 음식을 연구함에도, 음식 자체의 물적 속성을 제대로 이해하려는 노력을 기울이지 않는다. 그러니 서로의 학문세계에 대한 몰이해가 '음식학'이라는 새로운 영역을 개척하기 위한 노력으로 전개되지 못했다.

그런데 2009년부터 정부 차원의 '한식(韓食) 세계화' 프로젝트가 식품학과 조리학 연구자들을 중심으로 전개되고 있다. 많은 참여자들이 '한식'에 대한 개념 규정의 필요성을 이야기하지만, 딱 부러지게 정의하지 못한다. 한식을 두고 '오늘날 한국 사람이 생산하고 소비하는 음식'이라고 정의하려고 하니, 이미 한국화된 자장면이나 '치킨' 따위를 포함시킬 것인가에 대해 고민이 생긴다. 그렇다고 조선 후기의 음식만을 대상으로 하려니, 그것의 지속이 그다지 강력하지 않다는 한계 때문에 선뜻 결정하지 못한다. 지난 20세기 1백 년 동안 한국음식은 그 조리법이나 맛에서 상당한 변화를 겪었기 때문이다.

더욱이 식품학과 조리학이 배경으로 하고 있는 근대적 계몽주의는 인문사회과학자와의 소통에 장애가 된다. 지난 1백 년 동안 비위생적이고 낭비적이며 비과학적인 한국음식과 한국인의 음식 소비를 정부와 학계는 얼마나 계몽하여 개량하려고 노력했던가! 동시에 인문사회과학자나 대중은 여전히 한국음식의 위대한 역사와 전통에 빠져서 스스로 그렇게 생활하지 않음에도 불구하고 '전통 만들기'에 얼마나 열중했던가?

오늘날 한국학계는 다양한 문화 집단의 음식문화를 존중하려는 생각에서 출발한 에스닉 푸드(ethnic food)에 대한 연구보다는 국가(state)와 민족(nation)의 이름에 부합하는 내셔널 푸드(national food)에만 지대한 애정을 보이고 있다. 21세기 지구촌 사회에서 서로 다른 문화에 대한 이해와 상호존중을 위해서도 한반도에서 생산·소비되는 에스닉 푸드를 포괄하는 한국음식에 대한 연구가 필요하다.[24] 이런 의미에서도 '음식학'이란 이름으로 생활과 생활 개선, 문화와 문명 개화 사이의 골을 좁히는 작업이 요구된다.

미국학계와 달리 한국학계에서의 음식학은 '음식의 역사와 문화'에 초점을 두고 출발할 필요가 있다고 본다. 앞에서도 밝혔듯이 한국의 학계와 대중은 여전히 '역사'의 정상화에 목말라 있다. 음식의 역사 역시 마찬가지다. 음식의 역사를 목마름의 역사에서 깨우침의 역사로 전환할 필요가 있다. 만들어진 역사, 오래되었다고 기억하는 역사가 아니라, 문화적 맥락에서 역사의 변환이 알려주는 삶의 지혜를 음식학 연구에서도 발견할 수 있어야 한다. 음식의 문화에 대한 연구가 서로 같음과 다름을 보여줄 것이고, 그로 인해 음식의 역사는 마침내 탈역사의 위치로 선환되리라 믿는다.

현재에서 과거로, 과거에서 현재로—이 책의 구성

이 책은 1999년 이래 발표해온 음식 관련 논문들을 3부로 나누어 구성했다. 제1부는 '오늘의 한국음식을 보다'이다. 한국음식의 소비에 관한 현재적 관점을 여기에서 다룬다. 제2부는 '한국음식, 그리고 근대'이다. 여기서는 근대주의가 어떻게 한국음식에 개입했는지를 다뤘다. 특히 20세기 초반에 정립되는 한국음식의 소비 양상과 인식에 초점을 맞추었다. 제3부는 '한국음식, 오래된 것과의 만남'이다. 오래된 것과 오래된 것처럼 여겨지는 것에 대해 주목했다. 이 책에는 그동안 발표해온 논문의 모든 내용을 담아내지 않았다. 지난 10여 년 사이에 나의 연구 시각과 살핀 자료가 상당한 차이를 보이기 때문이다. 이러한 한계를 해결하기 위해서 어떤 논문은 본문 전체를, 어떤 논문은 일부분을 떼어서 재구성했다.

아래에 구체적인 차례 구성과 그 이유를 밝힌다. 이 책의 제1부는 '오늘의 한국음식을 보다'로 잡았다. 그렇다고 한국음식의 전반적인 소비에 대해서 다룬 것은 아니다. 그보다는 몇 가지 현상학적 양상을 살펴보고, 그것에 대해 해석을 덧붙인 글들을 모았다. 현상적인 음식 소비에만 집중한다고 오늘날 한국인들의 음식 소비가 지닌 양상과 그 이유를 분명하게 밝히기는 어렵다. 왜냐하면 조선 후기와 지금의 음식 소비는 매우 다른 양상에 놓여 있기 때문이다.

결국 한국사회의 근대적 변용 과정이 한국음식에도 개입하고 있지 않은가 하는 의문이 들었다. 마치 오래된 것처럼 보이지만, 결코 오래되지 않은 한국문화와 한국음식은 매우 닮은 모습이다. 더욱이 한국음식에 대한 인식은 적어도 20세기적 인식에서 출발했을 가능성이 많다. 20세기는 전 세계적으로 '근대주의(modernism)'라는 개념어가 개입한 때이다. 산업화·도시화·과학주의·민족주의·진화론·전파론 등의 단어가 근대주의라는 개념어에 포섭되어 한국음식을 상징으로 만들지는 않았을까?

한국사회에서 근대주의라는 개념어가 단지 일제시대에만 강력하게 개입된 것은 아니다. 적어도 근대주의는 1980년대 말까지도 한국사회에서 중요한 화두로 작용했고, 이후 지금까지도 한국사회를 읽는 중요한 단어이다. 나는 이 점에 주목하여 19세기 말부터

20세기 초반까지 진행된 한국음식의 현상과 담론에 대한 연구를 진행해왔다. 그래서 이 책의 제2부는 '한국음식, 그리고 근대'로 잡았다.

근대주의의 개입으로 20세기 한국음식의 모습은 19세기와는 확연히 다른 양상으로 줄곧 전개되었다. 하지만 음식이란 관습은 매우 보수적인 경향을 보인다. 오늘날 한국인이 소비하는 음식과 관습에는 오래된 것과 그렇지 않지만 오래된 것처럼 여겨지는 것들이 다수 존재한다. 그래서 제3부는 '한국음식, 오래된 것과의 만남'이다.

그런데도 이 책에 실린 글들은 결코 한국음식의 역사와 문화에 대해 체계적인 지식과 문제의식을 제공하지 못한다. 지난 20여 년 동안 동아시아의 역사와 사회문화에서 한국 음식문화의 보편성과 특수성을 찾으려고 노력했지만 아직 제대로 된 연구성과를 내지 못했다. 다만 20세기 이후 한국인의 음식 소비는 일제시대에 형성된 결과물일 수 있다는 사실도 지금 한창 연구를 진행하고 있는 문제의식이다. 내가 지닌 다양한 시선 때문에 이 책의 내용은 때로 혼란스러울 수 있다. 하지만 새로운 학문 분과로서 한국에서의 음식학을 정립하고자 하는 나의 강력한 의지가 이 책에서부터 출발한다는 점은 분명하다.

1부

오늘의 한국음식을 보다

1장

식구론
— 주택과 가족제도의 변화가 음식 소비에 미친 영향

한국어에서 '집'이라는 말은 대체로 두 가지 의미를 지니고 있다.[1] 먼저, 추위·더위·비바람 따위를 막으려고 지은 물리적 구조물을 가리킬 때 집이란 말이 쓰인다. 다른 의미에서 집은 사람들이 이루는 가장 최소한의 사회조직인 가족이 생활하는 공간이다. 따라서 '집'은 가족이 생활하는 단순한 물리적 구조물일 뿐만 아니라, 가족이 속해 있는 문화의 다양한 모습을 반영해주는 문화적 공간이다.[2] 즉 '집'이라는 말에는 살림집(housing)이라는 건축물과 그 구성원을 가리키는 가구집단(household)이라는 의미가 동시에 담겨 있다. 사람의 행위는 공간 속에서 이루어지며, 공간은 현실적 실체이면서 상상 속에 존재하는 것이고, 상징적 은유적 개념으로 구성된 것이다.[3] 곧 문화적 산물(cultural artifact)과 문화(culture)를 하나의 공간 속에 둘 경우 물리적이면서 문화적 공간인 집에서 일어나는 가구집단의 행위가 지닌 의미를 더욱 실제에 가깝게 접근할 수 있다.

이런 의미에서 '집'이라는 공간에서 일어나는 사람들의 행위는 일상 활동뿐만 아니라 각종 의례적 활동까지를 포괄한다. 비록 집이라는 공간은 그것보다 넓은 범위인 공적 영역과는 구별되는 사적 영역으로만 규정되기도 하지만,[4] 그렇다고 사적 영역에서 행해지는 모든 활동이 단지 비공식적 의미만을 지니고 있지는 않다. 역사적 단계에 따라 집이라는 공간이 각종 생산활동의 단위로서 지닌 기능을 공적 영역에 이전시켜온 것은 사실이지만, 그렇다고 후기 자본주의 사회에서 집이라는 공간이 단지 휴식을 위한 비의례적이고 비정치적 영역에 지나지 않는 것은 아니다. 사적 영역이 공적 영역이 지향하는 바와 상호 연결되어 있다는 점을 인정한다면 집이라는 공간에서 일어나는 행위는 일정하게 의례적이고 정치적 의미체계 속에서 작용한다.

집이라는 공간에서 함께 생활하는 구성원을 학술용어로 가내집단(domestic group)이라 부른다. 이 가내집단은 생산활동을 함께하는 생산 단위일 수도 있으며, 재산을 함께 공유하기도 하는 재산공동체일 수도 있지만, 무엇보다 식사를 함께하는 공식집단(共食集團)이기도 하다. 후기 자본주의 사회 혹은 도시지향적 사회인 오늘날, 가내집단은 생산 단위와 재산공동체의 기능을 대부분 상실해 가고 있다. 하지만 공식집단으로서의 가구집단은 여전히 유지된다. 따라서 오늘날 도시의 가내집단은 다른 의미에서 식구(食口)라는 일상적 용어로 대체해도 무방할 정도이다.[5] 식구란, 집이라는 공간에 함께 살면서 식사를 같이하는 사람들을 가리키는 말로 구체적으로 가내집단의 구성원을 가리킨다. 그러나 식구라는 용어에는 구성원의 성립관계 등을 내포하는 사회적 집단을 구성하는 의미가 드러나지 않는다고 보아온 것이 그동안의 입장[6]이었다.

하지만 식구라는 용어에는 집이란 공간에서 함께 생활하며 함께 식사하는 가내집단의 의미가 담겨 있다. 이런 의미에서 식구는 혈연적 관계와 비혈연적 관계가 함께 존재할 수 있는 음식의 생산과 소비를 위한 인간관계의 가내집단이다. 식사를 함께한다는 의미에서의 식구는 식사 공간과 일정하게 연결된다. 즉 식구는 한솥밥을 사용하여 함께 소비한다는 의미를 내포한다. 미국의 인류학자 매리 더글라스(Mary Douglass, 1921~2007)는 식사가 사회관계의 상징이라고 하면서 식사체계는 사회관계의 패턴을 표출한다[7]고 했다. 즉 인문사회과학자가 사람들의 음식 소비가 지닌 구조적 체계를 연구하는 목적은 식사 행위에 숨어 있는 사회문화적 코드(code)를 해독하기 위해서라고 보았다. 이런 의미에서 집이라는 공간에서 음식의 생산과 소비가 이루어지는 양상은 식구라는 인간관계를 통해서 실천된다고 할 수 있다. 비록 집이라는 공간은 혈연집단이 중심이 된 가족이 생활하는 공간이지만, 그곳에는 비혈연관계에 있는 사람도 주거할 수 있기 때문에 가내집단으로서의 식구는 같은 집이라는 공간에 거주하는 사람들을 하나의 집단으로 묶는 데 유용한 또 다른 용어가 된다.[8)]

영국의 인류학자 잭 구디(Jack Goody)는 가정 내 영역에서 이루어지는 음식의 생산과 소비의 과정을 생산·분배·준비·소비의 네 단계로 구분했다.[9)] 각 단계에는 생산/재배, 배분/분배·저장, 준비/요리, 소비/식사의 과정이 따른다. 각 단계는 생산지에서 집으로 공간을 이동하며, 장소에 따라서 중심이 되는 남녀의 성 역할이 달라진다고 보았다. 즉 생산지에서는 남성이, 집에서는 여성이 주된 성 역할을 하는 것이다. 아울러 집에서는 공식(共食), 식사 예절, 일상 식사와 의례 식사 등의 다양한 측면이 관통하면서 음식 소비가 이루어진다. 이와 같은 일련의 과정을 구디는 〈표 1〉과 같이 제시했다.

구디가 설정한 '음식의 생산과 소비 과정도'는 주로 음식 재료를 자급자족하는 농민을 대상으로 한 것이기 때문에 다른 계층에까지 보편화하는 데는 일정한 한계가 있다. 그러나 이러한 과정이 각각의 경제체계나 사회적 조건에 따라 달라질 수 있다는 점을 전제로 한다면 시사하는 바는 크다. 특히 각 과정이 어떤 공간과 연결되어 진행되었는가를 이해하는 데는 구디의 도식이 일정한 도움

과정	위상	장소
재배	생산	농장
배분 · 저장	분배	시장 · 곡물 창고
요리	준비	부엌
식사	소비	식탁

〈표 1〉 음식의 생산과 소비 과정도

을 준다.

일상의 생활용품을 자급자족하던 시대는 물론이고, 대부분의 음식 재료를 농장이나 식품공장에 의존하는 오늘날에도 조리(cooking) 과정과 완성된 음식물의 소비는 대부분 집이라는 공간에 마련된 부엌과 식탁에서 완결되는 구조를 보인다. 그래서 최소한의 사적 활동만이 이루어지는 집이라도 조리가 가능한 공간과 그것을 먹을 수 있는 공간, 그리고 음식물을 저장 · 보관하는 공간이 따로 마련되어 있다. 오늘날 한국의 도시에서 가장 보편적인 주거 공간인 아파트에는 침실 · 거실 · 주방 · 식당이 기본적인 구성을 이룬다. 이것은 수면 공간 · 휴식 공간과 함께 가구집단이나 식구가 영위하는 가장 기본적인 공간으로서 음식 공간이 자리 잡는다는 점을 확인시켜준다.

주택의 변화가 음식에 미친 영향

조선 후기에 정착된 전통적인 한국의 살림집에서 음식 공간은 부엌을 중심으로 하여 찬방·장독대·우물, 그리고 광이라는 부속 건물로 이루어진다. 부엌은 음식을 조리하는 공간인 동시에 난방을 하는 아궁이가 설치된 곳이다.[10] 찬방은 식탁을 차리고, 각종 조리 기구와 식기를 보관하는 부엌의 부속 공간에 해당된다. 장독대는 음식의 간을 맞추는 데 필요한 각종 장(醬)류를 비롯하여 마른 고추와 소금 따위를 보관하는 공간이다. 집의 부속물인 우물은 부유층의 살림집에는 독립적으로 설치되기도 했지만, 음식의 조리와 세척에 필수적인 물을 제공한다. 광은 음식의 재료를 보관하는 곳으로 이 역시 부유층의 살림집에만 있다. 따라서 부엌은 음식의 생산이라는 행위가 이루어지는 핵심적인 공간이기 때문에 이곳에서 일어나는 행위를 다른 말로 "부엌살림을 한다"고 표현한다. 그런데 부엌살림의 범주는 단지 부엌이라는 공간 안에서만 이루어지는 것은 아니다. 찬방·장독대·우물·광은 한국의 살림집에 딸린 특색 있는 공간으로 이곳들도 역시 부엌살림의 공간적 범주에 들어간다고 보아야 한다.

음식 생산은 주로 주부의 일로, 부엌살림이 이루어지는 공간은 다른 의미에서 여성의 공간으로 인식되었다. "사내가 부엌에 들어가면 고추가 떨어진다"는 표현은 밥을 짓는 행위와 조리는 물론이고, 난방까지 여자의 일로 인식했기 때문이다. 아울러 중국의 민간 도교로부터 영향을 받아 형성된 조왕신앙(竈王信仰)은 부엌의 아궁이와 부뚜막을 중심으로 조왕신령이 존재한다는 믿음을 만들어냈다. 중국의 《설문해자(說文解字)》에는 조왕이 음식을 주관하며, 동시에 불을 관장하는 신령이라고 적고 있다. 한국에서의 조왕신령은 집안의 평안과 자손의 복과 수명, 그리고 화재 예방과 음식의 맛에 두루 걸쳐 관여하는 신령으로 이해된다.[11] 여성들만의 공간으로 경계가 지어진 전통적인 부엌은 조왕신령이 지닌 여러 가지 역할만큼 복합적 기능을 지닌 공간이다. 그래서 조왕신령은 여성의 신령이기도 하다. 아기를 낳을 때 조왕신령께 무사하기를 기원하는 이유도 여기에 있다.

이러한 전근대 시기 부엌살림의 공간은 아파트를 중심으로 한 살림집이 주류를 이루는 오늘날, 본래 지녔던 기능적 측면은 물론이고 여성의 영역이라는 관념과 조리 형태에서도 일정한 변화를 가져왔다. 기왕의 부엌은 외부와 차단되어 독립적인 공간이었던 반면, 오늘날은 거실과 식탁, 그리고 부엌이 하나의 공간으로 통합되어 트인 공간 구성을 보인다. 이로 인해 여성의 공간이었던 부엌이 남성에게도 개방되고, 아궁이와 부뚜막이 사라지면서 조왕신령에 대한 신앙도 변화했다. 동시에 찬방 · 장독대 · 우물 · 광과 같은 부속 건물은 아파트라는 구조물에서는 존재할 수 없게 되었고, 그러한 기능이 다른 것으로 대체되었다.

내가 현지조사한 바에 의하면, 오늘날 여전히 옛 살림집의 형태를 유지하고 있는 집에서도 재래식 부엌만은 입식으로 바꾸는 경향이 강했다. 1999년에 이천 지역에서 확인한 바에 의하면, 옛 구조의 살림집을 전면적으로 개축하지 않고 실내만 보수할 경우에도 보통 마루를 거실로 바꾸고, 화장실을 실내에 개설하며, 부엌을 입식 주방으로 개조한 집이 많았다. 일부 농가를 제외하면 음식을 조리하는 데는 대부분 엘피지(LPG) 가스를 사용했다. 이로써 재래식 부엌에서 가장 중요한 기능을 했던 아궁이는 그 존재 의미를 상실한 채 방치되어 있거나 아예 부엌 자체가 폐쇄된 경우도 많았다. 재래식

개조 전

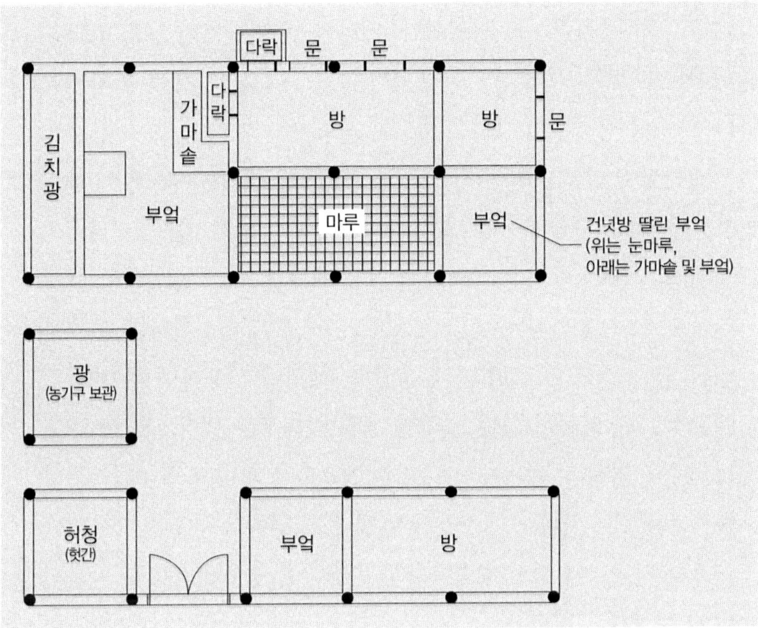

개조 후

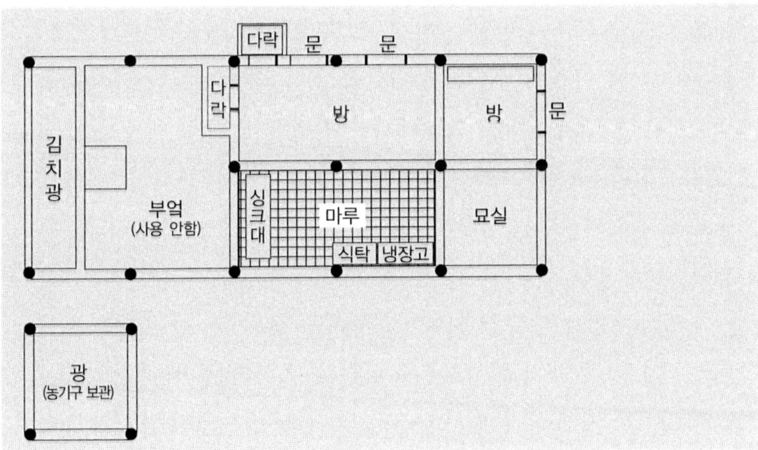

〈그림 1〉 이천시 율면 고당리 Y씨의 살림집 개조

부엌을 계속해서 사용하는 경우에는 부뚜막에 평평한 구조물을 설치한 후 가스레인지를 설치했다. 게다가 원래 땅이던 부엌 바닥은 시멘트로 재구성되었고, 찬방의 기능을 대신한 찬장이 설치되었다. 그러나 상하수도 시설을 별도로 갖추지는 않았다.

재래식 부엌을 완전히 폐쇄한 경우에는 집 전체를 개조하여 부엌 공간을 별도로 만드는 경우도 있었다. 이천시 율면 고당리 Y씨[12)]의 살림집은 1992년 기존 재래식 부엌을 폐쇄한 후 마루를 막아 방을 만들고 그곳에 입식 주방을 설치했다. 아울러 입식활동에 편리한 싱크대와 상하수도 시설을 갖추었다. 예전에 사용하던 찬장을 없애고, 그 속에 들어 있던 음식물 재료는 대부분 냉장고로 옮겼다. 조리기구 역시 나무나 대나무로 된 옛것들을 버리고 스테인리스나 플라스틱으로 만들어진 것을 구입했다. 그런데도 주부는 나물이나 채소를 다듬거나 생선이나 육류를 손질하는 경우에 여전히 마룻바닥에 쪼그리고 앉아 일을 했다. 비록 싱크대와 식탁이 있지만, 이런 일은 예전처럼 쪼그리고 앉아 하는 것이 편하다고 여겼다. 싱크대를 이용할 경우 오히려 허리가 아프다는 말도 빠트리지 않았다. 곧 1940년대 이전에 태어난 사람들은 입식 주방이 상하수도와 조리용 화력을 제공한다는 측면에서는 편리하나, 음식 재료를 다듬거나 손질할 때는 쪼그리고 앉아서 하는 것이 더 편하다고 여긴다. 구조물의 편리성이 습관을 따라잡지 못하는 현상을 여기서 볼 수 있다.

재래식 부엌을 부분 보수하여 사용하는 경우에는 냉장고를 부엌이 아닌 마루에 배치하는 경우도 있었다. 특히 부엌에서 난방용 연탄을 사용할 경우 전자제품인 냉장고가 손상될 위험이 있기 때문에 부엌에 냉장고를 놓지 않았다. 마루에는 원래 쌀뒤주 혹은 쌀항아리가 놓였으나, 그것을 대신해 쌀통을 구입한 경우도 있었다. 하지만 이런 형태의 집들도 가능한 집을 다시 지어 입식 주방을 설치할 계획을 가진 주부가 많았다.

1990년대 이후 한국의 농촌에서는 기존의 살림집을 양옥으로 고치거나 부엌을 입식 주방으로 개조하는 것은 하나의 조류이다. 입식 주방이 상하수도 시설, 조리용 화력, 방과의 근접성 등에서는 재래식 부엌에 비해 편리하지만, 좌식 위주의 생활을 해오던 사람에게는 실제 생활에서 불편함도 따른다. 그리고 외부와 단절된 막힌 공간으로 이루어진 도시의 아파트는 농촌의 재래식 살림집에 거주하는 사람에게 동경의 대상임도 사실이다.

부엌 개조로 조왕신앙과 같은 가정신앙은 사라졌지만, 여성의 공간으로서 부엌이 지닌 의미는 여전히 유지되는 경우가 많았다. 특히 농촌의 살림집에서 부엌이 입식 주방으로 개조되었음에도 아파트처럼 거실과 연이은 형태를 보이지 않고 별도의 폐쇄적 공간으로 구성되기 때문에 남성의 출입은 여전히 제한될 수밖에 없다. 즉 주방이라는 공간이 별도로 있을 경우 그것이 재래식이든 입식이든 간에 여성의 영역으로 지속됨을 알 수 있다. 이는 연령에 따른 남녀의 성 역할에 대한 개인적 인식에 따라 달라질 수도 있지만, 개방형과 폐쇄형이 보이는 공간적 구조가 개인의 성 역할 인식에 어느 정도 영향을 미친다는 점도 간과할 수 없음을 보여준다.

반면 농촌의 부엌이 입식 주방으로 개조되었거나 개량 주택으로 개축했을지라도 장독대는 계속 유지되는 경우가 많았다. 이 경우 저장음식인 장류와 김치류는 여전히 직접 조리하여 마련했다. 내가 현지조사한 이천읍 율현리 O씨[13]의 경우, 2000년 현재 거주하고 있는 집은 시부모 때부터 살던 집으로 10여 년 전에 슬래브 집으로 개축했다. 원래는 북향의 '역ㄱ자형' 집이었으나, 지금은 본채를 슬래브 집으로 개조하고, 마당 양쪽에 창고를 각각 두 군데 두었다. 이 집의 실내는 거의 도시형 아파트와 비슷한 구조를 지니고 있다. 다만 마당에 장독대를 두고 있다는 점이 다르다.[14]

특히 간장·된장·청국장·막장·고추장과 같은 장류 음식을 여전히 집에서 담가 먹는 모습은 2000년대 한국의 40대 초반 주부로서는 드문 일에 속한다. O씨의 경우 일찍이 노부모와 함께 생활한 기간이 길었기 때문에 이러한 관습이 계속해서 지켜진 것이다. 장류 음식을 직접 장만한다는 사실은 일 년 중 거의 반년 이상의 기간 동안 주부의 관심이 여기에 모아져야 한다는 점에서 쉽게 볼 수 있는 사례가 아니다. 이와 같이 저장음식을 집이라는 공간에서 직접 마련하기 때문에 이 집의 일상적 식사는 밥·국·장·김치를 기본으로 한다. 이러한 현상은 장독대라는 부엌살림의 부속물이 존재할 수 있는 집의 공간 구성과 주부의 의지가 일정하게 맞아떨어진 결과에서 나왔다.

그런데 계속 이어져온 장독대의 존재는 다른 가정신령이 사라진 것과 달리 터주신령이 유지되는 공간적 기초가 된다. 1999년 가을, 이천읍 율현리의 K씨[15]는 시멘트로 만든 장독대 위에 터주신령을 모시는 터줏가리를 만들었다. 특별한 뜻이 있는 것은 아니고 다만 과거 어머니가 했던 것인데, 복을 가져오진 않더라도 해악이 없을 것이라 믿어 다시 만들었다고 한다. K씨의 경우처럼 장독대의 유지 혹은 확장이 사라졌던 터주신령에 대한 신앙을 재생산하는 쪽으로 변화한 사례는 매우 개인적인 선택에 지나지 않는다. 하지만 1988년 서울올림픽 개최 이후 한국사회에서 전개된 오래된 것에 대한 애호는 이러한 개인적 선택을 가능하도록 만든 요인이었음은 부정할 수 없다.

아울러 과거의 민속현상이 문화산업의 논리에 의해서 도시에서 재생산되는 것을 가리키는 '민속주의(folklorism)'[16]의 한 결과라고 할 수 있다. 현지조사를 할 때를 기준으로 하는 민속지적 현재의 측면에서 보면 '민속주의'는 옛 관습의 지속이기보다는 특정한 이데올로기가 작용한 결과로 보아야 한다. 살림집의 구조와 시설이 변화됨에 따라 사람들이 지녔던 특정 공간에 대한 지식과 신념, 그리고 종교 신앙이 바뀌는 일은 당연한 결과이다. 하지만 '전통의 복원'은 전통문화에 대해 절대적 가치를 부여하려는 경향이 강한 오늘날 한국사회의 인식론적 상황과 닮아 있다.

공간의 변화는 음식 준비와 식단 구조를 일정하게 변화시키기도 한다. 재래식 부엌의 쇠퇴는 무쇠솥을 진기밥솥이나 냄비로 대체시켰다. 여기서 한국의 전통음식이 보이는 기본적인 구조에 큰 변화가 일어난다. 한국의 일상적 상차림은 밥과 국, 그리고 반찬으로 구성된다. 식사를 마친 다음에는 무쇠솥에 끓인 숭늉으로 식후의 입맛을 돋운다. '밥+국+반찬'으로 구성된 식단 구조는 오늘날에도 여전히 유지되고 있지만 무쇠솥이 사라지면서 숭늉도 함께 사라졌다.

숭늉이란 음료는 고정된 무쇠솥에서 밥을 짓고 나서 그것을 세척하는 과정에서 나온 것이다. 그런데 밥을 짓는 도구가 전기밥솥[17]으로 바뀌면서 식후에 마시는 음료는 주전자에 끓인 보리차 혹은 생수 등으로 대체되었다. 이와 같이 공간의 변화는 일정하게 음식의 내용을 바꾼다. 이러한 예는 떡시루에서도 찾아볼 수 있다. 과거 각종 제사와 의례로 인해 항상 집에서 만들었던 떡은 조리 공간의 변화와 생활양식이 바뀜에 따라 외부에서 만들어오는 경우가 흔하게 되었고, 따라서 입식 주방의 가스레인지에 적합하지 않은 떡시루는 과거의 조리기구가 되었다. 이에 비해 뚝배기는 된장국을 여전히 먹는다는 사실과 가스레인지의 불구멍에 맞도록 그릇 형태가 개량되면서 입식 주방에서도 여전히 그 기능을 유지하고 있다.

이처럼 부엌 공간과 조리기구의 변화가 일정하게 음식의 내용을 변화시킨다면, 대체 가능한 조리기구의 발명은 공간의 변화에도 불구하고 전래음식의 소비를 더욱 강화시키는 경향을 보이기도 한다. 앞에서 살핀 이천읍 율현리의 O씨 집에는 장독대 뒤에 김치광이 있었는데, 1999년에 김치냉장고를 구입하면서 김치광을 폐쇄했다. O씨는 여전히 이웃 부인들과 11월 셋째 주에 품앗이로 김장을 한다. 김장김치의 일부는 김치통에 넣어 거실의 창가에 두고, 나머지는 김치냉장고에 넣어두고 먹는다. 여기서 김치냉장고의 발명은 김치광이 지니고 있던 본래의 기능을 십분 살리면서 외형의 변화를 가져온 문화 적응의 한 사례라고 볼 수 있다.

성남시 분당의 한 아파트에 거주하는 C씨[18]는 김치를 그때그때 공장에 주문해서 먹기 때문에 2000년 현재 김치냉장고를 구입할 의사가 없다. 아울러 장류도 대부분 사 먹기 때문에 아파트 베란다에는 옹기가 없다. 또 냉장고는 음식 재료와 반가공 음식, 그리고 완전 조리 음식을 보관하는 예전의 찬장 기능을 한다. C씨의 경우 음식 재료를 모두 아파트 단지에 있는 슈퍼마켓에서 구입하기 때문에 냉장고는 필수적인 음식의 저장 공간이 된다. 특히 냉장고의 냉동실에는 장기간 저장할 음식 재료들을 보관하고 냉장실에는 주로 반찬을 보관한다. 냉장실에는 김치류와 반찬류가 주류를 이루지만, 참깨 · 참기름 · 케첩 · 마요네즈 · 고춧가루 · 불고기양념 · 실고추 등 충분히 상온에서 저장이 가능한 것들도 신선도를 유지하기 위해 넣어둔다. 반드시 냉장실로 들어가지 않아도 될 음식 재료들이 냉장실에 들어간 것은 냉장고의 구체적 기능보다는 바뀐 물건에 대한 적응 과정으로 냉장고의 찬장화가 이루어졌음을 말한다.

또 공간의 변화로 인해 새로운 현상이 생기기도 했다. 조리기구가 실제 사용 여부와 관계없이 그 종류와 가짓수가 많아졌다는 점이다. 아파트에 사는 C씨의 경우 냄비는 대형 2개, 중형 5개, 소형 1개가 있다. 대형 냄비는 보통때 사용하지 않고, 곰탕을 끓이거나 수정과와 호박죽 등을 만들 때 사용한다. 보통때는 중형 냄비가 주로 사용되는데, 국을 끓이거나 채소를 데칠 때 사용한다. 소형 냄비는 라면이나 적은 양의 국을 끓일 때 사용한다. 이외 법랑냄비가 2개 있으나 잘 사용하지 않는다. 프라이팬은 중형 4개와 소형 2개가 있지만 주로 중형을 사용한다. 여기에 잘 사용하지는 않지만 돌로 만든 프라이팬이 2개나 있다. 커피포트 소형 1개는 커피 물을 끓일 때 사용하지만, 중형 2개는 거의 사용하지 않는다.

사실 한국의 옛 살림집에서 음식을 조리하는 데 사용하는 조리기구는 그 용도가 분명하지 않는 경우가 많았다. 대체로 솥과 솥뚜껑이 주된 조리도구였다. 그런데 무쇠솥이 부뚜막과 함께 사라지면서 서양식 조리도구가 주된 기구로 자리를 잡았다. 용도별로 구분이 되는 서양식 조리기구는 한국음식의 조리에 어울리지 않는 경우가 많다. 하지만 주부들은 서양식 입식 주방의 공간 구성에 맞게 조리도구를 마련하는 경향이 강하다. 특히 오늘날 혼인을 하면서 신부 측에서 마련하는 주방 살림도구들은 아파트 건설업체와 주방도구 판매업자와의 마케팅 전략에 따라 과도하게 준비된다. 조리도구뿐만 아니라, 식기도 부부가족 중심으로 유지되는 3~4인의 식구 구성원을 뛰어넘는 양이 마련되는 경향이 강하다.

여기에서 오늘날 한국인의 음식 소비와 관련된 식구 범주가 실제 동거자보다 훨씬 넓을 가능성을 보여준다. 부부의 양가 부모와 형제자매가 식구의 범주에 들어가기 때문이다. 기업에서는 이러한 인식을 바탕으로 판매 전략을 세운다. 대표적인 사례로 생활도자기를 판매해온 업체들이 신혼부부용으로 내놓은 상품을 들 수 있다. 1990년대 초반까지는 대가족을 염두에 두고 제품이 기획된 경우가 많았다. 그러다 보니 1970년대 이후 결혼한 부부의 가정에는 식구 수보다 훨씬 많은 식기를 가지고 있는 편이다.

주거 공간의 변화와 좌석 배치

집이라는 공간에서 이루어지는 음식 소비의 핵심적 공간은 식탁이 놓인 곳이다. 경제적인 조건과 살림집의 공간 구성에 따라 식탁이 고정되어 있는 식당이라는 공간이 별도로 존재하는 경우도 있고, 그렇지 않은 경우도 있다. 가령 미국의 중산층이 일반적으로 거주하는 집에는 식사를 할 수 있는 공간이 두 군데이다. 하나는 정규 식사가 이루어지는 식당(dining room)이며, 다른 하나는 부엌에 붙어 있는 간이식탁(breakfast area)이다. 이에 비해 한국의 전통적 식탁은 이동이 가능한 소반이나 교자상이다. 부엌에서 식탁을 차린 주부는 그것을 들고 방으로 옮긴다. 식탁이 놓인 방이 곧 식사시간 동안에 식당이 된다. 반면 입식 주방의 집에서는 고정된 식탁이 존재하는 경우가 많다. 이때 특별한 경우를 제외하면 식탁은 주방과 연결된 공간에 위치한다. 곧 주방과 식당은 하나의 연결된 공간 내에 존재하게 된다.[19]

한국의 전통적 식탁이 지닌 이동성은 음식을 소비하는 공간이 고정되어 있지 않는 경향이 강하다. 그래서 일상적 식사는 침실로 쓰는 방이나, 마루에서 이루어지는 경우가 대부분이다. 간혹 잔치가 있으면 마당이라는 공간이 식사 장소로 구성되기도 한다. 그런데 사람들의 식사 행위에서 남녀의 구별, 가장과 구성원 사이의 구별, 그리고 주인과 손님의 구별 등이 식탁의 좌석에서 표현된다. 곧 음식 소비가 이루어지는 식탁은 다른 한편에서 사회관계를 표현하는 상징적인 장소가 된다.

조선시대 양반의 경우 가장은 독상을 받았으며, 나머지 식구들은 겸상을, 그리고 주부를 비롯한 여성은 부엌의 찬방이나 안방에서 별도로 식사를 해야 한다는 일정한 규범이 있었다. 이 경우 가장이 식탁을 독점하여 가장권을 표현했다. 아울러 남녀 사이에서 식탁을 어떻게 사용하는가는 가족 내에서 남녀의 성 역할이 어떻게 규정되는가를 확인할 수 있는 자료가 되기도 한다. 한국의 농촌에서 적어도 1950년대까지 행해지던 일반적 식사 관행은 남녀의 성 역할을 확인시켜준다.[20] 남자들은 상에서 각자의 밥그릇에 담긴 밥을 먹지만, 여자들은 먼저 남자들의 상을 차려준 후에 안방에

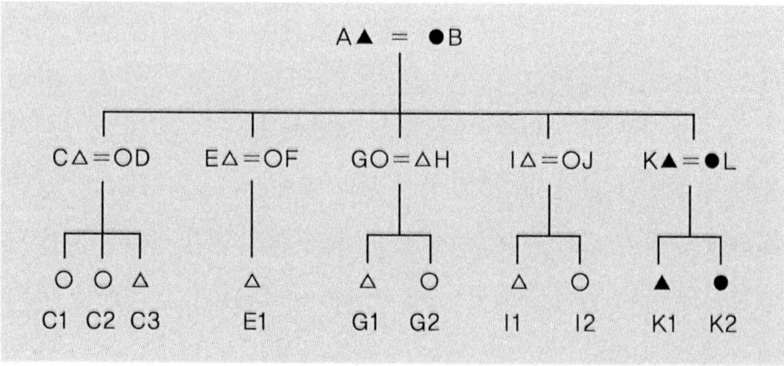

* 본인은 A이다. 굵은 표시(▲, ●)는 이 집의 실제 거주자
* 왼쪽부터 연장자

〈그림 2〉 A씨 친척도

서 상을 놓고 하나의 함지박에 밥을 담아 함께 먹거나 부엌에서 남은 밥을 함지박에 담아 함께 먹었다. 곧 남녀가 안방에서 다 같이 먹는 경우, 남녀가 각각 사랑방과 안방에서 따로 먹는 경우, 남녀가 각각 안방과 부엌에서 따로 먹는 경우로 나뉘었다. 이러한 현상은 각각의 가정이 인식하고 있는 남녀의 성 역할에 대한 차이에 따라 다르게 적용되었다.

이와 같이 식사 형태와 좌석 배치는 가족 내에서 남녀의 위계를 표현하는 한 방식이다. 식사가 이루어지면서 어떤 자리에 앉는가 하는 문제는 가족구성원 내의 위계는 물론이고, 서로 간의 관계를 설정하는 중요한 표징이 된다. 그런데 최근 아파트나 그와 유사한 공간에 거주하는 한국의 가정에서 남녀 구별이 뚜렷하게 식탁에서 나타나는 경우는 드물다. 특히 거실에서 식사를 할 경우 텔레비전의 위치가 좌석 배치에 매우 중요한 기준이 되기도 한다. 아랫목과

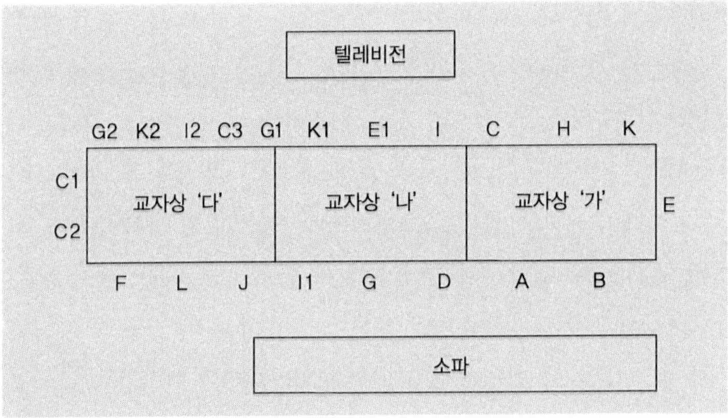

〈그림 3〉 A씨의 명절 식사 좌석 배치도

윗목이 사라진 오늘날의 아파트 거실에서 텔레비전을 잘 볼 수 있는 자리가 곧 아랫목이 되는 경우가 많다. 서울 강남구 대치동의 한 아파트에 사는 A씨[21]의 집에서 2001년 설날 식사 장면을 관찰한 결과, 텔레비전 위치는 물론이고 이외의 조건들이 좌석을 고정하는 역할을 했다.

이 집에 실제로 거주하는 사람은 A, B, K, L, K1, K2이다. 나머지 사람은 명절을 맞이하여 모였다. 명절임에도 불구하고 A씨 부계혈통의 여자와 그의 가족이 모두 모인 이유는 명절 오후의 저녁식사 시간이기 때문이다.[22] 이 집은 35평형 아파트여서 주방과 연결된 식탁이 있지만, 평소에도 식사는 교자상을 펴서 거실에서 한다. 특히 대식구가 모인 경우에는 교자상 세 개를 연결해 거실에서 식사를 한다.

이날의 좌석 배치에 대해 살펴보자. 먼저 거동이 불편한 A(가장)

가 식사를 하면서 허리를 기댈 수 있도록 소파 쪽 좌석에 앉았다. 그러다 보니 자연히 B(가장의 부인)가 식탁의 가장 오른쪽에 앉게 되었다. 당연히 A와 B는 이 집단에서 가장 위계가 높은 사람들로 텔레비전을 향해 앉았다. 이로 인해 교자상 '가'에는 이 집단에서 가장 위계가 높은 사람들이 앉게 되었다. 장남인 E, 셋째아들 K, 사위인 C와 H가 이 자리에 앉았다. 모두 남자이다. 다만, 둘째아들 I는 교자상 '나'에 앉았다. I의 동생인 K가 현재 이 집에 살고 있기 때문에 부모와의 친근성이 고려되어 이런 좌석 배치가 만들어졌다. 여기에 이른바 '백년손님'이라고 일컬어지는 사위들까지 교자상 '가'에 앉고 나니 자리가 부족한 이유도 있다. 교자상 '나'는 기본적으로 교자상 '가' 집단과 교자상 '다' 집단의 완충적 위치에 있는 사람들이 앉았다. 즉 I, K1, E1, D, G, I1은 시부모인 A, B와 며느리인 F, J, L 사이에서 일정한 경계 역할을 한다.

전체에서 중간 지점은 중심이지만, 다른 측면에서 보면 경계가 된다. 비록 예전처럼 남녀 혹은 가장과 그 구성원들이 분리되어 식사를 하지는 않지만, 이 집의 경우에 교자상 '가'는 남성의 공간이고, 교자상 '다'는 며느리가 중심인 여성의 공간으로 구별된다. 보통 전체 식탁의 중앙이 핵심적인 자리가 되는 경우가 많은데, A씨의 명절 저녁식사에서는 중간이 남성과 여성을 구분하는 경계의 지점이다. 음식의 소비 과정에서 나타나는 경계의 지점은 여러 가지가 있다.[23)]

〈그림 3〉의 좌석 배치도대로 앉은 사람들의 가족 구성은 기본적으로 하나의 확대가족과 네 쌍의 부부가족이 연합된 상태이다. 오늘날 한국의 많은 가족은 실제 거주자와 명절에 모이는 가족의 범

주가 다른 양상을 보인다. 특히 설과 추석 명절 때는 가장의 부모에 대한 차례가 주된 행사이기 때문에 가장의 직계 부계혈통 집단이 그 구성원이 된다. A씨의 경우에도 그러한 양상이 확연히 드러난다. 제사나 잔치 혹은 어른의 생일과 같은 날을 제외해도 이들의 관계는 직계이기 때문에 수시로 모인다. 즉 거주를 하지는 않지만 상상 속의 식구 범주(category)는 실제로 특별한 날 모이는 직계혈통으로 이루어진 〈그림 3〉의 집단(group)이 되는 경우가 많다.

A씨의 명절 식사에서 무엇보다 중요한 점은 좌석 배치의 기준이 소파와 텔레비전이라는 데 있다. 남자와 여자, 그리고 중간 집단의 세 좌석으로 나누어 식사를 하면서도 동시에 텔레비전이 잘 보이는 곳과 그렇지 않은 곳의 위계도 이 좌석 배치에 나타난다. 부모인 A와 B, 큰며느리 F와 둘째 며느리 J, 이 집에 동거하는 셋째 며느리 L, 딸 G와 D, 가장 어린 손자 I1이 모두 텔레비전이 잘 보이는 자리에 앉았다. I1을 제외하면 각각의 교자상에서 가장 높은 위계에 있는 사람이 텔레비전을 보면서 식사하는 특권을 누린다. 아랫목과 여닫이문이 기준이었던 옛 살림집에서의 식사와 확연히 달라진 모습이다. 아울러 이러한 현상은 적어도 1980년대 이후 텔레비전이 보편화되면서 생겨난 도시 가정의 일반적 식사 모습이라고 할 수 있다.

이중적인 식구집단

양평군 강상면 세월리에 거주하는 H씨[24]의 경우 2000년 김장 때 배추 500포기로 김장김치를 담갔다. 김장은 음력 10월 말에 하며,

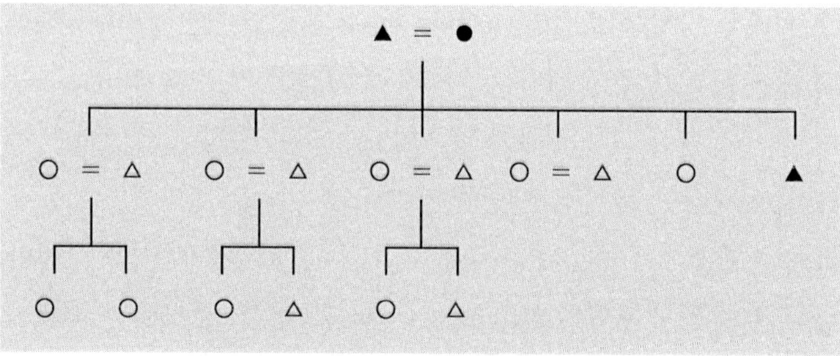

* 굵은 표시(▲, ●)는 이 집의 실제 거주자

〈그림 4〉 양평군 강상면 세월리 H씨의 김장김치를 함께 나누는 확대가족

금요일에 절여서 토요일과 일요일을 이용하여 담근다. 예전에는 이웃사람들과 품앗이를 했지만, 요즘에는 사람을 사서 배추를 절인다. 일요일에 딸들이 와서 함께 절인 배추에 속을 넣는다. 이 집에서 하는 김장 500포기는 현재의 거주자인 부부와 아들이 소비하기 위해 마련되는 것은 아니다. 시집을 간 네 명의 딸 식구들을 포함해서 전체 가족이 먹기 위해서 마련된다. 따라서 이 집의 김장은 H씨 아래의 부계혈통 집단이 먹기 위해 마련되는 것이다. 이는 1990년대 이후 한국사회에서 확대된 식구의 범주를 보여주는 사례이다.

농촌의 부모가 도시의 자녀들에게 김장김치를 분배하는 이러한 현상은 오늘날 한국사회에서 흔히 볼 수 있다. 그 이유를 분석해보면 다음과 같다. 오늘날 한국인은 김치를 자가 생산하든 아니면 공장제 생산품을 구입해서 먹든 두 가지 방식을 통해서 확보한다. 그런데 1950년대 이전에 태어난 주부들은 대체로 김치를 자가 생산해서 먹어야 한다고 생각하는 경향이 강하다.[25] 반면에 1950년대 이후에 태어난 사람들은 김치를 구입해서 먹어도 무방하다고 생각한다. 1950년대 이전 세대와 이후 세대 사이에는 김치 구입에 대한 다른 생각을 갖고 있으며, 농촌의 부모는 자가 생산한 김치를 가능한 도시의 자녀에게 분배하려 하고, 도시의 자녀들은 경제적 측면과 함께 위생과 맛 등의 요인을 고려하여 부모가 직접 담근 김치를 공급받는다.

이 과정에서 농촌의 부모와 도시의 자녀 사이에는 음식물의 교환이 일어난다. 특히 김치의 분배가 가능한 인간관계는 다른 의미에서 그들이 원래 하나의 식구 구성원이었으며, 자녀들이 분가하여 각각의 가족을 형성한 후에도 김치를 공식(共食)하는 범주적 구성원으로 인식된다는 사실을 이 사례를 통해 알 수 있다. 따라서 김치의 공식집단은 실제로 거주하는 동거인 식구보다는 확대된 부계가족인 경우가 많다. 그런데 H씨 집의 경우 식사 때 사용하는 수저는 부부와 막내아들의 것만 별도로 정해져 있을 뿐 시집간 딸과 사위, 그리고 손자녀들의 수저는 특별히 정해져 있지 않다. 그들은 실제로 같은 식구가 아니기 때문이라고 생각한다. 또 딸들의 경우에 시집가기 이전에도 개별로 수저가 정해져 있지 않았다. 이와 같이 수저는 실제 동거자 중 남성 식구를 표현하지만, 김장김치는 부계의 모든 자녀를 식구집단으로 여긴다.

오늘날 식사를 함께하는 한솥밥의 '식구'라는 측면에서 가족을 분석하면 대체로 두 가지의 합집합이 존재한다. 첫 번째는 실제로 동거하면서 공식하는 집단으로 대체로 부부와 그들의 자녀로 구성된다. 이들은 실제로 동거하는 식구집단이다. 두 번째는 명절 · 생일 · 제사 등과 같은 행사가 있을 때 모이는 조부모와 그들의 자녀부부, 그리고 손자녀로 구성되는 이른바 부계 확대가족을 말한다. 이들은 실제로 함께 거주하는 경우도 있지만 대부분은 따로 거주하면서 특별한 날 식사를 함께하는 범주적 공식집단이다. 그런데 이들 사이에서 종종 김치 · 간장 · 된장 · 고추장과 같은 저장음식이 분배되기도 한다.

지속과 해체의 길목에 선 어머니의 맛

앞의 글을 통해서 오늘날 한국인이 지닌 '식구'에 대한 인식이 중층적 구조 아래에 놓여 있음을 발견했다. 즉 한국인이 지닌 식구의 범주에는 같은 집에서 실제로 동거하면서 음식을 함께 소비하는 집단과 그렇지는 않지만 조부모를 중심으로 하는 확대된 대가족이 동시에 공존한다. 동거하는 식구집단은 일상적 음식 소비를 공유하지만, 확대된 식구관계는 명절 · 제사 · 가정행사 등이 있을 때만 작동하는 인간관계이다. 비록 일부의 사례에 지나지 않지만, 간장 · 된장 · 고추장 · 김치 등은 확대된 식구 범주 안에서 교환되기도 한다.

여기에서 주목해야 할 점은 농촌의 부모가 이들 음식을 생산하여 도시에 사는 자녀들에게 분배해준다는 데 있다. 이를 통해서 농촌의 부모는 멀리 떨어져 있는 자식과의 연계를 계속 유지하려 한다. 비록 1990년대 이후 김치 · 간장 · 된장과 같은 저장음식의 공장제 생산이 급속하게 증가했지만, 이 과정에서 발생한 재료 자체에 대한 불신, 가짜 공장제 식품, 그리고 생산 과정의 비위생 문제 따위는 농촌에 거주하는 부모의 역할을 더욱 강화시켰다. 농촌의 부모가 만든 음식은 안전하다는 인식도 생겨났다. 특히 농촌에 거주하는 어머니의 손맛이 식탁에 올라올 수 있다는 판단은 경제적 효과와 함께 심리적 안정도 가져다주었다.

이러한 확대된 식구 범주를 유지시켜주는 힘이 1950년대 이전에 출생한 농촌 출신 부모에게서 나온다는 사실도 놓칠 수 없는 대목이다. 이들은 적어도 혼인을 하기 전과 그 이후에도 직접 먹을거리를 재배하면서 대다수의 음식을 직접 조리하여 장만하는 세대들이다. 그렇기에 자신들의 친정어머니 혹은 시어머니로부터 전수받은 음식 조리기술을 가지고 있다. 심지어 그들은 1960~1970년대에 정부에 의해 행해진 식생활 개선운동의 피교육 대상자였으며, 그 과정에서 개량된 조리기술도 배운 사람들이다.

그런데 문제는 이 세대에 속하는 어머니의 자녀들은 그렇지 않다는 데 있다. 특히 1950년대 이후에 출생한 한국의 여성들 가운데는 가정에서 음식을 생산하는 주체로서 그 이전 세대가 배워왔던 조리기술을 익힐 기회를 갖지 못한 경우가 많았다. 여성들의 교육기회가 늘고, 도시화로 인해 공장을 비롯한 산업현장에서 노동을 해야 했던 1950년대 출생 여성들은 그 이전 세대에 비해 가정에서 음식을 배우고 장만할 기회가 많지 않았다. 결국 한국사회가 겪은 1970~1980년대의 도시화와 산업화, 그리고 여성의 사회참여 확대는 1950년대를 기준으로 그 이전과 이후 세대 사이에 집에서의 음식 장만에 대한 태도를 바꾸는 계기가 되었다.

1950년대 이후 출생한 여성들이 60~70세가 되는 2020년대가 되면 과연 이러한 저장음식의 확대된 식구 관념이 지속될 수 있을까? 나는 사라질 가능성이 많다고 본다. 그들은 더 이상 스스로 만든 음식을 혼인한 자녀들과 나눌 수 있는 조리기술을 가지고 있지 않기 때문이다. 아울러 식품회사에서 생산하는 저장음식과 각종 조리식품, 그리고 배달 음식의 발달로 인해 이전 세대가 관습처럼 지니고 있었던 조리기술이 더 이상 유지되지 않을 가능성이 많다. 그 대신에 요리학원과 같은 전문기관과 각종 요리책이 한국음식의 조리기술을 전달하는 역할을 맡게 될지 모른다. 특히 외식업체에서 익힌 입맛은 식구의 입맛을 대신하기도 한다. 식구는 존재하지만 식구의 입맛은 존재하지 않기 때문에 집집마다 지속되던 음식맛도 전국화 혹은 표준화의 길을 걸을 가능성이 많다.

나는 이 글에서 주택의 변화가 집에서의 음식 장만과 식사 방식을 일정하게 변화시켰다고 보았다. 아울러 주택의 변화는 동거하는 가족의 형태도 부부가족 중심으로 변화시켰고, 그 결과 식구집단의 양상도 달라졌다. 하지만 여전히 '조부모+부부+손자녀'로 구성된 확대된 대가족이 명절음식과 조상 제사의 음복, 그리고 저장음식을 서로 나누는 확대된 식구로 유지되고 있음도 확인했다. 또 식구를 키워드로 하여 한 사회의 음식문화가 지닌 양상을 살피는 연구 역시 상당한 의의가 있음을 알았다. 그래서 식구론에 대한 심층적인 연구는 바로 음식인문학을 시작하는 출발선이 된다.

2장

기대와 현실의 괴리, 한류와 한국음식

《동아일보》 2006년 4월 1일자에 〈음식세계 '음식한류(飮食韓流)'〉라는 제목의 기사가 실렸다.[1] "'한국은 좁다.' 국내 식품업계의 해외 진출이 새로운 전기를 맞고 있다. 그동안 수출에 주력해오던 식품업계는 최근 들어 해외 현지 공장 건립, 현지 기업 인수합병(M&A)에 눈을 돌리면서 빠르게 글로벌화하고 있다. 이들은 '한국의 맛'을 전 세계에 전파하는 첨병 역할을 톡톡히 하고 있다"로 기사의 내용이 전개된다. 그러면서 세계 각국에서 한국음식을 내세운 한국 식품업체들이 얼마나 영업에서 성공을 거두고 있는지를 소개하고 있다. 이 기사에 내가 주목한 이유는 이러한 한국 식품업체의 해외 진출을 두고 '음식한류'라고 부른 데 있다.

주지하듯이 '한류(韓流)'는 1990년대 말부터 동남아시아와 중국 대륙에서 일기 시작한 한국 대중문화의 유행을 가리키는 말이다. 특히 1996년 한국의 텔레비전 드라마가 중국 대륙에 수출되었고, 2년 뒤에는 가요 쪽으로 확대되면서 한국 대중문화가 일대 유행했다. 1996년 3월, 베이징 FM방송국에서 '서울음악실(漢城音樂廳)'이라는 프로그램을 시작하면서 중국 대륙에서도 한국 대중음악, 그중에서도 케이팝(K-pop)이 유행했다. 1997년에 이 방송의 아나운서가 한국 대중가요에 빠져 있는 마니아들을 두고서 '한뤼우(韓流)'라는 표현을 썼다. 그후 중국의 언론 종사자들 사이에서 이 말이 수용되어 1999년 11월 19일자 《베이징칭넨바오(北京靑年報)》에서 '한뤼우'라는 용어를 담은 기사를 내보냈다.[2]

이런 면에서 1990년대 후반 이후 동아시아를 중심으로 전개된 한국 대중문화인 가요·영화·드라마 등의 인기와 그 유행을 한류라고 부르는 것은 당연하다. 그런데 이 기사에서는 '음식한류'라는 말을 내세워, 이제 대중문화뿐만 아니라 한국음식도 한류 유행에 편승하여 동아시아는 물론이고 세계 각지에서 인기를 누린다는 주장을 펼치고 있다. 과연 '음식한류'는 한류와 함께 이어지는 또 다른 한국문화의 유행이라고 보아도 좋을까? 실제 일본에서는 2002년 한일월드컵과 한류 바람을 타고 한국의 소주업체인 '두산경월'이 일본 소주시장의 10퍼센트를 점유할 정도로 성장했다.

특히 2004년과 2006년 사이에 타이완 · 홍콩 · 일본 · 중국 등지에서 방영된 드라마 〈대장금(大長今)〉의 인기는 한국음식을 이들 지역에 본격적으로 소개하는 결과를 낳았다. 그래서 언론매체에서는 이제 드라마 〈대장금〉에 표현된 한국음식을 이들 지역의 사람들이 소비하겠다는 의지를 보이고, 이에 따라 한국음식점의 매출이 급증하고 있다는 보도를 내보냈다. 한국의 식품업체인 '농심'은 "매운맛으로 세계시장을 공략하겠다"는 전략으로 일본과 중국은 물론이고, 미국과 중남미의 현지인에게 농심 라면의 판매를 확대하려는 노력을 기울였다. 특히 농심은 매운맛을 현지인에게 가르치겠다는 공세적 판매 전략으로 어느 정도 시장 개척에 성공했다.

한류의 유행과 함께 한국음식 혹은 한국 식품업체의 해외 진출이 그 전에 비해 쉬워진 것은 분명하다. 그만큼 이들 지역에서 지금 진행되고 있는 한국에 대한 이해가 그 전에 비해 훨씬 구체적이며, 이로 인해 '음식한류'라는 말이 생길 수 있을 정도에 이르렀다는 사실은 분명해 보인다. 앞의 기사에서 언급하고 있는 '음식한류'란 말은 한류의 한 현상으로서 한국음식의 유행을 지칭한 것이 아니라, 한국음식도 대중문화 위주의 한류 현상처럼 외국에서 인기를 누릴 수 있다는 의미에서 사용한 말로 보아야 한다. 왜냐하면 한국음식은 한류 현상이 본격화되기 이전부터 외국에 알려지기 시작하여 인기를 누린 적이 있기 때문이다.

20세기 이래 음식은 특정 민족의 문화적 정체성(identity)을 드러내는 가장 중요한 문화 요소 중 하나로 인식되어 왔다. 학술적으로 '민족음식(ethnic food)'[3)]이라고 불리는 음식은 20세기 이래 확산되기 시작한 자본주의적 경제체제를 근간으로 하여 근대적 국민국가의 틀 속에서 형성되어 왔다. 최근 지구촌화(globalization)가 급속도로 진행되는 과정에서 문화적 다양성을 이용한 민족음식의 유행은 그것에 대한 새로운 관심을 불러일으키고 있다.[4)] 이런 면에서 1980년대는 전 지구적으로 민족음식이 유행을 하기 시작한 시점이라고 해도 과언이 아니다.

한국음식은 1980년대 이후 1986년 아시안게임과 1988년 서울올림픽, 그리고 한국인의 해외여행 자유화 등에서 한국인의 자기 정체성을 드러내는 수단으로 인식되기 시작했다. 더욱이 한국사회가 외국에 개방되면서 한국음식은 민족 정체성을 표현하는 산물인 동시에 영양학적으로도 어떤 민족의 음식에 비해서도 우수하다는 자부심을 갖도록 만들었다. 다시 말해 1988년 서울올림픽과 한국정부의 해외여행 자유화, 그리고 2002년 한일월드컵은 한국사회를 급속하게 개방시킨 사건이었다. 이를 통해서 자국과 외국을 구분하게 되는 타자화(他者化) 과정을 한국인들 다수는 경험했다. 사실 여행이라는 과정을 통해서 다른 민족의 음식을 알게 된 사람들은 자기 나라에서도 외국 또는 다른 민족의 문화를 간접적으로 경험하기 위해 특정한 민족음식을 먹기도 한다.[5)]

나는 일찍이 '한류'에 대한 한국학계에서의 연구가 다음의 세 가지 경향을 지니고 진행되었다고 생각한다. 첫 번째는 한류를 한국 문화의 역동성에서 나온 것이라고 전제하고 문화산업의 전략으로 접근하는 입장이다. 두 번째는 한류를 매스미디어 산업의 세계화 경향이 낳은 결과라고 보고, 이것은 결코 한국 대중문화의 경쟁력에서 나온 것이 아니라는 입장이다. 세 번째는 한류가 한국사회의 열린 개방성과 닫힌 민족주의의 갈등 과정에서 생겨난 결과라고 보는 입장이다. 한류 연구에 대한 세 경향을 염두에 두고, '음식한류'가 지닌 학문적 의의를 살핀다면, 한류 그 자체의 사회문화적 의미도 밝힐 수 있다고 믿는다.

〈겨울연가〉가 해체시킨 호루몬야키

일본에 사는 한국인이나 조선인의 입장에서 보면 도쿄는 오사카와는 분명히 다르다. 적어도 오사카 시내에는 이른바 '자이니카'(재일동포를 남북한의 정치적 상황을 고려하지 않고 가능한 객관적으로 부르려고 하면서 생겨난 용어다. '재일 코리언'을 줄여서 이렇게 부른다)들이 집단적으로 거주하는 조선인촌이 있는데 반해, 도쿄 시내에는 그런 곳이 없기 때문이다. 그런데 2000년이 되면서 도쿄 시내, 그것도 번화가로 잘 알려진 신주쿠(新宿)와 가부키쵸(歌舞伎町)를 남북으로 이어주는 '쇼쿠안도리(職安通り)'에 100여 개가 넘는 한국 음식점들이 즐비하게 자리를 잡기 시작했다.

왜 도쿄 시내 중심가의 한 통로가 온통 한국음식촌으로 자리를 잡게 된 것일까? 이 사건에는 오로지 한국인 '김근희'[6]라는 한 사람의 대단한 노력이 그 바탕에 깔려 있다. 50대 초반의 김근희는 쇼쿠안도리에서 가장 큰 한국음식 전문 슈퍼마켓인 '한국광장(韓國廣場)'을 운영하는 사장이다. 김근희는 식민지라는 역사적 불행 속에서 일본에 건너온 자이니카 제1세대에 들지 않는다. 그는 1981년에 일본으로 유학을 와서 명문 히토쓰바시대학(一橋大學)에서 사회학 박사과정을 마친 지식인이다. 1965년에 한·일수교가 이루어졌지만, 식민지 경험의 그늘은 한국사회에서 좀체 걷히지 않았다. 1981년에 우후죽순으로 생겨난 한국 대학들의 일문과 교수들은 고향에 가면 자신의 전공을 국문학이라고 속이지 않을 수 없을 정도로 감정의 앙금은 대단했다. 일본사회 역시 그 사정은 마찬가지였다. 일제시대 일본의 조선인에 대한 '국민화(國民化)' 정책은 제2차 세계대전 이후 자이니카를 외국인으로 인정했지만, 차별은 더욱 심해졌다.

하지만 1950년대에 태어난 한국인 중에는 식민지 경험을 직접 하지 않았기에, 전 세대에 비해 좀 더 개방적인 사람도 많았다. 특히 1970년대 이후 일본과의 문화적 교류가 증가하면서 일본 유학이나 사업을 목적으로 일본에 들어온 후 아예 정착하는 사람들도 늘어났다. 이들을 일본의 자이니카 사회에서는 뉴커머(New Commer)라고 부른다. 제1세대가 역사적 불행 속에서 일본에 살게 되었다면, 뉴커머들은 북한과 남한이라는 정치적 갈등도 없을뿐더러 목적이나 배경도 완전히 다르기 때문이다. 김근희 역시 뉴커머에 속하는 한국인이다. 더욱이 일본정부의 통계청에서 근무를 한 경험도 있는 그는 이른바 '일본통'이라고 해도 과언이 아니다.

일본사회는 에도(江戶)시대 이래 철저하게 지역적 기반을 매개로 하여 인적 관계가 하나의 틀 속에 묶여서 운영되었다. 특히 에

도시대의 맹주였던 쇼군 도쿠가와(德川) 집안은 불교의 사찰을 통해서 사람들의 출생과 죽음, 그리고 한 가족의 재산을 관리하도록 하고, 신도(神道)의 신사(神社)로 하여금 살아 있는 사람들의 지역적 활동을 통제하도록 만들었다. 모든 지역은 '한(藩)'의 영주 관리 아래에서 세금을 대신하는 '물건'을 만드는 직인(職人) 집단으로 분업화했다. 특히 도시의 상가(商家)는 동일 직업 집단끼리 상인조직을 구성하도록 하여 상호 협력과 견제가 가능하게 만들었다. 메이지(明治) 정부의 근대화 이후 일종의 '조합(組合)'이라는 근대적 조직을 통해 각각의 인적 관계는 더욱 강력하게 지역적 기반과 결합했다. 이로 인해 '신사'가 존재하는 지역의 상가는 철저하게 오래된 인적 관계 아래에서 조직적으로 운영되었다.

김근희가 쇼쿠안도리에서 가게를 열면서 주목한 점은 이러한 일본의 상인조직이었다. 그는 자신이 그들 조직에 포함되지 않으면 살아남기 어렵다고 판단했다. 그렇지 않을 경우, 안정된 가게 운영을 하지 못할뿐더러 지역사회로부터 수시로 '이지메'를 당할 수밖에 없다고 보았다. 제1세대 자이니카들이 일본사회에 정착하기 어려웠던 것 중 하나도 이러한 일본의 사회조직 시스템 때문이었다. 스스로 일본 전문가를 자처하는 김근희는 쇼쿠안도리에서 가게를 열고 얼마 후에, 이곳의 현지 상인회를 찾아갔다. 유창한 일본어로 자신이 그들의 상인회에 가입하겠다고 말했다. 그러나 상인회에서는 외국인이 가입한 사례가 없기 때문에 어렵다는 대답을 내놓았다. 비록 '외국인 등록증명'은 있지만, 그는 일본사회에서 영원한 이방인임에 틀림없기 때문이다. 그런데도 그는 수차례 상인회를 다시 찾아가서 설득 작업을 했고, 외국인이라는 특별대우에 걸맞게 회비를 현지인에 비해서 더 많이 내겠다는 제안도 했다. 결국 그들을 설득한 김근희는 단순한 가입에만 머물지 않고, 상인회의 각종 활동에도 적극 참여했다. 이러한 김근희의 태도에 감동을 받은 현지인들은 10년이 지나서 그를 상인회 부회장 자리에까지 앉도록 해주었다.

2005년 7월 초순, 도쿄의 우에노(上野) 역에서 전철을 타고 신오쿠보(新大久保) 역에 내린 나는 1993년 봄에 방문했을 때와 크게 달라지지 않은 역사의 모습에서 친근감을 느꼈다. 그러나 역사를 오른쪽으로 끼고 나오자 아연 놀라지 않을 수 없었다. '7월 15일 초복'이라는 한글 안내판을 붙인 '한국 가정요리, 그린식당'은 자칫 서울의 어느 음식점 뒷골목을 연상케 했다. 비록 간판이나 이미지가 일본임에 틀림없지만, 이곳에 많이 몰려 사는 한국인들을 위한 안내판임을 눈치 챌 수 있었다. 이 식당을 지나자 '가타카나'로 '엘도라도'라고 상호를 내건 가게는 길거리 광고판에서부터 내부의 집기들까지 온통 한국 배우들, 특히 남자 배우들 사진으로 가득 채워져 있었다. 그곳이 바로 일본에서의 한류 붐을 확인하는 현장이었다.

아예 '한류관'이라는 이름을 붙인 점포에는 한국어 · 한국가요 · 한국음식 등을 가르치는 클래스를 운영한다는 안내판도 나붙었다. 제법 무더운 날씨임에도 그냥 지나가는 사람들이 아니라, 이곳을 일부러 찾아온 고객들이 제법 많았다. 어학 연수를 와서 이곳에서 아르바이트를 하는 박씨 성을 가진 한국인 여대생은 요사이 일본 여성들이 한국 남성 배우들을 너무 좋아해서 자신도 의아할 정도라고 했다. 주말이면 하루에 수백 명의 손님이 올 정도라고 하면서 한류로 인해서 요사이 도쿄의 한국인들은 무척 행복하다는 말도 덧붙였다.

한국음식점과 민박으로 가득한 골목을 빠져나오면 쇼쿠안도리의 대로가 나온다. 이곳에서 가장 눈에 띄는 곳은 바로 '감자탕'을 판매한다는 식당이다. 온통 빨간색으로 간판을 장식한 모습 그 자체가 서울 근교의 감자탕집과 닮았다. 신오쿠보에는 일본인을 대상으로 한 한국식당뿐만 아니라, 어학 연수를 온 한국의 젊은이들을 위한 식당과 민박도 많다. 그래서 한국에 있는 식당들이 이곳에도 있다. 갈비집이나 실내포장마차는 물론이고, 한국식 가라오케가 이곳에 있는 이유도 그 때문이다.

하지만 이곳의 주인공은 앞에서 밝혔듯이 김근희가 운영하는 '한국광장'이다. 1990년대 초반 김근희는 한국식품 전문 슈퍼마켓을 이곳에 열면서 주된 고객으로 자이니카가 운영하는 한국식당의 주인들을 생각했다. 적어도 재료만이라도 한국 본토의 것을 사용한다면 훨씬 맛이 좋을 것이라고 생각했기 때문이다. 그 당시 제1세대 자이니카가 운영하는 한국음식점은 상당히 일본식으로 바뀐 한국음식을 만들어 판매했다. 자연히 뉴커머인 새로운 한국인들 입맛에는 썩 맞지 않았다. 이 점에 착안하여 그는 한국에서 수입한 식품 재료들을 제공하겠다는 생각을 가졌고, 여기에서 출발한 사업이 바로 지금의 '한국광장'이다.

나는 실로 10여 년 만에 변모한 김근희의 모습을 그의 사무실에서 대면했다. '한국광장' 2층에 마련된 그의 사무실은 소탈한 그의 이미지만큼이나 간단했다. 하지만 이미 어느 정도 성공한 사람에게서 느낄 수 있는 자신감은 10년 전과는 달랐다. 그는 만나자마자 자신이 세운 앞으로의 목표는 한국의 생활문화를 일본에 심는 것이라고 했다. 즉 "룩 앤 필 코리아(look and feel Korea)!"가 슬로건이라고 하면서 그는 예의 지식인 사업가다운 태도를 보였다.

이 슬로건은 오로지 김근희 개인의 감각적 판단에서 나온 것은 아니다. 미국의 관광인류학자 루시 롱(Lucy M. Long)은 세계가 지구촌화되면서 사람들이 자주 이문화(異文化) 여행을 할 수 있게 되었고, 그 과정에서 직접 보고 느낀 경험이나 현지 음식을 먹어본 체험은 여행자가 귀국 후에도 계속해서 소비하려는 의지를 보인다[7]고 했다. 곧 김근희의 '룩 앤 필 코리아'는 2006년 일본의 한국 마니아들에게 가장 적절한 표현이었다.

한국 드라마나 영화에 나오는 장소에 실제로 가보고 싶어 하는 일본인들의 태도는 이미 1980년대부터 형성된 자국의 '드라마 투어' 이벤트에 대한 경험에서 나왔다. 〈겨울연가〉가 방영되자마자 그 인기를 예감하고 한류 전문잡지를 기획하여 일본 최초로 무크지를 펴낸 교도통신사(共同通信社)의 〈BSfan〉 시리즈의 편집장 구라모토 요시코(倉本善子)는 처음 한국을 방문했을 때 전혀 '드라마 투어'가 준비되어 있지 않은 데 놀랐다고 한다. 그는 한국관광공사를 직접 방문하여 그러한 준비가 필요하다는 점을 강조하기도 했음을 자랑스럽게 여겼다.

1970년대 이후 일본인들의 한국관광은 남성 위주의 '기생관광'이었다. 그러나 1997년 홍콩이 중국 대륙에 반환되면서 젊은 직장 여성들이 쇼핑관광의 대상지를 홍콩에서 서울로 바꾸었다. 아마 식민지 시대부터 이어진 기생관광의 이미지가 완전히 탈바꿈하기 시작한 때도 이 시기일 가능성이 많다. 지금이야 사정이 많이 바뀌었지만, 적어도 〈겨울연가〉가 대단한 인기를 누렸던 때 일본인들이 가장 많이 방문한 외국은 한국이었다. 그 과정에서 쇼쿠안도리의 진면목이 여지없이 진가를 발휘하기 시작했다. 한국에 직접 가지 않아도 한국을 체험할 수 있는 장소이면서, 동시에 한국 드라마나 영화와 관련된 각종 책과 캐릭터 들을 살 수 있는 곳으로 쇼쿠안도리가 주목받았다.

게다가 〈겨울연가〉 촬영 현장을 직접 보기 위해서 한국으로 관광을 다녀온 사람들이 그 체험에서 가졌던 느낌을 좀 더 지속시키고 싶을 때도 도쿄에서는 쇼쿠안도리에 오면 가능했다. 히라타 유키에(平田紀江)는 2004년 여름, 도쿄에서 50대의 일본인 여성 회사원과 인터뷰를 했다. "한국음식도 만들어요. 신오쿠보도 석 달에 한 번은 가서 한류 상품을 산 김에 한국요리를 먹기도 해요"라고 했을 정도이다.[8] 그러니 신오쿠보에 있는 많은 한국 관련 점포들을 찾는 주된 고객은 일본인임에 틀림없다. 24시간 영업을 하는 김근희의 '한국광장' 역시 고객의 60퍼센트 이상이 일본인들이라고 한다. 로스앤젤레스나 뉴욕, 그리고 베이징 등에 형성된 '한인타운'과 신오쿠보가 다른 점은 앞의 장소가 주로 현지의 한국인을 주 고객으로 한 반면, 쇼쿠안도리는 현지인인 도쿄 사람들이 주 고객으로 몰려든다는 데 있다.

사실 한국·대륙 중국·일본 세 나라는 지리적으로도 역사적으로 매우 가까운 사이이다. 마치 서유럽의 여러 나라들처럼 공통의 역사적 경험들을 지식에서, 일상에서, 종교에서 많이 공유하고 있다. 그런데 문제는 대부분의 공통된 경험이 책을 통해서 이루어졌다는 데 있다. '한자'라는 문자를 통해서 이루어진 공감은 결코 일상생활을 서로 공유하고 이해하는 기회를 제공하지 않았다. 더욱이 20세기 전반기에 이루어진 제국과 식민지의 불행한 경험은 상호 이해의 구체성을 더 멀어지게 했다. 그 대신 상호간에 굳건하게 자리잡은 것은 바로 '민족'이란 이름의 '이미지'였다.

2004년에 나온 일본영화 〈피와 뼈(血と骨)〉에는 제주도 음식인 '애저'를 생으로 먹는 장면이 주인공 김준평으로 분한 기타노 다케시의 열연 속에서 등장한다. 요사이 한국인들도 돼지고기나 그 내장을 생으로 먹는 이 모습을 보고 그다지 유쾌하게 여기지 않을 터인데, 실제로 일제시대 일본인들은 어떠했을까? 나도 2004년 제주대학교에서 열린 심포지엄에 참석하여 이 음식을 맛보았다. 실로 그 맛을 표현하기 어려울 정도이지만, 귀한 재료로 만든 음식이라는 현지인들의 말에 불만을 토로할 수 없었다. 일본인은 동물 내장을 가리켜 '호루몬(ホルモン)'이라 부른다. 특히 자이니카 제1세대들이 잘 먹는다고 하여, 조선인을 비하하는 말로도 '호루몬'이란 말이 쓰였다.

한때 서울 상왕십리에 즐비했던 곱창구이 골목은 한국인이 내장구이를 좋아한다는 사실을 보여주는 증거이다. 그런데 왜 일본인은 조선인을 다른 말로 '내장'이라 불렀을까? 적어도 에도시대 일본인은 공식적으로 육식(肉食)을 할 수 없었다. 불교가 일본에 전래된 이후 인간의 생사여탈권을 쥐고 있었기 때문이다. 1871년 메이지유신 4년째 되는 해, 12월에 천황은 스스로 육식을 실시하여 육식금지령을 해제했다. 서양인들이 대단한 육체와 지적 능력을 가진 이유는 육식을 하기 때문이라고 당시의 문명개화파들은 믿었다. 그들은 일본인의 체력을 서양인처럼 만들기 위해서라도 육식이 필요하다고 생각했다. 반면 쌀은 자연친화적이며, 일본인은 서양인에 비해 결코 야만적이지 않기 때문에 육식을 하면 안 된다는 주장도 만만치 않았다. 당연히 20세기 초반까지도 육식과 밀가루 음식을 일상적으로 먹는 일본인들은 그다지 많지 않았다.

그런데 1920년대 이후 일본에 강제적으로 혹은 자발적으로 온 조선인들이 현지인이 먹지 않고 버린 소나 돼지의 내장을 구워 먹는 장면이 목격되었다. 육식에 대해서도 아직 완전하게 보편화되지 않았던 일본인의 입장에서 보면, 내장을 구워 먹는 조선인의 모습은 충격적일 수밖에 없었다. 1923년 간토대지진 이후 더욱 맹렬해진 식민지 국민에 대한 차별은 '호루몬'이라는 비하적 표현으로 조선인을 대신하도록 만들었다. 하지만 전후 일본인 노동자들 사이에서도 호루몬을 구워 먹는 '호루몬야키(ホルモン焼き)'가 인기를 모았다. 고된 노동을 마치고 소주로 몸을 가눌 때 가장 좋은 안주였다. 특히 내장을 고치에 말아서 숯불에 구워 먹는 '구시야키(串焼き)'는 단연 술안주의 으뜸으로 서민들 사이에서 인기를 누렸다. 요즘도 후지산 관광지에서든, 마쓰리(축제)를 하는 신사 앞에서든, 아니면 도시의 골목 구석구석에서 쉽게 발견하는 술집이 바로 '야키도리집(焼鳥の屋)'이다. 야키도리도 알고 보면 호루몬야키에서 진화한 음식이다. 그러니 자이니카 제1세대의 흔적이 여기에도 남아 있는 것이다.

호루몬야키와 함께 1930년대 자이니카 제1세대에 얽혀 있는 이미지는 '야키니쿠(焼肉)'라는 고기구이를 통해서도 나타났다.[9] 1930년대 후반 오사카의 조선인 사회에는 갈비집〔焼肉屋〕이 도처에 있었다. 이들 식당에서는 갈비를 숯불에 굽는 것을 주된 메뉴였다. 정대성(鄭大聲)은 당시 오사카에 있던 조선식 요리집에서는 냉면과 야키니쿠를 전문적으로 판매했다고 주장한다.[10] 이들 식당이 개업한 후 2~3년도 되지 않은 시점에 조선인은 물론 일본인 사이에서도, 이 야키니쿠가 인기를 누린 이유는 테이블 가운데 불판을 놓고 손님이 직접 구워 먹도록 하는 조리법 때문이었다.

하지만 그 이름은 결코 요즘처럼 '가루비'(갈비의 일본식 발음)나 '부루고기'(불고기의 일본식 발음)가 아니라 일본어 야키니쿠였다. 제1세대 자이니치들은 일제 때 일본의 국민이 되도록 포섭되었기 때문에 그들의 음식도 일본 이름으로 불릴 수밖에 없었다. 2007년 7월 초순, 나는 신오사카가 바라보이는 '히로쥬산혼마치(東十三本町)'의 술집 골목에서 '호루몬야키'를 판매하는 식당을 찾았다. 젊은이들이 술집 안팎에 서서 각종 꼬치구이를 안주 삼아 술을 마시는 장면에서 일제시대 조선인의 모습을 발견하기는 쉽지 않았다. 비록 지금도 오사카 시내의 조선인 거주지에는 야키니쿠를 판매하는 집들이 많지만, 그 풍미는 상당히 한국적으로 변했다. 적어도 1990년대 이전까지 일본사회에서 한국인 혹은 조선인을 상징하는 음식은 마늘 냄새에서 시작하여 호루몬야키와 야키니쿠, 그리고 기무치로 이어졌다. 한국음식의 이미지는 그 정도에서 고정되어 있었다.

관광이나 직접 접촉의 경험보다는 오로지 다른 민족에 대해 '이미지'로만 평가하던 시절, '민족음식'은 한국인이나 조선인을 비하하는 매개물로 이해되었다. 하지만 1980년대 일본사회의 외국관광 붐과 함께 다국적 문화에 대한 관심이 증대되었다. 특히 2002년 한일월드컵 공동 개최는 새로운 세대가 중심이 되어 서로를 이해할 수 있는 기반을 제공해주었다. 그 과정에서 생겨난 한국 대중문화의 인기는 한국인과 일본인의 직접 접촉을 가능하게 만들었다. 현재 일본에서는 이미지로 자리 잡은 한국음식이 아니라, 실제 한국인의 생활 속에서 소비되는 음식을 더 좋아하는 사람들이 늘고 있다. 20세기 초반에 형성된 근대적 민족음식 이미지가 지금 일본에서는 해체되어가고 있는 것이다.

베이징의 한류와 조선·한국 음식점

한·중수교가 수립된 이듬해인 1993년, 베이징 톈안먼(天安門) 동남쪽에 있는 류리창(琉璃廠)은 한국인 관광객으로 연일 장사진을 이루었다. 조선 후기 수많은 실학자들이 베이징에 와서 류리창의 서점에 들려 서양의 진기한 지식들을 섭렵했듯이, 골동품에서 고전적(古典籍)에 이르기까지 한국인의 관심이 미치지 않는 곳이 없었다. 이러한 즐거운 노동을 하고 나면 대부분의 한국 관광객들은 류리창 입구에 있는 베이징 '카오야(烤鴨, 오리고기구이)'로 유명한 '첸쥐더(全聚德)'라는 식당에서 식사를 했다. 사실 그 식당의 길 건너 서쪽에는 조선 '카오뤄(烤肉)' 식당이 있음에도 발길을 옮기는 한국 관광객은 많지 않았다.

원래 카오뤄는 옌볜(延邊)과 선양(沈陽)에 각각 형성된 조선식당촌에서 그 조리법이 만들어진 이후, 1980년대 개혁개방과 함께 베이징에 들어왔다. 옌볜 방식은 양념이 달고 육질이 질긴 편이지만, 선양 방식은 달지 않고 육질이 부드럽다. 베이징에서 성공한 조선 카오뤄는 당연히 선양 방식이었다. 왜냐하면 쇠고기를 별로 좋아하지 않는 베이징 사람들의 입맛에 맞추려면 고기는 돼지고기처럼 부드러워야 하고, 맛은 짠 편이 더 잘 맞았다. 류리창 입구의 조선카오뤄 식당을 찾는 주된 고객은 당시에 이미 한족들이었다.

1980년대 초반 개혁개방이 이루어지기 이전, 베이징 시민들은 대부분 위와 아래를 따지지 않고 국가기관에 근무하는 사람들 위주였다. 중국 공산당에서 부르는 호칭인 '조선족' 중에 베이징에 살 수 있었던 사람은 극소수의 대학교수와 소수민족 관련 정부기관에 근무하는 사람들이었다. 이들을 상대로 조선식당이 운영될 수는 없었다. 톈안먼 서북, 베이징 아동병원 교차로에 있는 조선렁멘(朝鮮冷麪) 식당은 1950년대 중반 이후 줄곧 그 장소에 있었다. 마오쩌둥(毛澤東)의 소수민족 우대 정책으로 생겨난 이 식당의 냉면은 서울식과는 전혀 다르다. 1993년 내가 찾은 이 식당은 비위생적인 데다가 냉면 맛도 좋지 않았다. 당연히 베이징에 오랫동안 산 한국인들도 이 냉면집을 잘 알지 못했다.

1993년 당시의 사정이 이러하자, 베이징에 오는 한국인 관광객을 대상으로 하는 한국식당이 곳곳에 자리를 잡기 시작했다. 한국의 대기업이 직접 운영하는 대규모 한국식당은 물론이고, 소자본을 갖고도 중국에서 성공할 수 있다는 희망을 가진 사람들이 베이징의 한국인 집단 거주지 근처에서 한국식당을 개업했다. 그러나 생각만큼 그 출발은 쉽지 않았다. 한국인 주방장과 관리자를 직접 베이징으로 불러와야 했기에, 물가 차이에 비해 식당 운영비는 서울과 다를 바가 없었다. 일종의 주재원이 된 그들을 위해서 지출해야 하는 경비가 서울과 마찬가지였다. 급여와 함께 그들을 위해서 합법적으로 마련해주어야 하는 외국인 거주지역 아파트 값이 만만

찮은 부담이었다.

이런 불합리성을 옌볜에서 온 조선족은 하나의 틈새로 생각하고 파고들었다. 지금은 달라진 모습이지만, 2000년 이전에 베이징 서북쪽 교외에 있는 중국언어문화대학교 근처의 '우다쿼(五道口)'라는 곳은 조선족 상인들이 운영하는 이른바 '조선식당'으로 가득 차 있었다. 그들은 이곳에 많이 몰려 살던 한국 유학생들을 대상으로 값싼 조선음식을 제공했다. 그런데 싼 값에 비해서 그 맛은 서울과 비교가 되지 않았다. 이에 비해 베이징의 중심 도로인 '창안쮀(長安街)' 주변에 있는 고급 한국식당은 그 값이 서울과 거의 비슷했다. 여기에 한국인·조선인·중국인이 합작하여 법적 안정성과 서울의 음식맛을 유지하면서 값싼 인력으로 운영하는 방식의 한국음식점도 생겨났다. 적어도 1996년을 전후한 시점에 베이징에서는 한국인이 운영하는 한국음식점은 어느 정도 안정적인 기반을 확보하는 듯했다.

그러나 1997년 한국의 IMF 경제위기는 베이징의 한국음식점 중에서 한국인 독자 업체를 한국으로 돌려보내는 데 결정적인 역할을 했다. 한순간에 베이징의 많은 한국음식점들이 문을 닫아버렸다. 사실 베이징의 대형 한국음식점은 한국인에게만 의미 있는 곳은 아니었다. 중국인 중 갑자기 부자가 된 사람들은 갈비 1인분에 약 30달러씩 하는 한국음식을 몇 인분씩 먹고 나서, 100원짜리 인민폐가 가득한 가방을 계산대에 내려놓으며 계산하기를 좋아하는 사람들이 많았다. 이들에게 당시의 고급 한국음식점은 음식맛보다는 부를 과시하는 장소로 이용되었다. 지금이야 이런 모습을 보기 어렵지만, 당시만 해도 돈을 과시할 수 있는 곳이 베이징에는 그다지 많지 않았다.

이런 과정에서 한국음식에 대한 베이징 사람들의 관심이 이전에 비해 많아진 것도 사실이다. 그런데 한국음식이 바로 '카오뤄'라는 인식은 베이징 사람들에게 결코 새롭지 않았다. 이미 조선족을 통해 이해한 조선음식의 연장에서 1990년대 말, 베이징에 한국음식이 존재했을 뿐이다. 중국인 중 한족은 자신들의 문화적 경계를 대단히 넓게 설정하는 습관이 있다. 오랜 시간 동안 한족과 비(非)한족을 구분해온 경험도 있지만, 가능하면 쉽게 한족으로 포섭해버리는 능력도 뛰어났다. 20세기에 들어와서 불행하게도 중국의 소수민족 중 하나가 되어버린 조선족에 대해서 그들은 단지 '한어(漢語)'를 한다는 사실만 두고 광의의 중국인으로 포섭해버렸다. 그러니 한국음식을 외국 음식으로 인정하기가 쉽지 않고, 한국음식은 또 다른 조선음식의 연장이라는 인식이 여전했다.

2006년 5월, 나는 베이징의 가장 바깥을 순환하는 제6순환도로의 서쪽 끝에 자리 잡은 어마어마한 건물 앞에 서 있었다. 외관이 마치 중세 유럽의 궁전과 같은 이 건물은 한국식으로 말하면 '사우나'와 각종 게임을 할 수 있는 복합 레저센터쯤 된다. 이 건물의 주인은 30대 중반의 조선족 장문덕(張文德)이다. 입구에서는 마치 경찰관과 비슷한 제복을 입은 젊은 청년 둘이 거수경례를 했고, 1층은 예전 경복궁 앞 중앙박물관 로비를 능가하는 규모와 시설을 갖추었다. 약 20분을 1층 로비에서 기다린 후 간신히 장문덕 사장을 만날 수 있었다.

그를 만나려 한 결정적 이유는 2002년부터 베이징의 '조선·한국' 음식점의 으뜸으로 자리를 잡은 '한나산(漢拿山)'을 운영하는 장본인이었기 때문이다. 내가 여기에서 왜 '조선·한국'이란 말을 함께 사용하는가? 이 식당의 음식은 결코 한국음식이 아니다. 그렇다고 옌볜의 조선음식도 아니다. 이 두 음식의 특징을 복합했다고 해야 적절한 것 같아서 이런 말을 붙였다. 장문덕은 중앙민족대학교를 입학할 정도로 조선족 중에서는 수재에 속했다. 그가 입학한 해가 바로 한·중수교가 이루어진 다음해였고, 그는 공부를 포기하고 한국관광객 가이드를 하던 그의 형과 함께 사업에 몰두했다.

처음에는 제법 돈을 많이 벌었지만, 그 일에 뛰어드는 경쟁자가 많아지면서 수입은 점차 줄어들었다. 결국 1995년 베이징의 하이뎬취(海澱區) 중앙민족대학교 근처 골목에서 '시골집'이란 작은 음식점을 개업했다. 근처 한국인이 경영하던 갈비집 '수원성'의 반액에도 미치지 않는 값으로 한국 유학생들이 찾아오게 했다. 하지만 사업을 크게 확장할 정도로 당시 베이징 사람들의 수입이 많지 않았고, 한국인이 운영하는 한국식당들과 경쟁하기에도 한국음식 맛을 내는 데 자신이 없었다. 그러던 중 1997년 IMF 경제위기로 한국식당들이 베이징에서 갑자기 사라졌다. 이에 반해 베이징 사람들의 수입은 이전에 비해 상상조차 할 수 없을 정도로 늘어났다. 이제 한 사람이 식당에 와서 인민폐 100원 정도 쓰는 일은 쉬워졌다.

이때 장문덕이 생각한 것이 바로 한국식당의 메뉴와 인테리어를 흉내 내면서 한국식당의 값만큼 비싸지 않다면 성공할 수 있을 거라는 전략이었다. 우선 '카오뤄'는 이미 베이징에서 현지화가 이루어진 선양의 조선 카오뤄 방식을 택했지만, 그 시설은 한국인들이 가르쳐준 대로 연기가 심하게 나지 않는 숯불 시설을 갖추었다. 인테리어와 서비스는 한국식당 수준으로 하면서 가격은 싸고, 맛은 조선식으로 한 '한나산'은 2001년에 베이징에 1호점을 낸 후, 2002년에 4곳, 2004년에 10곳, 2005년에 16곳에 분점을 개업했다. 쇠고기와 돼지고기의 각 부위를 제공하는 '카오뤄'와 함께 주문해서 먹을 수 있는 반찬은 김치 · 콩나물 · 조림 등 한국식당과 마찬가지로 했다. 여기에 돌솥비빔밥이나 지지미 같은 음식은 한국의 드라마와 영화에 나오는 음식들이다. 이에 비해 개고기무침은 전형적인 옌볜식 음식이니, 이 식당은 분명히 '조선·한국' 음식점임에 틀림없다.

하지만 식당을 장식하는 이미지는 매우 한국적이다. 여자 종업원들은 드라마 〈대장금〉으로 익숙한 조선시대 궁녀의 상징인 당의(唐衣)를 입었다. 혹시 모든 종업원이 조선족인지 궁금해서 물었더니, 대부분이 한족이라고 했다. 조선족을 종업원으로 고용했을 때, 인건비나 서비스 면에서 그다지 좋지 않았던 경험을 장문덕은 가지고 있었다. 내가 식당을 찾았을 당시, 20대 후반의 중국인 남녀 손님은 돌솥비빔밥을 맛있게 먹고 있었다. 그들에게 이 식당의 인상이 어떠냐고 물었다. 값은 베이징의 보통 식당과 비슷하지만, 인테리어가 깨끗하고 종업원의 서비스 태도도 매우 좋고, 맛도 좋단다. 그들은 텔레비전에서 보았던 한국음식들을 이렇게 중저가의 한국식당에서 먹을 수 있어 자주 온다고 했다.

2006년 당시, 베이징에서 드라마 〈대장금〉의 인기는 여전히 대단했다. 베이징의 최첨단 지역인 '중관춘(中關村)'에 있는 비빔밥 전문점에서는 매주 일요일마다 비빔밥 만들기 경연대회를 여는데, 매번 참가자들이 끊이지 않았다. 심지어 '커라이더(客來德, together)'라는 패밀리레스토랑에는 중국음식은 물론이고, 멕시코

음식과 한국음식도 메뉴에 올랐다. 그중에는 '부뚜이탕(部隊湯)'이란 이름으로 '부대고기찌개'도 나오니 경이로울 정도이다. 하지만 이러한 경향은 결코 한국음식이 베이징 사람들에게 하나의 '민족음식(ethnic food)'으로 이해되어 생겨난 결과는 아니다.

그보다는 경제적 성장과 함께 2008년 베이징올림픽이라는 특수와 맞물려서, 이른바 '신파이베이징차이(新派北京菜, 새로운 북경음식)'의 하나로 일부 한국음식이 채용되었을 뿐이다. 그것도 '전통'이라는 이름에 걸맞은 한국음식보다는 요사이 한국의 젊은이들이 즐겨먹는 음식들에 베이징의 젊은이들이 더 많은 관심을 보인 데서 생겨난 경향이라고 할 수 있다. 이 점은 도쿄의 〈겨울연가〉 마니아들도 마찬가지다. 김근희 씨 부인이 운영하는 도쿄 쇼쿠안도리의 '한국학생식당'은 마치 드라마에 나오는 분식집과 똑같다. 이곳에서 떡볶이나 닭발조림을 안주 삼아 한국 소주를 마시면 마치 드라마의 주인공과 비슷한 경험을 자신도 한다고 착각한다. 비록 도쿄보다는 훨씬 덜 하지만, 베이징의 젊은이들도 '전통'이란 이름이 붙은 '한국음식'보다는 자신들과 비슷한 한국 젊은이들이 먹는 음식을 더 즐긴다.

에스닉과 내셔널 사이에 선 한식 세계화

드라마 〈대장금〉은 분명히 한국음식을 더욱 다양하게 만드는 원동력이 될 가능성이 많다. 〈대장금〉으로 인해 서울에서는 한국음식을 한층 격상시키기 위한 노력들이 각 부분에서 일어났다. 한국정부의 문화관광부는 2005년에 '한식(韓食)'을 브랜드화하기 위한 정책 포럼을 여러 차례 개최했다. 이른바 '한(韓)' 브랜드화를 통해서 기왕에 조성된 '한류' 유행을 한국 전통문화에도 적용시키기 위한 정책의 일환이었다. 여기에서 논의된 중요한 주제는 한국 전통음식을 어떻게 계승 발전시키고, 궁극적으로 세계화하여 문화상품으로 만들 수 있는가였다. 더욱이 이명박 정부는 '한식 세계화'를 모토로 내세웠고, 2010년 봄에는 한식재단을 설립했다.

그런데 여기서 가장 문제가 되는 것은 한국사회가 한국음식을 통해서 민족적 자부심을 세계에 자랑하려고 한다는 점이다. 한국의 민족주의는 기왕에 식민지 경험을 통해서 강화되었고, 그 이후 남북분단이라는 정치적 상황에서 더 강력한 이념이 되었다. 거기에 1980년대 이후 경제성장을 통한 한국경제의 위상 제고는 더욱 한국 민족주의에 힘을 불어넣었다. 사실 '한류' 역시 "가장 한국적인 것이 세계적이다"라는 구호에서 나온 것이 아니다. 그보다는 미국과 일본을 통해서 배운 다양한 대중문화의 경험들이 한류를 만들어낸 원동력이다. 그럼에도 한국정부와 한국사회는 한류가 동아시아에서 유행하자, 이에 편승하여 한국의 전통문화도 그 반열에 올려놓고 싶어 한다. 한국 민족주의와 결합한 이러한 정책은 한국음식, 그중에서도 전통음식을 세계적 문화상품으로 만들기 위한 정책적 전략으로 입안되기에 이른다.

2000년 이후 한국사회에서 전개된 '한류 현상'에 대한 다양한 연구들도 주로 한류의 실체와 그것을 통한 국가 이미지 제고나 한국문화 상품의 수출을 통한 경제적 이익 창출, 그리고 이를 통해서 한국문화의 세계화를 꾀할 수 있는가에 집중되었다. 결국 한국 대중문화를 소비하는 각 지역의 소비층에 대한 면밀한 검토가 이루어지기도 했지만, 그 배경에는 하나의 시장(market) 요소로서 소비층의 반응을 살피려는 목적이 있었다. 이로 인해 한국의 대중산업을 선도하는 기업이나 한국정부는 스스로를 문화의 발신자(發信者)로 생각하고, 가능한 우월적 자세를 취한 상태에서 문화정책을 입안한다.

산업사회에서 대중문화는 대중의 문화이면서 동시에 경제적 측면에서 이익을 창출하기 위해 움직이는 산업에 의해서 생산·분배되는 상품이라는 이중적 성격을 지닌다.[11] 이런 면에서 한류를 소비하는 각 지역의 소비자들은 자신들이 속한 지역사회의 사회문화적 조건에 맞추어 한국의 대중문화를 상품으로 소비하는 사람들이다. 그런데 한류 유행을 두고 한국정부나 한국사회는 거꾸로 스스로 감탄하고 열광하는 분위기에 빠졌다.

1990년대 일본의 대중문화가 아시아에서 일대 유행했다. 그 이유를 두고 이와부치 고이치(岩渕功一)는 1990년대 이후 아시아 지역에 많은 근대 도시 공간이 생겨났고, 고도의 경제성장을 달성하고 자본주의 근대 문법을 철저하게 받아들이려는 경향이 생겨났기 때문이라고 해석한다.[12] 결국 매스미디어의 전지구화(globalization)는 동아시아 지역의 대중문화 흐름을 활발하게 만들었으며, 이 흐름을 초국가적(transnational) 왕래라고 부를 수 있다.[13] 초국가적 왕래는 다양한 형태로 전개된다. 한국의 입장에서 1990년대는 국민국가의 틀 속에서 성장해온 기업이나 단체, 혹은 개인들이 어느 때보다 쉽게 국가의 규제나 구속력에서 벗어날 수 있었다. 특히 1988년 서울올림픽을 계기로 공산권 국가들과 수교가 이루어지면서 외국여행이나 해외에서의 기업활동이 세계 어느 곳에서나 가능하게 되었다. 더욱이 중국·베트남·러시아 등지에서 이루어진 개방정책과 경제적 발전은 한국사회가 의도하지 않아도, 그들 스스로 한국 상품을 소비하는 경향으로 이어졌다. 그 결과가 그들의 한류에 대한 선택과 소비였다.

그런데 2005년 가을을 전후하여 한류에 대한 반감이 중국과 일본에서 생겨나기 시작했다. 이른바 '혐한류(嫌韓流)' 혹은 '항한류(抗韓流)'로 불리며 언론을 장식하고 있는 한류에 대한 반작용은 비록 유행에 대한 반작용이라고 논의될 수도 있지만, 국가와 민족의 틀 속에서 전개된다는 점에서 주목하지 않을 수 없다. 원래 한류는 대중문화의 소비계층인 각 지역의 젊은이들과 밀접한 관련을 맺고 유행했다. 그런데 여기에 국가 이미지 제고와 문화산업을 통한 이익 창출, 민족문화의 세계화 등과 같은 문화정책이 한류와 함께 한국정부의 주도로 펼쳐졌다. 이에 대응이라도 하듯 일본과 중국에서는 안티(anti) 한류가 한국과 한국인에 대한 반대 감정으로 연결되기도 한다.

사실 음식문화는 지구촌화 과정에서 가장 지역적 특성을 드러내는 문화상품으로 인기를 모으고 있다. 특히 외국여행을 통한 현지 음식에 대한 체험적 경험은 각국에서 민족음식을 특별한 문화상품으로 인식하도록 만들었다. 이런 면에서 영화·가요·드라마와 함께 음식문화는 다른 민족과 자국민 사이에 서로의 '생활과 사유'를 이해할 수 있는 좋은 매개물이 될 수 있다. 그중에서도 음식문화는 지속적으로 '자기화' 과정을 통해서 부지불식간에 자국의 음식으로 변모하는 경우도 많다.

따라서 한류의 유행 이전부터, 그리고 유행을 통해서 한국음식이 각국에서 유행한다는 사실은 결코 한국인의 자존심과 우월감이 만들어낸 결과가 아니다. 그보다는 20세기 후반부터 전개되기 시작한 세계화와 아시아 국가 사이의 문화적 교류를 통해서 생긴 결과라고 보아야 옳다. 문화인류학자들이 자주 이야기하는 '에스닉 푸드'라는 말은 근대 이후 국가 사이의 경계를 넘는 이주로 인해서 생겨난 용어이다. 그런데 '에스닉'이란 용어에는 다양성이란 개념이 깔려 있다. 여러 민족이 섞여 있는 경우, 각각의 민족이 지닌 문화적 특질을 비교할 때 '에스닉'이란 표현이 적절하다. 이러한 사정에서 만들어진 '에스닉 푸드'를 한국식으로 번역하면, '민족음식'이 된다. 그런데 한국인의 입장에서 '민족'이란 상당히 '내셔널(national)'한 의미로 다가온다. 북한사회에서 사용하는 '민족음식'은 에스닉 푸드가 아니라, 고유한 자신의 음식인 내셔널 푸드를 가리킨다. 오늘날 한국정부와 식품학계, 그리고 매스미디어가 앞장서는 한식 세계화도 내셔널 푸드를 통한 한국의 경제적 이익을 극대화하자는 생각에서 나왔다.

'음식남녀(飮食男女)'라는 중국의 고사(故事)처럼 음식에는 인간이 지닌 가장 동물적 속성과 문화적 요소가 동시에 존재한다. 그래서 서로 다른 문화에서 음식생활을 공유한다는 것은 가장 근본적인 '생활과 사유'를 이해한다는 의미이기도 하다. 다시 말해, 가장 보수적인 음식생활을 서로 이해하는 일은 상호간의 문화적 이해를 증진시키는 가장 좋은 매개물이 된다. 그래서 나는 한국정부나 한국사회에서 '음식한류'를 공세적인 한국문화 전파로 이해하지 말고, 아시아인의 문화적 공감대를 형성할 수 있는 매개물로 이해하기를 바란다. '음식한류'와 함께 '음식일풍(飮食日風)'과 '음식화풍

(飮食華風)'도 한국사회에서 제대로 인식되어 상호 이해를 돕는 문화적 연대가 일어나기를 기대한다.

3장

한국음식의 매운맛은 어떻게 진화했는가

— 거슬러 올라가는 매운맛의 역사

문화는 정태적(靜態的)인 것이 아니라 동태적(動態的)인 것이다. 전체 사회가 변동함에 따라 하나의 문화 요소도 변동을 수반하며, 동시에 그 문화 요소의 기능 및 상징도 또 다른 변동을 불러일으킨다. 따라서 어떤 문화 요소의 기능이나 상징을 설명할 때는 우선 그 문화 요소의 기능이나 상징이 역사적으로 어떻게 변동되어 왔는가를 살펴야 한다. 동시에 그것이 사회·문화 체계와 어떤 관련성 속에서 형성되었는가에 대해서도 이해할 필요가 있다. 이러한 연구 과정을 통해서만 공시적(共時的) 측면에서 그 문화 요소가 발휘하는 문화적 의미를 제대로 해석할 수 있기 때문이다.

고추는 오늘날 한국인의 음식 소비에서 중요한 규칙으로 통하는 '매운맛'을 만들어내는 물질이다. 아울러 고추는 남자아이의 성기를 상징하는 대용물로도 쓰인다. 최근에는 좀체 찾아볼 수 없지만, 예전에 남자아이를 낳은 집에서는 대문에 금줄을 치고 마른 고추를 금줄 중간에 매달아 다른 사람들에게 남자아이가 태어났음을 알리는 증표로 삼았다. 지금도 남자아이의 성기를 '고추'라고 부르는 관행은 예전이나 다름없다. 또 고추는 그것이 지닌 붉은색으로 인해 벽사(辟邪)의 의미를 지니고 각종 의례에서 의미 있는 소비가 이루어지기도 한다. 조상제사에서 고춧가루가 들어간 김치를 제물로 올리지 않는 집도 있다. 동제를 지낼 때 상당신·하당신 등을 표징하는 대상물에 금줄을 치는 경우 숯이나 통북어 또는 붉은색의 마른 고추를 끼우기도 한다.[1)]또 소주를 내릴 때도 소줏고리 주둥이에 붉은색의 마른 고추를 달아서 잡귀를 물리치곤 했다.[2)] 오늘날에도 고추가 지닌 벽사의 의미는 일정 부분 한국인의 인식에 영향을 준다.

매운맛은 1990년대 중반 이후 세계적으로 유행했다. 나는 이 매운맛이 종래 한국음식의 매운맛을 만들어낸 고추에서 출발한 것이기도 하지만, 다른 측면에서는 멕시코음식의 살사(salsa)가 지닌 칠리소스와 같은 핫소스가 개입했다는 사실에 주목했다. 본래 한국음식의 매운맛은 '달짝지근'한 매운맛인데, 칠리소스의 매운맛은 '혀에 불이 난' 것처럼 맵다. 그런데 '불닭'을 비롯해 1990년대 말부터 젊은이들 사이에서 유행한 매운맛은 핫소스의 매운맛이다. 한국음식이 왜 매워졌는지, 그 진화 과정을 알려면 현재적 문제의식에서 출발하여 그것의 역사적 연원을 살피는 작업이 요구된다. 그래서 이 글에서는 매운맛의 역사를 거슬러 올라가려 한다.

한국의 매운맛, 칼칼한 맛과 얼얼한 맛

> 매운맛의 비밀…… 엔돌핀이 줄~줄, 신진대사 촉진 역할, 스트레스 해소 돕고, 비만·감기예방 효과: 매운맛으로 승부를 건 음식점들이 호황을 구가하고 있다. 입에서 불이 날 정도로 맵다는 '불닭'의 인기는 여전히 뜨겁고, 길거리 포장마차에서 파는 떡볶이나 닭꼬치 등도 요즘은 눈물 콧물 쏙 빼놓을 정도로 맵다. "요즘처럼 어렵고 스트레스 많은 시절엔 스트레스를 한방에 날리는 자극적인 음식을 찾게 된다"는 게 음식 장수들의 한결같은 경험칙(經驗則)이다. 그래서일까. '오징어땅콩' '새우깡' 등 과자들도 '매운맛 버전'을 내놓았고, 외국계 외식업체까지 가세해 고추장과 김치를 첨가한 '매콤한' 피자와 햄버거로 불황 타개를 꾀하고 있다.[3)]

빨간 고춧가루 양념으로 범벅된 낙지가 불판 위에서 지글지글 볶이는 장면, 통통한 낙지에 윤기가 자르르 흐르면서도 매콤해 보여 식욕을 자극하기에 이를 데 없는 이 장면은 텔레비전을 틀면 심심찮게 등장했던 고추장 광고이다. 고추장이 비교적 오래된 이미지를 가지고 있다면, 2004년 갑자기 유행했던 '불닭'은 한국에서 새로운 매운맛을 전개했다. 이에 비해 낙지볶음은 고추장과 결합하여 '한국음식=매운맛'을 대표하는 상징이 되었다. 서울 종로구 종로구청 남쪽 골목에 형성되었던 낙지골목은 한국음식의 매운맛을 대표하는 현장이었다. 이강순실비집, 서린낙지, 원조할머니낙지센터와 같은 상호의 식당들은 매운맛과 낙지볶음을 연결시키는 발신처였다.

그중에서 원조할머니낙지센터의 주인인 박무순은 이 골목이 왜 낙지골목이 되었는지를 알려주는 정보제공자이다. 박무순은 1918년 강화도 하도면에서 6남3녀의 둘째딸로 태어났고, 성장 후에는 인천 송도로 시집을 갔다. 1965년 그는 광화문네거리 동아일보 사옥의 동쪽이자 현 광화문우체국 남쪽에 접해 있던 골목에서 '실비집'이라는 상호의 참새구이집를 인수하여 낙지볶음을 주 메뉴로 하여 장사를 시작했다. 개업하던 무렵 이곳에는 낙지 전문 음식점들이 서너 군데 있었다.[4] 1960년대 제1세대 낙지볶음 업소로 이름을 날리던 가게에는 '미정집'과 '유정집'이 있었는데, 실비집이 시작하고 나서 8~9개월 후에 개업했다. 이 두 가게는 형제간에 각각 장사를 했는데, 그들은 원래 종로 일대에서 장사를 하던 상인이 아니었다. 낙지볶음이 인기를 끈다는 소문을 듣고 실비집 근처로 와서 개업했다. 반면 '서린낙지'는 실비집이 생기기 이전부터 서린동 지역에서 장사를 하고 있었지만 낙지볶음을 팔지는 않았다. '실비집' 낙지볶음이 등장한 이후에 이들도 주 메뉴를 바꾸었다.

박무순의 낙지볶음을 먹어본 사람들은 그 맛이 '칼칼하다'고 한다. 조리에 들어가는 양념은 마늘 · 고춧가루 · 파 · 설탕 등이다. 그 중에서 중요한 양념인 고춧가루는 한때 다른 사람이 빻은 고춧가루를 쓴 적도 있었지만, 지금은 방앗간을 정해놓고 직접 빻아서 쓴다. 낙지볶음에 쓰는 고춧가루는 일명 맵다고 소문난 '청양고추'[5]와 상대적으로 덜 매운 고추를 반반씩 섞어 쓴다. 너무 매우면 낙지볶음의 제맛이 나지 않아서 소비자들이 좋아하지 않는다고 한다. 20~30년 전에는 지금보다 낙지볶음이 더 매웠으나 이 식당을 찾는 젊은 소비자들이 좋아하지 않아 덜 팔리게 되었고, 그래서 덜 맵게 만들게 되었다.

사실 '무교동 낙지골목'이 한창 명성을 날리던 1970년대에 낙지볶음을 먹었던 소비자들은 최근 박무순의 낙지볶음이 덜 맵다는 데 불만을 가진 사람도 있다. 그래서 옆의 다른 식당에서는 청양고추만으로 매운맛을 내서 박무순의 낙지볶음보다 더 맵게 요리한다. 여기에 매운 낙지볶음만을 먹는 것은 부담스러워 항상 조개탕이 함께 나와 낙지볶음의 매운맛을 상쇄시킨다. 이에 비해 불닭의 매운맛은 청양고추의 매운맛과 칠리소스의 매운맛을 섞어 만들어낸 것이다. 다만 불닭의 매운맛은 오랫동안 유행하지 못했다. 연령에 따라 약간의 차이는 있지만, 오늘날 한국인들이 즐기는 매운맛은 한국산 고추에서 나온 매운맛이 주류를 이룬다고 할 수 있다.

한국음식의 매운맛은 캡사이신이 주를 이루지 않는다. 특히 양념으로 만들어진 매운맛은 마늘이나 생강, 심지어 설탕과 함께 버무린 것이기 때문에 핫소스의 매운맛과는 다르다. 이것을 대표하는 음식이 바로 고추장이다. 한국의 고추장은 결코 고춧가루가 주된 성분이 아니다. 순창 전통고추장의 성분 배합 비율을 보면, 대략 '찹쌀(23.8) + 고춧가루(27.8) + 메주가루(8) + 소금(12.5) + 물(22.9) + 엿기름(5)'이라는 보고가 있다.[6)] 이 고추장의 배합 비율은 비교적 재래방식의 고추장이다. 공장제 고추장은 찹쌀 대신에 밀가루나 보릿가루 따위를 이보다 더 많은 배합 비율로 섞는다. 특히 엿기름이 5퍼센트 이상 들어가기 때문에 한국 고추장은 매우면서 동시에 달다.

2004년 8월 18일자 《디지털타임즈》에 실린 '홍초불닭' 사장 홍성표의 인터뷰에서 나는 흥미 있는 사실 하나를 발견했다. "자금이 충분하지 않았지만 그나마 쉽게 시작할 수 있는 것이 음식장사라는 생각에 일본 유학시절 관심을 가졌던 매운 음식을 떠올렸다. 특히 일본에서는 여성들이 다이어트를 위해 고춧가루를 가지고 다닐 정도로 인기를 끌고 있었다. 홍 사장은 혀끝이 얼얼하도록 매운 불닭을 만들기로 했다. '매운 음식은 쉽게 질리지 않는데다 즐겨 찾는 수요층이 적지 않다고 봤습니다. 고기를 닭으로 정한 것은 광우병과 구제역 등 각종 파동을 겪은 쇠고기와 돼지고기에 비해 수요와 수급이 안정적이었기 때문이죠.' 아이디어 구상에서 창업까지 일 년이 걸렸다. 전 재산을 털어 급한 빚부터 갚은 뒤 집을 팔고 지인의 도움을 받아 마련한 1억 2,000만 원의 종자돈으로 점포를 구하고 집기를 들여놨다. 문제는 음식의 맛이었고 관건은 매운맛을 내는 양념소스에 있었다. 홍 사장은 오랜 시행착오 끝에 매운 소스를 개발하는 데 성공했다. 청양고추 등 20여 가지의 재료가 들어간 양념소스는 홍초불닭의 맛을 내는 데 결정적인 역할을 한다."[7)]

2006년 10월 현재, 50개의 프랜차이즈 매장을 전국에서 운영하고 있는 홍초불닭은 사장의 일본 유학 경험을 통해서 칠리소스와 통닭을 결합시켜 그것을 직접 화로에 구워내는 전략으로 어느 정도 성공했다. 홍초불닭은 일본의 매운맛 유행이 한국에 영향을 끼친 결과이다. 2005년 3월 일본 도쿄에, 그리고 4월에 중국 베이징에 매장을 개설한 홍초불닭은 더욱 매운맛을 요구하는 젊은 소비자들을 위해 청양고추와 칠리소스를 배합한 양념을 개발했다. 소비자의 반응에서도 홍초불닭의 매운맛이 재래의 한국적 매운맛과 차이가 있음이 확인된다. "불맛이 느껴지면서 매우면서도 감칠맛 나는 맛,…… 처음엔 그냥 맵구나 하는 정도인데 나중엔 눈물콧물이 나올 정도로 정말 맵다"[8)]라는 표현이 바로 그것이다.

고추가 아메리카 대륙에서 서유럽으로 전래된 초기에 서유럽 사람들은 고추를 약(藥)으로 이해했다. "고추를 먹으면 몸에 원기가 생기고 마음이 가라앉고 가슴의 병을 고치는 데 효과가 있다. 고추는 몸의 중요한 기관을 따뜻하게 해주어 병의 증상을 가라앉히는 데 좋다. 고추는 비록 그 맛이 맵지만 그 약효는 최상급에 가깝다"라는 내용이 16세기 스페인 의사 니콜라스 모나르데스(Nicolas Monardes, 1493~1588)가 쓴 책에 나온다.[9)] 중국과 일본의 경우에도 매운맛은 습윤한 지역에서 몸에 열기를 불어넣는 데 효과적인 약리 기능 때문에 소비한다.

이에 비해 한국인이 매운맛을 즐기는 이유는 앞의 사례에서 밝혔듯이 '이열치열(以熱治熱)'에 있다. 17세기 후반에 온돌이 서민층의 집에까지 보급[10]되면서 한국인은 겨울에 몸에 열기를 내기 위해서 굳이 매운맛 음식을 먹을 필요는 없었다. 한국인의 살림집과 식사 구조에서 겨울에 몸을 따뜻하게 해주는 역할은 온돌과 뜨거운 국물과 찌개에 있었다. 이 점은 중국 쓰촨(四川) 지역과 최근 일본에서 겨울에 매운맛 음식을 즐겨 먹는 양상과는 다른 이유이다.[11]

칠리소스를 이용한 불닭의 매운맛은 각종 간식에 이용되고 있다. 칠리소스가 젊은이들의 입맛을 칼칼한 매운맛에서 눈물 나도록 얼얼한 매운맛으로 그 취향을 바꾸고 있는 중이다. 이것은 한국음식에 존재하는 매운맛과 달리 글로벌한 핫소스의 매운맛이다. 홍초불닭의 주요 메뉴는 닭고기·닭다리·닭날개·조개·해물·곱창 등과 같이 한국인이 좋아하는 재료로 만들어졌다. 그러나 메뉴의 구성은 일본의 서구식 패밀리레스토랑에서 나오는 다양한 음식 구성 방식을 채택했다.

낙지볶음과 같이 1960년대 이후 만들어진 매운맛 음식과 달리 결코 맵지 않게 먹던 음식의 재료인 닭고기나 곱창 등에 칠리소스를 넣어서 매운맛을 강화했다. 하지만 한국인이 매운맛을 즐기는 이유를 꼽는다면 여전히 이열치열 작용이 강조된다. 이 점은 일본처럼 계절적인 특성 혹은 다이어트 등이 강조되는 것과 다르다. 불닭과 같은 매운맛은 이미 한국 고추의 매운맛에 길들여 있는 한국인의 입맛을 더욱 맵게 만든다.

18세기 후반 한국음식에 고추가 들어간 일, 20세기 이후 고추장에 엿기름이나 설탕이 가미되면서 만들어진 단맛 강화, 1980년대 고추의 소과종인 청양고추의 개발과 유행을 통한 매운맛 강화,

1990년대 이후 칠리소스의 매운맛을 첨가시킨 불닭 등으로 그 매운맛의 전개가 변환되었음을 확인할 수 있다.

그렇다면 고추는 언제 한국음식에 들어왔을까? 고추의 원산지는 아메리카 대륙으로 알려져 있다. 일찍이 아메리카 대륙의 멕시코 고원과 안데스 고원에서 발견된 고추의 야생종은 기원전 6600~기원전 5500년 사이의 것이다.[12] 만약 이 시기 이후에 인공재배가 이루어졌다면 고추는 아메리카 대륙의 두 곳을 유전적 중심지로 하여 여러 종류로 퍼져 나갔음을 추정할 수 있다. 1492년 콜럼버스에 의해 아메리카 대륙이 발견된 이래 이 두 곳의 고추 품종은 점차 서유럽 대륙으로 전해졌다. 마야와 아스텍 문명을 건설했던 원주민은 유럽인이 자신들의 땅에 발을 들여놓기 훨씬 전부터 고추를 약용이나 음식 조미료로 사용했다. 특히 초콜릿에 고추를 넣어서 짜릿하고 기분 좋은 자극을 증대시킨 음료를 즐겨 마셨다.[13]

이렇게 서유럽에 소개된 고추는 16세기 이후 구대륙 각지로 전파된다. 오늘날 유럽의 이탈리아 · 스페인 · 터키, 아프리카의 에티오피아와 나이지리아, 그리고 아시아의 인도 · 타이 · 중국 · 한국 등에서는 고추가 음식 조리에 반드시 들어가는 향신료로 쓰인다. 특히 인도의 카레, 중국 쓰촨 지역의 요리, 그리고 한국의 김치에는 고추가 빠지지 않는다.[14] 그런데 아메리카에서 구대륙으로 전해진 고추가 어떻게 이들 지역에 전해졌는지에 대해서는 문헌자료가 충분치 않은 이유로 명확하게 밝히지 못하고 있다.

한반도에 유입된 고추의 역사

고추의 기원과 관련하여 인도 출신의 신문기자 아말 나즈(Amal Nij)는 재미난 주장을 펼친다.[15] 그의 주장에 의하면 고추는 스페인인과 포르투갈인에 의해 아메리카 대륙에서 유럽의 리스본에 당도했다. 그리고 다른 부류의 포르투갈인에 의해 아프리카의 나이지리아와 르완다로 전해졌다. 리스본에 도착한 고추는 포르투갈인에 의해 인도의 서부지역에 소개되었고, 여기서 다시 두 갈래로 나뉘어져서 다른 지역으로 전해진다. 하나는 오스만제국의 인도 서부 침략에 의해 오늘날의 헝가리에 전해졌고, 다른 하나는 포르투갈 상인에 의해 동남아시아 및 중국의 마카오로 전해졌다. 이것이 다시 표류하던 포르투갈 상선에 의해 일본의 나가사키(長坂)로 들어온다. 그때가 바로 1543년 일본력 텐분(天文) 12년으로 조총이 일본열도에 상륙한 사건과 같은 때이다.

일본의 고농서인 《초목육부경종법(草木六部耕種法)》에는 "〔번초는〕 1543년 포르투갈인이 가져왔는데, 그 사실은 남과(南瓜)조에 상세하게 실려 있다"라고 했다.[16] 다시 이 책의 '남과'조를 보면, "남과가 전해진 것은 백 년여 이전 텐분 연중으로 서양인이 처음으로 〔나가사키의〕 분고(豊後)에 상선을 가지고 와서 당시 영주였던 오토모 소린(大友宗麟, 1530~1587)에게 여러 가지의 물건을 바쳤다. 그후 오토모의 허락을 얻어 매년 왔다. 그 시대에 만인(蠻人)들이 남과뿐만 아니라 수종의 작물 종자를 가져왔다"라고 했다.[17] 이러한 사실은 일본의 다른 문헌에서도 확인할 수 있다. 1715년에 간행된 《화한삼재도회(和漢三才圖會)》에는 '번초(番椒)'의 "번(番)

은 남번(南番)을 뜻하는데, 민간에서는 이를 남만호초(南蠻胡椒)라 불렀고, 지금은 도우가라시(唐芥子)[18]라 부른다"[19]는 내용이 있다.

고추가 한반도에 전래된 것에 대해 기록한 조선시대 문헌에도 일본에서 전해졌다는 주장이 지배적이다. 이수광(李睟光, 1563~1628)이 1613년에 펴낸 《지봉유설(芝峯類說)》에는 "남만초(南蠻椒)는 센 독이 있는데 처음에 왜국에서 들어왔다. 그래서 속칭 왜개자(倭芥子)라 하였다. 때로 이것을 심고는 술집에서 그 맹렬한 맛을 이용하여 간혹 소주에 타서 팔고 있는데, 이를 마신 자는 대부분 죽었다고 한다"[20]라고 적었다.

이수광의 집안과 세교관계에 있던 이익(李瀷, 1681~1763)은 《성호사설(星湖僿說)》에서 중국의 진초(秦椒)와 고추를 비교하면서 그것이 다르다고 입장을 정리한 후 "〔중국 청나라 때의 문헌으로 1754년에 발간된〕《성경통지(盛京通志)》에는 진초라는 것이 있다. 그 모양이 대추보다 길고 윗부분이 뾰쪽하다. 막 생겼을 때는 푸른색이다가 익으면 빨간색이 된다. 또 그 열매는 위를 향하기 때문에 천초(天椒)라고 부르기도 한다. 내가 그것을 시험해보니 열매가 많고 맵다. 그러나 이것은 왜인이 번초라 부르는 것과 다르다. 우리나라에서 왜초(倭椒)라 부르는 것은 그 맛이 독하고 매워 사람들이 이것을 먹고 장을 상할 위험이 많다. 우리나라에서 기록하기로는 단지 일본에서 왔다고 하여 왜초라고 부를 뿐이다"[21]라고 했다.[22]

오늘날 중국에서는 고추를 두고 진초라고 부르기도 한다.[23] 그러나 원래 진초는 다른 말로 촉초(蜀椒)·애초(崖椒)·죽엽초(竹葉椒)라 불렸으며, 오늘날 한국에서 '천초(川椒)'라 불리는 것을 가리킨다. 허준(許浚, 1539~1615)이 쓴 《동의보감(東醫寶鑑)》에는 '촉초'에 대한 설명이 나온다. 곧 '촉초'란 중국 촉(蜀) 지방에서 이름난 매운 열매를 가리킨다. 촉이란 오늘날의 쓰촨성을 가리키는데, 역사적으로 유비와 제갈량의 촉국에서 그러한 별칭이 나왔다. 쓰촨성을 줄여서 '천(川)'이라고도 지칭하는데, 그래서 '촉초'를 '천초'라 부르기도 한다고 허준이 '촉초'조의 주석에서 밝혔다. 후에 고추가 들어와 재배되면서 이것은 다시 산에서 나는 매운 것이란 뜻으로 '산초(山椒)'라는 이름을 얻게 된다. 그러니 진초는 고추가 아니라 천초이다.

중국 명나라 때의 이시진(李時珍, 1518~1593)은 《본초강목(本草綱目)》에서 진초를 설명하면서 '생청숙홍(生青熟紅)'이라 했다. 이것은 이시진이 진초와 고추를 혼동했기 때문인 것으로 여겨진다. 중국에서 현재까지 밝혀진 고추에 대한 가장 오래된 기록은 명나라 말기에 고렴(高濂)이 쓴 《준생팔전(遵生八箋)》(1591)으로 알려진다.[24] 이 책의 권16에 '번초(番椒)'는 "그 맛이 맵고 색이 붉은데 사람들이 매우 좋아한다(味辣色紅, 甚可歡)"라는 기록이 보인다. 고렴은 오늘날의 중국 저장성(浙江省) 항쥐(抗州) 사람으로 이 책을 쓸 당시 항쥐에 기거하고 있었다. 이로써 적어도 1591년 이전 중국의 화중(華中) 지방인 오늘날의 창장(長江) 하류지역에 살았던 사람들 사이에서 고추가 재배, 식용되었음을 알 수 있다. 따라서 이시진이 《본초강목》을 쓸 당시에 이미 중국의 남방에는 고추가 전래되었을 것으로 추정된다.

여기서 일본의 나가사키에 고추가 전래된 시기가 1543년이며, 그 이전에 중국의 마카오에 고추가 도착했음을 상기할 필요가 있다. 16세기 중반 이전에 고추는 중국과 일본에 도착했고, 일본에

도착한 고추가 다시 한반도로 들어왔다. 그런데 일본의 다른 문헌에서 고추가 조선에서 전래되었다는 기록이 있다는 점이 문제이다. 1709년에 발간된 《대화본초(大和本草)》에는 "고서에는 보이지 않지만 근래의 책에서 말하기를 고추가 옛날에 일본에는 없었는데, 히데요시공(秀吉公)이 조선을 칠 때 그 나라에서 종자를 가져왔다고 한다. 그래서 그 이름을 고려호초(高麗胡椒)라고 부른다"[25]는 기록이 있다. 오늘날 일본에서는 고추가 포르투갈 상인에 의해서 나가사키에 전해졌지만, 본격적인 전래는 임진왜란 때 조선에서 전해졌다는 설이 지배적이다.

이런 혼란에 대해서 한국식품사를 연구하는 장지현은 다음과 같은 주장을 편다. "일본은 남만사회로부터 텐분 연간(1532~1555)에 남만선을 통하여 고추를 도입했고, 우리나라는 선조 임진란 이전에 일본으로부터 고추를 받아들였으며, 임진란 중에 일본은 우리나라로부터 고추를 역수입하였다"[26]고 보았다. 그러나 그는 어떤 경로를 통해 고추가 임진란 이전에 한반도에 전래되었는지에 대해서는 구체적인 논증을 펼치지 못했다. 나는 장지현의 주장을 수용하면서 동시에 하나의 가설을 제시하려 한다.

우선 조선 전기부터 이루어진 일본과의 무역이 주로 왜구(倭寇)에 의한 것이었음을 상기할 필요가 있다. 왜구는 일본열도 전체의 일본인을 가리키는 말이 아니다. 일반적으로 왜구는 일본열도 내의 경제구조가 지닌 지역적 차이를 반영한 결과이다. 즉 단일한 조선 시장에 대해 일본 각지의 다양하고 복합적인 상업 및 생산의 분업관계가 전개되는 배경에서 왜구의 존재가 드러난다.[27] 비교적 기술 수준이 높았던 일본열도의 혼슈(本州) 지역과 조선왕조가 행한 무역에서 일본이 조선에 수출한 품목은 주로 비단·부채·병풍·칼 등과 같은 고급품이었다. 이에 반해 왜구가 근거지로 삼았던 쓰시마(對馬島)·이끼(壹岐)·규슈(九州) 지역에서는 열악한 생산 조건으로 인해 말·무기·유황 등과 같은 비교적 기술력이 낮은 저급품을 조선에 수출했다. 특히 후추·모과·침향(沈香)[28]·소방목(蘇方木)[29]·물소뿔 등과 같은 타이완·필리핀·동남아시아의 산물이 수출되기도 했다.[30]

여기서 나는 1541년에서 1592년 사이 왜관(倭館)에서 일어난 일에 주목한다. 1541년 웅천(熊川, 지금의 진해)의 내이포(乃而浦)에서 조선의 관병과 왜구 사이에 싸움이 일어나자, 왜관을 동래의 부산포(富山浦)로 옮겼다. 1544년 사량진왜변(蛇梁鎭倭變)으로 왜관을 폐쇄한 후 1547년 정미조약(丁未條約)에 의해 다시 부산포에서만 왜구와의 왕래를 허락했다. 이미 앞에서도 밝혔지만 1543년에 나가사키에 고추가 도착했고, 그것은 남방계 산물로 후추와 함께 부산포에 소개되었을 가능성이 있다. 특히 1547년 이후 1592년 임진왜란이 발발하기까지 부산포는 제한적이나마 왜구와 조선인이 접촉하던 무역 장소였다.

당시 일본은 전국이 혼란기에 빠져 있었기 때문에 전국적인 통일이 이루어지지 않은 시기였다. 이 때문에 오모토씨(大友氏)의 지배에 있던 나가사키는 정치·경제적 측면에서 독자성을 확보하고 있었다. 이것이 일본열도 전체로 고추가 퍼지지 못한 이유이다. 나가사키의 왜구들은 이끼와 쓰시마를 통해 부산포에 드나들었을 가능성이 높으며, 그들은 후추와 함께 고추를 거래물품에 포함시켰을 가능성이 많다. 이후 도요토미 히데요시(豊臣秀吉, 1537~1598)

는 1587년 독자적인 상업조직을 갖고 있던 나가사키를 직접 통솔하게 되었고, 이곳의 상업조직에 대한 권한을 국가적 통제체제하에 두었다.[31)]

나가사키가 도요토미의 통제 아래에 들어갔지만 고추는 일본열도 전체로 퍼지지 못했을 가능성이 많다. 왜냐하면 고추는 후추에 비해 당시로서는 생소한 물품이었기 때문이다. 결국 임진란 발발 이전인 1543년에서 1592년 사이에 고추는 한반도의 일부 남부지역에서 재배되었을 가능성이 충분히 있다. 이것이 임진란 때 도요토미 군사들에게 알려져 고추의 종자가 다시 일본열도의 혼슈 지역으로 유입되는 계기가 되었을 가능성이 있다. 임진란 이후 일본의 문헌에는 고추가 한반도에서 전래되었다고 믿었고, 그 이름도 도우가라시라 했다. 그러나 이러한 논지는 구체적인 사실(史實)의 뒷받침이 없는 현재로서는 가설에 지나지 않는다.

후추와 천초를 지나 고추를 만나다

〈표 1〉은 조선시대 중요 문헌자료 중에서 고추와 관련된 명칭을 시대별로 정리한 것이다. 〈표 1〉에서도 알 수 있듯이 고추의 이용과 관련된 조선시대 문헌 중에서 가장 앞선 것은 이수광의 《지봉유설》이다. 여기에서 고추는 소주에 타서 마시는 독(毒)한 것으로 소개되어 있다. 고추의 한자 명칭 역시 '남만초'와 '왜개자'로 적었다. 즉 기왕에 매운맛을 내는 '천초(川椒)'와 '개자(芥子)'의 일종으로 이해한 것 같다. 천초에 대해서 이미 소개했지만, 매운맛을 내는 초를 대표했다. 그러니 남만에서 온 초라는 의미로 남만초라

문헌	간행 연도	관련 내용
《지봉유설(芝峯類說)》	1613년	남만초(南蠻椒), 왜개자(倭芥子)
《산림경제(山林經濟)》	1715년	남초(南椒), 왜초(倭椒)
《증보산림경제(增補山林經濟)》	1766년경	남초, 남만초, 만초말(蠻椒末), 만초장(蠻椒醬), 당초(唐椒)
《규합총서(閨閤叢書)》	1810년경	고쵸, 고쵸장, 고쵸ᄀᆞ로, 고쵸닙
《농가월령가(農家月令歌)》	1816년	고쵸닙장짠지
《임원경제지(林園經濟志)》	1835년경	번초(番椒)
《동국세시기(東國歲時記)》	1849년	번초설(番椒屑)
《오주연문장전산고(五洲衍文長箋散稿)》	1850년경	만초(蠻椒), 당고초(唐苦草), 번초, 고초(苦椒)
《진찬의궤(進饌儀軌)》	1877년	고초말(苦椒末)

〈표 1〉 조선시대 고추 관련 문헌자료

는 명칭이 붙었다. 개자는 갓의 열매인 겨자를 말한다. 갓은 한자로 개채(芥菜) 또는 신채(辛菜)라고도 불린다. 매운맛이 나는 갓을 김치로 담가 먹기도 했지만, 동시에 열매를 곱게 갈아서 겨자즙을 만들어 향신료로도 사용했다. 특히 조선시대 왕실음식에는 겨자즙이 매우 중요한 향신료로 상에 빠지지 않고 올랐다. 기왕에 매운맛을 내는 대표적 재료였던 겨자는 일본에서 왔다는 의미로 '왜개자'라는 명칭이 붙었다. 아마도 아직 고추 자체에 대한 명확한 인식이 없었던 듯하다.

이수광은 《지봉유설》에서 음식에 관한 내용은 별도로 식물부(食物部)에 포함시켰는데, 남만초는 훼목부(卉木部)의 목(木)에 넣어 기록했다. 이수광은 당시 고추를 하나의 작물일 뿐 널리 식용되는 단계가 아니라고 보았다. 그후 100여 년의 시간이 경과한 뒤 홍만선(洪萬選, 1643~1715)이 쓴 필사본 《산림경제(山林經濟)》에서 구체적으로 고추의 재배법이 나온다. "왜초(倭椒)라고도 부르는 남초(南椒)는 2월에 적당히 마른 땅에 씨앗을 심은 후 4~5월 사이에 비가 내리면 옮겨 심는다. 바람을 막을 수 있는 곳에 심으면 열매가 많이 달린다."[32] 이를 통해 18세기 초반이 되면 고추가 널리 재배되었음을 확인할 수 있다. 그 재배법은 오늘날의 방법과 별반 다른 내용이 없다. 그만큼 재배법이 자리를 잡았다는 사실을 알려준다. 고추는 고온성 작물로 한반도에서 재배하기가 쉬운 편이며, 다른 작물에 비해 노동력 투하가 적게 드는 작물로 알려진다.[33] 그러나 고추의 명칭이 여전히 '남초' 혹은 '왜초'로 적혀 있는 것으로 보아 외래 작물이라는 인식이 18세기까지도 유지되었음을 짐작할 수 있다. 이렇게 재배가 이루어지는 과정에서 고추는 일상생활, 특히 음식 조리에 사용되기 시작했을 것으로 여겨진다.

1766년(영조 42)에 유중림(柳重臨, ?~?)이 《산림경제》를 증보하여 엮은 필사본 《증보산림경제(增補山林經濟)》의 〈치포(治圃)〉에는 고추의 재배법이 적혀 있다. "남초(남만초라고도 불린다): 건조한 흙에 심는 것이 좋다. 2월에 파종하고 4~5월 사이에 비가 내리면 옮겨 심는다. 바람이 잘 부는 곳에 심으면 열매가 많이 열린다. 또 열매의 모양이 짧고 다닥다닥 붙은 것은 당초(唐椒)라고 일컫는다."[34] 앞에서 보았듯이《산림경제》의 내용과 거의 비슷하다. 다만 남초의 다른 품종으로 '당초'라는 것을 제시했다. 곧 열매가 작은 칠리고추에 가까운 것을 두고 당초라고 했다. 아마도 중국에 도착했던 고추의 품종 중 하나가 한반도로 전파되었을 가능성을 배제할 수 없다.[35] 17세기 이후가 되면 중국의 창장 이남 지역에서 고추가 널리 재배되었기 때문에 인적 교류를 통해서 이러한 결과를 낳지 않았을까 추정해본다.

《증보산림경제》의 가장 큰 의미는《산림경제》와 달리 고추와 고춧가루가 여러 가지 음식에 쓰이기 시작했음을 알려준 데 있다. 그 대표적인 내용이 〈치선(治膳)〉의 '황과담저법(黃瓜淡菹法)', '황과함저법(黃瓜鹹菹法)', '침나포함저법(沈蘿葡鹹菹法)', '조만초장법(造蠻椒醬法)', '급조만초장법(急造蠻椒醬法)'이다. 그중에서 몇 가지의 조리법을 아래에 적는다.

- 황과담저법[36]: 늙지 않은 오이를 가져다가 꼭지를 떼고 깨끗하게 씻는다. 칼로 세 쪽 칼집을 내어 고춧가루〔蠻椒末〕를 조금 넣고 또 마늘 4~5조각을 넣는다. 오래 끓인 물에 소금을 넣고 아주 뜨거울 때에 오이에 붓는다.(오이를 먼저 항아리에 넣는다) 항아리 주둥이를 단단하게 싸맨다. 그 다음날에 먹을 수 있다.
- 황과함저법[37]: 늙지 않은 오이를 가져다가 깨끗하게 씻는다. 오이와 달리 생강, 마늘, 고추〔蠻椒〕, 부추, 파의 흰대 따위의 양념을

아주 가늘게 채를 썰듯이 썬다. 깨끗한 항아리에 먼저 오이를 한 겹 넣고, 그 위에 양념을 한 겹 넣어 오이가 다 없어질 때까지 차곡차곡 쌓는다. 오래 끓인 물에 소금을 타서 조금 짜게 한 뒤에 물이 뜨거울 때에 항아리에 붓는다. 볏짚으로 덮고 뚜껑을 닫아놓았다가 이튿날에 먹는다.(이것은 여름철의 요리 방법이다)

- 침나포함저법[38]: 첫서리 뒤에 무와 잎을 거두어서 깨끗하게 씻는다. 이와 별도로 고추의 연한 열매와 줄기와 잎(이것은 이슬이 찰 때에 미리 소금에 절여두었다가 이즈음 함께 합하여 담근다), 청각, 늙지 않은 오이, 어린 아이의 주먹만 한 호박(남과)과 잎 밑의 연한 줄기(줄기는 반드시 껍질을 벗긴다), 가을 갓의 줄기와 잎, 동아(칼로 썰거나 껍질을 벗기지 말라. 손바닥만 하게 썰어 한겨울 지나 익기를 기다렸다가 먹을 때에 껍질을 벗기면 빛깔이 희고 아름답다), 초피, 부추 따위를 가져다가 함께 담근다. 그리고 마늘을 많이 갈아 즙을 내고 무와 여러 가지 양념들과 버무려서 항아리에 넣을 때에 한 겹 한 겹 사이에 마늘 즙을 골고루 넣는다. 항아리를 단단히 싸매어 땅에 파묻는데 앞에서 말한 대로 하면 된다. 섣달에 꺼내 먹으면 맛이 기가 막힌다. 다만 공기가 새어나가지 않도록 하면 봄까지도 먹을 수 있다. 또 미나리 줄기와 애가지〔亞茄子〕를 함께 담가도 맛있다.
- 조만초장법[39]: 콩을 꼼꼼하게 고르고 물에 일어 모래와 돌을 없애며 보통 방법대로 메주를 만든 뒤에, 바싹 말려서 가루로 만들고 체에 쳐서 받는다. 콩 1말에 고춧가루 3홉, 유미(糯米, 바로 찹쌀이다) 1되의 비율로 섞고 맛좋은 청장으로 휘저어 반죽을 아주 되게 만들고, 작은 항아리에 넣어 햇볕에 쪼이면 된다. 민간 방법에서

> 는 그 안에 볶은 참깨가루 5홉을 넣기도 하는데 맛이 느끼하고 텁텁해서 좋지 않으며, 또 찹쌀가루를 많이 넣으면 맛이 시큼하여 좋지 않으며, 고춧가루를 지나치게 많이 넣으면 너무 매워서 좋지 않다. 또 다른 방법으로는 콩 1말로 두부를 만들고 꼭 짜서 물기를 빼고 난 다음, 여러 재료들과 함께 섞어 익히면 아주 맛있다. 일반적으로 서로 버무릴 때 소금물을 써도 되지만, 맛 좋은 청장만큼 맛있지는 않다. 또 다른 방법으로는 말린 물고기의 머리와 비늘을 없애고 납작한 조각으로 썰며, 또 다시마〔昆布〕와 다사마(多絲麻, 바로 해대海帶이다) 따위도 함께 넣어 익기를 기다렸다가 먹으면 그 맛이 아주 좋다.(마른 청어를 쓰면 더욱 맛있다. 고추를 쓰지 않고 대신에 천초를 쓰기도 한다)

앞의 조리법에서 주목되는 것은 오로지 고추만을 사용하지 않고 천초·겨자·후추 따위의 매운맛을 내는 향신료가 함께 쓰인다는 점이다. 특히 '조만초장법'에서는 "고추를 쓰지 않고 대신에 천초를 쓰기도 한다"고 적었을 정도로 천초와 고추가 서로 대체되는 시점에 있었다는 사실을 알려준다. 나는 《증보산림경제》가 편찬된 18세기 중엽에 고추가 천초를 대신하기 시작했다고 본다. 천초에 비해 고추는 재배할 수 있게 되면서 재료 확보가 보다 쉬워졌기 때문에 이러한 현상이 일어났다고 생각한다.

《증보산림경제》 이후의 문헌에는 고추가 천초를 대신하여 두루 사용되기 시작했다. 《규합총서(閨閤叢書)》에서는 고춧가루와 함께 고추를 썰어서 채소절임 음식에 넣었다. 특히 고춧가루를 넣은 매운탕 조리법이 등장했고, 심지어 고춧잎을 이용해 장아찌까지 담그는 형태로 고추의 이용이 다양해졌다. 아울러 남만초 혹은 남초라는 한자로 불리던 고추가 한글 용어로 '고쵸'라고 쓰였음을 한글 필사본《규합총서》에서 확인할 수 있다.

19세기 중엽에 나온 필사본《오주연문장전산고(五洲衍文長箋散稿)》에서는 '고초(苦椒)'라는 명칭을 두고 '향명(鄕名)'이라 적어 비록 한자로 만초 혹은 번초라고 적었지만, 실제로 사람들 사이에서는 '고추'로 불렀음을 알려준다. 아울러 이규경은 고추가 향신료일 뿐만 아니라 혈액 순환이나 추위를 막는 데도 유용하다고 보았다. 1877년(고종 14) 12월에 신정왕후의 칠순잔치를 기록한《진찬의궤(進饌儀軌)》에서는 기왕의 만초와 번초라는 한자어가 보이지 않고 '고초'로 표기하고 있다. 이는 왕실에서도 공식적으로 고초라는 이름을 적을 정도로 고추는 일반적인 용어가 되었음을 알려준다.

왜 고추가 한반도에 널리 퍼졌는가

그런데 왜 고추가 18세기 중엽에 들어와서 확산과 적응 과정을 거치게 되었는가에 대한 의문이 생긴다. 고추를 비교적 빨리 수용한 일본의 경우에도 고추 재배는 18세기 중엽 이후에 들어와서야 문헌에 등장하는 사실로 미루어보면 조선사회가 고추에 적응한 것은 상당히 빠르다. 사실 오늘날 일본음식에는 고추를 넣는 경우가 극히 드물다. 심지어 일본의 속담에는 "고추를 먹으면 머리가 벗겨진다"[40]는 이야기가 있을 정도이다. 비록 '시치미(七味)'라는 향신료에 고춧가루가 포함되어 있기는 하지만, 일본인들은 고추를 적극적으로 수용하지 않았다.

이에 대해서 일본의 한 학자는 비록 일본의 음식이 중국이나 한국의 영향을 강하게 받고 형성되었지만, 고추와 같이 자극성이 강한 향신료는 환영받지 못했다고 하면서, 그 이유로 일본음식은 온난한 기후 속에서 형성되었기 때문에 온화하고 섬세한 맛과 향이 발달했다고 주장한다.[41] 하지만 이러한 논리로는 일본인이 고추를 적극 수용하지 않은 이유를 설명하기에 부족하다. 나는 고추의 매운맛보다 더 보편적인 일본의 매운맛은 와사비(山葵)라고 본다. 와사비에 대한 일본의 문헌 기록은 10세기 초반에 이미 등장한다.[42] 사시미(刺身)를 먹을 때 매운맛이 나는 와사비를 먹으면 콧구멍이 뚫리면서 순간적으로 비린내를 없애준다. 와사비를 사시미와 스시의 향신료로 본격적으로 사용한 때는 19세기 초반이라고 한다.[43] 스시나 사시미가 유행하면서 와사비는 생선의 비린내를 제거해주는 중요한 향신료로 자리 잡았다. 일본인들은 와사비를 먹으면 맵고 맑으며 상쾌한 기분을 느낀다고 한다.

중국의 경우는 또 다르다. 오늘날 창장 하류 지역의 사람들은 고추를 즐겨 먹지 않는다. 이 지역 사람들은 매운맛에 대한 두려움까지 가지고 있다. 오히려 고추의 매운맛을 즐기는 사람들은 창장 중류와 상류 지역인 쓰촨 · 충칭(重慶) · 후난(湖南) · 후베이(湖北) · 궈저우(貴州) · 산시(陝西) 남부 등지에 주로 분포한다. 그중에서도 쓰촨과 충칭 사람들은 고추 · 후추 · 천초를 섞은 '마라(麻辣)'의 매운맛을 선호하는 경향을 보인다. 마라의 매운맛 중 마(麻)의 맛은 천초와 후추에서 나온다. 라(辣)의 맛을 내는 것은 고추이다. 쓰촨 지역을 비롯하여 중국에서 매운맛을 즐겨 먹는 지역에서는 고추를 직접 사용하기도 하지만, 주로 고추기름을 음식의 재료로 사용한다.

아울러 고추·후추·천초에 진피(陳皮)·초마(椒麻)·초장(椒醬)·강즙(薑汁)·산향(蒜香)·마장(麻醬)·개말(芥末) 등과 같은 매운맛을 첨가하여 마라의 매운맛을 만들어낸다.

그런데 왜 창장 하류 지역에 처음 도착한 고추가 그 지역에서 유행하지 못하고, 상류와 중류 지역으로 이동했는가는 의문이다. 이에 대한 정설은 아직 존재하지 않는다. 다만 후베이의 우한(武漢) 지역에서 시작하여 서쪽으로 쓰촨의 청두(成都)까지 이어지는 창장 중상류 지역에서 공통적으로 나타나는 습윤한 기후와 매운맛의 유행을 연결시키는 주장이 있다.[44] 비록 그 타당성을 증명할 방법은 없지만, 관습적으로 겨울에 고추를 먹으면 습윤한 기후에서 걸리기 쉬운 풍습(風濕)을 제거할 수 있고, 땀이 나서 한기를 막을 수 있으며, 습하고 더운 지역에서 생기는 풍토병인 장기(瘴氣)를 피할 수 있고, 위장을 강하게 하며, 입맛을 좋게 해주고, 혈액 순환을 도와준다는 주장이 매운맛의 유행을 뒷받침하는 논리이다. 그래서 지금도 쓰촨 사람들 중 노인들은 "겨와 나물이 겨울의 반식량이며, 고추는 겨울을 이겨내는 옷이다(糠菜半年糧, 海椒當衣裳)"라는 속담을 기억한다.[45] 겨울에 고추와 산초를 섞은 마라의 매운맛이 첨가된 음식들을 먹으면 습윤하면서 냉기가 강한 날씨를 이겨내는 적절한 방법이라고 그들은 믿는다.

여기서 쓰촨 지역 사람들과 한국인의 공통점을 발견할 수 있다. 고추가 전래되기 이전에도 두 지역의 사람들은 매운맛을 좋아했다는 것을 알 수 있다. 쓰촨은 이른바 '천초'라는 매운맛을 내는 향신료로 이름이 난 지역이다. 그만큼 쓰촨 지역 사람들은 습관적으로 매운맛을 좋아했다는 사실이다. 이성우는 《동의보감》에 천초가루로 천초장을 만드는 조리법이 나온다는 점을 통해서 고추가 유입되기 이전에도 후추·겨자·천초·마늘 등을 이용해서 매운 음식 맛을 냈던 전통이 있었고, 이 전통으로 인해서 고추를 적극적으로 수용했다.[46] 즉 쓰촨인과 한국인은 공통적으로 천초를 통해서 매운맛을 즐기는 습관이 있었다. 다만 쓰촨인의 경우 지금까지도 여전히 천초와 고추를 함께 사용해서 음식을 조리한 반면, 한국인은 고추를 위주로 해서 매운맛을 만들어낸다는 점이 다를 뿐이다.

나는 이러한 차이가 18세기 이후 조선사회가 경험한 사건들과 연관이 있다고 생각한다. 이 점을 밝히기에 앞서서 식품학 연구에서 나온 성과를 참고할 필요가 있다. 왜냐하면 음식은 물질적 속성을 지니고 있고, 사람들은 그것을 경험 속에서 하나의 지혜로 터득할 수 있기 때문이다. 일본의 식품학자인 기무라 슈이치(木村修一)가 고추를 사용할 경우 소금 사용량을 줄일 수 있다는 주장[47]은 고추의 확산을 설명하는 데 시사점을 제공한다. 만약 기무라 슈이치의 실험결과를 수용한다면, 고추가 김치의 양념으로 쓰인 18세기의 조선사회에서 소금의 양이 부족했는가를 살필 필요가 있다. 소금은 기원전부터 왕실에서 직접 관리했다. 소금은 인간의 생명을 유지하는 데 필수적인 식품이지만, 그 생산은 한정적이었기 때문이다. 조선사회에서도 소금을 국가에서 직접 생산·유통·관리했다. 지금의 경기도 서해안에 조선왕실의 재산으로 염전들이 운영되고 있었고, 염전을 운영하는 염한(鹽漢)들은 비록 관리가 아니었음에도 왕실의 통제를 받았다. 그런데 17세기에 들어와서 소금의 수요가 급증한다.[48]

그 급증의 원인은 첫째, 관혼상제가 피지배층에까지 퍼지고, 향교·서원의 증가로 제사가 급속히 확대되자 제수용품으로서 어물의 수요가 증가했다. 어물은 쉽게 부패하기 때문에 어물량의 20퍼센트 이상에 해당하는 소금으로 절여야 유통과 보존이 가능하다.[49] 따라서 일반의 관혼상제뿐만 아니라 7백 군데가 넘는 향교와 서원의 제사에 쓰이는 어물을 저장하기 위한 소금 수요가 급격히 증가했을 것이다. 특히 서해안에서 해물을 다루는 기술이 발전하여 젓갈 제조가 보편화되면서 소금의 수요는 더욱 급증했을 가능성이 많다.

둘째, 이앙법(移秧法)과 대동법(大同法)의 실시는 곡물, 특히 쌀의 생산을 증가시켰다. 이로 인해 이전에 비해 곡물을 섭취하는 양이 증가하고, 밥 중심의 식단 구조가 진행되면서 반찬들이 짠맛 중심으로 변해갔을 가능성이 많다. 왜냐하면 곡류 편식 위주의 음식 소비 습관은 반찬을 짜게 먹는 소금 과잉 섭취의 식단을 야기하기 때문이다.[50] 이에 짠맛을 상쇄하면서 동시에 밥맛을 좋게 하는 방법 중의 하나로 모든 음식에 고추나 고춧가루가 사용되었을 가능성이 많다. 이로 인해 '쌀밥+양념김치'가 기본적 식단으로 자리를 잡으면서 고추와 고춧가루는 향신료로 음식에 쓰였다. 《규합총서》에서 생선요리를 할 때에 고추장과 고춧가루가 향신료로 들어가면 맛이 좋다는 내용이 있는데, 이것이 바로 고추가 지닌 기능성을 설명하고 있다.

소금에 대한 갑작스런 수요 증가는 양념김치가 반찬의 절대적 지위를 확보하기 시작한 17~18세기[51]에 고추나 고춧가루, 그리고 젓갈을 부재료로 한 형태로 바뀌게 하는 데 결정적인 요인으로 작용했다. 특히 고추가 양념김치의 발효 과정에서 미생물의 발육을 억제하는 구실[52]을 하기 때문에 예전의 짠지 계통 김치에서 양념김치로 변하면서 고추 양념은 소금 대용으로 적절한 구실을 했을 가능성이 많다. 《임원경제지(林園經濟志)》에서 서유구(徐有榘, 1764~1845)는 고추의 사용을 적극적으로 권장했다. 그가 제시한 '나복황아저(蘿葍黃芽菹)'는 본래 《증보산림경제(增補山林經濟)》에서 인용한 것으로 되어 있다. 하지만 서유구는 《증보산림경제》의 내용에 없던 '만초자(蠻椒子)'를 삽입했다. "정월에 움에 저장해둔 무를 꺼내다가 무순〔黃芽〕을 자르고 얇게 채 썬 무에 파와 고추를 함께 버무려 담저(淡菹, 싱거운 침채)를 담근다. 이를 먹으면 사람들로 하여금 갑자기 봄기운을 느끼게 해준다."(《임원경제지》〈저채조菹菜條〉) 이것은 고추를 사용하면 김치를 이전에 비해 더욱 장기간 보존할 수 있다는 뜻과 통한다. 특히 간장을 담글 때도 마지막에 마른 고추를 넣는 이유는 고추가 지닌 물리적 특징 중 하나인 방부제 효과 때문이라는 사실이 밝혀진 오늘날, 소금이 지닌 방부제의 기능을 고추가 대신했을 가능성이 크다고 할 수 있다.

따라서 18세기에 들어와서 '밥+짠 반찬+매운맛'의 만남이라는 한국식 식단이 형성되는 데 고추가 결정적인 역할을 했다. 아울러 천초는 그 생산량에서 고추를 따라가지 못할 정도로 소량이었기 때문에 천초의 매운맛보다 고추의 매운맛이 더욱 강력하게 작용했을 것이다. 이러한 현상은 20세기에 들어와서 매우 보편적인 양상으로 나타났고, 한국음식의 반찬에 고추와 고춧가루가 점차 많이 들어가는 결과를 낳았다. 더욱이 1970년대에 본격적으로 이루어진 고추의 품종 개량을 통해서 고추 생산량이 증가되면서 '한국음식=맵다'는 등식을 만들어내는 데도 중요한 역할을 했다.

매운맛 유행의 문화적 의미

21세기 문화적으로 가장 중요한 세계적 경향은 세계화 혹은 지구화(globalization)이다.[53] 교통과 통신이 국가간의 경계를 넘어서 전개되며, 그로 인해 사람·물자·정보의 교류가 활발해졌다. 이 과정에서 국가의 경계를 넘어서는 다국적 기업의 활동은 더 이상 지역체계 내에서 정형화된 관습이 지속되도록 내버려두지 않는다. 미국의 패스트푸드 산업이 세계적인 유행을 하고, 그것이 입맛의 동질화를 가져오는 계기가 된 것은 분명하다. 종래 특정한 식품이 다국적 식품기업에 의해서 세계적인 유행을 가져온 사례는 많지만, 음식의 '맛'인 매운맛이 지구화 과정을 통해서 세계적 유행으로 번진 경우는 드물다.

나는 1980년대 이후 동북아시아 각국에서 진행된 해외여행과 매스미디어의 공유라는 새로운 경험적 세계가 동북아시아에서 매운맛을 유행시킨 요인이라고 생각한다. 이러한 유행은 각기 다른 조건들을 부여하여 그 경향성을 지속시킨다. 일본은 김치 속의 캡사이신이 다이어트 효과를 지닌다는 점을 내세워 마케팅 전략으로 세운다. 이에 비해 한국은 기존의 매운맛이 20세기 이후 종묘산업과 식품산업의 개입에 의해 변환을 가져왔지만, 그렇다고 고추의 매운맛이 다이어트 효과와 직접 연결되어 있다는 점을 적극적으로 강조하는 마케팅 전략을 전면에 내세우지는 않는다. 중국은 여전히 지역적 특성을 지닌 쓰촨음식이 베이징음식과 결합하여 일종의 퓨전음식으로 전환되면서 매운맛을 강조한다. 그런데 중국의 전국적인 매운맛 유행은 고추의 영향학적 기능에 있는 것이 아니라 개혁개방 이후 식품산업이 크게 성장하면서 자극적인 지역음식을 내세운 결과이다.

일본은 16세기에 고추가 유입되었음에도 매운맛을 적극적으로 선호하지 않았다. 이러한 역사적 경험으로 인해 일본에서의 매운맛 전파는 다이어트와 연결시킨 마케팅 전략을 통해서 확산되었다. 1980년대 이후 에스닉 푸드의 유행은 매운맛을 한국·중국 쓰촨·타이 등의 국가적 이미지와 연결시켰다. 중국의 경우에는 다양한 맛의 경향성을 지역체계 내에서 유지해왔기 때문에 매운맛은 단지 쓰촨의 지역음식을 내세우는 것으로 충분했다. 중국에서는 역사적으로 지역문화와 지역음식에 대한 강력한 이미지가 존재했기 때문이다. 한국의 경우에는 이미 20세기 중반 이후에 고추의 매운맛이 전국적으로 퍼졌기 때문에 매운맛 자체가 단맛과 결합하여 상품 고추장이 탄생했거나, 재래종 고추와 멕시코 고추를 결합한 청양고추의 유행으로 매운맛이 강화되는 변환이 있었다.

시드니 민츠는 미국에는 음식이 없다고 말한다. 쉽게 발견할 수 있는 에스닉 푸드 레스토랑을 통해서 미국인들은 매일 다른 나라의 음식을 먹을 수 있고, 그래서 언제나 새로운 음식을 찾으려 노력하고, 진기한 음식을 찾는다는 것이다.[54] 동북아시아에서 일본은 미국과 같은 상태에 놓여 있다고 해도 지나치지 않는다. 일본에서 '일본음식'은 19세기 초반에서 20세기를 거치면서 만들어진 에스닉 푸드의 현지화 결과이다. 그래서 에스닉 푸드의 이름이 자국어로 바뀌었지만,[55] 그 실체는 외국에 있지 일본에 있지 않다. 일본의 매운맛은 고추의 일본 이름인 '도우가라시(唐辛子)'로 상징되지만, 그 이름에는 당(唐)나라로 표현되는 대륙에서 온 외래의 맛이라는 의미도 지닌다.

한국의 중국식당에 있는 메뉴 '짬뽕'은 매운 음식으로 인식된다. 본래 일본의 나가사키에 있는 사해루(四海樓)라는 중국식당에서 유래했다. 나가사키의 짬뽕은 결코 맵지 않지만, 한국에 에스닉 푸드가 유입되면 그것은 한국인의 매운맛 취향과 결합하여 현지화 과정을 밟는다. '신라면'의 경우도 마찬가지라고 할 수 있다. 일본에서 개발된 즉석라면은 맵지 않다. 이것이 한국에 와서 매운맛으로 바뀐 것이다. 본래 한국인이 매운맛을 좋아하기 때문에 맵지 않은 에스닉 푸드도 한국인이 선택할 경우 매워진다. 1990년대 중반 이후 지구화의 경험이 한국사회에 핫소스의 매운맛 유행을 불러일으켰다.

21세기, 전 세계가 하나의 경제체제에 편입되면서 음식과 그 맛의 유행도 지구화 경향이 뚜렷해 보인다. 자연발생적이거나 정치경제적 이유, 혹은 역사적 경험으로 인한 관습 형성이 주류를 이루었던 전근대와 달리 오늘날에는 소비산업에 의해서 유행의 추이가 장악된다. 특히 오래된 음식 관습마저도 소비산업에 포섭되며, 식품산업체에서도 오래된 음식 관습을 자극하여 소비를 유도하기까지 한다.

4장

비빔밥의 진화와 담론 연구

비빔밥의 사전적 뜻은 "밥에 나물 · 고기 · 고명 등을 넣어 참기름과 양념으로 비빈 밥"을 말한다. 한자로는 골동반(骨董飯)이라고 부른다. 가정에서 식사를 하면서 만들 수 있는 비빔밥과 함께 돌솥비빔밥 · 산채비빔밥 · 열무비빔밥 · 낙지볶음비빔밥 · 해물비빔밥 · 꽃비빔밥 · 멍게비빔밥 등 그 종류를 확정하기 어려울 정도로 많다. 왜냐하면 '밥 + 반찬 + 양념'의 조합인 비빔밥은 한국인의 일상식사에서 가장 쉽게 만들 수 있는 음식이기 때문이다.

나는 비빔밥이 가정식과 외식이라는 서로 다른 공급과 소비 형태에 따라 개념적 정의가 달라질 수 있다고 생각한다. 가정식사의 메뉴인가, 아니면 외식업체의 메뉴인가에 따라서 조리법이 달라질 수 있기 때문이다. 문헌에 나타난 비빔밥의 조리법에 주목하는 이유도 여기에 있다. 미국의 문화인류학자 마빈 해리스(Marvin Harris)는 사람들의 식습관이 생태적 조건에 따라서 문화적으로 진화(evolution)한다고 보았다.[1] 이 글에서는 문헌에 나타난 비빔밥의 조리법이 왜 문화적으로 진화해왔는가를 설명하려고 한다.

그런데 문제는 지금도 여전히 일반 대중의 인식 속에는 비빔밥의 유래에 대한 주장이 분분하다는 점이다. 그렇기에 비빔밥의 유래에 대한 주장을 담론이라는 측면에서 분석할 필요가 있다. 미셸 푸코(Michel Foucault, 1926~1984)는 담론이 어떻게 이 세상이 이해되고, 어떻게 사물이 처리될 것인가를 결정해주는 일단의 진술들이라고 보았다.[2] 동시에 "담론을 특정 대상이나 개념에 대한 지식을 생성함으로써 현실에 관한 설명을 산출하는 언표들의 응집력 있고 자기 지시적인 집합체로 간주"했다. 따라서 일부 학자와 언론인이 주장하는 비빔밥의 유래에 대한 각종 '설(說)'은 담론으로서 분석할 가치가 있다.

그렇다면 비빔밥은 한국인에게 어떤 음식인가를 살펴볼 필요가 있다. 그 첫 번째 의문이 한국인은 왜 '비벼서 먹는 것이 맛있다'라는 판단을 하게 되었는지에 관한 것이다. 중국인이나 일본인과 달리 한국인은 비빔밥은 물론이고, 각종 덮밥도 한꺼번에 비벼서 먹는 편이다.[3] 마빈 해리스는 특정 지역의 사람들이 특정한 음식을 선호하는 이유는 영양학적, 생태학적 혹은 경제적인 선택[4]을 했기 때문이라고 주장한다. 나는 비빔밥이 한국인에게 '비비면 먹기에 좋은 음식'이 된다는 측면에 주목한다.

비빔밥은 분명히 물질적 구성을 하고 있는 음식물이다. 하지만 그것의 진화 과정과 그로 인해서 사회문화적 의미가 부여된 점은 인문사회학계에서 다루어야 할 대상으로 비빔밥이 다가온다. 내가 이 글에서 시도하려는 방법론은 역사민속학적 접근이다. 비빔밥 그 자체와 그것을 둘러싸고 진행되는 사람들의 인식은 '민속(folklore)'의 범주에 든다. 왜냐하면 제도적(official) 측면보다는 사람들이 스스로 실천적(practical)으로 행위와 인식을 하기 때문이다. 더욱이 비빔밥을 둘러싸고 있는 현재의 양상은 과거로부터 전개되어온 결과이다. 따라서 오늘날 비빔밥에 대한 한국사회의 각종 논의를 역사적 자료와 통시적 시간 축, 그리고 현지조사 자료를 중심으로 추적해볼 필요가 있다.[5]

조리법의 진화로 읽는 비빔밥의 역사

비빔밥이란 이름의 음식이 처음으로 기록된 문헌은 현재까지 알려진 바로는 한글 필사본 《시의전서(是議全書)》이다. 이 책은 1890년대에 쓰였고, 1910년대에야 세상에 알려졌다.[6] 이 책에서는 한자로 '骨董飯'이라 쓰고, 한글로 '부븸밥'이라 적었다. 그 만드는 방법을 오늘날의 한국어로 옮기면 다음과 같다.

> 밥을 정히 짓고 고기는 재워 볶고 간납은 부쳐 썬다. 각색 나물을 볶아 놓고 좋은 다시마로 튀각을 튀겨서 부숴 놓는다. 밥에 모든 재료를 다 섞고 깨소금과 기름을 많이 넣어 비벼서 그릇에 담는다. 위에는 잡탕거리처럼 계란을 부쳐서 골패 짝만큼씩 썰어 얹는다. 완자는 고기를 곱게 다져 잘 재워 구슬만큼씩 빚은 다음 밀가루를 약간 묻혀 계란을 씌워 부쳐 얹는다. 비빔밥 상에 장국은 잡탕국으로 해서 쓴다.

조리법은 매우 개인적인 선택이다. 하지만 출판된 조리서에 기록된 조리법을 통시적으로 살펴본다면 그것이 어떻게 문화적으로 진화했는지를 알 수 있다. 이런 면에서 《시의전서》 이후에 출판된 대표적 조리서를 대상으로 그 조리법의 차이를 살펴볼 필요성이 있다. 《시의전서》 다음으로 비빔밥에 대한 조리법이 등장하는 문헌은 1921년에 출간된 방신영(方信榮, 1890~1977)의 《조선요리제법(朝鮮料理製法)》이다. 사실 《조선요리제법》은 시기별로 상당히 다른 내용을 담고 있다.[7] 다음은 《조선요리제법》의 비빔밥 조리법을 오늘날의 한글맞춤법에 준하여 옮겨본다.

> 부빔밥: 먼저 밥을 되직하게 지어 큼직한 그릇에 퍼놓고 무나물 · 콩

나물 · 숙주나물 · 도라지나물 · 미나리나물 · 고사리나물 들을 만들어서 먼저 무나물과 콩나물을 속에 넣고, 그 위에 밥을 쏟아넣은 후 불을 조금씩 때어 덥게 하고 누르미와 산적과 전유어를 잘게 쓸어 넣고, 또 각색 나물들을 다 넣은 후 기름 · 깨소금을 치고 젓가락으로 슬슬 저어 비벼서 각각 주발에 퍼 담은 후에 누르미 · 산적 · 전유어를 잘게 쓸어 가장자리로 돌려 얹고, 또 그 위에 튀각을 부스러트리고 팽란을 잘게 쓸어 얹은 후 알고명을 잘게 쓸어 얹고 고춧가루와 깨소금을 뿌려놓느니라. 그러나 이것은 겨울에나 봄에 먹는 것이고 혹 여름에도 이와 같이 하기는 하나 호박과 외를 잘게 쳐서 기름에 볶아서 위에 얹느니라.[8)]

이 비빔밥 조리법은 《시의전서》와는 또 다른 방법을 사용하고 있다. 무나물과 콩나물을 솥에 넣고 불을 때면서, 그 위에 밥을 비롯하여 각종 재료와 양념을 넣고 젓가락으로 비빈다. 일종의 볶은 비빔밥과 비슷한 방법이다. 이것을 주발에 담고서 그 위에 각종 고명거리를 올린다. 여기에 고춧가루와 깨소금을 뿌려서 양념을 한다. 아마도 고춧가루를 뿌리는 이유는 누르미와 전유어와 같이 생선 지진 것을 고명으로 올리기 때문에 비린내를 없애기 위한 데서 그런 것 같다. 하지만 지금처럼 고추장을 양념으로 사용하라는 내용은 없다. 《조선요리제법》에 소개된 비빔밥 조리법과 《시의전서》의 비빔밥 조리법의 가장 큰 차이는 고춧가루의 사용이다.

《조선요리제법》과 함께 일제시기의 대표적인 조리서는 이용기(李用基)가 1924년에 출판한 《조선무쌍신식요리제법(朝鮮無雙新式料理製法)》[9)]이다. 하지만 이 책에는 비빔밥에 대한 기록이 나오지 않는다. '밥 짓는 법'을 별도로 다루고 있을 정도로 백반·중등밥·송이밥·팥밥·조밥·콩밥·보리밥·밤밥·감자밥·굴밥·별밥 등에 대한 기록은 나오지만, 여기에 비빔밥은 들어 있지 않다. 왜 넣지 않았는지 그 이유는 알 수 없다. 다만 이 책의 서문에서 저자가 밝힌 내용을 통해서 그것을 추측할 수 있다. "요즘 향토요리를 많이 조사하고 있으나 이들의 대부분은 전통성이 변질되어 있다. 이 책 속에는 전통성이 살아 있으니, 향토요리 및 전통요리의 연구는 이러한 문헌적 연구가 앞서야 할 줄 안다"고 밝혔기 때문이다. 아마도 이용기는 《시의전서》의 기록을 보지 못했을 가능성이 있고, 이로 인해 비빔밥은 이른바 '전통요리'가 아니라고 보았기 때문에 다루지 않았을지도 모른다.

이에 비해서 1940년에 일본어로 출판된 이하라 게이(伊原圭)의 《조선요리(朝鮮料理)》[10]에는 비빔밥 조리법이 나온다. 저자 이하라 게이는 조선인 손정규(孫貞圭, 1896~1950?)이다. 손정규는 한성여고(현 경기여고)와 도쿄여자고등사범학교 가정과를 졸업한 후에 경기여고 교사, 이화여전 강사, 그리고 의친왕궁 부속 이왕직 촉탁을 지낸 인물이다. 일제시기 생활개선운동에서 식생활을 담당하여 계몽적인 글을 다수 발표했다.[11] 1948년에 그가 같은 내용을 한국어로 다시 펴낸 《우리음식》[12]이란 책에 실린 비빔밥 조리법을 소개하면 다음과 같다.

> 쇠고기를 이기고 이상의 조미료에서 고춧가루만 빼고 다른 것은 모두 조금씩 넣어서 볶아둔다. 다른 채소는 각각 데쳐서 물기를 뺀 후 조미료를 섞어서 무쳐둔다. 고사리만은 데친 것을 조미료를 함께 한

> 번 볶는 것이 좋다. 오이는 얇게 잘라 소금에 절였다가 짜서 기름에 살짝 볶으면 좋다. 밥은 좀 고슬고슬하게 짓는 것이 좋으며, 아무쪼록 밥알이 뭉그러지지 않게 살살 피어가며, 이상의 여러 가지 고명을 얹는다. 고춧가루는 입에 넣으며 맛을 보아서 싱거우면 다른 고명을 더 넣는다. 다시마 튀긴 것을 넣으면 더 좋으나 일부러 만들 것은 없고, 튀긴 것이 있으면 넣어도 좋다. 그릇에 담을 때는 위에다 고기와 채소를 보기 좋게 늘어놓는 것도 좋고, 계란을 얇게 부쳐서 가늘게 썰어 놓는 것도 좋다. 그러나 보통 집안에서 해 먹을 때는, 위에 놓는 고명이 없어도 속에 충분히 섞여 있으니까 괜찮다.

이 내용에서도 알 수 있듯이 《시의전서》, 《조선요리제법》, 그리고 《조선요리》(《우리음식》)에서 표현한 비빔밥은 여러 가지 재료를 밥과 함께 미리 비빈 다음에 그것을 그릇에 담고, 다시 그 위에 고기와 채소, 계란을 올리는 방식으로 만들어졌다. 이러한 조리법은 1976년에 출판된 황혜성(黃慧性, 1920~2006)의 《한국요리백과사전》[13]에서도 이어진다. 그는 이 책의 '궁중음식편'에서 '비빔'이라는 음식명을 붙여서 비빔밥의 조리법을 소개하고 있다. "고슬고슬하게 지어 놓은 밥에다 위에 재료들을 고루 섞어 놓고 비벼서 간을 맞추어 큰 대접에 담고, 위에 생선전과 계란 황백지단 채를 고명으로 얹는다."[14] 그러면서 "원 궁중법은 이러하나 음식점에서는 아주 비벼서 담지 않고 흰밥 위에 재료를 색스럽게 얹는다"라고 덧붙였다. 사실 황혜성이 밝힌 비빔밥 조리법은 《조선요리》의 방법과 거의 유사하다.

다만 황혜성의 글에서 주목되는 대목은 '음식점' 조리법에 대한 언급이다. 곧 "아주 비벼서 담지 않고 흰밥 위에 재료를 색스럽게 얹는다"는 대목이다. 일제시기 음식점에서 판매된 비빔밥의 조리법에 대한 한 단면을 엿볼 수 있는 자료를 잡지 《별건곤(別乾坤)》 제24호(1929. 12. 1)에서 발견할 수 있다. 〈팔도명식물예찬(八道名食物禮讚)〉이란 특집기사 중에 비봉산인(飛鳳山人)이란 필명으로 작성된 '경상도 명물(慶尙道名物) 진주(晋州)비빔밥'이란 글이 바로 그것이다. 이 글은 진주의 지역음식으로 유명한 비빔밥에 대해서 묘사하고 있다. 그 전문을 한글맞춤법에 준하여 옮겨보면 다음과 같다.

> 맛나고 값 헐한 진주비빔밥은 서울비빔밥과 같이 큰 고깃점을 그냥 놓는 것과 콩나물발이 세 치나 되는 것을 넝쿨지게 놓는 것과는 도저히 비길 수 없습니다. 하얀 쌀밥 위에 색(色)을 조화시켜서 날아가는 듯한 새파란 야채 옆에는 고사리나물 또 옆에는 노르스름한 숙주나물 이러한 방법으로 가지각색 나물을 둘러놓은 다음에 고기를 잘게 잘라 끓인 장국을 부어 비비기에 적당할 만큼 그 위에는 유리조각 같은 황(黃)청포 서니 사슬을 놓은 다음 옆에 육회를 곱게 썰어놓고 입맛이 깔끔한 고추장을 조금 얹습니다. 여기에 일어나는 향취는 사람의 코를 찌를 뿐 아니라 보기에 먹음직합니다. 값도 단돈 10전(錢). 상하계급을 물론하고 쉽게 배고픔을 면할 수 있는 것입니다. 이렇게 소담하고 비위에 맞는 비빔밥으로 길러진 진주의 젊은이들은 미술의 재질이 많은 것입니다. 또한 의기(義氣)의 열열(烈烈)한 ××정신을 길러주는 것입니다.

일제시기 출판된 조리서에 실린 조리법과 달리 《별건곤》에 실린 진주비빔밥은 그릇에 담기 전에 밥과 재료를 미리 비비지도 않을뿐더러 고추장을 올려 손님이 직접 비비도록 하고 있다.[15] 이러한 변화를 이끈 요인은 외식업체에서 판매용 메뉴로 비빔밥이 등장했기 때문이다. 사실 한반도의 근대적 외식업은 19세기 말부터 시작되었다고 보아야 한다.[16] 근대 도시에 등장한 식당에서는 끼니를 해결하려는 손님들을 위해서 설렁탕·추어탕·비빔밥과 같은 음식을 판매했다. 이들 음식은 간단하게 끼니를 해결하려는 손님들의 욕구에 부합하도록 조리법을 변화시켰다. 특히 설렁탕이나 추어탕 등은 밥과 국을 한꺼번에 말아서 판매하고 그것을 간편하게 먹을 수 있다는 장점이 있었다. 비빔밥 역시 밥과 반찬을 한 그릇에서 한꺼번에 먹을 수 있기 때문에 가장 간단한 메뉴로 자리를 잡았다. 그러다 보니 《별건곤》 기사에서도 "값도 단돈 10전(錢). 상하계급을 물론하고 쉽게 배고픔을 면할 수 있는 것입니다"라고 했다.

집에서 많은 양의 비빔밥을 한꺼번에 준비하기 위해서는 "애초에 밥을 비벼서 간을 맞추어 담고 웃고명으로 알지단만 뿌리도록 함이 좋다"[17]는 것은 상식일 수 있다. 하지만 "밥은 비빈 후 오래 두면 불어서 맛이 없어지므로 시간을 맞추도록 한다"[18]는 윤서석의 지적에서 알 수 있듯이, 수시로 드나드는 손님을 위해서 비빔밥을 미리 비벼두는 방법은 적어도 전문적 외식업체에서는 효과적이지 않다. 내가 수행해온 음식문화 관련 현지조사에서 명절제사나 기제사 후에 많은 참여자들에게 빨리 음복(飮福)을 제공하기 위해서는 미리 제사음식을 비빌 수밖에 없다고 밝힌 정보제공자들이 많았다.

따라서 나는 그릇에 담기 전에 미리 비비는 비빔밥은 가정식이며, 그릇에 밥을 담고 그 위에 재료를 얹어 놓는 비빔밥은 외식업체용이었을 가능성을 제시한다. 앞의《별건곤》기사에서도 알 수 있듯이 서울비빔밥과 진주비빔밥은 모두 1920년대 식당의 메뉴였다. 가정에서 식당으로 옮겨온 비빔밥은 주방장이 아닌 손님이 직접 비비는 방식으로 바뀌었다. 이 과정에서 간을 맞추는 조미료로 고추장이 쓰이게 되었는데, 그 이유로 육회가 비빔밥에 들어갔기 때문이라고 본다.

《조선요리제법》에서도 고춧가루를 비빔밥의 양념으로 사용했다. 고춧가루와 같은 향신료는 부패의 원인이 되는 미생물을 제균(制菌)·살균(殺菌)하는 효과가 있다.[19] 고추장 역시 고춧가루의 기능을 한다. 이 점은 앞의《별건곤》기사에서 "육회를 곱게 썰어 놓고 입맛이 깔끔한 고추장을 조금 얹습니다"라고 한 데서도 추정할 수 있다. 내가 말하는 고기의 비린 맛은 쇠고기 냄새이다.[20] 아직 전기냉장고가 보급되지 않았던 당시에 지금과 같은 냉동 육회를 식당에서 사용하기는 어려웠다. 결국 인근의 우시장에서 공급된 생육회가 비빔밥에 들어갔고, 그것이 지닌 맛을 상쇄하는 데 고추장이 효과적이었을 가능성이 많다.

1920년대 서울과 진주는 우시장이 활발하게 운영되었던 곳이다. 이곳에서 육회비빔밥이 식당의 주요 메뉴로 자리 잡았다는 점에 주목할 필요가 있다. 특히 우시장의 설치와 도축으로 도시에서 쇠고기 육회를 먹을 수 있는 기회가 이전에 비해 증가했다. 1922년의 조사자료에 의하면 당시 전국에는 760개의 우시장이 있었고,[21] 특히 진주 우시장은 경남을 대표하는 곳이었다. 사실 1914년에만 해도 진주에는 영세한 소규모의 비공식 우시장이 있었을 뿐이다.[22] 이는 지금도 육회비빔밥을 판매하고 있는 진주의 천황식당이 1927년에 문을 열었다는 사실에서도 확인할 수 있다. 사실 일반 가정에서는 육회를 비빔밥의 재료로 사용하기는 어렵다.

오늘날 나물과 함께 지진 생선을 곁들이는 안동 지역에서 판매되는 헛제삿밥을 먹을 때는 '조선간장'이 양념으로 나온다.[23] 제사음식에는 고추장이 오르지 않는다. 하지만 1980년대 이후 제사를 지내고 음복으로 제사음식을 비빌 때 고추장과 참기름은 반드시 필요한 양념이 되었다. 앞에서 살펴본 조리서들은 가정식을 견지했기 때문에 비빔밥에 고추장과 육회가 들어간다는 점을 밝히지 않았다. 하지만 1970년대 후반이 되면 조리서에 비빔밥의 양념으로 고추장이 사용된다는 사실이 등장하기 시작했다.

1977년에 출판된 왕준련(王晙連, 1918~1999)의 《한국요리》에서는 "양념한 고추장을 나물과 함께 얹어 내기도 하고 따로 준비하여 식성에 맞도록 먹게 해도 좋다"[24]고 적었다. 사실 왕준련은 개성 출신으로 1950년 수도여자사범대학 가정과를 졸업하고, 한국전쟁 때 피난지인 부산 기독교청년회(YMCA) 강당에서 한국 최초로 요리 강습을 시작한 인물이다. 그는 1961년에 대구에서 요리학원을 열었고, 그후 서울로 옮겨왔다. 1969년 사단법인 한국식생활개발연구회를 설립해 본격적인 '식생활개선운동'을 펼쳤다. 이런 의미에서 황혜성이나 윤서석과 달리 실제로 행하고 있는 조리법을 책에 담으려고 했을 가능성이 많다.

특히 1980년대 이후 도시 거주자와 외식업의 증가와 함께 고추장이 비빔밥의 양념으로 사용된 점은 매우 일반적인 사실이다.

1987년에 강인희(姜仁姬, 1919~1998)가 펴낸 《한국의 맛》이란 조리서에는 밥 위에 각종 재료를 올릴 뿐 미리 비비지 않는다고 하면서 기호에 따라 볶은 약고추장을 곁들일 수 있다[25)]고 적었다. 결국 1980년대 후반 한국사회에서는 비빔밥을 먹을 때 고추장을 양념으로 사용해야만 한다고 믿게 되었다.

고추장의 상품화는 1960년대에 이루어졌다. 1963년 1월 16일자 《경향신문》 2면 하단에 '샘표 고추장' 광고가 실렸다. 이미 조선 후기부터 집에서 담근 고추장이 중요한 양념으로 사용되었지만, 그렇다고 고추장은 쉽게 구할 수 있는 음식에 들지 않았다. 1960년대 이후 고춧가루의 생산량이 증가하고, 미국과 독일로의 이민이 증가하면서 고추장의 상품화가 진행되었다. 이 과정에서 고추장은 비빔밥에서 가장 중요한 양념으로 인식되었다. 앞의 《별건곤》 기사에서도 알 수 있듯이 이미 1920년대 말에 진주비빔밥에 고추장이 사용되었다.

적어도 1970년대까지 한국음식에 정통성을 부여하고 싶어 했던 대학의 몇 안 되는 한국음식 조리학 교수들은 비빔밥에 고추장이 들어간다는 점을 인정하고 싶지 않았을 가능성이 많다. 실제로 그들은 유럽과 미국에서 영양학을 공부하고 돌아온 후배 교수들에게 상당한 콤플렉스를 느끼고 있었다. 그로 인해 자신들의 조리법에 정통성을 부여하려는 경향이 강했다. 그만큼 간장으로 간을 맞추는 비빔밥이 나름 '역사적 정통성'을 지닌다고 보았다. 더욱이 미리 비빈 비빔밥의 조리법만이 고급스러운 궁중음식이라는 인식도 갖고 있었다. 하지만 1980년대 이후 외식업의 증가는 더 이상 그들이 고집했던 '비빔밥의 정통성'을 지켜주지 못했다. 가정식과 외식의 분기점에서 비빔밥의 조리법은 진화의 과정을 밟게 된다.

먹기에 좋은 음식, 비빔밥

2007년 12월, 나는 일본 규슈의 가고시마(鹿兒島) 시 외곽에 있는 한 백화점 3층 식당가에서 일본인의 비빔밥 소비에 대한 현지조사를 실시했다. 한 일본 여성이 나무로 짠 사각통 뚜껑에서 김이 모락모락 올라오는 식기를 들고 식탁에 앉았다. 무슨 음식인지 살펴보니, 한국에서 익숙하게 보았던 돌솥이 그 안에 놓여 있었다. 그 옆에는 흰 계란 하나와 비닐 팩에 담긴 고추장도 보였다. 그녀는 너무나 익숙하게 계란을 깨서 돌솥에 넣고, 고추장도 위에 뿌렸다. 그리고 한국인이 사용하는 스테인리스 숟가락을 들고 돌솥 안의 밥과 재료를 익숙하게 비볐다.

1990년대까지만 해도 일본인들은 미리 비벼 놓은 비빔밥을 음식물 쓰레기에 비유하면서 입에 대지도 않았다. 그런데 한국식 돌솥비빔밥을 먹으면서 전혀 거리낌없이 한국식으로 비비고 있었다. 더욱이 숟가락을 사용하지 않는 일본인이 너무나 익숙하게 숟가락으로 밥을 먹었다. 나는 그녀가 밥을 다 먹을 때까지 기다렸다가, 그 맛에 대해서 물었다. 그녀의 대답은 너무나 간단했다. "맛있다." 이름이 '아유미'라고 하는 그녀는 아직 한국에 가본 적이 없다고 했다. 하지만 가고시마 시내에 있는 한국음식점에서 비빔밥을 먹어본 이후 한 달에 한 번 정도는 먹는다고 했다.

밥과 반찬을 함께 '비빈다'는 행동에 대해 이상하다는 생각을 하지 않느냐고 물었다. 그렇지 않다고 했다. 돌솥에서 지글지글 익는 밥에 각종 반찬과 날계란, 그리고 매운 고추장을 함께 비비는 그 자체가 매우 재미있다고 했다. 그렇다면 '카레라이스'를 먹을 때도 이렇게 비비면 맛이 더 좋지 않겠냐고 물었다. 이 말을 들은 아유미는 난색을 표했다. 어떻게 카레라이스를 비빔밥처럼 비빌 수 있냐며, 그렇게는 먹을 수 없다고 했다. 사실 일본인들은 카레라이스나 덮밥을 먹을 때, 한국인처럼 결코 마구 비비지 않는다. 접시에 담긴 그 상태에서 마치 칼로 두부를 자르듯이 스푼으로 구획을 지어가며 먹는다.

일본인은 미리 비벼 놓은 비빔밥이나 먹는 사람이 먹기 직전에 비벼야 하는 비빔밥에 대해서 일정한 기피의 태도를 지니고 있었다. 클로드 레비스트로스(Claude, Lévi-Strauss, 1908~2009)는 사람이 특정 음식만을 선택적으로 먹는 이유는 그것이 '생각하기에 좋은(good to think)' 음식이기 때문이라고 주장한다.[26] '비빔밥=음식물 쓰레기'라는 일본인의 태도는 분명히 비빔밥이 '생각하기에 좋지 않은(bad to think)' 음식이라는 인식에서 나왔다.

마빈 해리스는 음식이 생각하기에 좋은지 나쁜지는 그것이 먹기 좋은지 나쁜지에 달려 있다고 보았다.[27] 왜냐하면 음식은 집단정신을 채워주기 전에 집단의 뱃속을 채워줘야 하기 때문이다. 그래서 마빈 해리스는 레비스트로스의 주장을 패러디하여 '먹기에 좋은(good to eat)' 음식이 생각하기에 좋은 음식보다 우선적으로 사람들에 의해 선택된다고 보았다. 그는 우유 애호가와 우유 혐오가의 문제는 우유 효소를 분해할 수 있는 락토스(Lactose)의 보유와 관련이 있지, 종교적 지향과는 관계가 없다고 보았다. 유대교도와 이슬람교도의 돼지고기 회피나 힌두교도의 쇠고기 회피도 생태적 조건이 절대적 이유가 된다고 주장했다.

나는 일본인이 비빔밥에 대해서 보여주었던 기피의 태도가 '생각하기에 나쁜' 결과라고 한다면, 한국인이 비빔밥을 즐겨 먹는 이유는 마빈 해리스의 주장처럼 '먹기에 좋은' 음식이기 때문이라고 본다. 왜냐하면 주식인 밥과 반찬을 비벼서 먹는다는 사실은 공급자의 입장에서는 미리 비벼서 간편하고 빠르게 수요자에게 공급할 수 있다는 장점이 있다. 또 비빔밥을 먹는 사람의 입장에서는 입 속에서 밥과 반찬을 비빌 필요 없이 아예 그릇에 한데 담아 각종 양념을 넣고 비벼서 맛을 극대화시켜 먹을 수 있다는 장점이 있다.

〈그림 1〉은 1890년대 주막에서 젊은 남자가 식사하는 모습을 찍은 사진이다. 개다리소반 위에는 모두 여덟 개의 그릇이 놓여 있다. 왼쪽에 밥그릇, 오른쪽에 국그릇이 놓였는데, 그 크기가 지금과 비교하면 매우 크다. 현재 전해지는 유물을 근거로 하여 그 크기를 짐작하면 다음과 같다. 밥이 담긴 사발은 높이가 거의 9센티미터, 입의 지름은 거의 13센티미터에 이른다. 국그릇은 높이가 거의 9센티미터, 입의 지름은 15센티미터가 넘을 듯하다. 당시 사람들이 먹었던 일상식사의 전형일 수는 없지만, 식사의 양과 음식의 가짓수를 대략이나마 짐작할 수 있도록 해준다.

밥을 먹는 과정은 어떻게 진행될까? 한국인이 일상식사에서 밥을 먹는 과정은 다음과 같다. 밥을 입에 넣고 씹으면서 동시에 반찬을 입에 넣는다. 간이 들어가지 않은 밥에 간이 들어간 반찬을 함께 먹어야 맛이 난다. 밥과 반찬을 함께 씹으면서 또 다시 국물을 입 속에 넣는다. 한국인이 이렇게 밥을 먹고 있을 때 동작을 멈추게 하고 사진을 찍는다면, 그것은 바로 미리 비벼 놓은 비빔밥과

〈그림 1〉 1890년대 주막에서의 식사 장면

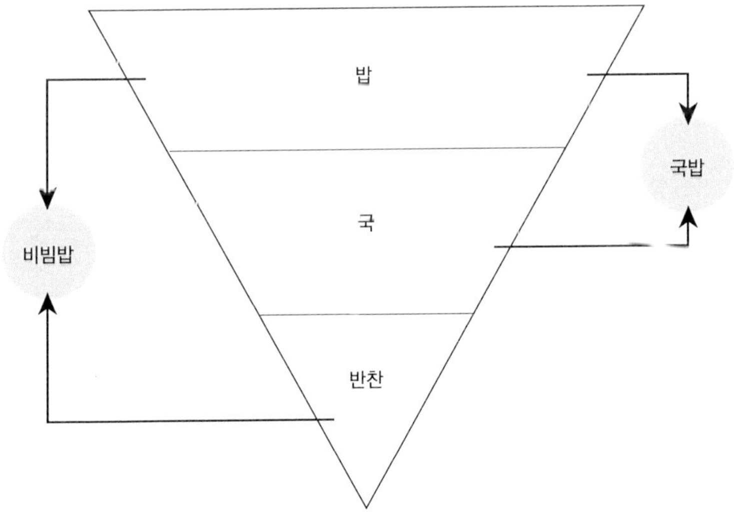

〈그림 2〉 일상적인 한국음식의 문화적 구조와 '밥+국', '밥+반찬'의 결합

거의 비슷하다.

〈그림 1〉의 개다리소반 위에 놓인 밥과 국, 반찬의 양을 중심으로 표현하면 〈그림 2〉와 같다. 밥과 국의 양이 반찬에 비해서 훨씬 많다는 점은 〈그림 1〉을 통해서 충분히 짐작할 수 있다. 이러한 역삼각형 구조는 밥을 보다 간편하게 먹기 위한 방법을 만들어낼 수밖에 없다. 그것이 바로 국밥과 비빔밥이다. 국밥은 '밥+국'이며, 비빔밥은 '밥+반찬'이다. 즉 비빔밥은 '먹기에 좋은 음식'이기 때문에 사람들에게 선택되었음을 확인할 수 있다.

바로 이것 때문에 20세기 이후 각 지역의 식당 메뉴에 비빔밥이 등장한 이유이기도 하다. 국밥과 함께 비빔밥은 공급자나 수요자가 모두 한 끼 식사를 보다 편리하게 만들고, 먹을 수 있는 음식이라고 할 수 있다. 그렇다고 이런 기능성만이 비빔밥 조리법의 진화를 이끈 요인이라고 볼 수는 없다. 고추장으로 비빈 비빔밥의 맛이 지닌 미학적 측면도 무시할 수 없기 때문이다. 또 앞에서 살펴본 계란 부침이나 육회가 들어간 비빔밥은 나물보리밥이나 꽁보리밥에 비해 훨씬 미각을 돋운다. 밥과 나물과 함께 이러한 재료들이 비빔밥의 유행을 이끈 또 다른 요인이기도 했음이 분명하다.

비빔밥 담론에 담긴 이데올로기

1960~1970년대의 한국사회는 '한국적 민족주의'를 담론으로 만든 시대였다. "관변의 경우에는 1960년대 이후 민족주의의 대두와 함께 '민족주체사관'의 정립을 제창하고, 특히 유신체제의 한국적 민주주의 제창에 따라 국수주의적 경향을 강화해왔다."[28] 이에 비

해 1980~1990년대는 1988년 서울올림픽의 개최와 해외여행의 자유화를 통해서 자문화와 타문화를 비교할 수 있는 경험적 안목을 일부 한국인들이 갖게 되었다. 특히 1996년 미국의 가수 마이클 잭슨이 방한 공연을 할 때 비빔밥을 즐겨 먹었다는 신문기사는 비빔밥의 세계화 가능성을 한국사회에 심어주었다. 문화적으로는 세계화 담론과 함께 '가장 한국적인 것이 가장 세계적인 것'이라는 인식을 유행시켰다.[29)]

이런 과정에서 한국음식에 대한 각종 담론이 매스미디어를 통해서 확산되었다. 그 대표적 인물이 바로 칼럼니스트 이규태(李奎泰, 1933~2006)이다. 《조선일보》에 연재된 '이규태 코너'는 한국문화를 다른 나라의 문화와 비교하거나 혹은 외국인의 시각에서 나온 언설을 시발로 하여 저널리즘적 시선을 개입한[30)] 특징이 있다. 특히 그가 쓴 글에는 한국음식의 특징에 대한 것도 다수를 차지한다. 가령 20세기 초반에 미국으로 이민을 간 한국인의 후손이 지닌 민족적 자질에 주목하면서 "맛에 대한 민족의 유전질이 가장 강력한 우성으로 늦게까지 잔존한다"[31)]라고 주장했다.

신문에 연재된 '이규태 코너'에서 음식 관련 기사만을 뽑아 엮은 《한국인의 밥상문화》라는 책도 출판되었다. 이 책에서 이규태는 〈밥맛 민족주의〉, 〈민족성의 원형질: 쌀〉, 〈정착성 식사 문화〉 등의 글을 통해서 한국음식의 특징을 극명하게 설명한다. 그중에서 정착성 식사 문화가 한국음식에서 발달한 이유를 이규태는 다음과 같이 설명한다. "첫째, 이 세상에서 손꼽는 정착 민족이기에 우리 한국인이 상식하는 음식은 이동 민족처럼 간편히 가지고 다니며 먹을 수 있게끔 구조적으로 돼 있지가 않다. 둘째, 서양음식은 물기가 배제된 건성 음식인 데 비해서 한국음식은 온통 물기투성이인 습성이어서 가지고 다니며 먹기엔 불편하게 돼 있다. 셋째, 서양음식은 식어도 먹을 수 있는 냉식 문화인 데 비해 한국음식은 식으면 맛이 반감하거나 먹지 못하는 것으로 치는 온식 문화다."[32]

그렇다고 이규태가 한국음식의 특색을 간명하게 정리했다고 보기는 어렵다. 다만 1990년대 말에 전개된 세계화 시대에 경쟁력을 갖춘 한국음식의 특색을 여러 갈래로 설명하고 있다고 해야 옳다. 아마도 한국음식에 대한 이규태의 짧은 글들은 어떤 학자의 글보다도 훨씬 광범위하게 독자층을 형성했을 것이다. 특히 1970~1990년대에 전개된 한국사회의 민족주의적 성향과 세계화의 이중성은 이규태 칼럼을 읽는 독자들에게 일종의 단물로 아침마다 마른입을 적셔주었다. 특히 전통과 현대의 갈등 와중에 놓여 있던 1930~1950년대 출생의 한국인 화이트칼라에게는 자문화에 대한 이해를 간명하면서도 극단적으로 이해하도록 만들어주는 데 이규태의 글이 일조했다.

1998년 3월 1일자 《조선일보》에 실린 〈비빔밥〉이라는 이규태의 글 역시 비빔밥에 대한 문화적 상징을 다각도로 부여한다. 하나는 비빔밥의 중국 유래설에 대한 비판이고, 다른 하나는 비빔밥이 어떻게 만들어졌는가에 대한 주장이다. 또 다른 하나는 비빔밥이 지닌 문화적 특징이다. 비빔밥의 중국 유래설에 대한 그의 비판은 다음과 같이 전개된다. "비빔밥은 문헌상 1800년대 말엽의 《시의전서》에 처음 나오는데 부밥(골동반)으로 나온다. 중국 문헌에 나오는 골동반이 비빔밥의 뿌리라는 설도 있으나 중국의 골동반은 어육을 미리 쌀 속에 넣어 밥과 더불어 찐다 했으니, 우리의 비빔밥과는 질적으로 다르다."[33] 이규태가 중국의 골동반을 언급한 근거는 1849년에 간행된 홍석모(洪錫謨)의 《동국세시기(東國歲時記)》에서 찾을 수 있다. 이 책은 '골동면(骨董麵)'을 소개하면서 다음과 같이 적었다.

> 메밀국수를 무김치와 배추김치에 말고 돼지고기를 썰어 넣은 것을 냉면이라고 한다. 또 잡채와 배·밤·쇠고기·돼지고기 등을 썰어 넣고 기름간장을 쳐서 메밀국수에 비빈 것을 골동면(骨董麵: 비빔냉면)이라고 한다. 평안도 냉면이 제일이다. 내 생각에는 소동파(蘇東城)가 쓴 《구지필기(仇池筆記)》에 "나부(羅浮)의 영노(穎老)가 여러 가지 음식을 얻은 다음 모두 섞어서 끓여 먹었는데, 이것을 골동갱(骨董羹)이라고 불렀다"고 한 것을 보면 '골동'이란 여러 가지를 섞는다는 뜻으로 지금의 비빔냉면과 같다. 중국의 강남 사람들은 반유반(盤遊飯)이란 음식을 잘 만드는데, 이것은 젓갈·포·회·구운고기 등 없는 것 없이 밥 속에 넣은 것으로 곧 밥의 골동이며, 옛날부터 이런 음식이 있었던 것이다."[34]

즉 반유반이 바로 이규태가 언급한 중국의 골동반이다. 나는 《동국세시기》에서 언급한 '골동'이란 한자에 주목한다. 중국 원나라 때 나온 운서(韻書)인 《운부군옥(韻府群玉)》의 '동(董)'자 조에는 '골동'의 뜻을 여러 가지 재료를 섞은 음식잡팽(飮食雜烹)이라고 정의했다. 조선시대 세종 17년(1435)에 임금의 명에 의해서 《운부군옥》을 강원감사 유계문(柳季聞)이 강릉과 원주 두 지역에서 2년 동안에 걸쳐 판각한 후, 1437년 6월에 20권 10책 모두를 간행했다.[35] 이로써 조선 초기에 이미 많은 독자 그룹(reading group)을 가졌던 책이다. 따라서 '골동'이란 용어가 '음식잡팽'이란 의미로 조선의 지식인들 사이에서는 이해되고 있었다. 이것을 홍석모도 수용했다.

중국 명나라 때 사람 동기창(董其昌, 1555~1636)이 쓴《골동십삼설(骨董十三說)》[36]에서는 분류가 되지 않는 옛날 물건들을 통틀어 '골동'이라 부른다고 했다. 이어서 이 뜻을 이용하여 여러 가지 음식을 혼합하여 조리한 국을 '골동갱'이라 하고, 밥에 여러 가지 음식을 섞어서 익힌 것을 '골동반'이라 한다고 했다. 여기에서 주목해야 할 점은《골동십삼설》에서 설명한 골동반은 한국의 비빔밥처럼 밥을 지은 이후에 여러 가지 재료를 비벼서 먹는 음식이 아니라는 사실이다. 그보다는 먼저 여러 가지 재료와 곡물을 함께 섞은 다음, 밥을 지은 음식이다. 따라서 이규태의 주장은 일면 타당성이 있다고 할 수 있다. 결국 한글로 '비빔'이라고 적으면서 한자로는 이미 익숙한 '골동'을 가져온 것이라 보인다.

그렇다면 비빔밥 혹은 골동반은 한반도에서 발명된 음식이라고 보아야 할지도 모른다. 이규태는 그러한 발명의 배경에 제사음식이 자리를 잡고 있다고 보았다. "굳이 뿌리를 찾는다면 제사음식으로서 자연발생했을 확률이 높다. 조령이 먹고 간 제사음식을 후손이 고루 나눠 먹음으로써 결속을 다지는 공식의례로서 제주로는 음복을 하고 제수로는 한솥에 밥을 비벼 나누어 먹었던 것이다."[37] 앞에서도 밝혔듯이 이러한 현상은 최근까지도 쉽게 볼 수 있는 모습이기에 부정할 수 없다.

조상 제사는 한국인이 매우 중요하게 여기는 의례이다. 당연히 제사는 성리학적 관념과 연결된다. 이규태는 비빔밥이 존재할 수 있는 배경으로 성리학을 염두에 두었다. 그래서 "제사 지내고 나서 제상에 올랐던 음식과 젯밥을 섞어 비빈 밥을 참례자들이 고루 나누어 먹는 것도 이산을 결집으로 구심시키는 공식(共食)문화의 압권이요, 비빔밥의 뿌리로 가늠해볼 수 있는 제사 관습이다"[38]라고 보았다. 함께 식사를 나누는 공식으로까지 비빔밥의 상징성을 연장시킨다.

그러면서 이규태는 "서양사회가 계약(Contract) 사회라면 한국사회는 연약(Kin-tract) 사회랄 수 있다. 그래서 이 연줄을 다지는 문화가 꽤나 발달했는데, 한 잔 술 더불어 마신다던가, 한솥밥 나누어 먹는 공식문화를 들 수 있다"[39]라고 하면서 이른바 '비빔밥 정신'을 한국적 특징으로 부각시킨다. 하지만 지구상의 어떤 사회에서든지 '한솥밥을 먹는다는 것(共食, commensalism)'은 공동운명체의 이념 및 정서와 연결[40]되어 있다. 그러니 오로지 한국사회만이 비빔밥을 통해 '한솥밥을 먹는나'고 주장할 수 있다. 그럼에도 이규태가 이러한 주장을 펼치는 이면에는 서양과 동양 혹은 타문화와 자문화의 대비를 통해서 한국적인 것을 강조하려는 의도가 깔려 있다. 이것은 세계화 속에서 한국문화를 강조하려는 2000년 전후 한국사회의 지식인이 보여준 이항 대립적 인식에서 도출된 것이라고 할 수 있다.

이런 이규태의 주장이 전적으로 수용되지는 않았다. 식품학자 주종재는 비빔밥의 유래로 '농번기 음식설'이 가장 타당하다고 보았다.[41] 그는 그 이유를 다음과 같이 밝혔다. "비빔밥은 이것저것 체면 가릴 것 없이 마구 비벼 먹을 때 제 맛이 나는 음식이다. 그리고 구전에 의하면, '비빔밥은 큰 그릇에 밥과 여러 나물을 넣어 여러 사람이 함께 비벼 먹음으로써 일체감을 조성했던 음식이다'라고 한 것으로 미루어보아 비빔밥은 가장 서민적인 음식으로 시작되었으며, 품앗이 등을 통해 여러 사람이 함께 일할 때 먹었던 농번기 음식이었던 것으로 추측된다." 하지만 주종재는 '구전에 의하면'이라고 한 것에 대한 근거를 전연 제시하지 못했다.

비빔밥이 지역음식으로 상당한 정치경제적 의미를 부여받고 있는 전주 지역사회에서는 비빔밥의 유래를 주종재의 '농번기 음식설'에만 기대지 않는다. 그만큼 비빔밥의 유래에 대한 주장이 많다.[42] 첫째, 신인공식(神人共食)의 의미로 제사음식을 그릇 하나에 이것저것 받아 먹은 데서 시작되었다는 '음복설'. 둘째, 동학혁명군이 그릇이 충분치 않아 여러 음식을 한데 비벼 먹는 데서 시작되었다는 '동학혁명설'. 셋째, 고려시대 몽골의 침입으로 임금이 몽진했을 때 수라상에 올릴 만한 음식이 없어 하는 수 없이 밥에 몇 가지 나물을 비벼 올렸다는 것에서 유래를 찾고 있는 '임금 몽진 음식설'. 넷째, 궁중에서 유래했다는 '궁중음식설'. 다섯째, 묵은 음식을 음력 정월 보름에 먹었다는 '묵은 음식설'. 그리고 '농번기 음식설' 등이다.

그중에서 동학혁명설은 전주 지역사회와 연관을 짓고자 하는 입장에서 생겨난 주장으로 보인다. 전주성에 동학군들이 주둔했던 역사적 사건과 비빔밥을 연결시키고자 하지만 그것의 역사적 근거를 확인할 수는 없다.[43] 궁중음식설 역시 2000년대 이후 전주 지역사회의 비빔밥을 판매하는 외식업체에서 주장한 것이다. 전주비빔밥이 국내는 물론이고 세계 각국에서 인기를 얻자, 그것의 '정통성'을 내세우기 위해서 '궁중음식설'에 기대려는 경향이 강했다.[44] 앞에서 언급한 황혜성도 자신이 궁중음식 전문가라는 '정통성'을 내세우기 위해 비빔밥을 궁중음식편에 편입시켰다. 하지만 이에 대한 역사적 근거는 아직도 확인되지 않는다.

비빔밥 담론이 그 근거를 확보하지 못했어도 대중적 확산은 비빔밥의 유행과 함께 이어졌다. 특히 1970년대 이후 전주비빔밥의 전국적 명성으로 인해 각종 비빔밥 담론이 만들어졌다. 그중에서도 "서울설렁탕, 평양냉면과 함께 전주비빔밥이 조선시대 3대 명물"이라는 주장은 누군가에 의해 만들어진 이야기에 지나지 않는다. 왜냐하면 전주비빔밥이 식당의 메뉴로 자리를 잡은 시점은 아무리 오래되었더라도 1930년대를 넘기지 않기 때문이다. 1929년의 《별건곤》 제24호에는 전주의 대표 음식으로 '탁백이국', 즉 지금의 모주와 함께 나오는 콩나물국밥을 꼽았다. 이 글에서는 "평양의 어복장국과 서울의 설렁탕이 명물이라면 전주의 명물은 탁백이국일 것이다"라고 했다.

그러니 식당에서 판매되는 전주비빔밥은 훨씬 이후의 일로 여겨진다. 내가 실시한 현지조사[45]에 의하면, 1930년대 전주의 남문시장 일대 간이식당에서 비빔밥을 판매했었다고 한다. 하지만 그곳을 전문 식당이라고 보기는 어렵다. 해방 이후 지금은 사라진 '옴팍집'이 비빔밥을 전문적으로 팔았다. 1960년에는 '한국관'이 놋그릇에 비빔밥을 담아 불에 뜨겁게 하여 내놓는 비빔밥을 팔기 시작했다. 그리고 1980년에 서울의 롯데백화점에 한국관 분점이 들어섰다. 돌솥비빔밥은 '전주중앙회관'에서 1969년에 '전주곱돌비빔밥'이라는 이름으로 판매하기 시작했고, 1981년 전주중앙회관은 서울 명동에 진출했다.

전주지역에서 출발한 전주비빔밥 전문점들이 서울에서 성공했던 이유는 1980년대 이후 한국사회에서 '향토음식'으로 불리는 지역음식에 대한 담론이 형성되었기 때문이다. 그 대표적인 사건이 전두환 정부가 주도한 '국풍 81' 축제이다. 각 시·도의 행정부서에서 주도하여 그 지역을 대표하는 음식이 선정했고, 그것을 판매하는 전문적인 '팔도미락정(八道味樂亭)'이 축제의 현장인 서울 여의도에 개설되었다. "이곳에서는 서울의 설렁탕, 전주의 비빔밥, 함흥의 냉면 등 8도의 미각을 한자리에서 맛볼 수 있도록"(《매일경제》 1981년 5월 19일자) 했다. 결국 1980년대 전주비빔밥은 전국적인 명성을 확보하면서 서울로 진출했다. 이로써 비빔밥의 원산지로 전주가 유일하다는 인식이 심어지게 되었다.

'동학혁명설'과 함께 전주가 비빔밥의 원산지라는 생각을 확산시키는 데는 앞의 '농번기 음식설'이 일정한 역할을 했다. 국문학자 최승범은 전라도가 어느 지역보다도 물산이 풍부하다고 전제하면서, 전주비빔밥의 탄생은 이 지역이 농촌이기 때문이라고 주장했다. "이 고장 아낙네들이 들에 나가 일하는 남편을 위해 밥동고리를 이고 나간다고 하자. 그 동글납작한 작은 버들고리에 갖가지 찬접시들을 어찌 다 챙겨 담을 수 있으랴. 아낙네들은 슬기로웠다. 큰 토기대접에 밥을 담고 그 위에 갖가지 양념을 한 반찬들을 옆옆이 놓았다."(《경향신문》 1976년 9월 22일자) 전주만이 농촌은 아니지만, 전주가 비빔밥의 원산지라는 주장이 이 글에 담겨 있다.

1990년 대한항공에서 비빔밥을 기내식으로 제공하면서 전주비빔밥의 명성은 더 이상 국내에 머물지 않게 되었다. 이를 계기로 전주비빔밥은 세계화의 길을 걷기 시작했다. 그런데 세계화 과정에서 전주비빔밥은 비빔밥의 유래에 대한 각종 '설'을 내세우기 어렵게 되었다. 그래서 채택된 것이 비빔밥 혹은 전주비빔밥의 영양학적 측면이다. "비빔밥 한 그릇 자체에는 우리 인체가 필요로 하는 각종 영양소가 어느 것 하나 부족함이 없이 골고루 들어 있는 완벽히 영양적 균형을 갖춘 음식이다"[46]라는 주장을 식품학자는 물론이고, 전주시와 외식업체에서도 강조했다. 심지어 "전주비빔밥에 들어가는 고추장은 항암 효과를 가지고 있으며, 비만을 예방하고 치료하는 데도 탁월한 효과가 있는 것으로 밝혀졌다"[47]라고 할 정도였다.

나는 한국음식을 세계에 홍보하면서 식품학자를 비롯하여 정책입안자나 식품업체 종사자가 가장 내세우고 싶은 전략은 '영양학적 우수성'이라고 본다. 이것을 다른 말로 표현하면 "한국의 모든 음식은 약식동원(藥食同源)의 원리에서 만들어졌다"는 주장이다. 역사적으로 중국 의학에서 이미 주장한 이 논리가 한국음식에 적용되는 것은 결코 특별하지 않다. 하지만 한국음식이 모두 몸에 좋은 것이라는 믿음은 한국음식이 아닌 것은 '약식동원'의 원리가 적용되지 않기 때문이라는 역설을 만들어낸다. 나는 이러한 인식을 '영양 민족주의(nutritional nationalism)'이라고 규정한다. 그렇다고 비빔밥이 영양학적으로 문제가 있다는 주장은 아니다. 그보다는 오늘날 한국사회에서 한국음식을 내셔널 푸드(national food)로 규정하려는 경향과 비빔밥의 영양학이 일정하게 연결되어 있기 때문이다. 곧 민족음식인 한국음식은 모두 영양학적으로 우수하다는 담론이 비빔밥 그 자체의 영양학적 조건을 더욱 확대, 재생산하는 결과를 낳는다.

결국 비빔밥은 1970년대 이후 전주비빔밥으로 일원화되었다. 그 과정에서 비빔밥의 유래는 '제사음식설'에서 '동학혁명설'과 '농번기 음식설'로 전환된다. 최근에는 다시 '궁중음식설'이 강력하게 전주비빔밥을 부각시키려 한다. 실제로 윤서석이 특미비빔밥을 만드는 조리법이라고 소개했던 "양지머리 고은 맑은 육수에 밥을 짓는"[48] 방법은 현재 전주비빔밥만의 특징이 되었다. 여기에 성인병과 비만을 해결할 수 있다는 비빔밥의 영양학적 우수성은 양념으로 쓰이는 고추장의 항암 작용으로까지 확장되었다. 심지어 이 아름다운 비빔밥을 만들어내는 '비빔밥 정신'을 전주의 정신으로 삼자는 주장도 나왔다.(《전북일보》 2008년 4월 27일자)

이기형은 "담론은 개인이나 집단에 의해 생성되거나 매개되지만, 특히 사회제도적인 층위에서 주도적으로 발생, 교환, 수용되며, 이러한 과정을 통해서 담론은 복잡하게 얽힌 의미망을 형성한다"[49]고 했다. 앞에서 살펴본 바와 같이 비빔밥과 관련된 담론은 비빔밥의 유행과 전주비빔밥의 부각이 전주라는 지역사회의 정치경제적 목적과 결합하고, 여기에 저널리즘이 결합하여 생성과 확장을 거듭해왔다. 또 음식물이 지닌 특성으로 인해 영양학적 지식도 전주비빔밥의 담론을 생성하는 데 결정적인 역할을 했다. 심지어 전주가 정치적으로 불안한 입지를 강화시키기 위해서는 '비빔밥 정신'이 필요하다는 주장까지도 만들어냈다.

오늘날 비빔밥 담론은 전주라는 지역사회에서 지방자치단체와 외식업체는 물론이고, 대다수의 지식인들이 주도적으로 만들어내고 있는 중이다. 이 과정에서 비빔밥은 '먹기에 좋은 음식'에서

'생각하기에 좋은 음식'으로 변했다. 그런데 내가 면접조사에서 만난 전주 토박이들은 비빔밥을 식당에 가서 굳이 사먹지 않아도 된다고 생각했다. 그들은 집에서도 비빔밥을 먹을 수 있다는 생각을 가지고 있었다. 곧 먹을거리가 풍부해진 오늘날에도 전주 토박이들은 여전히 비빔밥을 '먹기에 좋은 음식'이라고 생각할 뿐이다. 그런데 한국인에게 비빔밥은 '생각하기에 좋은 음식'으로 전환되고 있는 중이다.

음식의 진화로 읽는 사회문화사

나는 앞에서 비빔밥의 진화 과정과 담론, 그리고 그것에 대한 분석을 시도했다. 이 연구에서 확인한 점은 비빔밥을 비롯한 오늘날 한국음식의 진화 과정을 살필 때 19세기에서 20세기로 전환되는 과정에 대해 주목할 필요성이다.[50)] 적어도 전근대적 사회시스템에서 조선사회의 외식업은 중국이나 일본에 비해서 발달하지 못했다. 그로 인해 비빔밥은 주로 가정에서 소비되었고, 그에 대한 기록도 존재하지 않았다.

그런데 1920년대 이후 서울을 비롯한 지방에서 근대적 도시가 형성되어 인구 집중과 경제의 중심지가 되면서 근대적 외식업이 본격적으로 가동되었다. 이 과정에서 비빔밥은 밥과 재료를 미리 비벼서 그릇에 담는 음식에서 흰밥 위에 재료를 올려서 손님이 직접 비벼 먹는 음식으로 진화되었다. 더욱이 1920년대 이후 지방 도시에서 운영되기 시작한 우시장은 쇠고기의 소비를 증대시켰다. 그 결과 진주에서는 쇠고기 육회를 비빔밥에 올리는 새로운 조리법이 등장했고, 그 과정에서 고추장이 비빔밥 양념으로 자리 잡게 되었다. 결국 비빔밥의 진화 과정에는 20세기 초반 근대 도시의 형성과 외식업의 전개라는 사회적 변화가 개입했음을 확인할 수 있었다.

그 진화 과정에는 비빔밥이 지닌 물질적 특성이 작용했다. 한국인의 일상식사를 구성하는 '밥+국+반찬'의 구조 중 하나인 '밥+반찬'의 조합이 비빔밥을 만들어냈다. 곧 비빔밥은 '먹기에 좋은 음식'이기 때문에 사람들 사이에서 선택되었다. 이 점은 20세기 이후 각 지역의 식당 메뉴에 비빔밥이 등장한 이유이기도 하다. 국밥과 함께 비빔밥은 공급자나 수요자가 끼니를 해결하면서 보다 편리하게 만들 수 있고, 먹을 수 있는 음식이었다.

1970년대부터 본격적으로 진행된 한국사회의 도시화도 비빔밥의 담론을 만들어내는 데 중요한 사건이었다. 농촌과 지방에 거주하던 사람들이 대거 서울과 그 주변으로 이주하기 시작한 1970년대에 서울에는 지역음식을 전문적으로 판매하는 식당들이 들어서기 시작했다. 특히 경제개발의 성공이 가져다준 혜택을 누리기 시작한 1980년대 초반에 지방에서 기반을 다진 식당들이 서울에 분점을 냈다. 전주비빔밥 혹은 전주곱돌비빔밥과 같은 음식을 판매하는 전문 식당이 서울에 등장한 때도 이쯤이었다. 이미 1960년대부터 언론에 등장하기 시작한 전주비빔밥은 1980년대 초반부터 전국적인 음식으로 자리를 잡았다.

오늘날 한국인이 생산·소비하는 음식물은 결코 물질적 속성만을 가지고 있지는 않다. 20세기 1백 년을 거치면서 한반도에서 생산·소비되는 음식에는 사회문화적 맥락이 담겨 있다. 이런 의미에서 한 사회가 경제적으로 번영하는 시기 동안 음식과 관련된 기술적 혁신은 특정 음식을 전체 사회로 확산시킨다는 독일 민속학자 군터 비겔만(Gunter Wiegelmann)의 주장은 여전히 타당하다. 20세기에 들어오면 사회문화적 의미체계에 포섭된 특정 음식은 국가와 지역사회, 그리고 기업에 의해서 또 다른 변신을 하면서 더욱 적극적 담론을 만들어냈다. 나는 이 글을 기반으로 하여 앞으로 지난 20세기 1백 년 동안 한국음식의 진화 과정과 담론에 대한 보다 체계적 작업을 할 계획이다. 특히 1920년대 근대 도시와 1970~1980년대 도시화 과정에서 한국음식이 어떻게 생산과 소비의 진화 과정을 밟았는가를 살필 생각이다. 그러한 연구를 통해서 음식을 통한 20세기 한국의 사회문화 변용 과정을 규명할 수 있다고 믿는다.

2부

한국음식, 그리고 근대

5장

식탁 위의 근대

—〈조일통상장정 기념 연회도〉를 중심으로

〈한일통상조약 기념 연회도〉는 묄렌도르프 내외분과의 공식연회를 기념으로 1883년 7월 25일자로 그려진 그림이다. 이 연회도의 원본은 숭실대학교의 기독교박물관에 보관되어 있는바, 김양선(金良善, 1907~1970) 목사 개인 소장품을 숭실대학교에 기증한 것이다. 이 그림은 심전(心田) 안중식(安中植, 1861~1919)이 21세에 그린 것이다. 그리고 이 그림은 조선에 있어서 현대식으로 나타난 정치적 내용을 담은 초기 작품 중의 하나이다. 이 두 가지 그림[1]을 보면 묄렌도르프의 특징이 나타나는데, 여기에는 그의 문화정치적 견해만 표현된 것이 아니라 조선의 미술 유산에 대해 적극적인 예술보호책을 진흥하려던 애착심도 나타나 있다. 이 그림은 묄렌도르프의 위대한 업적 중에서 정치가로서의 업적에 잘 어울린다.[2]

위의 글은 일명 〈조일통상장정(朝日通商章程) 기념 연회도〉와 묄렌도르프(P. G. von Möllendorff, 穆麟德, 1848~?)의 관계를 소개한 것이다. 종래 한국사학계에서는 묄렌도르프를 청국과 일본에 협조하여 조선왕실의 마지막을 어렵게 만든 독일인으로 보는 경향이 주류를 이룬다.[3] 그러나 다른 측면에서 살펴본다면, 그는 서양인으로서 처음으로 조선왕실 통리아문(統理衙門)의 교섭통상사무(交涉通商事務)라는 직책을 맡았던 사람이다. 그는 1882년 청국주재 독일 톈진(天津) 영사관으로 있었다. 그런데 마침 칭다오(靑島)에는 조선에서 온 영선사(領選使) 일행이 머물고 있었기에 그는 그들과 교류하게 되었다. 조선의 영선사는 1881년부터 김윤식(金允植, 1835~1922)을 대표로 하여 서양의 각종 기계 제조법과 조작법을 배우기 위해 칭다오에 있던 독일 기기창(機器廠)에 와서 연수를 받

〈그림 1〉 안중식, 〈조일통상장정 기념 연회도〉

고 있는 중이었다. 청국 이홍장(李鴻章)의 후원을 받고 있던 묄렌도르프는 김윤식과 교류하면서 밀접한 사이가 되었다. 1882년 영선사 일행이 경비 문제로 조기에 조선으로 귀국하게 되자 묄렌도르프도 그들 일행과 함께 조선에 들어오게 되었다.

이 그림을 그린 사람은 심전 안중식으로 알려져 있다. 안중식은 1881년에 영선사의 연수생으로 중국의 칭다오에 갔다. 안중식은 당시 화원의 일원으로서 서양식 제도법(製圖法)을 배우기 위해 파견되었을 것이다. 그런데 그 역시 1882년 영선사가 귀국할 때 묄렌도르프와 함께 조선으로 돌아온다. 아마도 안중식은 묄렌도르프의 부탁을 받고 이 그림을 그렸을 것으로 여겨진다. 중국에서 돌아온 후 안중식은 장승업(張承業, 1843~1897)의 문하에 들어가 본격적으로 산수화를 배운다. 이후 그는 조선에서 서양식 그림을 이해한 근대적 화가로 알려진다. 이 그림은 서양의 설계도면 그리는 법을 배운 안중식이 그렸기 때문에 얼핏 보기에 조선시대의 그림인 것 같아도 기본적인 구도는 서양화법에 가깝다.[4)]

그림을 통한 역사 읽기

〈조일통상장정 기념 연회도〉는 구도뿐만 아니라 등장인물들의 면면과 식탁의 정경을 살펴보아도 결코 조선의 연회 모습이 아니다. 식탁과 의자는 물론이고 식탁에 올라가 있는 음식과 식기도 서양식이다. 그림에 등장하는 인물도 여러 나라 사람이 뒤섞여 있다. 조선 사람 여덟 명, 일본 사람 두 명, 서양 사람 두 명이 등장한다. 그런데 연회의 성격상 사진을 찍어야 마땅했음에도 묄렌도르프는 친숙한 관계인 안중식에게 부탁하여 기록화를 그리도록 했다. 즉 조일통상장정조약을 마치고 그것을 기념하는 연회 장면을 마치 사진처럼 기록으로 남겨둔 것이 바로 이 그림이다.[5]

종래 이 그림에 대한 분석은 미술사 연구자들에 의해서 본격적으로 다루어진 적이 없다. 앞에서 밝혔듯이 이 그림의 작가 안중식은 서양식 제도법을 익히고 그것을 조선의 그림에 적용한 근대적 화가이다.[6] 그래서 이 그림에는 안중식의 근대적 시선이 잘 표현되어 있으며, 또한 1883년 조선왕실이 추구하려던 근대성의 한 단면을 여러 각도에서 표상화하고 있다. 연회에 참여한 사람들, 연회에서 논의된 이야기, 연회에서 소비된 식사, 연회가 열렸던 장소 등이 화폭에 마치 상징처럼 그려져 있다.

특히 오늘날의 관세 협정과 같은 통상장정을 조약한 일은 근대 국가의 외교통상 업무에 해당된다. 조약을 마치고 연 기념 연회는 근대 국가의 외교적 행사로 이해할 필요가 있다. 비록 조선왕실은 중국 사신의 방문을 받고 연회를 베푼 경험이 있지만,[7] 근대적 연회는 1876년 강화도조약 이후에야 비로소 시작된 일이었다. 중국 사신의 방문이 황제의 대리인인 사신과 왕이라는 상하관계의 확인에 있었다면, 근대 국가의 외교활동은 그 실제의 내용을 떠나서 외견상 동등한 국가관계를 표상한다. 따라서 이 그림은 미술사적으로 작가의 근대적 시선이라는 측면이 중요할 뿐만 아니라, 그림을 둘러싼 사건과 그림의 내용도 역사적으로 근대의 의미를 담고 있다는 데 연구 의의가 있다.

최근 미시사(micro-history)에 대한 소개와 논의가 한국의 서양사 학계를 중심으로 활발하다. 종래 거대담론을 중심으로 전개되어온 역사 서술에 대한 일종의 반작용으로 보이는 이러한 논의는 실제 한국사 연구에서 직접적으로 다루기는 매우 어렵다는 것이 중론인 듯하다. 특히 이 이론을 처음 들고 나온 서유럽에는 미시사적 시각을 충족시킬 수 있는 포스터 · 일기 · 장부 등과 같은 자료가 다수 존재한다는 점에서 한국의 사정과는 다르다는 생각을 하는 학자들도 많은 편이다. 그래서 한반도를 대상으로 한 역사 연구에서 미시사적 접근은 서유럽처럼 쉽지 않다는 반응도 나온다.

미시사에 대한 접근은 단순히 대상 자료의 존재 여부로 그 가능성을 따질 수 있는 것은 아니다. 사실 미시사적 접근은 역사 행위 주체자의 다층성과 행위자 중심의 시각, 그리고 개인사의 재구성을 통해 이루어진다. 즉 특정 시대와 사건이 지닌 공식적(official) 접근과 달리 미시사는 역사적 현상을 현미경으로 들여다보듯이 세밀하게 관찰하되 그 연구대상의 범위를 넓게 잡는 데 있다.[8)] 따라서 단순히 연구대상의 규모를 기준으로 미시와 거시를 구별하는 것은 잘못된 인식이다.

내가 굳이 미술사 연구자들의 관심을 크게 끌지 못하는 이 그림에 주목하는 이유는 미시사적 접근을 할 수 있는 많은 소재가 그림 속에 담겨 있기 때문이다. 즉 19세기 말 조선왕실의 근대 혹은 서양에 대한 태도, 근대 국가의 틀을 만들려는 시도와 거기에 담긴 인식, 그리고 근대의 실천 과정이 그림에 담겨 있다. 따라서 나는 그림 속의 소재가 표상하는 바에 주목한다.

이미 앞에서 밝혔듯이 이 글에서 다루려는 그림의 주제는 '연회(宴會, party)'이다. 연회는 특정 목적을 공유하는 여러 사람이 모여 주식(酒食)을 베풀고 가창(歌唱)과 무도(舞蹈) 등을 즐기는 일을 가리킨다. 따라서 연회에 참여한 사람과 제공된 음식과 술, 그리고 기타 부대설비에 대한 이해는 연회 그 자체를 연구하는 데 반드시 통과해야 하는 구성물이다. 그런데 연회가 열리게 된 배경과 의의를 이해하지 않고 내용물 자체에 천착할 경우 연회가 지닌 역사적 의미를 살피지 못하는 한계를 드러내기 쉽다.

이 글이 1883년의 〈조일통상장정 기념 연회도〉를 통해 당시 공식적인 연회에 등장하는 음식과 식사의 내용을 살피는 데 목적을 두고 있지만, 연회가 담고 있는 역사적 사건에 대해 이해하지 못할 경우 그 전후 사정을 밝히기는 어렵다. 종래 식품학 · 농학 · 영양학 연구자들이 중심이 되어 주로 음식의 문화사를 다루어왔기 때문에 종종 음식물 자체의 '근대적 발전'에 초점을 맞추는 경향이 강했다. 사실 식품학과 영양학은 근대 이후 문명개화(文明開化)를 위한 도구로 출발한 학문이다. 다시 말해, 이들 학문은 근대 국가가 지향하는 위생과 영양, 그리고 몸에 대한 이데올로기를 서양의 과학적 합리성에 근거하여 실천하려는 경향이 강하다. 이런 탓에 음식의 생산과 소비 과정이 지닌 사회문화적 의미체계를 읽는 작업을 소홀히 하는 편이다.

이런 의미에서 이 글은 1883년 현재, 서울 재동에 있던 통리아문에서 열린 연회가 지닌 역사적 의미를 음식과 식사를 통해 살피는 데 목적을 둔다. 당연히 연회에 참석한 사람들이 무엇을 먹고 마셨는가 하는 문제는 이 글의 핵심 주제이다. 그런데 그림 속의 연회 음식은 결코 조선적인 양상이 아니라 서양음식이 주류를 이룬다. 1876년 일본과의 강화도조약 체결 이후 조선왕실은 서양과 직접적인 접촉을 하게 된다. 이 과정에서 근대 국가로의 재편에 대한 내부의 필요성뿐만 아니라 외부의 압력도 강력하게 작용한다. 특히 서양의 근대가 표상하는 물건들과의 접촉은 처음에 '충격'으로, 그 다음에서는 '배우기'로 변환되는 과정을 거친다. 이 과정에 이 그림의 연회가 자리 잡고 있다.

한국사학계에서는 1883년의 조일통상장정 자체는 물론이고, 이 연회에 대해 깊은 연구가 별반 이루어지지 않았다. 아마도 이 사건이 역사적 의미를 지니기에는 부족한 조건들 때문이라고 생각한다. 더욱이 연회를 묘사한 그림을 통해 그 연회가 지닌 역사적 의미를 살피는 작업은 그다지 의미가 없을 수도 있다. 그러나 나는 이 그림을 통해 1883년이란 상황에서 조선왕실의 상층부가 서양음식과 식사방법을 어떻게 인식하고 있는가를 이해하려 한다. 비록 거시적 의미는 지니지 않을 수 있지만, 이 연회는 막 개항을 하고 서양과 접촉을 시작한 조선왕실의 관료들이 근대에 대해 어떤 인식을 지니고 있었는지를 간접적으로 이해할 수 있는 자료가 된다.

최근 탈근대 논의 속에서 근대에 대한 연구가 활발하게 진행되고 있고, 여전히 거시적 접근이 주류를 이룬다. 나는 한국의 근대를 논할 때 계층·지역·연령에 따라 '사유와 생활의 근대'가 개인마다 다를 수 있다는 문제를 제기한 바 있다.[9] '역사적 근대'가 오늘날 한국사회에서 외견상 거의 완성된 것처럼 보이지만, '사유와 생활로서의 근대'는 여전히 진행형에 있을 가능성에 주목한다.[10] 국가·정부·기업·학교 등과 같은 사회시스템은 19세기 말 이후 한반도에 도래한 서양의 근대가 지향했던 목표였다. 나는 이것을 '역사적 근대'라고 가정한다. 이에 비해 사람들이 실제 삶 속에서 실천적으로 지향하는 근대적 사고방식과 의식주, 그리고 각종 의례 등을 '사유와 생활의 근대'라는 말로 '역사적 근대'와 구분짓는다. 전자가 한 사회의 문화를 이해하는 공식적(official) 측면이 강하다면, 후자는 사람들이 지향하는 행위를 위한 규범으로서 실천적(practical) 양상을 보인다. 이런 면에서 1883년 조선왕실의 관료들이 보인 근대에 대한 인식은 정치적 파벌을 막론하고 공식적 측면에서의 입장 표명이었을 가능성이 높다. 특히 '생활의 근대'가 전형적으로 드러난 사건이 이 그림에 담긴 연회라고 생각한다.

근대화되는 조선, 조선인—연회의 참여자와 사건

그림은 고종 20년인 1883년 음력 6월 22일(양력 7월 25일)[11] 조선 측의 전권대신인 독판교섭통상사무(督辦交涉通商事務) 민영목(閔泳穆, 1826~1884)과 일본 측 전권대신인 판리공사(辦理公使) 다케조에 신이치로(竹添進一郎, 1842~1917) 사이에 조인된 조일통상장정 조인식을 기념한 연회를 그린 것이다. 당연히 민영목과 다케조에가 이 연회에서 주빈이다. 그림의 왼편인 주빈석에 사모관대를 갖추고 앉아 있는 사람은 조선의 대신 민영목이다. 그리고 민영목의 오른쪽에 앉은 사람은 다케조에, 왼쪽에 앉은 사람은 묄렌도르프이다.

일본은 1876년 강화도조약을 통해 조선을 가장 먼저 개항시킨 후 국제협약에 경험이 없는 조선으로 하여금 무관세 조약을 맺도록 강요했다. 그후 조선은 관세자주권이 침해되었다는 사실을 확인하고 그것을 회복하려고 일본 측과 재교섭을 벌였다. 그러나 일본은 쉽게 재협상에 응하지 않았다. 이에 조선은 1882년 4월 6일에 미국을 필두로 하여 영국·독일과 관세 및 수출세 등을 규정한 통상조약에 조인했다. 일본은 더 이상 무관세 무역을 고집할 수 없게 되었고, 결국 5월에 하나부사 요시모토(花房義質, 1842~1917) 공사를 조선에 파견하여 마지못한 협상을 펴게 되었다. 하지만 그해 6월 5일 임오군란(壬午軍亂)이 일어나 군인들이 일본공사관을 습격하는 사건이 발생했다. 일본공사관은 불타버렸고, 하나부사는 겨우 탈출하여 인천을 통해 귀국했다.

일본에 대한 감정이 악화되는 정세에 당황한 일본은 톈진 영사와 베이징 공사관의 서기관을 역임한 다케조에를 신임공사로 임명하여 서울에 있던 미국공사에게 협조를 구했다. 미국공사는 당시 조선왕실의 통리아문에서 사무로 있던 독일인 묄렌도르프의 협력을 얻도록 도와주었고, 결국 조선과 일본은 6월 22일 통상장정에 조인을 했다. 사실 묄렌도르프는 무관세를 제정해놓은 강화도조약의 문제점을 수정하기 위한 이 협상에서 근대적인 통상조약의 필요성을 적극적으로 수용하여 조약의 초안도 직접 작성했다.[12] 그러나 조약의 결과는 이미 조선에 앞서 근대 국가의 면모를 갖춘 일본에 유리할 수밖에 없었다. 특히 쌀 수출을 허용한 조문은 후일 방곡령(防穀令) 사건의 원인이 되었다.

나머지 사람들 중에서 묄렌도르프와 같은 줄에 앉은 세 사람은 아마도 민영목이 책임자로 있는 통리아문에서 근무하는 관리들로 보인다. 그들 옆에는 유럽풍의 면모를 갖춘 여자가 앉았는데, 아마도 묄렌도르프의 부인이 아닌가 여겨진다. 한편 다케조에가 앉은 쪽의 두 남자는 평상복을 입었다. 이들은 비록 통리아문의 관리는 아니지만, 이 일에 상당한 관심을 지닌 조선의 세력가로 보인다.

〈그림 2〉 〈조일통상장정 기념 연회도〉에 그려진 인물 추정

그 옆에는 한복을 입은 여자가 앉았다. 당시 조선에 체류했던 외국인들이 쓴 기행문을 보면 기생들이 연회에 자주 참석하여 여흥을 돋우고 술대접을 했다고 한다. 이 여자도 기생이 아닐까 여겨진다. 맨 끝에는 다시 일본인 관리가 앉았다. 다케조에의 부관으로 여겨진다. 민영목과 마주 보는 자리에는 조선인 관리가 자리를 잡았다. 면모로 보아 통리아문의 제일 아랫사람으로 보인다.

그런데 이미 밝힌 바와 같이 민영목과 다케조에, 그리고 묄렌도르프 부부와 기생 외에 이 그림에 나오는 인물들은 도대체 누구일까? 그림 자료만으로 등장인물들을 낱낱이 밝히는 일은 쉽지 않다. 하지만 이 사건과 관련하여 《고종실록(高宗實錄)》과 《한성순보(漢

城旬報)》에 비교적 참고할 만한 기록이 보이며, 당시 활동한 인물들 중 일부의 흑백사진도 전해지고 있어 그 대강을 추정할 수 있다. 나는 이것을 확인하기 위해 다양한 자료들을 동원하여 문헌조사를 했다. 그 결과 다음과 같은 추정을 할 수 있게 되었다.

▶ 조선 통리교섭통상사무아문(統理交涉通商事務衙門) 소속 참석자(5명)

❶ 민영목(閔泳穆, 1826~1884, 당시 57세) 독판교섭통상사무

❷ 홍영식(洪英植, 1855~1884, 당시 28세) 협판(協辦)교섭통상사무

❸ 변원규(卞元圭, 미상, 1850년대생으로 추정, 당시 30대 초반) 참의(參議)교섭통상사무(통역)

❹ 김옥균(金玉均, 1851~1894, 당시 32세) 참의교섭통상사무

❺ 이조연(李祖淵, 1843~1884, 당시 40세) 참의교섭통상사무

▶ 조선 측 일반 참석자(3명)

❻ 민영익(閔泳翊, 1860~1914, 당시 23세) 보빙사(報聘使) 정사(正使)

❼ 조영하(趙寧夏, 1845~1884, 당시 38세) 독판군국사무(督辦軍國事務)

❽ 기생

▶ 조선주재 일본 공사관 참석자

❾ 다케조에 신이치로(竹添進一郎, 1842~1917, 당시 41세) 전권대신 판리공사(辦理公使)

❿ 소에다 다카시(副田節, 미상) 판리공사 부관

▶ 묄렌도르프 부부

⓫ 묄렌도르프(1848~?, 당시 35세) 협판교섭통상사무

⓬ 묄렌도르프 부인(미상)

통리아문이란 조직은 1880년 군국기무(軍國機務)와 외교통상 업무를 통괄하는 통리기무아문(統理機務衙門)의 설치에서부터 시작되었다. 그런데 1882년(고종 19) 6월 10일 임오군란이 일어난 다음날 홍선대원군이 정권을 잡아 잠시 폐지되었다. 홍선대원군은 7월 13일 청나라 군대에 의해 청국으로 납치되어가고, 명성왕후가 다시 정권을 잡게 되었다. 그후 11월 17일 청국의 북양대신(北洋大臣) 이홍장이 파견한 고문관 마건상(馬建常)과 묄렌도르프의 건의에 따라 그전에 있던 통리기무아문을 내외아문으로 확대 개편했다. 이때 설치된 통리아문은 외교통상 업무를 주로 관장했다.

새로 복원된 통리아문에는 조영하가 판리통리아문사무(辦理統理衙門事務), 김홍집(金弘集, 1842~1896)이 협판통리아문사무(協辦統理衙門事務), 묄렌도르프가 참의통리아문사무(參議統理衙門事務)로 임명되었다. 그후 12월 3일 다시 통리아문을 통리교섭통상사무아문(統理交涉通商事務衙門)으로 개칭하고, 판리(辦理)를 독판(督辦)으로 고쳐서 독판·협판(協辦)·참의(參義)의 세 직책을 두었다. 그때 조영하를 교섭통상사무독판(交涉通商事務督辦)으로, 민영익·김홍집·묄렌도르프를 교섭통상사무협판(交涉通商事務協辦)으로 임명했다.[13] 1883년에 다시 인사를 단행하여 조일통상장정이 조인될 당시에는 민영목이 독판교섭통상사무, 홍영식과 묄렌도르프가 협판교섭통상사무, 그리고 변원규·김옥균·이조연이 참의교섭통

상사무(參議交涉通商事務)의 직책을 맡았다. 당연히 통리아문의 관원들이 이 연회에 참석했다.

이런 의미에서 통리아문은 조선왕실에서 단행한 근대 국가적 변모를 꾀하면서 생겨난 기구라 할 수 있다. 오늘날 외교통상부에 상당하는 이 기구에 소속된 관원들은 청국·일본은 물론이고, 서양에서 조선에 오는 사람들을 접대하는 기능도 맡았다.[14] 통리아문이 있던 장소는 오늘날 서울의 재동 헌법재판소 근처로 여겨진다. 민영익은 1882년 12월 통리교섭통상사무협판에 임명되자 자신의 구택(舊宅)에 사무실을 두도록 했다.[15] 외양은 비록 조선의 기와집이었지만 내부는 서양식으로 수리하여 집기를 갖추었으며 숙소로도 사용되었다. 이곳에서 이 그림의 연회가 베풀어졌을 가능성이 높다.[16]

따라서 원래의 집 주인이며 전임 관원이었던 민영익이 이 자리에 참석하는 것은 자연스러운 일로 여겨진다. 민영익은 민씨 세력의 수장이 되어 개화정책에 적극적으로 개입한 인물이다. 그는 1883년 보빙사의 전권대사로 미국을 공식 방문했고, 귀국길에 유럽을 경유함으로써 서양에 대한 견문과 지식을 넓혔다. 조영하는 민씨 세력과 결탁한 민씨 수구파로 청국과 밀접한 관계를 맺었던 인물이다. 묄렌도르프와 가까웠던 조영하가 이 자리에 참석했을 가능성 역시 높다. 그러나 이 연회에 참석했던 통리아문의 관원들은 다음해에 일어나는 갑신정변(甲申政變)을 통해서 각자가 지닌 근대화에 대한 인식의 차이를 분명히 드러낸다. 즉 이 그림에 등장하는 인물들은 당시 조선왕실에서 주류를 이루었던 근대화론자들이지만, 청국을 통한 근대화론자와 일본을 통한 근대화론자로 자신의 입장을 달리했다.

다케조에 신이치로는 구마모토(熊本) 현 출생으로 1875년 이토 히로부미(伊藤博文, 1841~1909)에게 인정을 받아 청국주재 톈진 영사가 되었다. 그는 1884년 갑신정변 때 김옥균·박영효(朴泳孝, 1861~1939)·홍영식 등 개화파를 지원하는 일에도 개입한 바 있다. 1913년 관직에서 물러난 후 도쿄대학교에서 한학(漢學)을 강의한 것으로 알려진다. 이런 면에서 다케조에는 이토 히로부미 계통의 근대화론자로 중국에 대한 이해가 깊었던 인물이다. 중국에서의 활동으로 미루어 중국어에도 상당히 능통했을 것이라 여겨진다.

그렇다면 조일통상장정조약의 체결과 연회에서 그들은 주로 어떤 언어를 사용하여 의사를 소통했을까? 묄렌도르프는 독일인이었지만 중국어에 능통했다고 한다. 독일인 헤세 바르테그(Hesse Wartegg)가 남긴 기록에는 다음과 같은 내용이 나온다. "한독우호통상조약(1883년 11월)이 성공적으로 체결된 지 며칠 후에 궁궐에서 이를 축하하는 연회가 열렸다. (중략) 몇몇 대신과 예조참판, 그리고 묄렌도르프 씨가 함께 왕을 모시고 있었다. 임금님은 조용하게 대신에게 얘기하고 대신은 묄렌도르프 씨에게 중국어로, 그리고 묄렌도르프 씨는 다시 우리에게 독일어로 통역을 했다."[17] 이를 통해서도 알 수 있듯이 그림의 연회에서 그들은 중국어를 통해서 서로 의사소통을 했을 것으로 보인다. 하지만 묄렌도르프가 아닌 다른 국적의 서양인을 중개인으로 하여 외교 협상을 할 경우, 일본어가 매개어가 되기도 했다. 1883년 8월 일본에 머물고 있던 미국인 퍼시벌 로웰(Percival Lowell, 1855~1916)은 한미수교조약이 성립되면서 미국에 처음으로 파견되는 조선의 보빙사를 안내하는 역할을 맡았다. 그는 일본어로 의사소통을 하면서 민영익이 포함되어 있던 보빙사 일행을 미국까지 안내했다.[18)]

조선을 직접 이해하고 언어가 통하는 서양인은 이때까지 존재하지 않았다. 결국 조선의 근대 국가적 행위는 실제로 중국과 일본을 통해서 이루어졌다. 이러한 단서를 발견할 수 있는 사건이 이 그림에 담겨 있다. 특히 사건과 사람과 함께 연회의 형식과 내용은 시대적 경향성을 보여준다. 이런 의미에서 〈조일통상장정 기념 연회도〉는 1876년 강화도조약 이후 8년이라는 시간이 흐른 1883년, 조선이 맞이했던 근대의 충격이 어떻게 전개되었는지를 이해하는 데 중요한 표상을 담고 있다.

조선의 틀에 담긴 서양—연회의 주식(酒食)과 식사방법

조일통상장정 기념 연회에 참석한 모든 사람 앞에는 서구식 식기가 놓였다. 나이프와 포크는 각각 하나씩이고, 스푼은 세 개씩이다. 또 빨간 줄이 매달린 사기로 만든 양념단지 캐스터(caster), 그리고 각설탕을 담은 분청사기 통이 놓여 있다. 캐스터에는 각각 소금·후추·간장·식초가 담겨 있을 것으로 보인다. 이들 서양 식기는 당시 조선에서는 생산되지 않았다. 아마도 조선왕실을 방문한 서양 사람들이 선물로 제공한 것이거나, 청국과 일본을 통해서 수입한 것으로 보인다. 조선왕실의 외척 후손인 조중연(1922년생, 2001년 현재 일본 거주)의 기억에 의하면, 일제시대 자신의 조부(祖父) 집에서 열린 서양식 연회에서 모든 참석자에게 포크를 제공하지 못해 젓가락을 급히 대령한 적이 있었다고 한다. 〈그림 3〉을 보

〈그림 3〉 한국의 외무장관이 유럽 외교관에게 베푼 연회

아도 사람들이 젓가락으로 접시에 담긴 음식을 먹고 있다.

아마도 1883년에는 왕실에서 수입한 서양 식기를 통리아문에 일부 두어 이와 같은 연회에 대비했을 것으로 여겨진다. 결국 서양과의 접촉을 통해 근대 국가의 필요성은 느끼고 있었지만 일본의 메이지유신처럼 전면적 개혁을 시도하지 않고 있던 조선왕실의 입장에서는 서양식 연회를 일종의 소극적 접대로만 여겼을 가능성이 많다. 일본의 경우 메이지유신 이후 왕실의 모든 연회는 서양식으로 꾸몄으며, 그 격식과 내용도 완전한 서양화에 목표를 두고 준비되었다. 이러한 예법의 정비는 일본왕실을 서유럽의 왕실과 같은 격(格)에 두려는 입장에서 나온 것이었다. 즉 탈아입구(脫亞入歐)의 정신이 일본왕실의 외교적 연회에 그대로 담겨 있었다. 그러나 조선왕실의 경우 이러한 입장이 정리되어 있지 않았고, 서양 식기의 일부 수입을 통해서 모양을 갖추는 수준에 머물러 있었다.

하지만 연회에 제공된 음식은 서양식으로 마련되었다. 〈조일통상장정 기념 연회도〉에 그려진 음식이 분명하게 무엇인지 알 수 없으나 외견상 커틀릿(cutlet)과 닮았다. 커틀릿은 송아지 고기나 닭고기, 양고기를 소금에 약간 절인 후 빵가루를 묻혀 프라이팬에 기름을 조금 넣고 튀겨낸다. 오늘날 '돈가스'가 커틀릿을 변형시킨 음식으로 알려진다. 돈가스는 일본에서 서양의 커틀릿을 일본화한 것이다. 송아지 고기를 주 재료로 사용해야 하나 일본에서는 돼지고기로 대체하여 돈가스를 만들었다.[19] 당시 기록[20]에 의하면 통리아문에는 일본인 주방장이 있었다고 한다. 그는 원래 서양 무역선에서 주방장 보조 일을 하던 사람으로 그때 서양음식의 조리기술을 배웠다. 그는 조선에서 서양음식과 일본음식을 전문적으로 판매하는 식당을 차리는 것이 꿈이라고 통리아문에서 만난 퍼시벌 로웰에게 말한 적이 있었다. 1885년 서울에 최초의 일본식당이 개점되었는데, 그가 시도한 일이 아니었을까 여겨진다.[21]

또 각 참석자 앞에는 모양이 각기 다른 잔이 다섯 개씩 놓였다. 잔의 모양으로 보아 술잔과 음료수 컵일 가능성이 많다. 술잔의 모양에 걸맞게 술이 담겼을 것으로 보이는 백자 주전자와 육각 모양의 뚜껑이 있는 분청사기 그릇이 놓여 있다. 특히 술잔의 형태로 보아 포도주보다는 위스키와 진, 그리고 소주와 같은 알코올 도수가 높은 증류주가 쓰인 것으로 보인다.

1876년에 일본과 맺은 강화도조약의 세칙을 보면, 양주(洋酒) 항목에 위스키 · 진 · 럼 · 적포도주 · 백포도주 등을 일본에서 조선으로 수출할 때 무관세로 한다는 기록이 있다. 즉 일본은 그 당시 이미 서구의 술을 수입하여 판매하고 있었으며, 향후 조선의 수요를 생각하여 조약에 이들 품목을 삽입한 것으로 보인다. 당연히 강화도조약 이후 일본은 이들 술을 조선에 독점적으로 판매했을 것이다. 그런데 일본에서 무관세로 들어오고 있던 술에 관세를 부과하려는 조약이 바로 조일통상장정이다.

강화도조약 이전부터 조선인 관리들은 서양의 독주를 무척 좋아했다. 1868년 흥선대원군의 양부(養父)인 남연군(南延君) 구(球)의 묘지를 손상시킨 일이 발발했다. 이때 사건을 일으켰던 오페르트(Ernst Jacob Oppert, 1832~?)는 《금단의 나라: 조선 기행(Ein Verschlossenes Land: Reisen nach Korea)》(1886)에 조선에 상륙하여 조선 관원들을 만났을 때 자신들이 가지고 있던 위스키 한 병을 선물로 주자 대단히 좋아했다는 기록을 남겼다.

조선 관료들의 독주 애호는 이미 정평이 나 있었다. 《조선왕조실록》에 의하면 효종 3년(1652)에 "근래 젊은 관원들이 술을 많이 마신다 한다. 마시지 않는 자는 웃음거리가 되고 있으니 임금이 직접 여러 관서의 벽에 금주의 방문을 써 붙이도록 했다"는 기록이 있다. 또 영조 4년(1728)에 형조판서가 "판매업자가 날로 번성하여 어떤 자는 하루에 100여 석의 술을 판다. 이로 인해 살상사건이 빈발하니 엄하게 다스리겠다"고 선포하기도 했다. 영조는 1733년 1월에 금주령을 내렸고, 더불어 밀주 제조 단속도 엄격히 했다. 이로 인해 사람들은 제사에도 술을 올리지 못하고 냉수를 떠 올렸다. 심지어 1757년에 영조는 백관에게 금주를 명할 때 내린 말을 기록한 《어제계주윤음(御製戒酒綸音)》을 펴내는 데까지 이르렀다. 하지만 이러한 법적 통제에도 조선 관료의 독주 애호를 근절시키지는 못했다.

서양과의 접촉을 통해서 서양 독주를 접한 조선 관리들은 특히 위스키와 진을 좋아했을 것으로 여겨진다. 위스키는 한자로 '유사길(惟斯吉)'이라 적었는데, 이것은 중국어 발음으로 '웨이쓰지'이기 때문에 그 발음을 유사하게 하여 붙인 이름이다. 진은 한자로 '두송자주(杜松子酒)'라 썼다. 진이 노간주나무〔杜松〕인 주니퍼(juniper) 향을 곁들였기 때문에 그 내용물을 근거로 하여 이러한 이름을 붙였다. 이미 알코올 도수 50이 넘는 소주에 길들여 있던 조선 관리들은 서구의 위스키나 진을 맛보자 너무나 좋아했다고 한다. 하지만 포도주는 쓴맛이 있어 조선인들이 싫어했다고 한다. 아마 이 연회에도 포도주는 오르지 않았을 것으로 보인다. 앞에서 밝혔듯이 술잔의 형태와 당시 조선왕실 관료들의 기호를 통해서 이러한 사실을 확인할 수 있다.

장지현 교수의 연구[22)]에 의하면, 개항기에 조선에 들어온 서양 술로는 다음과 같은 것이 있었다. 앵실재제주(櫻實再製酒, Cherry Cordial), 백포도주(瀉哩, 斯白哩, Sherry), 보르토(卜爾脫, Bordeaux), 브랜디(撥蘭德, Brandy), 위스키(惟斯吉, Whisky), 진(杜松子酒, Gin), 럼(糖酒, Rum), 맥주(麥酒, Beer, Bier), 일본 사이다(林檎酒, Cider), 서구산 사이다(蘋果酒, Cider), 포르투갈 포도주(博德, Port, Porto), 프랑스 포도주(歪爾木特酒, Vermouth, Wermut) 등이 그것이다. 이들 이름은 조일통상장정 조약문에서도 보인다. 모두 한자로 적혔으며, 그 한자는 주로 중국에서 형성된 것이다. 따라서 일찍이 유럽과 교류를 맺었던 중국에서는 이 서양 술들의 이름이 음과 뜻에 따라 한자어로 만들어졌음을 알 수 있다.

메인디시(main dish)와 술 외에 식탁 가운데에는 한 쌍의 화병과 촛대, 그리고 다섯 접시의 고임음식이 각각 놓였다. 두 개의 화병에는 국화와 장미로 보이는 꽃들이 꽂혔다. 사실 조선왕실의 연회나 기로회(耆老會)에서도 꽃 장식을 많이 하지만, 성리학적 이데올로기로 인해 생화를 장식하는 경우는 드물다. 그 대신에 종이나 떡으로 꽃 장식을 하는 것이 보통이다. 그런데 이 그림에는 생화가 놓였다. 이것 역시 서양식 전통이 아닐까 여겨진다. 한 쌍의 촛대 역시 조선식 전통은 아니다. 조선에서 촛불은 주로 어둠을 밝히는 용도와 제사 같은 종교 행위에서 신령을 밝히는 의미로 사용되었다. 당연히 식탁에 촛대가 올라가는 경우는 드물다. 특히 그림의 초는 이른바 양초로 당시 조선에서 제작된 것이 아니라 수입된 것으로 보아야 한다.

고임음식은 조선의 전통을 견지하고 있던 당시 사람들의 생각을 반영하고 있는 듯하다. 원래 고임음식은 서양음식이 아니라 조선의 연회에 자주 등장하는 축하음식이다. 고구려의 벽화로 알려진 중국 동북의 지안(集安) 무용총 〈접견도(接見圖)〉에서도 보이는 이 고임음식은 주로 열매가 작은 과일을 접시에 고여서 만들거나, 과일을 재료로 하여 만든 정과를 고이거나, 강정을 고이거나, 여러 가지 종류의 떡을 층층이 고여서 만든다. 조선왕실의 축하 연회에서는 이러한 고임음식을 빠지지 않고 차렸으며, 《원행을묘정리의궤(園幸乙卯整理儀軌)》 〈봉수당진찬도(奉壽堂進饌圖)〉에도 그림으로 그려져 있다.[23]

〈봉수당진찬도〉에는 지초(芝草)를 넣어 만든 홍매화(紅梅花) 강정, 흰엿으로 색을 낸 백매화 강정, 생강의 일종인 울금(鬱金)으로 색을 낸 황매화 강정이 고여 있다. 또 밥풀을 부수어 고운 가루로 만들어 강정에 묻힌 연사과도 지초·흰엿·잣으로 각각 붉은색, 흰색, 노란색을 내서 고였다. 생란은 생강을 도마에 곱게 다져 꿀을 넣고 조려 만든 숙실과(熟實果)이다. 귤병 역시 과실을 꿀에 조린 것으로 일반적으로 율란(밤)과 조란(대추)이 가장 많이 쓰였다. 또 곶감과 정과를 고인 것도 있다. 식물의 뿌리나 열매를 꿀에 쫄깃쫄깃하게 조린 것으로 생강·모과·연근·산사(山査)·두충(杜冲)·동과(冬瓜)·배·도라지·유자 등을 재료로 하여 만들기도 했다. 〈조일통상장정 기념 연회도〉의 고임음식은 붉은색 두 접시, 녹색 두 접시, 그리고 노란색 두 접시 등 모두 여섯 접시가 배치되어 있다. 추정컨대, 그림의 여섯 접시에 올라와 있는 고임음식은 그 색과 모양으로 미루어 〈봉수당진찬도〉에 올랐던 고임음식과 비슷한 것이 아닐까 여겨진다.

고임음식이 조선의 전통을 반영했다면 좌석 배치 역시 조선의 틀을 반영하고 있다. 그런데 이 그림에 등장하는 식탁과 의자는 모두 서양식이다. 1883년 겨울에 통리아문을 방문한 적이 있는 퍼시벌 로웰은 다음과 같은 묘사를 남겼다. "방은 유럽식으로 꾸며져 있었는데, 주위를 둘러보니 외제 탁자와 의자가 눈에 띄었다. 이 물건들은 얼마 전 왕에게 선사된 것으로—후에 안 일이었다—집을 꾸미기 위해 특별히 왕궁에서 가져온 집기들이었다."[24] 따라서 그림 속의 식탁과 의자는 서양에서 온 외교사절이 고종을 만나면서 선물로 제공한 것인데, 민영익의 기와집에 통리아문을 설치하면서 서양 사람들을 위해서 가져왔음을 확인할 수 있다.

연회도에서 문제는 좌석 배치이다. 좌석 배치의 위계(位階)로 볼 경우 민영목이 앉은 자리가 가장 높고, 좌우가 차석, 그리고 민영목의 자리에서 멀수록 앉은 사람의 위계가 낮다. 이러한 배치방법은 조선왕실의 규칙에 가깝다. 조선시대 각 관서에는 서열에 따른 지정 좌석이 정해져 있었다. 즉 최상위자는 주벽(主壁)이라 하여 북쪽에 앉아 남향하고, 차상위자는 동벽(東壁), 차하위자가 서벽(西壁)에 자리를 잡았으며, 최하위자는 남상(南床)이라 하여 남쪽에 앉았다. 조선시대에는 자리의 배치를 매우 중요시했다. 그래서 회석에서 앉는 자리에 따라 동벽·서벽과 같은 관직의 별칭도 있었다. 즉 일본대사 다케조에가 서벽에 앉았으니, 실상 민영목과 묄렌도르프보다 낮은 위계에 놓였다.

이것은 근대 국가의 외교 관례에 비추어보면 의전예법에 알맞지 않은 방식이다. 조일통상장정의 문서에 실제 조약당사자[25]로 나오는 민영목과 다케조에는 조선과 일본 양국을 대표하는 사람이다. 그런데 이들이 서로 조약 체결을 기념하여 베푼 연회에서 조선왕실의 좌석 배치 규칙을 따랐다는 점은 당시 연회를 주관한 조선 측의 입장이 반영된 것이라 하겠다. 일본은 이미 에도시대에 나가사키에서 네덜란드와 교류하면서 뷔페 식탁의 서양식 연회가 개최된 바 있을 정도로 서양음식과 연회에 대한 정보가 풍부한 편이었다. 메이지유신 이후 일본왕실에서 개최된 외교적 연회들은 철저하게 서양식으로 이루어졌으며, 좌석 배치에서도 주빈이 긴 테이블의 양극에서 마주 보는 방식을 택했다.[26]

식사 자리의 배치는 상하의 정치적 위계와 밀접한 관련이 있다. 남녀의 구별, 가장과 구성원 사이의 구별, 그리고 주인과 손님의 구별 등이 식탁의 좌석 배치에서 표현된다. 즉 음식 소비가 이루어지는 식탁은 다른 한편에서 사회관계를 표현하는 상징적 장소가 된다.[27] 이런 의미에서 조선왕실의 전통을 중심축에 두고 있는 〈조일통상장정 기념 연회도〉의 좌석 배치는 당시 통리아문 관원들이 지닌 사유의 표상이라 할 수 있다. 일찍이 서양을 배운 일본은 메이지유신 이후 공식적 연회의 규칙을 서양식으로 바꾼 데 비해, 외교통상 업무를 맡은 통리아문에서는 여전히 조선의 전통을 중심에 두고 있었다.

근대의 지향점이 어디에 있는지에 대해서는 또 다른 논의를 필요로 하지만, 이미 서양이 세계 질서의 중심에 있던 당시에 조일통상장정 기념 연회의 형식과 내용이 보이는 차이는 시사하는 점이 많다. 즉 내용(content)은 서양식의 식기·음식·술·식탁·의자로 구성되어 있지만, 형식(context)을 구성하는 좌석의 배치와 식사 규칙은 조선식을 견지하고 있다. 이것은 1883년의 조선왕실과 외교통상 업무를 맡은 통리아문의 관원들이 인식한 서양 혹은 근대에 대한 사유의 틀이 반영된 것이라 할 수 있지 않을까?

연회를 보는 서로 다른 시선

1884년 조선주재 영국대사관의 주차 영사로 근무했던 칼스(William Richard Carles, 1848~1929)는 조선정부의 예조에서 거행되는 만찬이 언제나 유럽식이었다는 점을 강조하면서 그것은 불행한 일이라고 적었다.[28] 만찬의 유일한 조선식은 기생과 악사뿐이라고 했다. 칼스가 생각한 것은 아마도 조선적인 연회였을 것이다. 그러나 이미 서양의 각종 문물이 조선왕실에 들어와 있는 사정에서 서양 외교사절을 접대하는 방식을 서양식으로 하는 것은 당연할지도 모른다. 당시 조선을 다녀갔던 서양인들이 남긴 기행문에는 칼스의 입장과 다른 표현들도 많다. 즉 조선왕실의 연회는 무례하고 조선 중심적이라는 평가를 내놓거나 연회에 나온 서양음식은 결코 서양의 것이 아니라고 하면서 조선의 음식을 요구하기도 한다. 특히 일본과 비교하여 조선이 지닌 원시성을 좋아하거나 아예 무시하는 태도를 보이는 경우도 많다.[29] 이것은 서양 중심적인 사유방식에서 조선을 타자화(othering)한 결과물이다.

1889년 5월 1일 조평식 대감집에서 열린 연회에 참석했던 프랑스인들이 남긴 기행문에는 다음과 같은 내용이 보인다.[30]

> 1889년 5월 1일 조평식 대감집에서의 점심식사: 조대감은 열렬한 호의로 나를 맞이해주었고, 아니나 다를까 내 나이를 두고 인사말을 건넸는데, 전혀 기분 나쁘거나 하진 않았다. 접견실에서 권하는 술을 받아 마신 다음, 우리는 모두 식당으로 자리를 옮겼고, 주인이 정해주는 대로 식탁에 자리를 잡았다. 아니나 다를까, 우리들 각자 곁에는 그 신기한 기생들이 자리했다. 식탁은 버찌나무와 자두나무로 화려하게 장식되어 있어서, 방 전체의 그윽한 향기와 함께 우아한 분위기를 연출해내고 있었다. (중략) 물론 그런 음식을 강요하지는 않았으며, 대부분 유럽의 군함에서 기술을 배운 중국인 요리사가 만들었고, 중국인 혹은 일본인 급사들이 내온 유럽식 식단을 주로 권했다. (중략) 샴페인을 들고 난 다음 다시 데운 술이 나왔는데, 무척 독한 것인데도 불구하고 엄청난 애주가인 조선인들에게는 웬만한

> 양으론 어림도 없는 분위기였다. 당연한 일이지만, 식탁에서의 대화는 우리 유럽인들 사이에서 활발히 이루어졌다. 기생들은 술을 썩 잘 마셨는데, 외국인들에게는 꽤나 조심스런 태도였고, 몰래 힐끔힐끔 눈길을 주는 것만으로 만족했다. (중략) 지겨운 점심식사가 끝나자 일반 조선식 저택에서 그런 것처럼, 모든 방문과 창문이 활짝 열어 제쳐졌다. 그렇게 해서 정원으로 탁 트인 전망 좋은 방이 금세 만들어지는 것이다. 밖에는 곡예 묘기를 위한 그네가 설치되어 있었고, 악사와 무희를 위해 평평한 무대 또한 준비되어 있었다.(밑줄은 필자)

이와 같이 조선의 고위 관료 집에서 행해진 연회 장면 묘사에는 프랑스인이 지닌 오리엔탈리즘(orientalism)의 시각이 다분히 묻어 있다. 그들은 조선에서 기생의 존재를 신기하게 여겼으며, 조선음식을 강요하지 않는 태도에 놀라워했다. 더욱이 조선인의 엄청난 주량과 독주 애호는 익히 잘 알고 있었다는 입장이다. 하지만 그들은 조선식 형식과 서양식 내용이 뒤섞인 연회에 대해 이것도 저것도 아닌 애매모호한 조선의 입장을 감지하고 있었다. 또 다른 기록에서도 그 양상은 비슷하다.

> 65세의 외무대신은 연회장에서 외교사절들을 일일이 맞이했으며, 오찬이 시작되자 무희 여덟 명이 들어와 식탁 사이에 앉았다. 식탁은 유럽 스타일로 꾸몄으며, 메뉴도 역시 서양식으로 전통주(매우 알코올 농도가 높은 곡주), 맥주, 샴페인까지 준비되어 있었다. 그러나 왕과 양반들이 매일 즐겨 먹는 대표적 전통음식인 개장국(보신

탕)은 빠져 있었다. 통역관과 기생 들이 각 외교사절들 사이에 끼여 있었으며, 수려한 인품을 지닌 외무대신은 능숙하게 외교사절들과 환담하며 오찬을 격식 있게 진행시켰다.[31]

1900년에 조선을 방문했던 한 프랑스인의 기록이지만, 이러한 서양식 연회에 대한 기록이 국내에 자세히 남아 있지 않은 정황에서 이 기록은 1883년의 〈조일통상장정 기념 연회도〉를 분석하는 데 좋은 자료가 된다. 아울러 그 당시 조선의 관료들이 서양 사람들을 어떻게 접대했는지의 한 단면을 보여주기도 한다. 식탁은 서양식으로 꾸며졌으며, 제공된 음식도 서양식이며, 연회에 제공된 술은 소주·맥주·샴페인 등이 준비되었다. 특히 기생이 춤을 추고 난 후 모든 남성 참석자 옆에 앉았으며, 통역관도 참여했다. 그런데 이미 서양인의 눈에 개장국은 왕과 양반들이 일상적 음식으로 매일같이 먹는다고 여길 정도로 조선의 특이성으로 비쳤던 모양이다. 이 이야기는 음식맛에서 서양의 그것을 닮지 않은 연회 음식을 두고, 왜 조선 사람들은 자신의 음식을 대접하지 않는지에 대해 불만을 터트린 내용에서도 알 수 있다. 서양인을 위해 서양식으로 준비한 연회였지만, 당시 서양 사람들에게는 그다지 환영을 받지 못했다.

당시 조선에 왔던 서양인들은 조선의 원시적 매력이 일본에 비해 좋다고 느낀 사람도 있었지만, 일본의 근대성과 조선의 전근대성을 진화론적 입장에서 비하한 사람도 있었다.[32] 이것은 19세기 말에 일본이 근대의 길을 서양 못지않게 걷고 있었다면, 조선은 여전히 전근대의 길에서 헤매고 있었음을 증명한다.

그렇다면 1883년 상황에서 조선왕실의 관료와 주류 지식인들은 서양을 어떻게 인식했을까? 한마디로 말한다면 이른바 위정척사론자들의 '동도서기론(東道西器論)'일 것이다. 동도에 위배되지 않는 한도 내에서 서기를 수용하자는 입장인 동도서기론은 전통적 가치를 고수하되 서양의 기술을 받아들여 부국강병의 길로 나아가야 한다는 믿음으로 연결되었다.[33] 앞에서 살펴보았듯이 이러한 태도는 1883년의 〈조일통상장정 기념 연회도〉에서도 그대로 드러난다. 즉 형식은 동도이며, 내용은 서기인 모습이 식탁 위에 펼쳐져 있다. 이는 조선왕실과 통리아문의 관료들이 서양과 접촉하면서 지닌 태도였는지도 모른다. 그후 동도서기론을 뒤엎고 반전의 기회를 잡으려던 개화파의 계획은 다음해인 1884년에 실패한 혁명으로 끝나고 만다.

1882년부터 1884년까지 조선왕실을 둘러싸고 전개된 정치세력은 대체로 다음과 같은 다섯 파였다.[34] 급진개화파, 온건개화파, 민씨 수구파, 대원군수구파, 그리고 위정척사파가 그들이다. 1884년의 갑신정변은 이들 다섯 세력 중에서 개화파가 청국과 결탁한 민씨 수구파에 대항하여 일으킨 정치투쟁이라고 할 수 있다. 그러나 갑신정변은 실패로 끝나고 만다. 개화파의 갑신정변에는 김옥균의 발의와 함께 다케조에 공사의 지원이 있었다. 1883년 조일통상장정 기념연회에는 개화파(김옥균 · 홍영식) · 대원군수구파(변원규) · 민씨 수구파(민영목 · 민영익 · 이조연 · 조영하)가 골고루 참석했다. 여기에 조선의 자주적 근대화를 주장했던 묄렌도르프[35]와 개화파를 지원했던 다케조에 공사까지 참석했다. 실로 1883년 조선의 미래에 대해 각기 다른 입장을 지닌 파벌이 한자리에 모두 모였다고 해도 과언이 아니다. 비록 식탁 위에는 서양의 내용과 조선의 형식이 뒤섞여 있지만, 참석자들의 속내는 모두 약간씩 달랐음을 알 수 있다.

보편성 획득에 실패한 식탁 위의 근대

음식은 인간에게 생물학적 기본 욕구를 충족시켜주기 위해 존재하는 물질이다. 인간은 동물과 달리 음식을 함께 나누는 과정을 통해 사회문화적 경험을 축적한다. 그래서 음식에는 한 사회가 지닌 문화적 경험이 누적되어 있는 경우가 많다. 특히 정치적·공식적 연회의 경우 제공되는 음식은 물론이고, 식기구와 참석자의 좌석 배치 등은 한 사회의 문화적 표상들을 담고 있다. 그 때문에 한 집단의 음식 소비가 지닌 문화적 의미는 그 사회의 상징들을 읽을 수 있는 소재가 된다.[36] 음식의 소비에 개재하는 인간의 행위와 사회적 경향성, 그리고 상징들은 음식을 통한 사회사 연구의 중요한 요소가 될 수 있다. 이러한 공시적 측면이 어떻게 사회적 의미를 지니고 통시적 변화를 거치는가가 사회사 연구의 전략이 된다.

그런데 음식 소비의 경향성은 종종 사회문화적 변화의 결과물로 나타나기 쉽다. 왜냐하면 음식 소비는 사회 변화의 중심 동인(動因)이 아니라 그 변화의 결과를 반영하는 경우가 많기 때문이다. 이런 면에서 음식 소비는 국가와 지배집단이 지향하는 이데올로기가 일상화돼 실천적 양상으로 드러나기도 한다. 또 음식 소비는 공식적인 측면에서 비공식적인 측면으로, 지배집단에서 피지배집단으로 일종의 민간화 과정을 거치면서 정착되는 경향을 보인다.[37]

1876년 강화도조약 체결 이후 조선왕실은 서양화의 길을 지향하게 된다. 그 결과가 1883년의 〈조일통상장정 기념 연회도〉에 나타난 음식과 식사 모습일 것이다. 하지만 이것은 지배집단의 공식적 측면—서양식의 연회—에서 일상화된 결과물일 뿐, 사회 전체에 보편적인 양상으로 나타난 것은 아니다. 그후 서양음식과 식사방법의 전래와 보급은 날이 갈수록 널리 퍼졌다. 예를 들면 서양음료의 대명사인 커피는 1895년 고종황제가 아관파천(俄館播遷)으로 러시아공사관에 머물 때에 처음으로 마셨다.[38)] 하지만 일제시대에 조선음식의 근대화는 일본의 경우[39)]와 달리 전면적으로 이루어지지 않았다.

이것은 일본을 통한 근대화가 지닌 한국의 왜곡된 모습이었다. 오늘날 여전히 한국음식의 세계화 슬로건은 유효한 사회적 담론이다. 동시에 퓨전 푸드(fusion food)의 개발 붐과 슬로 푸드(slow food) 운동이 전개되고 있다. 다시 말해 한국사회에는 전근대와 근대, 전통과 세계화 등의 논의가 여전히 혼재하고 있으며, 이는 역사적 경험에서 나온 것일 가능성이 많다. 이런 면에서 1883년 통리아문의 관사에 차려진 식탁 위의 근대와 오늘날 우리가 봉착하고 있는 근대는 여전히 시간적 연속선상에 놓여 있는지도 모른다.

6장

주막의 근대

— 만들어진 전통의 이미지, 주막

오늘날 한국사회에서 '주막(酒幕)'이란 말이 던져주는 이미지는 무엇일까? 소설《토지》를 대상으로 문학적 시공간에 대해 연구한 조윤아의 글[1)]에서는 주막이 소문을 전하여 사건을 일으키는 공간인 동시에 사건의 현장이 되기도 한다고 했다. 일제시대 지역사회에서 일어나는 인간관계를 묘사한《토지》에서 주막이라는 공간은 그 자체가 인적 교류가 활발하게 전개되었던 곳이다. 그런 만큼 주막에 대한 이미지는 술집이면서 여관이라는 이중적 요소가 간여한 듯하다.

민속학 분야에서 주막에 대해 논의한 배도식의 글[2)]을 보면, 상당히 낭만이 깃든 공간으로 묘사되어 있다. 즉 "옛 주막은 흐뭇하고 안온했다. 누구나 쉬어갈 수 있는 곳이고, 주모가 있어 술단지를 휘휘 저어서 국자로 한 사발 그득 퍼주는 막걸리가 있는 곳이었다. (중략) 그래서 먼 길을 걸어 피곤해진 나그네에게는 꿈속처럼 안식처가 되었기에 고개 아래 주막을 향해 발길을 재촉했다." 배도식은 주막의 기원을 신라시대 김유신이 어렸을 때 다녔던 술집 천관(天官)을 꼽는다. 하지만 이런 식의 역사적 비정(比定)은 단지 주막이 술집이라는 전제에서 과거의 사실을 들추어낸 것에 지나지 않는다.

더욱이 배도식의 글이 지닌 가장 큰 약점은 통시적 시점을 무시하고 단지 옛 추억으로 고로(古老)의 이야기를 통해서 주막의 모습을 설명하는 데 있다. 그런데 그가 만난 고로는 결코 조선 후기의 경험을 가진 사람들이 아니다. 오히려 일제시대와 그 이후에 경험했던 주막에 대한 기억이 추억으로 남아 있을 가능성이 많다. 이런 점에서 1909년 12월, 당시 조선통감부 경시(警視)로 재직했던 일본인 경찰 이마무라 도모(今村鞆, 1870~1943)가 쓴 글은 시사하는 바가 많다. 왜냐하면 이마무라는 당시 조선에 거주하던 일본인들에게 조선 사정을 밝히기 위해 일본어로 글을 썼기 때문이다. 그런 만큼 외국인의 눈에 비친 주막의 사전적 설명이 이 글에 담겨 있다. 아래에 그 글을 한국어로 번역하여 옮긴다.

> 주막(혹은 술집): 주막은 원래 매주점(賣酒店, 술을 파는 집)의 명칭('막'이라는 글자는 작은 집을 의미하는 것으로 묘지를 지키는 작은 집을 '묘막墓幕'이라고 부르는 것과 같다)이다. 도회지의 주막은 음식점 전문이지만, 시골에서는 여관을 겸하는 것도 있다. 또 시골에서는 간혹 갈보(蝎蛹)를 두거나 주부 스스로 손님을 접대하기도 하는 등 매춘의 성질을 보태는 곳도 있다. 전국에서 그 수가 가장 많고, 주요 지역을 가로지르는 가도(街道) 주변, 시가지, 도읍(都邑), 선착장, 시장(市場) 소재지 등은 물론이고, 어떤 산간벽지에도 없는 곳이 없다. 여기를 출입하는 데는 아무런 계급 구별도 없다. 영업방법은 보통 손님에게 술과 음식을 제공하는 일을 주로 한다. 술은 탁주(濁酒)이지만 드물게는 소주(燒酒)와 약주(藥酒)를 양조하는 경우도 있다. 제공되는 음식은 밥과 부식물, 고기 등으로 밥값은 지역에 따라 다르다. 가장 싼 것은 3~4전부터 가장 비싼 것은 20전 범위 안이다. 숙박을 하려 해도 별도로 침구를 제공하지 않는다. 다만 기름칠을 한 목침(木枕) 한 개를 준다. 숙박료는 받지 않고 술값과 음식값만 받는다. 음식을 필요로 하지 않으면 무료 숙박하는 것도 공간이 있을 경우에는 마음대로 해도 된다. 영업자는 누군가의 첩(妾)인 경우가 대부분이다. 소자본으로 비교적 이익을 낼 수 있는 사업이라고 한다. 구시대(조선시대)

의 주막에는 부역(賦役)을 면제해주고, 그 대신에 공용서류(公用書類) 등을 차례대로 전하여 보내는 일을 하는 풍습이 남아 있는 곳도 있다.[3)]

이 글을 통해서 적어도 당시의 주막이 각기 다른 형태로 전개되고 있었음을 확인할 수 있다. 주막은 한자에서도 알 수 있듯이 술집이었지만, 1900년대 초반 도회지의 주막은 음식점의 기능이 강했고, 시골의 주막은 여관을 겸했다. 심지어 어떤 주막에서는 매춘을 제공하는 곳도 있었다. 아울러 술은 직접 양조했다. 그런데 앞의 인용문에서 주목할 부분은 술값과 음식값은 받지만, 숙박비는 따로 받지 않는다는 점이다. 따라서 주막은 일종의 술집이면서 동시에 음식점이었지, 결코 전문적 여관은 아니었다는 사실을 확인할 수 있다. 다만 무료로 숙박을 제공한다는 점에서는 여관의 기능도 했다.

20세기 초반의 주막은 이렇듯 분화되지 않고 통합된 기능을 가지고 있었다. 이러한 점은 한국의 음식점이 지닌 '근대성(modernity)'을 분석하는 데 매우 유효하다고 본다. 주지하듯이 '근대성'이란 국민국가(nation-state) 체제 아래에서 서구의 근대가 제시한 합리성·과학성·도시화 등이 실행되는 과정에서 발생한 사유와 실천이 어떻게 이루어지는가 하는 문제와 연결된다. 특히 국민국가의 법률 체계에 포섭된 음식점은 가격과 위생, 그리고 영업 종목과 영업 시간 등을 통제받는다. 당연히 음식점 개업과 운영은 신고나 허가를 통해서 이루어지며, 국가는 이윤에 대한 일정한 세금을 부가한다.

'주막'은 상당히 전근대적 존재이면서 동시에 시기적으로 20세기 중반까지 한국사회에서 실재했던 근대적 존재이다. 주막이 1970년대 이후 사라졌다는 사실은, 이 시기에 와서 한국사회의 일상적 생활문화가 본격적인 근대화의 길로 접어들었을 가능성을 예견할 수 있는 대목이기도 하다.[4] 나는 한국인의 생활문화가 지닌 '사유와 실천'이라는 두 가지 양상이 동시대 내에서도 지역별로, 계층별로 각기 다르게 전개되었을 가능성에 주목한다. 아울러 행위의 '실천'은 상당히 근대적이라 해도, '사유'는 행위에 맞추어서 진행되지 않았을 가능성에 대해서도 이미 논의한 적이 있다.[5]

1990년대 이후 한국학계에서는 '한국의 근대성'에 대해 활발한 논의를 전개하고 있는 중이다. 그 주제도 근대적 도시와 산업의 등장,[6] 신여성의 등장,[7] 종교의 근대성[8] 등 매우 다양하다. 특히 20세기 초반의 서구화와 도시화에 초점이 맞춘 연구가 다수를 이룬다.[9] 이들 연구가 지닌 문제점은 '근대'라는 시기 이후에만 초점을 맞추어 근대성을 탐구한다는 데 있다. 그런데 한국사회가 조선왕조 이후 일정한 영역의 범주 안에서 정치경제적으로 통합된 하나의 정치적 실체였다는 사실도 인정해야 한다.

당연히 19세기 말에 시작된 서구화로 인해 그 이전의 각종 생활문화 양상이 소멸과 지속, 그리고 변용의 과정을 거쳤다. 이런 의미에서 이 글은 주막의 근대적 지속과 분화에 주목한다. 만약 주막을 조선 후기부터 존재했던 상업적 음식점으로 가정한다면, 이것이 근대 시기에 들어와서 어떻게 지속되었으며, 그 과정에서 어떠한 분화 과정을 거쳤는지 살필 필요가 있다. 아울러 그러한 변용이 무엇을 의미하는지에 대해서도 밝혀야 한다. 그래야 오늘날 한국에 존재하는 한국음식점의 근대성에 대해서도 새로운 시선을 던질 수 있다. 이것은 곧 한국 외식업의 근대적 존재 양상에 대한 질문으로 이어진다.

전근대 시기 주막의 모습

《고려사(高麗史)》〈식화(食貨)·화폐(貨幣)〉에는 "7월에 주, 현 들에 명령하여 미곡(米穀)을 내어 주식점(酒食店)을 열게 하여 백성들에게 사고팔고 할 것을 허락하여 돈의 유리함을 알도록 하였다. 당시 돈이 통용된 지 3년이나 되었지만 백성들이 가난하여 활발하게 통용시킬 수가 없었으므로 이러한 명령을 내렸다"는 기록이 나온다. 고려시대 주와 현에는 조선시대와 달리 관청과 거주지, 그리고 상점이 집중되어 있었다. 이곳에 '주식점', 즉 술과 음식을 판매하는 점포를 두어 화폐 유통을 권장하려 했다.

조선 초기에는 이러한 관립 주식점이 원(院)이란 이름으로 바뀌었다. 15세기에 영남대로(嶺南大路) 주변에 있었던 17개 군현(郡縣)에 총 165개의 원이 있었지만, 점차 폐쇄되기 시작하여 17세기 중엽에는 32개로 줄었고, 18세기 말에는 20여 개만 남았다.[10] 《영조실록》 1728년(영조 4) 4월 2일조에 다음과 같은 기록도 나온다. "지금의 이른바 주막은 곧 옛날의 관정(關亭)으로서, 적도(賊徒)가 밤에는 주막에서 자고 낮에는 장터에서 모이니, 착실하게 형찰(詗察)하지 않을 수 없습니다."

여기에서 '옛날의 관정'이라 함은 국경이나 중요한 통로에 두었던 '관(關)'을 가리킨다. '관'은 외적을 경비하거나 그곳을 드나드는 사람이나 화물 따위를 조사했던 곳이며, 거기에 지은 집이 바로 '관정'이다. 이른바 원(院) 혹은 참점(站店)이 바로 이 기록에서의 관정을 가리킨다. 김정호(金正浩, ?~1864)도 "옛 제도에 따르면 조정(朝廷)은 공무 여행자들의 숙식을 위하여 주요 도로를 따라 원을 세웠다. 그러나 원의 대부분이 왜란과 호란 후에 문을 닫았다. 원은 점(店)으로 바뀌었으며, 점 중에는 과거의 원 이름을 가졌거나 비슷한 이름으로 불리는 것이 많다"[11]라고 했다.

16세기 중엽 이후 원은 점차 여점(旅店)·야점(夜店)·점막(店幕)·여막(旅幕)·주막 등으로 불리는 사설 숙박업소 겸 음식점으로 대체되었다.[12] 그중에는 단지 술을 마시는 곳이라는 의미로 주사(酒肆)·주가(酒家)·주포(酒鋪) 등의 음식점도 생겨났다. 그 이름만으로 보아 술을 판매하는 '술집'임에 틀림없다. 그런데 여기서 주(酒)는 단순한 술집이 아니라 안주와 밥도 판다는 의미를 담고 있다. 조선시대에 비교적 많이 쓰인 말 중에 '주식(酒食)'은 술과 밥이라는 뜻이다. 주식은 다른 말로 '주반(酒飯)' 혹은 '술밥'이라 불렀다. 술이 앞에 오는 이유는 그만큼 술이 귀하다는 뜻이다. 당시 손님을 접대하는 데 밥보다 술이 먼저였음을 보여주는 대목이라 하겠다.

앞에서 언급했던 일본인 이마무라는 20세기 초반 조선의 주막을 두고 술집이라고 판단했다. 성호(星湖) 이익(李瀷, 1681~1763)은 《성호사설(星湖僿說)》〈인사문(人事門)〉에서 '성명역주식(性命易酒食)'이란 글을 남겼다. 문자 그대로 "생명을 술과 음식으로 바꾼다"는 뜻이지만, 글의 기본 함의는 군사들을 배불리 먹여야 한다는 주장이다. 곧 '주식'은 단지 술과 음식을 가리키지만, 넓은 의미에서는 식량에 비견된다. 게다가 누군가를 접대할 때는 음식만 내놓지 않고 밥과 함께 술을 곁들이는 것이 일종의 예의였다. 이런 의미에서 주막은 끼니와 함께 술을 제공하는 음식점이었다.

18세기 말 혹은 19세기 초엽의 주막이 술집이면서 동시에 밥집이었음을 김홍도(金弘道, 1745~?)는 〈행려풍속도병(行旅風俗圖屛)〉의 '노변야로(路邊冶鑪)'에 잘 담아냈다.[13] 능수버들이 늘어진 한여름, 그 능수버들 옆에 자리 잡은 초가의 밥집 마당에는 갓을 쓴 선비가 땅바닥에 놓인 개다리소반 앞에서 쪼그리고 앉아서 밥을 먹는다. 개다리소반에는 밥과 국을 담은 듯한 큰 사기주발 두 그릇이 놓였다. 선비는 무척 배가 고팠던지 숟가락으로 밥을 입에 넣는다. 주인여자는 짚으로 올린 한 칸 방에 앉아서 그 모습을 지켜본다. 그녀의 등에 어린아이가 붙어서 그 광경을 바라보고 있다. 술도 내지만 밥을 파는 집임에 틀림없다. 햇볕을 가릴 요량으로 방문 위에는 차양도 둘렀다. 문 앞에 턱이 진 지대(址臺) 위에는 술병·옹기·소쿠리 같은 것이 놓였다. 아마도 손님이 오면 간단하게 상을 차려주기 위한 준비물인 듯하다.

밥집 건너편 대장간에는 대장장이 셋이 붙어서 열심히 달군 쇠를 내려친다. 한 사람은 집게로 달군 쇠를 쥐고 엉덩이에 힘을 주고 앉았고, 나머지 둘은 차례대로 쇠메를 내리친다. 화로 뒤에 숨은 아이는 풀무질을 하면서 대장장이들의 몸 추임새를 구경한다. 그 옆에는 방금 대장간에서 낫을 산 농부가 지게를 바닥에 놓은 채 숫돌 위에 날을 간다. 수양버들 아래에는 밥 먹는 선비 모습을 지켜보는 두 농부가 한가롭고, 밥집의 뒤로는 논이 펼쳐진다. 농부 여러 명이 등을 땅바닥에 붙이고 김매기를 한다. 아마도 음력 6월

〈그림 1〉 김홍도, 〈행려풍속도병(行旅風俗圖屛)〉의 '노변야로(路邊冶鑪)' 중 일부

경 바쁘면서도 나른한 농촌의 하루로 여겨진다.

화제(畵題)에 '반촌점(飯村店)'이라고 적은 것으로 보아 김홍도는 일종의 주막거리를 화폭에 담았다. 18세기 이래 장시(場市)가 활발하게 열리면서 대로의 길목에는 주막거리가 형성되었다. 자연히 주막거리에는 밥집과 술집, 그리고 각종 장인들의 작업장과 상인들의 임시 점포인 가가(假家)가 자리를 잡았다. 그러나 18세기 관권의 개입 없이 백성 스스로 설립한 주막촌은 여러 가지 문제점을 안고 있었다. 이를테면 주막이 원(院)의 땅을 무단으로 점유한다든지, 초가들이 밀집하여 화재의 위험이 높다든지, 주막촌 내에서의 각종 경쟁이 심해 오히려 생계가 어려워졌다든지 하는 문제들이 그것이다.[14)]

이를 미리 짐작이라도 한 듯 1670년(현종 11)에 완성된 《반계수록(磻溪隨錄)》에서 유형원(柳馨遠, 1622~1673)은 당시 본격적으로 등장하기 시작한 주막이 우후죽순 생겨나는 것을 경계하여 다음과 같은 제안을 내놓았다. "참점(站店)은 속칭 주막이다. 그 위치를 보아서 참점경(站店頃)이라고 이름한다. 세금과 군역을 제외하지만, 호전(戶錢)과 전세(田歲) 등을 내야 한다. 매 일경(一頃)을 이십호(二十戶)로 정하고, 매 일호(一戶)에서는 진(錢) 사십문(四十文)을 세금으로 낸다. 이것은 쌀 이두(二斗)에 버금간다. (중략) 삼십리(三十里)마다 하나의 참점을 두는데, 혹 십오리(十五里)에 하나씩을 두어도 된다."[15)] 그러나 유형원의 제안은 단지 주장에 머물고 체계적인 주막촌 설립은 이루어지지 않았다.

관의 입장에서는 주막거리가 여전히 골칫덩어리였다. 국사편찬위원회에서 제작한 《조선왕조실록》 홈페이지에서 '주막(酒幕)'을 검색해보면 그러한 사실을 쉽게 확인할 수 있다. 그중에서 《숙종실록》 1703년(숙종 29) 11월 25일의 사건을 살펴보자. 즉 "호평부수(壺平副守) 운(橒)이 그 아우 성(樫)과 더불어 판교(板橋)의 주막에 가서 머무르면서 술과 돈을 요구하고 포악한 짓을 함부로 자행하여, 끓는 물을 가지고 살에다 붓는 형(刑)을 더하니, 거기 살던 백성들이 달아나 흩어졌다"는 내용이다. 당시 주막은 그다지 안정적인 조건을 가지고 있지 않았다. 관의 입장에서 보면 유민(流民)과 도둑이 주막촌에 은거하여 사회적 문제가 되었다.

《영조실록》에 등장하는 다른 '주막' 관련 기사도 혼란스러운 사정을 전한다. 관문(官門) 밖에 주막이 있거나,[16] 국경의 요지에 주막이 마음대로 설치되어 철거할 것인가에 대한 논의,[17] 안주(安州, 지금의 평안남도 안주군)목사가 청천강변에 보루를 쌓고 부근에 주막을 개설하려고 한다는 소식,[18] 역모를 하게 된 배경이 주막에서 우연히 만나 하룻밤을 보내면서 생긴 일이라는 주장,[19] 그리고 큰 도적이 창과 칼을 들고 성환(成歡)의 주막에 돌입하여 사람을 쳐서 다치게 하고 공주·영동 두 고을에서 상납하는 군포전(軍布錢)을 약탈했다는 보고[20] 등은 당시 주막이 매우 난잡한 장소였음을 알려준다.

17세기 후반 조선사회는 의주와 동래를 중심으로 국제무역이 활발했다. 그중에서 의주 만상(灣商)의 활동은 의주로 통하는 길목에 주막이 만들어지는 계기가 되었다. 아울러 1708년(숙종 34) 함경도와 평안도를 제외한 모든 지역에 대동법이 실시되면서 상품 유통이 그전과 비교해 활발해졌다. 쌀과 포(布)와 같은 물건을 매매하고 물물교환을 하는 상업활동이 빈번해지면서 술집 겸 밥집이면서 동시에 숙박이 가능한 주막이 생겨나 주막거리까지 형성되었다. 적어도 19세기 중엽 이전까지 조선사회의 장시는 대부분 길목에 형성되었다. 주로 한양이나 중심 읍치(邑治)를 향하는 여러 갈래의 길들이 겹치는 곳에 자연스럽게 주막촌이 생기기도 했다.

조선시대는 전체적으로 상업과 도시가 발달했다고 보기 어렵다. 왕조의 정치경제적 중심인 한양과 송도(지금의 개성), 그리고 전주·대구·평양 등지를 제외하면 상업적 기반을 중심에 둔 도시가 많지 않았다. 조선시대 핵심 권력을 쥐고 있던 사림들은 자신들의 근거지로 사또가 머무는 읍치를 피해서 농촌을 택했다. 여기에 상업을 천한 일로 여겼기에 상업적 인구 이동도 그다지 활발하지 않았다. 그러던 것이 18세기부터 장시가 한양으로 향하는 대로(大路)는 물론이고, 대로와 연결되는 길의 교차로에서 열리기 시작하면서 이전에 비해 상업적 인구 이동이 잦았다. 이동은 당연히 사람들이 외박을 하고 외식을 하도록 만들었다.

즉 사람들의 이동은 전문적인 숙박업과 외식업이 생겨나게 했다. 이런 면에서 조선시대 주막은 18세기에 들어와서 본격적으로 자리를 잡았고, 그것이 너무나 자연스러운 조선의 모습으로 정착하게 된 때는 19세기 중엽 이후라고 보아야 한다. 주막거리가 19세기 중엽 이후 점차 장시의 중심지가 되었고, 개항 이후 근대적 상업도시가 이들 지역을 중심으로 형성되었다. 이 점은 이웃한 중국이나 일본과도 사정이 다르다. 중국의 경우 이미 송나라 때 창장(長江, 양쯔강) 하류 일대에 상업도시가 형성되어 식당·숙박·점포가 즐비했다. 일본은 에도시대에 분업적 지역 생산체계를 형성했고, 백성들의 이세신궁(伊勢神宮) 참배[21] 등으로 숙박·식당·점포가 중심인 상가(商街)가 만들어졌다.

이에 비해 조선은 사람들의 먼 거리 이동이 상대적으로 적었기 때문에 복합적 시설인 주막이 그와 유사한 기능을 했다. 19세기 중반까지도 상업적 도시가 많이 형성되지 않았다는 점은 전문적인 음식점의 탄생을 늦추었다. 근대 도시는 인구의 밀집과 행정과 경제, 정치가 하나의 체계 내에서 운영된다는 특징으로 미루어보아 음식점의 등장은 필연적이다. 하지만 조선 후기 한양에는 술집 위주의 주막이 있었고, 한양과 지방을 이어주는 대로와 교차로 주변에는 밥집이면서 무료 숙박을 제공하는 주막만이 있었을 뿐이다.

숙박에서 주점으로, 주막의 근대적 분화

《조선왕조실록》 고종 13년(1876) 2월 3일의 첫 번째 기사는 조선이 일본과 수호조규(修好條規)에 서명한 일로 시작한다. 수호조규의 제5관에는 경기 · 충청 · 전라 · 경상 · 함경 5도(道) 가운데 연해의 통상하기 편리한 항구 두 곳을 골라 개항한다고 했다. 또 제8관에는 조선국에서 지정한 각 항구에 일본국 상인을 관리하는 관청을 수시로 둔다는 내용도 포함되어 있었다. 이로부터 7년이 지난 1883년 1월 1일 인천항이 개항되었다. 개방과 개항은 세계 체제와의 만남을 동반한다. 당연히 외국인의 조선 출입이 그전에 비해 쉬워졌고, 여기에는 외국의 문물도 함께 포함되어 있었다.

당시 세계 체제의 중심이었던 서유럽과 미국, 그리고 메이지유신으로 자리 잡기 시작한 일본 등에서 주류를 이루던 자본주의가 조선에도 유입되기 시작했다. 사농공상(士農工商)의 계급적 서열을 중시했던 조선의 사대부는 이제 더 이상 자연과 합일하는 유자(儒者)로만 남아 있기가 어려워졌다. 단지 청나라만 이해하면 된다고 믿었던 이웃에 대한 정보도 더 이상 쓸모가 없어졌다. 간혹 전에도 표류민으로 조선에 들어온 서양인을 본 적은 있지만, 이제 서울이나 지방 도시에서 서양인을 직접 눈으로 볼 수 있는 기회도 잦았다. 자본주의와 합리주의, 그리고 산업과 상업이 중심을 이루는 '근대'가 시작되었다.

종래 복합적 성격의 주막도 근대의 도래와 함께 분화되는 과정을 겪게 된다. 단지 술과 음식을 판매하고 무료 숙박을 제공하던 주막이 19세기 말이 되면 근대적 모습을 보이기 시작한다. 여기서 '근대적'이라는 표현은 전문적 분화가 일어났다는 뜻이다. 그래서 주막은 그 기능에 따라 주점(酒店)이나 선술집이라는 이름으로도 불렀고, 내외주점(內外酒店)이나 색주가(色酒家)가 활발하게 생겨났다. 이를 통틀어 주막이라고 불렀다. 1899년 4월 28일자 《독립신문》에는 서울 정동에 있었던 '뻬이노'라는 서양식 술집도 한국어로 주막이라 칭했다.[22]

또한 주막이란 말 대신에 '주점'이란 용어가 쓰이기 시작했다. 20세기 초반에 촬영되었을 것으로 추정되는 한 장의 사진에는 '복덕방(福德房)'과 '쥬점(酒店)'이란 글이 쓰인 점포가 보인다. 시가지가 형성된 한양에 기와를 올린 점포가 보인다. 한 칸에 낸 문에는 무명에 복덕방과 토지·가옥을 구입한다는 한자가 쓰인 천이 늘어뜨려져 있고, 문턱에 갓 쓰고 두루마기를 입은 사람이 걸터앉아 있다. 앞에는 등 없는 의자가 놓인 것으로 보아 여기에서 영업을 하는 모양이다. 그 오른쪽 처마에는 '쥬점·酒店'이라 쓴 등갓이 매

〈그림 2〉 20세기 초반의 주점, '쥬점(酒店)'

달렸다. 문설주에는 하얀색의 천을 두 장 내렸다. 기와지붕 위에는 대나무로 만든 용수가 두 개나 얹어져 있다. 아마 술을 거른 것은 용수를 말리는 모양이다. 아직 '주세법(酒稅法)'이 본격적인 허가제로 바뀌기 이전이라 이런 주점에서 술을 직접 양조했을 법하다.

주점 중에서 19세기 말과 20세기 초에 성업을 한 곳으로 내외주점이 있다. 내외주점이란 무엇인가? 1924년 7월 10일자 《동아일보》의 〈내동리 명물〉이란 연재물에 의하면, 본래 내외주점은 몰락한 양반가의 부인들이 생계를 잇기 위해서 어쩔 수 없이 차린 술집이었다. 이런 집의 사랑채에 손님이 들면 안채에서 주부가 술과 안주상을 차려 하인을 시켜서 사랑채로 내가게 했다.[23] 성리학적 이념이 관통했던 주점이 바로 조선 후기의 내외주점이었다. 그러나 20세기에 들어와서 사민평등(四民平等)이 이루어지고 남녀 간의 내외 구분이 중요하지 않게 되자 내외주점은 너무나 다른 양상으로 변했다. 앞에서 소개한 《동아일보》의 기사에도 이 같은 사정이 잘 나온다.

> 청진동 명물은 부랑자들이 좋아하는 내외주점이다. 호수 육백 호에 내외주점만 열한 집이나 되고 보니, 이 동리의 대표적인 명물로 당당하지 않습니까. 이 당당한 명물이 작년에는 삼십여 호 재작년에는 사십여 호나 있었답니다. 참 그때에야 굉장하였겠지요. 열 집에 내외주점 하나씩! 장관이었겠습니다. 내외주점의 역사를 캐어보면 옛날에는 이름같이 아낙네들이 술상만 차려 내보내고 내외를 착실히 하던 술집이었습니다. 이것이 차차 개명하여져서 내외법이 없어지고 술상 옆에 붙어 앉아 웃음을 팔면서 노래를 팔더니, 결국에는 매음까지 하게 되어 요사이에는 내외주점 하면 밀매음이 연상되게 되었습니다. 내외주점을 찾아가면 으레 기름때가 꾀죄죄 흐르는 젊은 계집이 한둘씩 있지요.

다시 말해 이름은 19세기 때의 내외주점과 같지만 그 기능은 이른바 '기생집'과 다름없었다. 이것은 분명 근대가 조선에 제공해준 또 다른 퇴폐적 모습임에 틀림없다. 이 같은 내용을 지닌 술집으로 아예 그 이름에서 본색을 드러낸 곳이 바로 색주가였다. 1914년 12월 10일자 《매일신보》에는 〈기생(妓生)이 색주가〉란 제목의 기사가 실렸다. 그 대강의 내용은 다음과 같다. 서울 봉래정(蓬萊町, 충무로 봉래동)에 사는 김대련(金大連)은 자신의 딸 송희(松姬)를 데리고 경상북도 상주에서 서울로 올라와 처음에 궁동(宮洞, 서대문구 연희동) 김현진(金賢晋) 집에 살다가 주인의 생각으로 인사동에 사는 유소사(兪召史)에게 양손녀로 기생 노릇을 시켜서 돈을 벌었고, 그후 여러 집에 기생 노릇을 시켜서 돈을 벌었다. 이야말로 기생이 아니라 색주가에 다름없다는 기사다. 즉 색주가는 이름 그대로 술과 매음을 하는 곳을 말한다.

1927년 7월 1일자 《별건곤(別乾坤)》 잡지(138쪽)에는 차상찬(車相瓚)이 〈편집국원총출(編輯局員總出) 내가 제일(第一) 창피하얏든 일, 기자 1인 1화—, 삼형제(三兄弟)가 색주가에〉라는 글이 실렸다.[24] 화장을 하고 남색치마를 입은 여자 3~4인이 방에서 들어와서 술을 권하고 온갖 잡소리를 하며, 손님 무릎에도 앉아서 합반주를 하는 등의 모습에 깜짝 놀란 학생 시절의 모습을 그리고 있다. 앞에서 이마무라가 언급했듯이 1909년 지방의 주막에는 '갈보'가 등장하기도 했고, 갈보를 두지 못할 경우 간혹 주모가 매음을 하기도 했다. 이런 일은 이미 조선 후기부터 있었던 현상이라 여겨지지만, 20세기 초반에 들어와서는 내외주점과 색주가의 형태로 '전문성'을 띠기 시작했다.

주막, 근대적 법률에 포섭되다

일상적 생활문화의 근대성에서 주목해야 하는 것 중 하나는 근대적 법률과의 관계이다. 이미 사회사와 법학사 연구자들에 의해 조선총독부의 '구관조사(舊慣調査)' 에 대한 분석이나 일제시대 근대적 법률과 가족제도의 변화 등에 대한 연구가 진행됐다.[25] 민속학 분야에서도 구관조사와 관련된 연구가 있었다.[26] 여기서 더 나아가 조선총독부가 시행한 각종 법률이 실제 생활에 어떤 영향을 미쳤는지에 대한 논의가 필요하다.[27] 나는 우선 주막과 관련해 '요리옥음식점영업취체규칙(料理屋飮食店營業取締規則)'에 주목한다.

조선을 강제로 점령한 조선총독부는 근대적 법률을 여기에 적용시키려 한다. 그들이 더욱 중요하게 보았던 시설은 요리점과 음식점이었다. 1911년 5월 8일자 《조선총독부관보(朝鮮總督府官報)》 제204호 '지방관청공문'에는 '조선총독부 함경북도 경무부령(警務部令) 제6호 요리점·음식점취체규칙'이 실렸다. 개정 시기는 1911년 4월 23일이며, 발포자는 조선총독부 함경북도 경무부장인 시라야마 야스시(白山靖)였다.

이 규칙에서 주목해야 할 점은 음식점과 요리점을 운영할 사람은 경찰서나 그것을 대행하는 헌병관서에서 허가를 받아야 한다는 내용이다. 이는 조선통감부 시절 지방관청의 업무를 대행했던 이사청(理事廳)에서 이미 명령으로 시행하고 있던 것을 대신하는 것이었기에, 적어도 1906년 조선통감부의 통감정치 이후 음식점과 요리점은 허가를 받아서 영업을 하도록 법규로 정해져 있었음을 확인할 수 있다. 이러한 규칙은 전근대 조선사회에는 존재하지 않았던 것으로, 결국 근대 국가의 법률이 적용된 사례라고 할 수 있다. 이렇듯 근대적 법규에 요리옥과 음식점이 포섭되었음이 확인된다.

허가를 받을 때는 해당 점포의 주인이 자신의 가계를 확인하는 족보와 주소·씨명·연령 등을 적고, 여기에 점포의 상호인 옥호

(屋號)와 영업의 종류와 장소, 그리고 영업 가옥의 도면을 첨부하도록 했다. 동시에 요리점은 접대부를 둘 수 있었기 때문에 일종의 화류계라 판단하여 특정한 구역을 정해서 허가를 해주었다. 폐업과 휴업 역시 허가를 받아야 했고, 필요할 경우 고용인의 건강 진단도 요구했다. 특히 요리점과 음식점이 숙박도 겸할 경우에는 그것도 허가를 받아야 했다.

요리점과 음식점 영업자가 준수해야 할 사항은 위생 문제였다. 제6조에는 청결과 소독, 그리고 전구 등에 대한 규정도 두어 엄격하게 관리하려는 의지를 표명했다. 동시에 음식값을 표시하여 시시비비를 분명히 가리도록 했다. 값을 치르는 방식도 돈을 지급하지 못할 경우 담보물을 받을 수 있다는 점도 밝혔다. 또 동일한 영업을 하는 사람들은 지역에서 조합을 결성할 수 있도록 했다. 조합은 조선총독부가 하나의 집단을 만들어 관리가 수월하도록 만든 결사체였다. 조합은 자신들의 이익을 주장하기도 했지만, 조합을 통제하여 스스로 관리가 되도록 유도하기도 했다.

더욱이 조선통감부 시절에는 요리점과 음식점 관리를 지방관청인 이사청에서 맡아 했지만, 조선총독부가 설립된 이후에는 경찰서와 헌병관서에서 이를 맡았다. 주지하듯이 1910년대 조선총독부의 통치방법은 경찰헌병 통치였다.[28] 조선총독부의 경무총감부 산하에 지방의 경무본부가 있었다. 경무 업무의 주요 내용은 치안·위생·조세징수 등이었다. 여기에서 위생에 대한 감찰이 결국 음식점과 요리점의 허가와 관리를 경무총감부와 지방 경무본부에서 관장하도록 했다.

이 규칙에서 주목되는 점은 제16조이다. 즉 "경찰서장 또는 경찰서의 사무를 취급하는 헌병관서장은 본 규칙 중 필요로 인정하는 사항을 조선인이 영업하는 주막·주가(酒家)의 영업자에게도 준용하는 것이 가능하다"고 했다. 이런 점에서 조선인이 운영하는 주막과 내외주점·색주가 등에 대한 근대적 법률 적용은 상당히 인위적이었음이 확인된다. 왜냐하면 만약 관할하는 경찰·헌병 조직에서 판단하여 이 법률을 적용시키겠다고 하면, 곧장 관리 대상이 되었기 때문이다. 하지만 1911년에는 너무나 많은 주막이나 주가를 직접 통제하기에 무리가 있다고 판단한 듯하다. 그래서 "준용하는 것이 가능하다"는 정도로 규칙의 제일 마지막 조문에 넣어 두었다.

그러나 1925년 5월 29일 평안남도 도지사의 명의로 발포된 '요리옥음식점영업취체규칙'에는 "조선인이 영업하는 동일 가옥 내에 객실을 설치한 음식점과 숙박의 겸업은 시가지에 있는 것만 허가를 받는다"고 했다. 이 말은 곧 이미 전국 각지에 조성된 근대적 도시의 시가지에 있는 주막·내외주점·색주가 등에 대해서는 이 규칙을 적용하겠다는 조선총독부의 방침을 담고 있다. 이러한 법률적 적용은 이것보다 한 해 앞서서 나온 앞에서 소개한 《동아일보》(1924년 7월 10일자)의 청진동 내외주점 기사에서도 보인다. 즉 "이 계집들이 이제 말한 그것인데 너무 풍기를 괴란하므로 경찰서에서는 내외주점 허가를 안 내어 준답니다. 이 까닭으로 해마다 해마다 내외주점이 줄어들어서 요사이에는 이미 서산의 비경에 들었답니다. 이 동의 명물 내외주점도 칼 찬 나리 세력에는 꿈쩍을 못하는 모양입니다"라고 했다.

이러한 규정은 오늘날에 이르러 경찰서가 아닌 행정부서인 위생과에서 관리하는 방식으로 지속된다. 오늘날 조선 후기 또는 일제시대의 주막은 지속되지 않지만, 이때 만들어진 법률적 규제가 지금도 유지되기 때문에 술집도 '음식점'의 한 종류로 행정적 관리를 받는다. 따라서 1911년 이후 주막이 근대적 법률에 적용되면서 국민국가가 요구하는 위생과 안전, 그리고 각종 영업활동이 규제를 받기 시작했다. 이로써 주막의 형태는 더욱 다양한 분화를 가져왔고, 근대적 법률의 적용과 함께 근대적 생활문화가 자리를 잡으면서 무료 숙박 기능은 사라지고 술집 전문으로 자리를 잡아갔다.

외식의 탄생, 음식점의 변용

외식의 탄생은 상업도시의 형성과 밀접한 관련이 있다. 전문적인 직업이 생겨나면서 사람들은 끼니를 해결하기 위해 집이 아닌 음식점에서 식사를 한다. 전근대의 주막은 집을 떠나서 이동하는 사람들을 위해서 마련된 시설이었다. 조선 후기 한양과 개성만이 도시적 상가를 구성하고 있었기에 내외주점이 있었다. 그러던 내외주점이 근대에 들어와서 '근대적 퇴폐성'을 지니게 되었다. 근대적 외식으로서 조선음식이 과연 제대로 자리를 잡았는가 하는 문제는 바로 전근대 시기의 주막 혹은 여막 등의 음식점이 근대적으로 적응했는가와 관련이 있다. 나는 조선 후기의 주막이 전문식당으로 자리를 잡지 못했다고 본다. 술을 먼저 대접하면서 그 안주로 끼니를 해결하도록 했던 조선 후기의 주막은 결코 근대적 의미의 전문식당이라고 보기는 어렵다.

주막은 숙박업소의 성격이 강했지 결코 전문식당은 아니었다.

장국에 만 밥 정도를 판매하던 주막이 19세기 말 근대적 도시 공간으로 변해가기 시작한 서울에서도 색주가와 내외주점, 주점 혹은 선술집으로 분화되면서 그 전문성에서 음식을 으뜸으로 삼지 않았다. 그보다는 술을 팔고 매음을 하는 곳으로 바뀌었다.

음식을 상업적으로 판매하면서 전문적 경영을 하는 데 목적이 있는 근대적 음식점의 출발을 주막에서 찾기는 어렵다. 주막은 술집이며, 술에 딸려 나오는 음식은 그 자체가 안주에 지나지 않았다. 그러니 주막은 술집으로서의 면모는 지니고 있어도 음식점으로서의 모습을 찾아보기 어렵다. 이 점은 오늘날 한국음식점이 지닌 한계와도 맞닿아 있다. 주된 음식을 주문하면 반찬은 무료로 제공되는 점은 오늘날 한국음식점이 지닌 장점인 동시에 단점이다.

결국 조선요리옥·색주가·선술집·주점·밥집 등과 같은 근대 시기의 한국음식점은 결코 음식을 먹기 위해서 소비가 일어나는 곳만은 아니었다. 그보다는 기생의 접대를 받으면서 술을 마시기 위한 목적으로 가는 조선요리옥과 색주가, 혼자서 혹은 몇 사람이 어울려 술을 먹으면서 안주로 음식을 먹는 선술집과 주점이 주류를 이루었다.

이 글은 '한국음식의 근대성'은 외식이 이루어지는 상업적 음식점에서 찾아야 한다는 입장에서 마련되었다. 다만 일제시기를 보다 구체적으로 지역적 체계와 연결하여 현지조사를 수행하지 못했기 때문에 일정한 한계를 지닌다. 향후 근대 도시를 대상으로 20세기 1백 년 동안 '음식점'이 어떻게 변용되어왔는가를 연구한다면 이 한계는 해결되리라 믿는다.

7장

생선 소비와 근대

— 민물생선에서 바다생선으로

음식을 준비하는 데 있어서 조선 사람들은 조금도 까다롭지 않으며, 그들에게는 무엇이든지 다 좋다. 생선과 생육, 특히 내장은 맛있는 음식으로 여겨지며, 서민층에서는 그런 것이 상에 오르는 것을 거의 볼 수 없다. 왜냐하면 그런 음식은 보기가〔보이기가〕 무섭게 먹어치우기 때문이다. 날고기는 보통 고추나 후추 또는 겨자 따위를 곁들여 먹으나, 아무런 양념 없이 먹는 수도 흔히 있다. 시내와 강가에는 수많은 낚시꾼들이 있다. 그들은 대부분 생계를 위하여 일하기를 원치 않든가, 〔아무것도〕 할 수 없는 돈 한 푼 없는 양반들이다. 그들 옆에는 고추장을 담은 조그만 단지가 있는데, 고기가 잡히면 곧 두 손가락으로 집어서 고추장에 찍어 서슴지 않고 삼켜버린다. 그들은 가시도 무서워하지 않고, 마치 아무것도 버리지 않기 위하여 닭이나 다른 가금의 뼈까지도 먹듯이, 다른 부분과 함께 가시도 먹어버린다.[1)]

위의 글은 1874년에 파리에서 출간한 《한국천주교회사》에 묘사된 부분이다. 주지하듯이 《한국천주교회사》는 19세기 중반 프랑스 외방전교회의 샤를르 달레(Claude Charles Dallet, 1829~1878) 신부가 조선에 나가 있던 선교사들의 편지들을 정리하여 썼다. 당시 조선에서 활동하던 앙투안 다블뤼(Antoine Daveluy, 1818~1866) 주교가 작성한 것이 주된 내용을 이룬다.[2)] 서유럽이 중심이 되어 시작된 근대(modern)는 서유럽과 비서유럽을 '문명과 야만'이라는 이분법적 시선을 가지도록 만들었다. 이러한 시선은 《한국천주교회사》에서도 그대로 드러난다.

타자의 시선은 반드시 악의적으로 '사실(事實)'을 왜곡하는 경우도 있지만, 그보다는 '사실'을 어떻게 해석하는가에 더 강한 영향을 미친다. 즉 귀한 음식을 '무섭게 먹어치운다'는 표현이나 낚시꾼들이 결코 생계에 대해 책임지지 않겠다는 '양반'들이라는 단언에서 그러한 시선을 읽을 수 있다. 이러한 자료에는 비록 야만적인 조선에 대한 서구적 시선이 존재한다고 해도, 이를 통해서 당시 조선인들이 지녔던 관습의 일단을 살필 수 있는 장점도 있다.

그런데 문제는 민물생선을 먹는 방식에 있다. 요사이 한국인들은 민물생선을 날로 먹는다는 것에 무척 신중함을 보인다. 하지만 적어도 일제시대 조선인들은 그렇지 않았다. 사이토 마코토(齋藤實, 재임기간 1919~1927, 1929~1931) 총독 때 조선총독부에서는 폐디스토마와 관련된 '지방병(地方病)'이 상당히 유행한다는 점에 주목했다.[3] 이에 폐디스토마에 대한 나름대로의 '과학적 조사'를 실시한 결과, 민물 게를 날로 먹기 때문에 생긴 병이라는 사실을 밝혀냈다. 결국 민물생선을 날로 먹는 일은 금지되었다. 하지만 그 당시 그런 방침이 민간에서 강제적으로 시행되지는 않았다. 오히려 1970년대 박정희 정부에서 펼친 위생교육이 민물생선을 날로 먹지 않도록 강제했다.

2001년 고양시 덕양구 행주외동의 노어부(老漁夫)들을 대상으로 일제시대와 해방 이후 한강에서 행한 민물 어로의 과정을 현지조사한 적이 있다. 그 결과, 한강 하구를 중심으로 한 전근대적 어로행위의 과정을 이해할 수 있게 되었다. 이것이 본문의 앞부분을 구성한다. 또 다른 글은 울산 지역에서의 고래고기 식용에 관한 근대사를 정리한 것이다. 고래고기는 동해안의 바다생선이 어떻게 소비되었는가를 살필 수 있는 자료가 된다. 20세기를 거치면서 한국인의 생선 소비가 민물생선에서 바다생선으로 그 양상이 바뀌게 되는 경향을 이 두 사례 연구에서 살필 수 있으리라 믿는다.

20세기 초 한강 하류의 어업력과 어로방법[4)]

고양시는 서남부 일대가 한강과 연접하고 있기 때문에 일찍부터 어업과 그와 관련된 민속이 형성되었다. 조선 후기에 나온《신증동국여지승람(新增東國輿地勝覽)》〈고양군(高陽郡)〉편의 '토산(土産)'조에는 위어(葦魚, 웅어)·해(蟹, 게)·은구어(銀口魚, 은어) 등이 적혀 있다. 그러나 한국전쟁 이후 고양시에 연접한 한강 하류 지역이 군사적 요충지로 변하면서 그 지역의 어업 행위는 이전에 비해 활발하게 이루어지지 않고 있다. 다만 2001년 현재 고양시 덕양구 행주외동을 중심으로 어업활동이 간간이 행해지고 있을 뿐이다. 원래 행주외동은 맹둘, 잡굴, 넘말, 강변말의 네 동네로 구성되었고, 그중 강변말이 어부들이 집중적으로 모여 사는 어촌이다. 그런데 바다에 접한 한국의 어촌과 마찬가지로 이곳은 반농반어의 형태로 생업이 이루어지고 있다. 아울러 강변말의 경우 성씨가 각각 다른 사람들이 모여 사는 마을이다. 원래 어촌은 조선시대 이래 하층민의 집거지로 이해되어 농촌과 달리 집성촌 형태를 보이지 않는다.

행주외동 노인들의 증언에 의하면, 일제시대까지 이산포와 함께 행주나루는 한강을 드나드는 배가 정박하여 성시를 이루었다고 한다. 이산포는 큰 선박이 곧장 정박하기가 어려워 주로 나룻배가 정박하는 곳이었지만, 행주나루는 그 지형 자체가 선착장 모양을 하

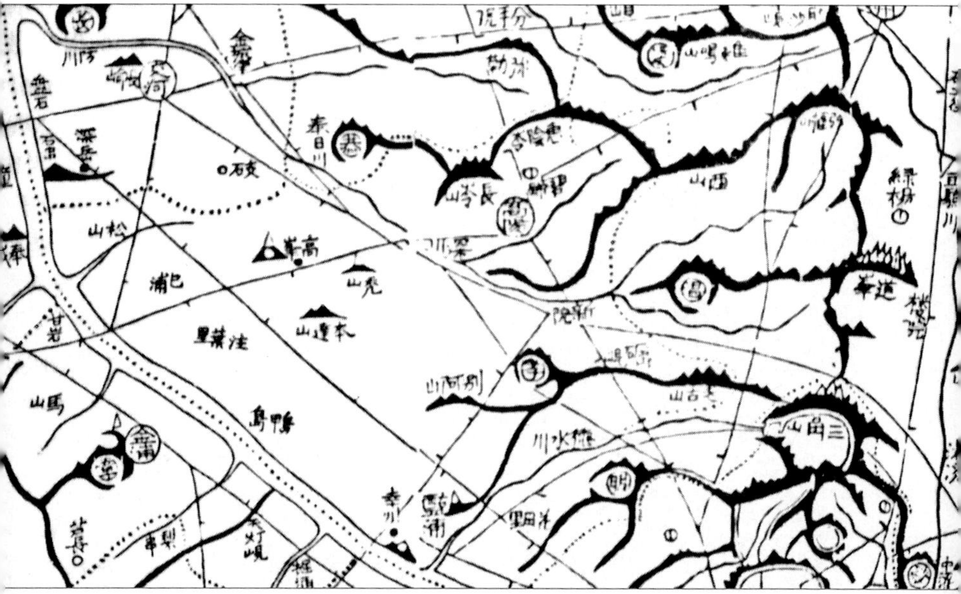

〈그림 1〉 조선시대 〈대동여지도(大動輿地圖)〉에 나타난 고양시

고 있기 때문에 비교적 큰 선박들도 정박했다. 그래서 서울 마포를 드나드는 배들이 행주나루를 중간 기착지로 하여 드나들었다. 특히 임진강을 따라 내려온 장단의 나무배들이 행주나루에 들어왔고, 충청도 서산의 선박들이 고기를 잡아 이곳에 정박했다. 그래서 일제 강점기까지 행주나루에는 중국식당과 유흥업소까지 있었을 정도로 활기가 넘쳤다.

한강을 중심으로 하는 일제시대 어업 행위는 주로 황포돛단배에 의지하여 소규모로 이루어졌다. 당시 배는 주로 서울 마포의 밤섬에서 만들었다. 일반적으로 배의 크기는 배에 타는 사람들의 숫자로 가늠했다. 보통 2인, 3인, 4인 정도의 돛단배가 있었다. 2인용 배는 길이가 대략 5미터쯤(13척) 되며, 3인용 배는 대략 7미터쯤(19척), 그리고 4인용 배는 대략 9미터쯤(25척) 되었다. 그 당시 배의 값은 2인용이 대략 쌀 15~20가마니 값(2001년 현재 등가로 500만~600만 원)과 맞먹었다.

다음은 일제시대 행주외동에 근접한 한강에서 주로 잡았던 물고기를 중심으로 어업력(漁業曆)을 살펴보려 한다. 오늘날 자연환경의 변화로 인해 사라진 어종도 있지만, 대체로 전통적인 한강의 어로 행위를 이해할 수 있는 자료가 되리라 믿는다. 본 자료는 주로 행주외동에 거주하면서 과거 어업을 주로 했던 조윤봉(1922년생) 씨와의 면접조사에서 얻은 것이다. 면접조사에 의하면 행주외동 어촌에서 주로 잡았던 물고기는 웅어 · 황복 · 숭어 · 메기 · 참게 · 자가사리(빠가사리) · 장어 등이다. 음력 2~3월에는 복어 및 잡어, 음력 3~4월에는 숭어, 음력 4~5월 중순에는 웅어, 음력 4월 중순에서 5월에는 숭어알, 음력 5월 말에서 9월 초에는 메기와 장어, 음력 9~10월에는 참게, 그리고 음력 11월에서 다음해 2월까지는 자가사리를 잡았다.

《경도잡지(京都雜誌)》(1770년대)에는 다음과 같은 기록이 나온다. "자어(紫魚)는 속명 위어(葦魚, 웅어)라 한다. 한강 하류 행주나루터 근처에서 늦은 봄이나 초여름에 잡힌다. 사옹원(司饔院)은 관망(官網)으로 잡아서 진상한다. 생선장수가 거리로 소리치고 다니면서 파는데 도화(桃花)가 떨어질 무렵에 횟감으로 쓴다." 그로부터 70여 년 후에 나온 《동국세시기(東國歲時記)》(1849)의 음력 3월조에도

어종 \ 음력	1월	2월	3월	4월	5월	6월	7월	8월	9월	10월	11월	12월
웅어				━	━							
참게									━	━		
황복		━	━									
숭어			━	━								
숭어알				━	━							
메기					━	━	━	━	━			
장어					━	━	━	━	━			
자가사리	━	━										
잉어·여메기	━	━									━	━
잡어		━	━									

〈표 1〉 20세기 중반 한강의 어업력

비슷한 내용이 나온다. "소어(蘇魚, 밴댕이)는 안산 앞바다에서 나며, 자어는 위어라고도 하는데 한강 하류 고양군 행주에서 난다. 사옹원 소속의 위어소(葦魚所)를 두어, 이것을 관망으로 잡아서 왕가에 진상한다. 어상(魚商)이 거리로 돌아다니면서 횟감을 판다." 이로 미루어 조선 후기 행주외동 일대의 웅어잡이는 왕실의 음식 재료를 수급하는 업무를 맡은 사옹원에서 어부를 부려서 이루어졌던 것으로 보인다.

행주외동에서 물고기를 잡는 방식은 대체로 그물 어로와 줄낚시 어로로 나눌 수 있다. 어촌에서는 그물과 함께 작살·통발·게막·어항 등을 이용해 물고기를 잡지만, 한강에서는 그물과 줄낚시를 주로 이용했다. 그물로 잡는 물고기는 웅어 · 숭어 · 황복이 대표적이다.

웅어는 청어목 멸치과에 속하는 바닷물고기이다. 몸은 납작하고 길며 칼 모양으로 생겼다. 몸빛은 은백색이며, 몸길이가 30센티미터에 이르는 것도 있다. 주로 4~5월에 하천의 하류로 올라와서 산란한다. 맑은 물보다는 약간 흐린 물에 산다. 낮에는 기슭에 살고 밤에는 깊은 곳에 산다. 웅어는 한자로 위어라고 불렀는데, 아마도 갈대 사이에서 산란하기 때문에 갈대 속에 산다고 하여 붙인 이름으로 여겨진다. 서유구(徐有榘)가 쓴 《난호어목지(蘭湖漁牧志)》에는 매년 음력 4월에 강을 거슬러 올라온다고 하면서 한강의 행주, 임진강의 동파탄(東坡灘) 상하류, 그리고 평양의 대동강에 가장 많다고 했다. 《송남잡지(松南雜識)》에는 "위어는 행주에서만 나기 때문에 사옹원이 관리하면서 직접 진상한다"고 했다. 조선시대에는 웅어를 잡아 진상하던 위어소가 고양군에 있었다.[5)] 행주외동 노인들의 증언에 따르면, 일제시대 행주외동 앞 한강에서는 음력 4월에서 5월 중순까지 웅어잡이가 성행했다고 한다. 이때가 되면 40여 척의 돛단배가 모여 그물을 치고 웅어잡이에 나섰다.

숭어는 숭어과에 속하는 바닷물고기이다. 머리 위가 약간 편평하고 위턱이 아래턱보다 조금 짧다. 비늘은 약간 크고 둥글다. 몸빛은 등쪽이 회청색이고, 배쪽은 은백색이다. 몸길이는 80센티미터 정도이며, 음력 4월에 얕은 바다를 다니기 때문에 이때 주로 잡는다. 《세종실록지리지(世宗實錄地理志)》에는 숭어를 수어(秀魚) 혹은 수어(水魚)라 적고 있다. 특히 음력 3~4월에 산란하기 때문에 이때 잡으면 숭어알까지 챙길 수 있었다. 그래서 행주외동 일대에

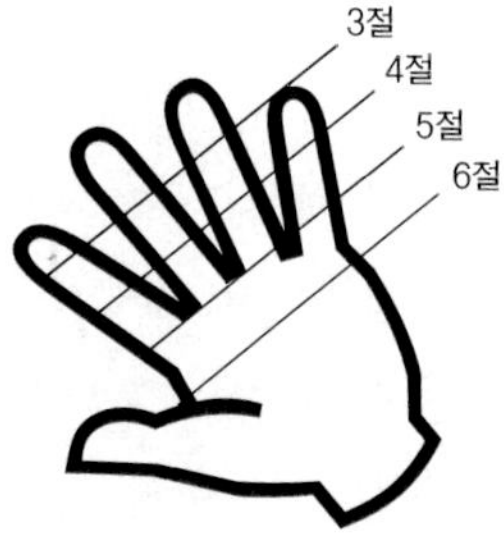

〈그림 2〉 그물에서 쓰이는 길이 단위

서는 3~4월에 숭어잡이를 하고, 4월 중순에서 5월까지 강 갈대숲 사이에 산란한 알을 잡았다.[6] 특히 숭어보다 숭어알은 값이 좋기 때문에 경기도 평택 근처의 남양만 일대까지 가서 숭어알을 잡아오기도 했다.

황복은 복어목에 속하는 바닷물고기로 주로 연안과 하천 하류에서 서식한다. 음력 2~3월에 산란하기 위해 하천으로 올라오는데, 이때가 황복을 잡는 적기로 알려져 있다. 행주외동 일대에서도 이때 배가 부른 황복을 잡았다.

웅어·숭어·황복을 잡는 방법은 그물을 이용했다. 명주실로 짠 그물은 일반적으로 그 길이를 잴 때 '절'이란 단위를 사용한다. 절은 손으로 그 길이를 표시하는데 〈그림 2〉와 같다. 1센티미터면 3절, 1.5센티미터면 4절, 3센티미터면 5절, 4.5센티미터는 6절이 된다. 이러한 표시법은 어부들이 직접 그물을 만들면서 작업할 때 편리를 도모하기 위해서 만든 것이다. 웅어는 몸체가 적기 때문에 보통 직경 1.5센티미터 4절 크기의 그물로 잡았다. 이에 비해 숭어와

황복은 몸이 커서 4.5센티미터 6절 크기의 그물로 잡았다.

오늘날 그물에는 스티로폴로 만든 부자가 붙어 있어 그물 상단이 물에 뜨지만, 일제시대에는 오동나무로 부자를 만들었다. 오동나무를 태워서 무게를 줄인 후 이것을 60척(尺: 1척은 0.38센티미터) 간격으로 그물의 상단에 매달았다. 오동나무 부자 사이에는 굴참나무 껍질로 만든 뜸인 '보긋'을 약 30개씩 그물에 매달았다. 굴참나무는 그냥 칼로 깎으면 단단하여 쉽게 깎이지 않기 때문에 솥에 물을 넣고 끓인 후 그 김에 한참을 눅눅하게 둔 후 칼로 깎는다. 각 보긋은 대략 1척의 간격을 두었다. 그물의 하단에는 오늘날 납덩이로 발돌(톳)을 만들지만, 일제시대에는 흙으로 만들었다. 톳은 점토를 구해 와서 밤알처럼 모양을 만든 후 젓가락으로 양쪽에 홈을 내서 아궁이 장작불에 넣어 구워낸다. 솜씨가 좋은 사람은 송편 모양으로 빚는데, 이것을 그물을 짜면서 하단에 매단다.

그물은 보통 '채'라는 단위를 사용해서 길이를 표시했다. 한 채는 20발이며, 한 발은 대략 1.5미터쯤 된다. 따라서 한 채는 약 30미터이다. 강에 나갈 때는 한 채만을 가지고 나가는 경우도 있지만, 많은 양의 고기를 잡으려면 대체로 10~12채까지 들고 나가서 곳곳에 그물을 쳤다.

그물은 명주를 사서 직접 짰다. 일제시대에는 서울의 용산시장에 가서 명주를 사다가 물레질을 하여 실을 짜는데, 웅어의 경우 4~5겹의 굵기로 실을 짜고, 숭어의 경우 10여 겹으로 실을 짰다. 이것을 실패에 감아서 솥에 넣고 삶아 그늘진 곳에서 말리면 탄탄한 줄이 된다. 그런 다음 직접 손으로 그물을 짰다. 보통 한겨울에 어부들은 온 식구가 모여 그물을 만들었다.

20세기 초에 쓰인 《한국수산지(韓國水産誌)》의 방어그물 설명을 보면 "그물실은 모시로 하고 뜸은 가죽나무 껍질, 줄은 삼 또는 새끼줄, 발돌은 자연석을 두 발에 한 개씩 단다"라고 한 것과 명주실 그물을 비교하면 이것은 상당히 고급 그물에 해당한다. 따라서 명주실 그물을 사용한 행주외동의 경우 대체로 1930년대 말쯤으로 여겨진다.

웅어와 숭어 이외에도 그물로 잡는 물고기에는 잉어·여메기·자가사리 등이 있다. 음력 11월이 되면 한강에 얼음이 얼기 시작한다. 얼음 사이로 그물을 넣어서 잡는데, 돈벌이는 크게 되지 않았다. 봄에 한강 얼음이 깨지면 자가사리를 그물로 잡았다. 그물을 한강에 치는 방식은 대체로 그물을 던져 그 자리에서 잡아 올리는 방법이 많이 쓰였다. 또 통그물을 풀어서 원통 모양으로 만들어 고정시켜 잡는 정치망 방식의 그물치기도 있었다. 이 경우 오랫동안 그물을 쳐놓기 때문에 지나가는 배가 그물을 파손해서 이로 인해 싸움이 나기도 했다. 보통 웅어를 잡을 때 이 방법을 썼는데, 일제시대에는 나무를 실은 배가 지나가면서 그물을 망치는 경우도 종종 있었다. 그러면 그물 보상 문제를 놓고 서로 싸움이 붙기도 했다.

행주외동에서 줄낚시로 잡는 물고기는 주로 메기·장어·참게 등이다. 일제시대에는 줄낚시에 쓰는 줄도 명주로 만든 실을 사용했다. 짧게 놓는 경우에는 3~4발(4.5~6미터)에서 길게 놓는 경우에는 몇 십 발씩 놓는 사람도 있었다.

메기는 한여름에 줄낚시로 잡았다. 여름에는 줄에 약 1미터 길이로 줄을 이어서 바늘을 단다. 여기에 미리 잡아둔 미꾸라지를 산

채로 끼워 매단다. 그러면 미꾸라지가 살아서 이리저리 움직이는 것을 보고 메기가 미꾸라지를 무는 순간 낚시바늘도 함께 물게 되어 줄낚시에 잡힌다. 일반적으로 저녁 해질 무렵에 줄낚시를 놓고서 새벽에 나가면 여러 마리의 메기가 줄에 매달려 있다. 여름에 줄낚시로 잡던 메기는 가을에 접어들면 그물로도 잡는다.

일제시대 이전에 참게를 잡는 방식은 더욱 특이했다. 수수농사를 지으면 풋수수 이삭을 따와서 통째로 솥에 삶는다. 이것을 메기 줄낚시에서처럼 미꾸라지 대신 매달면 게가 이것을 먹으려다 낚시바늘에 걸려서 잡힌다. 이 방식으로 많이 잡을 때는 30~40마리를 잡는다. 특히 참게 한 마리의 가격이 쌀 한 가마에 버금갔기 때문에 참게잡이는 성황을 이루었다. 그래서 일제시대에는 임진강까지 가서 참게를 잡았다. 이러한 참게잡이 방법은 조선시대 문헌《전어지(佃漁志)》에도 나온다. 이 책에는 참게 잡는 방법에 낚시로 잡는 구해법(鉤蟹法)과 수수이삭으로 잡는 현촉서포해법(懸蜀黍捕蟹法)이 소개되어 있다. 고양시의 행주외동 일대에서 참게를 잡는 방식도 '현촉서포해법'에 속한다.

그런데 참게잡이는 한강 어디에서나 되는 것이 아니었다. 줄낚시를 나가기 전날 선주는 배를 몰고 나가서 물이 돌아가면서 맑게 흐르는 곳을 보아두었다가 당일 배에서 줄낚시를 푼다. 해방 이후에는 미군들이 버린 낙하산 줄을 참게 잡는 줄로 쓰기도 했다. 이후에는 나일론 줄로 대체했다.

앞에서도 밝혔듯이 행주외동에서 어로에 사용했던 배는 2인, 3인, 4인용 목선이었다. 배로 함께 어로를 한 후 그 이익을 분배하는 방식도 특별히 정해져 있었다. 이를테면, 네 사람이 배를 타고 나가면 4인×2를 하여 어획량을 8분의 1로 나눈다. 만약 8만 원을 벌게 되면, 함께 나간 세 사람에게 1만 원씩을 주고 8분의 5는 선주가 가진다. 2인용 배의 경우 2인×2를 하여 4분의 3을 선주가 가지고, 나머지 4분의 1을 함께 나간 사람에게 주었다. 선주는 배를 샀고, 새 배는 4~5년이 지나면 폐선이 되기 때문에 분배에서 월등히 많이 가질 수밖에 없다. 그래서 어촌이지만 어업을 전업으로 하는 경우는 드물고, 평소 논밭 농사를 지으면서 어업을 겸했다. 또 배의 규모가 작기 때문에 선주라도 크게 돈을 번 사람은 드물었다.

보통 선주는 나이 많은 어부가 하는 경우가 많았다. 그래서 어릴 때부터 선주의 조수로 따라다니면서 밀물과 썰물의 물때인 '조금'도 배우고, 각 물고기의 서식처와 어로방법도 배웠다. 또 배를 직접 살 경우에는 마포의 밤섬에서 새 배를 사기도 하지만, 돈이 없을 경우에는 헌 배를 사서 몰고 다니기도 했다.

고양시 행주외동 일대는 한국에서 비교적 빠른 시기에 천주교와 기독교가 들어와서 정착한 지역이다. 그래서 비록 어촌이지만 무속에 근거를 둔 풍어제나 고사가 성행하지 않았다. 아마도 이들 종교가 유입되기 이전에는 이곳에서도 자연의 변화를 예측하려는 굿이 어느 정도 성행했을 것으로 여겨지나, 현재 이러한 정보를 가진 정보제공자를 찾지 못했다. 행주외동 일대에서 행해진 어업 행위는 주로 바닷물과 한강물이 만나는 지점에서 바닷물과 민물의 이동이 자유로운 어종들을 주로 잡았다. 따라서 어업의 규모가 해안에 위치한 어촌에 비해 활발하지 않았다. 주로 농업을 생업으로 하면서 어업을 부업으로 하는 형태가 발달했다.

그래서 일제시대에도 별도의 수협이 설치되어 있지 않았다. 남양만과 임진강 하류까지 나가는 배가 있어서 강화수협에 소속된 어촌계가 행주외동에 있었다. 대량으로 잡히는 웅어와 숭어는 어촌계에 가서 '관(貫: 3.75킬로그램)'을 단위로 하여 수매를 했다. 조선시대부터 전래된 어로 방식은 일제시대에 들어와서 많은 변화를 겪었다. 행주외동의 경우 소규모 어로가 행해졌기 때문에 해방 이전까지 민물 어로 방식이 그대로 이어진 것으로 보인다. 특히 참게잡이에서 풋수수 이삭을 이용한 낚시는 조선시대 문헌에 기록된 방식이 그대로 이어졌음을 확인할 수 있다.

밥상에서 사라진 민물생선

《산림경제(山林經濟)》(1715)에는 '조회개법(造膾芥法)'이라 하여 겨자장 만드는 법을 소개하고 있다. 그러면서 겨자장을 찍어 먹어야 하는 생선횟감으로 숭어·누치·쏘가리·은어·밴댕이·웅어·민어·고등어·전복·해삼·대합·굴 등을 적었다. 그중 민물에서 잡을 수 있는 생선은 숭어·누치·쏘가리·은어·웅어로 절반 이상을 차지하고 있다. 그만큼 민물생선을 날로 먹는 방법이 17세기 이후 상당히 유행했음을 보여준다.

날로 먹는 방법과 함께 어채(魚菜)로 만들어 먹는 방법도 유행했다. 《동국세시기》의 4월조에는 "어채는 생선을 얇게 저며 익힌 다음 과엽(瓜葉)·국엽(菊葉)·총아(葱芽, 쪽파)·석이버섯·숙복(熟鰒, 익힌 전복)·달걀 등을 곁들인 것을 말한다"고 했다. 즉 어채는 생선회와 달리 생선 편(片)을 얇게 썰어서 녹말을 묻힌 다음 삶고, 여기에 각종 채소와 고기 등을 곁들여 다시 한 번 삶아낸 것을 말한다. 어채의 재료로 가장 많이 사용하는 생선은 숭어였다. 그래서 숭어가 주로 많이 잡히는 음력 3월에서 7월 사이에 숭어어채를 만들어 먹었다.

빙허각 이씨(憑虛閣李氏, 1759~1824)는 《규합총서(閨閤叢書)》에서 어품류(魚品類)를 소개하면서 잉어·준치·붕어·조기·복어·숭어 등을 꼽았다. 그중 민물에서 잡는 생선은 잉어·붕어·복어·숭어이다. 이 책에서는 주로 찌는 조리법을 이용하여 이들 생선을 조리했는데, 그중 숭어 조리법을 살펴보자. 먼저 숭어의 비늘을 벗겨 내고 내장을 드러낸 후 흐르는 물에 깨끗하게 씻는다. 여기에 소금으로 간을 하여 하루쯤 채에 받쳐 그늘진 곳에서 말린다. 이것을 솥 위에 올린 시루 속에 넣고 약한 불로 찌면 식어도 그 맛이 일품이다. 보통 제사에 올리는 생선은 이와 같이 찌는 조리법을 이용한다.

《규합총서》에서는 은어를 탕으로 만들 때 고춧가루를 넣어 오늘날의 매운탕처럼 먹는 방법도 소개하고 있다. 이러한 조리법은 20세기에 들어와서 더욱 완성된 모습을 보인다. 1921년판 《조선요리제법》에 나오는 웅어찌개 조리법은 다음과 같다. "웅어를 통으로 실같이 잘게 썰어서 고추장에 끓인다. 고추장에 겨자를 넣고 회를 쳐서도 먹는다." 주로 붕어·메기·쏘가리와 같은 민물생선을 먹는 방법으로 매운탕 조리법은 이미 19세기부터 발달했고, 이것이 오늘날까지도 이어진다.

사실 매운탕 조리법은 민물생선에서 출발한 것이다. 《조선요리제법》에서 생선조기는 고추장이나 젓국으로 찌고, 자반조기는 맹물에 끓인다고 했다. 그 이유는 바다생선은 주로 소금에 절여서 말린 후에 유통시켰기 때문에 짠 성분을 담고 있는 데 비해, 민물생선은 잡은 즉시 먹는 것이 보통이었기 때문이다. 그런데 목제 냉장고와 얼음 제조기술이 등장한 20세기 초반 이후 바다생선도 횟감으로 먹기 시작했으며, 자반으로 가공하지 않은 바다생선도 그대로 매운탕으로 조리하여 먹었다. 하지만 민물생선의 경우 흙을 머금고 있는 경우가 많아서 이 냄새를 제거하기 위해 쌀뜨물을 국물로 이용하기도 했고, 1950년대 이후에는 수제비를 넣기도 했다.

1938년 7월 22일자 《동아일보》에는 조선담수산명어(朝鮮淡水産名魚) 다섯 가지가 소개되어 있다. 번포산부어(藩浦産鮒魚), 몽탄산숭어(夢灘産崇魚), 금강산종어(錦江産宗魚), 한강산금린어(漢江産錦鱗魚), 장진강산열목어(長津江産熱目魚)가 바로 그것이다. 번포는 함경북도 부령군 관해면에 있는 못이며, 이곳에서 나는 부어 즉 붕어를 가리킨다. 몽탄은 전라남도 무안군과 나주시의 경계를 흐르는 영산강의 지류로 이곳에서 나는 숭어가 맛있다. 특히 숭어알이 유명했다. 금강은 충청남도와 전라북도의 경계를 이루는 강으로 이곳에서 나는 종어, 즉 메기를 이른다. 한강은 북한강과 남한강이 합쳐져서 서울을 관통하는데, 여기에서 나는 금린어는 바로 쏘가리이다. 장진강은 함경남도 장진군과 삼수군을 거쳐 흐르는 압록강의 지류로 여기에서 나는 열목어가 유명하다고 한다. 열목어는 연어과의 민물고기로 송어와 비슷하며, 몸의 길이는 60~70센티미터이고 몸빛은 은색을 띤다.

1945년 4월에 출간된 《조선식물개론(朝鮮食物槪論)》[7]에는 어개류(魚介類) 및 어란류(魚卵類)로 171종에 이르는 생선을 소개하고 있다. 그중 민물생선에 속하는 것은 은어·버들붕어·붕어·쏘가리·우렁·잉어·메기 등에 지나지 않는다. 숭어와 웅어는 바다에서 살다가 민물로 이동하는 물고기로 주로 바닷물과 민물이 만나는 강에서 잡힌다. 이런 의미에서 숭어와 웅어도 강의 어로를 통해서 잡는 절반의 민물생선이라고 할 수 있다. 앞에서 살펴본 바와 같이 한강 하류에서 잡았던 웅어 · 황복 · 숭어가 바로 여기에 해당된다. 이 자료를 통해서 알 수 있는 것은 일제 말기에 들어와서 바다생선의 식용이 절대적으로 증가했다는 사실이다.

오늘날 민물생선은 붕어 · 쏘가리 · 자가사리 · 메기 · 빙어 등이 주로 소비된다. 생선회라고 하면 대부분은 바다생선을 가리키고, 민물생선을 횟감으로 먹는 경우는 극히 드물다. 특히 1980년대 이후 일본음식으로 사시미(さしみ)가 인기를 끌면서 민물생선을 이용한 한국음식은 특별한 경우가 아니면 가정에서 먹기도 어렵다. 심지어 민물생선 조리법으로 가장 유행했던 찜 조리법은 사라질 위기에 놓여 있다. 대부분 구이와 날로 먹는 생선 조리법만 남아 있을 뿐이다. 더욱이 날로 먹을 경우에도 일본의 경우와 달리 살아 있는 그대로 그 자리에서 먹어야 한다고 믿는다.

이는 생(生)에 대한 한국인의 오래된 관념 중 하나임이 틀림없다. 특히 17세기 이후 향교와 서원에서 생육(生肉) 음식인 회(膾)를 제물로 쓰면서 생겨난 이른바 날것에 대한 기호는 생어(生魚) 음식인 회(鱠)에 대한 기호도 만들어냈다. 왕실은 물론, 일반 백성들 사이에서도 생선을 회로 먹는 관습이 널리 퍼져 있었다. 그중에서도 게를 간장에 절이는 조리법으로 만든 게젓은 매우 고급 음식으로 인식돼 오늘날에도 '게장' 이란 이름으로 인기리에 팔린다. 그런데 이 게장은 민물게가 아니라 바다게로 담근 것이다. 그만큼 민물생선은 디스토마라는 '지방병' 으로 인해서 금지되지 않을 수 없었다.

역사가 기억하지 않는 고래고기

〈르포라이터 민병준의 향토기행―울산(2)〉에서는 다음과 같이 울산의 고래고기에 대해 설명한다.

> 울산을 대표하는 별미는 특유의 향과 부위별로 12가지 맛이 난다는 고래고기다. 포항·부산 등지에서도 고래고기를 맛볼 수 있으나, 전통적으로 고래잡이 항구였던 울산의 장생포항 주변은 지금도 고래고기로 전국적인 명성을 날리고 있다. 장생포항의 장생포고래박물관 주변에 고래막집 등 고래고기를 전문으로 차리는 식당이 많다. 대부분 장생포 토박이들로서 오래전부터 식당을 해왔기 때문에 나름대로 고래고기 손질·보관법·조리법 등에 비법이 있는 곳이다. 고래박물관에서 장생포초등학교 방향으로 300미터 정도 떨어진 해안에 위치한 원조고래할매집은 1951년 창업해 3대째 이어온 원조 고래고기집이다. 밍크고래만 전문적으로 취급한다. 수육·육회·생고기·우네·오베기를 골고루 담은 고래고기 모듬(5종) 하나(소 6만원)를 시키면 부위별로 골고루 맛볼 수 있다."[8)]

나는 아직 울산 지역의 고래고기 조리법과 음식 소비 양상에 대해서 본격적으로 연구조사를 한 적이 없다. 다만 선행 연구나 자료를 검토하면서 고래고기의 식용 지식에 대한 정보가 거의 전무하다는 사실을 확인하고 매우 놀랐다. 포경에 대한 추억과 포경업에 대한 지식은 비교적 정연하게 정리되어 있지만, 고래고기를 식용으로 어떻게 먹었는지에 대한 정보가 정리되어 있지 않은 점은 매우 아쉬웠다. 왜 음식으로서 고래고기에 대한 기본 정보가 거의 없는 것일까? 이것이 이 글을 마련하면서 갖게 된 의문이다.

2009년 1월 18일에 고래고기 식용 지식에 대한 흥미로운 텔레비전 방송이 있었다. 2009년 봄철 개편으로 폐지된 한국방송공사 2TV의 시사교양 프로그램 〈싱싱 일요일〉이 바로 그것이다. 이 프로그램에는 각 지방의 지역음식을 소개하는 '진미기행 고향의 맛을 찾아서'라는 코너가 있었는데, 특히 나의 주목을 끌었다. 유명인이 자신의 고향에 대한 추억을 기반으로 고향음식을 소개하고, 카메라가 직접 찾아가서 그 조리법과 맛을 소개했다. 그날 방송된 이 코너의 테마는 '12가지 맛의 황홀한 조화, 울산 고래고기찌개'였다.[9] 만화가 박재동 씨의 추억을 근거로 소개한 고래고기찌개는 조리법과 그 맛, 그리고 먹는 방식까지 비교적 체계적으로 잘 정리하여 영상에 담았다.[10] 그 내용을 대강 정리하면 다음과 같다.

첫 화면은 박재동 씨가 기억하는 울산 앞바다의 모습을 화면 가득 보여주면서 추억을 되살린다. 그 다음에 울산 항구에 도착한 어선에서 대게가 옮겨지는 모습을 보여준다. 식당에서 대게찜을 먹는 장면이 나온다. 대게는 보이는데, 고래는 어디에서 볼 수 있는지를 어민들에게 묻는다. 고래가 없다는 할머니의 이야기와 어부가 가리키는 곳에 "고래가 천지다"라는 코멘트를 넣는다. 배를 타고 2시간 정도 바다로 나간다. 갈매기가 있는 곳에 돌고래가 있다는 선장의 말이 나오자마자, 수십 마리의 고래가 바다에서 뛰어노는 모습을 보여준다. 그 다음에 울산 앞바다가 고래어장으로 불리게 된 역사를 간단하게 설명한다. 19세기 말 러시아 포경선의 등장으로 고래는 울산의 특산물이 되었고, 고래고기는 향토음식이 되었다고 전한다. 1986년 상업 포경이 금지된 이후, 울산에서는 고래가 먼 이야기가 되고, 결국 울산 항구에는 공장들이 빽빽하게 들어서고, 고래를 보기는 어렵게 되었다. 다시 고래고기는 어디에서 찾을 수 있는지를 박재동 씨에게 묻는다.

곧이어 장생포의 고래고기 식당이 화면에 나온다. 포경 금지 이후 고래고기가 없게 되면서, 그물에 잡힌 고래가 나올 때만 겨우 고래고기를 먹을 수 있게 되었다는 식당 주인의 말이 소개된다. 다시 화면은 고래고기 식당을 찾아서 고래고기를 수육으로 만드는 장면을 보여준다. 고래껍질수육(고래등껍질과 지방), 고래혓바닥, 고래우네(가슴살), 고래대창 등을 소개하는 식당의 주인 아주머니. 못 먹는 부위가 없다는 말과 함께 수육으로 쓰는 부위만 예닐곱 가지라고 자랑을 늘어놓는다. 끓는 물에 한 번 삶아내면 기름기가 빠지고, 졸깃한 맛이 생겨서 육고기보다 더 고소한 맛을 낸다는 말도 덧붙인다.

식당에는 옛맛을 잊지 못한 토박이들이 찾아들어온다. 주인장은 독에 담아둔 오베기를 꺼낸다. 주인 아주머니가 직접 소개하는 오베기에 대한 설명이다. 오베기는 등지느러미나 꼬리를 소금에 절인 전통음식이라고 한다. 1~2개월에서 10년까지 저장이 가능하다고 하면서, 울산 사람들은 잔칫날에 오베기가 올라와야 서운치 않다는 점도 밝힌다. 이윽고 먹는 방법도 특이하다고 하면서 조리법을 보여준다. 얇게 썰어낸 꼬리에 끓는 물을 부으면 순식간에 소금기가 빠져나가고 꼬들꼬들해진다. 울산 사람들은 이것을 먹지 않으면 고래고기를 먹지 않았다고 생각한다는 말도 덧붙인다. 얼린 고래등심은 채 썰어 참기름과 간장을 뿌리고 조물조물 무쳐낸다. 이것이 고래육회이다. 수육과 오베기, 그리고 고래육회를 먹어야 고래 한 마리를 먹은 셈이라고 하면서, 이것이 고래 한 마리라고 불리는 고개고기의 진수라고 강조한다.

이어 박재동 씨의 멘트가 나온다. 고래고기를 처음 먹을 때는 냄새 때문에 거부감을 느끼는 사람들이 많다. 하지만 먹어보면 볼수록 고래고기에서 나는 향취를 알게 되는데, 이것이 바로 울산 사람이라는 표시란다. 다시 식당에서 고래고기를 먹는 손님을 통해서 울산 사람이 생각하는 고래고기에 대한 설명이 나온다. 고래고기는 부위마다 맛이 다르다. 12가지의 맛이 난다. 우네는 기름이 많이 포함되어 있기 때문에 달짝지근하다. 오베기는 꼬리나 지느러미로 맛이 담백하고 꼬들꼬들하다. 육회는 소고기보다 부드러워 목에 잘 넘어간다.

고래고기를 이용한 다른 음식도 소개된다. 이 프로그램의 핵심 음식이다. 즉 여러 부위의 고래고기를 총정리하는 음식이 고래고기찌개라고 설명한다. 다시 박재동 씨의 표현이 나온다. 고래고기의 모든 것을 한꺼번에 향기와 함께 맛본다. 이것을 먹어야 비로소 고래고기를 먹었다고 할 수 있다고 덧붙인다. 그러면서 고래고기 찌개를 만드는 방법을 화면에 담는다. 끓는 물에 고춧가루를 풀고 무와 콩나물을 넣는다. 기름기가 거의 없는 고래갈빗살을 넣는다. 무와 콩나물이 익으면 갈빗살을 넣고, 파를 듬뿍 얹어 마무리한다. 한국음식의 진수와 닮은 국물 맛. 국물에 밥을 말아서 먹는다. 밥과 함께 먹는 끼니가 고래고기찌개이다. 당연히 서민 음식이었다고 설명하면서, 춥고 배고플 때 고래고기는 일류 음식이었다는 말로 마무리한다.

이 프로그램을 통해서 울산 고래고기의 식용 지식의 일면을 제대로 이해할 수 있었다. 그리고 고래고기의 조리법이 독자적 맥락을 가지고 있지 않다는 것도 알게 되었다. 나는 지금까지 전해지는 조선시대 조리서를 통해서 조리법의 특징을 찌는 법, 삶는 법, 무치는 법의 세 가지로 정리한다.[11] 찌는 법으로 조리한 음식은 떡이 대표적이라고 할 수 있지만, 그것과 함께 각종 생선과 육고기를 조리하는 방법도 찌는 법이 으뜸이었다. 삶는 법으로 조리한 음식은 국과 찌개가 대표적이다. 주로 간장이나 소금으로 맛을 내고, 여기에 각종 재료와 양념을 넣어서 끓인 후 먹는다. 육고기로 만드는 수육은 삶는 법으로 조리한다. 무치는 법으로 조리한 음식은 나물과 김치가 대표적이다. 육회는 날것을 양념으로 무치는 조리법을 이용한다.

앞에서 나온 고래고기 조리법 역시 이 세 가지 조리법을 이용하고 있다. 고래고기수육은 찌거나 삶는 법으로 만든다. 고래고기육회는 무치는 법을 이용한다. 그리고 고래고기찌개는 삶는 법으로 만든다. 이렇게 보면 앞에서 소개한 고래고기 조리법은 기본적으로 한국음식의 고기 조리법이 모두 동원됐다고 볼 수 있다. 다만 오배기의 경우는 소금에 절여서 저장했다가 삶는 법을 통해서 조리한다. 이렇게 육고기를 소금에 절이는 방법은 냉동고가 발명되기 이전에 전 세계적으로 매우 보편화된 조리법이었다. 서유럽의 소시지나 햄도 소금에 절이는 방법으로 만든 대표적인 음식이다. 한국의 순대나 소시지와 비슷한 중국음식의 샹창(香腸)도 육고기를 소금에 절이는 방법을 기본으로 한다.

그런데 오배기는 경상도 동해안 연안에서 생선의 육질을 절여서 장기 저장하는 상어돔배기 조리법과 닮았다. 주지하듯이 상어는 경북 지역의 제사음식으로 지금도 사용될 정도로 지역음식의 하나로 자리를 잡고 있다. 동해안에서 잡은 상어를 4센티미터 너비의 길이로 썬 다음에 간장·설탕·참기름·다진 마늘 등으로 양념하여 재워두었다가 구워내는 음식이 상어돔배기이다. 이와 달리 아예 소금에 절인 상어돔배기를 만들어 내륙으로 유통시켰는데, 이것이 조상제사의 제물로 사용되었다. 이런 사정으로 인해 상어고기는 대구를 비롯한 경북 내륙지역에서 일제시대 때부터 시장에서 판매되었다.[12] 지금도 상어돔배기는 경상도 내륙지역에서 제사음식으로 사용한다.

고래고기와 달리 상어고기는 고대 중국의 문헌에도 자주 등장한다. 상(商)나라를 개국하는 데 공을 세운 재상 이인(伊尹)은 본래 탕왕(湯王, ?~?)의 조리사였다. 그는 삼재오미(三材五味)의 조리법으로 나라 다스리기를 제안하여 결국 재상에까지 오른 인물이다. 그가 제시한 여러 음식 중에는 철갑상어〔鱣〕로 만든 어장(魚醬)도 있었다.[13] 이것이 바로 상어고기를 소금에 절인 돔배기의 일종이다. 중국 정조우(鄭州)와 인쉬(殷墟)에서 출토된 동물뼈 중에는 고래와 칼철갑상어의 것도 나온다. 원나라 때의 가명(賈銘)[14]이 쓴《음식수지(飮食須知)》에는 철갑상어의 고기를 많이 먹으면 풍병(風病)이 생기며, 오랫동안 먹으면 심장과 허리가 아프다고 했다. 그만큼 상어고기의 식용이 많이 이루어졌음을 확인할 수 있다. 오늘날 중국음식에서 상어지느러미로 만든 요리는 고급 요리에 속한다.

한국에서 상어고기에 대한 기록은 고려 중기의 문신인 이규보(李奎報, 1168~1241)의《동국이상국집(東國李相國集)》권5에 실린

시에도 나온다. “은빛은 순채국에 엉기고, 금빛은 기장술에 떴구나. 푸짐한 장만은 사막새 종달새 구이요, 진기한 반찬은 상어와 숭어찜일세.(銀鏤凝蓴菜, 金鱗泛黍酏. 豐廚炮鶡鴳, 珍膳味鮫鯔)” 그런데 왜 고래고기에 대한 식용 지식이 중국이나 고려·조선, 그리고 일제시대 문헌 등에 구체적으로 등장하지 않는 것일까? 동해안의 일부 지역민을 제외하면 조선과 일제 때의 사람들이 고래고기를 거의 먹지 않았기 때문이 아닐까 생각한다.

기름에서 고기로, 고래의 변용

드라마로 유명한 《대장금》의 소설본에는 다음과 같은 내용이 나온다. “이게 먹어 보면, 생선 같기도 하고, 육고기 같기도 하다. 하여간 부위마다 달라 열두 가지 맛을 내기도 한다. 그 맛을 딱히 뭐라고 해야 하나. (중략) 육고기라면 쇠고기와 비슷한가요? 딱히 그렇진 않더라도 흡사해. (중략) 한편 최 상궁은 오겸호에게서 오라비가 보낸 고래고기 조리법을 전수받고 있었다.”[15] 그러나 ‘대장금’과 관련된 이야기는 대부분이 픽션에 지나지 않는다. 특히 드라마 〈대장금〉에 등장하는 음식 중 거의 70퍼센트는 당시의 음식이 아니라, 중국음식이나 일제시대의 음식이다. 그렇기 때문에 소설 《대장금》의 고래고기와 관련된 내용을 역사적 사실로 수용하기는 어렵다.

이에 비해 조선 순조 때의 문신 이해응(李海應, 1775~1825)이 동지사(冬至使) 서장관(書狀官)으로 중국 연경(燕京)에 갔을 때의 견문을 기록한 《계산기정(薊山紀程)》(1804)에 나오는 고래고깃국〔鯨魚羹〕에 대한 기록은 매우 사실적이다. “왕자정이 채소 접시 하나를 가리키면서, '발제(葧薺, 냉이)인데 맛이 실로 아름답습니다. 고기 맛이 이상이지요' 하고, 또 고래고깃국을 가리키면서 말하기를 '귀국에서도 이 고기를 삶아서 반찬을 합니까? 이는 이 지방에 드문 생선이니, 시험 삼아 맛을 보시오' 하기에, 나는 '경어(鯨魚)는 동해에서 나기는 하나 본래 수족(水族) 중에 거물로서 낚시에 걸려드는 예가 드뭅니다' 했다."

그런데 당시 중국의 고래고깃국이 어떻게 조리되었는지에 대해서는 아직 알 길이 없다. 다만 내가 추정컨대 맵지 않은 쑤안라탕(酸辣湯)에 돼지고기나 닭고기 대신 고래고기를 넣고 만든 듯하다. 《계산기정》에 언급된 고래고깃국이 이렇게 만들어졌는지에 대해서는 확인할 수 없지만, 청나라 때의 대표적 국물 음식이던 쑤안라탕에 고래고기를 넣었을 가능성을 완전히 부정할 수는 없다. 다만 고래가 드문 생선이라고 했으니, 청나라 때 동중국해 연안에서 고래를 잡아 이를 중요한 식재료로 사용했다고 보기 어렵다.

내가 파악한 바에 의하면, 조선시대 문헌에 고래고기의 식용에 대한 기록은 거의 나오지 않는다. 조선시대 많은 문인들은 고래를 동해에 출몰하는 왜군으로 비유하면서 그 이미지를 좋지 않게 보았다. 《춘추좌씨전(春秋左氏傳)》 '선공(宣公) 12년'조에는 '경예(鯨鯢)'라는 단어가 자주 나온다. 경예는 고래의 수컷과 암컷을 가리키는 말로, 소국(小國)을 병탄(幷呑)하려는 흉악무도한 자를 뜻한다. 그래서 임진왜란 이후에는 전란을 일으킨 왜적을 가리킬 때 '경예'라는 단어가 주로 사용되었다.

서유구는 《임원경제지(林園經濟志)》의 〈전어지(佃漁志)〉에서 자신이 편찬한 《난호어목지》를 인용하여 다음과 같이 서술했다. "경

(鯨) 고래: 수컷을 일러 경(鯨) 암컷을 일러 예(鯢)라 부른다. (중략) 일본인은 창을 던져서 잡는 포경법을 가지고 있지만, 우리나라 어부는 그 기술이 없다. 단지 해안의 모래에서 스스로 죽은 고래를 얻을 뿐이다. 고래는 이빨·수염·힘줄·뼈가 모두 기물이 되고, 가죽과 고기로 쓰인다. 고기를 볶아서 기름을 얻는다." 이로 미루어보아 서유구가 살았던 당시에 고래를 직접 잡지는 않았지만, 죽은 것을 구하면 각종 재료로 이용했음을 확인할 수 있다.

하지만 해안에 휩쓸려온 고래고기는 일반 백성의 입장에서 보면 이익이 아니라 폐해였다. 이규경은 《오주연문장전산고(五洲衍文長箋散稿)》의 〈경악변증설(鯨鰐辨證說)〉에서 다음과 같이 적었다. "우리나라 동해 연안 군읍의 바닷가에서는 간혹 죽은 고래가 밀려오는 경우가 있다. 그런데 그것에서 기름을 매우 많이 얻을 수 있어 이익이 이만저만이 아니다. 하지만 관청에서 마음대로 챙기니 오히려 백성에게는 폐해가 되었다. 그래서 백성들은 간혹 죽은 고래를 다시 바다로 밀어내어 다른 지역으로 쫓아냈다. 하지만 한 마리 고래에서 나오는 기름이 몇 천 양에 이르니, 바다에 떠 있는 귀중한 재물이라 해도 과언이 아니다."

고래고기는 바다에서 구할 수 있는 매우 귀중한 재물이었음에도, 18~19세기 동해안 어민들에게 고래고기는 골칫덩어리 중 하나였다. 간혹 해안으로 밀려오는 죽은 고래에서 구할 수 있는 기름의 양이 매우 많았음에도, 관에서 어민들에게 기름 채취하는 일을 시키면서 모두 독차지해버렸기 때문이다. 그래서 조선의 어부들은 특별히 포경기술을 가질 필요성이 없었다. 식용도 중요하지만, 다른 나라와 마찬가지로 고래고기에서 얻은 경유(鯨油)가 매우 중요한 연료로 사용되었다.

한말의 황현(黃玹, 1855~1910)이 쓴 《매천야록(梅泉野錄)》(제1권 상, 1894년 이전)에는 '김옥균의 부강책'이란 대목이 나온다. "김옥균을 포경사(捕鯨使)로 임명하였다. (중략) 고종은 그에게 기울어졌고, 이때 특별히 포경사를 두어 제일 먼저 그를 임명하였다. 서양인과 일본인들이 고래를 많이 잡아 후한 이익을 보았다. 그것은 우연히 그렇게 된 것이 아니라, 김옥균이 집 밖을 나오지도 않고 입으로만 고래를 생산하기 때문이었다. 그때 사람들이 그를 비웃었다." 아마도 김옥균에 대한 부정적인 감정이 이러한 서술을 하게 만들었다고 보인다. 하지만 포경사에 김옥균을 임명한 이유는 황현이 밝혔듯이 당시 포경업이 상당한 이익을 가져왔기 때문이다.

1942년에 일본 도쿄에서 발행된 《포경(捕鯨)》[16]에는 고래고기의 이용법에 대해서 상세하게 밝히고 있다. 고래고기는 기름·가죽·식용유·식용 등으로 다양하게 사용된다고 밝혔다. 특히 고래의 기름은 고래를 잡는 가장 중요한 이유 중 하나였다. 당시에도 고래 기름은 유지공업에서 매우 좋은 재료였다. 일제시대에 일본인 어부들이 동해안에서 등 푸른 생선을 많이 잡은 것 역시 유지공업의 재료 확보와 비료 확보에 목적이 있음을 상기한다면, 포경업이 지닌 산업적 측면이 그 당시에 상당히 중요했음을 확인할 수 있다. 이 점은 앞에서 밝힌 《임원경제지》와 《오주연문장전산고》의 기록과 마찬가지이다.

1938년 8월 7일자 《동아일보》[17] 기사를 보면, 고래고기의 이용에 대한 당시의 정보를 알 수 있다. "고래가 이제 대용품 중에서 제일 위로 인기를 끌어 하나도 버릴 것이 없이 쓰게 되었으니 보십시오. 가죽은 소가죽 대신 쓰고 고기는 소고기 대신 먹기도 하거니와, 섬유를 만들어 실까지 되도록 지금 연구 중이라 하니 참 상상하지 못할 일입니다. 뼈는 여러 가지 물건을 만들고 기름은 더 말할 것 없이 쓸 데가 많으니까 고래 한 마리 잡으면 하나도 버릴 것이 없습니다. 또 고래가죽을 부드럽게 하여 양복감으로까지 할 수 있다니까 바다에서 기염을 토하고 다니는 고래가 육지 와서도 기염을 토하고 총애를 받게 되었습니다. 지금이 아니라도 옛날부터 고래는 용도가 많아서 고래 한 마리 잡으면 부자 된다는 말까지 있었습니다."

19세기 말부터 러시아인과 일본인 어선들에 의해 동해안에서 본격적인 포경업이 시작되었다.[18] 하지만 고래고기를 어떻게 조리하고, 어떻게 먹었는지에 대한 구체적인 정보는 문헌자료에서 쉽게 찾아볼 수 없었다. 1965년 당시 문화공보부 문화재관리국에서 주도하여 시행된 '한국민속종합조사사업'의 결과로 발간된 《한국민속종합조사보고서》 시리즈에서 제3책 경남편[19]과 제15책 향토음식편[20]에서는 고래고기에 대한 정보가 전혀 없다. 이에 비해서 상어돔배구이와 상어돔배기전과 같은 음식 조리법은 나온다.[21]

《동아일보》 1978년 5월 26일자에 〈내 고장 특산물—구룡포 고래〉가 다음과 같이 실렸다.

> 일미의 배꼽 부분 육회, 월 평균 20마리 잡아. 12가지 맛을 가지고 있다는 고래가 경북 구룡포항의 명물이 된 것은 일제 때부터. (중략) 킬로그램당 1,200원을 호가하는 고래고기는 내수용으로 쓰이기보다 모두 일본으로 수출된다. 수출 가격은 보통 1마리에 200만 원. 가

공되지 않고 정육 그대로 수출되는 이 고래고기는 일본에서 동물 먹이로 환영받고 있다고. 월 평균 20마리가량 잡히는 고래는 구룡포 어판장에 내려지기 무섭게 고래 전문잡이의 예리한 칼날에 부분마다 동강이 난다. 어판장 구석에서는 이 고기를 삶거나 생고기를 그대로 파는 곳이 네 군데 있다. 고래고기는 소주 안주로 일품일 뿐 아니라 배꼽 부분 고기로 만드는 육회 맛은 쇠고기와도 비교가 안 된다는 이야기. 쇠고기보다 질기지 않아서 좋고 병균을 걱정 안 해도 되는데다 정력제라 하여 바닷가 사람들은 고래가 잡혔다는 소식을 들으면 육횟거리를 먼저 구하느라 경쟁을 벌이기 일쑤다.

크기로 비교하면 고래는 상어와 비교가 되지 않는다. 상어는 육고기의 대상이 될 수 있었지만, 고래는 식용보다는 경유와 같이 부산물의 이용이 우선이었다. 이것이 고래고기의 식용 지식이 보다 광범위하게 퍼지지 못한 이유 중 하나라고 생각한다. 다만 울산을 중심으로 동해안 일대에서 고래고기의 식용과 관련된 지식이 전수되었다. 그것도 19세기 말 이후 장생포와 구룡포 일대의 항구 인근에서 이루어졌다. 이 점은 고래고기의 식용이 일반 가정에서보다 식당에서 주로 이루어지는 이유가 되기도 했다. 장생포 고래고기 식당 역시 20세기 이후에 형성된 울산의 근대적 항구에 자리를 잡았다. 이런 의미에서 고래고기의 식용 지식은 가정이 아닌 식당에서 형성되었다.

향토음식은 도시로 이주한 사람들이 고향을 추억하는 소재가 되기도 한다. 이러한 현상은 도시의 식당에서 자주 펼치는 전략이기도 하다. 하지만 울산 장생포의 고래고기는 이 지역을 벗어난 곳에서 먹기는 쉽지 않다. 고래고기의 가격과 그 맛의 이질성 때문이다. 이런 면에서 장생포의 고래고기 식당은 울산을 떠난 사람들에게는 추억을 떠올리게 하는 이미지에 지나지 않는다.

민물에서 바다로, 생선 소비의 변화

앞에서 살펴보았듯이 20세기 초반 한강 하구의 어로 행위는 주로 바다에서 강으로 옮겨 다니는 생선을 주 대상으로 삼았다. 이에 비해 울산 지역에서는 일제시대에 들어와서 본격적으로 고래고기를 식용하기 시작했음을 확인했다. 그런데 오늘날의 기준으로 볼 때 아쉬운 것은 한강 하구의 생선이나 울산의 고래고기가 그다지 활발하게 소비되지 않는다는 점이다.

최근의 보도자료[22]에 따르면, 한국인의 생선 소비량이 일본을 추월했다고 한다. 그만큼 한국인의 생선 소비량이 증가했음을 보여준다. 그런데 문제는 한국인이 주로 소비하는 생선이 바다생선이라는 점이다. 적어도 19세기 이전까지 한국인의 생선 소비는 주로 민물에서 나는 것이었는데, 이것이 바다생선으로 변했다. 오늘날 전국의 바닷가에 자리 잡은 횟십은 한국인이 얼마나 생선회를 즐겨 먹는지를 보여준다. 더욱이 생선은 육고기에 비해서 건강에도 좋다는 인식이 널리 퍼져 있다. 민물생선을 익히지 않고 먹을 경우 기생충에 의해 디스토마에 걸리게 되는데, 국가의 공중보건 정책으로 말미암아 민물생선의 소비 경향마저 변화시켰다. 여기에 바다생선이 건강에 좋다는 매스미디어의 캠페인은 바다생선 위주의 소비 경향을 만들어냈다.

특히 수산업 기술이 고도화되면서 어획되는 바다생선의 종류도 지난 20세기 1백 년 사이에 상당히 달라졌다. 1980년대 중반 이후 원양어선에서 잡힌 참치가 통조림으로 변하여 한국인의 식탁에 등장했다. 통조림 참치를 이용한 김밥과 비빔밥, 김치찌개도 일상적 음식이 되었다. 게다가 일본식 참치회의 유행은 기름기 있는 회도 먹을 수 있도록 만들었다. 일본 스시의 유행이 그것을 설명한다.[23] 아울러 최근에 일어나고 있는 기후변화와 지구온난화 현상은 한국인이 그동안 즐겨 먹어온 바다생선을 포기하도록 만든다. 이제 동해에서 잡은 명태나 오징어를 먹기가 전처럼 쉽지 않게 되었다.

이 글은 20세기에 들어와서 한국인의 생선 소비 경향에 대한 사례 연구이다. 근대적 수산업 기술의 도입과 사람들의 생선 소비 경향은 밀접한 관련을 맺고 있다. 특히 일제시대에 들어와서 일본인 어부들의 한반도 진출로 인해 생겨난 새로운 어종의 어획은 식탁에서의 생선 소비 경향도 바꾸었다. 앞으로 19~20세기 200년 동안 한국인이 어떤 생선을 어떻게 소비해왔는지에 대한 연구가 나오기를 기대해본다.

8장

타자화된 조선음식

— 일본인의 눈에 비친 조선음식을 중심으로

일본인의 눈으로 본 조선음식

이마무라 도모(今村鞆, 1870~1943)는 《조선풍속집(朝鮮風俗集)》(1914)에서 조선의 여관에서 조심해야 할 점을 다음과 같이 적었다. "왜소한 초가집과 불결한 음식물에는 조선의 풍토에 익숙한 일본인마저도 구토를 일으키게 만든다. 그렇다고 하더라도 조선에 있는 일본인이 이러한 주막이나 객주에 묵으면서 빈대의 습격을 걱정하지 않거나 침채(沈菜, 김치)에 혀가 얼얼해질 정도까지 가보지 않는다면, 그와 더불어 조선의 일을 함께 이야기하기란 쉽지 않다."[1] 특히 이 글에서 혀를 얼얼하게 만드는 매운 김치는 조선 풍속에 낯선 일본인에게 조선적인 특수성으로 다가온다. 그래서 다른 말로 빈대의 습격에 비견될 정도로 김치는 이상한 음식으로 비춰졌다.

1936년에 출간된 《신판 대경성 안내(新版大京城案內)》에는 김치에 대한 평가가 아주 디르다. 그 내용은 보면 다음과 같다. "조선요리를 말할 때는 먼저 조선지물(朝鮮漬物)을 생각하게 된다. 김치는 대체로 요리 속에 들어가지 않기에 일본의 다쿠앙(澤庵)과 비슷하면서 가장 조선의 색깔을 지니고 있어 비교적 내지인에게 친숙하기 쉽다. 여름에 먹는 일본의 일야(一夜) 절임식과 겨울에 먹는 다쿠앙과 같은 두 가지의 절임 방법이 김치에도 있다. 독특한 결벽주의자가 아닌 이상 이 맛을 한 번 알게 되면 잊을 수 없다고 말할 정도로 아름다운 맛을 지니고 있다. 다른 지물(漬物, 쓰케모노)로는 깍두기라고 불리는 것도 있는데, 무를 썰어서 고춧가루 속에 절이는 것이기 때문에 그 매운맛을 가감할 수 없는 이유로 너무 매워서 내지인의 입맛에 맞지 않는다."[2)]

《신판 대경성 안내》는 소위 내지(일본)에서 조선을 찾는 일본인들에게 경성을 안내하기 위해 만든 책이다. 이 책의 공동 저자 중 한 사람인 야노 칸죠(矢野干城)는 당시 《경성일보》 사회부장을 맡고 있었다. 비교적 경성에 대해 상세히 사정을 알고 있는 입장에서 경성의 문화유적과 함께 가볍게 다닐 수 있는 요릿집·유곽·기생·조선요리 등에 대해서 꽤 자세하게 기록했다. 이와 같이 1920~1930년대가 되면, 식민지 조선에서 생활하고 있던 이른바 재조(在朝) 일본인 지식인들은 조선에 대해 매우 풍부한 지식을 지니고 있었다. 특히 조선음식에 대한 이해는 1900년대 초기의 재조 일본인보다 월등하게 깊이가 있었다.

이 글은 1909년 경성에서 출판된 《조선만화(朝鮮漫畫)》[3)]와 1928년 경성에서 출판된 《일상생활에서 본 내선융화의 요체(日常生活上より見たる內鮮融化の要諦)》[4)](이하 《내선융화요체》라 함)에 담긴 조선음식에 대한 내용을 중심으로 일제 때에 일본인이 바라본 조선음식에 대한 인식을 살피는 데 목적이 있다. 주지하듯이 1909년이란 시점은 대한제국이라는 국가가 엄연히 존재함에도, 조선통감부가 실제로 외교·행정·군사의 모든 분야에서 실권을 휘두르는 때였다. 하지만 재조 일본인의 조선 풍속에 대한 이해는 여전히 얕았고, 그러한 경향을 《조선만화》에서 읽을 수 있다. 1920년대가 되면 재조 일본인 중에는 조선인보다 더 조선 풍속에 능통한 '조선통'으로 불리는 사람들이 많았다. 《내선융화요체》를 쓴 오카다 미쓰구(岡田貢)도 그런 사람이었다.

특히 이들 책의 공통점은 경성에서 출판되었지만, 일본어로 쓰였다는 데 있다. 곧 조선에 거주하는 일본인들이 우선되는 독자였을 가능성이 많다. 조선을 강제로 병합한 일본은 통치자의 입장에서 피지배자들의 관습을 빨리 파악할 필요가 있었다. 당연히 조선통감부나 조선총독부에서 일하지 않는 재조 일본인들도 경제적 이익을 챙기기 위해서라도 조선인의 습관과 태도를 빨리 이해할 필요가 있었을 것이다. 하지만 이해의 정도는 접촉 경험과 누적된 시간에 따라 달라지게 마련이다. 출판된 시점이 다른 두 책은 재조 일본인 지식인이 조선음식에 대한 이해 수준의 차이도 당연히 보여준다.

《조선만화》 속 신선로, 일본인을 매료시키다

> 신선로(神仙爐): 조선요리 중에서 첫 번째 명물로서 우리나라 사람〔일본인〕의 입맛에 맞는 것은 신선로이다. 그림과 같이 한복판에 구리로 만들어진 원형의 구리단지〔銅壺〕가 붙어 있는 냄비이다. 우리나라〔일본〕의 끓임용 냄비〔煮物鍋〕는 모두 밑바닥에 불기를 주는데, 이 신선로는 한가운데 구리로 만든 단지에 숯불을 넣는다. 구리단지의 바닥은 그물 모양으로 되어 있어서 불이 잘 일어난다. 구리단지의 주위가 냄비가 되어 고기·채소·버섯·밤· 잣 등이 들어가는데, 일종의 모듬 냄비이다. 조선요리는 냄새가 심하고 불결하다고 하여 먹어보지도 않고 얼굴을 찌푸리는 거드름쟁이도 이 신선로만큼은 젓가락을 든다. 조선요리를 먹는 일은 우선 신선로에서 시작해야 한다. 다만 바닥에서 불기가 올라오지 않기 때문에 스키야키처럼 되지는 않는다. 국물을 많이 넣어 끓어오르게 하면, 불기가 중앙으로 와

서, 끓이는 음식은 부드럽게 되어 각별히 맛이 있다고 한다. 실제로 맛이 있는데, 여기에는 이유가 있다. 냄비가 맛있게 하는 것이 아니라, 들어가는 국물이 맛있다. 이것은 어떤 맛국물(だし, 다시)로 만드는가. 쇠머리를 끓이고 끓여 만들어낸 국물이다. 거기에 잣과 밤이 들어가므로 더욱 맛있어진다. 그리하여 4~5명이 둘러 앉아 모듬 냄비의 신선로를 거의 먹고 난 후 이윽고 국물만이 남게 되면 다른 항목에서 조선 명물로 소개하는 우동〔饂飩〕을 끓여 먹는다. 실질적인 신선로의 묘미(妙味)는 마지막에 이 우동을 끓여 먹는 데 있다. 무엇보다도 화로와 냄비를 합체시켜 만든 것이 신선로의 특색이다. 선물로 내지〔일본〕에 가져가기에는 안성맞춤이다. 신선로로 불리는 이 맛있는 음식을 먹으면, 신선(神仙)과 수명이 같아진다고 하는 의미라고 한다. 냄비의 제작은 조야하지만, 우리나라〔일본〕에 수입하여 정교하게 개조한다면 매우 재미있을 것이다.[5]

이 글은 《조선만화》에 실려 있다. 조선통감부 시절, 《경성일보(京城日報)》 사회부 기자였던 우스다 잔운(薄田斬雲, 1877~1956)이 글을 쓰고, 도리고에 시스에(鳥越靜岐)가 삽화를 그렸다.[6] 만화를 그린 도리고라는 사람에 대해서는 아직 밝혀진 자료가 없어 분명하게 그의 정체를 알 수 없지만, 우스다는 당시 30대 초반의 일본인 기자였다. 오늘날 우스다는 일본에서 소설가이자 저널리스트였다고 소개된다. 20세기 초반 전기소설과 외국소설의 번역, 그리고 각종 잡지에 글을 쓰는 작가였다. 그런 그가 왜 조선에 와서 조선통감부의 기관지인 《경성일보》의 기자가 되었는지는 알 수 없지만, 《조선만화》라는 제목으로 그는 일본인의 입장에서 이국적이면

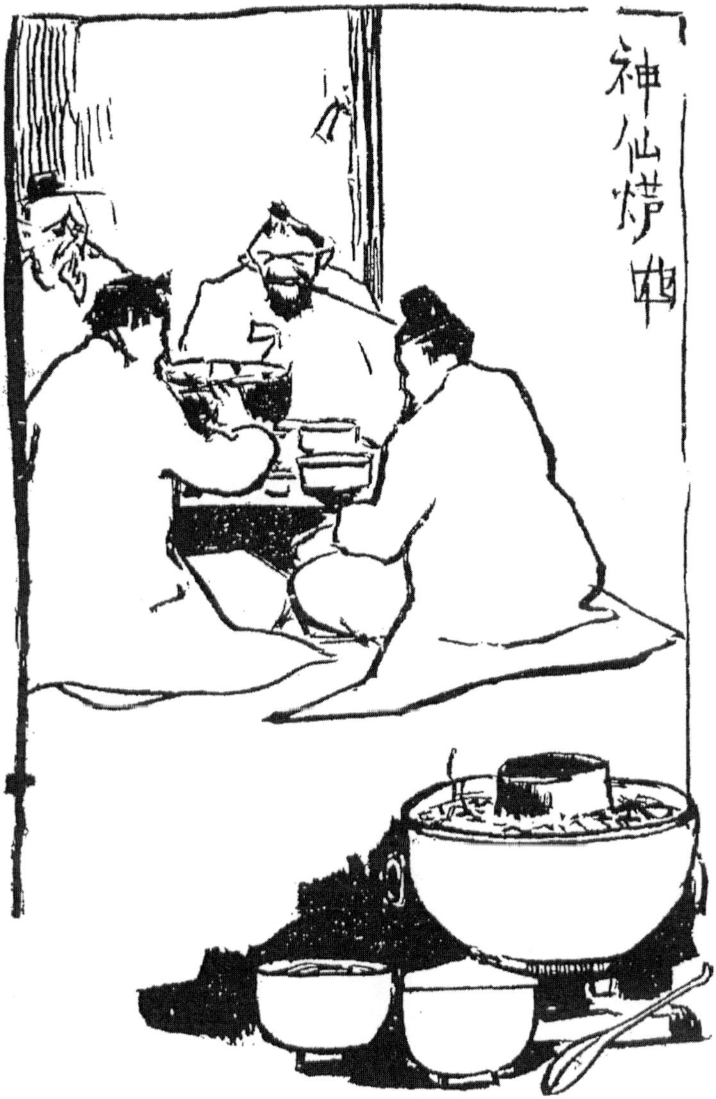

〈그림 1〉《조선만화》에 그려진 신선로 먹는 모습

서 이상한 조선의 풍속 50가지를 각각의 주제에 한 컷의 만화를 곁들여 책을 만들었다.

《경성일보》는 1906년 9월 1일 당시 조선통감부의 통감이던 이토 히로부미의 지시에 따라 창간되었다. 《경성일보》가 일본어판이었다면, 《더 서울 프레스(The Seoul Press)》는 영어판, 그리고 《매일신보》는 조선어판이었다. 《경성일보》가 조선통감부의 정책을 소개하고, 조선에 대한 정보를 정리하는 일을 했다면, 나머지 조선어판과 영어판은 선전 효과를 노려서 만든 신문이었다. 그러니 우스다가 조선통감부의 기관지 중 핵심인 《경성일보》의 사회부 기자였다는 점은 《조선만화》의 성격을 충분히 짐작하고 남음이 있다. 즉 우스다는 조선사회가 일본과 다른 측면, 그중에서도 원시적이고 전근대적 양상에 대해 관심을 갖고 있었고, 그것을 편협한 풍자적 필치로 서술한 책이 바로 《조선만화》였다.[7)]

그렇다면 당시 신선로는 어디에서 먹을 수 있었을까? 우스다는 단지 신선로의 맛에 대해서 설명했을 뿐 그것을 어디에서 먹었다는 이야기를 적지 않았다. 그런데 〈그림 1〉의 《조선만화》에 나오는 컷을 보면 남자 네 명이 교자상에 둘러앉아서 신선로를 먹는다. 갓을 쓴 이와 두건을 쓴 이, 그리고 민머리에 상투만 튼 남자 두 명이 바로 그들이다. 그 집이 일반 가정인지 아니면 음식점인지는 분명히 알 수 없다. 그러나 대략의 정황으로 보아서 음식점의 방 안이라 여겨진다.

신선로는 언제부터 기록에 나오는가? 신선로는 다른 이름으로 '열구자탕(悅口子湯)' 혹은 '열구지(悅口旨)'라고도 부른다. 그 맛이 입을 즐겁게 한다는 뜻으로 생긴 이름이다. 역관 이표(李杓, 1680

~?)가 쓴 《수문사설(謏聞事說)》에는 '열구자탕(熱口子湯)'이란 이름을 붙이기도 했다. 그러나 18세기에 나온 다른 책들에서는 신선로라는 그릇 이름을 음식 이름으로 썼다. 가령 《규합총서》(1809)에서는 판본에 따라 신선로 혹은 열구자탕이라 했다. 정양완(鄭良婉) 역주본 《규합총서》에 소개된 열구자탕 만드는 방법을 보면 다음과 같다.[8)]

> 꿩 · 묵은 닭 · 해삼 · 전복 · 양 · 천엽 · 부아 · 곤자소니(쇠똥구멍 속에 있는 창자) · 골 · 돼지고기 · 순무 · 미나리 · 도라지 · 파 · 표고 · 왕새우 · 쇠고기를 다 반듯하게 저며, 번철에 기름 쳐 지진다. 미나리는 계란 씌워 지져야 좋고, 채소는 그냥 지져내고, 돼지고기는 많아야 좋다. 모두를 열구자탕 그릇에 켜켜이 담고, 생선을 빛 곱게 달걀 흰자위 · 노른자위로 따로 전유어를 지져 반듯하게 썰어 각각 기름 쳐 볶는다. 꿩고기를 양념한 소를 넣어 찹쌀로 조악을 잘게 빚어 지지고, 닭 · 생선 · 채소를 빛깔 맞추어 그릇에 찬합 넣듯이 켜켜이 담고, 달걀 흰자위와 노른자위를 따로 따로 빛나게 부치고, 게 검은 장에 기름 치고 계란을 약간 섞어 부치면 빛이 주홍 같아진다. 다 각이 지게 썰어 위에 뿌린다. 좋은 흰떡을 얇게 썰고, 가는 국수를 삼사(三四) 치 길이씩 베고, 그 채소 · 조악을 한데 담아두라. 열구자탕 그릇 통에 숯불을 피워 지르고, 돼지고기 삶은 국물에 쇠고기를 많이 넣고 고기 볶은 즙들을 합하여 국을 끓였다가 탕 그릇에 부어 끓거든 흰떡 · 국수 · 조악을 한데 넣어 끓여 후춧가루를 뿌려 쓴다.

그런데 우스다는 신선로의 맛에도 탐복했을 뿐만 아니라, 그릇의 모양에도 매우 탐을 냈다. 1910년대 이후 조선에 온 일본인들은 우스다와 비슷한 반응을 보였던 모양이다. 《순종실록》 1914년 양력 6월 18일자 기사에는 "양궁(兩宮)에서 각기 아사카노미야(朝香宮)와 히가시쿠니노미야(東久邇宮)의 두 전하에게 토산물을 선물하였다. 왕전하(王殿下)는 은제 신선로 각 1조 2개, 태왕 전하(太王殿下)는 주호철전식(周饕餮奠式) 은제 화병 각 1개, 불로단(不老緞) 각 2필, 화란단(花欄緞) 각 2필이다"라는 내용이 나온다. 이와 비슷한 기록은 같은 책 1915년 양력 10월 12일의 기사에서도 등장한다. "양궁(兩宮)에서 농상대신(農商大臣) 고노 히로나카(河野廣中)에게 물품을 내렸다. 백은화(白銀花) 병풍, 다관(茶罐), 청동 화로 각 1개, 봉저대(鳳翥臺) 10정(挺), 나선칠기(螺旋漆器) 5개, 포목상안권련갑(布目象眼卷烟匣) 1개이다. 이상은 창덕궁에서 내린 것이다. 대호피(大虎皮) 1령(令), 은제 신선로 1개이다. 이상은 덕수궁에서 내린 것이다."

여기에서 '양궁'은 곧 당시 식민시기 이왕가의 왕이던 순종과 태왕인 고종을 이른다. 1910년 8월 22일 대한제국을 병합한 일본은 같은 해 양력 8월 29일 일본 천황이 조서를 통해 대한제국 황제를 왕으로 삼아 창덕궁 이왕(李王)이라 하고, 태황제(太皇帝)인 고종을 태왕(太王)으로 삼아 덕수궁 이태왕(李太王)이라 칭하도록 했다.[9] 그러니 앞의 창덕궁은 순종이고, 덕수궁은 고종이다. 은으로 만든 신선로를 일본 황족과 관리에게 선물로 주었다니, 이미 1910년대 초반 신선로라는 식기는 조선의 명물로 인식되었음에 틀림없다. 특히 우스다가 말한 구리단지가 아닌 은으로 만든 것은 조선왕실에서 사용했던 것이다.

원래 조선 후기에 신선로는 집을 떠나서 산이나 누정(樓亭)에서 연회를 할 때 탕을 끓이는 데 좋은 식기였다. 《동국세시기》(1849)에는 음력 10월 서울 풍속으로 난로회(煖爐會)를 소개하면서 쇠고기를 번철에 올려놓고 구워 먹는 일과 함께 "쇠고기나 돼지고기에 무·외·훈채(葷菜, 다른 말로 香菜)·계란을 섞어 장탕(醬湯, 장국)을 만든다. 이것은 열구자신선로(悅口子神仙爐)라고 부른다"고 적혀 있다. 심지어 "신선로는 산에 가서 술 데워 먹기도 좋다"는 기록도 조선 후기에 보일 정도다. 일명 이동식 솥이라 하겠다.

사실 이 신선로는 조선에만 있었던 것이 아니라 중국에도 있었다. 오늘날 중국에서는 이것을 '화궈(火鍋)'라 부른다. 화궈의 기원에 대한 중국학자들의 주장은 도자기의 한 종류인 '초두(樵斗)'에서부터 출발한다. 특히 북제(北齊, 550~577)의 역사서인 《위서(魏書)》에서 "동으로 만든 그릇으로 입이 넓고 중앙이 있는데, 이름을 동찬(銅爨)이라 부른다. 얇고 가벼워서 불에 음식을 익히기 쉽다"[10)]라고 했다. 그런데 화궈가 유행을 한 때는 청나라에 들어와서였다. 청나라의 원매(袁枚, 1716~1797)가 쓴 《수원식단(隨園食單)》(1715)에는 화궈는 민간에서뿐만 아니라, 궁중에서도 매우 많이 사용했다는 기록이 있다. 심지어 청나라의 건륭(乾隆) 황제는 530개의 화궈을 차린 궁중 연회를 펼치기도 했다.

조선시대 문헌에서 주로 18세기 이후에 신선로 혹은 열구자탕에 대한 기록이 나오는 것으로 보아서 청나라와의 교류를 통해서 조선에 들어온 것이 아닐까 추정해본다. 처음에는 궁중에서 주로 사용되다가 한양의 양반들 사이에 전해졌을 것이라 여겨진다. 그러나 그 정확한 근거는 알 수 없다. 이것이 18세기 중엽 이후 일대 유행하여 새로운 기명(器皿)으로 식탁에 자주 올랐다. 특히 뜨거운 탕을 좋아했던 조선 사람들의 식성으로 인해 신선로는 손님 접대용으로 고급 음식이 되었다. 19세기 말 이후 조선에 온 일본인들에게 그들의 스키야키와 닮았지만, 식탁 위에서 계속 데워지는 신선로는 신기해 보였을 것임에 분명하다.

《내선융화요체》를 쓴 오카다는 "오로지 신선로만이 내지의 스키야키식으로 국물을 끓이는 중에 각자 수저를 넣고 먹는다. 이렇게 주인과 손님이 함께 식사를 하는 방식은 옛날에 독살이 성행하여 손님을 안심시키기 위한 것이라고 말한다. 이것은 조선 중엽 격렬했던 암살 독살로 인해서 생긴 것이다"[11)]라고 했다. 오로지 신선로만이 신식 조선요리옥에서 먹을 수 있다고 하여 신선로는 재조 일본인들에게 조선음식을 상징하는 음식으로 꼽혔다. 그래서 일본의 식품회사 아지노모토는 한반도에 진출하면서 신선로를 브랜드 이미지로 내세워 그들의 화학조미료를 선전했다.

《내선융화요체》에 묘사된 조선인의 식사

《내선융화요체》는 1928년 10월 경성에서 일본어로 발간되었다. 저자는 오카다 미쓰구(岡田貢)이다. 《조선총독부시정 25주년기념 표창자명감》에 의하면, 오카다는 다음과 같은 경력을 가진 사람이었다. 그는 일본 야마구치현(山口縣) 사하군(佐波郡) 야사카무라(八板村) 출신으로 1910년 3월 30일 경성거류민단(京城居留民團)에서 설립한 제2심상고등소학교(第二尋常高等小學校)에서 훈도(訓導)로 조선에 오게 된다. 그후 1916년 8월 26일 조선공립보통학교장, 인

현공립보통학교장, 1919년 5월 1일 교동공립보통학교장, 1922년 4월 11일 효창공립보통학교의 훈도 겸 교장을 지냈다. 1927년 3월 29일에 잠시 현직에서 물러났다가, 같은 해 4월 1일 경성부사편찬사무촉탁(京城府史編纂事務囑託)과 내무과의 내무계(內務係)에 근무했다.

오카다는 《내선융화요체》에서 스스로 쓰기를 조선에서 생활한 지 25년이 되었다고 했다. 그렇다면 적어도 1904년경에 이미 그가 조선에 와 있었다고 생각할 수밖에 없다. 아마도 1904년경에 조선에 와서 생활하다가 1910년에 제2심상고등소학교가 설립되자 훈도로 취직을 한 듯하다. 그런데 주목해야 할 점은 오카다가 1916년 8월 26일부터 1927년 3월 29일까지 줄곧 조선인 보통학교에서 교장을 지냈다는 사실이다. 당시의 조선인 초등학교였던 보통학교에서는 일본어로 조선의 아동들을 교육시켰다. 그렇다고 모든 교사가 일본인으로 구성되었던 것은 아니다. 보통학교의 교장으로서 오가다는 당연히 조선인들과 빈번하게 접촉할 수밖에 없었다. 이 점은 오카다가 쓴 《내선융화요체》의 '서언(序言)'에서도 잘 드러난다.

> 본인이 조선에서 생활하면서 그 대부분을 조선인들과 함께 일을 하게 되었는데, 처음부터 언어습관이 통하지 않았기 때문에 서로 오해가 많았다. 이런 경험을 바탕으로 다른 사람들에게 알리려 신문 잡지에 글을 실었다. 그 과정에서 조선인들로부터 비판을 받고 수정을 하였다. 그리고 이것을 다시 순서를 바꾸어 책을 내게 되었다. 그런데 이러한 비판은 도회지에 사는 사람들이던지, 또는 가장 많이 내

지인과 접촉하는 사람들이던지, 또는 상류층으로 보이는 사람들이었다. 반도의 1,800만 명 중 대다수는 오로지 중류 이하에 드는 사람들이다. 이 책에서 말하는 대부분의 내용은 이들과 일치한다고 생각한다. 특히 조선의 상태는 내지의 상대(上代)와 매우 비슷한 것이 많기 때문에 내용을 쌍방으로 대조를 하여 보았다.

오카다 본인은 서언에서 결코 '내선융화'라는 용어를 사용하지 않았다. 그 대신에 이 책의 '서(序)'를 쓴 당시 조선총독부 학무국장 이진호(李軫鎬)[12]가 내선융화를 강조했다. 이진호는 "이 책을 쓴 오카다는 특히 조선을 애호하고 25년이란 오랜 시간 조선에서 생활하면서 직접 조선인과 교제를 하고, 함께 제휴하여 조선인 교육에 종사한 것도 14년이 되어, 조선의 역사 · 언어 · 풍속 · 관습에 능통하다"고 치켜세운다. 그러면서 본인이 책 내용을 대강 살펴보았더니, "내선(內鮮) 양자의 일상에서 서로 접촉할 때 반드시 알아야 할 여러 가지 사항을 들고 있다"고 했다. 이어서 "비록 내선융화의 대업(大業)은 말로 하자면 쉽지만, 실제로 실천하기는 어렵다"고 하면서 오카다의 노력에 찬사를 보냈다. "반도(半島) 교육사업에 책임을 지고 있는 입장에서 특히 이러한 종류의 저술이 출현하기를 기대한 지 오래되었는데, 이번에 이 책이 나와서 통쾌함을 금하기 어렵다"고 했다.

두 번째로 이 책의 '서'를 쓴 사람은 당시 경성부윤이었던 우마노 세이치(馬野精一)였다. 그는 경성부가 3만 원의 거액을 투입하여 5개년 계획으로 《경성부사(京城府史)》를 편찬하려고 했을 때, 이 일을 마땅히 해야 할 전문가를 물색하는 데 고심했다고 하면서,

이때 이상적인 편찬자로서 오카다를 찾은 일은 무척 다행이라고 했다. 왜냐하면 오카다는 교육자이면서 동시에 역사가이고, 또한 조선통으로 마음으로부터 조선인의 미방(味方)이기 때문이라는 것이다. 그러면서 내선융화와 상근일가(桑槿一家)라고 부르는 말은 평소 단지 말로만 할 뿐, 그 실천을 쉽게 옮기기 어렵다고 했다. 따라서 소위 내선융화는 단지 하나의 제목이 아니라, 풍성한 꽃을 피워서 아름다운 일로 결실을 맺기 위해서 이 책이 필요하다고 강조했다. 곧 오카다의 이 책은 내선융화를 실천하는 규범으로 삼아야 한다는 사실을 조선총독부 학무국장과 경성부윤이 똑같이 주장하고 있다.

오카다 역시 본문에서 이 책을 쓴 직접적 이유를 다음과 같이 밝혔다. "내선인 쌍방이 상호 관습을 숙지하게 되면, 상호 접촉할 때 하등의 어려움도 충돌도 일어나지 않는다. 하지만 미숙자 동지의 경우, 약간의 오해를 하게 되면 마침내 깊은 수렁에 빠지게 된다. 신정(新政) 이래 매년 점차 쌍방에 이해가 생기기 되었다. 그러나 많은 경우 오해가 쌓이는 일도 많아졌다. 그래서 나는 이러한 차이를 좁혀서 비희극(悲喜劇)에 대해 말해보려 한다."(1쪽)

그러면서 본격적으로 내선융화의 필요성을 내세운다. 종래 내선융화에 대한 논의는 고원(高遠)하고 추상적이었다고 비판하면서 좀 더 구체적인 사실 위에 입각하여 말할 필요성이 있다고 강조한다. 오카다 본인은 일상적으로 조선인 집단 중에 몰입하여 다소의 체험을 했기 때문에 쌍방에서 가장 오해하기 쉬운 점에 대해서 스스로 느낀 것을 말하려 한다고 했다. 그래서 "관습이라고 말하는 것은 한편에서 생각해보면, 민족성의 반영으로 보아야 하기 때문에 양 민족성의 유래에 대해서도 고려해보아야 한다고 생각한다" (1~2쪽)는 점을 분명히 밝혔다.

여기서 양 민족성의 유래란 무엇인가? 그 해답을 1923년 간토대지진 이후 사회적 혼란을 안정시키기 위해 다이쇼(大正) 천황이 같은 해 11월 10일에 내린 〈국민정신 작흥에 관한 조서(國民精神作興に關する詔書)〉에서 찾을 수 있다. 야마타 다카오(山田孝雄)의 해설에는 이러한 대목이 보인다. "구미(歐美) 제국이 그 세계대전에 의해서 국가사회의 양태에 일대 변혁을 가져오고, 정치풍교(政治風敎)에 관한 각종 신사상(新思想)을 생산해내게 되었다. 우리의 사상계도 또 내외 제반의 충격을 받고 근시(近時) 긴급한 변동을 가져오게 된 것은 잘 알려진 사실이지만, 왕왕 기교과격(奇矯過激)의 사상에 감염되어 건전한 국민정신(國民精神)의 쇠퇴(衰頹)를 받게 된 것이 이와 같은 경향임을 보고 있다. (중략) 국민정신의 유래를 밝히고 명확히 하며 국민적 신념을 함양시키지 않으면 안 되는 일이 가장 긴요한 일이라고 믿는다." [13)]

오카다가 《내선융화요체》에서 밝히고자 했던 양 민족성의 유래는 세세한 생활 속에서 관습을 중심으로 그 유래가 어디에 있는가를 밝히면, 자연스럽게 조선과 일본의 차이점과 유사점을 찾을 수 있다는 입장이다. 특히 그중에서 유사점은 그 유래가 동일한 데서 나왔을 가능성도 있다는 전제를 깔고 있다. 이를 통해서 내선융화의 기조를 발견할 가능성으로 오카다는 양 민족성의 유래를 고려해야 한다고 밝혔다.

《내선융화요체》의 내용은 다음과 같이 구성되어 있다. 방문과 접객, 표정과 신체, 언어의 차이, 길흉경조, 그리고 결론의 다섯 부분이다. 부록에는 조선민요와 민족성, 동화·전설 등에 나타난 조선의 특질, 조선 아동의 예절 등을 싣고 있다. 그중에서 '방문과 접객' 부분에 조선음식과 식사와 관련된 내용이 나온다. 그 내용의 대강을 살펴보자.

● 차를 마시지 않고 연초(煙草)를 피우다—연초를 좋아하는 사람(19쪽)

내지인은 손님이 오면 우선 차를 낸다. (중략) 조선에는 차라는 말이 있으면서도 이상하게 차를 마시지 않는다. 접객을 하는 법도로 우선 담배에 불을 붙여 내놓는 것이다. 조선의 가정에는 유기로 만든 직경 5촌 정도의 재떨이가 준비되어 있기 때문에 재를 여기에 터는 습관이 있을 법한데, 온돌에서 생활하고 다다미 위에서의 생활이 익숙하지 않은 까닭인지 상당히 감각 없이 연회에 가기도 한다. 새롭게 궐련초를 말아서 담배주머니에 재를 거리낌없이 턴다. 다음에 오는 손님은 담베를 얻을 수가 없다. 또 스토브를 올려놓은 테이블의 구석에도 재를 털어버린다. 그리고 밥알도 흐트러트리고, 요리도 흐트러트린다. 그것은 온돌에서는 별로 신경 쓰이는 일이 아니다. 화재의 염려도 없을毒 뿐만 아니라, 길레로 한번 닦으면 그 안에 스며들 염려도 없고 금방 깨끗해지기 때문이다.

● 복잡한 조선요리—명물(名物)의 신선로—독살과 주객(主客)의 회식(21쪽)

조선요리는 복잡한 조리를 거쳐야 하기 때문에 자연 상당한 시간이 든다. 또한 요리와 함께 밥이 나오기 때문에 손님이 전부 함께 밥을 먹어야 한다. 근래에 신요리옥(新料理屋)에서는 대부분 내지식(內地式)을 가미하기 때문에 이런 모습을 볼 수 없지만, 가정에 초청을 받고 가면 요리는 주객이 공통의 식기에 담겨져 있는 경우가 많다. 오로지 신선로만이 내지의 스키야키(鋤燒)식으로 국물을 끓이는 중에 각자 수저를 넣고 먹는다. 이렇게 주인과 손님이 함께 식사를 하는 방식은 옛날에 독살(毒殺)이 성행하여 손님을 안심시키기 위한 것이라고 말한다. 이것은 조선 중엽 격렬했던 암살 독살로 인해서 생긴 것이다.

● 주인이 우선 맛을 본다—식사 예법—일어서서 인사(22쪽)

내지인을 방문했을 때 차를 내고 드십시오 하고 몇 번 권하더라도 금방 마시지 않는 경우가 많다. 주인이 먼저 마시면 한참 뒤에 손님이 마신다. 요리도 주인이 젓가락을 들지 않으면 손님이 한참 동안 들지 않는 것도 그러한 이유에서 온 것이다. 술과 안주를 상에 다 내오면 주인은 일어서서 인사말을 한다. 더욱이 보통 가정의 온돌은 좁은 것이 상례이다. 그 좁은 실내에서 일부러 일어서서 인사를 한다. 이것은 앞에서 이야기한 것처럼 일어서는 것이 존경을 표시하는 것이기 때문이다. (중략) 내지에도 역사상 독살 사건들이 많았지만, 일상식사 대접에서 이런 풍속은 남아 있지 않다.

● 유기 식기—그릇과 젓가락을 잡는 방법(24쪽)

그릇 종류는 내지인이라면 왼손으로 잡는데, 조선에서는 그대로 탁자 위에 놓고 식사를 한다. 이것은 그릇이 크고 보통 금속제 또는 무거운 도자기이기 때문에 들어올리는 것이 어렵기 때문이다. (중략) 조선조 말에 유기가 도래하여 중류 이상의 가정에서는 도기의 식기가 사라졌는데, 잘 손상되지 않는 것은 마찬가지이다. 그래서 예쁜 기물이나 정교한 용구 등을 사용하지 않는다.

● 한쪽 무릎을 세워서 식사—사시미(刺身)는 싫어—술잔을 권하는 방법—조선 여인의 웃음은 금물(24쪽)

그릇을 식탁 위에 놓고 한쪽 무릎을 세워서 식사를 하는 모습은 내지인의 입장에서 보면 결코 품격이 있어 보이지 않는다. 하지만 온돌에서 무릎을 꿇고 앉는 것이 오히려 부자유스럽다. 조선인의 앉는 모습은 식기로 인해서 자연스럽게 나온 결과로 그다지 이상한 것이 아니다. 그리고 이것을 결코 품격이 낮다고 단정할 수 없다. 서언에 요리에 대해서 언급하였는데, 사시미·초절임·스시 등은 내지인으로서는 상부에 속하는 요리이지만, 조선인은 식초를 그다지 좋아하지 않는다. 내지의 호주가는 식초절임을 좋아하기 때문에 일부러 그것을 준비하지만 조선인은 먹지 않는다. 술잔을 권하는 방법은 먼저 주인이 술잔을 가득 채워서 가지고 온다. 그리고 그후에 앉은 순서대로 손님에게 돌린다. 술잔을 받겠습니다 하고 말하고 손님 앞에 불쑥 내밀지는 않는다. 내지인은 다른 사람이 내민 술잔을 받거나 혹은 자기가 가지고 있는 술잔에 다른 사람이 술을 따라주면, 향기로운 맑은 술 한 모금을 쓰 하고 작은 소리를 내서 마시는 것을 즐기는 편이다. (중략) 술은 뜨겁게 데워서 안주는 사시미, 따르는 것은 여자 (중략) 아이들과 하인들이 술자리에 나오지만 거의 눈에 띄지 않고 술잔을 대접하는 것은 주인이 하는 일이고, 남녀가 자리를 함께하면 안 되기 때문에 부인이 식사자리에 나오지 않는다.

● 어른과 동석하여 식사를 하지 않는다—술잔을 받는 것도 금물(26쪽)

시중을 드는 아이나 하인은 바깥쪽 복도에 서서 술자리를 아주 신기한 듯이 쳐다보고 있다. 이것은 장유유서(長幼有序)의 예가 있는 것이며, 주종의 계급이 엄중하고, 웃어른과는 결코 식사를 함께하지 않는 것이 규율이기 때문이다. 서 있는 것은 누차 말했듯이 윗사람이 명하기 전에 앉는 것은 실례이기 때문이다. 아이와 하인들에게 술잔을 주고 마시라 하면 여간해서 마시지 않는다. 오히려 그들은 이것을 고통스럽게 생각한다.

● 요리를 남기는 것은 고덕(高德)의 군자이다(27쪽)

이러한 일로 내지인은 인간의 성질을 잘못 보고 있다. 손아래 사람에게 술잔을 권하고자 한다면, 우선 주인에게 충분하게 양해를 구하고 행하지 않으면 주인도 불쾌하게 생각한다. (중략) 초대받은 사람은 요리를 남기는 것이 일종의 예의이며 의무이다. 하인들은 연회를 위해 애썼다는 것에 대한 위로로 손님으로부터 많은 요리를 기대하고 있다. 예로부터 조선에서는 그러한 예절이 술·밥·요리가 동일하다.

● 남긴 안주를 개나 고양이에게 주지 않는다—남긴 안주는 나쁜 연상을 하게 한다—임신과 강아지의 징조(28쪽)

내가 어떤 연회를 열어서 조선의 하인들을 위해 식사를 준비하려 했는데, 동료인 조선인이 단연코 거절했다. 이상하다고 생각했는데, 하인들은 주인이 젓가락을 댄 음식이나 남긴 술을 병에 넣어서 그것을 아주 맛있게 먹는 것을 보고 비로소 이해하게 되었다. (중략) 남긴 안주를 하인에게 주면 임신한 아이가 강아지로 변한다. 내지인들은 남긴 안주나 술 전부를 하인에게 주는데 그러면 안 된다.

● 술잔을 엎지 말 것—도미구이와 조선의 제사(29쪽)

조선에서는 장례식이 끝나고 망자를 지키는 신 앞에 진설한 잔에 한해서, 즉 불길한 때에 한해서 엎는 것이다. 또한 식후에 그릇을 엎는 것은 행복을 전복시키는 일이라고 전해져 오기 때문에 기분 좋게 연회를 끝내고 귀가하려는 순간에 이와 같은 흉사를 연상시키게 된다. 술잔도 마찬가지이다. 알코올로 인해 감정이 예민해졌을 때 흉사의 모습을 보게 되기 때문에 주인은 결코 기뻐하지 않는다. 주연이 끝나갈 무렵에 내지인들은 선물로 구운 도미를 상자에 넣어 손님에게 건넨다. 조선에서는 생선류를 요리로 식탁 위에 낼 때 머리와 꼬리를 잘라서 몸통만 내기 때문에 내지인이 서양요리에서 발이 붙은 육류를 식탁 위에 내놓는 것과 같은 무서움을 느끼게 한다. 머리와 꼬리를 붙이는 것은 춘추 제사와 선조의 제사에서 소·양·돼지만이다.

● 생선 눈알을 빼서 요리를 만드는 일은 그다지 중요하지 않고—과일은 껍질을 벗긴다(30쪽)

내지인은 싸움터에 나갈 때 밤이나 가쓰오부시를 먹고 축하할 일이 있을 때는 눈알이 붙어 있는 도미의 머리로 만든 국물을 만든다. 조선어에는 일본의 도미와 같은 축하의 말이 없기 때문에 이러한 국을 중요시하지 않는 것은 물론이다. 작은 잡어라면 어떻게 요리할 방법도 없고, 보통 크기의 생선은 반드시 몸통만을 낸다. 머리나 꼬리와 같이 불필요한 것을 식탁 위에 내는 것은 주부의 무성의이기 때문에 꺼려 한다. 대부분의 요리는 바로 입에 넣도록 하는 것이 원칙이고, 술도 따라서 내고 담배도 불을 붙여 낸다. 밤은 껍질을 벗기고 속껍질까지 벗기고, 밀감은 껍질을 벗겨서 나누어서 내고, 배나 사과는 껍질을 벗겨 작게 썰어서 낸다. 그래서 과일의 색깔이 변한다.

● 상자에 넣은 선물로 공을 허사로 돌리지 말 것—헤이안시대의 수반(31쪽)

애써서 아주 정중한 선물이라고 생각하여 선물상자를 건네도 그다지 고맙게 여기지 않는다. 선물은 나중에 심부름꾼을 통해야만 한다. 또한 하인에게 먹일 수 있는 것을 들려 보내야 한다. 그래서 직접 들려주는 것은 아주 괘씸한 것으로 생각할 정도이다. 차와 함께 먹은 과자 중 남은 것을 종이에 싸서 들려 보내는 것도 그다지 반가워하지 않는다. 애써서 친교를 맺고자 하는 것이나 잔을 얻는 것과 상자에 넣어서 선물을 보내는 것이 결국 공을 허사로 돌리는 것이 된다. 요리 중에는 앞에서 이야기한 배 · 밤 · 밀감 따위의 껍질을 벗긴 것을 낸다면, 여름이 되면 밥을 물에 넣어서 내기도 한다. 오늘날 내지인은 이것을 굉장히 싫어하는데, 일본의 헤이안(平安)시대에는 밥을 말려서 군혀 여름에 물에 말아서 진기하게 가끔 먹었던 것으로 이것을 수반(水飯)이라 하였다. 겨울에는 따뜻한 물에 말아 먹는 것을 탕지(湯漬)라 하였다. 밥을 차에 말아서 먹는 것은 오차즈케라고 하게 되었다.

● 조선의 연회—기생이 부르는 권주가—위계를 가진 기생(31쪽)

다음은 여러 사람이 모인 연회에 대해서 말한다. 대부분 조선의 연회에서는 담화가 적다. 연회가 시작되면 기생은 술을 돌아가면서 따라주고 권주가를 부른다.

● 술을 마시는 방법—한 번에 다 마시기—다식주의, 만복주의—파연의 노래(33쪽)

술을 마시는 방법도 내지와 달라, 내지인은 아주 소량의 술을 혀 끝에 얹어서 조금 조금씩 마시는데, 맥주·사이다를 마시는 것과 같이 한 번에 다 마셔 해치운다. 이것이 다식주의(多食主義), 만복주의(滿腹主義)이다. 이러한 의미는 언어상에서도 나타나는데, 꼴깍하거나 제비가 강하하듯이, 저주하듯이 마시기 때문에 내지에서 말하는 수루루 마신다는 말은 조선어에 없다. 재미있는 것은 도쿄는 입어서 망하고 오사카는 먹어서 망하다는 말과 비슷한 말이 최근에 생겨났는데, 조선은 먹는 방식에 중국은 입고 장식하는 것에 내지인은 집 만들기에 치중한다. 내지인이 최근에 도회지의 발전에 따라서 집을 개조하는 것을 말하는 것이다. 무너지듯이 춤을 추거나 노래 부르는 것은 예의상 어긋나기 때문에 하지 않는다. 물론 섹스에 관해서 말할 수 없다. 주연에서의 가무는 기생만의 임무이다. 그래서 일본처럼 단가 하나도 모르는 남자도 없다는 말과는 정반대이다. 그런데 최근에 내지인들의 경박함도 양해가 되어 조선인도 하기 시작했고, 조선 고래의 관습도 점차로 엷어져 왔기 때문에 내지인처럼 연회에서 망가지거나 아주 비천한 인간이라고 인식되어 오랫동안의 우정이 깨진 실례도 수없이 있을 정도이기 때문에 조심해두지 않으면 안

된다. 연회에서 살짝 도망가는 것은 있을 수 없다. 마지막까지 남아서 인사를 하고 가는 것이 내지의 경우에는 너무 심하다. 연회가 끝날 때는 기생이 파연가를 부른다.

이와 같이 오카다는《내선융화요체》에서 조선인의 식사를 내지인과 서양인의 풍속과 비교하면서 설명을 했다. 더욱이 조선인의 식사가 내지인과 다른 이유를 대체로 식민지 사관과 함께 비위생, 비합리적 관습, 그리고 조선왕조의 성리학 때문이라고 치부한다. 이것은 결코 내선융화가 상호간의 이해를 통해서 오해를 줄이기 위한 것이기보다는 조선인의 식사가 지닌 단점을 통해서 내지인의 우수함을 드러내려 한다. 특히 다식주의와 만복주의는 후진적 모습으로 상징화시킨다. 이것은《내선융화요체》의 편찬 목적이 조선인의 관습이 지닌 불합리성을 지적하고, 내지의 관습이 지닌 우수성을 내세우기 위해서였다.

결론 부분에서는 '식사에 관한 것'을 장점과 단점으로 나누어 다음과 같이 정리하고 있는데, 내용을 보면 더욱 그 의도를 확인할 수 있다.

● 장점

1. 부모 앞에서는 절대 음주, 끽연을 하지 않는다.

2. 어른과 함께 식사를 할 때 어른보다 늦게 수저를 들어야 하며, 어른보다 일찍 식사를 마치면 안 된다. 또 어른과 정면 혹은 맞대어 앉으면 안 된다.

3. 식사 때 잡화(雜話)를 적게 한다.

4. 간식이 적다.
5. 이빨을 잘 닦아 충치가 적다.
6. 식후 탕(湯) 또는 물로 입을 헹군다.

● 단점
1. 같은 식기로 많은 사람이 함께 사용한다.
2. 남은 술이나 밥, 혹은 반찬을 다시 그 식기에 담는다.
3. 어린아이부터 담배를 피운다.
4. 평소 생수나 탕 등을 다량으로 마신다.
5. 여름에 생수 중에 이물질이 들어가 있어도 그대로 먹는다.
6. 덜 익은 과일과 채소 등을 많이 먹는다.
7. 보통 다식(多食)을 하는 습관이 있다.
8. 자극적인 음식물을 많이 먹는다.
9. 향응을 받을 때 밥을 남기는 것을 예의로 여긴다.

비록 장점과 단점을 구분하여 논의하고 있지만, 장점이 단점보다 그 수가 적다는 것은 주로 후진적인 단점을 강조하기 위한 의도가 보인다. 이것을 일종의 민족성 탓으로 돌린다. 그래야 조선인의 식사가 지닌 불합리성이 부각되기 때문이다. 하지만 오카다의 서술에서 주목해야 할 점은 그가 20여 년간 조선인들과 접촉하면서 알게 된 조선의 풍속이 매우 사실적이라는 점이다. 이러한 서술에는 비록 식민지 통치자의 시각이 다분히 내재되어 있지만, 당시 조선에 살았던 일본인 중에서 어느 누구보다도 조선인의 일상생활에 대해 오카다가 상세하게 알고 있었음을 증명한다.

아울러 오카다의 서술을 사실로 수용할 경우, 오늘날 우리가 행하는 식사에 대한 태도는 일제시대를 거치면서 일본식으로 바뀐 측면도 많다는 것을 확인할 수 있다. 이를테면 "최근에 내지인들의 경박함도 양해가 되어 조선인도 하기 시작했고, 조선 고래의 관습도 점차로 옮어져 왔기 때문"에 일본인의 태도에 대한 오해가 많이 줄었다고 했다. 오카다가 묘사한 이 내용은 부자들이 양반들의 흉내를 내서 기생을 불러 연회를 하는 장면이지만, 어느 사이에 조선 민중들은 술자리에서 젓가락으로 탁자를 치면서 노래를 부르는 일본식 연회를 닮아가고 있었다. 결국 일상생활의 내선융합은 서로 접촉하는 과정에서 식민지 지배자 일본인에 대한 조선인의 보이지 않는 동경이 조선인의 일상생활 관습을 일본식으로 바꾸어가는 데 결정적인 원인을 제공했다고 보아야 옳다.

조선음식의 상징이 되어버린 신선로

조선음식은 1920~1930년대가 되면, 조선인 혹은 일본인에 의해서 타자화의 길을 본격적으로 걷기 시작한다. 《신판 대경성 안내》[14]에는 '조선요리옥(朝鮮料理屋)'에 대해 자세한 소개를 담고 있다. "경성을 구경하면서 하룻밤은 조선요리에 빠져서 기생의 장구에 흘러나오는 애수어린 '수심가(愁心歌)'를 듣는 것이다"[15]고 하면서 조선요리옥에서 조선요리와 기생을 만날 수 있다는 점을 분명히 밝힌다. 그러면서 명월관(明月館)·천향원(天香園)·국일관(國一館)·조선관(朝鮮館)·태서관(太西館)·송죽관(松竹館) 등 당시 경성에서 이름난 조선요리옥을 소개하고 있다.

〈그림 2〉《조선무속의 연구》 출판 기념 모임

1938년 3월 5일, 경성의 조선요리옥 태서관에서 아카마쓰 지조·아키바 다카시의 《조선무속의 연구》 출판을 기념하여 찍은 사진. 왼쪽부터 송석하, 무라야마 지준, 아카마쓰 지조, 이마무라 도모, 아키바 다카시, 손진태, 정인섭이다. 밥상 가운데에 신선로가 보인다.

일세시대 잡지 《삼천리(三千里)》 1932년 4월 1일자에 실린 기사에는 당시 쟁패를 다투던 두 조선요리옥에 대해 자세히 적고 있다.[16] 우선 명월관은 자본금이 30만 원이고, 1년 매상이 20만 원이라고 했다. 본점과 지점을 합하여 일하는 종업원은 총 120여 명에 이르렀다. 이 중에는 손님을 안내하는 '뽀이'와 음식을 만드는 '쿡'과 인력거 '차부'까지 모두 포함되었다. 음식은 주로 조선음식에다가 서양음식을 가미하여 한 상으로 차렸다. 이 모든 음식의 형식은 안순환(安淳煥, 1871~1942)이 만들어놓은 것이었다. 이에 비해 식도원(食道園)은 자본금이 20만 원이며, 조선 요릿집의 원조라 할 수 있는 안순환이 경영에 깊이 개입하여 음식맛으로 승부를 걸었다. 그러나 식도원은 명월관에 비해 규모가 작은 편이었다. 전체 종업원이 50여 명에 지나지 않았다. 명월관이 주로 내국인 중심으로 운영되었다면, 식도원은 일본에서 온 손님들이 조선의 분위기를 알기 위해 찾는 요릿집이었다. 즉 매란국죽(梅蘭菊竹)을 그린 병풍 아래에 주단으로 장식된 방석을 깔고, 기생들의 장구소리를 들으면서 몇 시간 동안 음식을 맛보는 것이 식도원의 특색이라고 했다.

당시 조선요리옥의 비조로 꼽히던 사람은 대한제국 궁내부(宮內府) 주임관(奏任官) 및 전선사장(典膳司長)으로 있던 안순환이었다. 1928년 5월 1일 식도원의 주인인 안순환은 잡지 《별건곤(別乾坤)》에 게재한 글에서 '조선요리의 특색'으로 네 가지를 꼽았다.[17] 첫째, 제철에 난 재료로 만든다. 둘째, 양념이 풍부하여 원료의 독기를 없애고 소화가 잘된다. 셋째, 음식을 차리는 위치와 순서가 분명하다. 넷째, 여러 가지 음식을 한 상에 차린다.

이 중에서 네 번째로 나오는 여러 가지 음식이 한 상에 한 번에 나오는 모습을 두고, 《내선융화요체》에서 오카다는 대식주의·만복주의라고 비판했다. 그러나 안순환은 조선인의 입장에서 이것을 내세워야 조선음식이 일본요리·청요리·서양요리에 견줄 만큼 다양하고, 그 종류가 많다는 점을 부각시킬 수 있다고 했다.

1934년 경성관광협회에서 나온 《조선요리 연회 안내서》라는 작은 책에는 조선요리 한 상에 6인분을 기준으로 6엔·9엔·12엔이 있다고 적혀 있다. 하루 택시를 빌려 다섯 군데를 돌 경우 4엔이던 당시 물가와 비교하면, 그 값이 얼마나 비쌌지를 짐작하고 남는다. 여기에 기생의 화대까지 보탤 양이면 명월관과 같은 조선요리옥을 드나드는 일은 여간 부자가 아니면 안 되었다. 그런데 당시 조선요리옥은 소위 내지인이 경성에 와서 즐길 수 있는 관광 코스 중 대표적인 곳이었다.

앞에서 소개한 《신판 대경성 안내》에는 "그중에서도 명월관·식도원·천향원은 내지인의 연회도 가능하다"고 적혀 있다. 그런데 문제는 조선요리를 먹고 나서 몸에서 나는 마늘 냄새였다. "마늘을 먹고 여관에 돌아오면 다음날까지 방 안에 냄새가 자욱하기 때문에 함께 방을 사용하는 동료를 머리 아프게 하는 일이 생긴다"[18]는 점을 밝혀두었다. 이 모든 정보가 경성에 온 일본인 관광객을 위한 배려에서 나온 것이니, 조선요리옥은 신선로를 대표적 음식으로 하여 조선요리와 기생으로 상징되는 관광상품으로 소비되었다.

일제시대 일본인은 제국의 주인으로서 한반도의 모든 문화적 현상을 바라보았다. 조선음식 역시 그러한 시선이 관통하여 그들에게 하나의 이미지로 자리 잡았다. 1909년 《조선만화》에서 주목한 신선로는 식민시기 내내 조선음식의 상징으로 일본인의 관심을 받았다. 해방 후에도 일정 기간 동안 신선로는 한국인에 의해서 한국음식의 상징으로 꼽혔다. 신선로는 근대주의와 식민주의가 개입되어 부각된 음식이라 하겠다.

9장

한국음식이란 무엇인가

2009년은 한국음식의 세계화에 대한 담론이 중앙정부 차원에서 본격적으로 이루어지기 시작한 원년이라고 할 수 있다. 정부의 각 부처에서 '한식 세계화'라는 모토를 내세워 각종 사업을 전개했기 때문이다. 그중에는 한국인과 한국음식에 적합한 새로운 영양학적 기준들을 정하기 위한 녹색식생활 지침 마련 프로젝트도 있고, 외국인의 한식 투어 프로그램을 개발하는 사업도 있다. 아울러 식품학 관련 학회가 중심이 되어 한식의 우수성에 대한 이화학적 실험들이 전개되고 있는 중이다. 2010년 봄에는 정부에서 출연하여 '한식재단'이란 지원기관도 설립했다.

이런 과정에서 많은 사람들이 '한국음식'의 개념을 규정짓고 싶어 했다. 하지만 이에 대한 논의는 체계적으로 전개되지 않고 있다. 왜냐하면 '한국음식'의 역사와 현재가 매우 다른 양상으로 존재하기 때문이다. 20세기 이전의 조선 후기 사람들이 생산하고 소비했던 음식을 한국음식이라고 규정하자니, 지금과 매우 다르다는데 당황한다. 아예 오늘날 한국인이 만들어 먹는 음식 모두를 한국음식으로 규정하자니, 오래되지 않은 음식 심지어 외국에서 들어온 음식들도 너무 많기 때문에 쉽지 않다.

한식은 한국음식의 줄임말이다. 나는 많지 않지만 역사적으로 한국음식에 대해 규정해온 주장들을 하나의 묶음으로 '한국음식론'이라고 부르려 한다. 그러나 다원적으로 구성된 문화 요소를 하나의 개념 속에 억지로 집어넣으려다 보면 오히려 그 자체가 지닌 문화적 다양성을 훼손할 위험성도 있다. 그럼에도 한국음식에 대해서 그동안 규정한 내용이 무엇인지를 살피는 작업은 일정한 의의를 지닌다. 한국음식이란 무엇인가? 사실 이에 대한 언설은 너무나 간단하기 때문에 굳이 언급하지 않아도 될지 모른다.

실제로 한국음식을 개별화하여 그것의 정체성을 설명하려는 시도는 그다지 오래되지 않았다. 조선시대만 해도 조선인의 식사 관습이 중국과 다르다는 연행사의 기록이나 유럽인들의 언급, 그리고 중국인이나 일본인의 생각이 일부 문헌자료에 나온다. 하지만 한국음식의 정체성을 설명하려는 의지는 그런 글에 들어 있지 않다. 한국인 스스로 이것을 설명하려는 의지를 보이기 시작한 때는 20세기에 들어와서이다. 외국에 나가지 않아도 서울에서 타문화와 접촉이 가능했던 20세기 초반에 조선음식에 대한 몇몇 지식인들의 언급이 있기 시작했다. 특히 식민지하의 이러한 언급은 1920년대 이후 조선정조(朝鮮情調)와도 연결되어 일반인의 지지를 어느 정도 얻을 수 있었다. 그 대표적인 인물로 안순환(安淳煥, 1871~1942)과 방신영(方信榮, 1890~1977)을 꼽을 수 있다.

1970년대 이후 근대화 과정에서 경제적 성장 가능성에 대한 한국사회 내부의 믿음은 한국음식의 낙후성과 함께 독자적 특성을 강조하는 방향으로 논의가 전개된다. 《조선일보》 기자였던 이규태의 칼럼은 대중적 지지를 얻는 데 매우 효과적인 글쓰기의 모범을 보였다. 식품학자인 윤서석의 주장은 한국음식이 지닌 사상적 맥락을 짚어내는 데 성공했고, 매우 자연스럽게 식품학계에 수용되었다. 하지만 이 시기에 나온 주장은 매우 부분적인 경향을 보이는 것도 사실이다.

1990년대 이후 해외여행 자유화와 함께 나타난 세계화 담론은 한국음식에 대한 비판론의 제기와 더불어 퓨전음식의 등장이라는 새로운 경향으로 나타났다. 그래서 방어적인 한국음식론과 한국음식에 대한 비판이 이중적으로 전개되었다. 그러다 2000년대부터 본격적인 현상으로 나타난 '한류 붐'은 다시 한 번 한국음식에 대한 자부심을 갖게 했다. 이 자부심은 한국음식의 세계화와 지역화를 동시에 꿈꾸게 만든다. 그런데도 여전히 사람들은 한국음식이 도대체 무엇인가에 대해 궁금해한다. 나는 이러한 인식에 근거하여 이 글에서 한국음식론의 담론 형성 과정을 비판적으로 살피려 한다.

식민지하의 조선음식론

19세기 말부터 본격적으로 한반도에 진출하기 시작한 외국인들이 본 조선문화에 대한 평가는 주로 이국적이면서 원시적인 측면에 주목했다. 그들은 자국의 문화적 기준에 근거하여 조선인의 생활방식이 지닌 이상한 모습을 언급하는 경향이 강했다. '아시아의 대식가'라는 평가나 여름에는 참외를 식사하듯이 먹는다는 평가 등은 모두 특이한 조선인의 음식생활을 지적한 언급이다. 적어도 조선인에 의해서 이루어진 조선음식에 대한 논평은 1928년 5월 1일자로 발간된《별건곤》제12·13호에 실린〈조선요리(朝鮮料理)의 특색(特色)〉[1]이라는 글일지도 모른다. 지은이는 '식도원주(食道園主) 안순환'으로 적혀 있다. 그 내용은 다음과 같다.

> 조선요리는 중국요리나 서양요리나 일본요리보다 우수한 특점이 몇 가지가 있습니다. 첫째로는 조선의 기후가 사시 정연한 것과 같이 요리도 철을 찾아서 꼭 다른 것이니, 쉬운 한 예를 들어 말하면

떡으로만 말하여도 봄에는 송편·색떡, 여름에는 깨인절미 또는 증편 같은 것을 쓰는 것이 그것이요. 둘째에는 오미(양념)가 구비하여 음식이 맛이 있을 뿐 아니라 저절로 원료의 독기를 제하고 또 소화가 잘되는 것이요. 셋째에는 진열하는 방법이 교묘하여 한약 처방하는 데 군신좌서(君臣坐序)가 있듯이 음식의 놓는 방위와 좌차가 따로 있는 것이요. 넷째에는 여러 가지 음식을 한 상에 차려서 한 번에 다 내놓는 것입니다. (중략) 모르는 사람은 조선음식의 가짓수가 청요리나 양요리만 못하다고 하지만은 결코 그렇지 않습니다. 조선음식은 실제에 가짓수가 퍽 많습니다. 떡 하나만 말하여도 30여 종이요, 신선로도 종류가 여럿이올시다. 조선음식을 다소 더 개량만 한다면 아마 세계에 우수한 요리가 될 것이다.

안순환은 누구인가? 안순환은 참봉을 지낸 아버지 안순식(安舜植)과 청주 한씨(清州韓氏) 사이에서 1871년 음력 2월 8일 4형제 중 막내로 태어났다.[2] 두 살 때 친모가 갑자기 세상을 떠나는 바람에 안순환은 이웃마을에 살았던 전씨(全氏) 부인의 수양아들로 들어갔다. 하지만 그녀 역시 안순환이 9세 때 사망했고, 결국 다시 본가로 돌아갈 수밖에 없었다. 부친은 이미 노쇠하여 심각한 생활고를 겪으면서도 16세의 안순환을 서당에 보냈다. 안순환은 아버지가 돌아가시자 1890년에 혼인을 했고, 이듬해에 자립하기 위해 서화상(書畫商)이 되었다. 이것이 계기가 되어 후대에 '서화가'라는 칭호가 안순환에게 붙었다. 1895년에 관립영어학교에 입학하고 이어서 무관학교에 들어갔으나 생활이 어려워 자퇴했다. 하지만 안순환의 실력과 성실함을 알고 있던 주변 사람들이 천거하여 1898년에 탁지부(度支部) 전환국(典圜局)의 건축감독이 되었다. 그후 판임관(判任官) 육등(六等), 전환국(典圜局) 기수(技手) 등을 거쳤다.

안순환은 1909년 1월 21일에서 1910년 8월 29일 사이에 전선사(典膳司) 장선(掌膳)을 맡았고, 1911년 2월 1일부터 같은 해 6월 8일 사이에 이왕직 사무관을 역임했다. 1910년 8월 29일은 대한제국이 일본에 완전히 병합된 날이다. 왜 안순환이 그전에 비해 격하된 이왕직이라는 부서에서 사무관을 잠시 맡았는지에 대해서는 아직 알 길이 없다. 안순환에 대한 일반적 이해는 대한제국 마지막 왕실 주방장이자 최초의 조선요리옥인 명월관을 설립한 인물이라는 사실이다. 아마도 전선사 장선을 맡았던 경력 때문에 이런 이해가 생겨난 듯하다. 전선사 장선은 어떤 일을 하는 자리인가? 1905년 3월 4일에 있었던 궁내부 관제 개정 때에 전선사는 "임금의 음식상과 연회를 맡아본다. 제조, 부제조, 장이 각각 1인인데 칙임관이고, 장선이 1인인데 주임관이며, 주사가 4인인데 판임관이다"[3]라고 했다. 즉 장선은 전선사에 속하며, 왕가(王家)의 연회에 관한 일을 맡아보던 우두머리 벼슬이었다. 안순환은 이 자리에서 종3품까지 했으니, 전선사의 책임자였다. 1933년에 나온《조선유교회선언서급헌장(朝鮮儒教會宣言書及憲章)》의 제9장에 보면, 안순환은 "탁지부 전환국 기수와 궁내부 전선사 장선과 주선과장 겸무라는 실직을 가지고 황실을 근시(近侍)하여 여러 해 있었더니, 홀연히 궁내부가 변한 뒤에 사무관이 되매 수개월 후 퇴직하고"[4]라고 밝혔다.

안순환이 1909년에 설립했다고 알려진 조선요리옥 명월관은 실제로 1903년 9월 17일에 문을 열었다.[5] 다만 그는 대리인을 두어 명월관을 운영했다. 그는 공직에 있으면서 동시에 각종 사업에도 손을 댔다. 1908년 7월에는 근대적 극장인 원각사(圓覺社)의 사장을 맡기도 했다.[6] 이런 면에서 안순환은 처음에 음식 관련 업무를 관리했으며, 그 이후에 직접 조리를 한 경험도 있었던 듯하다. 앞에서 인용한 《별건곤》의 기사에서도 자신이 겪은 음식에 대한 경험을 적고 있다.

> 나는 구(舊)한국시대에 다년간 궁내부 전선과(典膳課)에 있었을 뿐만 아니라 이래 수십 년 동안을 요리업에 종사하여 실지로 조선의 음식은 다 만들어도 보고 연구도 하며, 또 일본에 가서 궁내성의 요리 만드는 것도 시찰하고, 그 외에 중국요리 서양요리도 대개는 내 손으로 만들어도 보고 먹어도 보고 또 연구도 하여 보았습니다. 그런데 외국 요리 중에는 중국요리가 비교적 발달이 되어 가짓수도 상당히 많고, 음식 만드는 방법이라든지 원료라든지 다 상당하며, 서양요리도 또한 상당히 발달되고 영양질이 많은 것 같습니다. 일본요리도 담하기로는 꽤 담백한 듯합니다.

안순환은 당시에 서양음식·중국음식·일본음식에 대한 경험과 지식을 상당히 갖추고 있었다. 안순환이 평가한 조선음식의 특징은 지금까지도 유용한 평가라고 할 수 있다. 즉 계절마다 다른 재료, 양념을 통한 오미의 달성, 음식 궁합을 고려한 진열 방식, 한꺼번에 차려지는 상차림 등은 안순환의 다양한 경험에서 나온 조선음식의 특색임에 틀림없다. 여기에 더하여 안순환은 다른 글에서 조선음식이 지닌 채식주의적 특성에 대해 언급했다. 고기에 대응하여 나물이 조선음식의 우수함을 증명한다고 보았다.[7] 하지만 안순환 자신도 여러 차례 언급했듯이, 조선음식은 개량의 대상으로도 여겨졌다.

이 점은 식민지 시기 근대적 지식인이 공통으로 지니고 있던 입장이었다. 영양학 교육자이면서 요리연구가였던 방신영도 같은 맥락에 있었다. 방신영은 《조선요리제법(朝鮮料理製法)》 서문에서 다음과 같이 적었다.

> 인류 생활에 제일 필요한 것은 음식이니, 음식은 곧 우리 생명을 유지케 하는 것이라. 생명을 귀중히 여기는 자 어찌 먹을거리를 선택지 아니하며, 음식 만드는 법에 대하여 연구치 않으리오. 그러므로 과학이 발달되고 위생 사상이 보급된 각국에서는 먹을거리에 대한 연구와 음식 만드는 법에 대한 노력이 적지 아니한 것입니다. 그런데 유독 우리 조선은 이러한 일에 대하여는 더욱이 캄캄하고 등한히 여길 뿐만 아니라, 촌가정을 들여다보면 좋은 재료를 가지고도 볼품없이 맛없이 만들어 먹는 가정이 얼마나 많은지 말도 할 수 없으며, 깨끗하지 못하게 하는 가정도 얼마나 많은지 모르는 것입니다. 제가 이러한 것을 볼 때에는 우리 조선에 가정의 교육까지 제일치 못한 것을 크게 애석히 여기는 동시에 이러한 일에 대하여 도움이 될 만한 책도 한 가지 없음을 더욱 크게 유감으로 여겼습니다. 고로 천견(淺見)을 불구하고 수년 전에 한 책을 편술하여 그 이름을 《조선요리제법》이라 한 일이 있었습니다.[8)]

정인보(鄭寅普, 1893~1950)는 《조선요리제법》 1931년 판본의 서문에서 "제목으로부터 나는 회억(回憶)과, 내용을 보고 나서 생기는 구감(舊感)이 다 나 혼자나 느끼고 생각한 것이라 군이 거듭 말할 것이 없거니와, 조선인의 식성을 조선음식이라야 옳게 맞출 수 있음을 생각할 때 누구나 이에서 한 걸음 더 나가 어떠한 깊은 회고와 사무치는 느낌이 있을 수 있는 것이다"[9]라고 했다. 누구인지 분명치 않지만 같은 책에서 또 다른 서문을 쓴 구암동인(龜岩洞人)도 "한 나라의 요리라든지 그 요리법이라는 것은 그 나라의 풍토(風土)와 관습(慣習)과 민족성(民族性)이라는 깊은 근저로부터 자연히 발달된 것"이라고 규정하면서 "그 요리를 잘 만들고 못 만드는 데에 따라서 한 국민의 영양과 취미에 큰 관계가 있는 것"이라고 보았다. 구암동인은 개량된 요리법의 필요성을 강조했다.

이에 대한 반대 의견도 있었다. 이왕직 선무실(膳務室) 주임을 지낸 조동원(趙東源, 1874~?)은 "내 생각에 목하 조선의 요리는 섣불리 개량을 한다는 것보다 오히려 힘써 맛깔스러운 옛날 법을 다시 찾는 것이 대단히 좋을 줄 아오. 조선요리의 진선진미한 여러 가지 종류는 실로 내 것이라고 그러하는 것이 아니라 널리 세계에 맛보여도 부끄러울 바가 없을 줄 아나니, 신선로나 찜 같은 것이며 찌개나 채소에 이르기까지 하나도 법도에 벗어나고 입에 맞지 않은 것이 없다 할 것이요"라고 했다.[10] 조동원은 대한제국 시기에 전선사 사무촉탁을 역임했고, 1921년 4월 《동아일보》 인터뷰 당시에 이왕직 선무실 주임으로 있었다. 이름에서 알 수 있듯이 선무실은 이왕직으로 그 지위가 떨어진 왕실의 음식을 마련하는 업무를 맡았던 부서였다. 당시 그는 조선요리옥에서 각종 조선음식이 서양 그릇에 담기는 등 문란해진 모습을 이 인터뷰를 통해서 지적했다.

식민지 시기에 조선음식은 이미 중국·일본·서양의 각종 요리와 비교되면서 나름대로의 특색이 무엇인지를 어느 정도 설명할 수 있었다. 이 점은 조선시대와는 확연히 다른 결과라고 보아야 한다. 특히 1920년대 이후 조선총독부의 문화정책은 조선인 지식인들이 조선적인 것에 대해 강조를 해도 무방하도록 두었다. 결국 타자화된 조선음식이 조선인 지식인은 물론이고 재조(在朝) 일본인 지식인에 의해서도 규정받기 시작했다.[11] 하지만 조선음식에 대한 사회적 담론은 이 정도에서 머물렀다. 식민지 상황에서 먹고사는 문제가 효과적으로 설명되기 어려웠기 때문이다.[12]

한국음식은 '향토음식'의 조합인가

한국음식을 규정할 때 반드시 점검해야 할 사항은 한반도의 각 지역음식들과의 관계를 어떻게 설정할 것인가 하는 문제이다. 일반적으로 지역음식을 '향토음식'이라고 부르는 점도 재조명해보아야 한다. 한반도 내의 지역음식 혹은 향토음식에 대한 근대적인 논의는 20세기 이후에 진행되었다. 일제시대와 해방 이후에 이와 관련된 논의들이 다수 등장한다. 나는 그 출발점에 숙명여전 교수였던 김호직(金浩稙, 1905~1959)이 있다고 본다.

일제 말기인 1945년 4월 김호직은 도요야마 다이지(豊山泰次)라는 창씨개명으로 《조선식물개론(朝鮮食物概論)》[13]을 펴냈다. 이 책의 제5장은 '향토식 연구법의 일시안(一試案)'이다. 이 글에서 김호직은 '향토식'에 대해서 다음과 같이 설명한다. "향토식이란 광의에 있어서 향토식이며, 이른바 명물(名物) 명산(名產)을 말하는 것은 아니다. 그 토지에서 생산되거나 또는 생산되어 얻어진 것으로 음식의 재료가 된다면 이것을 향토식품이라고 말하며, 이것으로 만든 음식을 향토식이라고 부른다. 그것은 그렇다고 한 지방에 한정된 것도 아니다. 따라서 지금 생산되어지는 것이 향토식 연구의 대상으로 되는 것이 아니며, 기후·풍토 등 지리적 조건으로부터 보아서 생산이 가능한 식품도 역시 향토식 연구의 대상이 될 수 있다. 향토식을 조사하는 가운데 확실해진 사실로서 '생태학적 조건을 고려하지 않고는 정말로 음식 문제는 해결되지 않는다'는 점에 생각이 미쳤고, '토지의 물건이 토지의 사람을 기른다'는 결론에 도달하였다."[14]

'향토식'을 지금의 한국어로 번역하면 당연히 '향토음식'이 된다. 하지만 요사이 정의를 내리는 향토음식과 김호직의 향토식 정의 사이에는 약간의 차이가 존재한다. 네이버 백과사전에서는 향토음식의 형태를 세 가지로 나눈다.[15] "첫째 그 지방에서만 생산되는 식료품을 그 지방 사람들만이 전승하고 있는 조리법으로 요리하는 순수한 향토음식이 있고, 둘째 타지방에서 특산되는 식료품을 도입하여 조리법을 특별히 마련해서 만드는 향토음식이 있으며, 셋째 각 지방마다 만드는 음식이지만 그 조리법에 특색이 있어 묘미를 자랑하는 향토음식이 있다."

반면 김호직의 향토식은 해당 지역에서 생산되거나 앞으로 생산될 재료를 사용하여 만든 음식으로 한정한다. 더욱이 향토식이 무조건 좋다는 것이 아니라고 전제하고, 향토식에도 개선을 필요로 하는 것이 있으며, 그 개선은 기계적으로 행해지면 안 된다고 보았다. 그 대신에 향토적 혹은 생태학적 수단을 통해서 개선되지 않으면 안 된다고 제시했다. 네이버 백과사전에서 제시하는 향토음식의 형태가 매우 광의의 뜻을 담고 있다면, 김호직의 향토식은 생산 조건을 해당 지역에 한정했다. 시기적으로 거의 60년이 넘는 차이가 있지만, 왜 이러한 미묘한 차이가 향토식과 향토음식의 담론에서 나타나는 것일까?

이것을 규명하기 위해서는 당시 일본에서 향토식을 어떻게 개념 규정하고 있었는지를 살필 필요가 있다. 김호직은 1924년 수원고등농림학교를 졸업하고 1930년 일본 도쿄제국대학 생물학과를 졸업했다. 이후 1930년대 중반부터 이화여전과 숙명의전에서 교수로 재직했다.[16] 따라서 그가 지니고 있던 식물학(食物學)의 기본 지식은 일본에서 배양된 것이고, 그가 사용하는 향토식 용어도 당시 일본에서 유행한 것이었다.

일본의 민속학자 야노 게이이치(矢野敬一)는 중일전쟁 이후 전쟁 국면으로 인한 식량 부족에 대한 대책으로 '국민식'과 그 하위에 위치한 '향토식'이 새롭게 제창되었다고 주장한다.[17] 그에 의하면 1940년에 대정익찬회(大政翼贊會)라는 조직이 발족되었고, 국민 전반을 대상으로 한 식(食)의 기준을 만들었는데, 그것이 바로 국민식이라고 한다. 동시에 각 지방의 고유 식량 사정에 대한 관심에서 대정익찬회는 1941년에 '향토색이 짙은 국민식' 개념을 만들어냈다. 특히 절미(節米)·대용식(代用食)·혼합식(混合食)이 강력하게 요구되면서 각 지방에 뿌리를 둔 먹을거리로써 '향토식'이 재인식되었다고 한다.[18] 곧 '향토식'이라는 담론은 1940년대 초반 전시 상황의 일본에서 지방에서 음식을 소비하는 방식을 조사하고, 그것을 통해 식량 위기의 해결책을 강구하려는 의도에서 만들어진 것이다.

대정익찬회가 중심이 된 향토식 담론의 발생은 곧 김호직에게 이어진다. 김호직이 '향토식'을 언급한 부분의 장 제목 역시, '향토식 연구법의 일시안'이었기 때문이다. 그는 전 조선을 통해서 직접 또는 간접으로 먹을거리의 내용을 조사했다고 밝히면서, 이른바 '식물조사표'를 제시했다. 김호직은 "이 조사표에서 알고 싶은 일은 각지에서 어떠한 식품이 생산되며, 어떠한 방법으로 이용되어지는가, 즉 생산식품 · 식품가공법 · 음식조리법의 일반이다"[19]라고 적었다. 그러면서 그 조사결과를 통해서 "생산식품에 의해서 주민의 음식을 규정하는 것이며, 또 그것이 조화를 지닌 음식인가를 생각하게 된다"고 했다. 결국 기왕에 생산되는 식품이 생태 조건에 알맞은 것인가를 확인해야 하며, 만약 그렇지 않을 경우에는 개선해야 한다는 입장을 담고 있다. 하지만 이러한 향토식 담론이 실제로 실천된 곳은 주로 일본에 한정되어 있을 가능성이 많다. 1944년에 일본의 중앙식량협력회(中央食糧協力會)가 펴낸 《우리나라 향토식의 연구(本邦鄕土食の硏究)》[20]에는 비록 일본 전국은 아니지만, 그동안 수집된 지역별 향토식에 대한 정보와 대용식의 가능성에 대한 논의가 정연하게 정리되어 있다.

향토식은 다른 말로 '향토요리(鄕土料理)'라고도 부른다. 1938년 3월 3일 도쿄에서는 각 지방의 향토요리를 천황의 식사로 바치는 행사가 처음으로 열렸다. 이 행사는 중일전쟁 이후, 천황이 지방민의 식생활을 이해한다는 명목으로 진행되었다.[21] 그 당시 조선에서 향토식이나 향토요리에 대한 논의는 보이지 않는다. 이 점만 보아도 1940년대 초반 조선에서의 향토식 담론은 전면적인 양상으로 전개되지 않았다.

해방 이후 국내에서 처음으로 '향토음식'이란 용어가 사용된 때는 아직 명확하지 않다. 다만 신문기사 데이터베이스(DB)를 통해서 향토음식의 등장은 왕준련(王畯連, 1918~1999)의 《한국요리》[22]에서 향토요리를 별도로 다룬 것에서 출발함을 확인할 수 있다. 주지하듯이[23] 왕준련은 개성 출신으로 1950년 수도여자사범대학 가정과를 졸업하고, 한국전쟁이 발발하자 피난지인 부산 기독교청년회(YMCA) 강당에서 한국 최초로 요리 강습을 시작한 인물이다. 1961년 대구에서 요리학원을 열었고, 그후 서울로 옮겨왔다. 1969년 사단법인 한국식생활개발연구회를 설립해 본격적인 '식생활개선운동'을 펼쳤다.

그가 펼친 식생활개선운동은 김호직이 제시했던 향토식과 달리 국민적 표준 식단을 제공하는 데 목표가 있었다. 1960년대 이후 박정희 정부가 펼친 식량 개선과 관련된 혼·분식장려운동에 왕준련이 적극적으로 참여한 이유도 여기에 있다. 그녀는 식빵·비스킷·카스텔라 등과 같은 분식 만드는 법을 전국에 전파하는 활동을 했다. 아울러 한국의 식량 사정에 맞추어 새로운 요리를 개발해내기도 했다. 특히 1972년에는 박정희 대통령 부인 육영수가 마련해준 이동 조리차를 타고 전국을 순회하며 주부들을 대상으로 자신이 개발한 요리를 가르쳤다.

하지만 1976년에 한국요리학원을 열고 한국 전통음식 위주의 요리 강습을 진행하는 방향으로 그 태도를 바꾸었다. 그 이유는 당시 한국의 식량 사정이 어느 정도 개선되었기 때문에 굳이 분식을 개선의 목표로 삼을 이유가 없었기 때문이다. 아울러 당시에 주요한 사회적 담론으로 형성되어가던 민족주의 담론[24]이 그녀가 한국요리 연구가로 변신하는 데 일조했다. 1980년대에 들어와서는 1986년 아시안게임과 1988년 서울올림픽 유치로 인해 해외 교포에게 김치 · 불고기 · 김치샌드위치 · 불고기샌드위치 · 김치버거 · 김치팬케이크 등과 같은 한국요리 혹은 그것을 응용한 요리를 외국에 소개하는 일에 뛰어들도록 만들었다.

향토요리에 대한 관심은 여성교육에도 활용되기 시작했다. 이 점은 식생활개선운동이 지닌 계몽적 차원과도 연결되었다. 1977년 9월 1일에 여성문제연구회에서 개관한 '한국여성의 집'에서 시행한 교육 프로그램에도 향토요리는 중요한 내용이었다.[25] 1960년대 이후에 국가적 차원 혹은 정부의 지원을 받은 생활개선운동은 농촌을 중심으로 행정적 차원에서 시행되기 시작했다. 오늘날 농촌진흥청이 운영하는 농촌여성을 위한 각종 요리교실 프로그램도 1960년대에 본격적으로 시작되었다.

향토음식에 대한 담론이 본격적으로 신문지상에 등장하는 때는 대체로 1978년 전후로 여겨진다. 《경향신문》 1978년 1월 20일자 〈여적(餘滴)〉이란 칼럼은 교통부가 전국의 주요 관광지에 예로부터 전래되어오는 '고향의 맛'을 찾아, 이른바 '관광음식'으로 지정했다는 발표에 맞추어 향토음식에 대한 논평을 적고 있다. 향토음식의 보존 · 계승이 중요하지만, "한편으로 생각해보면 교통망과 매스컴의 발달로 전국이 1일 생활권으로 압축되고, 생활양식에 혁명이 일어나고, 인스턴트식품 · 인공조미료 등이 판을 치는 일면에서 집안의 장독대가 축소되고 있는 마당에 이 '고유음식 찾기'의 노력이 얼마만큼 알찬 결실을 맺게 될지가 문제인 것 같다"[26]고 적었다.

이 기사에는 1970년대 말에 한국사회에서 향토음식 담론이 제기되기 시작한 배경이 제대로 드러나 있다. 즉 생활양식의 도시화와 교통 발달, 그리고 매스컴의 발달로 인해 표준화된 전국적 성격의 음식이 유행하면서 이에 대한 반대급부로 향토음식이 부각되었다. 더욱이 정부에서는 1일 생활권의 교통망을 이용해서 관광상품으로 향토음식을 개발할 필요성도 있었다. 위의 신문보도에 따르면, 교통부에서는 '고유음식찾기위원회'를 문화재전문위원·민속학자·요리전문가 들로 구성하여 향토의 고유음식 찾기에 나서고, 지역 관광호텔에서는 지정된 향토음식을 식단에 의무적으로 올리겠다는 정책안을 제시했다고 한다.

1970년대 말에 한국사회에서 제기되기 시작한 향토음식 담론은 앞에서 살펴본 1940년대 초반 일본의 향토식 담론과는 매우 다른 차원에 있었다. 일본의 향토식과 달리 향토요리 혹은 향토음식에는 고향과 어머니, 그리고 도시가 개입되었다. 1928년 일본의 잡지《주부지우(主婦之友)》1월호에서는 '전국의 민중적 명물요리(名物料理)'에 대한 투표가 이루어졌다.[27] 이 행사의 취지서를 보면, 향토의 이야기를 담고 있는 명물요리가 지방마다 한두 개씩은 있게 마련이므로 그 지방 출신의 민중들이 '맛있는 것'이라고 여기는 것을 독자 투고를 통해서 집계하고, 그중에서 가장 많이 나온 것을 선정하여 '명물요리'로 선정하겠다는 의도를 엿볼 수 있다.

그런데 문제는 이렇게 집계된 명물요리는 결코 일반 가정에서 조리하여 먹는 '가정요리'가 아니라는 데 있다. 여기에서 논의되는 명물요리는 일상적인 것이 아니라 특별하게 즐기는 음식을 말한다. 특히 근대가 제공한 관광과 연결되어 그것에 의해서 만들어진

요리가 바로 명물요리 혹은 명식물(明食物)이라고 보았다.[28] 잡지 《주부지우》에서 시도한 지방 '명물요리'에 대한 관심은 이윽고 조선의 잡지에도 나타났다.

1929년 12월 1일자 잡지 《별건곤》에서 〈진품(珍品)·명품(名品)·천하명식 팔도명식물 예찬(天下名食八道名食物禮讚)〉이란 칼럼이 실렸다. 총 9가지 음식에 대해 각각의 글이 실렸다. 그 제목을 원문 그대로 옮기면 다음과 같다. '사시명물(四時名物) 평양냉면(平壤冷麵)'(金昭姐), '사랑의 떡 운치의 떡 연백(延白)의 인절미'(長壽山人), '대구의 자랑 대구의 대구탕반(大邱湯飯)'(達城人), '천하진미(天下珍味) 개성(開城)의 편수'(秦學圃), '괄세 못할 경성(京城) 설넝탕'(牛耳生), '충청도(忠清道) 명물(名物) 진천(鎭川) 메물묵'(朴瓚熙), '진주 명물 비빔밥'(飛鳳山人), '전주 명물 탁백이국'(多佳亭人), '진품 중 진품 신선로(神仙爐)'(牛步生).

여기에서 주목해야 할 점은 '명식물'이란 말이다. '명(名)'이란 유명하다는 뜻이고, 식물(食物)은 일본어 '다베모노(食べ物)'로 한국어로는 먹을거리를 말한다. 따라서 팔도에서 이름난 음식 9가지를 소개한 칼럼이라고 이해된다. 아울러 각각의 글을 집필한 필자의 이름은 모두 필명(筆名)으로 여겨진다. 그 필명도 각 지방의 지명이나 특징적 음식과 관련이 있다. 이를테면 신선로는 우보생(牛步生), 설렁탕은 우이생(牛耳生)으로 재료와 관련이 있다. 반면 다른 지방의 음식들은 모두 해당 지역의 명소를 이름에 붙였다.

위에 언급된 지역 중에서 경성·평양·개성·대구·진주·전주 등은 1910년대 이후에 근대 도시의 모습을 갖춘 곳이다. 동시에 조선시대에도 행정타운의 중심지 기능을 했던 읍치 소재지이기도 했다. 결국 이들 지역에 근대적 식당업이 자리를 잡았고, 그것이 잡지 《별건곤》에서 팔도의 명식물로 예찬 대상이 되었다고 보인다. 하지만 여기에서 언급된 팔도의 명식물은 다분히 지역 그 자체에서 형성된 명물 음식이라고 보아야 한다.

이에 비해 해방 이후 도시에서 지역명이 붙은 향토음식이 부각되는 지점에는 고향을 떠나 도시로 이주한 사람들이 지니고 있는 향수와 관련되어 있다. 1980년대 이후 홍어를 재료로 한 음식이 서울에서 외식업의 메뉴로 자리를 잡게 된 까닭은 1960년대 이후 전라도 출신들이 서울로 대거 이주했기 때문이다. 해방 이후에 서울의 중앙시장 인근에 평양냉면과 함흥냉면을 판매하는 식당들이 자리를 잡은 배경은 북한 출신 월남민들이 이 일대를 중심으로 새로운 주거지를 형성한 데서 찾아야 한다. 따라서 1970년대 이후 매스컴에 언급되는 향토음식은 도시에서 만들어진 외식의 결과라고 보아야 한다.

1980년대 이후 향토음식 담론에는 정부가 개입한 흔적이 많다. 그 대표적인 사례가 전두환 정부가 주도한 '국풍81' 축제이다. 각 시·도의 행정부서 주도로 지역을 대표하는 향토음식이 선정되고, 그것을 판매하는 전문적 '먹자촌'이 축제의 현장인 서울 여의도에 개설되었다. 지금도 지역축제에는 이러한 방식의 '먹자촌'이 빠지지 않는다. 향토음식의 먹자촌에는 고향과 어머니, 혹은 장터라는 향수가 개입되어 있다. 당시 '국풍81'에 관람자로 참여한 사람들은 아직 전국을 다녀보지는 못했지만, 매스컴을 통해서 확보한 지역의 명물 음식을 한꺼번에 구경하고 맛볼 수 있다는 장점에 매료되었다. 이로써 향토음식이란 말에는 지역의 대표적 음식을 통해서 지역적 정체성을 표현할 수 있다는 믿음이 생겨났다.

문제는 각 지역의 세분화된 향토음식이 얼마나 존재하는가 하는 점이다. 적어도 전라도·경상도·충청도 등의 팔도 개념에서 향토음식을 언급할 수는 있지만, 세분화된 지역적 특성을 지닌 향토음식을 내세우기는 어려웠기 때문이다. 결국 향토음식의 발굴 필요성이 식품학계 일부에서 제기되었고, 이에 부응하여 문화재관리국이나 지방 행정부서에서 향토음식 발굴 프로젝트를 만들게 되었다. 하지만 몇몇 향토음식을 제외하면 그것이 지역적 변별성을 지니는 향토음식으로 이해되는 데 매우 한계가 있었다.

결국 서울의 외식업에서 지역 명칭을 붙이고 등장한 음식들이 새롭게 향토음식으로 부각되기 시작했다. 이미 일제시대부터 명성을 얻었던 평양냉면을 비롯하여 1980년대에 부각된 전주비빔밥·홍탁·춘천막국수·마산아귀찜, 그리고 1990년대 이후에 안동간고등어·포항과메기·안동찜닭 등과 같은 새로운 음식들이 전국적 연계망을 통해서 서울을 중심으로 전국으로 퍼져나갔다. 이러한 경향에는 1990년대 이후 매스컴의 역할도 간과할 수 없다. 텔레비전 방송국은 향토음식을 소개하는 데 앞장섰고, 시청자들은 그들이 제공한 정보에 대단한 신뢰감을 보여주었다. 항상 새로운 음식을 찾는 대도시의 소비자들을 위해서 향토음식은 해당 지역과 연결되면서 대도시에서 새로운 상품으로 소비되었다.

근대화 과정과 한국음식론

해방 이후 1970년대까지 한국음식에 대한 연구를 전문적으로 수행한 연구자로는 강인희(姜仁姬, 1919~1998), 황혜성(黃慧性, 1920~2006), 윤서석(尹瑞石, 1923~), 장지현(張智鉉, 1928~), 이성우(李盛雨, 1928~1993) 등을 꼽을 수 있다.[29] 당시 이들에게 공통적으로 주어진 문제의식은 1960년대 이후 강력하게 제기된 민족문화의 재정리와 재해석이었다.

장지현은 1969년에 펴낸 재래(在來) 장류(醬類)에 대한 논문[30]에서 한국음식의 역사적 접근이 필요한 이유를 다음과 같이 밝혔다. "식생활의 근대화의 일면에서 이들 우리의 장류가 하루속히 그의 내용면에서, 제조기술면에서 전통 있는 문화민족으로서, 또 민족문화의 착실한 계승을 위해서도 외국 장류의 역수입 내지는 모방 이전에 우리 조상이 우리들에게 남겨준 식품의 내용이 무엇인지를 확실히 깨달아야 되겠다. 따라서 민족의 역사적인 유물인 이들 장류 제품이 오랜 역사를 거치는 동안 어떻게 변천하였는지를 역사상의 제 기록을 더듬어서 우리 민족의 기호에 알맞은, 즉 우리가 원하는 장류 제품의 내용이 무엇인지, 또 그 방향이 무엇인지를 조사 개발하여, 변천하는 식생활의 근대화 작업에 필요한 자료를 얻고자 함은 물론, 숨어 있는 장류의 여러 제조기술을 개발하는 데 도움을 줄 수 있게 되기를 희망하면서 정리된 범위 내에서 자료를 소개하여 보고자 한다"고 적었다.

당시 한국음식에 대한 역사적 접근은 오로지 그것을 새롭게 조망하여 근대화를 달성하는 데 목적이 있었다. 이 점은 이성우에게도 동일하게 나타난다. 다만 이성우는 1970년대 일본에서 진행된 학제적 연구에 영향을 받아 음식생활 전반을 정리하는 방향으로 연구를 확대했다.[31] 이에 비해 윤서석은 조리학적 기초에서 시작하여 한국음식의 문화적 맥락에 대한 접근을 시도하는 글들을 발표했다. 특히 1965년부터 문화재관리국이 주도하여 시작한 '한국민속종합조사사업'에서 윤서석은 황혜성과 함께 '식생활' 분야 연구자로 참여하면서 민속학·문화인류학 연구자들과 만나게 되었다. 그는 이들 연구자들과의 접촉에서 문화적 접근에 대한 지식을 얻을 수 있었고, 동시에 현지조사를 통해서 각 지역의 음식과 조리법을 정리하는 작업도 했다. 그의 연구가 지닌 특징은 자연과학 연구자이면서 상당히 인문학적 시각을 제공한다는 데 있다.[32)]

윤서석의 연구는 결국 〈식생활의 전통양식〉이란 글[33)]을 통해서 한국음식의 특징을 극명하게 드러냈다. 그 대강을 정리하면 다음과 같다. 한국의 밥상은 밥과 그것을 먹기에 적합한 음식을 반찬으로 하여 차려진다. 반찬의 구성은 상응적(相應的) 조합성(調合性)을 갖추고 있다. 즉 식품의 배합, 간의 농담, 음식의 냉온, 색상의 배합 등 여러 면에서 합리성과 조합성을 이루려 한다. 이에 비해 의례음식은 떡·과일·유과류·적 등을 모두 동격의 것으로 차려 각각 상징성을 부여한다. 그래서 축의음식(祝儀飮食)에는 기복(祈福)·반복(頒福)·불복(祓福)의 상징성을 가지며, 제의음식(祭儀飮食)은 그 자체에 상고성(尙古性)과 습합성(習合性)이 존재한다. 그가 밝혀낸 한국음식에 대한 분석은 유교적 특성과 종교적 관념, 그리고 주부식(主部食)의 구성이 지닌 의미론적 측면이었다. 이런 면에서 윤서석은 구조주의적 측면에서 한국음식의 구성 원리를 밝히는 데 주목했다고 평가할 수 있다.

결국 윤서석은 근대화 과정에서 겪는 혼란을 해결하기 위한 대안으로 한국음식에 대한 역사적 접근을 시도하는 글을 썼고, 그 내용에서 한국음식의 특징을 설명했다. 하지만 식민지 시기 안순환이 제시했던 조선음식의 특징처럼 외국 음식과의 비교를 통한 한국음식의 특징을 드러내는 데는 그다지 성공하지 못했다. 그 이유는 윤서석이 한국음식을 타자화하는 데 주력하지 않았기 때문으로 보인다. 또 해방 이후 1980년대 초반까지 한국사회는 아직 다른 나라와 비교를 할 수 있는 조건을 갖추고 있지 않은 점도 그러한 경향을 가져온 또 다른 이유이다. 즉 근대화 과정에서 대두된 전통과 현대의 갈등을 해결하는 데 초점을 맞췄기 때문에 역사적 전개 과정을 살피는 작업이 더 중요했을 수 있다.

음식문화 관련 전문 연구자는 아니지만 이어령(李御寧, 1934~)은 그의 에세이에서 한국의 밥상으로 본 한국사회를 다음과 같이 설명한다. "아무리 큰 상이라도 서구의 식탁과는 달리 네 명 이상 앉기가 어렵다. 한국인에게 위장병이 많은 이유도 짐작이 갈 만하다. 그러나 더욱 모순되는 것은 식사 풍경은 고립적인 것이지만 상에 차려놓은 반찬은 공동적인 것이다. 서구에서는 함께 모여 먹어도 음식은 제각기 제 몫이 따로 있지만, 우리는 밥과 국을 제외해 놓고 반찬은 다 같이 먹어야 한다. 이러한 것이 바로 한국사회의 상징이기도 하다."[34]

이어령은 또 다른 글에서 한국음식문화의 특징으로 반찬·국물, 그리고 고명과 양념 세 가지를 꼽았다. 그는 "반찬은 밥의 텅 빈 맛 때문에, 그리고 밥은 반찬의 맵고 짠 자극적인 맛 때문에 싱싱하게 살아난다. 한국의 음식은 이 관계의 틈새에서만 존재한다. 함께 어우러짐으로써 손등과 손바닥처럼 떼어낼 수 없는 일체형의 맛과 의미를 자아내는 것이 한국음식이며, 동시에 한국인이 추구한 삶의 철학이기도 하다"[35]라고 했다. 이어령은 윤서석과 달리 문학적 시각에서 한국음식의 특색을 한국사회와 연결시켰다. 1970년대 이후 한국인 혹은 한국문화에 대한 각종 담론이 책으로 출간되기 시작했다.[36] 이런 경향과 이어령의 글은 무관하지 않다. 특히 서구 사회와의 비교를 통해서 한국 밥상의 특징을 조망하려는 태도는 학자로서 윤서석이 보여주지 못했던 측면이다.

칼럼니스트 이규태 역시 이어령과 비슷한 문제의식에서 출발한다. 20세기 초반에 미국으로 이민을 간 한국인의 후손이 지닌 민족적 자질에 주목하면서 "맛에 대한 민족의 유전질이 가장 강력한 우성으로 늦게까지 잔존한다"[37]고 주장한다. 그중에서도 그는 미역(味域), 즉 특정한 음식의 맛을 감지하는 능력을 가지고 한국인은 좋아하는 맛을 찾는다며, "이 세상에서 삭혀서 나는 맛난 맛인 발효미(醱酵味)를 감지하는 미역이 가장 발달한 것이 한국인이다. 왜냐하면 서양 사람의 음식 가운데 발효음식은 거의 없다시피 하는데, 한국인이 먹어 내린 밥 반찬의 80퍼센트는 발효식품이기 때문이다"[38]라고 했다.

신문에 연재된 '이규태 코너'에서 음식 관련 기사만 뽑아 엮은 《한국인의 밥상문화》란 책에는 〈밥맛 민족주의〉, 〈민족성의 원형질: 쌀〉, 〈정착성 식사문화〉 등의 글에서 한국음식의 특징을 극명하게 설명한다. 그중에서 정착성 식사문화가 한국음식에서 발달한 이유를 이규태는 다음과 같이 설명한다. "첫째, 이 세상에서 손꼽는 정착 민족이기에 우리 한국인이 상식하는 음식은 이동 민족처럼 간편히 가지고 다니며 먹을 수 있게끔 구조적으로 돼 있지가 않다. 둘째, 서양음식은 물기가 배제된 건성 음식인 데 비해서 한국음식은 온통 물기투성이인 습성이어서 가지고 다니며 먹기엔 불편하게 돼 있다. 셋째, 서양음식은 식어도 먹을 수 있는 냉식 문화인데 비해 한국음식은 식으면 맛이 반감하거나 먹지 못하는 것으로 치는 온식 문화다."[39]

그렇다고 이규태가 한국음식의 특색을 간명하게 정리했다고 보기는 어렵다. 다만 국제화시대에 경쟁력을 갖춘 한국음식의 특색을 여러 갈래로 설명하고 있다고 해야 옳다. 저널리즘의 입장에서 언급한 이규태의 한국음식에 대한 개념 규정은 앞에서 언급한 몇몇의 식품학자들보다도 훨씬 광범위하게 독자층을 형성했다. 특히 1970~1990년대에 전개된 한국사회의 민족주의적 성향과 세계화의 이중성은 이규태 칼럼을 읽는 독자들에게 일종의 단물로 아침마다 마른입을 적셔주었다. 전통과 현대의 갈등 와중에 놓여 있던 1930~1950년대 출생의 한국인 화이트칼라에게는 자문화에 대한 이해를 간명하면서도 극단적으로 이해하도록 만들어주는 데 이규태의 글이 일조했다.

이규태는 〈정착성 식사문화〉라는 글을 통해 서양음식과 한국음식을 극명하게 비교하여 한국음식의 특징을 드러낸다. 독자는 자신이 왜 외식을 자주할 수밖에 없는지를 이규태의 글을 통해서 확인한다. 이규태는 정착성 식사문화에서 배태된 한국음식의 특징은 결국 한국인으로 하여금 이동을 하면서 식사하기보다는 외식을 할 수밖에 없는 상황으로 몰아갔다고 보았다. 하지만 이 담론은 매우 단순한 논리 구조를 가지고 있다.

세상에 농업을 주로 하는 민족집단 중에서 정착생활에 익숙한 음식생활을 하지 않는 민족이 어디에 있겠는가? 서양인들이 무조건 이동하는 특성을 지녔다는 전제는 어디에서 나오는가? 1970년대 이후 서울을 비롯한 대도시에서 식당이 우후죽순처럼 생겨난 배경에는 급속한 이농과 서울 인구의 증대, 그리고 경제발전과 밀접한 관련이 있다. 이 와중에 주로 '가정식 백반'을 주 메뉴로 하는 한국음식 식당업은 누구나 쉽게 뛰어들 수 있는 사업이었다. 그럼에도 이규태의 설명은 변하지 않는 문화적 원형질에 대한 당시 한국사회의 갈망과 이어져서 대중적인 설득력을 지니고 인기를 누렸다.

1980년대까지 몇몇 학문적 성과를 제외하면 '한국음식론'이라고 부를 수 있는 연구성과는 별로 많지 않다. 이규태의 글을 두고 '한국음식론'이라고 지칭하기도 적당하지 않다. 그럼에도 최근에도 식품학계의 연구자가 중심이 되어 한국음식의 특징을 거론할 때, 윤서석의 연구성과와 이규태의 칼럼에서 제기된 생각이 지속되고 있다는 점을 놓쳐서는 안 된다.

요리연구가인 이지호가 뽑은 한국 전통음식의 특징 열 가지는 윤서석이 내놓은 한국음식의 특징과 일맥상통한다. "첫째, 주식과 부식이 확연하게 구분되고 부식의 숫자가 많다. 둘째, 외국 음식에 비해 써는 법(다지는 법) 등이 많이 쓰여 육류요리는 소화가 잘되고 먹기 편한 점이 있으나 시간과 노력이 많이 든다. 셋째, 곡물류의 가공 조리법이 다양하게 발달되었고, 저장식품이 발달했다. 넷째, 음식의 모양보다 맛을 위주로 한다. 다섯째, 음식의 종류와 조리법이 매우 다양하다. 여섯째, 음식맛이 다양하고 향신료를 많이 사용한다. 일곱째, 시식과 절식이 발달했다. 여덟째, 조반·석반을 중히 여긴다. 아홉째, 곡물을 중히 여겨서 곡물 음식이 발달했다. 열째,

음식에 대하여 의식동원(醫食同源)의 기본 정신이 있다."[40)]

아울러 이규태식의 언급도 인터넷에 일반 네티즌이 정리해놓은 한국음식의 특징에 자주 나온다. 가령 "첫째, 우리나라 식사는 준비된 음식을 모두 한 상에 차려놓고 먹습니다. 둘째, 주식과 부식이 확연히 구분되는데, 밥을 주식으로 하고 각종 반찬을 부식으로 하며 국물이 있는 음식을 즐겨 먹습니다. 셋째, 조리법이 다양하여 구이, 조림, 볶음, 전, 생채, 숙채, 젓갈, 장아찌, 김치, 국, 찌개, 전골 등 다양한 방법으로 음식을 만들어 먹습니다. 넷째, 장류, 김치, 젓갈 등의 발효음식을 많이 먹습니다. 다섯째, 음식 재료는 잘게 자르거나 다지는 등의 방법으로 한 입에 들어갈 작은 크기로 만들어 조리합니다"[41)]와 같은 내용이다.

21세기, 한국인은 어떻게 음식을 소비하는가

나는 2000년 3월부터 12월까지 서울과 경기도 일대의 음식민속에 대한 현지연구를 시행한 적이 있다.[42)] 그때 현재적 시각을 바탕으로 '음식민속지'를 작성했다. 음식민속지의 서술은 크게 정보제공자의 인적 사항 및 살림살이, 일상음식 · 저장음식 · 의례음식으로 구분했다. 일상음식에서는 ① 음식 재료의 구입과 종류, ② 부엌과 식사기구, ③ 일상식사의 구조, ④ 음식의 마련과 정리 등을 항목으로 나누었다. 저장음식에서는 김치와 장류를 항목으로 설정했다. 의례음식에서는 ① 명절음식, ② 제사음식, ③ 생일 · 혼례 · 회갑 등의 음식, ③ 음식과 종교, ④ 외식을 항목으로 설정했다. 특히 음식 재료의 구입과 종류를 정확하게 알기 위해서 정보제공자 집의 냉장고와 찬장, 그리고 다른 공간에 보관된 음식물의 목록을 만들었다. 아울러 부엌에서 조리기구와 식기구의 목록도 작성했다. 또 일주일 간의 식단 구성을 조사하여 표로 만들고, 각 음식의 조리법을 조사했다. 이를 통해서 최초 한국인의 음식 소비 경향을 다음의 몇 가지로 파악할 수 있었다.

첫째, 음식 재료는 도시는 물론이고 농촌의 경우에도 농산물 일부를 제외하면 대부분 구입한다는 점이다. 통계 자료에 의하면, 한국인이 소비하는 음식물의 3분의 2는 공장에서 만들어진 공산품이라고 한다. 특히 공산품 재료를 구입하는 장소는 대부분 대형 마트이기 때문에 냉장고와 찬장 등에 보관하고 있는 음식물의 종류가 매우 많다. 일례로 경기도 이천시의 안근호[43] 집에는 양념류 31종, 채소류 12종, 육류와 생선류 18종, 곡류 13종, 음료수 13종, 공산품류 17종, 김치 11종, 밑반찬 12종, 기타 20종이 있었다. 특히 냉장고에는 반드시 냉장 보관을 필요로 하지 않는 음식물도 들어간다. 즉 오늘날 한국 가정에서 사용하는 냉장고는 그 이전의 찬장을 대신하고 있다는 사실을 확인할 수 있다.

둘째, 부엌에 비치된 식사기구와 조리기구는 주부의 연령대가 낮을수록 그 가짓수가 과도하게 많다는 점이다. 특히 식구의 숫자와 관계없이 수저와 그릇이 많다. 이 점은 오늘날 한국인의 식구 범주(category)가 동거인에만 한정되지 않고, 명절이나 잔치 때 집에 올 수 있는 확대가족의 범주까지 식구에 포함시킨다는 사실을 반영한다. 그런데 조리기구 중에서 프라이팬이 4개 이상인 경우가 많다. 이것은 가정에서 음식을 조리하는 데 기름에 지지는 조리법이 많이 이용된다는 점을 보여주는 증거이다. 전근대 한국음식은 주로 시루를 이용하여 찌는 방법을 사용했는데, 오늘날 일상음식은 물론이고 잔치음식까지 프라이팬과 식용유를 이용하여 지지는 음식이 증가했다. 이것은 서유럽과 중국의 조리법이 20세기 이후 다수 도입된 결과인 동시에 식용유에 대한 기왕의 고급 가치가 일반화하는 과정에서 나왔다.

셋째, 식사하는 방식은 연령이 젊을수록 입식 식탁을 사용하지만, 연령이 높을수록 입식 식탁이 있더라도 교자상을 사용하여 좌식을 하는 경우가 많다. 2000년의 한국 사회지표 조사에 의하면, 전국의 주택 종류 중에서 단독주택이 약 47퍼센트, 아파트가 약 40퍼센트에 이른다. 더욱이 아파트를 비롯하여 연립주택 및 다세대 주택과 같은 서구형 밀폐 거주 공간이 전체의 약 53퍼센트에 가깝다.[44] 이들 주택은 물론이고 한국의 개방형 주택에서도 부엌이 입식으로 개조된 경우는 많다. 이로써 부엌에 자연스럽게 입식 식탁을 갖추는 가정이 늘어나고 있다. 그러나 입식 식탁은 하나의 가구에 지나지 않는다. 여러 식구들이 모이는 명절과 제사 때는 입식 식탁이 제 기능을 하기 어렵다. 왜냐하면 앉을 수 있는 의자의 숫자가 적기 때문이다. 이를 대비해서 대부분의 가정에서는 교자상을 갖추고 있다. 좌식에서 입식으로의 변화 과정이 오늘날 도시와 농촌의 가정에서 복합적으로 진행되고 있음이 확인된다.

넷째, 음식의 마련과 정리는 아주 젊은 부부를 제외하면 전적으로 주부가 맡아서 하는 경우가 대부분이다. 특히 노부모와 함께 생활하는 대가족의 경우, 이런 현상은 보편적일 수밖에 없다. 왜냐하면 노부모는 음식의 생산에 대한 남녀의 성(gender) 역할을 여성 중심으로 인식하고 있기 때문이다. 하지만 부모와 함께 생활하지 않는 30대 이하의 부부들 중에는 남편이 설거지를 하는 경우도 있다. 이것 역시 음식에 대한 성 역할이 달라지고 있음을 반영한다. 이러한 현상은 도시에 살고 나이가 젊을수록 더욱 두드러진다.

다섯째, 1950～1960년대 출생의 중년 부부는 음식 기호(嗜好)에서 지역적 특성을 보이지 않는다. 일례로 김치를 담글 때 멸치액젓·새우젓·멸치젓을 두루 사용한다. 일반적으로 한반도의 남부지역에서는 김치 담는 젓갈로 멸치젓 혹은 멸치액젓을 주로 사용했고, 중부지역에서는 새우젓을 많이 사용한다.[45] 그러나 매스컴을 통한 정보 및 유통망의 확충 등으로 인해 중부지역에 사는 사람들 중에도 멸치젓을 김치 젓갈로 사용하는 경우가 많다. 또한 전라도식 고들빼기김치와 경상도식 파김치가 경기도의 집에서 소비된다. 따라서 전래되어오는 지역 김치에 대한 기호는 여전히 지속되는 듯하지만, 전국적 유통망은 이러한 지역적 특성을 달라지게 만든다. 그만큼 음식에 대한 기호가 식품기업의 활동에 따라 달라질 수 있음을 보여준다.

여섯째, 간장·된장·청국장·막장·고추장 등과 같은 장류 음식을 집에서 직접 담가 먹는 경우는 주로 농촌 거주자들에서 찾아볼 수 있다. 장류 음식은 일 년 중 거의 반년 동안 이것을 담그는 주부의 관심을 필요로 한다. 이에 비해 일제시대 이후 성립된 장류 식품회사에서 만든 상품 장류를 소비하는 가정이 날로 증가하고 있다. 그런데 상품 장류의 맛이 재래식 장류의 맛과 약간 다르다는 점에 주목해야 한다. 장류 음식은 분명히 한국음식의 맛을 결정짓는 데 중요한 역할을 한다. 그런데 상품 장류는 재래식 원료 배합 비율이 아닌 경우가 많고, 그 맛이 달게 변했다. 한국음식의 조미료가 지닌 깊은 구수한 맛이 변하고 있는 것이다.

일곱째, 지금도 여전히 제사를 모시는 가정이 많다. 설날과 추석의 차례는 물론이고, 기제사 등 3대 봉사(奉祀)를 지낸다. 앞에서 살펴본 안근호의 경우 장남으로 자신이 모든 제사를 주관한다. 부모의 제사에는 형제자매가 참여하고, 그 경비는 남자 형제 두 집에서 각각 나누어 낸다. 음식을 장만하고 장소를 마련하는 등으로 인한 경비 부담은 가장의 동생 집에서 더 많이 부담한다. 조부모의 제사에는 가장의 남계 혈친만 참석한다. 부모의 제사에 참여했던 가장의 여자 형제들은 참석지 않는다. 제사에 쓰이는 경비는 이 집에서 모두 부담한다. 이것은 그만큼 살아 있는 사람들과 조부모의 관계가 부모보다 멀기 때문이다. 아울러 선대에서 제사권을 물려받은 부모가 그와 관련된 논밭 재산을 장자에게 상속했기 때문에 경비는 당연히 이 집에서 마련한다. 증조부모의 제사에는 친척이 전혀 참석지 않는다.

여덟째, 음식과 관련된 종교적 관념은 기제사와 차례를 제외하면 거의 드러나지 않는다. 오늘날 한국의 많은 농촌에서 가정신령이 집안의 가장이나 주부에 의해 모셔지는 경우는 드물다. 특별히 터주신령과 성주신령을 모시는 경우가 간혹 있지만, 우물신과 측신(厠神), 그리고 조왕(竈王)은 공간의 변화에 따라 사라졌다. 특히 오늘날 농촌의 주류를 이루는 1930년대 출생 노인들은 자신들의 삶에서 급격한 변동을 거쳤고, 일정하게 서구적 관념을 수용한 터라, 살림집의 각 공간에 위치한 신령에 대한 지식은 있지만 실천 행위를 하는 경우는 드물다.

아홉째, 외식의 증가가 농촌의 가정에서도 나타나고 있다. 특히 초·중등 학생을 둔 집에서는 아이들의 생일이나 특별히 의미가 있는 날에 자장면·피자·돈가스·통닭 등과 같은 음식을 읍내에서 배달시켜 먹는다. 또한 생일에는 반드시 케이크를 구입하여 간단한 파티를 한다. 하지만 직접 식당에 가서 외식을 할 때는 불고기·갈비·냉면·칼국수 등과 같은 음식을 소비하는 경우가 많다. 오늘날 도시와 농촌에서 외식은 일상식사를 해결하는 한 방법으로 사용된다. 특히 음식 배달업이 발날하면서 일상적인 식사의 외식화가 날로 증가하고 있다. 아울러 농촌에서 노부부 두 사람이 식구를 구성할 경우, 직접 조리해서 먹는 경우보다 외식이나 반가공된 식품을 구입하여 일상식사를 해결하기도 한다.

열째, 도시화와 산업화로 인한 식생활 방식의 변화에도 불구하고 오늘날 한국의 가정에서 소비하는 일상식사는 여전히 밥을 중심에 두고 그것을 먹기 위한 반찬으로 구성된다. 1980년대 이전에 비해 밥의 양은 줄었지만, 밥 위주의 식사 구조는 지속되고 있다. 밥을 먹는 양이 줄어들고 상대적으로 장만할 수 있는 반찬의 가짓수가 증가했기 때문에 일상식사는 그 이전에 비해 큰 의미를 지니지 못한다. 이전 시기에 일상식사는 "밥을 먹었느냐?"라는 인사말이 생길 정도로 중요한 것이었다. 하지만 지금은 단지 끼니를 해결할 수 있는 수준에서 식사가 이루어지는 경향이 강하다. 이로 인해 상대적으로 외식이나 특별한 일품음식이 식탁에서 큰 의미를 지니고 소비된다. 이것은 식구집단을 중심으로 식사가 이루어졌던 이전의 일상식사가 개인 중심으로 변화되고 있음을 보여주는 증거이다.

변화하는 한국음식의 역사문화적 구조

나는 음식의 역사문화적 구조를 〈그림 1〉과 같이 표현했다. 적어도 쌀의 자급자족이 이루어진 1980년 이전에는 역삼각형 구조로 일상적인 식사가 소비되었다. 밥이 중심에 있으면서 먹는 양도 절대적으로 많았다. 밥은 오로지 쌀밥만을 먹는 것이 아니라 많은 양의 탄수화물을 섭취하기 위해 각종 잡곡이 들어갔다. 무쇠솥을 이용해서 밥을 짓는 방식으로는 삶아서 뜸을 들이는 조리법이 주로 사용되었다. 감자·고구마·옥수수와 같은 외국에서 유입된 근채식물 역시 무쇠솥에서 찌는 방법으로 조리되었다. 이처럼 한국음식의 주식 조리법에서 무쇠솥은 매우 중요한 조리도구였다.

다음으로 중요하게 여겨졌던 음식은 국이다. 국은 보통 채소·생선·고기 등을 넣고 물을 많이 부어 끓인 음식을 가리킨다. 맑은장국·곰국·설렁탕·갈비탕·해장국·미역국·추어탕·떡국·만두국·육개장·북어국 등은 모두 한국인이 즐겨 먹는 국이다. 찌개는 그 모양이나 조리법을 보면 국과 비슷하다. 다만 약간의 물에 고기나 채소 혹은 생선이나 조개 따위를 넣고, 여기에 간장·된장·고추장·새우젓 등으로 간을 맞추어 바특하게 끓이는 점이 국과 다르다. 한국인은 생선찌개·두부찌개·김치찌개·고추장찌개·된장찌개 등을 즐겨 먹는다. 국이나 탕, 아니면 찌개나 전골이 밥상에 올라와야 제대로 된 밥상이 차려졌다고 생각하는 한국인이 많다. 국은 간장과 소금으로 조미를 한다. 재료는 육류에서 채소까지 다양하게 들어간다. 주로 '삶는 법'을 이용하여 오랫동안 끓인다.

밥과 국과 함께 반찬은 한국인의 일상 상차림을 구성하는 3대 요

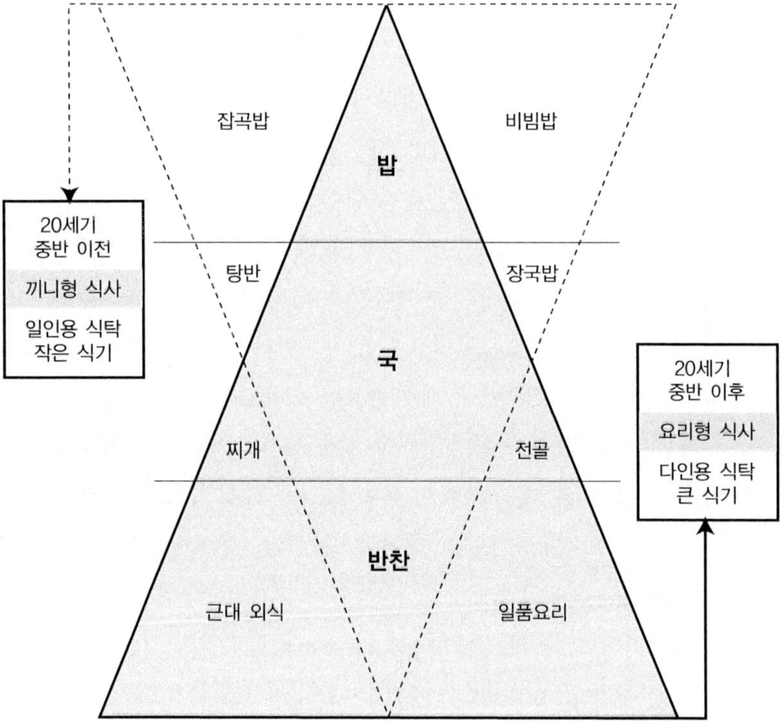

〈그림 1〉 한국음식의 역사문화적 구조

소이다. 한국음식의 반찬 재료는 채소를 주로 하면서 다양한 양념이 들어가는 특징이 있다. 반찬 조리법 중에서 가장 많이 사용하는 방식은 '무치는 법' 이다. 나물이나 김치는 모두 무치는 조리법으로 만든다. 그 다음으로 한국음식에서 많이 사용하는 조리법은 '찌는 법', '지지는 법', '조리는 법', '굽는 법' 이다. 이에 대해서는 보다 엄밀하게 히스토리컬 레시피 연구를 통해서 규명해야 한다. 다만 향후 조리학 연구자들의 성과를 기대하면서 나름대로 그동안 각종 히스토리컬 레시피를 통해 확인한 내용을 정리하면 다음과 같다.

'무치는 법'은 한국인이 채소를 매우 즐겨 먹으면서 생겨난 조리법이다. 보통 익히거나 양념을 하지 않고 날것을 그대로 먹기도 하는데, 상추쌈이 으뜸에 든다. 특히 채소가 생산되지 않는 겨울을 대비하여 소금에 절이거나 그늘에 말린 재료를 각종 양념으로 무쳐서 그 신선함을 지속시킨다. 특히 나물은 채소뿐만 아니라 풀·나뭇잎·뿌리 중에서 먹을 수 있는 것을 양념으로 무친 음식을 말한다. 나물은 조리 방법도 다양하다. 콩나물·숙주나물·시금치와 같은 채소는 끓는 물에 넣어 잠시 데친 다음에 양념에 볶거나 무친다. 이에 비해 그늘에 말린 다음에 보관해둔 고사리·취나물·시래기나물·가지 따위는 불에 남가 불린 후 끓는 물에 삶아서 양념을 무친다. 나물에 들어가는 양념으로는 간장·깨소금·참기름과 함께 다진 마늘과 파가 있다. 서양의 샐러드와 달리 나물은 주재료를 한 가지만 사용하면서 양념으로 맛을 낸다는 데 그 특징이 있다.

'찌는 법'은 시루에 재료를 안쳐서 수증기로 찌는 조리법이다. 떡은 대부분 찌는 조리법으로 만든다. 찌는 데 사용해온 가장 오래된 조리도구는 시루이다. 시루는 바닥에 구멍이 여러 개 뚫린 둥근

그릇을 가리킨다. 솥에 물을 담고 그 위에 시루를 올린다. 시루 바닥에는 수증기가 통하는 천이나 채소 따위를 깔아서 재료가 구멍으로 빠져 나가지 않도록 한다. 찌려고 하는 음식 재료를 시루에 넣고 솥에 불을 때면 수증기가 구멍을 통해서 시루 안으로 올라간다. 시루는 약 4천 년 전부터 한반도에서 사용했다. 주로 곡물을 갈아 그것을 쪄서 떡을 만들거나, 말린 고기나 생선을 찌는 데 사용했다. 1960년대까지만 해도 집집마다 시루를 갖추고 있었다. 찌는 법은 어느 조리법보다 영양학적으로 매우 우수한 조리법이다.

'지지는 법'은 둥글넓적한 철판인 번철이나 프라이팬에 식용유를 두른 다음 재료를 지지는 조리법이다. 설이나 추석 때 제사상에 올리기 위해서 마련하는 생선전은 계란에 소금을 약간 넣어서 푼 다음에 생선을 밀가루에 묻혀 하나씩 풀어둔 계란물에 담갔다가 기름에 지지는 방법으로 만든다. 또 여러 재료를 잘게 썰어서 밀가루와 계란 노른자로 반죽해 동그랗게 모양을 만들어 지진 일명 '동그랑땡'이라 불리는 음식도 지지는 방법을 이용한다. 부침개나 전(煎)이라고 불리는 음식은 모두 지지는 조리법으로 만든다. 빈대떡·파전·김치전과 함께 생선전·두부전·고추전·화전 등이 그렇다. 주로 잔치음식을 만들 때 지지는 조리법이 많이 쓰인다.

'조리는 법'은 생선이나 고기 혹은 두부에 간장을 붓고 약한 불에서 오랫동안 익히는 조리법이다. 이렇게 만든 음식을 보통 조림이라고 부른다. 쇠고기를 조린 장조림과 생선을 조린 고등어조림·갈치조림·꽁치조림 등이 있다. 주 재료와 함께 무를 넣고 함께 조리면 무에 양념이 배어서 맛이 좋다. 무로만 조림을 한 무조림도 있다. 일제시대 이후 일본음식의 조리법이 한반도에 도입되면서 한국음식 중에는 조리는 법으로 만든 음식이 증가했다.

'굽는 법'은 고기나 생선 혹은 다른 먹을거리를 불에 직접 굽는 조리법이다. 대체로 다음 세 가지 방법이 있다. 재료에 간장·기름·마늘·파 등으로 양념을 하여 굽는 양념구이, 소금을 뿌려서 굽는 소금구이, 그리고 재료에 아무것도 넣거나 뿌리지 않고 그대로 굽는 구이 등이 있다. 인류가 불을 이용하면서 굽는 방법은 지구촌 곳곳에서 행해졌다. 보통 석쇠를 불 위에 두고 굽는다. 불고기·너비아니구이·떡갈비·더덕구이·삼겹살구이·생선구이 등이 굽는 조리법으로 만든 음식이다. 1990년대 이후 입식 부엌의 도입과 도시가스를 이용한 조리로 인해 굽는 조리법이 가정의 특별식사나 외식업체의 메뉴에 많이 도입되었다.

앞에서 살펴본 것처럼 한국음식의 조리법은 '삶는 법', '무치는 법', '찌는 법', '지지는 법', '조리는 법', '굽는 법' 등으로 구성된다. 그중 '삶는 법', '무치는 법', '찌는 법', '지지는 법'이 19세기 이전에 가장 많이 사용되었던 조리법이다. 이 방법들은 한국음식을 만드는 데 오래된 조리법이라고 보아야 한다.

한국음식을 맛있게 먹는 방식은 밥과 국, 반찬을 입속에서 섞어 먹는 것이 제격이다. 국밥은 국에 밥을 만 것이고, 비빔밥은 밥에 반찬을 넣은 것이다. 이러한 결합은 간편하게 밥을 먹어야 할 때 주로 사용되기도 하지만, 탄수화물의 양이 부족할 때도 이러한 방법으로 한 끼에서 확보할 수 있는 에너지를 극대화했다. 밥과 국의 양이 많기 때문에 반찬은 간이 세다. 간장이나 된장이 많이 들어가야 맛이 난다. 여기에 18세기 이후부터 고춧가루가 국과 반찬에 들어가면서 점차 매운맛 위주로 바뀌었다. 하지만 반드시 매운맛이 한국음식의 맛이라고 할 수 없다. 본래는 간장과 된장에서 나오는 짜면서 구수한 맛이 한국음식의 맛이었다. 20세기 이후 식품산업과 외식산업의 형성과 확산으로 화학조미료의 맛이 강해졌고, 자극적인 매운맛이 강화되었다.

20세기 이후 지금까지 한국음식의 구조는 변화와 적응의 과정을 거치고 있는 중이다. 크기가 작고 높이가 낮은 식탁에서 크고 넓고 높은 식탁으로 바뀌면서 '밥〉국〉반찬'의 구조가 '일품요리〉반찬〉국〉밥'의 구조로 변했다. 〈그림 1〉에서 알 수 있듯이 역삼각형이 정삼각형으로 변했다. 하지만 식사에 대한 인식은 곧바로 바뀌지 않았다. 일품요리를 먹고도 반드시 밥을 먹으려 한다. 그래서 고가의 한정식을 판매하는 외식업체에서도 일품요리와 함께 반드시 '밥+국+반찬'의 메뉴를 제공하지 않으면 안 된다.

이것이 바로 한국인이 여전히 유지하고 있는 가정식 위주의 음식 소비에 대한 인식이다. 물론 외식산업의 정상적인 형성과 전개가 1990년대 이후에야 시작된 한계도 이러한 불균형을 만들어내는 데 일조했다. 당연히 음식물 쓰레기가 대량으로 나오는 문제도 이러한 인식에서 나왔다. 역삼각형이 정삼각형으로 역전된 오늘날, 오래된 가정식이 아닌 새롭게 개발해야 할 외식 메뉴가 요구된다. 이를 위해서는 이른바 '관습적 전통음식'에만 매달리지 말고, 한국인 스스로 믿고 있는 '한국적인 맛'을 만들어온 오래된 조리법, 곧 '역사적 조리법'에 대한 조리학계의 세밀한 연구가 시급하다.

여기에 해결해야 할 문제가 또 하나 있다. 앞에서도 살펴보았듯이 한국음식을 구성하는 재료는 원래 한반도에서 생산되는 것이었다. 그렇다고 오로지 한반도를 원산지로 하는 재료를 사용해야 한다는 주장은 아니다. 역사적으로도 수많은 먹을거리가 외부에서 유입되었기 때문이다. 이보다 더 큰 문제는 현재 식량자급률이 매우 낮다는 점이다.[46] 그래서 한반도에서 나는 재료로 만든 음식만을 한국음식이라고 규정할 수 없다. 이러한 한계를 극복하면서 한국음식의 개념을 규정하려면 앞에서 정리했듯이 조리법과 맛을 기준으로 설정할 수밖에 없다.

나는 거칠지만 한국음식의 개념을 다음과 같이 규정하려 한다.

"한국음식은 오늘날 한국인(북한 사람도 포함된다)이 생산·소비하는 음식 중에서 20세기에 주로 사용된 '삶는 법', '무치는 법', '찌는 법', '지지는 법', '조리는 법', '굽는 법' 등의 역사적 조리법으로 만든 음식을 가리킨다."

문화는 결코 고정불변의 것이 아니다. 음식의 문화적 양상 역시 마찬가지다. 음식의 소비는 사회적 '유행(fashion)'과 밀접하게 관계되어 변용된다.[47] 최근에는 산업적 '유행'을 통해서 확산되는 경우도 많다. 오늘날 한국인의 음식 소비는 결코 1920~1960년대 사이에 주류를 이루었던 자급자족적 시스템과 달리 공장제 생산물의 유통과 판매, 그리고 구입을 통한 소비가 이루지는 사회적 시스템을 보인다. 근대 국민국가에서 국가의 통합적 경제정책, 농수산물의 생산과 유통, 그리고 기업과 그들의 마케팅 전략은 사람들의 소비에 강력한 영향력을 발휘한다. 여기에 '유행'이라는 요소가 세대에 따라 강력한 작용을 하는 경우도 있다. 이러한 변용 과정과 그렇게 되도록 만든 요인에 대한 음식학 연구를 통해서 한국음식의 실체에 한 발짝 더 다가갈 수 있다고 믿는다.

3부

한국음식, 오래된 것과의 만남

10장

도구의 닮음과 문화의 다름

연암(燕巖) 박지원(朴趾源, 1737~1805)이 청나라 고종(高宗)의 칠순잔치에 참석하는 사신들을 따라서 지금의 선양(瀋陽)인 성경(盛京)에 도착한 것은 1780년(정조 4) 음력 7월 중순이었다. 만주인에 의해 세워진 청나라에 대해 약간의 불만을 가지고 있던 연암은 선양에서 소주(蘇州) 사람인 54세의 한족 선비 혹정(鵠汀) 왕민호(王民皥)와 그의 친구인 지정(志亭) 학성(郝成)을 만나서 밤을 세워가며 이야기를 나눈다. 비록 언어가 통하지 않았지만, 한자를 공유하고 있었기 때문에 필담(筆談)으로 의사소통을 했다. 왕민호는 연암이 기하학에 능통하다는 이야기를 하면서 세상이 그것을 알지 못해서 한탄스럽다는 데 공감을 표한다. 얼마 아니 되어 밥상이 들어온다. 연암은 밥상이 차려진 순서를 보고 다음과 같이 묘사했다.[1)]

> 과실과 나물이 먼저 오르고 다음에는 떡, 또 다음에는 볶은 돼지고기와 지진 달걀 등이 오르고, 밥은 가장 뒤에 올랐다. 밥은 하얀 쌀로 지었고, 양곱창으로 끓인 국도 올랐다. 중국음식은 모두들 젓가락을 사용하고 숟가락은 없었으며, 권하거니 받거니 하며 작은 잔으로 기쁨을 나눈다. 우리나라처럼 긴 숟가락으로 밥을 둥글둥글 뭉쳐 한꺼번에 배를 채우고 끝내지 않는다. 가끔 작은 국자로 국물을 떴을 뿐이다. 국자는 마치 숟가락과 비슷하면서도 자루가 없어서 술잔 같기도 하다. 또 발이 없어서 모양은 연꽃의 한 쪽과 닮았다. 나는 국자를 집어서 한 공기 밥을 떠 보려 하였으나, 그 밑이 깊어서 먹을 수 없기에, "빨리 월왕(越王)을 불러오시오"라고 말하고 무심코 웃었다. 이에 학성이 나더러 "무슨 말씀입니까?" 하고 물었다. 나는 "월

> 왕의 생김새가 목이 죽 길고 입부리가 까마귀처럼 길었답니다" 하였더니, 학성은 왕민호의 팔을 잡고 웃느라 입에 들었던 밥이 튀어나오며 재채기를 수없이 한다. 학성은 이내 "귀국 풍속에는 밥을 뜰 때에 무엇을 쓰십니까?" 하고 물었다. 나는 "숟가락을 쓴답니다" 했다. 이에 학성은 "그 모양이 어떻게 생겼습니까?"라고 묻는다. 나는 "작은 가지〔茄子〕의 잎 같습니다" 하고, 곧장 탁자 위에다 그려 보였다. 이에 둘은 더욱 배꼽을 움켜쥐고 졸도하듯이 웃는다. 이어서 학성은 "어떻게 생긴 물건이기에 가지의 이파리 모양인 숟가락이, 저 밥 속에 구멍을 뚫었을까" 하고 시를 지어 읊조렸다. 이에 왕민호가 대응하여, "많고 적은 영웅들의 손이, 마치 한나라의 장량(張良)처럼 임금에게 젓가락을 빌린다고 바빴으랴" 한다. 이에 연암이 "기장밥은 젓가락으로 먹지 않고, 남과 함께 먹을 때는 손을 국물에 적시지 않는 법인데도 불구하고, 중국에 들어와서 숟가락을 구경하지 못하겠으니, 옛 사람들이 기장밥 자실 때 손으로 뭉쳐서 잡수셨던가요" 하였다. 이에 왕민호가 "숟가락이 있긴 하지만 그다지 길지 않습니다. 기장밥이고 쌀밥이고 젓가락을 쓰는 것이 관습으로 굳었답니다. 아침에 배우면 습관이 된다는 말도 옛날과 달리 지금은 조금 다른 것 같습니다"고 답했다. 즉 예전에는 숟가락을 사용했는데 당시에는 그렇지 않다는 답이다.

연암이 《열하일기(熱河日記)》의 〈혹정필담(鵠汀筆談)〉에 적어둔 이 이야기를 나는 결코 단순한 에피소드로 넘길 수 없다. 원래 중국과 한반도의 지배층은 숟가락과 젓가락을 함께 사용했는데, 이 시기가 되면 중국인들은 젓가락만을 사용해 식사를 하고, 조선인들은 여전히 숟가락을 함께 사용했다는 것은 무엇을 의미할까?

고병익은 동아시아의 삼국이 역사상 근대에 이르기까지 계속해서 긴밀한 관계와 접촉을 유지하고, 문화적으로 밀접한 교류를 지속해왔다고 생각하기 쉽다고 문제제기를 했다. 그러나 1천여 년 전의 고대에서 당(唐)나라의 중국, 신라의 한반도, 그리고 나라(奈良)·헤이안(平安) 시대의 일본 삼국은 훨씬 긴밀하고 우호적인 관계를 유지했다 하지만, 근세 이전 여러 세기에 걸쳐 상황이 크게 달라졌고, 서로의 내왕도 접촉도 교류도 교역도 거의 단절되다시피 해서 오히려 서로를 멀리하고 소원한 관계가 되어왔다는 사실이 잘 인식되지 않고 있다고 주장했다.[2] 그가 예로 제시한 접촉 기회의 근소(僅少), 생활상의 상이, 그리고 공통어의 결여는 지난 1천년 동안 결국 동아시아 삼국의 지역적 통합보다 상호간의 상이성(相異性)을 더욱 조장했다고 할 수 있다. 숟가락과 젓가락이라는 식사도구를 통해서도 이러한 점을 살필 수 있다.

이 글은 동아시아 삼국의 지역적 통합성의 해체 과정이 오랜 시간 진행되어 왔으며, 그 밑바닥에는 동아시아 삼국 사람들의 서로에 대한 무관심이 깔려 있었음에 주목하여 준비되었다. 특히 의식주로 대표되는 일상생활에서 동아시아 삼국은 서로 다른 양상에서 변동 과정을 거쳐 왔다. 예를 들어, 최소한 당나라 시기 삼국의 귀족들은 젓가락과 숟가락을 함께 사용해 식사했다. 그러나 기후와 지리의 차이, 음식 구조의 차이로 말미암아 오늘날 중국과 일본에서는 주식과 부식을 먹을 때 젓가락을 주로 사용한다. 반면 한국에서는 주식과 국을 먹을 때는 숟가락을, 부식인 반찬을 먹을 때는 젓가락을 주로 쓴다. 이 같은 차이는 중국 내부만을 보아도 분명하게 드러난다. 중국 서남의 소수민족 중 량산(凉山) 이족(彝族, Lolo)은 젓가락을 사용하지 않는다. 그들은 뜨거운 국과 쌀밥을 먹을 때는 숟가락을 사용하고, 나머지 음식을 먹을 때는 손으로 먹는다. 또 위난(雲南)의 다이족(傣族, Tai)은 손으로만 음식을 먹는다. 그들은 젓가락이나 숟가락을 사용하지 않는다.

동일한 기능을 지닌 물질적 도구에 나타나는 사용상의 차이는 그것이 처음에 도입되었을 때의 기능마저 점차 변화시킨다. 동아시아 삼국 사람들이 지닌 젓가락과 숟가락에 대한 사용상의 차이는 그들이 밥을 먹을 때 사용하는 식탁의 모습은 물론이고, 그것을 통해 섭취하는 음식물의 모습, 그리고 음식물을 준비하는 조리기술의 내용마저 완전히 다르게 만든다. 오랜 시간 동안 습관적으로 형성된 관습은 물질적 기능상의 특성으로 인해 서서히 합법칙성을 확보한다. 그러나 그것이 지닌 합법칙성이 물질적 기반의 산물인지, 아니면 관념적 인식의 산물인지에 대해서는 좀 더 깊은 논의가 있어야 한다. 내가 이 글에서 관심을 두는 점도 동아시아 삼국 사람들의 밥을 먹는 방법상의 차이가 어떤 합법칙성에 근거하여 그 내부에서는 보편성을 확보하고 있는가에 대한 것이다.

콰이즈를 만든 중국, 콰이즈가 만든 중국

중국인[3)]의 일상식사는 '판(飯, 밥)'과 '차이(菜, 요리)'로 구성된다. 한국음식에서 반찬은 밥을 먹기 위해 준비되는 것인 데 비해, 중국인의 '차이'는 그 자체로서 하나의 독립된 음식으로 다루어진다. '판' 역시 '차이'와 별도로 그 자체로 한 끼의 식사가 된다. 중국인의 주식인 '판'은 밀과 벼농사의 생태—환경적 조건에 의해 지역적인 구분이 지어진다. 즉 창장(長江) 북쪽에 있는 친링산맥(秦領山脈)을 기준으로 북쪽은 대체로 밀농사 지역에 속한다. 이곳의 중국인들은 밥으로 멘탸오(麵面, 국수)나 만토우(饅頭, 찐빵), 쟈오쯔(餃子, 물만두)를 주로 먹는다. 아침으로는 만토우가 주류를 이루고, 점심과 저녁에는 멘탸오와 쟈오쯔를 먹는 것이 보통이다. 이 북방 중국인들은 음식물을 입에 넣을 때 반드시 젓가락을 사용한다. 특별한 경우를 제외하면 숟가락을 사용하지 않는다. 면류(麵類)로 대표되는 그들의 주식으로 인해 숟가락의 사용은 결코 보편적이지 않다.

이에 비해 남방에서는 주로 벼농사를 짓기 때문에 남방인은 쌀로 지은 밥을 먹는다. 쌀밥은 그 자체로 먹기가 어렵기 때문에 남방인은 쌀밥과 함께 두세 가지의 채소 볶음요리와 탕(湯)으로 구성된 식단을 갖추어서 식사를 한다. 이로 인해 남방인들의 식탁에는 언제나 젓가락과 숟가락이 함께 준비된다. 그런데 숟가락은 밥을 떠먹기 위해 준비되는 것이 아니라 탕을 먹기 위해서 마련된다. 그들이 사용하는 숟가락은 '탕숟가락'이라 해야 타당하다. 이것은 현재 중국인들이 숟가락을 지칭하는 구어체 표현으로 '사오즈(勺子)'[4]라는 단어를 사용하는 것과도 일정 부분에서 관련이 있다. 중국에서 출판된 《한어대사전(漢語大詞典)》[5]에 의하면, '사오(勺)'는 어떤 것을 떠낼 때 사용하는 기구로 자루가 있으며, 고대에는 주로 술 단지에서 술을 떠낼 때 사용했다고 한다. 오늘날 '사오즈'는 분명 그 한자가 지닌 원래의 의미와 상당히 밀접하게 중국인들에 의해 사용되고 있다.

문어체 표현으로 '사오즈'를 지칭할 때는 '찬츠(餐匙, 찬시)'라고 부른다. 진(秦)나라 이전까지만 해도 이것은 '비(匕)'로 불렸다. 중국 신석기시대 유적지에서 이 고대형 '비'가 수없이 발굴되었다. 당시의 '비'는 주로 동물의 뼈로 만들어졌으며, 그 형태 역시 두 종류로 나눌 수 있다. 하나는 평평하고 긴 막대기형으로 끝 부분이 특별히 얇게 제작되었고, 다른 하나는 오늘날 우리의 주걱과 비슷한 형태를 띤 것으로 숟가락의 입과 자루가 분명하게 구분된다.

황허(黃河) 중류 지역의 대표적인 신석기시대 유적지인 허베이성(河北省)의 '츠산(磁山)'[6]과 시안(西安)의 '양샤오(仰韶)'[7]에서는 전자의 '비'가 각각 23점, 27점씩 출토되었다. 황허 하류 지역인 산둥성(山東省) '다원커(大汶口)'[8] 유적지에서는 주걱형 몇 점을 포함하여 총 24점의 '비'가 나왔다. 그중 방합 조개껍질로 만든 것도 있으며, 무덤 유적에서는 사자(死者)가 손에 '비'를 쥐고 있는 채 발견되기도 했다.[9] 한편 비교적 늦은 시기인 황허 상류 지역의 '치쟈(齊家)'[10] 유적지에서는 총 128점의 평평한 형태의 골비(骨匕)가 발견되었는데, 대부분 무덤 속의 사자 허리 부분에 놓여 있었다. 이 지역에서 출토된 골비는 모두 한쪽 끝에 구멍이 있는데, 이것은 당시 사람들이 끈으로 골비를 묶어서 허리에 차고 다녔을 가능성을 시사한다.

앞에서 예를 든 중원(中原) 지역의 신석기 유적지에서 나온 숟가락은 대부분 평평한 형태의 것이었다. 신석기시대 황허 유역에서 재배되었던 주요 농작물은 조(粟, 좁쌀)였다. 조는 낟알 곡식으로 고대인들은 이것을 갈돌에 갈아 가루를 낸 후 토기에 넣고 물로 반죽하여 익혀 먹었을 것이다. 이렇게 익힌 음식은 죽과 떡의 중간 정도 상태였고, 평평한 형태의 숟가락을 이용하면 이것을 먹기가

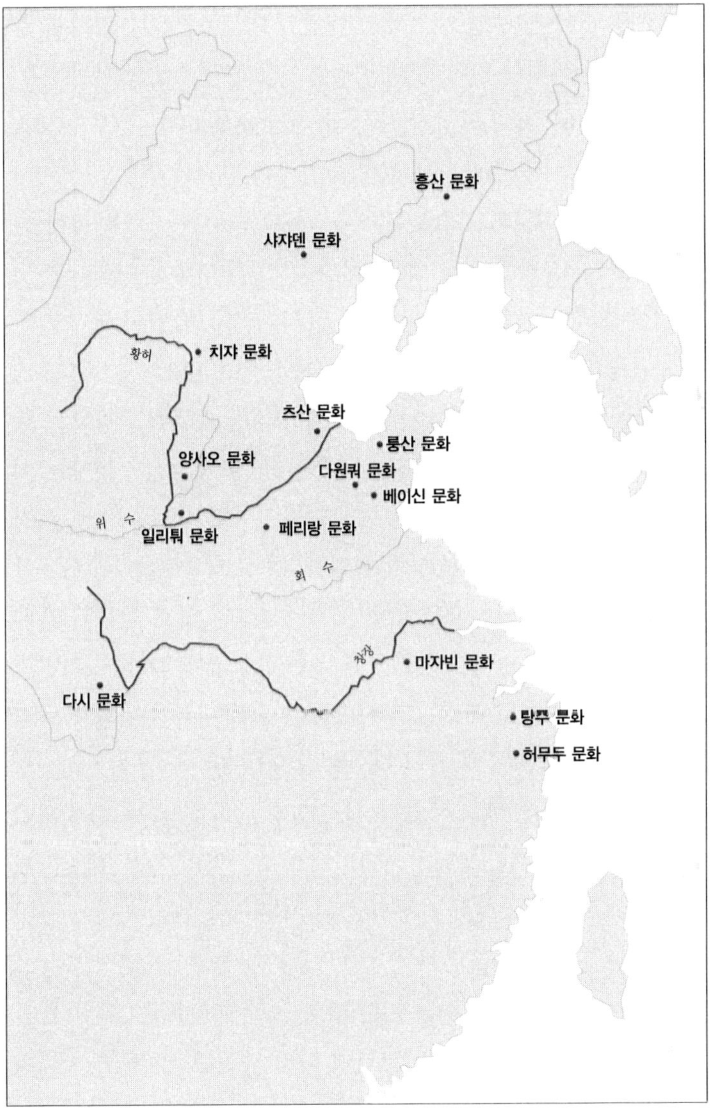

〈그림 1〉 중국 고대 주요 유적지

수월했을 것이다. 중원 지역에서 발견된 대부분의 신석기시대 골비가 평평한 형태를 띤 것도 이와 상관이 있을 것으로 추정된다.

반면 다원쿼 지역과 창장 이남의 저장성(浙江省) '허무두(河姆渡)'[11] 지역에서는 소량의 주걱형 숟가락이 발견되었다. 신석기시대 창장 이남 지역의 사람들은 벼를 주로 재배했다. 조에 비해 차진 성질을 지닌 쌀은 익혀 먹을 때는 주걱형 숟가락을 이용하는 것이 훨씬 효과적이었을 것이다. 곡물을 익혀 먹는 방법의 차이로 인해 숟가락의 형태가 다른 양상을 보였다고 여겨진다.

내몽골의 '샤자덴(夏家店)'[12] 지역에서 대량 출토된 청동으로 만든 주걱형 숟가락은 어떤 용도에 쓰였을까? 중국의 일부학자는 이것이 중원 지역에서 전파된 것이라고 주장[13]하기도 하지만, 그것은 설득력이 없다. 고대 숟가락은 일반적으로 밥을 먹는 데 사용한 '주걱'과 익힌 고기나 술을 떠낼 때 사용한 '국자'로 구분되기 때문이다. '샤자덴' 지역에서 발굴된 다른 유물들에 의하면, 기원전 2천 년 전의 이 지역에 살았던 사람들은 중원 지역의 한족과 달리 수렵·채집 생활을 주로 했던 것으로 알려진다.[14]

중원 지역에서는 비교적 늦은 시기인 청동기시대의 유적지 허난성(河南省) '얼리퉈(二里頭)'[15] 지역에서 숟가락의 입을 세밀하게 깎은 주걱형 골비 2점이 발견되었다. 이후 서주(西周)시대에 들어와서 비로소 청동으로 만든 주걱 형태의 숟가락이 보편적으로 쓰였다. 춘추전국시대인 동주(東周) 때의 유적지에서 발견되는 숟가락은 주걱형이 일반적인데, 크기에 따라 대소(大小)의 두 종류로 나뉜다. 작은 것은 10센티미터 이내의 것이며, 큰 것은 57센티미터에 이르는 것도 있다. 대소를 막론하고 대부분의 청동비(靑銅匕)는 청동으로 만든 삼족(三足)의 솥인 정(鼎)과 함께 발견되었다. 이것은 당시 숟가락이 솥에 담긴 음식을 떠내는 데 주로 쓰였음을 시사한다. 즉 고대 중국의 숟가락은 밥을 먹기 위해서가 아니라 국자로 사용되었다.

이러한 사실은 주(周)나라 때의 의례서인《의례(儀禮)》의 기록에도 잘 나타나 있다. 당시에 사용되었던 비는 반비(飯匕)·도비(挑匕)·생비(牲匕)·소비(疏匕)의 네 종류로 나뉜다. 반비가 밥을 먹을 때 사용한 비라는 사실은 명확한데, 나머지 도비·생비·소비의 구체적 용도에 대해서는 후세의 학자들 사이에 아직 정론이 없다. 다만 왕런샹(王仁湘)은 이에 대해 다음과 같이 주장한다. "이른바 도비·생비·소비는 모두 큰 국자로 제사와 접객 때 솥에서 육고기를 꺼내기 위해 사용되었던 것이다. 육고기를 잘 건져내기 위해 국자의 입이 많이 굽어 있다. 반비는 비교적 작은 것으로 직접 밥을 먹을 때 사용했다. 전국시대 후기에 들어와서 주나라의 의례제도가 붕괴되면서 대비(大匕)는 점차 소실되었고 소비(小匕)가 실용적으로 개량되면서 보편적으로 쓰였다."[16)]

주나라 때의 육고기는 주로 '갱(羹)'이란 음식에 포함되어 있었다. 오늘날 '갱'은 탕(湯)으로 이해되지만, 실제 주나라 때의 '갱'은 육고기·채소·열매 등의 건더기가 매우 많고 진한 국을 일컫는다. 이것은 육고기를 익혀 먹는 하나의 조리법이기도 했다. 이 '갱' 속에 있는 건더기를 꺼낼 때 대비를 썼다. 추측하건대, 도비는 향신료로 쓰였던 열매를, 생비는 육고기를, 소비는 채소를 각각 꺼낼 때 사용했던 국자로 여겨진다. 오늘날 한국인이 사용하는 숟가락과 유사한 형태를 지닌 반비는 소형으로 전국시대에 그 사용이 매우 보편화된 후 서한(西漢)시대까지 칠목(漆木)의 것과 청동으로 만든 것이 함께 쓰였다. 동한(東漢) 때는 은으로 만든 숟가락도 등장한다. 〈그림 2〉는 시대별로 발견된 중국의 숟가락을 도형화한 것이다. 적어도 송나라와 원나라 때까지는 숟가락이 보편적으로 밥을 먹을 때 사용되었으나, 명나라 이후 숟가락은 점차 쇠퇴하고 젓가락 중심으로 중국인의 식사도구가 바뀌었음을 확인할 수 있다.

왜 명나라 이후 중국인의 숟가락 사용이 점차 줄어들고 젓가락 중심으로 변했을까? 일본의 중국인 민족학자 슈닷세이(周達生)는 다음과 같은 주장을 펼친다. "송나라에서 원나라에 이르는 시기에는 적어도 베이징을 중심으로 한 화베이 지역 사람들은 조로 만든 밥을 먹을 때 숟가락을 사용했다. 그것이 명나라에 들어와서 창장 이남에서 재배되던 멥쌀이 화베이 지역에서도 재배되기 시작했고, 이 멥쌀로 지은 밥은 적어도 이전의 잡곡밥에 비해 차진 성향을 지닌 것이라 숟가락보다 젓가락으로 먹는 것이 더 편했을 것이다."[17]

이 주장은 밥을 먹을 때 사용했던 반비가 사라진 이유는 된다. 그런데 이러한 결론은 단지 한 가지의 이유만을 밝혔을 뿐이다. 나는 슈닷세이처럼 숟가락이 지닌 기능에 주목한 이러한 주장보다는 좀 더 종합적인 접근이 필요하다고 생각한다. 우선 숟가락은 작은 그릇이라는 생각을 할 필요가 있다. 특히 입 부분이 움푹 파인 숟가락은 적어도 한반도에서는 조선왕조의 중기까지, 중국에서는 명나라 초기까지 사용되었다. 이 움푹 파인 숟가락의 입이 바로 또 다른 이동용 그릇의 기능을 한다. 그렇다면 숟가락은 밥그릇에서 입으로 음식을 이동하는 데 상당한 거리가 있을 경우에 필요할 가능성이 많다.

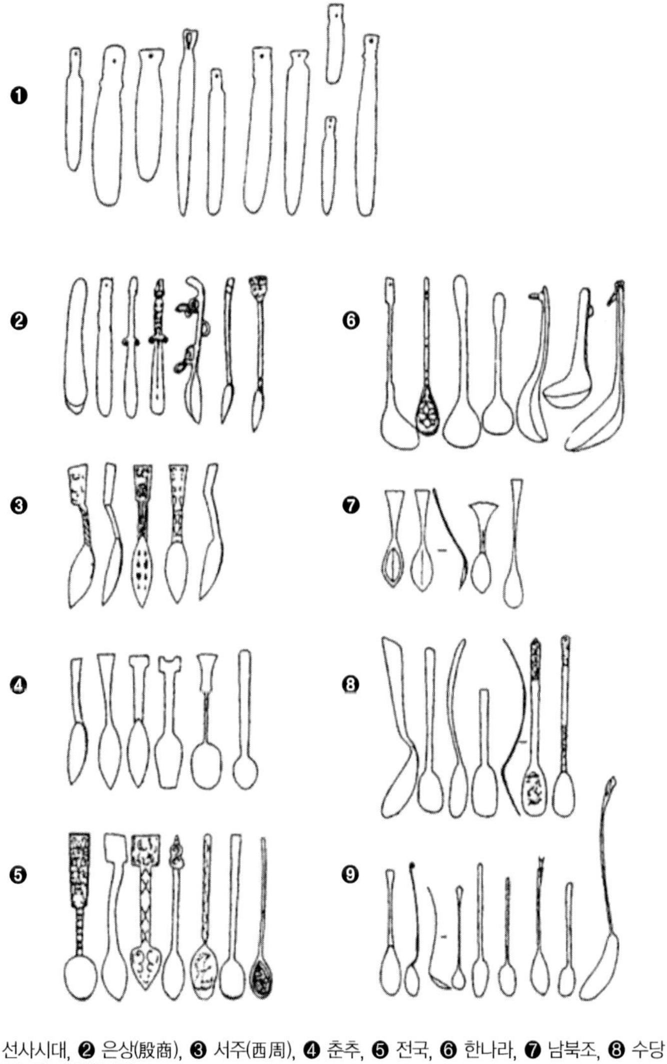

❶ 선사시대, ❷ 은상(殷商), ❸ 서주(西周), ❹ 춘추, ❺ 전국, ❻ 한나라, ❼ 남북조, ❽ 수당(隋唐), ❾ 송원(宋元)

〈그림 2〉 중국 시대별 숟가락의 형태 변화

적어도 당나라 초기 이전까지 중원에서는 식사를 할 때 별도의 식탁이 없었다. 공자나 진시황도 도마와 같은 낮은 상에 식기를 두고 식사를 했다. 이때 사용한 식기는 후한(後漢) 이전까지 대부분 무거운 청동기였다. 여기에 음식을 담으면 더욱 무겁고, 게다가 뜨거운 음식을 즐겨 먹었던 당시 사람들에게 식기를 들고 식사를 하는 방법은 아예 생각조차 하기 어려웠다. 여기에 찰기가 없는 조나 수수로 지은 밥이 주식이었기 때문에 젓가락을 사용하여 입으로 옮기기는 쉽지 않았다. 그래서 '반비'라고 불리는 전문적으로 밥을 먹는 숟가락이 필요했다.

이에 비해서 청동기나 도자기로 그릇을 만드는 기술을 가지고 있지 못했던 6~7세기 일본열도의 지배자들에게는 숟가락이 굳이 필요하지 않았다. 지천에 깔린 나무로 만든 식기는 뜨거운 밥이든, 국물이든 열기를 밖으로 쉽게 전달하지 않았기에 손에 들고 먹기도 쉬웠다. 식기를 손에 들고 먹을 경우에는 그릇 대용의 역할을 하는 숟가락이 굳이 필요 없었다. 젓가락만으로 식사가 가능했다. 더욱이 청동기로 만든 젓가락은 나무로 만든 것에 비해 무거웠으니, 조금이라도 가벼운 재질로 만든 식기가 손에 들고 먹기에도 편했을 것이다. 일본열도에서 청동기 숟가락은 특별한 연회에서만 자신들이 중원의 문명을 지니고 있음을 보여주기 위해서 사용되었을 뿐이다.

후한 때 갑자기 칠기가 유행하면서 식기를 들고 먹을 수 있게 되었다. 하지만 밥의 주재료는 여전히 조나 수수였다. 심지어 중국 남방에서 주식으로 먹었던 멥쌀도 지금의 기준으로 보면 인디카계통의 남방미였기에 숟가락은 당연히 필요한 도구였다. 그러다가 당나라 중기에 들어와서 오랑캐의 풍속이라고 비아냥거렸던 식탁이 보편적으로 사용되기 시작했다. 더욱이 실크로드를 통해서 전수받은 서아시아의 유약 처리 기술이 도입되면서 중원에서도 도자기가 만들어졌다. 도자기로 만든 큰 대접은 많은 음식을 상에 펼쳐 놓을 수 있는 장점이 있었다. 결국 칠기는 잠시 유행으로 멈추고, 도자기가 식기의 주인이 되었다.

그렇다고 숟가락이 사라지지 않았다. 여전히 청동기로 만든 숟가락은 밥을 먹는 데 쓰였다. 왜냐하면 도자기로 숟가락을 만들기 어렵고, 쉽게 깨지기 때문이었다. 송나라 이후 더욱 가볍고 튼튼한 도자기가 개발되었고, 도자기로 만든 숟가락보다는 가벼운 젓가락이 더 많이 만들어졌다. 숟가락은 이전의 습관처럼 밥을 먹을 때 여전히 필요했다. 하지만 북송에서 남송으로, 그리고 원나라로 옮겨가는 약 1백 년의 짧은 시간에 왕조가 망하고 흥하면서 기름을 이용한 음식 조리가 이동이나 보관에 매우 효과적이라는 사실을 발견했다. 더욱이 기름으로 고팅한 음식은 쉽게 부패하지 않는 장점이 있다.

널리 알려진 것처럼 중국음식의 조리 과정에는 반드시 식용유가 필요하다. 중국음식의 조리법은 대체로 볶고〔차오(炒) 혹은 류(熘)〕, 졸이고〔젠(煎)〕, 튀기고〔자(炸) 혹은 빠오(爆)〕, 찌고〔정(蒸)〕, 굽는〔카오(烤) 혹은 웨이(煨)〕 법으로 나뉜다. 각각의 조리 과정에서 기름은 반드시 필요한 재료이다. 명나라 사람 송후(宋詡)가 쓴 《송씨양생부(宋氏養生部)》(1504)에는 1백여 종에 이르는 조리법이 소개되어 있는데, 그중 위와 같이 기름을 사용하여 조리하는 법이 상세히 나와 있다. 그로부터 약 130여 년 후 명나라의 송응성(宋應星, 1587~

1666?)은 당시 농업 및 수공업의 기술을 한데 모아 《천공개물(天工開物)》(1637)을 펴냈는데, 그는 식용유 만드는 법을 총 18권 중 1권에 별도로 다루기까지 했다.

곧 명나라 말기에 와서 중국인들이 음식을 조리할 때 지금처럼 식용유를 많이 사용하기 시작했음을 간접적으로 증명한다. 식용유를 많이 써서 조리한 뜨거운 음식은 젓가락으로 먹어야 한다. 만약 이것을 숟가락으로 먹을 경우 기름과 함께 음식을 먹게 되어 맛이 좋지 않다. 아울러 당나라 이후 차 마시는 습속[18]이 완전히 일상에 자리를 잡으면서 점차 국물이 있는 음식을 적게 먹게 되었고, 이는 자연히 숟가락의 퇴보로 이어졌을 것으로 여겨진다.

밥을 먹는 데 사용하는 숟가락이 점차 퇴보한 데 비해, 젓가락은 가장 중국적 특색을 지닌 것으로 외부에 알려진다. 현대 중국어로 젓가락은 '콰이즈(筷子)'라 한다. 고대 중국어로는 '저(箸)'이다. 청나라 때 사람 조익(趙翼)이 쓴 《해여총고(陔餘叢考)·호저위쾌(呼箸爲快)》를 보면, "저의 속칭으로 쾌자(快子)라는 말이 있는데, 이는 명나라의 육용(陸容)이 쓴 《숙원잡기(菽園雜記)》에 나온다. 즉 오중(吳中)[19]에서 주(住)를 잘못 옮겨 저(箸)로 써서 이를 바로 잡으려 저 대신 '콰이어(快兒)'라는 말을 쓴다"라고 되어 있다. 이것이 후에 대나무로 많이 만든다 하여 '콰이즈'가 되었다. 명나라에 들어와서 '콰이즈'라는 신조어의 유행과 보편화는 묘하게 숟가락의 퇴색과 비슷한 시기에 이루어진다.

중국 고고학 유적지에서 현재 발굴된 것 중 가장 빠른 시기의 젓가락은 상(商)나라의 은허(殷墟)에 있는 묘지에서 나온 동(銅)으로 만든 것이다. 춘추시대의 것으로 보이는 젓가락은 대부분 중국의

〈그림 3〉 당나라 둔황 473호 동굴에서 발견된 〈연음벽화모본〉

강남과 서남 지역에서 발견되었다. 한나라 때의 유적지에서는 비교적 많은 양의 젓가락이 출토됐는데, 대부분 청동과 대나무로 만든 것이다. 특히 후난성 장사(長沙)에서 발굴된 마왕퇴(馬王堆) 1호 한묘(漢墓)에서 나온 한 쌍의 대나무 젓가락은 길이가 17센티미터로 옻칠을 한 술잔과 사각반 등과 함께 발견되었다. 수나라 때의 젓가락은 은으로 만든 것이 특징이다. 길이가 30센티미터 이상이며, 직경이 0.5센티미터인 아주 가는 것도 이 시대에 등장한다.

당나라에 들어와서는 젓가락이 매우 보편적으로 사용되었다. 둔황(敦煌) 473호 동굴에서 발견된 당나라 때의 그림인 〈연음벽화모본(宴飮壁畵摹本)〉에는 장방형 식탁과 의자에 앉은 남녀가 각각 숟가락과 젓가락을 자신 앞에 두고 연회를 벌이는 장면이 나온다. 중국인들은 당나라에 들어와서야 비로소 북방 민족으로부터 의자에 앉아 식사하는 방식을 배우게 되었고, 여전히 젓가락과 숟가락은 하나의 세트가 되어 식사에 사용되었다. 원나라에 들어와서 젓가락은 그 길이가 30센티미터 전후로 표준화되었고, 특히 명나라의 것은 손잡이 부분의 모양이 사각의 방형(方型)이며 음식을 집는 끝부분은 둥근 형태를 보인다. 이는 오늘날 중국인들이 보편적으로 사용하는 젓가락의 모양과 크기에서 매우 유사하다. 이 때문에 대부분의 중국학자들은 명나라 때의 젓가락을 현재 중국 젓가락의 정형으로 인정한다.[20)]

일본음식과 문화를 빚어낸 와리바시

당나라 때는 문화적으로 동아시아 삼국의 통합을 가져온 계기를 만들어준 시기였다. 정신적으로 불교와 유교, 정치제도면에서 율령(律令)제도와 행정 조직, 문자에서 한자로의 통합 등이 이 시기에 한반도의 고구려·백제·신라와 일본의 나라·헤이안 시대 등에 지대한 영향을 끼쳤다. 삼국 사이의 왕래도 역사 이래 가장 빈번했던 때가 바로 이 시기였다. 사람들과의 교류, 특히 귀족들 사이의 교류와 학습은 당나라의 상층부에서 행해졌던 관습들이 한반도와 일본열도에 그대로 유행처럼 소개되었다. 앞의 〈그림 3〉에서 보이듯이 당나라 때의 숟가락과 젓가락의 분리 사용은 금세 한반도와 일본열도에 전해졌을 것으로 판단된다.

〈그림 4〉 무령왕릉에서 출토된 청동제 숟가락과 젓가락 세트(왼쪽)와
안압지에서 출토된 청동제 숟가락(오른쪽)

백제 무령왕릉에서 나온 청동 숟가락과 젓가락 세트는 그 모양에서 중국의 영향을 받은 것임을 짐작하게 한다. 4~5세기경에 조성된 것으로 알려진 경북 칠곡 구암동 고분에서도 청동제 숟가락이 나왔다. 숟가락의 입은 끝이 뾰족한 유선형이며 자루가 굵직하다. 황해도 평산과 신라의 안압지에서 나온 통일신라 때의 청동제 숟가락 역시 입이 유선형이며, 자루가 직선에 가깝다.[21] 이들의 양식은 〈그림 2〉에서도 알 수 있듯이 중국의 한나라와 당나라 때의 것과 거의 유사하다. 고려시대의 숟가락 역시 송나라 때의 것과 닮았다.

나는 2003년 봄 일본의 '국립법인 나라(奈良)문화재연구소'를 방문해 그곳에 보관되어 있는 청동제 숟가락과 젓가락의 실물을 직접 보았다. 그곳의 연구원은 한참 만에 수장고에서 녹이 슨 청동제 숟가락과 젓가락을 가지고 왔다. 그 다음 이어진 그의 설명에 아연 놀라지 않을 수 없었다. 이 유물이 제작된 곳은 나라가 아니라 경주일 가능성이 많다는 것이었다. 사실 이와 거의 똑같은 숟가락과 젓가락이 안압지에서 출토되어 경주국립박물관에 있다. 그렇다면 적어도 6~7세기에 동아시아 지역에서 청동제 숟가락과 젓가락은 상당히 높은 계층에서 사용된 식사도구였을 가능성이 많다. 식기를 통한 권력의 표현은 세계적으로 매우 보편화된 현상이다. 청동기가 권력의 상징으로 사용된 6~7세기의 한반도와 일본열도에서 청동기로 만든 숟가락과 젓가락이 왕이나 귀족들의 특권을 드러내는 도구였음은 의심할 여지가 없다. 곧 경주산(慶州產) 나라(奈良)의 청동기 숟가락과 젓가락도 이런 범주 안에 있음이 분명하다. 나라시대와 밀접한 관련이 있는 백제의 무령왕릉 무덤에서도 이와 비슷한 숟가락과 젓가락이 세트로 나왔으니, 이 시기 청동기 숟가락과 젓가락은 지배자의 상징이었을 것으로 보인다.

그런데 더욱 재미있는 사실은 나라시대의 왕이나 귀족들이 일상적으로 청동기 숟가락과 젓가락을 사용하지 않았다는 점이다. 외국의 관리를 맞이하거나 자신들의 공식적 연회가 있을 때만 숟가락과 젓가락이 식사도구로 사용되었다. 그들은 평소 식사에서는 나뭇가지를 접어서 만든 젓가락만으로 식사하는 데 익숙했고, 이런 연회에서 숟가락과 젓가락을 사용하는 일을 무척 불편하게 생각했다. 아마도 요사이 한국인들이 포크와 나이프에 대해서 가진 생각을 당시 나라에 살던 지배층 사람들이 가지고 있었던 것 같다.

일본에서 젓가락과 숟가락은 당나라에서 전해진 것으로 알려져 있다.[22] 특히 젓가락은 이름까지 당저(唐箸)라고 불렀다. 원래 고

〈그림 5〉 일본 《병초지》의 식사 장면

《병초지》는 헤이안시대 말기에서 가마쿠라시대 초기 사이에 그려진 그림책이다. 치주염에 걸린 서민 남자가 식사 전에 아내에게 이를 보여주고 있는데, 그 앞에 놓인 '고와이'에 한 쌍의 긴 젓가락이 꽂혀 있다.

대 일본에서는 대나무를 반으로 꺾은 젓가락이 있었으나 당나라에서 한 쌍으로 된 젓가락이 전해진 후 귀족들 사이에서 순가락과 함께 사용되었다. 나라시대에 들어와서는 서민들 사이에서도 밥을 먹을 때 젓가락을 이용했다. 헤이안시대 귀족들은 주로 아침에 죽을 먹고, 저녁에 '고와이(强飯)'라는 밥을 먹었다. '고와이'는 쌀을 쪄 익힌 것으로 그릇에 아주 높게 쌓았다. 헤이안시대 말기 작품으로 알려진 《병초지(病草紙)》에 이 '고와이'가 등장하는데, 여기에는 한 쌍의 긴 젓가락이 밥에 꽂혀 있다. 이로써 당시 일본에서 밥을 먹을 때 젓가락을 주로 사용했음을 짐작하게 된다.

이에 반해 숟가락의 사용은 극히 일부 귀족에 한정되어 시도되었던 것으로 보인다. 12세기 초 대신인 후지와라노 요리나가(藤原賴長)가 베푼 대향연에서 식단 내용을 기록한 《유취잡요초(類聚雜要抄)》에 의하면, 숟가락과 젓가락의 받침대가 있고 그 위에 한 벌의 숟가락과 젓가락이 있다.[23] 그러나 대부분 밥을 먹을 때는 젓가락만을 사용했다. 불교의 영향, 특히 선종(禪宗)이 일대 선풍을 일으켰던 가마쿠라(鎌倉)시대에는 이른바 쇼진(精進)요리가 생겨났다. 육식의 금지와 자연 본래의 맛에 대한 추구, 콩 가공식품의 첨가로 대표되는 이 요리는 한 사람이 한 상을 받는 형태로 식사가 이루어졌다. 쇼진요리의 식사 장면을 그린 당시의 그림에도 젓가락으로 밥을 먹고 그릇을 들어서 국물을 마시는 장면이 있다.[24] 이 그림에서도 역시 숟가락은 등장하지 않는다.

젓가락만으로 밥을 먹는 고대 일본인들의 습관을 두고 이시게 나오미치(石毛直道)는 일본에서는 야요이(彌生)시대에 이미 찰기가 있는 자포니카 계통의 쌀을 재배했기 때문에 굳이 숟가락을 사용할 이유가 없었다[25]고 주장한다. 일면 타당성이 있는 주장이다. 하지만 그와 동시에 상에 음식을 차려서 먹지 않았기 때문에 젓가락의 필요성이 더욱 강조되었을지도 모른다. 즉 지배층이나 일반 서민이나 적어도 6~7세기 이전에는 모두 식기를 바닥에 두고 식사를 했으므로 식기를 반드시 손에 들고 먹지 않을 수 없었다.

젓가락만의 사용은 일본의 전통적 식사 형태와 음식에 지대한 영향을 미쳤다.[26] 가능한 음식들은 한 입에 넣을 수 있도록 크기가 작아졌다. 숟가락을 사용하지 않기 때문에 탕 그릇은 작고 가벼웠다. 일본의 전통 식기가 대부분 나무로 만든 목기라는 사실도 이와 같은 맥락에서 이해할 수 있다. 식사 형태에서도 일본의 밥상은 매우 작은 1인용이며 그 높이도 매우 낮다.[27] 결국 밥을 먹을 때 일본인들은 절대 머리를 숙이지 않는다. 밥그릇을 손에 들고 먹는 것이 가장 편안하다. 여기에 일본인 특유의 결벽증에 가까운 위생관념으로 인해 '와리바시(割箸)'가 음식점이 성행했던 에도시대 중기에 등장하여 메이지 이후 급속하게 퍼지게 되었다.

스테인리스 수저에 담긴 한국의 성리학

한반도에서는 중국 고대의 숟가락과 젓가락이 오늘날까지 그대로 이어져 온다. 아직까지 전문적 연구는 많지 않지만, 대체적인 입장은 한국음식이 국물 음식과 국물이 없는 음식을 항상 병행해서 상을 차리기 때문에 숟가락과 젓가락을 반드시 동시에 사용할 수밖에 없다고 본다. 그런데 중국인 민족학자 슈닷세이는 한국의 이러한 현상을 두고 성리학과 연결시킨다. 숟가락으로 밥과 함께 탕·국·찌개를 먹고, 젓가락으로 다른 반찬을 먹는 습관은 고대 중국의 《주례(周禮)》에 나오는 예법과 매우 유사하다고 보았다.[28] 그는 특히 조선시대 사람들이 철저하게 주나라 때의 것을 보범으로 삼아 식사를 했다는 점이 오늘날까지 한국인의 식사법에 반영되어 있다고 주장한다.

지금까지 출토된 고려 때의 숟가락이 대부분 중국의 것과 많이 닮았다는 점에서 이러한 주장은 상당한 설득력을 지닌다. 그러나 조선시대로 들어오면 독자적인 형태를 띠기 시작한다. 모방의 대상이 사라진 탓이다. 배영동은 이러한 변화 과정을 다음과 같이 정리했다.[29] "제비꼬리형 자루가 사라지고 굽었던 자루가 직선형이 된다. 입은 길쭉한 타원형에서 점차 타원형으로 전환되고, 후대로 갈수록 원형에 가까워진다. 근래까지도 종가(宗家)에서 쓰던 제사용 숟가락이 오늘날의 것에 비해 타원형으로 만들어진 것은 앞선 시대의 숟가락 형태를 그대로 유지하고 있음이다."

조선 중기 이후 숟가락 자루는 길어지고 두꺼워지며 곧아지고, 숟가락 면은 둥글어진다. 젓가락은 한쪽이 점차 가늘어져서 오늘날과 같은 형태를 갖게 된다. 즉 조선 중기 이전까지도 중국의 왕실에서는 숟가락과 젓가락을 함께 사용했고, 그것은 일종의 제도로서 고려와 조선 왕실에 영향을 미쳤을 것이다. 일본이 중국으로부터 문화를 일회성으로 수입했다면, 고려와 조선은 중국과 지속적인 접촉이 있었기 때문에 귀족들의 관습에서 중국의 것과 유사점이 많았다.

그런데 중국은 명나라 이후 숟가락보다 젓가락을 주로 사용하게 된 반면, 한국은 기왕에 형성된 음식 구조로 인해 국물 음식과 밥을 먹는 데 숟가락을 사용해온 오래된 습관이 영향을 받지 않고, 더욱 세련되는 과정을 조선 중기 이후에 거치게 되었다.[30] 그로 인해 동아시아 삼국의 식사도구는 이미 상당히 다른 양상으로 전개되었다. 그러한 사실이 이 글의 처음에 소개한 박지원의 〈혹정필담〉에 그대로 반영되어 있다. 식사도구의 차이는 삼국의 식사 방식과 먹는 음식도 다르게 만들었다.

사실 중국 중원이나 일본열도의 지배층에 비해서 6~7세기의 고구려 귀족들은 개인별로 밥상을 가지고 있었다. 이를 두고 한나라 때의 기록에서는 호상(胡床), 즉 오랑캐의 밥상이라고 비아냥거렸다. 아마도 신라나 백제의 지배자들도 별도의 식탁을 두고 식사를 했을 가능성이 많다. 식탁이 있을 경우에는 숟가락보다 젓가락을 많이 사용했을 가능성도 있다. 그런데 문제는 식기이다. 주지하듯이 고려시대의 청자와 조선시대의 백자와 청화백자는 식기로도 사용되었다. 열전도율이 비교적 높고 무거운 편인 이 식기를 손으로 들고 식사할 수는 없는 일이다.

게다가 그 이전에 지배층이 누렸던 청동기로 된 숟가락과 젓가락의 화려함을 포기하기 어려웠다. 이들 도구는 적어도 조선 초기까지 사용되었다. 문제는 조선의 사대부들이 도학(道學)의 세상을 만드는 데 으뜸 경전으로 여긴 중국의 《예기(禮記)》라는 책이었다. 이 책은 주나라 때의 관습이 적혀 있으니, 당연히 청동기로 된 그릇과 식기가 주류를 이룰 수밖에 없었다. 그래서 조선에서 발명된 것이 바로 유기(鍮器)이다. 청동기가 지닌 문제점을 개선한 유기는 왕실은 물론이고, 사대부의 각종 제사에 쓰이는 제기(祭器)의 재료가 되었다. 하지만 조선 중기에는 구리의 확보가 쉽지 않았고, 이로 인해서 백자와 유기가 함께 사용되었다.

의례가 문화의 상징성을 표현하는 것이라면, 의례에 사용되는 음식물은 그 상징성을 표현하는 언어라 말할 수 있다.[31] 앞에서 살펴본 동아시아 삼국 사람들이 식사할 때 사용하는 숟가락과 젓가락 사이에 놓여 있는 관습적 측면에서 닮음과 닮지 않음은 삼국이 역사적으로 처해왔던 사회문화적 배경과 긴밀한 관련을 맺고 있다. 조선시대 유교식 의례는 양반가의 남자와 여자에게 매우 중요하면서 꼭 실행해야 하는 행사였다. 이러한 규칙을 만들어내는 데는 《주자가례(朱子家禮)》라는 예서(禮書)가 절대적 역할을 했다.

《주자가례》는 중국의 주희(朱熹, 1130~1200)가 편찬한 책으로 알려져 있다. 지금의 중국 남동 해안에 있는 푸젠성(福建省) 오우시(尤溪)가 주희의 고향이다. 이 책에는 사람이 태어나서 죽을 때까지 겪게 되는 관혼상제(冠婚喪祭)의 예법에 대해 자세하게 기록되어 있다. 관혼상제를 다른 말로 사례(四禮)라고 부른다. 남송 때의 책인《주자가례》에는 당연히 '시저(匙箸)'라는 숟가락과 젓가락을 제례에 사용하도록 규정해두었다. 이 점은《사례편람(四禮便覽)》에서도 마찬가지이다. 이러한 유교식 의례에 의해 차려진 제사상에서 숟가락과 젓가락은 사자를 산 사람과 같은 범주에 두도록 하는 매개물이다. 밥과 탕을 중심으로 구성되는 유교식 제사의 상차림에서 숟가락과 젓가락은 조상신령을 상징하는 물질로 소비된다. 반면 민간적 요소가 강한 굿의 상차림에서는 결코 숟가락과 젓가락이 사자 혹은 신령을 상징하여 놓이는 경우는 없다.[32)]

또 다른 측면에서 한국인의 식사도구로 철제 숟가락과 젓가락이 지속되어온 이유를 살펴볼 필요가 있다. 그것은 바로 숟가락·젓가락과 음식을 담는 식기와의 관련성이다. 도자기와 유기는 모두 무겁고 열전도율이 목기에 비해서 상대적으로 높다. 당시 일본열도에 살았던 사람들과 비슷하게 한반도에서도 낮은 식탁을 바닥에 놓고 좌식생활을 했으나 무거운 식기를 손에 들고 먹을 수는 없었다. 더욱이 밥은 지금의 세 배에 이를 정도로 많이 먹었고, 결코 지금처럼 차진 성질의 밥도 아니었다. 그러니 숟가락은 밥을 먹는 도구로 반드시 필요했다. 여기에《주자가례》를 비롯한 주나라 때의 식사 풍속을 흉내 내서 밥과 국과 함께 숟가락, 젓가락은 반드시 갖추어야 하는 일상식사의 '세트'로 생각했다.

거친 탄수화물 덩어리인 밥을 유기로 된 숟가락으로 떠서 입에 넣고, 이내 짠 국물을 입에 떠 넣으면 맛도 좋고 넘기기도 좋았다. 하지만 유기로 만든 숟가락은 방짜로 아무리 두드려도 단단한 성질로 인해서 청동기처럼 얇아지지도 않고, 입을 움푹 파이게 하기도 어려웠다. 결국 유기로 만든 숟가락은 입이 넓적하고 평평할 수밖에 없었다. 앞에서 밝힌 연암 박지원의 표현처럼 숟가락으로 밥을 둥글둥글 하게 만들어 머리를 푹 숙이고 먹어야 했으며, 국물을 먹을 때는 더욱 식탁을 향해 머리를 숙이지 않을 수 없었다.

거친 탄수화물을 효과적으로 먹기 위해서는 국물이 많은 음식이 개발될 수밖에 없었다. 이에 맞추어 숟가락은 효과적인 식사도구로 자리를 잡았다. 1960년대만 해도 시골의 할머니들은 숟가락만으로 식사를 했다. 양푼에 보리 반, 쌀 반으로 지은 밥을 담고, 식탁도 없이 마룻바닥에 그대로 놓았다. 반찬으로는 배추김치 몇 쪽뿐이라고 해도, 숟가락의 손잡이로 배추김치를 찢고, 숟가락으로 밥을 떠서 그 위에 김치를 올린 다음 입 안 가득 밀어넣었다. 젓가락 없이도 충분히 밥을 먹을 수 있는 기능을 숟가락이 제공했다.

한국전쟁 이후 미군의 한반도 주둔은 스테인리스 숟가락을 만드는 데 상당한 기여를 했다. 그들이 쓰레기로 버린 깡통이 스테인리스 숟가락을 만드는 재료가 되었다. 서울 마포구 밤섬 도당굿을 현지조사할 때 마씨 성을 가진 밤섬 토박이는 한국전쟁 이후 지금 용산구 원효로 근처 미군부대에서 수거해온 깡통으로 스테인리스 수저를 만드는 가내공장이 많았다고 알려주었다. 스테인리스 수저는 유기 수저에 비해 값이 싸고 좋았지만, 처음에 소비자들의 반응은 매우 냉랭했다. 왜냐하면 유기에 비해 너무 가벼워 손으로 잡으면 금세 미끄러질 듯했기 때문이다. 그래서 손잡이 자루에 줄 문양을 넣어서 미끄러진다는 느낌을 없앴고, 그후 숟가락의 손잡이 자루에는 시대별로 태극·무궁화·인삼 등의 문양이 장식되었다.

따라서 오늘날 한국인이 사용하는 유기 수저와 스테인리스 수저는 주나라 때의 식기이면서 예기(禮器)의 재료였던 청동기와 밀접한 관련이 있다. 특히 유기로 된 식기에서 쉽게 스테인리스 식기로 바꾸고, 그에 적응한 한국인의 관념 속에는 청동기 혹은 철제로 된 식기와 식사도구가 매우 자연스럽다는 생각이 깔려 있다. 조선 5백 년 동안 성리학의 예법을 생활 속에서 실천하려고 했던 사대부들의 의지가 지금까지 이어진다고 보아야 한다. 그래서 한국인의 일상적 상차림은 매우 성리학적이다. 그것이 스테인리스 수저 속에도 담겨 있다.

수저의 역사—동일한 출발점과 각기 다른 도착점

오늘날 한국학계에는 여전히 한국을 포함한 중국과 일본이 존재하는 지역을 하나의 문화적 범주로 생각하는 경향이 강하다. 이른바 한자를 공유하는 유교문화권은 동아시아 내부에서뿐만 아니라, 유럽인과 미국인의 시각에서도 한·중·일 삼국을 묶는 문화적 동질성의 중요한 축으로 여겨진다. 서로 너무나 닮은꼴을 지닌 이 삼국은 마치 동남아시아·남아시아·서유럽처럼 지리적으로 동일한 공간에 있어서 '동북아시아'라 불러도 하등 어색하지 않는 듯하다. 1980년대 말부터 시작된 냉전시대의 종식과 함께 도래한 지역주의와 신(Neo)민족주의는 이러한 지역공동체에 대해 더욱 긍정적 시각을 조장하고 있다.

그러나 인위적인 문명권의 설정과 그것에 정치경제적 의미를 부과하려는 이러한 태도는 다분히 외부의 도전에 응수하려는 또 다른 대응 양상의 한 모습에 지나지 않는다. 비록 동아시아 혹은 동북아시아가 일정한 부분에서 문화적 동질성을 다른 지역에 비해 많이 갖추고 있다 하더라도, 그것은 의도적인 범주화 과정에서 파생된 결과에 불과하다. 오히려 그러한 지역적 통합성의 이면에는 한국학계가 스스로 함몰해온 착각 내지 허상이 있을 수 있다.

앞에서 살펴보았듯이, 매우 동질적일 것이라 여겨졌던 숟가락과 젓가락이라는 식사도구의 역사도 삼국은 서로 다른 차이를 보여준다. 비(非)동아시아 사람들은 동아시아 삼국 사람들이 식사할 때 젓가락만을 사용한다고 믿는다. 하지만 젓가락만 사용하는 나라는 일본이다. 한국은 젓가락과 숟가락을 병용하고, 중국은 젓가락 위주에 숟가락이 부가된다. 각 나라마다 숟가락과 젓가락이 지닌 모양도 약간씩 다르다.

동아시아 삼국의 청동기로 만든 숟가락과 젓가락 사용은 그 출발에서부터 같은 시점에서 시작된 것이라고 보인다.[33] 이것은 동아시아 사회가 고대 일정 시기 통합성을 보였음을 증명하며, 그 통합성은 상층부 사이에 이루어진 것이었음을 설명한다. 그러나 상층부의 관습이 하층부로 이동하면서 자연스럽게 각각 다른 적응 기제를 만나게 되었다. 이로 인해 각 나라마다 구체적으로 드러나는 양상은 현격한 차이를 보이게 되었다. 당나라 이후 상호간의 사회문화적 차이와 소원한 관계로 인해 비슷한 시기에 한국과 일본에 전파되어온 숟가락과 젓가락은 완전히 다르게 변용되었다. 결국 오늘날 한국인만이 숟가락으로 밥과 국을 먹고, 일본인은 젓가락으로 밥과 국을 먹는다.

최근 동아시아 삼국의 음식문화를 비교하는 대중적 접근이 상당히 많다. 특히 다큐멘터리 형식을 빌려 동아시아 음식문화를 조망하는 작품이 텔레비전에 많이 방영되었다. 그런데 그 과정에서 비교에 대한 잘못된 이해로 오해도 상당히 생겨났다. 일례로, 모든 한국음식은 중국에서 유래했다든지, 모든 일본음식의 역사는 한반도에 있다는 주장 따위가 그것이다. 이런 문제는 각각의 사회와 문화가 지닌 독특한 양상을 무시하는 시선 때문에 발생한다. 어떤 종류의 사람이건, 사람이라면 공통적으로 다 가지고 있는 마음을 가리키는 심리적 제일성(齊一性, psychic unity of mankind)은 연구자가 인류문화의 보편성과 특정 민족문화의 특수성을 논의하도록 하는 근거를 마련해준다.[34)]

그래서 무엇을 비교할 때는 '명시적이고 체계적인 비교(explicit and systemic comparison)'가 필요하다. 나는 이 글에서 통시적 축을 근거로 한·중·일 삼국의 숟가락과 젓가락 사용이 지닌 변화상을 살폈다. 여기에서 핵심 관점은 중국 주나라 때 상층부에서 청동기로 만든 숟가락과 젓가락 사용을 예법으로 여겼다는 점이다. 이러한 인식이 동아시아 여러 지역에 어떻게 전파되고 수용되고 변용되었는지를 확인했다. 동아시아 음식문화의 역사를 살피는 작업 역시 이러한 방법론을 요구한다.

11장

음식문화에 나타난 유교적 질서와 일상화

공자(孔子, 기원전 552~기원전 479)의 사상을 근본으로 하는 유학(儒學)과 주자(朱子, 1130~1200)에 의해 정립된 성리학(性理學)이 사회질서를 유지하기 위한 이념적 준거 틀로 사용되어 온 오랜 역사는 다른 의미에서 동아시아인들에게 종교적 실천을 가져오게 했다. 이런 의미에서 근대 이후 유학이나 성리학을 두고 일반인은 물론이고 학자들 사이에서도 '유교(儒敎)'라는 용어를 보편적으로 사용하고 있다. 그러나 엄밀한 의미에서 유교는 기독교·불교·이슬람교 등과 같은 제도 종교가 지닌 종교적 요소를 완벽하게 갖추지 못했다. 이로 인해 유교를 종교로 보아야 할 것인가에 대한 논쟁이 일부에서 일어난 적도 있다.[1)]

18세기 이후 서구에서 개념적으로 정립된 종교(religion)의 입장에서 보면, 유학은 결코 종교라고 할 수 없다. 하지만 유학이 지니고 있는 가르침〔敎〕이라는 측면에서 보면, 이것은 다분히 종교적 특성을 지니고 사람들 사이에서 실천적으로 행해진다. 그래서 제사(祭祀)·천제(天祭)·상례(喪禮) 등의 예(禮)에 대해 해박한 지식을 지닌 학자인 유(儒)의 가르침인 교(敎)를 조합한 '유교'라는 말은 충분히 사용할 수 있는 조건을 갖췄다.[2)] 따라서 이 글에서 사용하는 유교는 '예를 중심으로 한 지식의 가르침'이라는 의미를 담고 있다.

그렇다면 유교에서 강조하는 예의 지침은 무엇인가? 학자들마다 다양한 입장을 표명하기도 하지만, 가장 핵심은 주자가 말한 삼강(三綱)과 오상(五常)이다. 삼강은 군위신강(君爲臣綱)·부위자강(父爲子綱)·부위부강(夫爲婦綱)을 가리킨다. 즉 왕과 신하, 아버지와 자식, 남편과 부인 사이에 갖추어야 할 예이다. 오상은 인의예지신(仁義禮智信)을 가리키는데, 이는 다른 사람에 대한 예의 덕목을 말한다. 이것이 삼국시대 이래 꾸준히 한반도에서 강조되었고, 마침내 조선 후기에 이르러 관혼상제와 같은 예뿐만 아니라, 일상생활의 예에서도 관습적으로 행해지게 되었다. 이 점은 한반도의 유교가 '실천 성리학'으로 전개되는 데 결정적인 특징이었다.

다분히 성리학의 예적(禮的) 질서를 일상생활에서도 실천하는 것을 덕목으로 삼은 조선 후기의 이러한 지향점은 어디에서 나온 것일까? 이것은 《소학(小學)》과 《주자가례(朱子家禮)》라는 책이 일종의 경전처럼 선비들에게 읽혔고, 그 내용이 실천되었기 때문에 가능했다. 《소학》은 주자가 그 이전 유학의 성현들이 남긴 글 중에서 자신이 생각하기에 의미 있는 것들을 별도로 추려서 정리해 놓은 책이다. 주자는 "8세에 《소학》을 읽고 15세에 《대학(大學)》을 읽어야 한다"고 말한 바 있다. 오늘날 입장에서 살핀다면 《소학》은 일종의 어린이 윤리교육을 위한 책이라 할 수 있다. 그래서 조선 중기 조광조(趙光祖, 1482~1519) 이후, 조선을 '소학의 세상'으로 만들기를 원했던 많은 선비들에 의해 반드시 읽어야 하는 책으로 《소학》이 꼽혔다. 결국 《천자문(千字文)》을 외운 조선의 어린이는 그 다음에 《소학》을 읽어 성리학의 윤리적 덕목을 몸으로 실천할 수 있는 기반을 마련했다.

《주자가례》는 주자가 편찬한 것으로 알려진다.[3] 주자는 가례를 저술한 목적을 그 서문에서 다음과 같이 밝히고 있다. "예에는 근본(根本)과 문식(文飾)이 있다. 집에서 베푸는 것부터 말하자면 명분을 지키는 것과 사랑하고 공경하는 진실이 근본이고, 관혼상제와 의장도수(儀章度數)가 문식이다. 근본이라는 것은 집에서 매일 사용하는 상체(常體)이니 진실로 하루라도 닦지 않을 수 없다." 즉 예의 기본적 논리인 사회질서와 기강을 위한 관혼상제의 의장을 제정하고, 그 내면의 정신인 애경(愛敬)과 명분(名分)을 생활 속에서 유지하며, 나아가 일상생활에서 실천할 것을 강조하고 있다.[4]

유교와 음식의 오래된 관계

《소학》과 《주자가례》는 한자라는 문자(literacy)로 작성되었고, 《주자가례》에는 문자와 함께 각종 예와 관련된 그림(visuality)이 그려져 있다. 이들 두 책에 담긴 내용은 원래 중국 송나라 때 주자가 지니고 있던 사유방식과 깊은 연관이 있었다. 그러니 당시 중국의 사정이 그려져 있다고 해도 과언이 아니다. 그래서 한자라는 문자를 통해서 예적 질서의 실천 덕목을 수용한 조선의 선비들이 이것을 문자 그대로 실천하는 데는 일정한 한계가 있었다.

《주자가례》에 등장하는 내용은 일반적인 지향점을 제외하면 결코 구체적이지 않다. 일례로 각종 음식을 설명한 내용은 중국과 조선의 사정이 달랐다. 결국 이에 대한 해석이 필요했다. 선비들은 각각의 내용에 대해 입으로 구술(orality)하고, 그것을 다시 문자로 작성하여 가문의 '가례'로 만들었다. 여기에서 가문마다, 시대마다 약간씩 차이를 보이는 '가가례(家家禮)'가 나오게 되었다.

민속(folklore)은 한 세대에서 다음 세대로 이어지는 관습을 총칭하는 것이기 때문에 이것을 연구하는 민속학에서 '가가례'에 등장하는 음식에 대해 살피는 일은 그 본연의 연구대상이라 할 수 있다. 더욱이 가례의 과정에서 등장하는 음식의 종류와 그 내용은 반드시 각 시대의 유행과 함께 가문이 처한 지역적 체계를 반영하고 있는 경우가 많다. 예를 들어 포(脯)는 중국에서 '말린 육고기'를 가리키지만, 조선에서는 육고기를 구하기 어려웠기 때문에 어포(魚脯)로 대체하는 경우가 생겨난 것이 대표적이다. 따라서 이념적 지향성은 비슷하지만 지역적 체계가 다르기 때문에 구체적으로 각종 의례에서 소비되는 음식물은 달라질 수밖에 없다. 이와 같은 배경을 바탕으로 이 글에서는 다음과 같은 내용을 중심으로 서술할 예정이다.

먼저 '유교적 음식 관념'에 대해서 다루고자 한다. 공자와 주자가 인식한 음식에 대한 생각을 비교하면 그들이 실천적 덕목으로 주장했던 바를 살필 수 있다. 아울러 조선시대 선비들이 남긴 글 중에서 음식에 대한 다양한 인식을 엿볼 수 있는 내용들을 찾아서 실천적 성리학을 주장했던 그들의 인식 속에 자리 잡은 음식 관념을 구체적으로 살필 것이다. 특히 주자는 《소학》에서 어린이의 음식예절에 대해서 《예기(禮記)》 〈내칙(內則)〉을 근거로 하여 다룬다. 《소학》을 조선적 양상으로 바꾼 이덕무(李德懋, 1741~1793)의 《사소절(士小節)》(1675)에는 주자가 주장한 음식예절과 다른 측면이 등장한다. 이를 비교하여 유교의 이념적 지향과 그것의 실천이 조선에서 어떻게 나타났는가를 이해할 수 있다.

여기서 중요한 것은 유교적 질서에 음식이 어떻게 이용되었는가 하는 점이다. 즉 관례와 혼례를 통해서 삼강의 예법이 어떻게 실천되는가를 살필 필요가 있다. 이것을 '유교적 가(家)와 식구(食口)'라는 주제에서 다루려 한다. 유교가 지닌 이념적 지향은 종자법적(宗子法的) 질서감각에 기반을 둔 유교의 예적 질서를 실천하는 데 있다. 그래서 식사에서의 예적 질서가 좌석 배치·독상·겸상·식사 장소 등에서 장유유서(長幼有序)와 남녀유별(男女有別) 등을 규정짓는다. 《주자가례》에서는 이러한 종자법적 질서감각을 관례와 혼례를 통해서 구체화한다.

배영동은 일상음식과 제사음식을 비교하여 각각에 나타난 유교적 인식과 실천의 차이를 조망한 바 있다.[5] 즉 일상음식은 어른 본위이며, 남성이 우선시되며, 부부유별(夫婦有別)이 강조된다는 점을 밝혔다. 그러나 이것은 단지 제사음식과의 비교 속에서 드러난 측면에 지나지 않는다. 유교의 종자법적 질서감각이 구체적으로 어떻게 실천되고 있는가를 살피는 작업을 통해서만 유교적 가(家)를 유지하는 데 음식이 하나의 질서로 작용한다는 점을 극명하게 밝힐 수 있다. 나는 이것을 살필 수 있는 연구 전략으로 '식구'라는 개념을 도입할 필요성을 제기한다.[6] 그런데 이 글은 종자법적 질서감각에 초점을 맞추어 전개된 것은 아니다. 관례와 혼례, 그리고 일상음식에서 유교적 질서가 어떻게 관통하고 있는지를 살필 생각이다.

유교와 음식과의 관계를 가장 많이 다룬 연구는 제사음식에 대한 것이다. 이들 연구에서는 대체로 의례서를 근거로 한 것과 실제 제사를 조사하여 살핀 작업으로 나누어진다. 의례서를 근거로 하여 분석한 글로 대표적인 논문은 김상보와 윤숙경의 글을 꼽을 수 있다.[7] 반면 실제 실천되는 제사를 통해서 그 의미를 분석한 대표적인 논문은 윤숙경과 배영동의 글이다.[8]

그런데 의례서를 살핀 경우에도 대체로 《주자가례》에서 언급하고 있는 음식에 대해서 주목하지 않았다. 왜냐하면 《주자가례》에 나오는 음식은 대체로 중국의 풍속에 따른 것이기 때문에 하나의 예는 될 수 있지만, 실천적으로 드러난 양상은 아니기 때문이다. 반면 실제의 제사음식을 다룬 경우에는 '가가례'에 너무 치중한 나머지 그것이 유교적 지향과 어떻게 연관되어 '가가례'로 변용되었는지를 집중적으로 다루지 못했다. 유교의 상장례는 죽은 자들이 산 자들의 세계를 떠나지 않고 여전히 거기에 참여하고 있음을 생각하고, 이로써 산 자들의 세계가 더욱 질서 잡힌 세계가 되기를 희망한다[9]는 철학적 의지가 담겨 있다. 이런 면에서 《주자가례》와 《사례편람(四禮便覽)》(1884)에 기재된 제사음식을 비교하여 향후 각 가문에서 그것이 어떻게 변용되었는가를 살피는 데 근거를 만들 필요가 있다.

이 글은 결코 유교와 음식과의 상관성에 대해서 그 구체적인 실례까지 살핀 글은 아니다. 다만 유교와 '음식'을 어떻게 연결시켜 다룰 것인가에 대한 일종의 서설적(序說的) 글이다. 당연히 먼저 각각의 주제에 대해 유교적 지향을 살피고, 그것에 기초하여 선행 연구에서 나온 연구성과를 반영하려 한다.

여전히 굳건한 유교적 음식 관념

공자는 "음식남녀(飮食男女)는 사람이 지닌 가장 큰 욕구이다"[10]라고 했다. 즉 사람이 생존하기 위해서는 '음식'과 '남녀'를 하는 것이 가장 기본이라는 말이다. 여기서 음식은 음식물을 섭취하여 자신의 생명을 이어가는 행위를 말하고, 남녀는 섹스를 통해서 자손을 낳아 후손을 이어가는 것을 가리킨다. 다른 측면에서 보면, 음식남녀는 인간이 해야 하는 가장 동물적인 행위이다. 그러나 인간은 동물과 달리 집단이 처한 자연환경과 사회문화적 환경 중에서 행위를 위한 '선택'을 통해서 음식과 남녀를 한다. 그래서 인간이 행하는 음식남녀에는 사회문화적 맥락이 관통하게 마련이다.

이러한 생각을 바탕으로 유교적 음식 관념은 《소학》에서 구체적으로 드러난다. 주지하듯이 《소학》은 주자가 제자 유자징(劉子澄)으로 하여금 어린이들을 학습시켜 교화할 수 있는 내용의 서적을 편집하게 하고, 그것을 주자가 다시 교열하고 집주를 단 책이다. 1185년에 착수하여 2년 뒤에 책으로 완성되었다. 전체는 내편과 외편으로 구성되어 있으며, 내편에는 입교(立敎) · 명륜(明倫) · 경신(敬身) · 계고(稽古)의 네 항목을 기본으로 하여 유교적 실천 덕목을 논술했다. 외편에는 가언(嘉言)과 선행(善行)의 두 항목 밑에 한나라 이후 송나라에 이르기까지 성현들이 행한 언행을 기록해 내편의 덕목과 대조하도록 했다.

《소학》에서 음식과 관련된 항목은 입교 · 명륜 · 경신에 두루 담겨 있다.[11] 그중에서도 경신에는 아예 '명음식지절(明飮食之節)'이라 하여 음식예절을 별도로 기술하고 있다. 그러나 이 내용은 음식예절 중에서 조심해야 할 내용을 담은 것에 지나지 않는다. 그보다 입교편에 나오는 음식 관련 내용이 더 앞선다. 순서를 따지지 않고 내용을 정리하면 우선 맹자(孟子)가 생각한 음식 관념이 주류를 이룬다. 맹자는 사람이 지켜야 할 도리가 있는데, 그것을 모르고 단지 배만 불리면서 편안하게 살면 짐승과 마찬가지라고 했다.[12] 그래서 맹자는 음식만을 바라는 사람은 곧 천한 사람에 지나지 않는다고 했다.[13]

그런 영향으로 인해 조선시대 선비들은 음식에 대해 기록하기를 무척 꺼려한 듯하다. 허균(許筠, 1569~1618)은 《도문대작(屠門大嚼)》의 서문에서 다음과 같이 적고 있다. "본디 식색(食色)은 성품이고 더욱이 먹는 것은 몸과 생명에 관계되는 것이므로, 선현은 음식을 가지고 말하는 것을 천하게 여겼으며 그런 사람을 이(利)에 따른 자라고 좋지 않게 말하였지만, 어찌 먹는 것을 폐해라고만 말할 수 있을까?"라고 하면서 자신이 음식과 관련된 책을 쓸 수밖에 없는 입장을 변명했다. 성리학자의 이러한 관념은 오로지 맹자의 음식 관념에서 나온 것이라 하겠다. 이수광(李睟光, 1563~1628)이나 이익(李瀷, 1681~1763), 서유구(徐有榘, 1764~1845), 이규경(李圭景, 1788~1856)과 같은 성리학자들도 음식과 관련된 글을 쓰면서 단지 특정 음식이 유행하게 된 연유, 혹은 각종 음식에 담긴 성리학적 맥락, 혹은 백성을 배불리 먹도록 할 방도 등을 논하면서 언급하고 있을 뿐이다.

이러한 생각은 1800년경에 나온 빙허각 이씨(1759~1824)의 《규합총서(閨閤叢書)》에서 분명하게 정리된다. 비록 북송의 문학가이면서 서예가인 황정견(黃廷堅, 1045~1105)이 지은 《식시오관(食時五觀)》[14]을 그대로 옮겨 놓았지만, 사대부가 식사 때 지켜야 하는 구체적인 내용을 적고 있다. 즉 "첫째는 노력이 얼마나 있었는지를 살펴서 음식이 어디서 왔는가 생각하여 보라. 둘째는 충효와 입신(立身)의 뜻을 살펴서 음식의 맛을 너무 따지지 말라. 셋째는 마음을 다스려서 과하게 하지 말고 탐내지도 말라. 넷째는 음식을 좋은 약으로 생각하여 모양에 너무 치우쳐 먹지 말라. 다섯째는 군자로서의 도리를 다한 후에 음식을 받아먹어라"가 그것이다. 이것은 선비가 갖추어야 할 음식에 대한 덕목을 가르치고 있다.

음식이 어디에서 온 것인가를 살펴야 하는 일은 '농자지천하대본(農者之天下大本)'이라는 조선의 국가적 지향과 관련이 있을 가능성이 많다. 특히 백성을 으뜸으로 여겨야 하는 '왕도(王道)'의 덕목에 '민이식위천(民以食爲天)'의 관념이 들어 있다. 《한서(漢書)·역이기전(酈食其傳)》에 의하면, 고대 중국의 정치가 관중(管仲, ?~기원전 645)은 "왕은 백성을 으뜸을 여기고, 백성은 식(食)을 으뜸으로 여긴다. 능히 으뜸의 으뜸을 아는 자만이 왕이 될 수 있다"[15]라고 했다.

《상서(尙書)·홍범(洪範)》에서도 '팔정(八政)'을 언급하면서 식(食)을 첫 번째에 두었다. 여기서 식은 농정(農政)을 가리키는 말로, 즉 농업생산의 관리를 말한다. 즉 왕의 땅에서 그의 백성인 농민이 충성을 바치기 위해 생산한 음식을 선비는 먹기 전에 반드시 살펴야 함은 마땅하다 하겠다.

두 번째로 언급한 충효와 입신의 뜻은 결국 임금에게 충성을 다하고 부모에게 효도를 다하며, 이를 위해 입신출세를 해야 하는 선비는 맹자가 말한 것처럼 음식의 맛을 너무 따지면 천하게 된다는 의미가 담겨 있다. 《예기(禮記)》〈예기(禮器)〉에 의하면 "천자는 일식(一食)하고, 제후는 이식(二食)하며, 대부와 사는 삼식(三食)하고 일하여 먹고사는 자는 정해진 수가 없다"고 했다. 이 말은 천자는 음식이 아닌 덕으로 배를 불려야 하기 때문에 밥 한 그릇을 들고나면 배가 부르다고 사양해야 한다는 뜻이다. 이에 비해 제후는 이반(二飯), 사대부는 삼반(三飯)이 끝나면 배가 부르다고 말해야 한다. 그러나 농민·상인·서인은 이런 예법의 제한을 받을 필요가 없이 어느 때나 배가 부르면 식사를 그만두면 된다. 그래서 같은 책에서는 "예의는 서인에까지 미치지 않는다"[16]는 말이 생겼다.

이것은 세 번째 덕목으로 내세운 마음을 다스려서 음식을 탐하지 말도록 주의를 준 것과 같은 의미이다. 맹자가 말했듯이 음식과 같이 작은 것을 탐하게 되면 마음과 같이 큰 것을 잃게 된다는 데서 나왔다. 네 번째로 언급한 내용은 음식이 곧 약(藥)이라는 약식동원(藥食同原)의 관념과 관련이 있다. 이것은 한의학에서 음식을 통해서 질병을 미리 예방한다는 사유에서 나온 것이다. 즉 식이요법을 통해서 질병을 예방하고 치유하는 것이기 때문에 음식은 곧 약과 마찬가지라고 여긴다.

다섯 번째로 말한 군자의 도리는 곧 맹자가 말한 부자유친(父子有親)·군신유의(君臣有義)·부부유별·장유유서·붕우유신(朋友有信)이다. 이 내용은《소학》에도 그대로 나타난다.

먼저 부자유친과 관련하여 다음과 같은 내용이 나온다. 아직 관례(寬禮)와 계례(笄禮)를 하지 않은 남녀는 닭이 처음 울면, 해가 밝기 전에 부모님을 뵙고 무엇을 자시는지 여쭙고, 만약 이미 자시면 물러가고 만약 자시지 않았으면 어른을 도와드려야 하며, 부모와 시부모의 밥그릇과 술그릇은 잡수시다 남은 것이 아니거든 감히 쓰지 말며, 항상 남은 음식이 아니면 감히 먹지 말아야 한다고 했다. 또한 효자가 늙은 부모를 섬길 때는 그 마음을 즐겁게 해드리며 뜻을 어기지 않으며, 그 귀와 눈을 즐겁게 하며 거처를 편안하게 해드리고, 음식으로써 충실히 보양을 다해야 한다는 점을 밝혔다. 이것은 부모와 자식 사이에서 음식을 통해서 유교적 질서감각을 드러내야 함을 강조했다.

이에 비해 군신유의와 관련된 항목은 비교적 적은 편이다. 임금이 돌아가시면 소를 잡지 말고, 대부가 죽으면 양을 잡지 말고, 선비가 죽으면 개와 돼지를 잡지 말아야 하니, 군자는 도살장을 멀리하여 모든 혈기(血氣)가 있는 것은 몸소 잡지 말아야 한다고 했다. 여기에서 군신 사이에 갖추어야 할 도리를 육고기의 도살에 빗대어 밝히고 있다. 특히 군자가 도살을 하는 행위는 수신(修身)에 좋지 않다는 점을 강조한다.

장유유서와 관련된 항목은 《소학》의 목적에 비추어보아 그 뜻이 분명하다. 자식이 스스로 밥을 먹거든 오른손으로 먹도록 가르치며, 여덟 살이 되면 바깥 출입과 좌석에 앉아 음식을 먹는 일에 반드시 어른보다 뒤에 하도록 하여 처음으로 사양하는 법을 가르치며, 군자를 모시고 밥을 먹을 때 군자가 먼저 밥을 먹고 그 뒤에 먹어야 한다고 했다. 오른손이 왼손에 비해 우월한 존재임을 강조하면서 밥을 먹을 때 오른손 한 손만 쓰도록 강조한다. 이 점은 숟가락과 젓가락을 동시에 사용할 경우에도 반드시 오른손으로만 그것을 사용하도록 강조한 점이 특징적이다.[17)]

식사에서 어른이 먼저 수저를 들어야 다음 급수의 사람이 수저를 들 수 있다는 예절은 최근까지 한국사회에서 당연한 것으로 받아들인다. 식사를 마칠 때도 어른이 먼저 끝내지 않으면 어린 사람들은 결코 식탁을 벗어날 수 없었다. 일제시대에 나온 자료에서 조선인의 음식 접대와 관련된 내용을 소개하면서 다음과 같이 기록하고 있다. "시중을 드는 아이나 하인은 바깥쪽 복도에 서서 술자리를 아주 신기한 듯이 쳐다보고 있다. 이것은 장유유서의 예가 있는 것이며, 주종의 계급이 엄중하고, 웃어른과는 결코 식사를 함께 하지 않는 것이 규율이기 때문이다. 서 있는 것은 누차 말했듯이 윗사람이 명하기 전에 앉는 것은 실례이기 때문이다. 아이와 하인들에게 술잔을 주고 마시라 하면 여간해서 마시지 않는다. 오히려 그들은 이것을 고통스럽게 생각한다."[18)]

또한 같은 자료에는 조선인은 일본인의 집을 방문하여 차를 내놓으면 주인이 먼저 차를 마셔야 손님이 마신다고 하면서 음식도 마찬가지라고 했다. 주인이 젓가락을 들지 않으면 손님은 한참 동안 들지 않는다. 이러한 것도 모두 장유유서의 규범에서 나온 것이라고 설명했다. 더욱이 조선왕조에는 역사상 독살사건들이 많았기 때문에 주인이 먼저 먹고 독이 들어 있지 않다는 것을 보여주어야 비로소 손님이 음식을 먹는다는 식민지사관을 주장하기까지 했다.[19)] 그러나 이러한 식사예절은 결코 독살사건과 무관하며, 장유유서의 유교적 질서감각이 주인과 손님에게도 적용된 것에 지나지 않는다.

부부유별과 관련된 항목은 남녀의 구분과 여자가 해야 할 도리를 《소학》에서 밝히고 있다. 일곱 살이 되면 남녀가 같은 자리에 앉지 않고 함께 밥을 먹지 않으며, 여자가 열 살이 되면 제사를 보살피고, 술과 마실 것을 대접하는 방법과 상에 채소절임과 식해를 차리는 법을 가르쳐서, 예절에 맞추어 제사를 모시도록 해야 한다고 했다. 즉 남녀가 일곱 살이 되면 밥도 함께 먹지 못하도록 하여 남녀유별을 가르치고, 여자는 열 살이 되면 손님을 접대하고 제사 모시는 일을 도와서 접빈객(接賓客)과 봉제사(奉祭祀)의 갖은 일을 알도록 했다.

남녀칠세부동석(男女七歲不同席)의 관념은 음식을 먹는 자리에까지 연장되어, 최근에도 가정에서 남녀가 어울려 식사를 하지 않는 풍속으로 이어진다. 60세 이상의 할머니들이 가정에서 일상식사를 할 때 식구들과 함께 밥을 먹지 않거나 밥상 위에 자신의 밥을 올리지 않기도 하는데, 이것은 부부유별의 관념이 지금도 지속되고 있음을 증명한다.

사실 노학의 음식 관련 내용 중에는 이해가 되지 않는 부분도 많다. 이덕무는 스스로도 알기 어려운 《소학》의 내용을 조선의 어린이들이 어떻게 알 수 있겠는가에 의심을 품고, 이것을 개선하여 《사소절》을 펴냈다. 주지하듯이 《사소절》은 이덕무가 이전까지 주자학의 도덕 교과서로 쓰였던 사서삼경과 《소학》이 이미 옛날에 나온 것이고, 그동안 습관이 변하여 몸과 마음에 맞지 않은 것이 있기 때문에 조심스럽게 검토하여 백성이 본받을 수 있도록 소절(小節)로 정리한 것이다. 《사소절》에서 말하는 음식예절은 다음과 같다.

> 너무 크게 싸서 입 안에 넣기가 어렵게 하지 마라. 볼이 크게 부르게 하는 것은 예절에 벗어난다. 무나 배나 밤을 먹을 때는 자주 씹어 사각사각 소리를 내지 말고 먹어야 하며, 국수와 국 그리고 죽을 먹을 때는 갑자기 들이마셔 후루룩 소리를 내지 말고 먹어야 하며, 물을 마실 때는 목구멍 속에서 꿀꺽꿀꺽 소리나게 하지 말라. 또 부스러기를 혀로 핥지 말고, 국물을 손가락으로 찍어 먹지 말고, 음식을 입에 넣고서 웃음을 터뜨리지 말라. 음식을 먹을 때는 배에 알맞게 먹어서 남은 것이 없게 하고, 특히 밥을 다 먹고 난 후 그릇에 물을 부어 먹어 한 톨의 쌀이라도 버려서는 안 된다. 숟가락을 그릇에 닿아 소리나게 하지 말 것이며, 밥알을 남겨 뜰이나 도랑, 혹은 더럽고 습

한 곳에 흘려버리지 말라.

위의 내용은 《소학》의 음식예절을 충분히 응용하여 조선의 실정에 맞도록 덕목을 설정한 것이다. 너무 크게 음식을 싸는 일은 쌈과 관련이 있다. 입의 볼이 크게 부르면 예절에 벗어나기 때문에 경거망동하지 말 것을 강조하고 있다. 음식을 먹을 때 소리를 내면 안 되고, 음식 부스러기를 혀로 핥지 말아야 하는 점 등은 모두 《소학》에 나온다. 이덕무가 제시한 한 톨의 쌀도 버리지 말아야 하고, 밥알을 버리면 안 되는 일, 그리고 숟가락으로 소리를 내서도 안 되는 일 등은 조선적 상황에 맞는 새로운 가르침이다.

이와 같이 음식에 대한 유교적 관념은 군자가 갖추어야 할 검소한 음식생활과 오륜(五倫)에 근거한 식사예절, 그리고 식사 방식에 이르기까지 오늘날 한국인의 식사에도 상당한 영향을 미치고 있다. 이는 유교적 음식 관념이 한국의 역사에서 비교적 변하지 않고 지속되고 있음을 증명한다. 따라서 유교와 음식의 관계를 살필 때 오늘날 한국사회에서 지속되고 있는 유교적 음식 관념을 조사하는 작업을 수행할 필요가 있다. 비록 식사예절과 식사 방식이 많이 바뀌었지만, 여전히 세대에서 세대로 전달되는 사유에는 유교적 질서감각이 유지되고 있기 때문이다.

유교적 '가(家)'와 식구

'가(家)'의 유교적 질서를 유지하기 위해서 적용되는 중요한 덕목은 오륜 중에서도 부자유친 · 부부유별 · 장유유서 세 가지를 꼽을 수 있다. 이들 덕목은 《주자가례》에서 주로 관례와 혼례를 통해서 명확하게 표현된다. 주지하듯이 《주자가례》는 남송 때 유통하던 생활의칙(生活儀則)을 집성한 것이지만, 이것은 단순한 생활 규범을 모아 놓은 의례서가 아니다. 주자의 입장에서 보면, 존비장유(尊卑長幼)의 엄격한 구별과 계서(階序)를 주축으로 하는 종자법적 질서감각, 이에 기반을 둔 새로운 예적(禮的) 질서의 포괄적 기획, 이것의 실현을 원초적으로 확보하기 위한 빈틈없는 전략적 구사가 담겨 있다.[20]

종자법적 질서감각을 이루기 위해서는 혼례를 통해서 '가'를 구성해야 한다. 이를 위해서 신랑과 신부라는 음양이 교접을 이루어야 한다. 혼례의 여러 절차 중에서 합근례(合巹禮)는 바로 이 점을 상징한다. 《주자가례》 권3, 〈혼례〉에서 그 의례 절차를 다음과 같이 적고 있다.[21] "신랑이 읍하면 신부는 자리로 나아간다. 신랑은 동쪽에 신부는 서쪽에 선다. 시종이 술을 따르고 음식을 차린다. 신랑과 신부는 좨주하고 인주를 올린다. 또 술을 따르면 신랑이 신부에게 읍하고 들어서 마시는데, 좨주하지 않고 안주도 없다. 또 잔을 가져다 신랑과 신부 앞에 나누어 놓고 술을 따른다. 신랑이 신부에게 읍하고 잔을 들어서 마시는데 좨주하지 않고 안주도 없다. 신랑은 나가서 다른 방으로 간다. 유모와 신부는 방 가운데에 머무른다. 음식은 치워서 방 밖에 놓고 자리를 마련한다. 신랑의 시종은 신부가 남긴 것을 먹고, 신부의 시종은 신랑이 남긴 것을 먹는다."

혼례에서 합근례는 '음양이 교접한다'는 뜻을 지니고 있다. 이때 술은 그것을 실천하는 상징적 의미를 담은 매개물로 사용된다. 그런데 여기에서도 부부유별은 분명히 지켜진다. 신랑은 동쪽, 신부는 서쪽이라는 관념이 바로 그것이다. 즉 동쪽이 서쪽보다 높아서 신랑과 신부의 자리가 그렇게 되었다. 합근례가 끝나고 신부가 시집에 가면 부자유친의 관계에서 효부가 되는 것이 가장 중요하다. 《주자가례》 권3, 〈혼례〉에서는 신부가 시부모를 술과 음식으로 모시는 과정이 나온다.

"시부모가 자리로 나오면, 신부가 손을 씻고 서쪽 층계로 올라와 잔을 씻어 술을 따라 시아버지의 탁자 위에 놓고 내려와 마시기를 기다려 절한다. 그리고 시어머니에게 술을 드려서 다 마시면 또 내려와 절을 올린다. 시종이 국과 밥을 가져오면 음식을 가지고 올라가 시부모 앞에 드리고, 시어머니 뒤에 서서 식사가 끝나기를 기다린다. 식사가 끝나면 시종이 찬을 거두어 별실에 나누어 놓는다. 신부는 시어머니의 남은 음식을 먹고, 신부의 시종은 시아버지의 남은 음식을 먹고, 신랑의 시종은 신부의 남은 음식을 먹는다. 이에 시부모 역시 신부에게 음식을 베푼다."

이와 같은 혼례 의식을 통해서 가부장적 질서는 분명해진다. 특히 술과 음식을 신랑과 신부가 함께 나누지만, 시부모에게는 신부가 술을 올리고, 다시 음식을 올려서 그 관계를 분명히 밝힌다. 이에 시부모도 음식으로 신부를 위로한다. 그러나 신랑이 처가에 갔을 때 술자리를 베풀지 않는 경우도 있다. 이것은 신부가 아직 신랑의 시부모를 만나지 않았기 때문이다. 《주자가례》를 조선적 측면에서 다시 해석한 《사례편람》에는 장가를 간 신랑에게 술자리를 베풀지 말도록 권유하고 있다. 가부장적 질서에서는 당연히 신부의 시부모가 친정부모보다 높은 급수에 있다. 이로 인해 이와 같은 규범이 생겼다.

가부장적 질서를 구현하는 '가(家)'의 예법에서 장자 우선, 신랑 우선, 시부모 우선 등은 너무나 당연한 진리일지도 모른다. 오늘날 한국사회에서 딸자식을 둔 부모들은 여전히 마치 죄인처럼 딸의 시부모 앞에서 어쩔 줄을 모른다. 그리고 신랑신부가 신혼여행을 다녀와서 시부모를 뵈러 갈 때도 이바지 음식을 별도로 장만하여 보낸다. 오늘날 한국사회에서는 여전히 시부모가 친정부모보다 높은 급수에서 대접을 받는다.

또 혼례만 치르는 오늘날 한국사회에서 '가'의 예법은 적어도 혼례식이 끝난 이후 시부모가 신랑신부에게서 받는 인사와 그에 대한 반응에서도 잘 나타난다. 혼례에서 '폐백(幣帛)'이란 이름으로 시부모는 신랑신부에게 첫 인사를 받는다. 신랑신부는 먼저 부모에게 술을 한 잔씩 올린다. 여기서 술은 공경의 의미가 담겼다. 그 다음에 절을 하고 나서 앉으면 시부모는 신부의 치마에 과실을 던진다. 열매가 많은 과실은 다산(多産)을 의미하며, 이것은 부계 혈통을 이어가도록 기원하는 시부모의 뜻이 담겨 있다. 즉 가부장적 질서는 혈통의 연속을 통해서 이루어진다. 이를 위해 대추나 밤과 같은 과실은 풍성함과 다산을 의미하면서 혼례에서 소비된다.

그 다음에 신부는 시가의 친척들에게도 인사를 올린다. 원래 현구고례(見舅姑禮)라 하여 시가의 일가친척에게 술을 올리고 매번 절을 하는 예법이다. 이 과정에서 새로 들어온 신부는 일가친척을 소개받는다. 곧 혼인은 단지 두 사람의 사랑으로 맺은 결실일 뿐만 아니라, 일가친척과의 관계 맺음을 하는 것이기도 하다. 혼인을 통해서 구성된 부부는 자녀를 두어 대를 이어야 함이 종자법적 질서를 중시하는 유교적 관념이다. 특히 아들을 두어 부계혈통을 잇는 일은 매우 중요하다.

아들을 기원하기 위해 각종 의례가 행해지기도 한다. 만약 아들을 얻었으면 태어난 지 1주년에 행하는 돌잔치에서 딸과 다른 돌잡이를 통해서 장자(長子)의 중요성을 드러낸다. 일반적으로 아이의 성별에 따라 돌상에 올리는 물건에 약간의 차이가 있다. 남자아이나 여자아이나 상관없이 책 · 붓 · 벼루 · 먹 · 흰실타래 · 대추 등이 백설기 · 수수팥떡 · 쌀 · 국수와 함께 오른다. 그러나 남자아이의 돌상에는 활과 장도, 여자아이의 돌상에는 바늘 · 가위 · 인두 등이 오른다. 남자아이가 책이나 활을 잡으면 문관이나 무관이 될 것이라 예측하여 기뻐했고, 여자아이가 바늘이나 가위를 먼저 잡으면 바느질 솜씨가 좋을 것이라 예측했다. 이것은 남성성과 여성성을 표현한 상징적 방식의 하나였다.[22)]

남자와 여자에 대한 구별은 《주자가례》 권2, 〈관례 · 계례〉에서도 분명히 드러난다. 특히 남자 중에서도 장자와 그 다음 중자(衆子)와의 차이는 명확했다. 즉 관례의 대상자가 장자인지, 중자인지에 따라 자리가 다르게 정해졌다. "장자이면 빈객은 자리를 고쳐 당 중간의 조금 서쪽에서 남향한다. 중자이면 본래의 자리에 선다." 장자는 가문의 장손으로서 대를 잇는 직계이다. 이에 비해 중자는 아들이지만 장자와 달리 대를 잇는 직계는 아니다. 이러한 차이는 유교의 종자법적 질서가 지닌 장자 우선의 관념이 관례에 담겼기 때문이다. 계례에서 여자 역시 중자와 같은 자리에서 의례를 행한다. 이 점은 자녀의 서열이 '장자 → 중자 = 딸'로 이어짐을 의미한다. 즉 장자 중심적 사고방식이 여자가 대상인 계례를 남자의 중자 위상에서 행하도록 하여 차이를 두었다.

하지만 계례자 역시 술로써 초례(醮禮)를 치르는 것은 관자와 마찬가지이다. 이런 의미에서 관례와 계례에서 술은 단지 남녀를 구분하지 않고, 신령에게 성인이 됨을 고하고 신령과 인간이 하나가 됨을 뜻한다. 그래서 관례의 핵심에도 술이 있다. 즉 "맛있는 술이 이미 맑아졌으니 좋은 안주와 향기로운 술을 절하고 받아 제사지내어 너의 상서로움을 안정시키고 하늘의 경사를 이어 오래 살며 잊지 말라"고 빈객이 말하면서 술을 관자에게 따른다. 이에 "관자는 자리의 앞으로 나아가 무릎 꿇고 술로 제사지낸다. 일어나 자리의 끝으로 가서 무릎을 꿇고 술을 맛본다. 일어나 자리로 내려가서 찬자에게 잔을 주고 남향하여 재배한다. 빈객은 동향하여 답배한다. 관자가 드디어 찬자에게 절을 한다. 찬자는 빈객의 왼쪽에서 동향하여 조금 물러나 답배한다."

이로써 관자는 성인이 된다. 제사와 빈객으로 술을 받는 예절은 장유유서의 의미가 강하다. 그중에서도 관자가 술을 마실 수 있다는 것으로 관례의 의미가 분명해진다. 그 주석에서 사마온공(司馬溫公)의 말을 옮겨본다. "옛날에 관례할 때는 예(醴)를 쓰거나 혹은 술을 썼다. 예는 한 번 올리고 술은 세 번 따른다. 지금은 일반 가정에서 예가 없어 술로 대신한다. 다만 축사에 '예는 오직 진하다'고 한 것을 고쳐 '맛있는 술이 이미 맑다'고 하니, 간편함을 따른 것이다." 즉 보통 음료수의 일종인 '예'를 사용했지만, 점차 풍속이 바뀌어 술로 대신하게 되었다는 것이다.

원래 술은 당분이 발효하여 알코올로 변화하여 만들어지는 음료이다. 동서양을 가리지 않고 술은 신령에게 바치는 신성한 음식이었다. 술을 마시면 이내 생기가 돌아 신령과의 교감을 쉽게 할 수도 있기 때문에 술은 신령과 인간을 연결시켜주는 음료로 모든 사회에서 중요시했다. 또 술은 신비한 발효 과정을 거친다. 여기에 노동을 기울인 땀이 술을 만들 수 있는 원료를 제공해준다. 이렇듯 술은 귀하고 신비한 음료였다. 그래서 술은 신령에게 바쳐져서 인간사의 평안을 비는 데 쓰였다. 한편으로 윗사람을 공경하는 데도 술은 빠지지 않았다.

한국의 술은 누룩을 곡물에 섞어 발효시킨 곡주가 대부분이다. 술의 색깔에 따라 크게 탁주(濁酒)·청주(淸酒)·백주(白酒)로 구분한다. 청주에 약재를 넣은 술을 다른 말로 '약주(藥酒)'라 부르기도 한다. 보통 약주는 어른들에게 올리는 술을 일컫는다. 이른바 장유유서의 의미에서 그냥 술이라 부르지 않고 어른이 잡수시는 술을 '약주'라고 칭했다. 음식이 곧 약이며, 그것을 통해서 어른이 몸을 보양할 수 있다고 믿는 유교적 관념에서 약주라는 말이 생겼다. 조선시대에 특히 발달했던 가양주(家釀酒)는 집집마다 접빈객과 봉제사에 쓰일 술들을 나름의 솜씨로 빚어 만들었다.

따라서 유교적 '가(家)'를 구현하기 위해서 행해진 혼례·관례와 함께 자식을 기원하는 의례에서 출산을 기념하는 백일과 돌과 같은 의례에까지 부계혈통적 관념이 구현되어 있다. 특히 '식구'는 가부장적 '가' 관념을 실천하는 구체적 단위가 된다. 이런 면에서 '가' 내부에서 행해지는 식사는 식구관계를 알 수 있는 기준이 된다. 곧 부자유친·부부유별·장유유서의 덕목이 식사 과정을 통해서 실천된다.

식구는 집이라는 공간에 함께 살면서 식사를 같이하는 사람들을 가리키는 말로 구체적으로 가내집단의 구성원을 가리킨다.[23] 중국인들은 우리말의 식구를 허찬(合爨)이라 한다. 여기서 찬(爨)이란 한자는 불을 때는 곳, 혹은 밥을 짓는 곳이란 뜻이다. 즉 함께 밥을 짓는 행위가 식구를 담는 그릇에 해당한다. 따라서 허찬은 동거(同居)·공재(共財)와 함께 중국의 전통적인 가(家) 구성원이 되는 조건 중 하나이다.[24] 영어의 패밀리(family)나 독일어의 파밀리에(familie)도 솥을 둘러싸고 식사를 하는 무리라는 원래의 뜻으로 인해 식구란 의미를 지니고 있다.

이와 함께 한자 '가(家)'는 돼지우리가 있는 건축물을 가리킨다. 그런데 '가'에는 단순히 건축물 자체를 말하는 것뿐만 아니라, 그 속에서 삶을 영위하는 사람들과 그들의 일상적 삶의 공간을 통해 나누어지는 사람들 사이의 관계를 뜻하기도 한다. 유교적 질서가 추구해온 가부장적 부계혈통 중심의 '가'와 같은 건축물에서 동거하는 '식구'는 반드시 일치하지 않을 수도 있다. 대다수의 사람들은 유교적 질서 아래에서 부계혈통 관계의 '가'를 실제 동거하면서 식사를 함께 나누는 식구집단으로 설정하려 노력해왔다. 그래서 '가=식구'라는 인식은 가장 원하는 동거 단위의 하나였다.

특히 조부모와 부모, 그리고 자녀로 구성된 확대가족은 성리학적 대가족 질서를 실천할 수 있는 가장 이상적 '가'의 단위였으며, 동시에 '식구'의 단위였다. 이들 사이에서는 식사를 통해서 식구 사이의 질서가 잡혔다. 이를테면 남자와 여자는 함께 식사를 하지 않았다. 가난할 경우 남자들만 밥상에서 식사를 했고, 여자는 부엌 바닥에 식기를 놓고 식사를 했다. 또 양반의 경우에도 남자들이 모두 모여서 함께 식사를 하지 않았다. 가장은 혼자 독상을 받거나,

아니면 장자인 손자와 겸상으로 식사를 했다. 조부의 입장에서 보면 장자인 손자는 자신의 제사를 끝까지 책임질 종자(宗子)이기 때문이다.

남녀 사이에는 식기구의 차이도 있었다. 남자의 경우 숟가락과 젓가락을 모두 사용하여 식사를 했지만, 여자의 경우 숟가락만 주어졌다. 여자는 망자(亡者)가 되어야만 제사에서 숟가락과 젓가락을 모두 받을 수 있었다. 또 남자의 경우 숟가락과 젓가락이 고정되어 있는 경우가 많았다. 이에 비해 여자는 오늘날에도 숟가락과 젓가락을 정해두고 사용하지 않는 경우가 많다. 여기에서도 부부유별과 남녀유별이 지속된다. 이러한 관습 역시 유교적 질서감각이 만들어낸 결과라 보아야 한다.

오늘날 한국의 도시에는 주로 부부가족 중심으로 동거를 하는 '가' 가 주류를 이룬다. 실제로 동거하면서 공식(共食)을 하는 집단은 주로 부부와 그들의 자녀로 구성된 부부가족이다. 그러나 명절 · 생일 · 제사 등과 같은 행사가 있을 때 모이는 조부모와 그들의 자녀 부부, 그리고 손자녀로 구성되는 이른바 부계 확대가족은 특별한 때 식사를 함께하면서 음식물도 공유하는 경우가 있다. 그래서 실제 동거하는 식구집단은 아니지만, 일정한 의미를 지닌 음식물을 공유하는 부계 확대가족이 관념적 식구집단으로 한국사회에 존재한다. 이들은 실제로 함께 거주하는 경우도 있지만, 대부분 별도로 거주하면서 특별한 날 식사를 함께하거나 김치 · 간장 · 된장 · 고추장 등과 같은 저장음식을 공유하는 범주적 공식집단이다.[25)]

이와 같은 범주적 공식집단은 주로 부계혈통 중심의 확대가족을 근간으로 하여 형성된다. 이들 사이의 유교적 질서감각은 음식 공유를 통해서 지속되고 있다. 따라서 오늘날 한국사회에서 부부가족이 주류를 이루지만, 음식물 공유는 여전히 확대가족 중심으로 전개되는 양상을 보인다. 이것은 주거 공간의 변화와 '가'에 대한 관념이 변했지만, 유교적 차례와 각종 제사를 통해서 수시로 결합하는 확대가족이 관념적으로 유지되고 있음을 반증한다. 이 때문에 식구집단에 대한 다양한 접근은 유교와 음식의 관계를 살피는데 중요한 근거를 제시할 수 있다고 믿는다.

죽음에 대한 인식과 음식

《주자가례》 권3, 〈상례(喪禮)〉에서 "초종(初終)을 당한 모든 자식들은 삼일 동안 먹지 않는다. 기년(朞年)과 9월의 상복을 입는 사람은 세 끼를 먹지 않는다. 오월과 삼월의 상복을 입는 사람은 두 끼를 먹지 않는다. 친척이나 이웃마을 사람들이 죽을 쑤어 먹이는데, 어른이 강권하면 조금 먹어도 괜찮다"고 했다. 그후 "성복(成服)하는 날 주인과 형제는 비로소 죽을 먹는다. 모든 자식은 죽을 먹고, 처첩(妻妾) 및 기년복(朞年服)과 대공구월복(大功九月服)을 입은 사람은 거친 밥을 먹고〔疏食〕 물을 마시지만 채소와 과일은 먹지 않는다. 오월과 삼월인 사람은 술을 마시고 고기를 먹지만 잔치에는 참석하지 않는다"고 했다.

이런 의미에서 보면 상례를 당한 사람은 시간이 지남에 따라 '굶음→죽→거친 밥과 물→채소와 과일→술과 고기→잔치'로 음식에 대한 금기가 스스로 풀린다는 사실을 알 수 있다. 그런데

《예기(禮記)》〈문상(問喪)〉에는 "친인이 죽으면 사흘간 불을 피우지 않는다. 이런 연고로 이웃들이 된죽을 쑤어 먹인다"[26]는 구절이 있다. 즉 주나라 때 사람들은 혈친이 죽으면 집에 불을 지피지 않았다. 고로 밥을 해서 먹을 수 없었고, 이것이 《주자가례》에 반영되어 나타났다.

이에 비해 망자의 경우, 곧장 "전(奠)을 진설한다. 집사가 탁자에 포(脯)와 해(醢)를 놓고 동쪽 계단으로 올라간다. 축(祝)은 손을 씻은 다음 잔을 씻고 술을 따라서 시신의 동쪽 어깨쯤에 올리고 보로 덮는다"고 했다. 여기서 포는 말린 어육(魚肉), 해는 식해(食醢) 혹은 어해(魚醢)를 가리킨다. 술도 준비하여 간단한 제사를 올릴 준비를 한다. 상주가 음식을 먹지 말아야 하는 대신에 망자는 조상신령이 되기 위해 전제(奠祭)를 받는다. 이것을 두고 귀신의 길은 음식에 의존하기 때문에 곧장 전을 진설해야 한다고 했다.

망자가 완전히 돌아가신 것이 확인되면 입에 밥을 물린다. "시종한 사람이 숟가락을 꽂은 쌀 주발을 들고 따라가 시신의 서쪽에 놓는다. (중략) 멱건을 들고 숟가락으로 쌀을 조금 떠서 시신의 입 오른쪽을 채우고 아울러 동전 하나를 넣는다." 그 이유는 "차마 입이 비어 있지 않게 맛있고 깨끗한 물건으로 채우는 것이다"고 했다.

대렴(大殮)과 성복(成服)이 끝나면 조석곡전(朝夕哭奠)과 상식(上食)을 올린다. "날마다 새벽에 일어나 주인 이하는 모두 상복을 입고 들어가 자리에 나아간다. (중략) 집사는 채소·과일·포·해를 진설한다. 축이 손을 씻고서 분향하고 술을 따른다"고 했다. 이것을 두고 유장은 "전에 포와 해를 쓰는 것은 대개 옛사람의 집에서 항상 있었다. 만일 없으면 특별히 여러 음식을 갖추어도 괜찮다.

조석전(朝夕奠)이라는 것은 음양이 교접할 때 그 부모를 생각하는 것을 말한다. 조전이 장차 이르게 된 후에 석전을 치우고, 석전이 장차 이르게 된 후에 조전을 치운다" 고 했다.

이런 의미에서 상식은 비록 망자가 죽었지만 살았을 때 먹는 밥상과 비슷하게 차린 것을 의미한다. 《사례편람》에서는 상식을 다른 말로 조전찬(朝奠饌)이라 불렀다. 이것은 특별한 음식이 아니라 망자가 평소에 먹던 밥상이라는 의미를 지닌다. 즉 상례에서 '상식'과 '전제'는 다른 의미를 지닌다. 상식은 망자인 조상을 살아 있다고 인식하여 밥(메)을 중심에 두고 차려진다. 이에 비해 전제는 망자를 신령으로 인식하여 짐승을 희생한 육고기와 생선이 중심이 된다.

이것이 합해지는 절차가 상례의 우제(虞祭)이다. 우제에서 차려지는 제물을 《사례편람》에 근거하여 살펴보면 다음과 같다. 포(脯, 乾魚肉), 해(醢, 食醢 혹은 魚醢), 소채(蔬菜, 熟菜 혹은 沈菜), 청장초(淸醬醋), 잔반(盞盤), 비저집(匕筯楪), 미식(米食, 餠), 면식(麵食, 饅頭 · 昌麵 · 酸麵 · 匊羞), 반(飯), 갱(羹, 肉羹 혹은 米羹), 육(肉), 어〔魚, 郁(뼈가 있는 살) 혹은 膾, 혹은 炒, 어육을 사용하여 탕 즉 갱을 만들어 用菜〕, 술〔酒〕, 적〔炙, 肝 1꼬치(串), 肉 2꼬치(串)〕, 다(茶, 熟水로 대신), 설소과(設蔬果) 등이다. 위의 제물에서도 알 수 있듯이 반갱(飯羹)과 수저, 그리고 나물(혹은 김치)과 간장 · 포 · 해 · 과일 · 술 · 숭늉 등은 상식에 주로 올리는 음식이다. 이에 비해 미식 · 면식 · 육 · 어 · 적은 전제에 주로 올린다. 결국 오늘날 우리가 보는 유교식 제사상의 제물은 다분히 우제의 제물 차림과 닮았다.

나는 《주자가례》와 《사례편람》이 지닌 공통점과 함께 《사례편람》의 새로운 해석에 주목한다. 조선 후기에 나온 《사례편람》은 이재(李縡, 1680~1746)가 《주자가례》를 조선사회에 적용시키기 위한 목적으로 편찬한 책이다. 중국적 내용이 주류를 이루는 《주자가례》의 문제점을 조선사회에 제대로 적용시키기 위해서 노론의 대표적 논객이었던 이재가 《사례편람》을 통해서 정리한 것으로 알려진다. 특히 제사음식에 대한 이재의 해석은 무척 흥미롭다. 〈그림 1〉은 《주자가례》와 《사례편람》의 제물 진설을 보여주고 있다.

《주자가례》에는 조상에게 제사를 지내기 위해서 필요한 제물의 배치도가 나온다. 제물 명칭을 살펴보면 다음과 같다. 신위를 중심으로 가장 남쪽 줄에는 과(果)가 모두 여섯 그릇이다. 그 안쪽 줄에는 신위를 기준으로 하여 오른쪽부터 포해(脯醢)와 소채(蔬菜)가 세 번씩 반복된다. 그 다음 안쪽 줄에는 오른쪽부터 면식(麵食)·육(肉)·적간(炙肝)·어(魚)·미식(米食)이 놓였다. 가장 안쪽 줄에는 오른쪽부터 반(飯)·잔반(盞盤)·시저(匙筯)·초접(醋楪)·갱(羹)이 놓였다.

이에 비해 《사례편람》의 시제(時祭)에 적용한 제물 진설도는 약간 다르다. 신위를 중심으로 가장 남쪽 줄에는 과(果)가 네 그릇에 지나지 않는다. 그 안쪽 줄에는 오른쪽부터 포(脯)·소(蔬)·장(醬)·침채(沈菜)·해(醢)·식혜(食醯)가 배치되었다. 다시 그 안쪽 줄에는 오른쪽부터 면(麵)·육(肉)·적(炙)·어(魚)·병(餠)이 놓였다. 가장 안쪽 줄은 《주자가례》와 똑같다.

기본적인 맥락에서 두 책에 나오는 제물의 종류와 차림은 비슷하다. 하지만 자세히 들여다보면 반드시 같다고 할 수도 없다. 좀 더 자세히 두 책에 나오는 제물에 대해서 살펴보자.

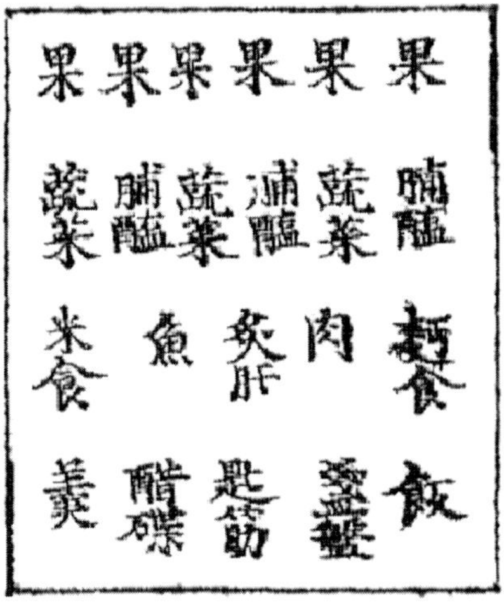

《주자가례》의 〈매위설찬지도〉

《사례편람》의 〈시제진찬지도(時祭陣饌之圖)〉

〈그림1〉《주자가례》와 《사례편람》의 제물 진설도 비교

제4줄의 제물로 나오는 과(果)는 과일을 뜻한다. 《주자가례》에서 여섯 그릇을 놓도록 한 이유는 분명치 않다. 다만 그 계절에 나는 과일을 풍성하게 놓아서 조상에게 새로 수확한 물건을 천신(薦新)하도록 한 데서 그 의미를 찾아야 한다. 이에 비해 《사례편람》에서는 과일을 네 그릇만 놓도록 했다. 네 그릇의 의미 역시 분명하지 않지만, 간소화를 모색한 결과임은 분명하다. 그런데 문제는 실제로 이것이 적용되면서 생겨난 오해들이다. 즉 홍동백서(紅東白西)와 조율이시(棗栗梨柹)가 그것이다. 보통 노론에 속하는 집안에서는 '홍동백서'를 강조했고, 남인의 집안에서는 '조율이시'를 내세웠다고 한다. 그런데 '조율이시'는 제례자의 입장에서 오른쪽에서부터 대추·밤·배·감의 순서이다. 같은 기준으로 '홍동백서'에 의거하여 이들 과일을 놓으면 대추·감·배·밤의 순서가 된다. 그러나 《주자가례》에는 이러한 기준이 없다. 단지 집안마다 다른 격식을 갖추기 위한 규칙에 지나지 않는다.

제3줄의 제물은 《주자가례》와 《사례편람》이 비슷한 맥락의 음식을 언급하지만, 구체적인 제물은 약간 다르다. 《주자가례》의 포해와 소채가 《사례편람》에서는 포·소·장·침채·해·식혜가 되었다. 그러면서 포는 건어육(乾魚肉)이라 적었다. 실제로 고대 중국의 포에는 소·멧돼지·노루·사슴 등의 고기로 만든 육포(肉脯)가 중요한 제물이었다. 하지만 자주 소 도살이 금지되었던 조선사회에서 육포를 제물로 올리는 일은 쉽지 않았다. 그래서 서해안에서 나는 건어포가 제물로 쓰였다.

소채는 숙채(熟菜) 아니면 침채로 대신한다고 《사례편람》에 적혀 있다. 주자가 살았던 송나라 때의 소채는 채소를 가리킨다. 그런데 이 소채는 생으로 된 채소이다. 육포와 함께 각종 소채를 제3줄에 놓는 이유는 자연에서 나는 모든 생산물을 그대로 올린다는 고대 유학의 뜻과 통한다. 이에 비해 고려시대부터 나물 음식을 자주 먹었던 조선에서는 숙채란 한자의 나물과 침채라는 이름의 물김치가 소채를 대신했다. 여기에 간장을 올려서 조상이 살아 있을 때 먹었던 일상식사의 메뉴를 보탰다.

그런데 문제는 해(醢)와 혜(醯)라는 음식이다. 《주례(周禮)》는 고대 중국의 주나라 관제(官制)를 기록한 책이다. 이 책의 기록에 의하면, 주나라 천자(天子)는 연회 때에 여러 가지 음식과 함께 장(醬) 120가지를 연회음식으로 받아야 한다고 했다. 그런데 여기에서 말하는 '장'은 결코 요사이 중국의 간장이나 된장 혹은 자장을 가리키지 않는다. 그 대신에 해 60가지, 혜 60가지를 장 120가지의 구성으로 소개했다. 그렇다면 《주례》에서 말하는 '해'와 '혜'는 무엇인가? 해는 고기를 간장에 절인 일종의 장조림으로, 여기에 쓰이는 동물의 고기 종류에 따라서 모두 60가지나 되었다. 혜는 고기를 식초에 절여서 만든 신맛이 나는 고기의 일종으로, 역시 고기의 종류에 따라서 모두 60가지에 이르렀다.

하지만 고대 중국과 풍속이 달랐던 조선사회에서는 해와 혜를 이 정도로 자세하게 구분하지 못했다. 해는 단지 장조림 정도로 이해하는 데 그쳤고, 대신 고기의 대명사인 물고기로 담근 젓갈이 '해'가 되었다. 아울러 식혜라고 하여 쌀밥으로 만든 음료수를 만들어냈고, 이것을 '혜'로 보았다. 지금도 경상북도 안동 지방에서는 곡물과 채소로 만든 안동식혜를 제사에 올린다.

《사례편람》에서 제2줄에 오르는 제물은 《주자가례》의 진설을 기본으로 한다. 그렇다고 반드시 같지는 않다. 면식은 만두(饅頭) 혹은 창면(昌麵)이나 산면(酸麵), 국수(匊羞)를 올리면 된다고 했다. 《주자가례》에 나오는 면(麵)은 밀가루로 만든 음식을 가리킨다. 각종 만두나 국수가 대표적이다. 그런데 조선에서는 밀가루가 귀했고, 대신 메밀로 만든 창면이나 산면, 국수를 올리도록 적었다. 육(肉)은 각종 육고기를 주재료로 한 음식을 가리킨다. 그런데 조선에서는 보통 갈납이 이 육을 대신했다. 갈납은 고기나 채소 등을 길이 10~12센티미터로 조붓하게 썰어 꼬챙이에 꽂아 밀가루와 달걀을 씌워 기름에 부친다. 이 갈납을 포개어 담고 그 위에 전유어를 부쳐 포개어 괸다. 기름 냄새가 풍겨야 신령이 내려온다고 여겼을 정도로 갈납은 제사의 필수 음식이다.

《사례편람》에서 적(炙)은 간(肝) 1꼬치와 육(肉) 2꼬치를 가리킨다고 했다. 그런데 여기에서 흥미 있는 사실은 곶(串)이란 한자어이다. 중국어로 '추안', 일본어로 '구시', 한국어로 '꼬치'인 이 한자어는 적(炙)의 방식으로 오늘날에도 일반 음식으로 인기를 모은다. 제물에 오르는 육적도 쇠고기를 두껍고 넓게 저며 양면에 잔칼질을 한 다음 양념하여 3~5개씩을 꽂아 찐다. 여기에 양념을 쳐서 다시 굽고 알지단·실고추 등을 고명으로 얹는다.

어(魚)는 효(郩, 즉 뼈가 있는 살) 혹은 회(膾) 혹은 초(炒) 혹은 어육을 사용하여 탕을 만든다고 《사례편람》에서는 적혀 있다. 이 말은 탕으로 끓여서 그것의 건더기를 제물로 사용한다는 말이다. 요사이는 지지거나 굽지만, 《사례편람》이 나온 조선 후기에는 찌거나 삶아서 음식을 조리했다. 당연히 지금처럼 냉장이나 냉동 보관이 없었던 당시, 주로 소금에 절이거나 햇볕에 말린 생선은 찜과 탕의 방법으로 조리했음을 짐작하고 남는다. 동시에 《주자가례》의 미식(米食)은 병(餠), 즉 떡을 일컫는다. 갱(羹)은 육갱(肉羹) 혹은 미갱(米羹), 그리고 제사를 지내면서 갱 대신에 올리는 다(茶)는 숭늉〔熟水〕으로 대신하면 된다고 《사례편람》에 적혀 있다.

유교식 제사는 일정한 순서에 따라 신령을 모시고 보내 드린다. 먼저 신령을 부르기 위해 향을 피운다. 신령이 내려오면 제사상을 중심으로 음식을 대접한다. 조선 중기 이황(李滉, 1501~1570)은 사람이 살아서는 좌를 숭상하고, 죽으면 우를 숭상한다고 했다. 그래서 일상의 상차림과 달리 밥이 오른쪽에 탕이 왼쪽에 놓인다. 신령이 밥을 드시기 전에 먼저 술로써 대접한다. 이때 술은 대부분 청주와 탁주 계통의 것을 쓴다. 안주를 드시라는 뜻에서 수저를 포나 적 위에 올려둔다. 기제사에서는 축문을 읽는다. 명절 제사에서는 신령이 식사하는 동안 묵념을 올린다. 음식을 다 드셨으면 탕 대신 물을 올린다.

그 후 신령은 돌아가고 사람들은 신령이 남긴 음식을 서로 나누어 먹음으로써 신령과 하나가 되는 교감의 시간을 가진다. 이러한 음복(飮福) 과정은 제사의례의 가장 마지막 부분이다. 음복을 할 때에는 집안에 따라 밥을 탕에 말고 고기적·나물 등을 얹어 상국밥으로 하거나, 밥을 나물에 비벼 비빔밥으로 만들고 제수음식과 제주를 갖추어 낸다. 이밖에 나물·김치·식혜·간장·초간장·꿀 등을 차리며, 또 고인이 살아생전에 즐겨먹던 몇 가지 음식을 차리기도 한다. 다만 산 사람을 위해서 준비하는 음복에도 먹는 순서가 있다. 죽은 자와의 친소(親疎)관계에 따라 음복을 하는 순서가 정해진다. 제사는 죽은 자를 위한 것이지만, 실제로는 산 사람들끼리 모여서 음복을 통해 죽은 자와 친척 간의 거리를 확인하는 자리이다. 그래서 유교적 제사는 나이와 무관하게 친척관계를 확인하는 산 사람들의 모임이기도 하다.

조선시대 유교식 제사는 양반 집안에서 반드시 실행했던 가정 행사였다. 예서(禮書)에 나타난 조선시대 유교식 관혼상제의 의례를 만약 그대로 실행했을 경우 그 횟수와 규모에서 엄청난 자원과 시간, 에너지를 필요로 했을 것으로 보인다. 예를 들어 《사례편람》에 나온 대로 제례를 시행했을 경우, 1년에 사시제(四時祭) 4회, 예제(禰祭) 1회, 장손인 경우 기일제 8회 이상, 묘제 1회, 그리고 설과 추석의 차례까지 합치면 1년에 시행해야 할 제사가 모두 16회 이상이 된다.[27] 그런데도 종가의 종부는 접빈객과 함께 봉제사를 부부유별의 질서에서 오는 당연한 도리로 여겼다.

조선 정조 때의 선비 윤영희(尹永僖, 1761~?)는 "아침에는 이웃에서 양식을 구걸하지 않고, 토반(土飯)과 진갱(塵羹)을 가지고 즐거움을 부치었네"라는 시를 남겼다. 자신의 신세를 빗대어 읊조린 이 시에서 조선시대 선비들이 생각했던 가장 최소한의 밥상 차림이 바로 '반(飯)'과 '갱(羹)'임을 알아차릴 수 있다. 사실 반과 갱은 고대 중국인이 이상적으로 생각했던 밥상 차림이다. 그런데 송나라 이후 중국인은 '반갱(飯羹)'을 밥상의 기본으로 여기지 않고, 밥과 음식으로 구성된 '반채(飯菜)'를 밥상의 기본으로 생각하기 시작했다.

조선시대는 물론이고 지금까지도 '반갱'은 한국 밥상의 기본을 이룬다. 더욱이 조선 후기에 자리를 잡기 시작하여 일제시대에 완전히 정착한 일상적 밥상 차림인 3첩·5첩·7첩·9첩 반상의 기본에는 침채(김치)와 장이 더해지지만, 여전히 '반갱'이 핵심적인 음식이다. 이 모두 고대 중국의 유토피아 요순시대를 현실로 만들어 보려 했던 조선시대 선비들의 상고적(尙古的) 이상론이 반영된 결과라고 할 수 있다. 그런데 일상의 밥상은 물론이고, 심지어 죽은 조상께 바치는 제사상에도 '반갱'이 중심에 놓인다는 사실을 확인한다면, 조선시대 선비들의 음식은 비록 그 내용은 요순시대를 닮지 않았지만, 그것을 구성하는 원리는 상고에 있음이 확인된다.

유교 이념을 근간으로 하여 생겨난 상고주의적 양상은 식기구에서도 잘 나타난다. 한국인이 사용하는 숟가락과 젓가락은 고대 중국의 식기구에서 연원한다. 특히 《주자가례》에서 언급하고 있는 비저(匕箸)는 오늘날 중국인이 젓가락만을 사용하여 식사를 하는 데 비해, 한국인은 숟가락과 젓가락을 모두 사용하도록 만들었다.[28] 아울러 조선 후기 이후 식기구로 쓰인 유기그릇은 고대 중국의 청동기를 발전시킨 결과물이다. 동과 주석을 합금하여 만든 유기그릇은 한국인이 가장 좋아한 식기구였다. 밥을 먹을 때 무거운 유기를 식기구로 사용한 한국인은 중국인이나 일본인처럼 밥그릇을 들지 않고 머리를 숙여 밥을 먹는다. 그렇기 때문에 밥상인 소반은 일본의 것에 비해 상대적으로 높다. 아울러 밥상에 오르는 음식은 그대로 먹을 수 있도록 생선은 머리와 꼬리를 제거하여 조리한 것을 올리는 것도 법도였다.[29] 이런 면에서 한국의 밥상은 또 다른 식기와 다름없었다. 이러한 관습도 유교적 상고주의에서 나온 것이다.

유교식 제사에서 가장 으뜸에 들어가는 상징물은 신주(神主)이다. 신주는 제사를 모시는 대상이 되는 조상의 혼령을 대신하는 것으로 제사에서 가장 중요한 조상신령의 몸에 해당된다. 그런데 우리 속담에 "가난한 집 신주 굶듯 한다"는 말이 있다. 신주에게 바치는 제물 중에서 으뜸은 '메'이다. 메는 쌀밥을 뜻하며, 잡곡밥이면 안 된다. 이 속담의 뜻도 이러한 사정을 잘 반영하고 있다. 가난한 집에서는 제사를 번번이 지낼 수 없으니 신주가 굶게 되는데, 신주는 말도 못하니 어쩔 수 없이 말도 못하고 굶는다는 뜻이 여기에 담겨 있다.

유교적 질서감각에 의하면, 조상의 제사상은 떡을 으뜸 제물로 치는 고사나 굿과 달리 밥을 중심에 둔다. 즉 죽은 조상을 모셔서 산 사람처럼 대접한다는 생각에서 출발하는 유교적 제례에서 제사상은 일상적 음식을 기준으로 하여 차려진다. 즉 밥과 탕을 기본으로 한다. 만약 제사에서 모시는 분이 두 분이면, 두 그릇의 밥과 탕이 제사상에 올라야 한다. 보통 제사상에 오르는 밥은 그냥 밥이라 부르지 않고 '메'라 부른다. 이것은 일상의 밥과 다른 것임을 강조하는 뜻에서 생겨났다. 곧 메 한 그릇은 제사의 대상이 되는 조상 한 분을 상징한다. 이것은 쌀에 대한 인식이 유교적 질서와 결합하여 '메'를 만들어냈고, 조상에게 쌀밥을 바쳐야 한다는 의미가 붙게 되었다.

이처럼 유교에서 생각하는 죽음에 대한 인식은 결코 조상을 산 자와 완전히 분리된 신령으로 여기지 않는다는 데서 출발한다. 비록 조상은 죽었지만, 산 자들의 세계에 제사를 통해 개입하여 산 자들의 유교적 질서에 간여하려 한다. 이 점은 제사상의 제물을 통해서 확인할 수 있다. 《주자가례》에 나와 있는 제물은 조선에서 조선적인 양상으로 정리되어 실천되었고, 그것을 문자로 정리한 것이 바로 《사례편람》이다. 그러나 이것은 하나의 규범에 지나지 않을 뿐, 실제로 행해지는 제사의 상차림과 제물 구성은 구술을 통해서 앞 세대에서 다음 세대로 전달되었다. 그것이 가문의 격과 관련하여 '가가례'로 형성되었음은 말할 나위도 없다.

상장례와 제사에 간여하는 유교적 질서감각은 제물을 통해서 충분히 반영되어 있다고 해도 과언이 아니다. 사실 상장례와 제사는 1932년 《조선의례준칙》과 그 이후 《가정의례준칙》, 그리고 각종 가정백과전서와 가정의례서 등을 통해서 간소화와 표준화의 길을 걷고 있다. 하지만 유교적 관념이 그 내용에서 사라진 것은 결코 아니다. 이런 면에서 가문마다 행해지는 제사의 제물이 어떤 과정을 거쳐 변용되었는지를 살피는 작업은 유교적 질서감각이 얼마나 유동적으로 설정될 수 있는가를 확인하는 작업이 된다. 동시에 국가적 차원에서 행해진 각종 의례준칙이 의례의 번거로움을 제거하려 한 목적에서 시작되었지만, 본래의 유교적 이념을 최대한 유지하려고 한 배경이 무엇인지도 살필 필요가 있다. 이를 통해서 제사상 차림을 단순히 가문의 '가가례'로 보거나, 고정불변의 예법으로 볼 것이 아니라, 문화적 변용의 결과물로 보는 자세가 필요하다.

유교문화권의 음식학 연구를 위한 일제언

1970년대 이래 명절을 앞두고 신문지상에는 '차례상' 차리는 방식에 대한 소개가 자주 나온다. '생동숙서(生東熟西)'라든지, '어동육서(魚東肉西)'라는 규칙이 마치 절대적인 것처럼 소개되기도 한다.

하지만 이러한 규칙은 특정 가문에서 만들어낸 것에 지나지 않는다. 《주자가례》나 《사례편람》에는 이러한 규칙을 설명하고 있지도 않다. 아마 제사상의 진설법(陳設法)을 상징화해 가문의 격(格)을 올리려는 의도에서 이러한 규칙이 나왔을 것이다. 이러한 규칙의 무조건적 준수보다는 유교의 이념적 지향에서 출발하여 음식의 상징성을 살피는 작업이 더 중요하다.

다음은 앞으로 음식과 유교의 상관관계에 대한 연구를 할 때 요구되는 관점 몇 가지를 제시한다.

첫 번째, 음식과 유교의 상관관계에 대한 지역적 체계를 살피는 작업이 중요하다. '가가례'는 다른 의미에서 각 가문이 처한 성리학의 학파와 혼반(婚班) 관계, 그리고 지역의 자연환경과 인문지리 환경과도 밀접한 연관이 있다. 동시에 유교에 대한 학문적 경향에 따라 각기 다른 음식 관념을 지니고 있기도 하다. 따라서 학파와 환경을 고려하여 지역 단위를 설정하는 작업이 문헌적 고찰을 통해서 이루어져야 한다.

두 번째, 지역 단위를 설정했다면, 이를 기준으로 하여 지역별로 장기간의 현지조사를 수행할 필요가 있다. 방학을 이용한 단기적 현지조사나 행사 위주의 선별적 현지조사는 자료 발굴과 해석에서 일정한 한계를 드러낸다. 따라서 지도교수와 대학원생으로 구성된 연구팀을 구성하여 장기간의 현지조사를 수행하면서 집중적인 토론을 통해 심층적 작업이 이루어져야 한다. 음식의 생산과 소비는 단지 마을이나 집안으로 이어질 뿐만 아니라, 지역체계 속에서 정치경제적 요소와 관련을 맺고 있기 때문이다.

세 번째, 동아시아 사회가 공유해온 유교문화권에서 음식 상징에 대한 비교연구가 필요하다. 유교를 질서감각으로 여기고 있는 지역은 중국 대륙·타이완·홍콩·싱가포르·베트남 등 동아시아 여러 곳에 존재한다. 이들 지역에서 유교와 관련된 음식이 구체적으로 어떻게 생산되고 소비되는지를 살피는 작업은 한국음식의 특수성을 파악하는 데 중요하다. 특히 한자라는 문자를 통해서 유교적 이념이 전파된 동아시아 지역에서 음식은 너무나 일상적이고 지역적인 것이기 때문에 상호 다름을 드러내는 바로미터가 된다. 각 지역은 유교 이념에서 출발한 음식들이 어떻게 선택, 유지되었는가를 살피는 작업이 요구된다.

유교는 실천적 의례를 통해서 생활 속에서 드러난다. 의례의 음식은 종교적 이념이 실제로 생활 속에서 어떻게 실천되는가를 살피는 데 매우 유효한 매개물이다. 종래 기독교·이슬람교·힌두교·불교와 같은 대종교의 의례에서 음식의 상징성을 살핀 연구는 적지 않다. 이 글이 출발점이 되어 유교에서의 음식이 지닌 상징성을 보나 심층적으로 연구할 수 있기를 기대해본다.

12장

제물, 인간과 신령의 연결고리

— 서울 밤섬 도당굿에 오른 무속음식을 중심으로

본래 무당을 청하여 굿을 하도록 하는 제가는 신령에게 바치고 손님을 접대하는 데 필요한 모든 음식을 직접 장만하곤 했다. 무당은 그러면 특별한 음식을 만드는 법과 굿상 차리는 법식을 가르쳐주기만 하면 되었다.[1] 그러나 오늘날 대부분의 제가는 굿 비용에 제물값까지 합쳐 무당에게 돈으로 미리 지불하고 무당이 모든 제물을 준비한다. 제가는 단지 손님들에게 접대할 음식만 준비할 뿐, 굿에서 차려지는 제물과 상차림에 대해서는 자세히 알지 못한다.

오늘날의 이러한 경향에도 불구하고, 도당굿과 같은 마을굿에서 무당은 여전히 예전과 마찬가지로 악사와 함께 당에 와서 굿을 할 뿐, 제물과 음식은 마을사람들에 의해 준비된다. 그래서 도당굿의 제물과 음식을 살피는 작업은 전체적인 모습에서 예전 굿의 그러했던 과정을 볼 수 있기 때문에 의미를 지닌다. 특히 이 글의 주제가 되는 서울 밤섬의 부군당 도당굿에서 마련되는 제물과 음식은 철저하게 밤섬 사람들이 준비해서 부군신에게 바친다. 굿이 끝나면 제물은 경비를 낸 마을사람들에게 골고루 나누어진다. 이런 의미에서 1999년 음력 1월 2일에서 3일에 행해진 도당굿에 오른 음식들을 살피는 작업은 오래된 관습이 오늘날에도 실천되면서 어떤 의미를 지니는지를 살피는 데 매우 유용한 일이다.

'밤섬'은 원래 서울 여의도에 딸려 있던 작은 섬으로 1968년 여의도 개발사업에 밀려, 주민들이 마포구 창전동으로 이주한 후 사라진 섬이다. 원래 밤섬에는 '부군당'이라 불리는 당이 있었고, 언제부터인가는 명확하지 않지만 매년 음력 정월 초이튿날 '부군신'을 위해 도당굿이 열렸다. 주로 배목수 · 노무자 · 상인으로 생활했던 당시 밤섬 사람들은 '부군할아버지'가 자신들을 지켜주며, 그가 내린 것으로 알려진 몇 가지 계율을 어길 경우 엄한 벌을 받는다고 믿었다.

그들이 서울시에서 권유한 성남시로의 이주를 받아들이지 않고, 마포구 창전동으로 이주한 이유도 '부군할아버지'가 한강과 밤섬을 잘 볼 수 있는 위치에 부군당을 다시 세우고, 삶의 터전을 부군당 주위에 마련하기 위해서였다. 1968년 2월 이주 후 1970년 마침내 와우산 언덕에 부군당이 다시 세워졌다. 그들의 일상적인 삶은 많은 변화를 겪었으나, '부군할아버지'에 대한 믿음과 도당굿은 계속 이어졌다. 1991년 창전동 밤섬 마을사람들은 재개발사업에 휩쓸려 1995년 다시 부군당을 원래 위치에서 아래쪽 중턱으로 옮겨야 했다. 1997년 현재 15가구만이 이른바 제2의 창전동 밤섬마을에 세워진 아파트에 입주했고, 나머지 가구는 서울 곳곳으로 뿔뿔이 흩어졌다.

제물 마련과 음식 준비

한 해의 굿은 마을 전체회의에서 그 해의 굿을 어떻게 준비할 것인가를 논의하면서 시작한다. 여의도 밤섬 시절이나 1999년 당시에나 회의는 음력 12월 10일에 열린다. 마을 어른들과 전임 소임이 주도하여 소집하는 이 회의에서 다음 한 해의 부군당을 모시고 굿을 하는 데 가장 큰 역할을 할 '소임'을 뽑는다. 소임을 뽑은 다음에는 이듬해 음력 정월 초이튿날 있을 굿을 어떻게 준비할 것인가를 논의한다. 곧 도당굿을 올릴 것인가, 아니면 치성으로 대신할 것인가를 마을사람들이 의견을 내고 투표를 통해 결정한다. 그후 굿이나 치성 때 쓰일 음식을 장만하는 일을 맡을 '도가'를 뽑는다.

도가는 굿에 소용되는 모든 제물과 음식을 마련하는 사람으로 소임과 함께 특별히 엄격한 기준을 적용하여 선정한다. 몸과 마음이 모두 깨끗한 중년 이상의 남자만이 소임과 도가로 뽑힐 수 있다. 너무 젊거나 너무 늙었을 경우 복잡하고 힘든 굿 준비 일을 제대로 수행하지 못하기 때문에 선정에서 제외된다. 또 집에 젊은 며느리가 있으면 월경을 할 가능성 때문에 선정되지 않으며, 젖먹이 어린아이가 있으면 반드시 똥·오줌 묻은 기저귀가 있기에 이런 집도 피한다. 상을 당했거나 상을 당할 가능성이 있는 집도 소임은 물론이고, 도가로도 선정될 수 없다. 특히 도가의 집은 굿에 필요한 모든 제물과 음식을 장만해야 하므로 크고 정갈해야 한다.

그런데 여의도 밤섬 시절, 한국전쟁 전만 해도 150여 가구에 이르던 총 가구수가 그후 62가구로 줄어들었다. 이로 인해 특별히 소임과 도가의 구분이 없어지기 시작했다. 이때부터 소임이 도가의 역할을 함께 담당하기도 했다. 1968년 창전동으로 이주한 후 도가 직책은 완전히 사라지고 소임과 통장이 그 일을 대신 맡아 했다. 그로부터 30여 년이 지난 지금(1999) 밤섬 사람들은 소임에 대해서 정확한 기억을 지니고 있는 데 비해, 도가에 대해서는 "소임이 도가였지"와 같이 소임과 항상 같은 선상에서 언급했다. 이러한 사실로 미루어볼 때 1968년 이전부터 밤섬 도당굿을 준비하면서 도가를 별도로 뽑지 않았을 가능성이 많다.

여의도 밤섬 시절 도가로 선정된 사람은 즉시 자신의 집에 새끼로 엮은 '부정줄'을 치고, 황토를 물에 개어 대문 양쪽 문설주에 바른다. 이를 통해 자신의 집이 도가로 선정되었음을 마을사람들에게 알리고, 동시에 부정한 사람과 부정한 기운이 들어오지 못하도록 조치를 취한다. 도가는 음력 그믐날이 다가오면 사람들로부터 돈을 추렴한 소임과 함께 제수를 장만한다. 굿을 준비하는 데 가장 으뜸에 드는 음식은 굿상에 올릴 제물에 소용될 것들이다. 도가는 이것만을 준비하는 것이 아니라 굿에 참여하는 무당·악사·마을사람들이 중간중간에 먹을 음식도 함께 준비해야 한다. 따라서 추렴한 굿 경비 중 절반 이상은 제물과 음식을 준비하는 데 쓰인다.

굿상에 바칠 제물과 굿에 참여한 사람들을 대접할 음식 재료들은 대부분 외부에 있는 시장에서 구입한다. 쌀·술·수퇘지도 바깥 시장에서 구입한 후 도갓집에서 조리했다. 여의도 밤섬에는 논이 없었기 때문에 신령에게 바칠 밥인 마지(摩旨)와 떡을 빚는 데 쓰일 쌀은 주로 영등포에 있는 시장에 가서 샀다. 쌀을 사면서 수퇘지를 제외한 기타 필요한 물건들을 함께 구입했다. 겨울이면 밤섬에서 서강까지 얼음이 얼었다. 이 얼음판을 이용하면 약 4킬로미터나 떨어진 영등포시장에 가는 것보다 수월했지만, 대부분의 물품 구입은 영등포시장에서 이루어졌다. 이는 지게에 물건을 지고 건너올 때 얼음판을 건너야 하는 서강 쪽보다 땅으로 연결된 영등포가 비교적 수월했기 때문이다. 창전동으로 이주한 이후에는 대부분의 제수품을 소임과 통장이 주관하여 신촌시장이나 모래내시장에 가서 마련해왔다. 1999년 도당굿을 준비할 때도 인근 시장에서 대부분의 음식 재료들을 구입했다.

1984년 도당굿을 준비하면서 마련된 제물에 소용된 재료와 1999년 마련한 재료들을 소개하면 다음과 같다.

1984년에 구입한 재료 품목[2)]

제물용

백미 1가마, 찹쌀 1말, 적두 1되, 밀가루 1포, 수퇘지 1마리, 배, 곶감, 밤, 대추, 호두, 깨강정, 산자, 약과, 북어, 대구포, 다시마, 도라지, 고사리, 미나리, 숙주, 느타리버섯, 통후추, 초, 향 등

1999년에 구입한 재료 품목[3)]

제물용

수퇘지 1마리, 찹쌀 8킬로그램, 멥쌀 6말, 팥 3.2킬로그램, 화전용 찹쌀 1말 반, 통후추 1봉지, 두부 4판, 느타리버섯 1만 8,000원, 도라지 3근, 고사리 2근, 미나리 4단, 숙주나물 1근, 엿기름, 다시다 큰 것 한 봉지, 무 1자루, 밀가루 1봉지, 막걸리 12병, 쇠고기 3근, 밤 6되, 대추 6되, 곶감 25꼬지, 산자 15박스, 깨산자 25봉지, 기름에 튀긴 약과 25봉지, 옥춘 25봉지, 배 46개, 북어 25마리, 대구포 1마리, 문이꽃 2개 등

음식용

식용유 2병, 화학조미료 큰 것 1봉지, 왕소금 2,000원, 고운 소금 3,000원, 양파 1자루, 대파 5단, 마늘 2킬로그램, 간장 1병, 후춧가루 2통, 생강 2,000원, 고추장 1만 7,000원, 콩 2통, 콩나물 1간, 쪽파 1단, 배추 10포기, 동태 2마리, 삼겹살 18근, 김 200봉지, 깨소금 5천원, 고춧가루 2근, 참기름 2병, 소주 5상자, 청주 2병, 음료수 3박스, 커피 2박스, 맥주 1박스 등

1984년의 것에는 모두 제물에 쓰인 품목만이 기록되어 있다. 반면 내가 현지조사한 1999년의 구입 재료 품목은 제물용과 음식용으로 나누어 적었다. 두 해의 제물용 구입 품목을 보면 약간의 변화가 있음을 알 수 있다. 즉 1984년에 없었던 문어꽃, 무, 식혜용 엿기름, 탕에 쓸 무, 북어포, 옥춘당이 1999년의 제물용 품목에 들어 있다. 이러한 구입 품목의 증가는 굿상 차림에 그대로 반영되었다. 즉 1984년에 없었던 문어꽃, 무나물, 식혜, 탕, 북어포, 옥춘당이 1999년 굿상 차림에 등장했다.

굿상을 차리는 데는 오래된 경험에서 나온 엄격한 규칙이 있다. 그러한 규칙도 사회문화의 변동과 경제적 측면에서 재화가 증가하거나 줄어드는 등의 여러 요인들로 인해 조금씩 변화된다. 굿상에 차려지는 제물의 증가는 경제적 측면에서 추렴하는 금액이 증액되었음을 설명한다. 곧 밤섬 사람들의 경제 규모가 그 전에 비해 커졌음을 뜻한다. 동시에 최근에 서울시가 주도하여 진행되었던 밤섬찾기운동과 한강변 고사 등 밤섬 사람들이 주관하지 못했던 몇몇 제의에서 영향을 받았을 가능성도 배제할 수 없다.

1999년 굿에서 제관들이 입고 나온 옥색 도포는 이전에 그들이 타율적으로 참가했던 한강변 고사 때 영향을 받아 새로 맞춘 것이다. 증가된 제물들은 옥춘당을 제외하면 모두 유교식 제사에서 주요한 제물로 사용되는 것이며, 옥춘당 역시 무(巫)의 굿과 큰 고사에서 빠지지 않는 제물이다. 〈표 1〉는 이러한 현상을 한눈에 볼 수 있도록 정리한 것으로, 1984년과 1999년의 변화 양상을 비교하고 있다.

도가가 준비하는 제물용 물품 중 가장 신경을 써서 마련하는 것

제물명	1984년 구입 재료	1999년 구입 재료	참고
돼지	돼지, 간, 적	돼지, 간, 적	수퇘지 구입 후 직접 제작
문어꽃	–	문어꽃	구입
절편	찹쌀	찹쌀	쌀을 방앗간에서 빻아 제작
상화(수팔년)	백상화, 홍황녹상화	백상화, 홍황녹상화	한 번 구입 후 매년 사용
화전(웃기)	찹쌀+대추+미나리	찹쌀+대추+미나리	직접 제작
나물	고사리	고사리	직접 제작 *1984년에는 무가 나물에서 빠져 있음
	도라지	도라지	
	미나리	미나리	
	숙주	숙주	
	–	무	
대구포	대구포	대구포	구입
산적	쇠고기+밀가루	쇠고기+밀가루	직접 제작
식혜	–	쌀, 엿기름	직접 제작, *1984년에는 없음
탕	–	다시마, 무, 쇠고기	직접 제작, *1984년에는 없음
산자	산자	산자	구입
북어포	–	북어	직접 제작, *1985년에는 없음
두부전	두부	두부	직접 제작
튀각	다시마	다시마	직접 제작
밤고임	밤	밤	직접 제작
대추고임	대추	대추	직접 제작
깨강정	깨강정	깨산자	구입
약과	약과	약과	구입
옥춘당	–	옥춘당	구입, *1984년에는 없음
곶감	곶감	곶감	구입
배고임	배	배	직접 제작
팥시루떡	멥쌀+적두	멥쌀+적두	방앗간에서 쌀을 빻은 후 제작
백설기	멥쌀	멥쌀	방앗간에서 쌀을 빻은 후 제작
술	막걸리	청주, 막걸리	구입
북어	북어	북어	구입

〈표 1〉 1984년과 1999년 제물용으로 구입한 물품 비교

은 돼지이다. 돼지는 밤섬 도당굿에서 모시는 부군신에게 바쳐지기 때문에 제물 중 으뜸에 속한다. 이러한 연유로 돼지의 구입에서 도살, 그리고 조리 과정은 매우 세심한 규칙을 가지고 조심스럽게 진행된다. 먼저 구입할 돼지에 대한 선정 기준이 오랫동안 밤섬 사람들 사이에서 전해온다. 돼지는 반드시 거세하지 않은 수퇘지여야 하며, 몸 전체가 완전히 검은 털이어야 한다. 혹 털 중에 조금이라도 흰털이 있는 돼지를 부군신에게 바치면 신령이 노한다고 밤섬 사람들은 믿는다.

그래서 소임과 도가로 선정된 사람은 검은 수퇘지를 구하기 위해 온갖 정성을 다한다. 예전 여의도 밤섬 시절 수퇘지를 구하러 가기로 한 날 새벽, 도가와 소임은 먼저 꽁꽁 언 한강 물을 깨고 목욕을 하여 몸과 마음을 정갈히 했다. 그후 아침을 먹고 마땅한 산 수퇘지를 구하기 위해 마포·신촌·수색은 물론이고, 심지어 일산과 문산에 있는 시장에까지 다녔다. 재수가 좋아 일찌감치 마땅한 것을 사게 되면 다행이지만, 그렇지 않을 경우 집을 떠나 저녁녘이 될 때까지 마을 밖에서 어떤 음식물을 먹어서도 안 되었다. 만약 요기할 생각으로 음식물을 먹었을 경우 사람들은 부군신이 노여워하여 벌을 내릴 것이라 믿었다. 하루 만에 수퇘지를 구하지 못했을 경우 그 다음날, 혹 삼일째가 되는 날에도 수퇘지 구하기 활동은 계속된다. 만약 적당한 것을 구했다고 해서 다른 제물의 재료를 구입할 때도 마찬가지로 흥정해서 값을 매기면 안 된다.

한국전쟁 전 마을의 규모가 제법 컸을 때 수퇘지는 두 마리가 준비되었다. 마을사람들의 숫자와 경제 형편이 부군할아버지에게 바치는 수퇘지의 양을 결정했다. 부군할아버지가 잡수신 수퇘지는 굿이 끝나면 마을사람들에게 분배되었다. 이때 적당한 양이 분배되기를 고려한 데서 이러한 계산이 나왔다. 한국전쟁을 전후하여 일부 마을사람들이 영등포로 이주하거나 피난 후 돌아오지 않아 가구수가 줄어들었고, 그후 수퇘지는 한 마리로 고정되었다.

창전동으로 이주한 후에도 제물에 쓰인 수퇘지의 수는 여전히 한 마리였다. 그런데 소임과 통장은 살아 있는 수퇘지를 구하기 위해 예전처럼 돌아다녔지만, 당시 도축업이 확고하게 자리 잡아 일반 시장에서 마땅한 산 수퇘지를 구하기는 해가 갈수록 어려워졌다. 1975년 당시 소임이 이러한 어려움을 해결하기 위해 서울 마장동 축산시장에 가보니, 지천에 온전하게 검은 털을 지닌 수퇘지가 널려 있었다. 이때부터 그곳에서 수퇘지를 사서 도살까지 하여 마을로 옮겼다. 이때도 마장동 축산시장에서 수퇘지의 털을 완전히 벗기지 않고 조금 남겨, 그것이 온전하게 검은 털을 지닌 수퇘지임을 마을사람들에게 증명해 보였다.

지금까지도 반드시 온몸이 검은 털인 수퇘지어야 한다는 기준은 여전히 유효하다. 1999년 굿에 마련된 수퇘지는 이씨 성을 가진 이가 추렴을 대신하여 기부한 것이다. 안양에서 구해왔다는 수퇘지는 온몸이 검은 털인 것을 증명하기 위해 털을 완전히 벗기지 않고 몸 군데군데에 까만 털을 남겼다.

제물과 음식을 만드는 데 쓰일 재료가 다 마련되면, 도가는 집의 부인뿐 아니라 이웃 중에서 마땅한 사람들을 청해서 음식을 조리하게 했다. 이웃에서 청하는 부인들 역시 당연히 솜씨 있고 깨끗한 사람인지를 따졌다. 마을사람 숫자가 적은 연유로 인해 이렇게 일을 청하는 이웃 부인들은 두세 명이 언제나 고정되어 있기도 했다. 굿이 마무리되면 도가는 이들 이웃 부인에게 음식물이나 고무신·옷감 따위로 수고에 대한 사례를 했다. 그러나 창전동으로 이주한 후 부인들도 일을 나가는 경우가 많아져서, 소임과 통장이 솜씨 있는 부인들에게 임금을 주고 청해 쓰기 시작했고, 지금도 마찬가지다.

제물과 음식 준비는 남녀 간의 뚜렷한 역할 구분 속에서 진행된다. 예를 들어, 손이 많이 가고 힘이 드는 수퇘지 잡는 일, 각종 음식의 고임은 도가의 주도 아래 소임이 도와서 진행되었다. 나머지 음식들은 모두 도가의 부인과 일을 청한 이웃 부인들에 의해 조리되었다. 1999년 굿에서는 일흔이 넘은 박씨 성을 가진 부인과 30대 후반의 부인 두 명이 제물과 음식을 준비했다. 돼지 삶는 일과 음식 고임 일은 당주 역할을 하는 마씨와 소임을 맡은 김씨, 그리고 윤씨가 맡았다.

각각의 제물을 조리하는 데는 경험적으로 전해지는 기억의 조리법이 주요한 기준이 되었다. 보통 음력 12월 29일쯤 제물 장만을 위한 조리가 시작되었다. 여의도 밤섬 시절 모든 제물과 음식은 도갓집에서 준비되었다. 무당과 악사들이 굿 중간에 하는 식사도 도갓집에 가서 먹었다. 그러나 창전동으로 이주한 후 도가 직책이 없어져서 부군당 마당에서 모든 제물과 음식을 조리했다.

가장 먼저 조리하는 제물은 돼지이다. 밤섬 시절에는 도갓집에서 산 채로 사온 수퇘지를 직접 잡았다. 창전동으로 이주한 후 1974년까지는 부군당 마당에서 도살했다. 밖에서 부군당으로 끌어올 때까지만 해도 시끄럽게 울어대던 돼지는 당 문에 들어서면 조용해졌다고 한다. 마을사람들은 돼지가 당 안에 들어서면 부군할아버지의 기운에 기세를 잃어 그렇게 된 것이라 믿었다. 도가 혹은 통장과 소임, 그리고 도살을 도와줄 한두 사람의 남자들이 모여 수퇘지를 잡았다. 우선 돼지의 목을 칼로 딴 후 피를 받아 버리고 털을 뽑았다.

그러다 축산시장에서 이미 도살한 것을 사온 이후부터는 당에 별도로 설치되어 있는 무쇠솥에 돼지를 삶는 일로 돼지제물 준비가 시작되었다. 먼저 머리 부위를 목의 가장 위쪽에서 잘라낸다. 목 부위는 적(炙)을 만들 때 사용한다. 그후 등뼈를 발라내고 사등분 해서 앞다리 · 뒷다리 · 머리의 순서로 삶는다. 앞다리는 부군신에게 바치기 때문에 가장 먼저 삶고, 뒷다리는 발 부위를 제거한 후 삶아서 군웅신에게 바친다. 어떤 신령에게 바치는가에 따라 그 삶는 순서도 정해진다. 갈비 부위를 삶을 때에는 앞부분부터 삶는다. 고기를 삶을 때 익었는지를 살피기 위해 화살로 쓰는 싸리나무를 깨끗하게 깎아 찔러본다.

이외에 고기를 빨리 익게 하기 위해 칼집을 내서도 안 되며, 솥에 고기를 넣을 때도 비계 부위가 솥바닥으로 가게 해서도 안 된다. 일반에서 돼지고기를 삶을 때 고기 냄새를 없애기 위해 소금으로 간을 하거나 커피를 넣기도 하지만, 굿에 올릴 돼지제물을 삶을 때는 이렇게 하면 절대 안 된다고 마을사람들은 믿는다. 만약 어긴다면 부군신이 노해서 벌을 줄 것이라 믿기 때문에 더욱 이러한 방법은 금기시된다. 이는 제물의 조리 과정에 개입된 단순한 금기처럼 보일 수 있다. 하지만 원래의 돼지 형태를 잘 유지해 신령에게 실제로 살아 있는 것처럼 보이는 돼지를 바치려는 뜻에서 나온 오래된 경험방의 하나이다.

돼지머리를 삶을 때 이러한 의지는 가장 잘 나타난다. 돼지머리

삶는 시간을 잘 맞추지 않으면 귀 부위가 녹아 없어지기 때문에 무척 신경을 쓴다. 경험에 의해 대략 2시간 30분 동안 삶는데, 이때도 삶는 시간의 절반인 1시간 15분이 지나면 뒤집어준다. 각 부위를 삶을 때 먼저 삶고 남은 국물에 다음 고기를 삶아서도 안 된다. 또 다른 금기로는 음식을 장만할 때 담배를 피우거나 제물로 준비된 음식을 먹어도 안 되며, 그것을 안주 삼아 술을 마셔도 안 된다. 밤섬 사람들 표현처럼 제물을 준비하는 동안에는 '입이 붙는다'고 할 정도로 조심해야 한다. 이러한 까다로운 조리 과정을 두고 그들은 또 '최선의 정성을 들인다'고 생각한다.

돼지제물 마련 다음으로 신경을 쓰는 것이 떡 만들기이다. 음력 1월 1일에 떡과 나머지 제물들이 준비된다. 밤섬 도당굿에 마련되는 떡시루는 삼불제석 · 부군 · 군웅 · 용신 · 터줏대감 · 수문대감 · 산신령 · 신당신령 등 각 신령에게 바치기 위해 총 8개가 준비된다. 1999년의 제물 준비에서는 멥쌀 6말, 팥 3.2킬로그램, 화전을 만드는 데 쓸 찹쌀 1말 반이 준비되었다. 먼저 반나절 정도 쌀을 불린 후 방앗간에 가서 작은 절편을 빚고, 나머지 쌀은 빻아 왔다. 이것을 각각의 시루에 안쳐서 찐다. 삼불제석에게 바칠 떡은 백설기이다. 먼저 무를 썰어 시루 구멍을 막고 잘 빻은 멥쌀을 시루에 한 켜 깔고 솥에 시루를 안친다. 시루와 솥 사이에는 밀가루를 반죽하여 틈을 메운다.

부군 · 군웅 · 용신 · 산신령 · 신당신령 · 수문대감에게 바칠 떡은 팥시루떡이다. 먼저 시루에 찐 팥을 한 켜 깔고 그 위에 멥쌀을 한 켜 안친 다음 다시 그 위에 팥을 얹는다. 다만 터줏대감에게 바칠 시루는 다른 것에 비해 크다. 떡은 역시 팥시루떡인데, 여기에는 한 켜가 아닌 세 켜를 넣는다. 용신·산신령·신당신령·수문대감·터줏대감의 떡시루는 당의 마당에 북어 한 마리씩과 함께 진설되는데, 그 다섯 신령 중 터줏대감이 주인 격에 해당되어 가장 큰 떡시루와 많은 양의 팥떡을 터줏대감에게 바친다.

이날 다른 제물들도 모두 준비된다. 다시마는 튀겨 튀각을 만든다. 쇠고기적과 전을 부치고, 돼지 간을 얇게 썰어 밀가루 반죽에 적셔 기름을 두른 후 부친다. 두부는 두 모를 합친 길이로 길게 썰어 부치는데, 사람들은 '두부는 어른이라 길게 썬다'고 믿는다. 북어는 껍질을 벗기고 머리와 꼬리를 잘라내고 나서 올린다. 화전은 찹쌀 빻은 것을 반죽하여 넓고 동그랗게 부친 후 미나리 잎과 대추 껍질을 얇게 썬 것을 위에 붙인다. 나물은 고사리·도라지·숙주나물·무·미나리 등을 삶아 무친다. 탕과 식혜도 준비한다. 밤·배·대추·산자·옥춘당·약과·대구포·문어꽃·북어포 등은 모두 구입하여 장만한다. 굿상의 제물에 꽂는 종이로 만든 꽃인 상화(床花)는 매년 사용했던 것을 다시 쓴다.

이렇게 준비된 제물들은 그날 저녁 각각의 제기에 고인다. 제기는 사각으로 된 나무로 만든 편틀과 사기로 된 두(豆), 그리고 잔·탕그릇·나물그릇·향로·시루 등이 쓰인다. 이들 제기는 대부분 여의도 밤섬 시절부터 도당굿에 쓰였던 것으로 창전동으로 이주할 때 함께 가져온 것이다. 그중 일부는 낡아서 최근에 당주 마씨가 구입했다. 굿이 없을 때는 당 안의 전 밑에 마련된 궤에 넣어 보관한다. 매년 음력 1월 2일에 있을 굿이나 치성 때면 소임은 제기를 꺼내 닦는데, 제기를 미리 꺼낼 때도 어김없이 당주와 소임은 부군신에게 제기를 꺼내는 연유를 알리고 허락을 받는 간단한 의례 과정을 거친다.

음력 12월 30일, 음식 조리를 맡은 부인들은 무당·악사·단골 등을 대접하기 위한 일반 음식들을 준비하고, 나물과 탕 등 제물을 마련하는 데 필요한 재료들을 손질한다. 한편 남자들은 막걸리를 구입하여 12병의 제주를 따로 준비해둔다. 여자들은 다음날 제물과 음식 장만에 쓰일 채소를 썰고 배추를 절여 김치 담글 준비를 한다. 음력 1월 1일에는 대부분의 제물과 음식 들이 준비된다. 이날 밤섬 사람들은 부군신에게 세배를 드리러 당을 찾는다. 당 정문 바깥에서는 세배를 온 사람들 중 일부가 집으로 돌아가지 않고 술을 마시기도 한다.

엄격한 상차림을 통한 제물의 진설

한국 무(巫)에서 굿상을 차리는 데에는 불교와 유교, 그리고 심지어 왕궁의 굿상 차리는 법에서 강한 영향을 받아 형성된 상차림의 뚜렷한 규칙에 근거하고 있다.[4] 밤섬 도당굿의 굿상 진설법 역시 엄격한 상차림의 규칙이 만들어져 마을사람들의 기억에 의해 전해진다. 그러나 최근 갈수록 소임의 연령층이 낮아지면서 그 전달 통로가 끊어지지 않을까 걱정한 당주 마씨가 그림으로 그것을 그려 정형화해 남겼다. 이것은 사람들의 편의를 도모하고자 마련된 것에 지나지 않는다. 실제로 굿상이 차려지는 과정은 소임과 당주, 그리고 몇몇 노인들에 의해 이루어진다. 다음에 소개하는 밤섬 도당굿의 굿상 진설은 1999년의 것을 기준으로 작성한 것이다.

굿을 모시기 전날인 음력 1월 1일 저녁, 소임과 도가는 준비된 모든 제물을 진설한다. 소임과 당주는 우선 고임으로 진설할 밤·배·대추·곶감·약과·산자·강정·옥춘당·튀각 등을 준비하여 고임 작업을 한다. 음식을 높게 쌓는 것은 신령이 하늘에서 내려온다고 믿었던 고대 제천의식에서 유래한 것으로 추정된다. 또 이러한 고임음식은 굿상의 외형적 격식을 화려하게 해주는 구실을 하기도 한다. 이러한 연유로 인해 음식 고임은 한국의 굿상 차림과 유교식 제사상 차림, 그리고 돌·혼례·회갑연과 같은 통과의례의 상차림에 가장 중요한 진설의 규칙으로 이어져온다.

밤섬 사람들 역시 굿상 차림에서 음식 고이는 일을 가장 우선에 두고 중요시 여긴다. 음식 고임은 자연스럽게 고인 후 그 고임이 굿이 끝날 때까지 흐트러지지 않도록 해야 하는데, 이는 매우 중요한 의미를 지닌다. 굿 중간에 고임이 흐트러질 경우 사람들은 신령이 노했다는 증명으로 여긴다. 이것을 미리 방지할 목적으로 요사이 사람들은 음식을 고일 때 편법을 사용한다. 예를 들어 밤섬 사람들은 대추를 고일 때, 당주 미씨가 미리 실로 모든 대추를 이어서 엮는다. 대추고임을 올릴 사기제기의 바닥에도 한지를 깔고 그 위에 편평하게 쌀을 놓는다. 거기에 실로 꿴 대추를 돌돌 말아 고임으로 올린다. 이렇게 고임을 쌓으면, 옮기는 중이나 굿 중간에 음식 고인 것이 흐트러지지 않는다. 다른 음식의 고임도 모두 이와 유사한 방법을 사용한다. 고임이 끝나면 나물·적·전 등의 제물을 제기에 올린다. 고임 작업은 남자들이 맡아서 하는 반면, 이들 제물은 모두 여자들이 맡아 담는다.

밤섬 도당굿의 상차림은 크게 전안상과 당마루상, 그리고 뒷전상으로 나누어 준비된다. 뒷전상을 제외한 전안상과 당마루상은

〈그림 1〉 부군상

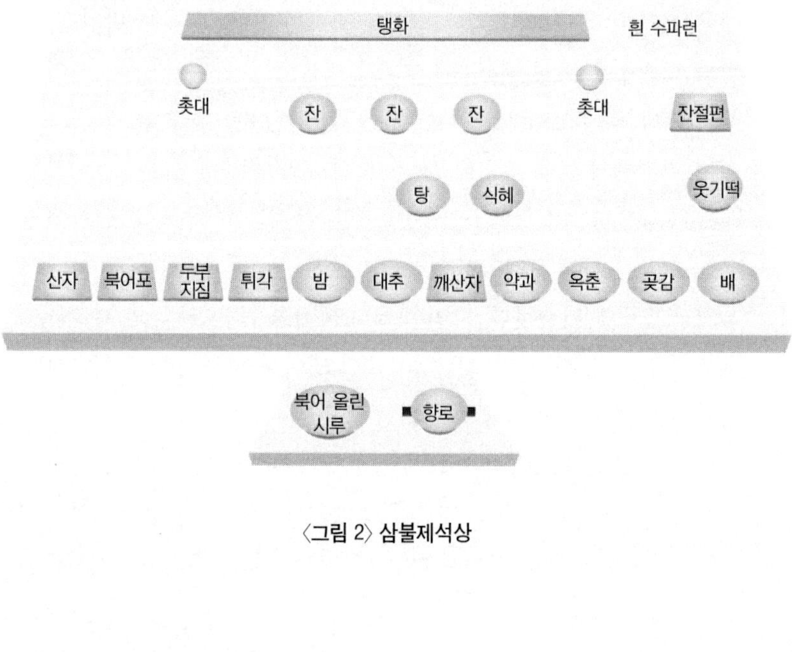

〈그림 2〉 삼불제석상

〈그림 3〉 군웅상

굿이 시작되기 전에 미리 준비된다. 다음의 〈그림 1〉, 〈그림 2〉, 〈그림 3〉은 전안상인 부군상·삼불제석상·군웅상을 그린 것이다.

위의 그림들에서 알 수 있듯이 전안에 모시는 세 신령은 각각 그 신격이 다름에도 불구하고, 기본적인 상차림은 같은 구조를 갖추고 있다. 잔절편·나물·식혜·탕·화전·산자·누무선·튀각·밤고임·대추고임·깨강정·약과·옥춘당·곶감·배고임 등은 세 신령에게 공통으로 바치는 제물이다. 그러나 삼불제석에게 바치는 제물은 다른 두 신령의 것과 약간의 차이를 보인다. 우선 다른 신령에게 바치는 술은 삼불제석에게 후추차로 대신한다. 시루떡 역시 팥시루떡 대신에 백설기가 오른다. 대구포와 북어포 또한 삼불제석상에 오르지 않는다. 삼불제석은 불교의 신령으로 알려진다.

불교에서 살생을 금지한 탓에 불교와 관련된 신령에게는 육고기와 생선이 오르지 않는다. 아울러 술을 올리지 않고 후추차가 오른다. 상화 역시 흰색의 것을 올린다.

상차림의 규칙은 크게 엄격하지 않다. 전이 마련된 사정에 비추어 첫 줄에 많은 제물을 올리고, 나머지 탕과 식혜, 그리고 화전과 절편을 뒤쪽에 배치한다. 이러한 상차림 법은 유교식의 일반 제사 상차림과 많이 닮았다. 한국 무에서 마을굿은 크게 두 가지 양상으로 전개되었다.[5] 하나는 유교식 제사와 성황제가 결합된 형식으로, 이러한 제의는 보통 마을에서 선출된 제관이 유교식 제사 절차에 의거하여 제사를 진행한다. 이때 준비되는 제물과 그 진설은 《사례편람》을 기준으로 삼아 마치 가정의 제사상처럼 차려진다. 이것은 원래 무(巫)의 성격을 지녔던 마을제가 완전히 유교식으로 바뀐 결과이다. 이러한 현상은 특히 17세기 조선 후기 사회에서 관혼상제가 피지배층에까지 퍼지고, 향교와 서원의 증가로 제사가 급속히 늘어났던 배경[6]과 같은 맥락에서 이해된다.

다른 하나는 마을굿의 전체 절차에 무의 성격이 지배적인 형태이다.[7] 여기에는 이른바 당산제 · 별신굿 · 도당굿 등이 해당된다. 대체로 마을사람들이 무당을 청해서 전체 마을제의의 진행을 그들에게 맡긴다. 특히 서울과 경기도 일대에서 연행되는 도당굿은 당산제나 별신굿과 달리 제사 절차가 없이 무당들에 의한 굿으로 시종 진행되며, 다만 제주만은 마을사람들이다. 여기에서 차려지는 굿상 역시 제주인 마을사람들이 준비하기 때문에 유교식의 제사상차림과 비슷한 형태를 띤다.

밤섬 도당굿 전안상의 제물은 다분히 유교식 굿상에 속한다. 특

유교식 굿상 제물		밤섬 도당굿 전안상 제물	비교
구분	내용		
과소(果蔬)	과일과 나물	오색나물·밤·대추·곶감·배·옥춘당	밤섬 도당굿에서는 사과를 올리지 않음
포해(脯醢)	건어물과 젓갈	문어·대구포·북어포	
좌반(佐飯)	해산물 튀긴 것	다시마 튀각	
절육(切肉)	구운 고기	쇠고기 적·두부 지진 것	
식해(食醢)	식혜	식혜	
생어육(生魚肉)	간의 적(炙)과 전	돼지 간 구운 적(炙), 쇠고기전	
탕(湯)	어육탕(魚肉湯)	육탕(肉湯)	
염초장(鹽醋醬)	초와 간장	없음	
미식(米食)	떡	시루떡·절편·화전	
유과(油果)	유밀과와 산자	깨산자·약과	
제주(祭酒)	청주	청주·막걸리	
메		마지	
없음		상화(床花)	궁중의례와 진치에시 쓰임
없음		후추차	불교의례에서 쓰임
없음		북어	굿에서 많이 쓰임

〈표 2〉 유교식 굿상의 제물과 밤섬 도당굿의 제물 비교

히 서울 당산동 부군당의 도당굿에서는 제물로 생선을 일절 사용하지 않는 점[8]에 비해 대구포와 건문어를 올리는 점은 유교식 제사와 매우 닮았다. 17세기 이후 정착된 유교식 제사에 오르는 제물은 대체로 과소(果蔬)·포해(脯醢)·좌반(佐飯)·절육(切肉)·식해(食醢)·생어육(生魚肉)·탕(湯)·염초장(鹽醋醬)·미식(米食)·유과(油果) 등이 있다.[9] 이러한 유교식 굿상의 제물과 밤섬 도당굿의 전안상에 나온 제물을 그 종류로 비교하면 〈표 2〉와 같다.

〈표 2〉에서 알 수 있듯이 기본적인 제물 구성은 유교식을 따랐음이 확인된다. 이것은 앞으로 밤섬 도당굿을 연구하는 데 하나의 시사점이 될 것이다. 왜냐하면 조선시대 밤섬 주민들은 대부분 한자에 밝지 못한 하층계층에 속했던 사람들이기 때문이다. 이들이 누구의 지도에 의해 유교식 상차림을 익히게 되었는지에 대한 추적은 밤섬 도당굿의 유래와 관련이 있을 것으로 여겨진다. 정보제공자들은 여의도 밤섬 시절부터 집집마다 기제사를 모셨으며, 설날과 추석에도 차례를 모셨다고 한다. 밤섬 사람들은 도당굿을 하기 전날인 설날 아침에 반드시 부군신께 세배를 드린다. 이것은 유교식 인식이 부군신에게까지 미쳤음을 설명해준다. 그래서 제물 구성도 유교식일 가능성이 많다.

그런데 설날 다음날로 정해진 밤섬 도당굿의 날짜는 다른 곳의 마을굿 날자와 다르다. 보통 마을굿은 음력 정월 보름날이나 시월에 열린다. 설날 다음날 열리는 밤섬 도당굿은 이런 측면에서 마을 공동의 설날 차례와 같은 의미를 지닌다. 소임과 도가의 경우 특히 이러한 면이 더욱 두드러진다. 그들은 도당굿을 마치기 전에 결코 개인적 차례를 모시지 못한다. 굿이 종료된 이후에야 비로소 각자의 집에서 조상께 차례를 모신다. 곧 밤섬 도당굿의 전안상 제물 종류와 진설 과정을 통해서 살펴본 도당굿의 의미는 마을사람들이 공동으로 행하는 마을 차례의 성격을 지닌다고 할 수 있다.

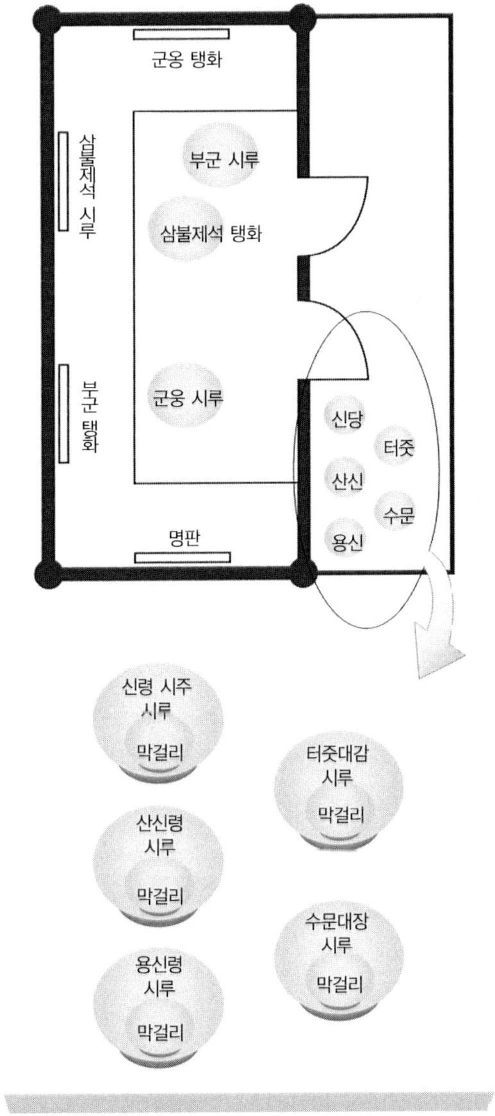
군웅 탱화
삼불제석 시루
부군 시루
삼불제석 탱화
부군 탱화
군웅 시루
신당
터줏
산신
수문
용신
명판
신령 시주 시루
막걸리
터줏대감 시루
막걸리
산신령 시루
막걸리
수문대장 시루
막걸리
용신령 시루
막걸리

〈그림 4〉 당마루상

전안상 이외에 당마루에는 별도로 제물이 바쳐진다. 이 당마루상은 전안상과 달리 일반적인 한국의 마을굿에서 보이는 상차림과 제물들로 구성되었다. 다음의 〈그림 4〉는 당마루상에 차려진 제물을 그림으로 그린 것이다.

당마루상에 놓이는 시루떡은 모두 거피팥시루떡과 북어 한 마리씩이다. 여기에 모셔지는 신령 역시 산신령·신당신령·용신령·수문대감·터줏대감 등이다. 용신은 원래 여의도 시절 밤섬에 있던 우물신으로 도당굿이 끝나고 나면, 무당은 우물가에 용왕시루와 술, 그리고 마른 북어를 차려서 용왕굿을 했다고 전해진다. 그러나 창전동으로 이주한 후 지금까지 당 바깥에 이렇게 모시는 것으로 명맥을 유지한다. 산신은 와우산의 산신을 가리킨다. 이것은 원래 존재하지 않던 신령인데, 창전동으로 부군당을 옮긴 후 새롭게 모시기 시작했다. 신당시루 역시 이곳으로 이주한 후 차려지는 제물로 창전동 부군당에 인접해 있는 공민왕 사당의 신령을 위해 차린 제물이다. 원래 여의도 밤섬 시절에는 상수리대감과 용애머리산신을 위해 차렸던 시루가 있었다. 당시 부군당 옆에 서 있던 상수리나무와 부군당 남쪽에 솟아 있던 용애머리를 기려 모셨던 이들 두 시루는 창전동으로 이주한 후 사라졌다. 이렇듯 시간의 흐름에 따라 밤섬 사람들과 인연이 있는 신령과 인연이 끊어진 신령이 당마루상에서 여실히 드러난다.

이렇게 마련된 굿상은 무당이 주도하는 굿의 각 거리에서 초대된 신령들에게 바친다. 주당물림–고삿반–구인돌기–부정–가망청배–부군님 모시기–신장거리–서낭거리–본향말명–마지올림–상산거리–신장거리–대감거리–불사제석–군웅거리–창부거리–

〈그림 5〉 밤섬 도당굿 장면

밤섬 도당굿의 결정적인 행사는 삼지창에 돼지제물을 꽂아 세우는 일이다. 부군신이 기분이 좋으면 돼지제물이 곧장 서고, 그렇지 않으면 마을사람들의 정성이 부족하다 하여 돈을 더 바쳐야 한다.

소지올림-뒷전의 순서로 이어지는 밤섬 도당굿은 당을 깨끗이 하여 신령을 모시고 굿상으로 대접을 올린 후 말씀(공수)을 듣고 돌려보내는 과정으로 진행된다. 이 모든 과정은 무당에 의해 주도되는데 부정이 끝날 쯤에 무당은 당주나 소임을 불러 부군신-삼불제석-군웅신 순으로 술과 차를 잔에 따르고 절을 세 번씩 하도록 한다. 이러한 헌작(獻酌) 과정은 실제 유교적 의례에서 영향을 받은 것이다.

이후 부정이 물러나면 당에 모신 신령들을 무당이 무가를 통해 청한다. 이때 소임과 마을 어른들이 전 안으로 들어가 신령이 오신 것에 대해 절로써 답례한다. 부군신 모시는 거리에서 밤섬 도당굿의 가장 결정적인 행사가 펼쳐지는데 〈그림 5〉와 같다. 마을사람들이 정성을 들여 준비한 돼지제물을 삼지창에 꽂아 세우는 일이 그것이다. 먼저 삶아둔 돼지 각 부위를 당주가 꺼내고 소임과 제관들은 상에 준비된 다섯 잔의 막걸리를 마신다. 삼지창을 상 위의 사기제기에 거꾸로 엎어 세워둔 후, 돼지머리를 삼지창의 가운데 꼽고 앞다리 두 개를 다른 창에 꼽아 사슬을 세운다. 부군신이 기분 좋으면 이 사슬은 곧장 서고, 그렇지 않으면 마을사람들의 정성이 부족하다 하여 빌고 돈을 더 바칠 것을 무당은 권고한다.

사슬이 세워진 후 무당은 신장거리와 서낭거리, 본향말명의 각 거리에서 계속해 논다. 이때 마을사람들도 함께 춤을 추고 논다. 이 거리가 끝나면 소임은 당 안에 들어가 부군신-삼불제석-군웅신 순서로 잔을 올린다. 이어서 마지가 준비되어 부군신에게 바쳐지고 술도 올린다. 마지가 다 올려지면 제관들은 당 밖으로 나오며 당 문은 잠시 닫아둔다. 이때 사람들은 당 안의 신령들이 제물을

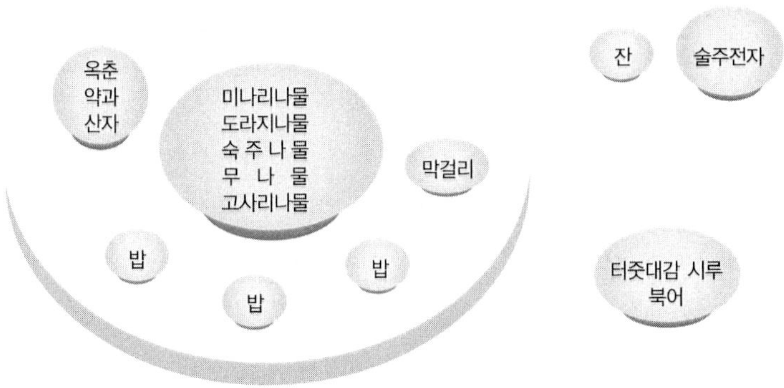

〈그림 6〉 뒷전상

잡수신다고 생각하여 춤과 음악으로 여흥을 돋운다. 유교식 제사에서 제관과 참여자들은 이때 묵념을 하는 데 비해, 도당굿에서는 신령이 기뻐하며 잡수시는 것을 마을사람들도 함께 즐거워한다.

이 거리가 끝나면 다시 정해진 각각의 거리가 놀아지며, 대부분의 거리에서 무당과 마을사람들은 어울려 춤을 추고 논다. 내감거리에서 무당은 당마루상에 마련된 각각의 시루를 머리에 이고 당의 안팎을 돌며 막걸리를 뿌린다. 이는 당마루에 모셔진 여러 신령들을 놀리는 과정이며, 터줏대감이 가장 중심이 된다. 이는 터줏대감을 모신 시루가 가장 크며, 팥시루떡이 세 켜로 앉힌 데서도 증명된다. 이어서 불사제석·군웅거리·창부거리가 끝나면 무당은 당 밖에서 소지를 올리고, 당 안마당에서는 뒷전이 놀려진다.

뒷전상은 〈그림 6〉과 같다. 뒷전상은 모든 잡귀잡신을 풀어 먹이기 위해 준비하는 상이다. 잡귀잡신을 관장하는 터줏대감의 시루가 상 옆에 놓이고 막걸리와 밥, 나물이 상에 차려진다. 실제 이 상차림을 통해서도 잡귀잡신이 가장 사람에 가까운 신령임을 알 수 있다. 보통 뒷전상에는 세 그릇의 밥이 차려진다. 여기에서 세 그릇은 모든 잡귀잡신을 포괄한다는 뜻이 담겼다. 이렇게 뒷전상으로 잡귀잡신까지 먹이고 나면, 신령에게 바치는 굿은 끝이 난다. 곧 무당은 굿이 끝났음을 뒷전상과 소지로 알린다.

이렇게 진행되는 도당굿은 매년 개최되지 않는다. 마을에 큰 우환이 들었거나, 나라 형편이 좋지 않을 때 마을사람들은 도당굿 대신에 치성을 올리기도 한다. 창전동으로 이주한 후 마을이 여의도 밤섬 시절처럼 독립 혹은 고립되어 있지 않게 되었다. 처음에는 기왕의 밤섬 사람들과 어울려 함께 살았기 때문에 도당굿을 예전처럼 했다. 하지만 도당굿을 크게 하면서 자주 주위 이웃들의 항의를 받았다. 어떤 해는 '미신타파'라는 명분으로 경찰서에서 나와 도당굿을 금지시킨 적도 있었다. 이렇게 되자 밤섬 사람들은 부군당에서 굿 대신 치성을 올렸고, 이를 '진지치성'이라 불렀다. 1998년에도 '진지치성'을 올린 바 있는데, 그때 준비된 제물은 〈표 3〉과 같다.

진지치성에 바치는 제물은 도당굿 때에 비해 그 규모가 약간 작다. 수퇘지를 별도로 준비하지 않고, 대구포·문어꽃·절편·화전·곶감 등이 빠진다. 그러나 제물을 준비하는 모든 과정은 도당굿 때와 마찬가지로 당주와 소임이 책임을 맡는다. 아울러 이때도 간혹 악사 없이 무당만 청하여 간단한 굿거리를 하도록 한다. 진지

<table>
<tr><th>상</th><th>신령</th><th colspan="2">제 물</th><th>위 치</th></tr>
<tr><td rowspan="6">전안상</td><td rowspan="2">부군</td><td colspan="2">산자, 북어포, 두부지짐, 삼색나물, 튀각, 밤, 대추, 배, 깨산자, 약과, 옥춘당, 식혜, 탕, 산적, 상화, 청주, 마지</td><td>부군상</td></tr>
<tr><td>시루</td><td>팥시루떡, 북어</td><td>부군상 아래</td></tr>
<tr><td rowspan="2">삼불제석</td><td colspan="2">산자, 북어포, 두부지짐, 삼색나물, 튀각, 밤, 대추, 배, 깨산자, 약과, 옥춘당, 식혜, 탕(고기 제외), 산적, 후추차, 상화, 마지</td><td>삼불제석상</td></tr>
<tr><td>시루</td><td>백설기</td><td>삼불제석상 아래</td></tr>
<tr><td rowspan="2">군웅</td><td colspan="2">산자, 북어포, 두부지짐, 삼색나물, 튀각, 밤, 대추, 배, 깨산자, 약과, 옥춘당, 식혜, 탕, 산적, 청주, 상화, 마지</td><td>군웅상</td></tr>
<tr><td>시루</td><td>팥시루떡</td><td>군웅상 아래</td></tr>
<tr><td rowspan="5">당마루상</td><td>용신</td><td colspan="2">팥시루떡, 북어 한 마리, 막걸리</td><td>전안 밖</td></tr>
<tr><td>산신</td><td colspan="2">팥시루떡, 북어 한 마리, 막걸리</td><td>전안 밖</td></tr>
<tr><td>신당</td><td colspan="2">팥시루떡, 북어 한 마리, 막걸리</td><td>전안 밖</td></tr>
<tr><td>터줏대감</td><td colspan="2">팥시루떡, 북어 한 마리, 막걸리</td><td>전안 밖</td></tr>
<tr><td>수문대감</td><td colspan="2">팥시루떡, 북어 한 마리, 막걸리</td><td>전안 밖</td></tr>
</table>

〈표 3〉 1998년 진지치성 때 차려진 굿상

치성의 제물은 유교식 굿상과 거의 비슷하다. 밥을 올려 제사를 모시는 과정 역시 유교식 제사와 닮았다. 진지치성은 굿을 바치지 못하나, 새해 제사로서 부군신에게 인사를 올리는 의미를 지닌다. 이것 역시 밤섬 도당굿이 마을 공동으로 진행된 부군신에 대한 설날 차례의 기능이 있음을 보여준다.

제물 소비의 의미와 구조

신령을 위한 제사에 올리는 제물들은 기본적으로 인간이 지닌 특정 음식에 대한 선호와 기피의 뚜렷한 기준을 갖고 준비된다. 사람들은 신령이란 실제로 인간이 지닌 대부분의 특성을 지녔다고 생각한다. 신령들이 좋아할 것으로 예상하는 제물들 대부분은 그것을 준비하는 인간들이 먹기에도 합당하고, 생각하기에도 합당하기 때문에 선택되어진다. 곧 성스러운 것은 제물로 바칠 수 있는 동시에 사람들도 선호하는 음식이 되지만, 그렇지 않은 것은 신령과 사람 모두에게 금기시되는 위험한 음식으로 이해된다.[10] 이렇듯 제물로 올리는 음식과 올리지 않는 음식의 기준에는 사람들이 지닌 관념체계, 즉 종교적 태도가 결정적인 역할을 한다. 어떤 음식물이 그 사회와 사람들에게 수용되는 과정은 종교의 형성과 같은 구도 속에 놓일 수도 있다.

다른 한편에서는 그 사회 전체가 지닌 기술적 · 정치경제적 요소가 사람들의 음식활동을 제약하기도 한다.[11] 고대의 희생제의에서 주로 사용되었던 소와 같은 동물들은 농업을 주요한 생업 경제로 생활하던 농경민족에게 일상의 경제생활에서도 매우 중요한 노동력의 일부분이었다. 그들은 매년 준비되는 제천의식에서 소를 제물로 바치는 것이 일상생활에서 매우 큰 희생이었음을 알고, 점차 그 대용물을 만들어냈다. 떡이 소를 대신한 제물이었음[12]을 주장하는 학자도 있다. 떡은 농경을 주로 했던 사람들에게는 주식에 버금갈 정도로 중요한 음식이었다. 사람들이 주로 먹는 것에는 그 사회 전체의 재화량이 집중되게 마련이다. 가치가 높은 음식들이 높은 신격을 지닌 신령에게 바쳐지는 이유도 한 사회가 지닌 제물에 대한 가치재의 성격과 관련을 맺는다.

밤섬 도당굿에 쓰인 제물들은 이 굿에만 한정되어 쓰이는 것이 아니라, 무(巫)와 유교식 제사에 두루 쓰이는 한국의 대표적 음식이다. 각각의 제물이 지닌 사회문화적 배경과 제의의 상징을 살피는 일은 밤섬 도당굿의 제물뿐 아니라 한국인들이 주로 사용하는 제물들에 대한 의미를 밝히는 데도 중요한 작업이다. 다음에 밤섬 도당굿의 대표적인 제물인 돼지 · 떡시루 · 북어 · 술에 대해 살피고자 한다.

돼지는 무의 일반 굿에서 가장 많이 쓰이는 제물이다. 특히 도당굿과 같은 마을제와 큰 규모의 고사에서 돼지 혹은 돼지머리는 빠지지 않고 쓰인다. 《삼국지위지동이전(三國志魏志東夷傳)》의 '마한'조에 소와 돼지 기르기를 좋아한다[13]는 구절이 나오는 것으로 보아 한반도에서 돼지는 약 2천여 년 전에 사육되기 시작한 것으로 보인다. 이른바 재래종 돼지는 조선 후기까지 사육되어 오다가 대한제국 때 외래종이 도입되면서 점차 사라지게 되었다.[14] 재래종 돼지는 흑색으로 몸이 작고 주둥이가 길며 체질이 강건하여, 질병에 잘 견디는 장점이 있다. 이미 살펴보았듯이 밤섬 사람들이 부군신에게 바치는 돼지는 온몸이 흑색 털로 덮인 수퇘지였다. 이것은 재래종 돼지만을 선택해야 가능하다. 추정하건대 밤섬 도당굿은 외래종 돼지가 수입되기 전부터 연행되었으며, 외래종 수입과 함께 재래종 돼지가 변별성을 지니자, 제물로 쓰이는 수퇘지의 기준을 더욱 강조한 것으로 여겨진다.

시루째 놓은 떡과 북어, 그리고 상화는 일반적 굿에서 빠지지 않고 쓰이는 제물 중 하나이다. 거피한 팥떡은 신령이 좋아한다고 해서 바치는 제물이다. 팥은 그 재배적지가 광범위하여 한반도 전체에 골고루 분포한다.[15] 색깔에 따라 붉은팥·검정팥·흰팥·노랑팥 등이 있는데, 7세기경으로 추정되는 부여의 군창터에서도 팥이 발굴된 것으로 보아 그 역사는 오래되었다. 팥은 34퍼센트의 전분질과 20퍼센트의 단백질로 구성되어 콩과 함께 밭의 고기로 여겨지나, 침 속의 소화효소인 디아스타제의 작용을 받지 못하기 때문에 그 자체로는 소화가 잘되지 않는 단점이 있다. 이로 인해 팥은 그 자체로 먹기보다 소화효소를 많이 내는 멥쌀과 섞어 먹는 것이 거피팥떡이 만들어진 배경이다.

시루는 떡을 조리하는 데 반드시 있어야 하는 기구이다. 이 시루에 멥쌀가루와 고물을 올려 쪄낸 떡이 시루떡이다. 시루떡은 1800년경에 빙허각 이씨에 의해 쓰인 필사본 조리서 《규합총서》에도 11종이 소개되었다. 원래 유교식 제사에 놓이는 시루떡은 네모나고 굽이 있는 기지편틀에 담아내고, 잔치에는 대합에 담고 각종 색떡과 상화를 꽂아 화려하게 장식해서 낸다. 그러나 고사나 굿에 올리는 시루떡은 시루째 낸다. 이것은 고대에 시루떡을 시루째 먹었을 가능성과 관련이 있다. 특별히 식기구가 발달하지 않았던 때 시루에 떡을 안치고 그 상태로 떡을 먹었을 것이다. 당시 시루에 조리기구이면서 동시에 식기였을 가능성이 많다. 이러한 관습이 굿상에 그대로 남아 전해온다. 붉은 팥을 쓰는 것을 두고 잡신을 물리치기 위한 것으로 이해하는 경향이 있다.[16] 그러나 이러한 관념은 동지 팥죽에만 적용되는 일이다. 팥시루떡을 제물로 사용하는 이유는 신령을 맞이하기 위해서다.

북어는 고사와 굿에서 가장 자주 등장하고 즐겨 쓰이는 제물 중 하나이다. 요사이는 북어를 마른명태의 대명사로 사용하지만, 실제로 북어는 북쪽에서 온 생선을 뜻한다. 북어 혹은 명태를 언제부터 식용했는지에 대한 의견은 분분하여 하나로 정하기 힘들지만, 분명한 것은 조선 후기에 이르러 북어의 생산이 증대되었고, 이때부터 소비도 함께 늘어났다는 사실이다.[17] 17세기 이후 관혼상제가 일반 평민에게 허용되면서, 건어물에 대한 일반인의 수요가 증대되었다. 당시 조선사회가 이에 제대로 대응하지 못하자, 사람들은 북어를 냉동하여 말리는 저장법을 고안해냈다. 이때부터 북어는 일반인에게 가장 보편적인 건어물로 상용되었을 가능성이 많다.

조선 후기 유교식 제사가 일반화되면서 건어물과 염장한 생선에 대한 일반인의 수요는 폭발적이었다. 《사례편람》의 '포(脯)'가 건어물을 뜻하나, 당시 발달하지 못했던 어업기술과 저장기술로 인해 건어물은 제물 중에서 가장 귀한 것에 들었다. 이를 대신할 수 있는 북어는 일반인의 고사나 굿에서 제물로 쉽게 자리를 잡았다. 하지만 '무명(無名)의 고기를 먹어서는 안 된다'는 인식으로 인해서 유교식 제상에는 올리지 못했다. 이러한 관념은 굿에서도 그대로 이어져 주로 잡귀잡신에게 바치는 제물로 북어가 가장 자주 쓰였다. 그만큼 북어는 하찮은 어물이라는 인식이 반영되어 있었다.

술은 모든 제의에서 언제나 쓰이는 제물이다. 중국 주나라의 주공(周公)은 《상서(尙書)》〈주고(酒誥)〉에서 "술은 하늘〔上帝〕이 사람들에게 마시라고 만든 것이 아니라, 제사 때 사용하라고 만들었다"고 했다. 이러한 인식은 굿에서나 제사의례에서도 잘 드러난다. 술을 매개로 제사를 통해 인간은 신령을 만난다. 제사가 끝나는 시점에서 사람은 신령이 마셨던 술을 음복함으로써 신령과 일체를 이룬다. 경기도의 도당굿에 쓰이는 술은 보통 '조라술'이라 하여 도가가 목욕 재개한 후 깨끗한 쌀과 우물물로 정성을 다하여 담갔다. 그런데 밤섬 도당굿의 경우 사람들의 기억에 이러한 과정을 거쳐 빚은 제주는 없다.

한국전쟁 전후의 여의도 밤섬 시절 도당굿에 쓰인 술은 대부분 서강에서 사온 막걸리였다. 이것은 밤섬의 식수 사정이 좋지 않았던 것과 관련이 있는 듯하다. 밤섬에는 원래 우물이 하나 있었지만, 사람들은 이 우물에서 짠맛이 나서 먹지 않았다. 그 대신 한강물을 독에 받아 며칠을 둔 후에 물을 마셨다. 식수를 구하기조차 어려웠던 밤섬에서 신령에게 바칠 조라술을 담그는 데 쓰일 깨끗한 물을 구하기는 더욱 어려웠을 것이다. 그래서 밤섬 도당굿에서는 직접 담그는 조라술 대신에 시장에 나온 막걸리를 사용했을 것으로 여겨진다. 경제 사정이 나아진 이후 막걸리는 당마루상에 바치는 신령들에게 올리고, 부군신과 군웅신에게는 막걸리보다 높은 급수의 술인 청주를 올린다. 뒷전상을 바치는 잡귀잡신에게는 막걸리를 바친다. 청주와 막걸리의 급수처럼 그것이 쓰이는 데도 신령의 급수를 따졌음을 알 수 있다.

이러한 의미를 지닌 제물들은 굿에서 신령들에 맞추어 소비된다. 이때의 소비는 상징적 의미만을 지닐 뿐이다. 실제로 제물이 소비되는 과정은 굿이 끝난 후 사람들에게 나누어주면서 완성된다. 여의도 밤섬 시절 굿이 끝나면 도가가 주도하여 모든 제물을 마을사람들에게 골고루 나누어주었다. 하얀 종이에 똑같은 종류와 분량의 제물을 싸서 도가의 집에서 반기를 돌렸다. 하지만 추렴을 낸 사람들만 반기를 받을 수 있었다. 반기를 받는다는 사실은 도당굿에 참여했다는 것을 증명하며, 동시에 도당굿에서 신령이 잡수신 음식을 함께한다는 공식(共食)의 의미를 지닌다. 창전동으로 이사 후 초기에는 반기를 돌렸다. 심지어 한국전쟁 후 영등포로 이주한 사람들 중 추렴을 내고도 도당굿에 참석하지 못한 사람들에게까지 반기를 돌렸다. 그러나 1997년 이후 제2의 밤섬마을마저 해체된 후 반기는 예전처럼 마을 전체, 혹은 추렴한 모든 사람들에게 돌리지 않는다. 다만 마을사람들이 모여 도당굿의 결산을 볼 때 반기를 나눌 뿐이다.[18)]

밤섬 도당굿은 새해를 맞이하여 마을 공동으로 부군신에게 차례를 모시는 행사이다. 여기에 무당이 참석하여 제례의 뜻을 더 높여주고, 이를 통해 사람들은 신령과 일치를 이룬다. 도당굿에 쓰이는 제물의 생산과 소비 과정은 마을사람들에게 신령과 직접적으로 접촉할 수 있는 기회를 제공해준다. 무당의 주도로 진행되는 굿의 각 거리 과정에서 무당과 제관들은 각각의 거리에 초청된 신령들에게 알맞은 제물들을 바치며, 마을과 마을사람들의 복을 빈다. 굿이 끝나면 사람들은 제물을 음복하고, 굿에 참여하지 않은 사람들에게 반기를 돌려 신령이 먹은 음식을 나눈다. 밤섬 도당굿에서 제물은 마을사람들과 그들이 모시는 신령들 사이를 실질적으로 연결하는 통로 구실을 한다.

13장

상상 속의 조선음식

— 소설 《임꺽정》에 묘사된 조선음식을 중심으로

주지하듯이 벽초(碧初) 홍명희(洪命熹)의 소설 《임꺽정》은 홍문관 교리 이장곤(李長坤, 1474~?)이 거제도로 귀양을 간 갑자사화(연산군 10년, 1504) 무렵에서 시작하여 이장곤의 처외사촌 아들인 임꺽정이 도당(徒黨)을 이루어 대적 활동을 영위하기까지 약 55년간의 시기를 다루고 있다.[1] 소설 《임꺽정》의 시대적 배경은 연산군(燕山君, 1476~1506, 재위기간 1494~1506), 중종(中宗, 1488~1544, 재위기간 1506~1544), 인종(仁宗, 1515~1545, 재위기간 1544~1545), 명종(明宗, 1534~1567, 재위기간 1545~1567)의 네 임금이 재위한 기간을 대상으로 한다.

실제로 사서(史書)에 기록된 임꺽정의 난은 명종 14년(1559) 3월에 시작해서 관군에 의해 소탕이 이루어지고, 임꺽정이 처단되는 명종 17년(1562) 1월까지 약 3년에 걸쳐 황해도에서 일어난 조선 전기의 가장 대표적이고 집약적인 저항운동이다.[2] 그런데 한희숙은 임꺽정의 난이 일어난 원인을 다음과 같은 조선 전기의 사회변동에서 찾고 있다. 첫째, 성지 기강의 문란과 군정(軍政)의 해이, 둘째, 농촌사회의 피폐와 농민의 몰락, 셋째, 15세기 말부터 지속적으로 나타난 도적의 출현 등이다. 따라서 역사적 사실로서 임꺽정의 난은 조선 전기 말의 사회적 변화와 밀접한 관련을 맺고 있다.

그러나 소설 《임꺽정》은 결코 조선 전기의 이러한 사회변동을 염두에 두고 집필된 것이라고 보기는 어렵다. 그보다는 '임꺽정'이라는 역사상의 인물을 하나의 모티브로 하여 역사적 변혁을 소설로 옮겼다고 보아야 한다. 종래 문학사 연구에서 《임꺽정》이 지닌 근대 역사소설로서의 의의에 대한 연구는 대체로 두 가지의 경향성을 지니고 전개되었다. 하나는 식민지 체제에서 말살되어가던 조선정조(朝鮮情調)를 되살리고 있다는 입장이며, 다른 하나는 민중의 시각에서 역사를 살핀 계급의식이 강하게 드러난 역사소설이라는 입장이다.

계급의식의 발현에 대한 평가는 풍속에 함몰되어 벽초의 역사의식이 제대로 실현되지 못했다는 비판과 함께 민중의식의 구현 혹은 리얼리즘 문학정신이 이룬 성과라는 두 가지 시각이 동시에 존재한다. 민중의식의 구현과 리얼리즘 문학정신은 근대 문학이 지향하는 하나의 큰 축이기에 당연한 것처럼 보인다. 그래서 민중의식의 구현보다 더 문제가 되는 것은 벽초 본인도 말한 바 '조선정조'에 있을 것이다. 홍명희와 소설 《임꺽정》에 관한 독보적 연구를 해온 강영주는 "지나간 시대를 현대의 전사(前史)로서 진실되게 묘사하려는 사실주의적 역사소설의 유형에 속한다"[3]는 입장을 내세운 적이 있다.

이기인은 《임꺽정》을 리얼리즘 문학의 성과로 보는 경우, 임꺽정 당시의 사회 현실을 충실히 반영하는 것이 어떤 점에서 문학적 가치를 갖는 것인지에 대해 의문을 제기하면서, 동시에 조선의 풍속을 광범위하게 재구성해냈다는 주장은 부분적 특징의 지적에 그칠 뿐, 작품 전체와의 유기적 관련하에서 검토되지 않고 있다고 지적했다.[4] 이 문제는 신재성이 루카치의 말을 빌려 "역사적 진실성(authenticity)이 고어(古語)를 모방함으로써 얻어질 수 있다는 생각은 자연주의적 오류"라고 하면서 《임꺽정》의 묘사는 단지 벽초 "자신이 갖고 있는 관념이나 감정이 아니라 과거의 조선적 삶의 총합"이라고 평가[5]한 점과도 일면 맥락을 같이한다.

그러나 역사소설이 지녀야 할 역사적 유기성을 결여한 채 조선정조를 내세워 풍속의 역사로 치환한 작업은 다른 의미에서 1920~1930년대 식민지 조선의 지식인들이 시도해온 '조선학'과 일정한 관련이 있다. 주강현은 《임꺽정》이 지닌 '소설 속의 역사와 민속의 사실성(事實性)'에 대해 언급하면서 〈의형제편〉에 나오는 덕물산 최영 장군 사당의 내력에 대한 언급을 '압권'이라고 평가한다.[6] 더욱이 역사상 임꺽정이 활동한 시대인 명종 때의 기록에 이미 최영 장군 사당에 대한 기록이 나온다는 점에서 충분히 사실성을 인정할 수 있다는 주장을 내세운다. 나는 일면 이 주장의 타당성을 인정하면서도, 다른 한편에서 《임꺽정》에 나오는 모든 풍속이 소설의 대상이 된 조선 전기 55년간의 현실을 철저하게 반영하고 있는가에 대해서 의문을 품게 되었다. 그보다는 벽초 스스로 말했던 조선정조는 근대(modern)라는 시대적 유행에 대응하는 조선적인 풍속일 가능성이 많다.

사실 역사소설은 결코 역사적 사실의 반영물이라고 보기 어렵다. 최근 사실(fact)과 허구(fiction)를 결합한 팩션(faction)이라는 장르가 생길 정도로 역사소설은 역사적 사실을 이전에 비해 상당한 정도로 반영하는 경우도 있다. 하지만 팩션 역시 소설이 가지고 있는 허구의 속성을 버릴 수는 없다. 이 글을 통해 시도해보려는 작업은 소설 《임꺽정》에 대한 기왕의 평가인 리얼리즘과 풍속의 재구라는 측면에 대해 도대체 어느 정도까지 평가할 수 있는지 가늠해보려는 데 목적이 있다. 그러나 풍속 전반을 모두 다룬다는 것은 이 소설의 방대함만큼 어려운 점이 많을 것이다. 그래서 그 첫 번째 작업으로 선정한 것이 '음식에 대한 묘사'이다.

나는 이 작업을 위해서 사계절출판사에서 나온 소설 《임꺽정》을 판본으로 하여 전체 10권에서 음식과 관련이 있는 대목을 모두 정리했다. 그 결과 총 317건의 음식 관련 묘사를 찾을 수 있었다. 그것을 다시 20개의 항목으로 나누어 정리하고 분석 작업에 들어갔다. 분석 작업은 주로 소설에 묘사된 음식이 과연 조선시대, 그것도 명종을 중심으로 한 16세기 조선사회에서 소비된 음식인가에 중점을 두었다. 그런데 음식과 관련된 16세기의 자료는 거의 없는 편이다. 비록 17세기 말인 1670년경에 작성된 것으로 알려진《규곤시의방(閨壼是議方)》(《음식디미방》)이란 조리서가 지금까지 전해지지만, 이 책을 명종 때의 음식 소비를 가늠할 수 있는 자료로 보기에는 무리가 있다. 왜냐하면 조선시대 음식사의 전개가 적어도 1590년대 임진왜란을 전후로 하여 상당히 많은 변화를 가져왔기 때문이다.

다만《조선왕조실록》의《세종실록지리지(世宗實錄地理志)》에 나오는 음식과 그 재료를 통해서 명종 때의 양상을 짐작할 수 있을 뿐이다.《세종실록지리지》에는 토의(土宜)·토공(土貢)·토산(土産)이라는 이름으로 음식의 이름과 재료가 지역별로 기재되어 있기 때문에 충분히 명종 때의 양상을 확인하는 것이 가능하다. 따라서 이 글은《임꺽정》에 나오는 음식을 주식·반찬·의례음식·식기로 구분하고, 그것을 중심으로 그 묘사의 내용과 역사적 진실성 여부, 그리고 그것이 말하는 의미를 살피는 데 목적을 두고 서술하고자 한다.

백성의 주식에 대한 오해

조선시대 일반적인 주식인 밥의 재료가 되는 곡물은 쌀(입쌀)·보리·조·기장〔黍粟〕 등이다. 소설에서도 이들 곡물이 수시로 등장한다. 그중에서 쌀은 서민들이 밥으로 지어 먹기보다는 교환을 위한 매개물로 사용한다. 예를 들면, 4권 83쪽에는 "쌀 좀 떠가지구 가서 술 몇 사발 받아 오게"라는 구절이 나온다. 쌀이 일종의 화폐 기능을 담당하고 있음을 보여준다. 1권 85쪽에서도 동고리 값으로 쌀을 받는다. 조선시대 관리들의 급여는 쌀·콩·천이 제공되었다. 비록 시기별로 약간의 차이는 있지만, 이러한 양상은 조선시대 내내 지속되었다. 특히 선조 이후 지역별로 확대 적용된 대동법은 지방별로 내던 공물 대신에 쌀로 세금을 내도록 했으니, 이것은 민간의 관행을 제도화한 결과였다.

부자 양반들이나 특별한 잔칫날이 아니면, 쌀은 밥의 주된 재료가 아니었다. 이 점이 소설 《임꺽정》에 잘 반영되어 있다고 하겠다. 거제로 귀향 갔다가 함경도로 도망하여 백정 집에 장가를 든 이교리가 연산군이 폐위되어 복권을 한 후 한양으로 떠나기 전 함께했던 식사에서 드러나는 입쌀밥과 조밥을 두고 벌이는 사양지심(辭讓之心)의 행위는 더욱 돋보인다.[7] 어떻게 쌀밥보다 조밥이 더 좋겠는가? 하지만 한 그릇의 쌀밥은 이제야 비로소 알게 된 양반 출신 사위에 대한 대접이었다. 이러한 사정은 벽초가 살았던 시절에도 일반적 현상이었다는 점을 생각해보면, 특별히 벽초가 음식의 역사적 진실성을 염두에 두고 이러한 묘사를 했다고 보기는 어렵다.

그 단적인 예가 바로 감자에 대한 언급이다. 2권 293쪽에는 화전민들이 감자와 강냉이를 쪄서 손님을 대접한다는 대목이 나온다. 그러나 감자는 19세기 초반에 가서야 한반도에 들어와서 전파되기 시작했다. 이러한 사실은 벽초가 이 소설을 쓸 당시에도 이미 알려진 일이었는데, 왜 이러한 실수를 했을까? 더욱이 벽초도 그 내용의 대강을 읽었을 것으로 여겨지는 이규경(李圭景, 1788~1856)의 《오주연문장전산고(五洲衍文長箋散稿)》에서는 1824년과 1825년 사이에 관북에서 처음 감자가 들어왔다[8]고 했으니, 벽초 본인이 실제 임꺽정 당시에 감자가 관북에 없었다는 사실을 몰랐을 리가 없다. 심지어 홍명희가 분명한 필자로 알려지지는 않았지만, 적어도 그가 쓴 것으로 추측되는 1925년 12월 16일자 《시대일보(時代日報)》의 글에는 고구마의 유래와 각국 전파를 논한 〈감저(甘藷) 전파고(傳播考)〉라는 글도 있다. 그렇다면 이것은 벽초가 소설을 통해서 정립하고 싶었던 '조선정조의 수립'을 위해서 감자가 채용된 것이라고 판단할 수밖에 없다.

이규경의 〈북저변증설(北藷辯證說)〉에 의하면, 감자가 한반도에 유입된 이후 이것은 마령서(馬鈴薯)·하지감자·북감저(北甘藷)라고 불렸다. 명천부(明川府)의 김모(金某)라는 관상쟁이가 경사(京師)에 가서 가져왔거나, 청나라의 삼을 캐는 자가 우리의 국경을 몰래 침범하여 심었던 것이 밭에 남아 있다가 전파된 것이다. 김창한(金昌漢)의 《원저보(圓藷譜)》에서는 북방에서 감자가 들어온 지 7, 8년이 되는 1832년 영국의 상선이 전라북도 해안에서 약 1개월간 머물고 있을 때, 배에 타고 있던 선교사가 씨감자를 나누어주고 재배법을 가르쳐주었다고 했다. 그런데 무산(茂山)의 수령인 이형재(李

亨在)는 감자가 좋은 식량이 된다는 이야기를 듣고 이를 구해 전파시키려 했으나, 처음에는 백성들이 씨감자를 내놓지 않았다. 그 이유는 감자를 재배하면 이익이 많이 나기 때문에 이것만 가꾸고 다른 곡물은 생산하지 않아서, 관에서는 세(稅)로 받아들일 곡물이 없어져버렸기 때문에 결국 금령을 내리게 되었다. 그런데도 백성들은 금령을 무릅쓰고 몰래 재배하고 있었으므로 아무도 관에 감자를 내놓지 않았다. 이에 이형재는 많은 소금을 내놓고 감자를 구하여 전파시켰다. 감자는 고구마와 달리 수십 년 사이에 각 지역으로 보급되었으며, 양주 · 원주 · 철원 등지에서는 흉년에 이것으로 굶주림을 면할 수 있었다.[9)]

화전민들 사이에서 감자가 중요한 양식이 된 시기는 일제시대에 들어와서라고 보아야 한다. 《조선농회보(朝鮮農會報)》 1912년 7월호에 의하면, 1879년 서양의 한 선교사가 감자를 서울에 들여왔고, 1883년부터 본격적으로 재배되기 시작했다. 그런데 1920년경이 되면, 강원도 난곡농장(蘭谷農場)에서 독일산 신품종 감자를 도입하여 난곡1 · 2 · 3호라는 신품종을 개발했다. 이것이 일부 화전민에게 전해져서 재배 · 보급되었다. 그후 1930년 초엽 일본 홋카이도(北海島)에서 '남작(男爵)'이라는 새 품종이 도입되었다. 결국 오늘날 한반도에서 재배되는 감자 품종은 일제시대 이후 개량된 것들이다.[10)]

옥수수의 지역어인 강냉이 역시 백두산을 배경으로 한 2권에서 등장한다. 남미가 원산지인 옥수수가 언제 한반도에 전래되었는지에 대한 논의는 16세기 초라는 주장과 고려시대 말이라는 주장 두 가지가 있다. 그런데 《조선왕조실록》 선조 26년(1593)의 기록[11)]에 의하면, 옥수수가 경상도 북부지역의 중요한 곡식 종자로 언급된 것으로 보아, 이미 조선 전기에 한반도에 옥수수가 퍼졌을 것으로 여겨진다. 그런데 벽초는 왜 옥수수를 백두산을 배경으로 한 이야기에서만 등장시켰을까? 사실 옥수수는 벼 · 기장 · 조 · 콩 · 팥과 함께 조선 중기 이후 산골에서는 중요한 식량원의 하나였다. 그러나 벽초와 같이 부유한 집 출신들에게 옥수수는 결코 식량이 아니었다. 더욱이 일제시대에도 아주 가난한 사람들이 아니면 옥수수를 양식으로 여기지 않았기 때문에 벽초의 입장에서 옥수수는 산간지방 사람들이 소비하는 음식으로 생각했을 가능성이 많다. 사실 옥수수가 전국적으로 양식의 일종으로 이해되기 시작한 것은 해방 이후 미국으로부터 옥수수가 무상으로 들어온 이후였다.[12)]

이에 비해 조와 기장은《임꺽정》에서 민중을 상징하는 주식으로 등장한다. 심지어 조밥은 운총 어머니가 손님 대접한다고 귀한 조밥을 지을 정도(2권 301쪽, 이하에서는 '2-301'식으로 표기한다)로 기장밥에 비해 그 급수가 높았다. 더욱이 조밥과 된장국은 평소에 먹던 일상식사였다.(9-297) 주지하듯이 조밥은 좁쌀로만 짓거나 입쌀에 좁쌀을 많이 섞어 지은 밥을 가리킨다. 귀한 조밥은 입쌀이 조금이라도 섞인 밥일 가능성이 많다. 반면 콩은 주로 녹봉(祿俸)으로 받았는데, 이것으로 두부를 만들고 간장과 된장의 재료로 썼다. 만약 콩으로 밥을 지을 경우, 이것은 '양식거리이나 험한 밥'(7-47)에 지나지 않았다. 그런데 두부의 경우, 최장군 새 마누라 맞는 초례 겸 신부례 날의 큰 굿(4-122)인 제석상에 올리는 제물로만 묘사된다. 사실 두부는 큰 잔치나 명절이 아니면 평소에 마련하지 않았던 음식이다.[13)]

곡물로 짓는 밥 외에《임꺽정》에 등장하는 주식으로는 국수장국이 있다. 국수장국으로 점심 요기(7-177), 원의 융숭한 대접(1-128), 점심으로 나온 국수상(5-124) 등의 대목을 찾을 수 있다. 그런데 조선시대 국수의 대명사는 메밀로 만든 것이었다. 정약용(丁若鏞, 1762~1836)은《아언각비(雅言覺非)》에서 "우리나라 사람들은 원래 맥설(麥屑, 밀가루)을 진말(眞末) 혹은 사투리로 진가루(眞加婁)라 하는데, 재료인 면(麵)을 두고 음식의 이름인 국수(匊水)라고 부르는 것은 잘못된 것이다"라고 했다. 이 말을 풀어서 다시 살펴보면, 당시 조선 사람들은 밀가루까지도 국수라고 불렀다는 것이다. 여기서 '면'이라고 하면 밀가루를 재료로 한 것이다. 그런데 조선 후기 심지어 일제시대에도 밀가루는 한반도에서 풍부하게 생산되는 곡물이 아니었다. 대부분의 국수는 메밀로 만들었던 것이다. 당연히 소설에 나오는 국수장국은 고기에 간장으로 간을 한 장국에 메밀국수 만 것을 가리킨다.

역시 메밀을 주원료로 만든 냉면은 밤참으로 소비되는 장면이 묘사된다.(10-76) 이것은 벽초 당시에 이미 평양냉면집이 서울에 문을 열었고, 계절에 상관없이 판매되기 시작했지만, 그래도 조선 정조를 따지는 벽초의 입장에서는 평안도·황해도 사람들의 정서를 알고 있기에 냉면을 밤참으로 묘사한다. 1929년 12월 1일에 발간된《별건곤》24호에서 필명이 김소저란 이름의 작자는〈사시명물(四時名物) 평양냉면(平壤冷麵)〉이란 제목의 글에서 평양 사람들의 정조를 이렇게 밝히고 있다. "평양 사람이 타향에 가 있을 때 문득문득 평양을 그립게 하는 한 힘이 있으니, 이것은 겨울에 냉면 맛이다. 함박눈이 더벅더벅 내릴 때 방 안에는 바느질하시며《삼국지(三國誌)》를 말씀하시는 어머니의 목소리만 고요히고요히 울리고 있다. 눈앞에 글자 하나가 둘, 셋으로 보이고 어머니 말소리가 차차 가늘게 들려올 때 '국수요?' 하는 큰 목소리와 같이 방문을 열고 들여놓는 것은 타래타래 지은 냉면이다. 꽁꽁 얼은 김치죽을 두르고 살얼음이 뜬 진장 김칫국에다 한 저(箸) 두 저(箸) 풀어먹고 우루루 떨려서 온돌방 아랫목으로 가는 맛! 평양냉면의 이 맛을 못 본이요! 상상이 어떻소!"

국수장국과 함께 상인들이 주막에서 주로 먹는 음식으로 국밥이 있다. '점심 국밥 열 그릇을 두 목판에 갈라 담아지고 오고'(8-48), '점심때 노밤이가 남소문 안에 갔다가 국밥 한 그릇 얻어먹고'(8-223)가 바로 그 대목이다. 그런데 국밥은 주로 한양의 피맛골(지금의 종로 1가 뒷골목)에서 술국에 찬밥을 말아 먹는 정도로 팔렸다. 재담가인 이경재는 19세기 말에 지금의 서울 인사동 이문안 큰 목로의 술국이 특별히 맛이 있다고 해서 새벽부터 손님으로 붐볐다고 주장한다.[14] 그러나 그 자세한 사정을 확인할 수 있는 문헌자료는 아직 발견되지 않았다. 다만 1920년대 서울의 모습을 담은 사진[15]을 보면 무명천에 '酒店 · 쥬졈'이란 글자를 써서 대문에 걸어 둔 집이 나오는데, 이것이 바로 선술집의 대표적인 모습이다.(이 책의 '6장 주막의 근대'의 〈그림 2〉 참고) 복덕방 옆에 붙은 이 집의 대문 기와에는 술을 거르는 용수가 두 개 얹어져 있다. 그러니 주점에서는 당연히 탁주나 청주를 주로 팔았음을 짐작하고 남는다. 특히 앞에서 소개한 국밥집이 있는 남소문(南小門)은 지금의 서울 장충동 고개에 있었던 작은 문이라 그 바깥에 국밥집이 있었을 가능성은 많다. 그러나 이것 역시 서울 종로 일대의 시전(市廛)만을 설치하도록 강제했던 조선 전기의 사정에 비추어보면,[16] 반드시 역사적 사실이라고 보기는 어렵다. 단지 조선정조의 표현이며, 오히려 벽초 당대의 모습이라고 보아야 옳다.

고추장을 먹는 임꺽정, 벽초의 의도된 실수

조선시대 일상 음식의 구조는 밥과 반찬으로 구성된다. 밥은 이미 앞에서 언급한 바와 같지만, 반찬의 경우 국·김치·간장이 가장 기본이다. 여기에 나물·조치·구이·전 등이 보태지면 각기 다른 격식의 상차림이 이루어진다. 따라서 뚜껑이 있는 '첩' 수에 들어가지 않는 밥·국·김치·간장은 조선시대 전반은 물론이고, 20세기 대부분의 기간에 한국인이 밥을 먹기 위해 마련했던 최소한의 식사 구조라고 할 수 있다.

그런데 소설 《임꺽정》에는 가장 최소한의 식사 상차림과 함께 '열두 집시 쌩조치'(1: 128; 8: 200)가 두 차례 나온다. 문제는 과연 12첩 반상이란 격식이 조선시대에 존재했는가 하는 점이다. 아직까지 조선시대 문헌자료에서 이러한 격식의 상차림이 왕실과 사대부에서 하나의 예제(禮制)로 자리 잡았다는 증거는 나오지 않았다. 현재까지는 최초로 상차림을 적은 한글 필사본 《시의전서(是議全書)》에도 5첩·7첩·9첩 상차림만 나온다. 이 책은 1890년대에 쓰였고, 1910년대에야 세상에 알려졌다.[17] 그러니 12첩 반상이란 개념은 조선시대 전기에는 존재하지 않았을 가능성도 많다.

《임꺽정》에 나오는 대부분의 반찬은 '민중'의 음식이 주류를 이룬다. 그중 가장 자주 등장하는 반찬은 김치이다. 그 대강의 내용

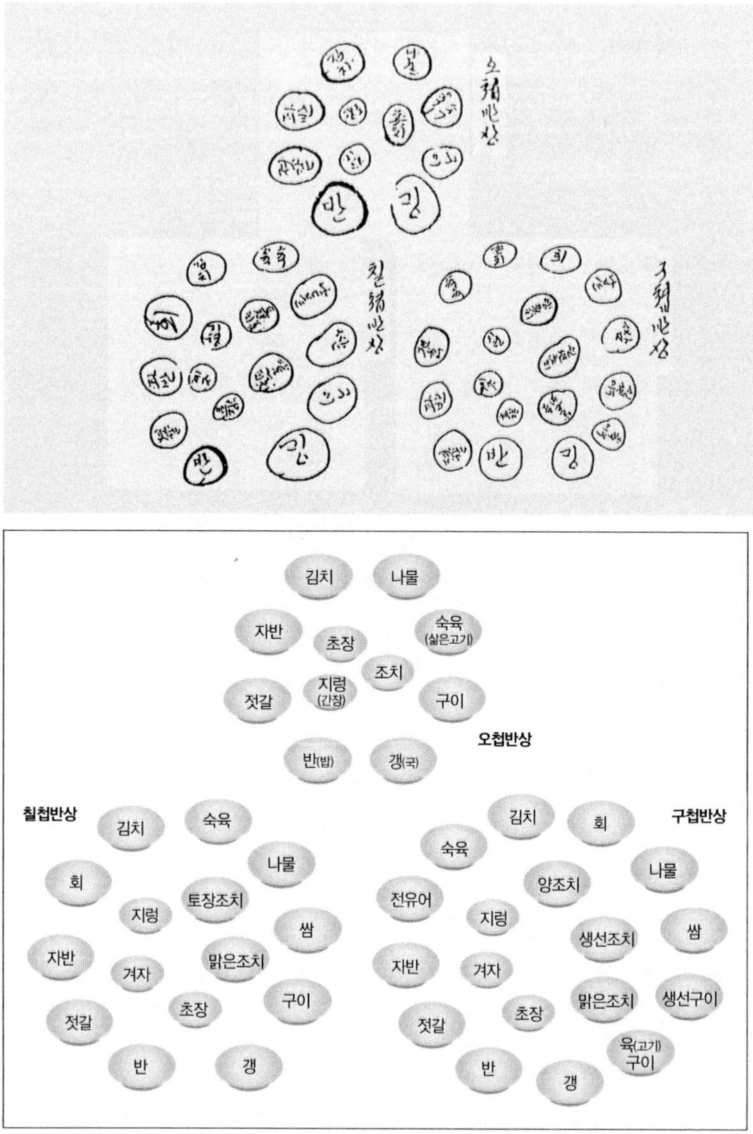

〈그림 1〉《시의전서》의 상차림

《시의전서》에 실린 상차림 그림(위)과 이를 알아보기 쉽게 재구성한 그림(아래)

을 살펴보면 다음과 같다. '술을 데워서 내올 때 안주로 김치를 한 그릇'(9-242), '편육도 없고 김치도 없지만'(10-45), '백정집의 잘 차린 음식에 나온 배추겉절이'(1-135), '안주는 배추겉절이와 마늘 장아찌뿐'(9-47), '술을 주려거든 안주는 푸새김치라도 좋다'(9-47), '무김치를 꺽정의 누이가 김덕순에게 대접'(3-277), '원의 부인이 백정집에 보내온 찬수, 젓무'(1-137), '원의 부인이 백정집에 보내온 찬수, 김치'(1-137), '김장 배추를 심은 채마전'(9-41) 등이다. 이렇게 김치 · 배추겉절이 · 푸새김치 · 무김치 · 젓무 등의 김치류가 나온다.

오늘날 '김치'라는 말에는 두 가지 의미가 있다. 하나는 배추김치를 가리키는 말이며, 다른 하나는 김치 무리 전체를 일컫는 말이다. 그런데 18세기 이전까지의 '김치 무리'는 짠지 · 장아찌 · 물김치〔沈菜〕가 주류를 이루었다. 18세기부터 고추가 김치 무리의 양념으로 쓰이면서 국물보다는 주재료에 양념을 버무린 오늘날의 김치가 등장했다. 특히 오늘날 배추김치의 주재료인 중국 산둥(山東)배추는 19세기 말에야 한반도에 도입되었고, 그때부터 오늘날 배추김치의 모습도 갖추어졌다. 이런 의미에서 김치 무리는 짠지 · 장아찌 · 물김치 · 양념김치 등으로 구분할 수 있다.[18] 따라서 소설에 나오는 김치 중에서 무김치를 빼고 나면, 실제 임꺽정이 살았던 때에 먹었던 김치는 주로 짠지 · 장아찌 · 물김치 정도였다.

특히 소설 속의 젓무는 상당한 오해를 불러일으킨다. 젓무는 18세기의 문헌에서야 비로소 등장한다. 문헌기록에 의하면, 서유구의 《임원십육지(林園十六志)》(1835년경)에 처음으로 젓국지라는 김치가 나온다. 17세기에 나온 허균(許筠, 1569~1618)의 《도문대작

(屠門大嚼)》(1611년경)이나 안동 장씨의 《규곤시의방》(1670년경)에는 젓국지나 젓무에 대한 기록이 없다. 따라서 18세기에 비로소 젓무가 등장했다는 사실을 충분히 확인할 수 있다.[19] 그래서 중종 연간에 젓무, 즉 김치에 젓갈이 들어갔다는 사실을 확신하기 어렵다. 하지만 이와 같은 점은 벽초가 소설을 쓰면서 그 상세한 역사적 경위를 살필 정도로 영민했다는 전제에서 가능한 비판이다. 소설가가 이러한 정보까지 모두 정리해야 할 의무는 없다. 더욱이 오늘날까지도 한국음식사에 대한 정연한 연구는 온전히 완성을 이루지 못했기 때문에 더욱 그러하다.

그러나 다른 한편에서 조선시대 고전적 자료를 어느 정도 독파했을 것이라고 여겨지는 벽초가 고추장을 소설에 등장시킨 것은 너무나 '소설적'이다. '찬이 없어 싱거우니 고추장을 떠오다'(7-333)는 대목은 벽초가 적어도 이수광(李睟光, 1563~1628)의 《지봉유설(芝峯類說)》(1613)이나 이규경의 《오주연문장전산고》의 〈번초남과변증설(番椒南瓜辨證說)〉을 읽었다면 나오지 않았을 묘사다. 왜냐하면 이수광은 그의 책에서 "남만초는 센 독이 있는데 처음에 왜국에서 들어왔다. 그래서 속칭 왜개자라 하였다. 때로 이것을 심고는 술집에서 그 맹렬한 맛을 이용하여 간혹 소주에 타서 팔고 있는데 이를 마신 자는 대부분 죽었다고 한다"[20]고 적고 있기 때문이다. 고추장은 1766년경에 나온 《증보산림경제(增補山林經濟)》에서 만초장(蠻椒醬)이란 이름으로 문헌상 처음 등장한다.[21]

이 점은 배추김치가 소설에서 강조되는 것에서도 찾을 수 있다. 이미 앞에서 밝혔지만, 조선 후기 배추는 두 가지 품종이 있었다. 속이 차지 않은 비결구배추와 19세기 말에 수입된 중국 산둥배추인 결구배추가 그것이다. 그래서 조선 전기의 주된 김치 재료는 무·산갓·외 따위였지, 배추는 아니었다. 적어도 18세기에 들어와서야 배추가 김치 무리의 중요한 재료가 되었다.

이외에 소설에 등장하는 반찬으로는 시레기(시래기)토장국과 장찌개가 있다. 그 대목은 '시레기토장국을 부어주는 밥 한 바가지씩을 제각기 받아'(9-221), '유복이가 과객으로 묵을 때 주인이 저녁을 대접에 장찌개'(4-72) 등이다. 이들 음식은 국의 일종으로 모두 된장을 주재료로 하여 조리한 것이다. 조선시대 흉년이 들면 왕실에서 기근을 방지하기 위해 내린 음식물 중에서 으뜸은 메주였다. 최소한 간장과 된장만 있으면 구황음식을 조리해서 먹을 수 있었기 때문이다. 특히 보리밥·조밥·기장밥에 시래기토장국을 부어 비벼 먹으면 근사한 한 끼가 될 수 있다.

이에 비해 미역국은 해산 준비(1-245)나 산후 조리(6-145) 때 사용된 음식으로 소설에 나온다. 중국 명나라의 이시진(李時珍, 1518~1593)은 《본초강목(本草綱目)》에서 "고려 사람들은 미역〔昆布〕을 쌀뜨물에 담가서 짠맛을 빼고 국을 끓인다. 이 미역국은 조밥이나 멥쌀밥과 함께 먹으면 매우 좋다. 기(氣)를 매우 잘 내리기 때문에 이것과 어울리지 않는 음식이 없다"고 했다. 《조선왕조실록》의 《세종실록지리지》에는 당시 동해안·남해안 일대에서 미역〔海帶〕이 공물로 진상되었다고 기록하고 있다. 그래서 지금까지도 미역국은 해산 전후에 임산부가 먹는 음식이며, 생일상에 오르는 상징적인 음식으로 소비된다.

일상 음식의 소비에서 마지막에 자리를 잡는 것이 음료수이다. 그중에서 가장 일상적인 식후 음료는 숭늉(숙랭)이다. '화로에 얹어 놓은 숭늉'(9-175), '백이방이 밥을 몇 술 뜨지 못하고 숙랭을 가져오라 하여 밥말아 먹다'(5-149) 등의 묘사에서 최근까지 숭늉이 소비된 장면을 떠올린다. 사실 무쇠솥에 밥을 지었던 시절에는 밥을 먹고 나면 반드시 숭늉을 마셨다. 밥을 다 푸고 나면 반쯤 익고 반쯤 탄 누룽지가 솥 밑에 남는데, 여기에 물을 부어 밥 먹을 동안 다시 끓이면 달고 구수한 맛을 내는 숭늉이 된다. 무쇠로 만든 솥은 이미 5세기경부터 역사에 등장하기 때문에 숭늉의 연원도 그 무렵부터일 것이라 여겨진다.

이상에서 살펴본바, 소설 《임꺽정》은 풍속사의 재구성이 아니다. 그 대신에 '조선정조'를 세우기 위해서 벽초가 생각한 '조선적'이라는 내용을 역사적 진실성과 관계없이 펼쳐놓은 그야말로 역사적 사건을 소재로 한 '소설'임을 재차 확인하게 된다. 아울러 소설에 등장하는 반찬들은 대부분 조선 후기 혹은 벽초 당대에 많은 조선인들이 일상적으로 소비했던 음식들이다. 이것으로 미루어 보아 벽초의 조선정조는 '근대'라는 새로운 문물에 대한 대응으로 등장한 '조선적'인 것임이 분명하다. 벽초의 조선적 모습은 그 자신이 체득하고 있던 것으로도 충분히 조선적일 수밖에 없다는 점에서 해방 이후 등장하는 역사소설이 지닌 조선적인 것에 대한 무지의 한계를 결코 지니고 있지 않다.

전혀 '민중'적이지 않은 의례음식들

조선시대 일상적 음식이 아닌 의례음식은 주로 통과의례와 세시풍속과 관련된 것들이 주류를 이룬다. 특히 잔치나 굿을 할 때 비일상적 음식인 떡과 고기를 맛볼 수 있었기 때문에 이 과정은 일종의 단백질 섭취 기회를 가질 수 있는 시간이기도 했다.[22] 소설에 나오는 떡의 종류는 계면떡 · 국화전 · 느티잎시루떡 · 달떡 · 마른떡 · 말떡 · 백설기(흰떡 · 흰무리떡 · 흰무리) · 용떡 · 인절미 · 떡국 등이다. 떡은 각종 세시풍속과 잔치에서 신령이나 명절의 의미를 부여하는 상징적 음식으로 조선시대는 물론이고, 20세기를 지나 21세기에도 쓰이고 있다.

떡과 함께 의례적 음식의 대표는 고기이다. 소설에 등장하는 고기는 갈비 · 개고기편육 · 내장 · 노루고기 · 달걀 · 닭고기전지 · 닭고기 · 도야지고기(돝고기) · 도야지순대 · 도야지업진 · 도야지다리 · 등심 · 산짐생고기 · 선지 · 소머리 · 양지머리 · 연계찜 · 육포 · 족 · 토끼고기 · 편육 등이다. 이 중에서 자주 등장하는 고기는 쇠고기 · 돼지고기 · 닭고기와 함께 토끼 · 노루 따위의 야생동물이다.

조선시대 공식적인 고기의 소비는 주로 성균관과 향교, 그리고 서원에서 이루어진 각종 제사를 통해서 이루어졌다. 이들 의례에서 사용되는 찬물을 가리키는 소뢰(小牢)는 제사에 사용하는 희생(犧牲)으로 양(羊)과 돼지〔豕〕를 함께 갖춘 것을 가리킨다. 반면 태뢰(太牢)는 소뢰에 소〔牛〕가 추가된다. 그런데 양을 키우지 않았던 탓에 양 대신에 염소가 그 자리를 대신했다. 따라서 쇠고기 · 돼지고기 · 염소고기는 공식적인 제사에서 주로 쓰였다. 이들 고기는 문묘와 성균관에서 백정 일을 맡았던 반인(泮人)들에 의해서 희생되고 나머지 부산물 역시 그들에 의해 소비되었다.[23]

왕실에서는 소를 제물로 사용하기 위해 별도로 우마감(牛馬監)이란 목장을 두어 기르기도 했다. 향촌사회에서는 지주들이 소를 별도로 길러서 노동력 대용으로 사용했다. 이에 비해 돼지는 목양(牧養)의 대상이었다. 홍만선(洪萬選, 1664~1715)은《산림경제(山林經濟)》'목양'편에서 돼지 기르기〔養猪〕를 별도로 두어 그것을 권장했다. 이에 비해 닭은 농가에서 계란을 확보하기 위해 기르는 것으로 반드시 고기 소비를 위해서 마련되지는 않았다. 조선시대 세시풍속으로 복일에 계삼탕(鷄蔘湯)을 먹는 풍속이 있었지만, 고기를 소비하는 일은 양반 지주가 아니면 불가능한 일이었다.

이로 인해 '단오굿 때 무당이 귀빈에게 술을 올리고 갈비를 구워 바치며 대접'(8-19)을 한다든지, '혼례에 도야지고기가 쓰이고'(1-67), '최장군 새 마누라 맞는 초례 겸 신부례 날의 큰 굿인 대감상에 도야지고기가 올라가고'(4-122), '쇠머리 올라간 성주받이 하는 집에 구경꾼이 많이 모여'(6-63) 있는 굿이나 특별한 날에 고기가 쓰였다. 이런 면에서 벽초 당시에도 이런 일들이 자주 있었기 때문에 고기음식들이 묘사된 것에 지나지 않는다. 결코 소설에 나오는 고기음식과 그것이 소비되는 장면들은 역사적으로 복원된 것이 아니다. 그러나 이와 같이 서민들의 잔치나 굿에서 고기가 쓰인 장면이 기록된 조선 전기의 문헌은 아직 발견되지 않았다.

떡과 고기 다음으로 의례적인 음식은 생선이다. 소설에서는 가오리·광어·마른어물·민어·상어·오징어·옥두어(玉頭魚)·은구어(銀口魚)·전복(全鰒)·해삼·홍합 등이 나온다. 그런데 이들 생선 중에서 가오리를 제외하면《세종실록지리지》에서 공물로 바쳤다는 토산물들이다.

광어는 주로 서해안의 홍주(지금의 홍성)와 동해안의 경주에서 공물로 바쳤다. 홍주는 광어뿐만 아니라, 청어·갈치·망어·상어 · 조기 · 가물치 · 준치 등도 많이 생산된다고 적고 있다. 민어 역시 홍주와 함께 황해도와 평안도 해안에서 많이 잡힌다. 황해도 연안에서는 민어 · 상어 · 숭어가 많이 잡힌다고 적고 있다. 상어는 서해안 전역과 강원도 해안에서 주로 잡힌다. 오징어는 한자로 오즉(烏鰂)이라 적는다. 주로 서해안 전역과 제주도, 그리고 강원도 해안에서 공물로 바친다. 옥두어는 오늘날의 옥돔인데, 세종 때 이미 제주도에서 진상하는 생선이었다. 은구어는 오늘날의 은어이다. 민물생선은 경기도 광주 · 경주 · 안동 · 상주 · 진주 · 해주에서 공물로 바쳤다. 전복은 홍주 · 나주 · 제주 · 강릉 · 삼척 · 함흥 등지에서 진상으로 왕실에 올라왔다. 해삼은 경주와 진주의 해안에서 잡아 왕실에 바쳤다. 홍합은 해안이 있는 지역에서는 대부분 공물로 지정되어 왕실에 올렸다. 따라서 소설에 나오는 생선은 모두 실제 임꺽정이 활동했던 때에도 왕실에서 소비를 했던 것들이다.

이 점에서 벽초의 안목은 탁월하다고 할 수 있다. 벽초 당시에 이미 일본인들은 자신들의 어업기술을 도입하여 자신들이 즐겨 먹던 생선들을 대거 잡기 시작했다. 오늘날 우리가 일상적으로 접하고 있는 고등어 · 꽁치와 같은 어종이 본격적으로 도입되던 당시에 벽초는 가능하면 《세종실록지리지》에 나오는 생선들 범위를 벗어나지 않은 선에서 소설을 썼던 것으로 보인다. 이는 조선정조를 수립하는 데 가장 효과적인 방법이라고 할 수 있다. 이것은 벽초가 《조선왕조실록》에 대해 이미 일정한 이해가 있었기에 가능했던 것이고, 특히 《세종실록지리지》를 통해서 본인이 묘사하려는 지역의 토의 · 토공 · 토산의 대강을 파악할 수 있었기에 가능했다.

이 부분은 술에 대한 언급에서도 마찬가지다. 대부분의 술에 대한 명칭은 술로 끝난다. 벽초가 독자의 상상에 맡긴 것이다. 약주도 이와 같은 효과를 노린 것이라 볼 수 있다. 보통 청주에 각종 약재를 넣기 때문에 약주라고 불렀는데, 그것이 구체적으로 무엇인지는 알 수가 없다. 단지 국화주·소주·막걸리(탁배기) 정도를 구체적으로 밝혔을 뿐이다. '소홍이 국화전과 함께 국화주를 해 놓다'(8-320)에서만 나오는 국화주는 청주의 일종으로 밑술에 말린 국화를 넣고 내린 술이다. 보통 음력 9월 9일 중양절에 마시면 좋다고 알려진다. 임꺽정이 실재했던 시절에도 증류를 한 소주는 있었다. 하지만 매우 고급술이었기 때문에 '초향의 어미가 단천령에게 소주 술상을 들여보내다'(9-47) 정도에서 등장할 뿐이다.

이외에 지지미·국화전·묵은실과·삼색실과·정과·곶감·대추·배·수시(水柹)·외·잣·참외·포도·호두 등이 등장하는데, 이들 음식은 대부분 혼례상·굿상·제사상·다담상 등에 올라간다. 이로 미루어보아 벽초는 결코 의례음식을 묘사하면서 정밀하게 역사적 사실들을 재구성하지 않았다. 물론 이 소설이 음식을 주제로 한 것이 아니기 때문에 묘사되는 종류를 두고 타박할 이유는 없다. 그러나 벽초가 역사적 진실성의 위험을 피하기 위해서 이렇게 묘사한 것이라고 보기는 어렵다. 그보다는 벽초 자신이 가지고 있던 조선음식에 대한 지식이 이 정도였을 가능성이 더 많다. 또 벽초의 생애사가 지닌 경험적 지식이 이 정도의 정보 이상을 소설에 묘사하기에는 어렵지 않았을까 하는 생각도 해본다. 소설가는 결코 문화사 연구자가 아니다. 벽초 역시 마찬가지가 아니었을까?

앞에서 살펴본 바와 같이 벽초 홍명희가 《임꺽정》에서 묘사한 음식의 종류는 조선시대 음식 관련 문헌자료에 나오는 음식의 종류와는 비교가 되지 않을 정도로 적다. 이는 벽초가 남자라는 사실에 기인한다면 본인이 파악할 수 있는 음식의 양이 한정되어 있다는 것을 보여준다. 그런데 남자이기 때문에 식기구에 대한 정보는 상당히 해박한 편이었다. 왜냐하면 전근대에 민간에서의 음식 장만은 주로 여자에 의해 이루어졌지만, 음식 소비는 남자들이 주도했기 때문이다.

《임꺽정》에 등장하는 식기구를 나열하면 다음과 같다. 가마솥 · 간장장군 · 갱지미 · 구리주전자 · 국그릇 · 꿀종지 · 놋그릇 · 놋대접 · 동이 · 된장동이 · 된장독 · 두루미 · 뚝배기 · 막걸리동이 · 바가지 · 밥사발 · 방구리 · 베보자기 · 보시기 · 사발 · 소래기 · 소반 · 솔소반 · 숟가락 · 술데울그릇 · 술사발 · 술잔 · 양푼 · 장구 · 장독 · 젓가락 · 종구락 · 찬합 · 퉁노구 · 항아리 등 그 종류가 대부분 망라되어 있다고 해도 과언이 아니다. 그중에는 오늘날 사람들이 알지 못하는 식기구도 다수 나온다. 그것들은 국어사전을 통해서 알아보자.

갱지미는 놋쇠로 만든 국그릇으로 갱기(羹器)라는 한자어에서 나온 말이다. 종지는 간장이나 고추장 따위를 담아 상에 놓는 작은 그릇으로 종자(鍾子)에서 나왔다. 동이는 질그릇의 하나로 양옆에 손잡이가 있으며, 모양이 둥글고 아가리가 넓은 편이다. 보통 물을 긷는 데 사용한다. 두루미는 큰 병의 한 가지로 병의 아가리가 좁고 목이 길며 몸은 단지 모양으로 배가 부르다. 방구리는 물을 긷는 질그릇으로 동이와 비슷한 모양이지만 그보다는 조금 작다. 보시기는 김치나 찌개와 같이 국물이 있는 음식을 담는 그릇으로 사발보다 조금 작고 속이 깊고, 아가리보다 배가 약간 더 나왔다. 다른 말로 보(甫) 혹은 보아(甫兒)라고 부른다. 양푼은 유기로 만든 것으로 보통 그릇보다 바닥이 편평하다. 주로 떡 재료를 섞거나 나물을 무치거나 김치를 담글 때 쓴다. 또 죽을 쑤어 담거나 곰국을 고아서 담는 데도 사용한다. 종구락은 작은 바가지를 가리킨다. 퉁노구는 노쇠나 구리로 만든 작은 솥을 말한다. 바닥이 평평하고 위와 아래가 거의 비슷하다.

많은 연구자들이 벽초를 두고 '조선어의 보고'라고 해왔다. 이러한 표현은 다양한 식기구의 명칭이 소설《임꺽정》에서도 묘사되고 있는 점에서 마땅하다 하겠다. 하지만 이 정도의 정보는 국문학자 이훈종(1918~) 선생의《민족생활어사전》에도 모두 등장하는 것들이다. 따라서 1888년에 괴산에서 태어나 자란 벽초의 입장에서 이 정도의 묘사는 누워서 떡먹기보다 쉬운 것이 아니었겠는가?

여전히 강조되는 조선적인 것

앞에서도 밝혔지만, 벽초는 스스로 '조선정조'를 세우기 위해《임꺽정》을 썼다고 했다. 그의 음식 묘사를 살펴보면서 이 말은 결코 그냥 해본 이야기가 아님을 확인할 수 있다. 비록 역사적 진실성에 어긋나는 묘사가 몇 가지 있었지만, 대부분의 음식 묘사는 지극히 간단하면서 서민의 일상적 모습을 담아냈다. 당연히 자신이 직접 목격한 당대에 유행했던 '비조선적' 음식들은 결코 등장하지 않는다. 아울러 시대를 잘못 짚은 묘사들은 그에 대한 구체적 정보를 가지고 있지 않았거나, 아니면 조선 후기에 나온 관련 문헌들을 제대로 확인하지 않았기 때문으로 보인다.

이에 비한다면《홍길동전》을 쓴 실패한 혁명가 허균은〈도문대작(屠門大嚼)〉이란 글에서 200종이 넘는 음식 이름과 명산지, 그리고 그 맛까지 적어둘 정도로 음식에 대해 해박했다. 이수광과 이익, 그리고 이규경과 몇몇 실학자들도 음식에 대해서 비교적 해박했다. 그러나 조선시대 선비의 정신에서 보면 음식을 자세히 언급한다는 것 자체가 그다지 마땅치 않았다. 허균 역시 "본디 식색(食色)은 성품이고 더욱이 먹는 것은 몸과 생명에 관계되는 것이므로 선현은 음식을 가지고 말하는 것을 천하게 여겼으며, 그런 사람을 이(利)에 따른 자라고 좋지 않게 말하였지만, 어찌 먹는 것을 폐해라고만 말할 수 있을까?"라는 말로 그 변명을 글의 서문에 덧붙여 두었다.

이이화는《이야기 인물 한국사》제2권에서 홍명희를 소개하면서 이런 대목을 남겨 놓았다. "나는 10대의 나이와 50대의 나이에 두 차례에 걸쳐 탐독했다. 그런데《임꺽정》에는 배고픈 이야기가 도통 없다. 왜 그럴까? 작가가 어릴 적에 너무 부유한 집안에서 산 탓일까? 다시 한번 따져보아야 할 것이다."[24] 이이화가 제기한 '배고픈 이야기'는 아마도 소설에서 굶주림에 지쳐 소나무 껍질을 먹는다든지, 각종 구황음식을 먹을 수밖에 없었다는 대목이 없는 네 대한 회한으로 보인다.[25] 그만큼 소설《임꺽정》은 일상생활을 중심으로 하여 계급의식을 내세운 역사소설이 아닐 수도 있다. 소설 속의 주인공 임꺽정은 결코 가난한 집단의 대변자가 아니라, 역사적 변혁을 꿈꾼 인물로만 묘사된 것은 아닐까?

벽초의 '조선정조' 세우기는 당대는 물론이고, 적어도 1980년대까지 대단한 인기를 누렸다. 여기에 또 다른 문제가 있다. 즉 조선정조의 수립을 통해서 벽초가 남긴 유산은 일반인들이 소설의 묘사를 조선 전기에 실재했던 내용이라고 오해를 한다는 점이다. 사실 우리는 21세기 한국인이 살아가는 모습에서 찾을 수 있는 조선적인 '전통'이 주로 18~19세기에 형성된 것이라 믿는다. 그래서 이 시대를 연구하면 가장 '한국적인 것'을 찾을 수 있을 것이라 믿는다. 하지만 18~19세기의 생활사를 제대로 연구해본 연구자가 많지 않은 처지에서 이러한 가설은 절대적 명제가 될 수 없다. 최근에 밝혀지고 있는 사실이지만, 우리가 '조선적'이라고 믿고 있는 가장 일반적 명제들 중 일부분은 실제로 20세기에 들어와서 만들어진 계몽적 근대성의 표상(表象)에 지나지 않을 수 있다.

오늘날 한국학 연구자들이 무수히 생산해내는 '한국적인 것'에 대한 추구는 바로 벽초를 비롯하여 20세기 초반의 식민지 지식인들이 추구한 '조선적인 것(Koreanness)'과 일치하는지도 모른다. 《임꺽정》은 역사소설이라는 이름 아래 후세 사람들에게 일종의 문자(literacy)를 통해서 '상상 속의 조선'을 기억하게 만들고, 이를 통해서 사람들은 서로 그 내용을 공유하기 위한 구술(orality) 과정을 밟으며, 현대에 와서는 만화와 영화를 통한 이미지(visuality)가 구축되어 아무런 의심도 품지 않고 조선적인 것에 매달리게 한 장본인일지도 모른다.

지난 20세기는 우리 스스로 만들어낸 '상상 속의 조선'을 강화하는 일에 매달려온 역사가 아닐까? 21세기에 진행되는 '벽초문학제'는 남북한 양쪽의 지식인들이 각기 매달려온 '조선적인 것' 혹은 조선정조에 대해 제대로 살피는 작업을 통해 새롭게 진화할 수 있으면 좋겠다. 벽초는 스스로 남북한을 넘나든 인물이다. 죽은 벽초를 통해서 우리는 '조선정조'에 매달릴 필요는 없다. 그보다는 이제 역사 속에 실재했던 사람들의 이야기를 우리의 경험적 삶 속에서 재현하는 작업을 할 때가 되었다.

보론

한국음식의 역사와 문화에 대한 연구사 50년

근대 국민국가의 틀 속에서 형성된 특정 음식물에 대한 소비는 국민 혹은 민족의 역사와 밀접한 연관이 있다. 이러한 명제는 한국음식에 대한 연구를 인문학적 측면과 자연과학적 측면에서 서로 접점을 찾을 수 있도록 만들었다. 즉 대표적인 음식을 언제부터 먹기 시작했는가를 규명하는 작업은 '음식에 대한 역사적 접근'이라는 공통분모를 만들어냈다. 특히 제2차 세계대전 이후 근대 국가들이 세계 곳곳에서 생겨나면서 국민과 민족에 대해 새로운 자각을 갖게 된 신생국가들은 자국의 정체성(identity)을 확보하기 위한 노력의 일환으로 음식의 역사에 대한 관심이 증대되었다. 이러한 경향은 해방 이후 한국학계에서도 마찬가지였다.

1960년대까지 진행된 각국의 음식에 대한 연구는 대체로 음식물 자체를 근대화 혹은 개량화하는 작업에 대한 관심이었다. 즉 자신들이 소비하는 음식물을 어떻게 공장제 생산에 적용할 것인가에 초점을 둔 연구가 이루어졌다. 북한의 경우, 이러한 경향성은 더욱 누드러졌다. 1950년대 말에서 1960년대 초반에 북한에서 이루어진 음식에 대한 연구는 가정에서 행해지는 일상식사를 단체식사로 바꾸기 위해 밥·장류·면류 등을 공장에서 생산하는 방식에 대한 연구였다.[1] 반면 남한에서는 일제시대에 정착한 일본식 식품산업에 밀려서 여전히 가정식으로 생산되는 '전통적'인 한국음식을 개량하여 근대화하는 연구에 초점이 맞추어져 있었다.[2]

1970년대에 들어오면 제1세계의 학자들이 음식의 역사와 문화에 대해 지대한 관심을 갖기 시작한다. 특히 자연과학 연구자들의 전유물로 여겨지던 음식에 대한 연구가 인문사회과학 연구자들에게도 특수한 주제로 떠올랐다. 그 이유는 그들 사회가 먹고사는 문제를 어느 정도 해결하면서 음식이 하나의 사회적 유행으로 나타나기 시작했기 때문이다. 즉 식품산업의 발달로 사람들이 선택하는 음식물은 이제 끼니를 해결하기 위해서가 아니라, 사회적 지위와 집단적 정체성을 드러내는 산물이 되었다. 이것이 계기가 되어 서유럽에서 음식에 대한 다양한 연구가 시도되기 시작한 때가 1970년대였다.

1970년 스웨덴 룬드에서는 '민족학적 음식 연구(Ethnological Food Research)'라는 심포지엄이 개최되었다. 이 심포지엄에는 스칸디나비아의 여러 국가와 독일 · 오스트리아 · 유고슬라비아 · 폴란드 · 헝가리 · 체코슬로바키아 · 불가리아 · 스코틀랜드 · 아일랜드 · 프랑스 · 미국 등지의 인류학자 · 민족학자 · 민속학자 들이 참석했다. 식습관 연구의 방법론적 문제, 음식문화 연구에 적합한 자료의 문제, 기아 문제에서의 생태와 문화의 관련성에 대한 분석의 문제, 식품 소비 패턴에서의 차이와 변화에 따른 조리기구 · 식습관 · 식품의 복합적 요소와 개인적 요소, 그리고 경제적 측면에서의 문제 등이 주로 다루어졌다.[3] 이후에도 이와 유사한 심포지엄이 열려 음식에 대한 인문사회과학 연구자들의 연구성과가 나왔고, 오늘날 하나의 경향성을 띠고 연구가 이루어지고 있다.

일본의 경우, 이러한 경향은 1980년대에 들어와서 본격적인 양상으로 나타났다. 민족학자인 이시케 나오미치(石毛直道, 1937~)가 주도하여 열린 '음식문화 심포지엄 '80—인간 · 음식 · 문화'가 그 출발점이 되었다. 그 이후 동아시아의 음식문화, 쇼와(昭和)의 음식 등과 같은 주제로 다양한 전공의 연구자들이 모여서 음식을 둘러싼 여러 현상에 대한 공동 토론을 지속하고 있다. 일본의 경우

음식에 대한 연구는 민족학 · 인류학 · 민속학 · 사회학 · 정치학 · 식품학 · 가정학 · 영양학 · 조리학 등 학문적 영역을 뛰어넘는 학제적 연구가 이루어지고 있다.

이 글은 해방 이후 50년 동안 국내에서 전개된 한국음식의 역사와 문화에 대한 연구 경향을 정리하는 데 목적이 있다. 앞에서 밝혔듯이 음식에 대한 연구는 주로 자연과학 연구자들이 수행해온 주제였다. 최근 국내에서도 인문사회과학 연구자들 중에서 음식에 대한 연구를 시도하는 경우가 늘어나고 있지만, 전체 연구 경향을 하나의 연구사로 정리하기에는 아직까지 학문적 성숙도가 무르익지 않은 상태이다. 왜냐하면 식품학이나 인문사회과학에서 '음식의 역사와 문화'라는 공통분모에 초점을 맞추고서 집단적으로 이루어지는 전문적 연구가 일정한 경향성을 지니고 진행되지 않았기 때문이다.

이 점이 한국음식의 역사와 문화에 대한 연구 50년을 검토하려는 이 글의 가장 큰 한계이다. 시기별로 출현한 연구성과가 지닌 사회적 함의는 충분히 검증할 수 있지만, 그것이 하나의 경향성으로 모여서 논쟁과 새로운 연구 주제의 개발로 이어지지 않았다. 더욱이 자연과학과 인문사회과학 연구자가 각기 다른 입장에서 이에 대한 연구를 부분적으로 수행해왔기 때문에 이러한 현상은 당연한 결과로 보인다. 따라서 이에 대한 연구사는 개별적 연구자의 연구 경향성을 단순히 시대별로 구분하여 서술할 수밖에 없는 한계를 지니고 있다.

1960~1970년대, 한국음식의 역사에 대한 식품학적 접근

일제시대 근대적 식품산업은 대부분 일본인이 주도하고 있었다. 당연히 식품학이나 영양학에 대한 지식을 체계적으로 학습한 연구자들도 일본의 학문적 영향력에서 크게 벗어날 수 없었고, 해방 이후 한국의 식품학계도 이러한 경향성에서 크게 벗어나지 못했다. 다만 미국과의 관계가 밀접해지면서 유럽과 미국의 식품학이나 영양학을 공부하려는 경향이 강해졌고, 유학을 가서 직접 그 학문을 수용하고 돌아온 학자들이 생겨났다. 이와 함께 한국음식에 대한 민족적 자각이 일어나면서 일부 연구자들이 전통음식을 영양학이나 식품학 차원에서 다루기 시작했다.

특히 1960년대 이후 민족문화에 대한 학계의 관심은 한국음식에 대한 역사적 접근을 본격적으로 시도하게 만든 결정적인 계기가 되었다. 주로 조선시대의 농서(農書)와 조리서(調理書)를 대상으로 문헌적 고찰을 시도한 식품사적 연구는 본래 농학의 기초에서 출발한 것이었다. 일제시대 조선총독부에 의해 진작된 농업은 농촌을 개량하기 위한 정책적 도구로 활용되었다. 이와 함께 농업의 역사적 전개를 통해서 식량의 수급과 음식의 섭취에 대한 학문적 관심도 일어났다. 일제 말기인 1945년 4월, 당시 숙명여전 교수였던 김호직(金浩稙, 1905~1959)이 쓴 《조선식물개론(朝鮮食物概論)》[4]은 근대 이후 최초로 펴낸 한국음식에 대한 체계적인 개론서라고 할 수 있다.

비록 일본어로 서술된 데다가 전쟁 시기에 식품 수급을 효과적으로 하기 위한 방안 마련이라는 정치적 목적도 있었지만, 조리학과 영양학, 그리고 '향토음식'에 대한 조사방법에 이르기까지 종합적인 학술서로서 손색이 없다. 그 차례를 살펴보면, 조선의 식품(소재식품 · 가공식품), 조선의 음식(재료 · 조미료 · 조리법), 조선의 일상식(농촌식 · 산촌식 · 도회식), 음식학〔植物學〕의 신과제(조선의 지세와 기후, 조선의 식농산물, 생산 식품과 식성), 향토음식 연구법의 한 시안(음식조리표, 기호조사표, 음식의 영양가 계산표) 등을 담았다.

김호직은 1924년 수원고등농림학교를 졸업한 뒤, 1930년 일본 도쿄제국대학교 생물학과를 졸업하고, 1949년 미국 코넬대학교로 유학을 가서 콩단백질 연구로 영양학 박사학위를 받았다. 그는 농학을 기초로 하여 생물학과 영양학을 연구한 학자였다. 그가 교육자로서 활동한 일제시기의 이화여전과 숙명여전, 그리고 해방 이후의 서울대 농대 · 부산수산대학 · 연희대학 · 건국대학 등에서 한국음식에 대한 연구가 일부 학자들에 의해서 전개된 것도 그와 무관하다고 할 수 없다.

1952년 김호직과 함께 서울대 농대의 조교수로 있었던 이춘녕(李春寧, 1917~)의 역할도 지대하다. 그가 1950년에 펴낸 《조선농업기술소사(朝鮮農業技術小史)》와 그것을 보완하여 1964년 다시 펴낸 《이조농업기술사(李朝農業技術史)》는 음식 재료가 되는 작물의 재배와 관련된 역사적 접근의 결과물이라 할 수 있다. 특히 이춘녕이 이 책에서 쌀의 유입 및 재배기술의 변천과 함께 조선 후기에 전개된 외래 유입 작물의 경위를 상세하게 밝히고 있다. 이러한 성과는 일제시기 일본인 학자와 조선인 학자들의 연구결과를 비판적인 입장에서 충분히 활용한 데서 나온 것이었다.[5)]

이와 같이 해방 이후 진작된 민족문화에 대한 자연과학 연구자들의 관심은 자연스럽게 한국음식에 대한 역사적 접근을 시도하도록 만들었다. 적어도 해방 이후 1970년대까지 한국음식의 역사와 문화에 대한 연구를 핵심적으로 수행한 연구자로는 강인희(姜仁姬, 1919~2001), 황혜성(黃慧性, 1920~2006), 윤서석(尹瑞石, 1923~), 장지현(張智鉉, 1928~), 이성우(李盛雨, 1928~1992) 등을 꼽을 수 있다. 앞의 세 사람은 가정학자로 일제시대에 일본으로 유학하여 가정학을 공부한 경험을 가지고 있으며, 한국음식의 조리와 역사적 접근을 동시에 시도한 연구자들이다. 여기에 일제시대 일본에서 가정학을 공부하고 이화여전 교수를 지낸 방신영(方信榮, 1890~1997)의 활동 역시 조리학 측면에서 주목을 받아야 마땅하다. 그가 제시한 한국음식에 대한 조리학적 분류와 조리법의 정리는 해방 이후 이 분야 연구자들에게 많은 영향을 끼쳤다.[6] 이에 비해 마지막의 두 사람은 농학을 바탕으로 하여 식품학과 음식에 대한 역사적 접근을 시도한 연구자라 할 수 있다. 나는 이 여섯 사람을 제1세대 한국음식의 역사와 문화 연구자라고 규정한다.

당시 이들에게 공통적으로 주어진 문제의식은 1960년대 이후에 강력하게 제기된 민족문화의 재정리와 재해석이었다. 당시 한국음식의 역사에 대한 식품학적 연구는 오로지 한국음식을 새롭게 조망하여 근대화를 달성하는 데 목적이 있었다. 장지현이 관심을 가진 연구대상은 주로 산업화를 통해서 근대화를 달성해야 하는 전래의 한국음식이었다. 1950년대 농학과 식품학을 통해서 학문적 입지를 세운 장지현은 외국에 가서 발효과학을 공부할 계획을 가지고 있었다. 하지만 개인적인 사정으로 유학이 어렵게 되자, 연구 방향을 고문헌을 통한 제조기술사 쪽으로 바꾸었다. 식품학자로서 장지현은 실험실에서 한국음식의 과학적 측면을 연구하면서 동시에 문헌자료를 통해서 그것이 지닌 역사적 정보를 구체화하려 했다.

이 점은 이성우에게도 동일하게 나타난다. 다만 이성우는 1970년대 일본에서 진행된 학제적 연구에 영향을 받아 한국음식의 역사와 문화 전반을 정리하는 방향으로 연구를 확대했다. 그 결과가 1978년에 출간된 《고려 이전의 한국식생활사 연구》[7]이다. 원래 이성우는 일본에서 중국식품사의 대가로 유명했던 시노다 오사무(篠田統, 1899~1978)에게서 가르침을 받았다.[8] 시노다 오사무는 농학자로서 일제시대 만철(滿鐵)의 연구원으로 활동하면서 베이징(北京) 인근까지 현지 관찰을 했던 사람이다. 전쟁이 종결된 이후 일본에 돌아와 교토대학 인문학연구소 과학사연구실에서 연구와 교학에 힘을 쏟았다. 이성우는 1970년대 중반 교토대학에서 시노다를 만났다. 이것이 계기가 되어 이성우는 한국식품사 연구에 관심을 가지게 되었고, 본격적으로 시노다의 지도를 받게 되었다.

이에 비해 윤서석은 조리학적 기초에서 시작하여 한국음식의 문화적 맥락에 대한 접근을 시도하는 글들을 발표했다. 1962년 〈한국의 절식음식〉[9]을 발표하면서 가정학 연구자로서 한국의 전통음식에 대한 글을 발표하기 시작했다. 특히 1965년부터 문화재관리국의 주도하에 시작된 '한국민속종합조사사업'에 윤서석은 황혜성과 함께 '식생활' 분야 연구자로 참여하면서 민속학·문화인류학 연구자들과 만나게 되었다. 그는 그들로부터 문화적 접근에 대한 지식을 얻게 되었고, 동시에 현지조사를 통해서 각 지역의 음식과 조리법을 정리하는 작업도 했다.

특히 1970년에 출판된 《한국문화사대계 4—풍속 · 예술사(상)》에서 〈한국식품사〉 집필을 맡은 윤서석은 더욱 인문학적 접근을 한국음식 연구에 접목시킨다.[10] 그는 식품사를 수렵 · 채집시대, 원시농경시대, 농경사회, 불교의 전래와 북방민족의 남하, 고려 전성기의 식생활, 한국 식품구조의 확립, 남방 식품의 유입과 보급, 진상 품목에 오른 식품류, 식품의 조리와 찬물류, 이조(李朝)의 식품 금제(禁制), 얼음 · 조미료 · 김치 · 술, 절식 풍속과 시식(時食), 향토요리, 구황식품 등으로 구분하여 서술했다.

이를 기초로 하여 윤서석은 1973년 박사학위청구논문으로 〈한국 식품구조 형성의 역정〉[11]을 발표했다. 그리고 1977년 민속학회에서 발표한 〈민속과 음식〉이라는 제목의 글[12]을 통해서 한국문화에 대한 역사적 맥락을 찾는 데 주력하고 있던 당시 민속학 연구자들에게 한국음식의 역사에 대한 관심을 제고시켰다. 그의 연구가 지닌 특징은 자연과학 연구자이면서 상당히 인문학적 시각을 제공한다는 데 있다. 윤서석은 한국음식이 조선시대에 들어와서 유교적 가부장제가 강력하게 실천되면서 가정식 위주로 구성되었다고 보았다. 성리학의 영향을 강조한 이러한 입장은 그가 인문학적 시각을 갖추었기 때문에 가능했다.

윤서석이 인문학적 입장을 수용하여 연구를 진행한 것과 같이 강인희에게서도 마찬가지로 나타난다. 강인희는 본인이 직접 체험한 반가(班家)의 음식에 기초하여 조리와 그것의 역사적 접근에 관심을 가진 글을 발표했다. 특히 1978년에 출간된 《한국식생활사》에서 그는 식생활사 연구의 방법과 시대 구분, 그리고 한국 식생활의 특징에 대해 나름대로 입장을 밝혔다. 하지만 그는 식생활사 변천도 하나의 생활사이기 때문에 시대 구분을 어떻게 할 것인가에 대해서 고민했지만, 기왕의 역사학에서 내놓은 왕조 중심의 성과를 답습할 수밖에 없었다.

강인희는 '식생활사'란 용어에 걸맞게 계층에 따른 식생활, 조리법과 부엌용구, 식생활 풍습, 식생활 예절 등에 관심을 가지고 책을 구성했다. 아울러 문화인류학적 의미에서 '문화'를 식생활에 접목시킬 필요성을 내세우고, 당시 한국학계에서 유행했던 프랑스 민족학자 클로드 레비스트로스(Claude Lévi-Strauss, 1908~2009)의 '요리의 삼각형'[13]을 소개했다. 이런 면에서 강인희의 연구는 식생활사를 풍속사의 하나로 위치 지으려는 나름의 노력이 있었다고 할 수 있다.

강인희가 반가음식에 주목했다면, 황혜성은 궁중음식에 집중적인 관심을 보였다. 일제시대인 1940년경에 당시 이왕직(李王職)의 상궁으로 있던 한희순(韓熙順, 1889~1972)에게서 궁중음식을 배우기 시작한 그는 1958년 《이조궁정요리통고(李朝宮廷料理通攷)》[14]라는 책을 펴내는 데 주도적인 역할을 했다. 그는 앞에서 밝혔듯이 1965년 이후 윤서석과 함께 '한국민속종합조사사업'에 참여하여 향토음식을 조사하고, 1965년 무형문화재 제도가 성립되면서 문화재전문위원이 되기에 이른다. 이것을 계기로 삼아 그는 〈조선왕조의 궁중음식〉에 대한 조사보고서를 1970년 11월에 문화재관리국에 제출하고, 이듬해인 1971년 1월 6일 한희순을 기능보유자로 하여 '조선왕조 궁중음식'을 국가 중요무형문화재 제38호로 지정하도록 했다.

1971년 5월에는 사단법인 궁중음식연구원을 설립하여 궁중음식의 기능 전수·발표·출판·연구 등의 사업을 주도했다. 다른 한편에서는 중학교 가정 교과서의 편찬위원이 되어 한국음식의 조리법을 정리하여 교육하는 일에도 참여했다. 이런 면에서 황혜성은 궁중음식과 향토음식의 조리학적 접근을 한 연구자로 볼 수 있으며, 궁중음식을 일반에 보급하는 역할을 했다고 할 수 있다. 그런데 1970년대만 해도 궁중음식을 비롯한 한국음식에 대해 학계와 사회적 관심이 미약했기 때문에 그의 작업이 고난스러웠던 것도 사실이다. 더욱이 역사학이나 고문헌을 다룰 수 있는 인문학 연구자들이 조선 왕실문화에 대해 상당히 부정적 인식을 가지고 있었기 때문에 그의 궁중음식에 대한 연구는 단지 한희순이라는 이왕직 상궁에게만 집중되어 있다는 한계를 가진다.

이와 같이 1960~1970년대 이루어진 한국음식의 역사와 문화에 대한 연구 경향은 역사적 접근이 주를 이루면서 동시에 지역음식에 대한 정보를 구축하는 데 있었다. 음식에 대한 역사적 접근은 문화사 연구의 입장에서 보면 특수사(特殊史) 혹은 분야사(分野史) 연구의 하나다. 그런데 특수사나 분야사가 지닌 한계는 왕조사 중심의 시대 구분법을 채용하고 있다는 점이다. 이를테면, 음식사와 같은 분야사는 전체의 역사 과정과 밀접하게 연결되어 있기 때문에 단순히 왕조의 변화와 같은 맥락에서 살펴볼 경우 일정한 한계를 지닐 수밖에 없다.[15] 특히 사람들의 음식 관습은 자연환경의 변화와 외부 문화와의 접촉, 그리고 사회문화적 시스템의 변용(acculturation) 등과 밀접한 관련을 맺고 새로운 단계로 옮겨간다. 따라서 왕조의 교체가 음식 관습을 변화시키는 데 결정적인 역할을 하기보다는, 오히려 교체의 결과가 사람들로 하여금 식사의 내용과 방식을 바꿀 가능성이 더 많다. 이러한 점에 대해 연구자들 사이에서도 고민이 있었지만, 마땅한 대안을 제시하지 못했다.

앞에서 소개한 연구자들 외에 한국음식에 대한 대중적인 접근을 한 글들도 이 시기에 출현하기 시작했다. 1963년 이어령이 펴낸 《흙 속에 저 바람 속에—이것이 한국이다》[16]에는 〈'밥상'으로 본 사회〉라는 짧은 글이 있다. 한국인의 밥상이 지닌 의미론적 설명이 들어간 이 글은 문학 연구자가 접근한 한국음식의 문화적 측면에 대한 단상이라 할 수 있다. 이기열(李琦烈, 1924~)의 《한국인의 식생활》[18]은 영양학적 입장에서 식습관의 변화와 연결한 글로 구성되어 있다. 영양 개선과 관련된 내용이 주로 서술되었지만, 동시에 식생활의 변천과 식습관, 그리고 식생활 개선의 실제에 대한 내용은 자연과학 연구자들의 경향성을 읽을 수 있어 참고가 된다.

또 석사학위청구논문으로 제출된 것이지만, 1974년에 나온 김상보(金尙寶, 1950~)의 〈무속·불교·유교를 통하여 본 식생활문화 및 그 의식 절차에 대한 연구—서울 지방을 중심으로〉[18]라는 논문은 이 분야의 새로운 경향성을 제시한 글이었다. 그는 식품학 전공자였음에도, 다루고 있는 주제와 분석 방법은 민속학적 경향이 강했다. 이 글에서 김상보는 무속·불교·유교의 의례가 행해지는 현장을 직접 현지조사하고, 각각의 의식 절차와 상차림을 중심으로 상호 분석을 시도했다. 상징 분석이 과도하게 문헌 중심으로 이루어진 한계가 있지만, 그 당시에 이러한 주제에 대한 연구를 시도했다는 점에서 이 분야에서 손꼽을 수 있는 연구성과라 하겠다.

1960~1970년대에 이루어진 한국음식의 역사와 문화에 대한 연구성과는 그후 이 분야에 대한 연구를 더욱 심화할 수 있는 기초가

되었다는 데 큰 의의가 있다. 더욱이 일제시대에 시작된 부분적인 연구성과를 바탕으로 제1세대 학자들이 보여준 노력은 이 분야의 연구가 하나의 독립된 학문적 영역으로 자리 잡을 수 있는 가능성을 마련해주었다. 특히 다른 분야사와 마찬가지로 통사 위주의 연구성과가 나오면서 후속 세대들에게 좀 더 세밀한 주제를 다룰 수 있도록 해주었다. 동시에 그들이 모두 대학에서 교학을 하고 있었기에, 이 시기에 후속 세대들을 육성할 수 있었다는 점 역시 중요하다. 이것이 바탕이 되어 1980년대의 연구성과로 이어졌다.

1980년대, 식품학에서의 인문학적 접근

1980년대는 1986년 아시안게임과 1988년 서울올림픽이라는 국가적 행사를 통해서 한국문화에 대한 한국인의 자부심이 강하게 진작된 때라 할 수 있다. 또한 외국인과의 빈번한 접촉으로 인해 한국문화를 홍보해야 할 필요성이 강하게 대두되었다. 이것은 한국음식에 대한 정부와 사회의 관심을 촉발시켰고, 한국음식의 역사와 문화에 대한 연구를 활발하게 만든 계기로 작용했다. 특히 '김치'가 일본에 수출되기 시작하면서 한국음식에 대한 이화학적 연구는 정부의 적극적 지원과 함께 활기를 띠었다. 당연히 외국음식과 한국음식을 상호 비교하는 작업도 이 시기에 시작되었다.[19)]

제1세대 연구자들이 이 시기에 들어와 더욱 활발한 활동을 펼친 것은 물론이다. 특히 1980~1981년 당시 한국정신문화연구원(현재 한국학중앙연구원)의 프로젝트로 수행된 두 가지 연구는 괄목할 만한 성과라고 할 수 있다. 하나는 이성우의 《조선시대 조리서의 분석적 연구》[20]이고, 다른 하나는 윤서석의 〈식생활의 전통양식〉[21]이다. 이미 1981년 《한국식경대전》[22]을 펴낸 바 있는 이성우는 조선시대 조리서를 중심으로 음식물의 종류를 밝히고, 그것을 다시 조리 재료·조리용구·조리기법·단위 등으로 구분하여 분석적 접근을 시도했다.

《한국식경대전》에서 식생활종합서, 식품재료생산서, 조리 및 식품가공서, 구황서, 영양서 등 1,273책을 목록과 관련 기사별로 정리한 바 있는 이성우는 《조선시대 조리서의 분석적 연구》에서 조리서를 분석적으로 연구하여 자신이 고려 이전 식생활사 연구에서 시도했던 연구방법을 조선시대에 적용하고 있다. 이것을 바탕으로 《한국요리문화사》, 《한국식품문화사》, 《한국식품사회사》 등의 책을 펴내 한국음식의 역사와 문화에 대한 주제별 접근을 시도했다.[23] 특히 이들 세 책은 한국음식 연구에서 대중적으로 읽히는 역작이다. 그가 수집한 다양한 자료가 바탕이 되어 서술된 이 책은 한국음식과 관련된 역사적·문화적 접근을 종합적으로 시도했다고 평가할 수 있다. 다만 외국 자료를 무분별하게 인용하는 바람에 학문적 근거를 놓치는 결과를 낳았다.

윤서석은 앞에서 소개한 〈민속과 음식〉에서 본인의 박사학위청구논문을 더욱 발전시킨 연구성과를 냈다. 그는 한국의 밥상이 밥과 그것을 먹기에 적합한 음식인 반찬으로 구성되었다고 보았다. 그래서 반찬은 다른 음식과의 조화를 맞추는 특성을 지녔다고 주장했다. 특히 축의음식(祝儀飮食)과 제의음식(祭儀飮食)에는 기복의 상징성과 상고성(尙古性)과 습합성이 존재한다고 보았다. 이와 같이 그의 논의는 더욱 인문학적 지향을 보였는데, 그가 이 연구를 하면서 한국정신문화연구원의 교수들과 토론했기 때문이다. 이 점은 윤서석의 연구가 지닌 가장 큰 장점이라고 할 수 있다.

고농서류에 주목한 장지현의 식품 제조기술사적 연구는 장류에서 시작하여 식초, 저채류(菹菜類, 김치),[24] 주류(酒類),[25] 양념과 고추, 대두 이용 음식,[26] 면류(麵類),[27] 유지류(油脂類)[28] 등으로 이어진다. 그런데 그가 연구의 대상으로 삼은 음식류의 종류를 살펴보면, 산업화와 밀접한 관련을 맺고 있는 것들이 주로 꼽혔음을 알 수 있다. 고문헌에서 특정 음식을 만드는 방법에 대한 내용을 추출하고, 이것을 통해서 제조기술이 어떻게 전개되는지를 살피는 과정으로 이루어졌다. 특히 중국이나 일본의 문헌과 조선시대 문헌에 등장하는 음식을 비교하고, 그것의 제조법에 초점을 맞추어 연구를 진행했다. 농학의 기초에서 식품학적 지식을 겸비한 장지현은 당시 일반 가정에서 행해지던 제법과 문헌상의 것을 비교하는 접근법을 통해서 재래음식을 근대화하겠다는 자연과학자의 태도를 견지했다.

나는 장지현의 이러한 연구방식을 역사적 접근 중에서도 '음식 제조기술사적 접근'이라고 별도로 구분한다. 왜냐하면 그가 시도한 연구방법은 우선 현재 한국인이 대량으로 소비하는 음식류에 초점을 맞추고, 그 제조기술이 문헌에서 어떻게 나타나는가를 분석했기 때문이다. 앞에서 소개한 재래 장류에 대한 논문 중에는 《산림경제(山林經濟)》의 메주 만드는 법을 고찰한 후 도출한 결론이 제시되어 있다. "오늘날 가정화되고 있는 메주는 《산림경제》의 조시법(造豉法) 중 별법(別法, 鄕法)인즉, 우리 조상은 우리 고유의 메주 제법을 가지고 있고, 좋은 메주를 만들기에 고심했다는 것을 짐작할 수 있다."

그런데 장지현의 이러한 연구는 후속 연구자에게 이어지지 않았다. 특히 한자 위주로 논문을 서술했기 때문에 그의 글을 완벽하게 소화할 수 있는 자연과학 연구자가 드물었다. 이로 인해 장지현의 연구성과는 후진 연구자들에게 부분적으로 인용되는 정도에 머물렀다. 결국 고문헌에 등장하는 특정 음식의 제조기술사를 정리하는 작업은 장지현이 다룬 몇 가지 음식 외에 다른 항목으로 확장되지 못했다. 오늘날 식품산업계에서 한국음식의 상품 개발에 장지현의 연구성과는 여전히 유효하다. 그렇기 때문에 그가 본래 지녔던 문제의식이 다른 연구자들에게 지속되어야 함은 마땅하다.

1990년대 이후 한국음식의 역사적 접근을 참고하려고 했던 일부 인문사회과학자들에게 장지현이 견지해온 제조기술사적 접근은 상당히 생소했다. 장지현이 시도한 좁은 의미의 제조기술사 연구는 결코 기술과 역사적 변화 과정이 연결되는 접점을 찾는 데 큰 도움을 주지 못했다. 음식의 역사가 사회의 변화상과 일정한 관계가 있다고 할 때, 장지현의 제조기술사적 접근은 상대적으로 인문사회과학 연구자들에게 음식과 역사의 관계를 살피는 풍부한 정보를 제공하지 못한다. 그러나 인문사회과학 연구자들이 본격적으로 기술과 음식의 상관성에 대해 역사적 접근을 하려고 할 경우 장지현의 세밀한 제조기술사적 연구는 많은 도움이 된다.

일례로 《임원십육지(林園十六志)》의 '면자기(麵榨機, 국수틀)'에 대한 장지현의 분석은 그가 제조기술사에 초점을 맞추고 연구를 진행했기 때문에 가능한 것이었다. 장지현은 음식물 자체의 조리기술은 조리도구와도 밀접한 관련이 있다고 믿었다. 그래서 면류에 대한 역사적 접근을 하면서 국수틀의 형태에 주목하여 그것을 세밀하게 옮겨온다.[29] 특히 공학적 원리까지 해명하려는 노력은 장지현이 가진 가장 큰 장점이라고 할 수 있다. 이와 같은 분석결과, 오늘날 박물관 유물로 전해지는 국수틀이 19세기 이전에도 쓰였다는 사실을 확인할 수 있다. 아울러 여기에서 언급되는 국수는 결코 밀가루가 아닌, 메밀을 주로 사용한 메밀국수 혹은 냉면이라는 사실이다. 이를 통해서 18~19세기 한국음식의 단면을 살필 수 있는 계기가 마련되었다.

그럼에도 장지현의 연구가 지닌 다음과 같은 한계는 향후 더욱 진전된 다른 연구에서 해결될 수 있으리라 믿는다. 즉 문헌자료에만 한정하여 연구를 수행하다 보니, 그것을 오늘날 확인할 수 있는 음식과 쉽게 대비한 단점이 있다. 예컨대, 문헌에 나오는 중국 만두의 일종인 '훈둔(餛飩)'에 대한 해석을 '밀가루로 만든 면류'라는 식으로 쉽게 단정한다든지, 자신의 경험에서 나온 음식 조리법을 일반화하거나, 과도한 문헌적 해석에만 매달리는 등의 문제점이 그것이다. 하지만 장지현의 한계는 그가 겪어온 시대적 한계와도 관련이 있기 때문에 개인의 탓으로만 돌릴 수 없다. 이 점은 장지현의 제조기술사적 연구가 후속 연구자들에 의해서 지속될 때 충분히 해결될 수 있을 것이라 믿는다.

장지현의 연구가 주로 제조기술사에 초점을 맞추어 진행되었다면, 이성우의 연구는 '식생활사'라는 통사적 접근에 주안점을 두었다. 1978년에 나온 《고려 이전의 한국식생활사 연구》에서 이성우는 '식생활 연구'의 필요성을 다음과 같이 제기했다. "오늘날 여러 민족은 흔히 그들의 식생활 연구에 현대 영양식품학의 이론을 획일적으로 적용하려는 경향이 있지만, 적어도 그 민족의 식생활 연구는 우선 그 민족의 전통적인 식생활 양식을 역사적 고찰을 통해 분석, 종합한 다음 그 결과를 현대과학을 광원(光源) 삼아 강렬하게 조명해야 한다."[30] 그가 제시한 식생활사 연구는 식생활을 주제로 하여 통사적 접근을 하는 데 있었다.

이러한 연구방법은 앞에서 소개한 일본 식품사 연구자인 시노다 오사무의 영향을 강력하게 받은 것이다. 1974년에 나온 시노다의 《중국식물사(中國食物史)》[31]는 시대별로 식품의 재료, 조리·가공, 영양 등에 대해 다루었다. 이러한 접근법은 다분히 일본학계의 풍속사 연구 경향과도 밀접한 연관이 있다. 이성우는 《고려 이전의 한국식생활사 연구》에서 고려 이전 시기를 선사시대, 고조선·원삼국 시대, 삼국 및 통일신라 시대, 고려시대로 구분하고, 각 시대마다 식품 재료 및 생산, 식기 및 부엌세간, 식품의 조리·가공, 영양과 건강으로 나누어 서술했다. 이 책에서 이성우는 문헌자료가 거의 남아 있지 않은 고려 이전의 식생활사를 연구하기 위해서는 다음과 같은 입장을 가지고 접근해야 한다고 밝히고 있다.[33] 조금 긴 내용이지만, 연구방법을 분석하기 위해 아래에 그대로 옮겨 본다.

> 첫째, 고조선·원삼국 시대의 문헌적 연구자료로는 《삼국사기(三國史記)》와 《삼국유사(三國遺事)》 속에 기원후 300년 이전의 기사가 조금 기록되어 있으나, 이 시대의 기사는 신화적 요소가 많다. 보다 구체적인 식생활 관계의 기사는 오히려 《삼국지위지동이전(三國志魏志東夷傳)》을 비롯한 중국의 정사(正史) 속에 많이 나온다. 또 중

국의 각종 옛 문헌이나 사전을 자세히 살펴보면 우리나라의 식생활에 대한 기사가 산발적으로 실려 있으며, 일본의 《일본서기(日本書紀)》, 《고사기(古事記)》의 신화 속에도 우리나라의 식생활을 추측할 수 있는 기사가 간혹 실려 있다.

둘째, 식기와 부엌세간에 대한 자료는 고고학적인 유물에 의하여 비교적 쉽게 얻을 수 있으며, 만주 지방이 당시에는 우리나라였으므로 이 지방의 유물도 연구대상에 넣어야 한다.

셋째, 우리나라 사서(史書) 속에 당시의 식생활에 관계되는 몇몇 한자 단어가 나타난다. 그러나 이것만으로는 그 내용을 알 수가 없으므로 이들 한자를 중국의 사전이나 《주례(周禮)》, 《예기(禮記)》 등 옛 문헌을 통하여 해석해야 하는데, 《예기》에는 구체적인 조리가공법이 많이 실려 있다. 또 한자의 뜻이 중국에서는 시대에 따라 변한다는 것과 중국과 우리나라 사이에도 서로 차이가 있다는 것을 알아둘 필요가 있다.

넷째, 중국의 문헌만으로 해석이 불충분할 때에는 현대과학과 문화사적 지식을 동원하여 차분히 생각해야 한다. 또 기원에 관한 것은 중국뿐만 아니라, 전 지구상을 무대로 삼아 고려해보아야 한다.

다섯째, 당시의 우리나라는 유목계이면서도 중국의 문화권 속에 있었다고 보는 것이 편리하며, 우리나라의 식생활사를 분리하여 독립적으로 생각할 수는 없다. 중국의 식생활사를 전 분야에 걸쳐 정리해 놓고 여기서 파생시키는 가운데 우리나라 식생활의 사적(史的) 체계를 세우는 방법론이 오히려 바람직하다.

이성우는 음식에 대한 역사적 접근을 시도하면서 가장 먼저 문헌자료가 절대적으로 부족한 고려 이전의 식생활사를 다루었다. 아마도 이 작업을 근간으로 하여 한국식생활사를 종합적으로 정리할 생각을 가지고 있었던 듯하다. 앞에서도 밝혔듯이 이미 일본 교토대학교의 인문학연구소 과학사연구실에 축적되어 있는 중국과 일본의 문헌자료를 비롯하여 음식사 관련 자료를 모두 망라할 수 있었던 이성우의 입장에서는 20년이 넘게 걸린 고생스러운 작업의 결과가 바로 이 책이다. 결국 이성우의 노력은 어느 정도 고대 한국식생활사의 윤곽을 잡는 데 성공했다고 할 수 있다.

그러나 그만큼 한계점도 많을 수밖에 없다. 왜냐하면 직접적으로 인용하고 이용할 수 있는 한국 관련 문헌이 부족했기 때문이다. 특히 중국에서 한반도를 거쳐 일본으로 연결되어 있다는 전파론적 입장은 추정과 추측으로 한국음식의 역사를 다루는 문제점을 드러냈다. 더욱이 대부분의 음식 재료가 외부에서 전파되었다는 입장은 자칫 한국음식의 역사를 중국 문명 아래에 놓게 되는 한계를 보인다. 아울러 중국과 일본의 문헌자료와 일본학계의 연구결과를 비판적 분석을 거치지 않은 채 통째로 사용하고 있다는 점도 문제이다.

황혜성은 기왕의 '한국민속종합조사사업'에 참여한 것을 계기로 1984년에 출간된 《한국민속종합조사보고서》 제15책, 향토음식편[33]을 펴내는 데 주도적 역할을 했다. 각 시도별로 음식의 특징과 조리법을 조사하여 서술한 이 책은 한국음식의 지역성을 종합적으로 담아낸 최초의 보고서라고 평가할 수 있다. 다만 각 지역의 특색을 도별로 설정하다 보니, 특수한 지역적 특성만을 집중적으로 조사한 한계를 보인다. 그럼에도 지역음식이 도시화 과정을 거치면서 사라지고 있던 당시, 즉 1978~1980년 사이에 수행한 본격적인 향토음식 조사를 기초로 하여 지역별로 종합적 정리를 했다는 면에서 한국음식에 대한 문화적 연구의 또 다른 지평을 열었다고 할 수 있다.

강인희·이경복의 《한국 식생활 풍속》[34]은 역사적 접근에 속하는 연구임에도, 새로운 연구 방향을 제시한 성과라 하겠다. 이 책은 일상식의 풍속, 상차림과 상물림의 풍속, 식사 예절, 손님 접대, 세시음식과 식생활 풍속, 통과의례와 식생활, 복식·주택과 식생활 풍속, 구황식과 식생활 풍속 등 풍속사적 시각을 가지고 서술되었다. 다만 종합적인 고찰이 이루어지지 않았다는 것과 참고한 문헌자료에 대한 논거가 부족하다는 한계를 지닌다. 그래도 한국음식의 역사를 '풍속'이라는 창으로 들여다보았다는 면에서 인문학 연구자들로부터 많은 관심을 받은 연구성과이다.

이와 같이 제1세대 연구자들의 연구는 1980년대 들어와서 꽃을 피웠다고 할 수 있다. 이 책의 '서설'에서 이미 밝혔듯이 그들이 주축이 되어 본격적인 한국음식의 역사와 문화를 연구하기 위한 학회가 1985년 11월 16일 이화여자대학교에서 창립총회를 개최하고 '한국식문화학회'라는 이름으로 출범했다.

이 학회의 성립은 제1세대 학자들과 후속 연구자들이 좀 더 세밀한 주제를 가지고 한국음식의 역사와 문화에 대한 연구를 하도록 만들었다. 이 시기 이 학회지에 실린 글들을 보아도 그것을 충분히 짐작하고 남는다. 주로 문헌에 기초하여 역사적 접근을 한 연구, 지역음식에 대한 연구, 음식 소비의 실태와 관련된 연구, 그리고 자연과학 연구자가 아닌 인문사회과학 연구자의 음식에 대한 연구로 구분할 수 있다.

먼저 문헌에 기초하여 역사적 접근을 한 연구로는 조선 왕실음식에 대한 연구, 고문헌에 나타난 음식별 연구, 그리고 구황식품에 대한 연구 등이 주류를 이룬다. 조선 왕실음식에 대한 연구[35]는 주로 이성우 · 윤서석 · 이효지 · 김상보 · 한복진 등이 주도했다. 그런데 이들이 접근한 연구 방식은 조선왕실 자료 중 연회와 관련된 의궤(儀軌)를 대상으로 음식물의 종류를 밝히는 작업이었다. 이성우 · 김상보 · 한복진은 이성우가 이 시기에 운영한 공부모임에서 함께 활동하면서 조선 왕실음식에 대한 문헌적 고찰을 집중적으로 시도했다. 그 결과 김상보와 한복진은 각기 조선시대 궁중음식의 전문적 연구자로 성장할 수 있었다. 이에 비해 윤서석과 이효지는 똑같이 문헌을 이용했지만, 주로 특정한 음식물을 대상으로 그것의 종류와 이름, 그리고 쓰임새를 정리하는 작업을 했다.

다음으로 고문헌을 이용하여 음식에 대한 역사적 접근을 시도한 글들이 있다.[36] 이 작업도 이성우 · 이효지 · 이철호 등이 주도했다. 당시 주식회사 미원(현재의 대상 그룹)에서 '한국음식문화연구원'을 설립하고 전통음식 영상화 작업을 고려대학교 민족문화연구소에 의뢰했다. 고려대학교 식품공학과 교수였던 이철호는 이 작업을 주도하면서 한과류와 떡에 대한 문헌적 고찰을 지도하는 학생들과 함께 수행했다. 그러나 식품공학자인 그가 본격적으로 이 분야에 대한 연구를 수행했다고 보기는 어렵다.

구황음식에 대한 역사적 접근 역시 눈에 띄는 연구이다.[37] 특히 김숙희 · 정혜경 · 김희선 등 이화여자대학교 출신들이 주축이 된 이 연구는 인문학적 연구성과를 충분히 참조하여 얻어낸 중요한

성과라고 할 수 있다. 특히 정혜경이 1988년에 박사학위청구논문으로 제출한 〈한국의 사회 · 경제적 변동에 따른 식생활 변천: 조선 말기부터 1980년대까지〉[38]는 영양학 지식을 기초로 하여 역사적 접근을 한 글로 새로운 연구의 경향성을 보여주었다. 특히 구황음식에 대한 치밀한 접근은 이와 같은 연구가 하나의 모범이 될 가능성을 제시했다.

지역음식에 대한 연구는 서혜경과 윤숙경이 주도를 한다.[39] 1987년 〈우리나라 젓갈의 지역성 연구〉[40]로 박사학위를 받은 서혜경은 한국음식에 대한 역사적 접근에만 머물고 있던 이 분야 연구 경향을 폭넓게 하는 데 크게 기여했다. 특히 젓갈이 실제로 쓰이는 사례를 문헌과 현지조사를 통해 밝힘으로써 반찬용 젓갈과 양념용 젓갈로 구분된다는 점을 정리했다. 아울러 지역성을 밝히기 위해 김치에 넣는 젓갈의 지역적 차이를 조망하기도 했다. 지역별로 김치 담그는 데 사용하는 젓갈로 멸치젓 · 새우젓 · 조기젓 · 황석어젓 등은 대부분의 지역에서 쓰인다는 점을 밝혀냈다. 이외에 평북 철산군과 선천군의 낙지젓, 충남 홍성군과 서산군의 실치젓, 전남 고흥군의 아그대젓, 전북 부안군과 고창군의 등피리젓 등과 같이 특정 지역에서 많이 어획되는 재료로 만든 젓갈이 김치에 쓰이는 경우도 있다고 했다. 윤숙경은 안동 지역에 거주한다는 장점을 살려서 지역음식으로 이름난 안동식혜에 대한 문헌조사와 이화학적 연구를 수행했다. 1990년대에 들어와서 윤숙경은 안동 지역을 중심으로 유교식 제사음식에 대한 현지조사 작업을 수행하여 좋은 연구를 내놓았다.[41]

음식 소비의 실태에 대한 조사연구[42]도 이 시기에 본격적으로 등장했다. 이 분야는 특정 연구자에 의해서 수행되지 않았지만, 주로 소비자의 음식 소비에 대한 조사자료를 근간으로 하여 연구를 수행했다. 이러한 연구는 《한국식문화학회지》뿐만 아니라, 식품 관련 다른 학회지에서도 많이 보이기 때문에 특별히 한국식문화학회의 특성으로 보기는 어렵다. 이외에도 한국음식을 공장제 생산으로 전환하기 위해서 행해진 조리과학적·식품공학적 연구성과가 이 시기에 많이 나왔다.

《한국식문화학회지》의 발간과 함께 식품학 연구자가 아닌 학자들도 음식과 관련된 논문을 쓰기 시작했다. 주로 학회의 청탁에 의해서 작성된 것들이지만, 초기 이 학회의 주력 구성원이 한국음식의 역사와 문화에 대한 연구의 지평을 넓히고자 했던 노력과 연결된다. 민속학 연구자인 김민기는 부작(符作)에 표현된 동식물 모습과 조왕에 관한 논문[43]을 발표했다. 건축학자인 주남철은 한국의 살림집에서 부엌이 지닌 형태와 기능에 대한 글[44]을 실었다. 국문학자인 이훈종은 부엌세간과 식기의 언어학적 측면을 조망했다.[45] 아울러 한의학자인 송일병은 사상체질과 사상음식에 대한 글을 발표했다.[46]

한국식문화학회의 창립과 함께 1980년대 한국음식의 역사와 문화에 대한 연구에서 또 다른 특징은 주식회사 미원에서 1987년 '한국음식문화연구원'을 창립하여 매년 이 분야 연구자들에게 연구비를 지원하여 연구 논총을 발간한 점이다. 기왕에 자연과학 연구자들을 중심으로 집필자가 구성되었지만, 1988년 《한국음식문화논문》 제1집[47]에는 고고학자인 최무룡의 〈한국 선사시대의 식문화·고고학적 고찰〉이라는 글이 실렸다. 주로 고고학 유적과 유물을 중심으로 선사시대의 음식문화에 대해 살핀 이러한 글도 이 시기에 인문학 연구자들이 음식에 관심을 갖게 한 계기가 되었다.

아울러 1986년 전례 전문가이면서 골동학 연구자인 이훈석이 설립한 김치박물관의 활동에도 주목할 필요가 있다. 김치박물관은 이후 (주)풀무원에 인수되었지만, 1988년 서울올림픽과 함께 이 박물관이 세계 각지에 알려지면서 김치에 대한 역사적·문화적 인식을 사회적으로 넓히는 데 공헌한 것도 사실이다. 특히 이훈석은 한국식문화학회 회원들을 중심으로 음식문화의 맥락을 살피는 공동 작업을 이끌어내는 역할을 이 시기에 해냈다. 그가 주도해서 발간한《한국음식 오천년》[48]에는 당시 한국음식에 대한 전문가가 망라되었다.

1980년대는 그 이전부터 한국음식에 대해 연구해온 자연과학 연구자들을 중심으로 인문사회과학 연구자들이 이 분야에 점차 참여하는 종합적 인적 관계를 설정하기 시작했다고 할 수 있다. 특히 음식문화에 대한 정부와 사회적 관심 증대는 이들의 연구를 더욱 활성화하는 계기가 되었다. 특히 김치의 일본 수출은 한국음식에 대한 민족적 자부심을 드러내게 했다. 그 결과 정부에서는 식품학 연구자들에게 한국음식에 대한 이화학적 연구를 수행하도록 지원했다.[49]

1990년대 이후, 식품학에서 인문사회과학으로 확장

1990년대 이후 한국사회는 경제적 형편이 월등하게 좋아지면서 음식 소비는 풍요의 시대로 접어들었다고 해도 과언이 아니다. 외국의 식품산업이 국내에 자리를 잡았고, 외식산업이 급속하게 발달했다. 도시화는 거의 80퍼센트에 이르렀으며, 60퍼센트 이상의 국민들이 서구식 주거에서 도시형 생활을 누리게 되었다. 특히 외국여행을 자유롭게 다닐 수 있게 되면서 한국음식은 물론이고, 외국음식에 대한 관심도 점차 증대되기 시작했다. 이때 음식 연구에 절대적 영향을 끼친 책이 번역되어 나오면서 대중적인 관심을 더욱 증폭시켰다.

미국의 인류학자 마빈 해리스(Marvin Harris, 1929~2001)가 1985년에 출판한 책[50)]이 《음식문화의 수수께끼》라는 이름으로 1992년 번역, 출간되었다. 마빈 해리스는 문화유물론(cultural materialism)이라는 입장에서 사람들의 음식 소비를 연구했다. 그가 내세운 문화유물론은 생물심리·환경·기술·정치경제적 요소가 어떤 집단에 의해 생산·소비될 수 있는 음식에 강력한 영향을 미친다는 전제를 가지고 출발한다. 그러나 측정하기는 어렵지만 충족되어야 할 영양적 요구와 습관적인 맛과 관련된 심리화학적 한계가 음식문화를 결정지을 수도 있다고 보았다. 또한 인간의 식사행위는 역사적 연구를 통해 보면 기초 생산 형태들의 변동과 상호 관련된 변화의 연속성을 거쳐온 것이라고 여겼다. 식습관의 지역적 차이는 기후·토양·동물군의 특이하고 지역적인 상태와 상호 연관되어 있다고 보았다. 그는 인간이 음식을 먹는 데는 동물성 단백질의 섭취가 영양 측면에서 중요하며, 각 인간 집단은 이를 만족시키기 위해 각자의 생태학적 조건 속에서 적응해왔다고 주장한다.

그러나 문화유물론의 입장에서 보는 음식문화 연구는 지나친 단순화와 일반화의 위험을 내포하고 있다. 또한 생태학적 조건들이 상징적 의미체계마저 결정짓는다는 결정론적 시각이 두드러지고, 동물성 단백질에 집착한 나머지 서구 중심적인 영양학 관점을 드러내고 있다. 세계 각지에는 서구식 영양학의 관점에서 이해할 수 없는 식품 섭취 패턴을 유지하면서 생존하는 사람들이 있다는 점을 해리스는 간과했다. 이러한 문제점에도 불구하고, 문화유물론적 입장은 종래 관념론자들이 주장해온 식습관이 단지 심리정신적 측면에 의해 결정된다는 논의를 극복할 수 있는 대안으로 간주되기도 했다. 이러한 명쾌하고 논리적인 마빈 해리스의 책은 종래 한국음식에 대한 연구를 '지루한 역사적 접근과 전통에 대한 단순한 회귀'로 인식하고 있던 다른 학문의 연구자와 일반 독자들에게 매우 신선하게 다가왔다.

이 같은 사회적 관심에 부응이라도 하듯, 1993년 한국문화인류학회의 심포지엄 주제는 '음식문화'였다. 1980년대부터 진행된 서구의 사회문화인류학자들이 주목한 음식에 대한 문화적 접근이 10여 년 후 한국의 문화인류학자들에게 영향을 끼친 결과였다. 여기에서 논의된 음식문화에 대한 접근은 자연과학자들이 그동안 이룬 연구 경향과 직접적으로 연결되지 않았다. 그럼에도 문화적 접근을 시도한 결과, 음식문화에 대해 한국인 문화인류학자들의 관심이 증대하는 계기가 되었다. 앞에서 밝혔듯이 유럽과 미국의 인류학계에서 음식에 대한 본격적인 관심은 1970년대부터 시작되었다. 1980년대에 들어오면 각 지역 연구자들이 모여 음식을 둘러싼 생산과 소비 행위를 통해서 권력·지위·정체성·세계관 등을 읽으려는 연구를 했다.

1993년 한국문화인류학회의 심포지엄 결과는 이듬해인 1994년

《한국문화인류학》 26권의 특집에 실렸다. 그중 총론을 쓴 김광억은 서론에서 자신이 음식문화에 관심을 갖는 이유로 "먹고 마시는 생활 부분이 정치·경제·사회적 영역에 관한 연구에 중요하다는 인식과, 문화의 역동성과 가변성에 대한 주목의 결합"에서 나온 것이라고 밝혔다.[51] 그러면서 그는 문화체계로서 음식, 성(性)과 음식, 권력과 음식, 사회정치적 제도로서의 음식, 공동체의 범주와 사회적 관계, 문화의 계급화, 세계 체제와 민족주의 담론, 음식과 역사적 담론, 생활 스타일과 음식, 건강과 과학을 내세운 음식에 대한 집중 등과 같은 주제어와 음식의 생산과 소비를 연결시키는 이론적 접근을 시도했다.

김광억의 논문은 국내의 인문사회과학 연구자 중에서 최초로 음식과 문화에 대한 체계적인 접근법을 제시한 글이다. 특히 음식을 문화적으로 연구할 때 가져야 할 사회과학적 사유방식에 대한 문제를 유럽과 미국의 연구성과를 바탕으로 제시했다는 면에서 탁월한 논문이라 할 수 있다. 다만 한국사회에서 행해지는 음식의 생산과 소비의 사례로 특별한 사건들을 예로 들어 논의를 전개했다는 점에서 일정한 한계를 지닌다. 더욱이 역사적 경험에 대한 세밀한 묘사가 부족한 점은 그후 이 분야 연구를 담론 위주로 이끄는 문제점을 낳았다.

같은 책에 실린 한경구의 논문[52]도 비슷한 한계를 지니고 있다. 1980년대부터 일본에 수출되었고, 1988년 서울올림픽 때는 '한국인=김치'라는 도식을 만들어낼 정도로 강력한 민족주의적 담론 대상이었던 김치에 대해 사회과학적 분석을 제시했다는 면에서 이 논문은 이전에 자연과학 연구자들 중심으로 전개된 김치예찬

론과는 판이하게 다른 시각을 제시했다.

그는 일본인들이 20세기 초반 근대화 과정에서 쌀을 통해 스스로를 정의하려고 했던 것과 비슷하게 한국인들도 김치야말로 '생각하기에 좋다'고 믿는다는 사실을 발견했다. 그 이유는 1988년을 전후하여 김치가 민족음식으로 자리 잡았기 때문이라고 분석했다. 이로 인해서 어린 아이들이 김치를 싫어한다는 자체가 사회적 문제가 되고, 더 나아가 '신토불이'에 대한 확신에 찬 감정이 생겨났다는 것이다. 이것은 김광억의 논문에서 세계 체제 속에서 민족주의 담론이 음식과 연결된다는 논리와 같은 맥락에 놓여 있다.

이들이 모두 담론을 중심에 두고 연구를 했다면, 같은 책에 실린 황익주의 논문은 구체적인 사례를 통해서 음식의 문화적 소비에 대해 살피고 있다.[53] 그는 1990년대 이후 향토음식에 대한 관심이 증폭되는 사회적 현상에 주목하여 이 논문을 썼다. 관광화와 지역사회의 정체성 확보, 그리고 사회계층성과의 상관성에 주목했다. 결국 1970년대 이전, 서민들의 쇠고기 대체 음식이었던 닭갈비가 1970년대 말 춘천이 수도권 주민들에게 관광도시로 인식되면서 하나의 '전통'으로 '발명'되었다는 점을 밝혀냈다. 이와 같은 논의는 한국음식의 지역성에 관심을 가지고 진행하던 식품학 연구자들의 성과에도 적용될 수 있다. 즉 20세기에 대한 역사적 접근이 세밀하지 못할 경우, 지역민 스스로가 말하는 특정 지역음식의 발명을 마치 오래된 전통인 것처럼 여기는 오류를 범할 수도 있다는 것이다.

사실 한국의 문화인류학자들의 음식에 대한 관심은 이전 시기에도 그들의 연구에서 부분적으로 다루어졌다. 가령 전경수는 진도

'하사미(下沙美)'의 의례음식에서 제사음식은 동물성 단백질의 급원으로서 구실을 하면서 동시에 음식의 교환 역할을 한다고 주장한 적이 있다.[54] 아울러 그는 소금의 문제를 통해서 고고학계의 비과학적 연구를 비판하는 글을 쓰기도 했다.[55]

이와 같은 연구성과는 사회과학적 훈련을 받은 문화인류학자들이 음식을 문화 읽기의 한 대상으로 설정했기 때문에 가능한 것이었다. 그러나 앞에서 소개한 몇몇 연구들은 대부분 사회적 조류에 부합하여 그것에 의미를 부여한 '기획'된 연구라는 데 문제가 있다. 비록 그들의 탁월한 이론적 접근과 문제제기는 한국음식의 역사와 문화를 연구해온 식품학 연구자들에게 좋은 공부 자료가 되지만, 다른 한편으로 그들이 이 연구를 하나의 학문적 경향으로서 지속시키지 않는다는 데 문제가 있다. 이로 인해 자연과학과 인문사회과학 연구자들은 '음식'이라는 주제를 두고 상호소통하지 못하고, 오히려 자신의 학문이 지닌 특성만을 드러내는 벽을 쌓는 결과를 낳았다.

이러한 학문 분야 간의 벽이 1996년에 출판된 정혜경 · 이정혜의 《서울의 음식문화—영양학과 인류학의 만남》[56]을 통해서 다시 소통의 길로 갈 수 있는 가능성을 보였다. 영양학과 인류학 연구자가 공동으로 작업한 이 연구는 이전에 나온 어떤 성과보다도 학제적 연구를 시도했다는 측면에서 큰 의의를 지닌다. 특히 서울의 전통 음식문화와 현대 음식문화를 근간으로 하여 살핀 점은 기왕의 연구에서 보지 못한 새로운 접근이었다. 다만 인류학 연구자가 영양학 연구자와 심층적 현지조사를 공동으로 행하지 않은 채 단순한 면접만 시도했다는 점은 두 학문의 '만남'이라는 제목과는 다소 거리가 먼 방법론이었다.

특히 주제가 되는 서울의 음식문화에 인류학적 조망이 충분히 적용될 수 있는가를 점검할 수 있는 기회였음에도 불구하고, 그것마저 제대로 시도하지 않은 채 이 분야에 대한 외국의 이론만을 소개한 점은 결국 서로의 만남이 그다지 효과적이지 않았음을 증명하고 말았다. 학제적 연구란 상호의 학문이 지향하는 문제의식과 방법론을 제대로 파악하지 않을 경우, 단순한 역할 분담 혹은 한 분야에서 주도하는 형태로 나타날 가능성이 많은데, 이 연구에서도 여실히 드러났다. 이로써 자연과학 연구자들이 영양인류학적·음식인류학적 조망을 구체적으로 이루어내야 할 필요성이 대두되었다.[57)]

이런 면에서 1993년부터 본격적인 연구성과를 내기 시작한 필자(이후 '주영하'로 표기)의 글들에 주목할 필요가 있다. 1993년 〈김치의 문화인류학적 연구〉에서 출발하여 2000년 《음식전쟁 문화전쟁》, 2005년 《그림 속의 음식, 음식 속의 역사》, 그리고 2009년 《차폰 잔폰 짬뽕: 동아시아 음식문화의 역사와 현재》로 이어지는 주영하의 연구성과는 역사학·민족학·문화인류학·민속학 등 여러 학문의 연구방법을 동원하여 음식을 연구하고 있다고 해도 과언이 아니다.

주영하의 음식에 대한 종합적인 인문사회과학적 접근은 2003년 한국사회사학회의 정기 학술대회 주제로 '음·식의 사회사'가 채택되는 데 일조를 했다. 이 심포지엄의 결과로 나온 《사회와 역사—특집 음·식의 사회사》 제66집[58)]에는 주영하의 논문과 함께 민속학자 배영동의 〈안동 지역 전통음식의 탈맥락화와 상품화—

1970년대 이후를 중심으로〉, 사회학자 정근식의 〈맛의 제국, 광고, 식민지적 유산〉, 사회학자 최원기의 〈한국인의 음주문화: 일상화된 축제의 탈신성성〉, 사회학자 최항섭의 〈상류 사회의 연결망과 문화적 자본—런던 소사이어티, 파리 16구, 한국 호텔 레스토랑에 대한 사회문화적 해석〉 등의 글이 실렸다.

1999년에 사회학 연구자들이 중심이 되어 《술의 사회학》이라는 논문집을 통해 술이 지닌 사회적 관계망 및 사회적 의미를 정리한 바 있지만, 이 학술지에서처럼 좀 더 구체적인 양상으로 음식의 사회사적 조망을 시도한 작업은 새로운 경향성이라 할 수 있다. 다만 민속학자 배영동이 음식 관련 민속학적 논문[59]을 몇 편 발표한 것 이외에 다른 연구자들은 앞에서 밝혔던 문화인류학자들과 마찬가지로 음식을 소재주의적으로 접근하고 있다는 한계를 보인다. 그러나 이와 같이 인문사회과학 연구자들의 참여는 한국음식의 역사와 문화에 대한 연구를 더욱 다양하게 만들었다.

민속학 분야에서 이루어진 종교음식에 대한 연구도 이 시기에 나온 주목할 만한 성과이다. 앞에서 밝혔듯이 김상보의 연구[60]가 1974년에 나왔지만, 그후 지속적인 연구가 수행되지 못하다가 이때 다시 시작되었다. 주영하의 〈밤섬 부군당 도당굿의 제물과 음식—신과 인간의 공식(共食)〉은 서울의 마을굿에 등장하는 제물에 대해 살핀 글이다.[61]

굿에서 차려지는 신령별 상차림은 굿이 지향하는 종교적 의미를 가장 잘 담고 있다고 해도 과언이 아니다. 이것에 주목한 연구로는 심우성의 〈'서울 새남굿'의 굿상 차림〉[62]과 홍태한의 〈서울 무속의 상차림에 대하여〉[63]가 있다. 하지만 심우성의 경우, 단지 굿상

차림을 소개하는 정도에 머물고 있어 제물 각각의 상징적 의미를 분석하지 못한 한계를 보인다. 반면 주영하·최진아의 〈새남굿과 제물〉[64]은 의례 과정을 중심에 두고 제물과 상차림의 준비, 제물과 상차림이 의례에서 소비되는 과정, 그리고 제물과 상차림의 상징적 의미를 분석하는 데까지 논의를 진전시켰다. 홍태한의 글도 상차림에 주목하여 논의를 전개했기 때문에 일정한 의의를 갖지만, 무당과 단골, 그리고 연구자가 바라보는 상차림의 상징적 의미가 다를 수 있다는 전제를 제시하지 않은 채 과도한 해석을 한 것은 한계이다.

한편 문화인류학자 권숙인이 쓴 재외 한인의 음식 소비에 대한 글도 주목된다. 그는 재외 한인의 민족음식에 대한 현지조사 결과를 바탕으로 분석적 논문을 발표했다.[65] 한반도에서 이주해간 재외 한인들이 초창기에는 현지에 적응하려고 유사한 재료를 이용하여 특별히 의미가 있는 한국음식을 공동으로 생산·소비하면서 현지화를 시도했지만, 한국과의 접촉이 끊어지면서 나름대로 정형화의 길을 걸었고, 지구화 과정에서 다시금 한국과 연결되어 더욱 '한국적'인 음식을 생산해냈다는 점을 밝혔다.

이 시기에 기왕의 식품학 연구자들이 내놓은 통사적 성격의 글로는 김상보의 《한국의 음식생활문화사》[66]와 한복진의 《우리생활 100년-음식》,[67] 《조선시대 궁중의 식생활문화》[68]가 가장 대표적이다. 그런데 김상보의 책은 비교역사적 방법을 채택하여 고대의 한국음식 역사를 깊이 연구한 점에서 그 의의를 높이 살 만하지만, 한국음식의 역사를 논하면서 일본 학자들의 연구를 비판 없이 수용하여 논의를 전개하고 있다는 점이 문제이다. 한복진의 책은 다른 분야사와 함께 시리즈로 기획되었지만, 20세기 전반을 세밀하게 사회사적으로 전개하지 못했다는 점에서 안타까운 결과물이라고 할 수 있다. 다만 부분적으로 일제시대 모습이 신문자료 등을 통해서 재구성했기 때문에 자료적 성과는 충분한 편이다. 한복진은 《조선시대 궁중의 식생활문화》에서 조선시대 궁중의 식생활을 진상식품 · 일상식 · 연회식 · 제례 · 시절식 · 통과의례 등으로 구분하여 서술했다. 다만 조선왕실 음식을 알 수 있는 각종 구체적인 문헌자료를 다양하게 다루지 않고 작성된 글이라 깊이 있는 논의가 전개되지 못한 점이 아쉽다.

1990년대 후반 이후 '한국식생활문화학회'의 활동은 더욱 식품학 연구자 중심으로 전개되는 문제점을 드러냈다. 이 분야의 제1세대 연구자들이 은퇴를 한 이후, 1980년대에는 이효지 · 윤숙경 · 김상보 · 서혜경 · 윤덕인 · 한복진 · 정혜경 등과 같은 제2세대 연구자들이 중심을 이루었다. 그러나 이들 중 제1세대가 지닌 학문적 깊이를 제대로 전수받은 연구자들이 드물었다. 특히 후학을 육성하지 못한 탓에 '한국식생활문화학회'는 설립 초창기의 활발했던 한국음식의 역사와 문화에 대한 연구 경향과 달리 다른 식품학 관련 학회의 연구 경향과 차이를 보이지 않는 지경에 이르렀다. 잠시 장철수 · 조흥윤 · 이필영과 같은 인문사회과학 연구자들이 학회의 임원진으로 활동한 적도 있었지만, 이들의 역할은 회장단이 바뀌면서 사라졌다.

최근 조선왕실의 실천적 음식생활 모습을 알 수 있는 구체적인 문헌자료가 서울대 규장각 한국학연구원과 한국학중앙연구원 장서각에 다수 소장되어 있는 것으로 알려지면서 이에 대한 학제적 연구가 절실하다. 아마도 인문사회과학 연구자들이 중심이 되어 조선시대 궁중음식에 대한 본격적인 연구성과가 앞으로 나올 것이라 기대한다. 심지어 최근 국가 중요무형문화재 제38호인 '조선왕조 궁중음식'이 당초 일제시대 이왕직에서 생산·소비했던 음식에 지나지 않는다는 주장도 제기되었기에 보다 면밀한 문헌 고찰과 구체적인 복원 작업이 이루어질 필요가 있다. 이런 면에서 향후 한국음식의 역사와 문화에 대한 학제적 공동연구의 가능성이 많다. 이는 1990년대 이후 인문사회과학 연구자가 한국음식 연구에 대해 깊은 관심을 보였기 때문에 가능하리라 생각한다.

21세기, '음식학'의 탄생을 위하여

한국음식의 역사와 문화에 대한 연구는 해방 이후 줄곧 분과 학문으로서 자리를 잡지 못했다. 그런데 1990년대 이후 음식에 대한 사회적 관심은 날이 갈수록 증대하고 있다. 앞에서 살펴본 바와 같이 음식을 주제로 연구성과를 낸 학문 분과는 1970년대와 비교하면 엄청나게 확장되었다. 그럼에도 이와 같은 변화가 일군의 연구자들을 결집시키지 못했고, 연구의 주된 경향성과 방법론에 대한 논쟁의 과정을 밟을 기회를 갖지 못했다. 결국 한국음식의 역사와 문화에 대한 연구는 여전히 계몽적 수준에 머물고 있다고 해도 지나치지 않다. 그렇다면 어떻게 기왕의 연구성과를 바탕으로 이 분야의 연구를 활발하게 조성할 수 있을 것인가?

최근 인문사회과학 분야에서는 생활사·사회사·문화사에 대한 관심과 연구열이 증대하고 있다. 사람들이 먹고 마시면서 살아가는 이야기는 분명히 학문적으로도 의의가 충분한 주제임이 틀림없다. 그래서 식품학 연구자가 주로 진행했던 한국음식의 역사와 문화에 대한 연구는 이제 인문사회과학 연구자에게도 관심의 대상이 되고 있다. 그러니 한국음식에 대한 기왕의 역사적 접근을 보다 면밀하게 시도할 필요가 있다. 당연히 새로 발굴된 각종 고고학 자료와 문헌자료, 그리고 구술사 방법론을 동원하여 전근대에서 근대에 이르는 한국음식사에 대한 종합적 연구가 필요하다.

이를 위해서는 우선 통사적 전개 과정을 대강 서술하는 작업은 지양해야 한다. 그보다는 면밀하게 텍스트를 확보하고, 그것을 기초로 하여 사회문화적 의미체계 내에서 역사적 접근을 시도해야 한다.[69] 특히 19세기와 20세기의 사회문화적 변용 과정에서 만들어진 '전통'에 대한 재해석이 필요하다.[70] 이것을 제대로 파악하기 위해서는 일제시대의 음식과 외식업의 발달,[71] 식품산업의 전개 과정, 그리고 해방 이후 국가에 의해 주도된 한국음식에 대한 문화적 의미 부여[72] 등에 대해서 다시금 살펴보는 작업이 이루어져야 한다. 또 한국음식에 대해 과도하게 부가했던 민족주의적 담론과 재생운동의 결과를 제거해야 하는 작업이 요구된다. 이 분야는 인문사회과학 연구자들이 주도하고, 식품학 연구자들이 협력하는 방식으로 연구가 이루어진다면 효과적일 것이다.

한국음식의 역사적 접근 중에서 장지현이 견지했던 제조기술사적 접근은 조리학·식품학·영양학 연구자들을 중심으로 지속되어야 한다. 당연히 고문헌의 제공과 번역 작업은 인문학 연구자들이 먼저 수행하고, 식품학 연구자들이 번역 내용을 검증하는 작업을 함께하면 된다. 왜냐하면 음식의 조리학적 맥락을 모르는 인문학 연구자가 고문헌을 번역할 경우 그 내용이 전혀 다르게 해석될 수 있기 때문이다.[73] 이 작업에서는 음식의 제조 과정과 그것의 약리적 측면에 대해서도 주목해야 한다. 특히 의료와 음식의 상관성에 대한 연구를 통해서 한국적 영양관을 살필 수 있어야 한다. 최근 중국음식의 영향을 받아 약선음식(藥膳飮食)에 대한 식품학계의 관심이 높아지고 있다. 하지만 제조기술사적 접근을 하지 않은 채 무조건 현대적 영양학이나 한의학 관점에서 한국음식의 약리작용을 남발하는 것은 지식의 탈을 쓴 상업적 광고에 지나지 않는다. 이 점에서 김호의 《허준의 동의보감 연구》[74]를 비롯한 약(藥)에 대한 연구에 주목할 필요가 있다.

역사적 접근과 함께 한국음식에 대한 민속지적 접근도 필요하다. 현대 한국인의 음식 관습이 어떤 상태에 놓여 있는가에 대한 연구는 세밀한 현지조사를 통해서 확보해야 할 작업이다.[75] 그러기 위해서는 가정뿐만 아니라, 학교·사회집단·군대 등에서 이루어지는 여러 식생활에 대해서도 관심을 가져야 한다. 아울러 지역음식이 관광 상품으로 소비되는 과정에 대해서도 세밀한 현지조사를 바탕으로 한 연구가 필요하다. 특히 음식을 함께 나누는 식구집단이 재료의 확보, 조리 과정과 조리법, 조리 공간과 조리도구, 식사 방식과 식사도구, 식사 예절과 관념, 그리고 종교와 의례에서의 음식 관습, 세시음식 등에 주목하여 연구를 수행할 필요가 있다. 이 분야의 작업은 식품학 연구자와 인문사회과학 연구자가 공동으로 협력 연구를 해야 제대로 된 연구성과를 낼 수 있다.

마지막으로 한반도를 둘러싼 다른 지역의 음식이 지닌 역사와 문화에 대한 비교연구를 시도해야 한다. 특히 재외 한인의 음식생활, 최근 한류 현상이 일어나고 있는 외국에서 한국음식의 해외 적응과 변용 과정, 그리고 각국의 음식생활과의 비교연구는 현지조사를 통해서 살펴야 한다.[76] 이것은 한국음식과 한국인의 음식생활이 어떻게 적응되고 변용되며, 나아가 새로운 정형화 과정을 밟는지에 대해 보다 구체적으로 조망할 수 있는 사례이다. 최근 외국에서 형성된 재외 한인의 음식생활[77]과 한국 내에 거주하는 외국인의 음식생활, 그리고 북한 주민들의 음식생활 등에 대한 연구는 한국음식의 다양한 양상을 조망하는 데 중요한 사례 연구가 될 수 있다. 이것 역시 식품학 연구자와 인문사회과학 연구자가 공동으로 연구해야 할 대상이다.

이러한 작업을 통해서 한국음식의 역사와 문화에 대한 연구는 자연과학과 인문사회과학 사이에 놓인 근대주의의 벽을 깨고 상호 소통하는 모범적 모습을 보일 수 있다. 다만 이 분야를 육성하기 위해서는 각 분야의 연구자들이 자유롭게 논의를 전개함으로써 서로의 학문에 대한 기본적 이해를 통해 공동연구를 수행하는 시스템을 만들어야 한다.

나는 이 분야가 독립된 분과 학문의 하나로서 '음식학(Food Studies)'이 되기를 바란다. 한국음식의 역사와 문화에 관심을 가진 모든 학문 분과의 연구자들은 서로 소통해야 한다. 물론 외국의 지역학을 전공하는 연구자도 이 작업에 동참할 필요가 있다. 음식학의 학문적 탄생을 위한 연구자의 인적 연계는 '음식학'이 21세기 한국학계에서 학문적 시민권을 얻을 수 있는 관건이기 때문이다.

본 문 의　주

서설: 인문의 시선으로 읽는 음식학

1) 小早川九郎 編,《朝鮮總督府農事試驗場25周年記念誌》, 友邦協會, 1931.

2) Wiegelmann, G., *Everyday and Festive Dishes: Change and Contemporary Position*, N. G. Elwert: Marburg, 1967; 정혜경 · 이정혜,《서울의 음식문화—영양학과 인류학의 만남》, 서울시립대학교 서울학연구소, 1996, 238쪽.

3) 자세한 내용은 다음을 참고하기 바란다. 주영하,《차폰 잔폰 짬뽕: 동아시아 음식문화의 역사와 현재》, 사계절, 2009, 49~53쪽; 石毛直道 編,《論集東アジアの食事文化》, 平凡社, 1985.

4) 자세한 내용은 주영하, 〈비빔밥의 진화와 담론 연구: 역사민속학적 접근〉,《사회와 역사》 87집, 사회사학회, 2010 참조.

5) 자세한 내용은 주영하, 〈짠지, 장아찌, 침채, 그리고 김치〉,《문헌과 해석》 18집, 문헌과해석사, 2002 참조.

6) 시드니 민츠, 김문호 옮김,《설탕과 권력》, 지호, 1998(Mintz, S., *Sweetness and Power*, 1985), 34쪽.

7) 기무라 슈이치, 〈문화 형성에 있어서의 인간의 식행동의 특징과 영양학적 배경〉,《한국식생활문화학회지》 Vol. 6, No. 3, 1991, 312~313쪽.

8) 자세한 내용은 주영하, 〈고추의 상징화 과정에 대한 일고(一考)〉,《역사민속학》 11집, 한국역사민속학회, 2000 참조.

9) 이성우,《한국식경대전(韓國食經大典)》, 향문사, 1981.

10) 이해준, 〈고문서 분류체계 시안〉, 한국고문서학회,《고문서연구》 22집, 2003, 81쪽.

11)《한국식생활문화학회지》에 발표된 논문들을 살펴보면 '역사상의 조리법'에 대한 연구가 상당수 보인다. 초기에는 주로 이성우 · 윤서석 · 장지현 · 김태홍 · 이효지 · 김상보 등이 주도했다. 최근에는 그들의 제자들이 이 작업에 열중하고 있다.

12) 자세한 내용은 주영하 외,《조선시대 책의 문화사: 삼강행실도를 통한 지식의 전파와 관습의 형성》, 휴머니스트, 2008 참조.

13) 이효지 교수가 그의 제자들과 함께 수행하고 있는 역사상 조리서 연구와 음식의 재현 작업은 대단한 노력과 연구비를 투여한 결과이다. 이효지 외, 《시의전서(우리음식 지킴이가 재현한 조선시대 조상의 손맛)》, 신광출판사, 2004; 서유구, 이효지 · 조신호 · 정낙원 · 차경희 편역, 《임원십육지 · 정조지(鼎俎志)》, 교문사, 2007; 빙허각 이씨, 이효지 옮김, 《부인필지》, 교문사, 2010 참조. 다만 사료 비판과 재료에 대한 농학적 접근, 그리고 응용의 가능성에 대한 부분은 보완이 필요하다.

14) Cuisenier, Jean, 野村訓子 外 譯, 《フランスの民族學(*Ethnologie de la France*)》, 白水社, 1991, p. 84.

15) 石毛直道, 〈食物と文化〉, 《文化と人類》, 平凡社, 1974, pp. 175-181.

16) Chang, K. C., ed., *Food in Chinese Culture.*, New York: The Vail-Ballou Press, 1977, p. 6.

17) Fieldhouse, Paul., *Food and Nutrition: Custom and Culture*, New York: Chapman&Hall, 1986, pp. 333-338.

18) 石毛直道, 〈なぜ食の文化なのか〉, 《人間 · たべもの · 文化》, 平凡社, 1985, pp. 11-17.

19) 김광억, 〈음식의 생산과 문화의 소비〉, 《한국문화인류학》 26집, 한국문화인류학회, 1994, 17쪽.

20) 더욱 자세한 내용은 주영하, 〈문화체계로서의 기술(technology): 중국 이족의 옻칠기술을 중심으로〉, 《비교문화연구》 제5호, 1999 참조.

21) http://food-culture.org/

22) Levy, Paul., "The joy of soy", *The Times*, March 4, 2009.

23) 이시게 나오미치, 〈식문화 연구의 전망과 과제〉, 《한국식문화학회지》 Vol. 1, 한국식문화학회, 1986.

24) 이에 대해서는 주영하, 〈두 가지의 민속학과 의식주 연구—한복 · 한식 · 한옥에서 복식 · 음식 · 주거로〉, 《민속학 연구》 20집, 국립민속박물관, 2007 참조.

제1부 오늘의 한국음식을 보다

1장 식구론 — 주택과 가족제도의 변화가 음식 소비에 미친 영향

1) 종래 집에 대한 연구는 주로 건축학 분야에서 물리적 건조물에 대해 집중적 관심을 가져온다. 다만 민속학적 경향을 보이는 연구로는 다음과 같은 것이 있다. 주남철(《한국주택건축》, 일지사, 1980), 신영훈(《한국의 살림집(상 · 하)》, 열화당, 1983), 장보웅(《한국민가의 지역적 전개》, 보진재, 1990), 김홍식(《한국의 민가》, 한길사, 1992), 강영환(《집의 사회사》, 웅진출판, 1992) 등의 연구는 전통적인 한국의 살림집이 지닌 구조와 지역적 형태

에 대해서만 살피고 있을 뿐, 그 속에서 이루어지는 사람들의 행위에는 별로 관심을 보이지 않는다. 반면에 이희봉(〈재미 교포 주거 건축을 통한 사용자 문화 현장연구-광역 애틀란타 시를 중심으로〉, 《대한건축학회논문집》 14(11), 1998)의 연구는 집이란 공간에 속한 행위자의 입장에서 공간의 이용에 대한 건축인류학적 경향의 연구성과이다. 또 이희봉·송병언(〈부엌 구조와 생활의 대응을 바탕으로 한 제주도 민가 유형의 문화지역적 해석〉, 《건축역사연구》 8(4), 1999)의 연구는 비록 제주도의 민가 유형을 문화 영역(culture area)으로 해석하려는 시도에서 일정한 한계를 드러내지만 공간과 생활을 대응시킨 연구성과로 손꼽힌다. 반면 건축학자가 아닌 연구자들이 집이란 공간과 사람들의 행위가 지닌 문화적 관계에 대해 관심을 가지고 연구를 한 경우도 있다. 김광언(《한국의 주거민속지》, 민음사, 1988; 《한국의 집지킴이》, 다락방, 2000)의 집에 대한 민속학적 연구는 건축학적 집의 구조적 분포에 기본적인 관심을 보이지만, 가정신앙을 중심으로 공간에서 일어나는 사람들의 행위에 대해 일정하게 주목하고 있다. 또 가정학자로서 집이라는 공간에서 일어나는 가사활동에 관심을 보이는 경우(이길표·주영애, 〈조선조 상류 주택의 가사 공간에 관한 생활문화적 고찰〉, 《대한가정학회지》 31(1), 1993)와 의례생활에 관심을 보이는 경우(주영애, 〈조선시대 양반가의 주생활문화와 예의생활에 관한 연구〉, 《대한가정학회지》 33(4), 1995)도 있다. 특히 문화인류학자가 행한 집이라는 공간 속에서 가족의 위계구조가 어떻게 실현되는지를 살핀 연구(박부진, 〈가족의 위계구조와 공간 이용〉, 한국가족학회, 《가족과 문화》 10(2), 1998)는 탁월한 성과라 할 수 있다.

2) 박부진, 〈거주공간의 이용 관행과 가족관계〉, 《성, 가족, 그리고 문화인류학적 접근》, 집문당, 1998, 133~162쪽.

3) 박부진, 〈가족의 위계구조와 공간 이용〉, 앞의 책, 20쪽.

4) Rosaldo, Michelle., "Women, Culture and Society: A Theoretical Overview." pp.17-42 in *Women, Culture and Society*, edited by Michelle Z. Rosaldo and Louise Lamphere. Stanford: Stanford University Press, 1974, p. 23.

5) 중국인들은 우리말의 식구를 허찬(合爨)이라 한다. 여기서 찬(爨)이란 한자는 불을 때는 곳 혹은 밥을 짓는 곳이란 뜻이다. 즉 함께 밥을 짓는 행위가 식구를 담는 그릇에 해당한다. 즉 허찬은 동거(同居)·공재(共財)와 함께 중국의 전통적인 지아(家) 구성원이 되는 조건 중 하나이다. 자세한 내용은 시양지에(徐揚杰), 윤재석 옮김, 《중국가족제도사》, 아카넷, 2000, 15~16쪽 참조.

6) 이광규, 《한국가족의 구조분석》, 일지사, 1975, 33쪽.

7) Douglas, Mary., "Deciphering a Meal" in *Implicit Meanings: Essays in anthropology*, London: Routledge & Kegan Paul, 1972.

8) 특히 영어의 family나 독일어의 familie는 솥을 둘러싸고 식사를 하는 무리라는 원래의 뜻으로 인해 식구란 말로도 쓰인다는 점에 주목할 필요가 있다.

9) Goody, Jack., *Cooking, Cuisine and Class: A Study in comparative sociology*, Cambridge:

Cambridge University Press, 1982, pp. 37-38.

10) 그런데 여기서 부엌살림이란 표현이 적절한가 하는 문제가 제기될 수 있다. 부엌이란 말은 '정지'라는 말과 함께 음식 조리와 난방과 관련된 공간을 가리킬 때 사용한다. 원래 부엌이란 말은 불의 언저리란 뜻에서 나온 것으로 실제로 아궁이 혹은 부뚜막을 지칭한다.(강영환, 《집의 사회사》, 웅진출판, 1992, 206쪽) 이에 비해 정지란 말은 '정조(鼎俎)'란 한자어에서 나왔을 가능성이 많다. 정조란 솥과 도마를 가리킨다. 즉 음식을 만드는 행위 자체와 이 말은 통한다. 그러한 행위를 하는 구체적인 공간을 가리키는 말로 '정주간'도 있다. 한자로 정조간(鼎俎間)일 가능성이 많은데, 음식 생산의 공간이라는 뜻이다. 따라서 정지는 솥과 도마가 있는 공간을 가리키고, 부엌은 아궁이가 있는 공간을 가리킨다. 조선 중기 이후 온돌이 살림집의 난방 시설로 정착되기 시작하면서 정지와 부엌이 합쳐진 조리 공간이 생겨났을 것으로 보인다. 따라서 엄밀하게 지칭한다면 전통적인 조리 공간은 부엌이 아니라, 정지라고 봐야 한다. 오늘날 아파트의 조리 공간은 다시 정지의 형태로 바뀌었다. 그래서 이 공간을 부엌이라 부르기보다는 '주방(廚房)'이라 지칭한다. 오늘날 국어학에서 정지는 사투리로 분류되기 때문에 본고에서는 부엌이라는 표준말을 사용할 수밖에 없음을 밝힌다.

11) 한국문화인류학회 편, 《한국민속종합보고서》 각 지방권, 문화재관리국, 1969~1979의 조왕 관련 보고; 주영하, 《음식전쟁 문화전쟁》, 사계절, 275~276쪽 참조.

12) Y씨는 1921년생으로 2000년 현재 자녀를 모두 출가시키고 부인과 단둘이 살고 있다.

13) O씨는 1960년 일죽에서 태어났다. 남편 A씨는 1956년생으로 상업 겸 농업에 종사한다. 슬하에 두 명의 아들을 두고 있다. 2000년 현재 큰아들은 1987년생으로 중학교 1학년이며, 둘째 아들은 1989년생으로 초등학교 5학년이다.

14) 도시에서 옛 살림집을 양옥으로 개량하는 일은 1970년대 많이 일어났다. 마당이 좁아지면서 장독대는 옥상으로 옮겨지기도 했다. 그러나 1980년대 이후 간장과 된장을 구입하기 시작하면서 옥상 장독대는 사라지기 시작했다.

15) K씨는 1945년생으로 부인과 1남 1녀를 두고 함께 생활한다.

16) 1960년대 독일의 민속학자들에 의해서 제기된 문제로 이른바 도시화된 사회에서 재생산되는 민속 현상에 대한 비판적 안목을 제공해주는 용어이다. 자세한 내용은 大月隆寬, 〈都市とフォークロア〉, 《民俗學という不幸》, 青弓社, 1992, pp. 45-46 참조.

17) 전기밥솥은 1955년에 일본의 전기제품 회사인 도시바(東芝)에서 처음으로 개발되었다. 그후 여러 전기제품 회사에서 전기밥솥을 개발했다. 전기밥솥은 나무나 가스로 솥에 열을 가해서 밥을 짓던 방식과 달리 전기를 이용한다. 그런데 초기의 전기밥솥은 전기가 많이 소비되었다. 특히 전기밥솥이 지닌 장점인 보온 기능은 전기 소모량이 매우 많아서 소비자들의 인기를 얻지 못했다. 1965년 조지루시마호빈(象印マホービン)이라는 회사에서 반도체를 이용한 보온 방식의 전기밥솥을 개발했다. 이 제품은 이전 것에 비해 전기도 적게 들고, 보온도 잘 되어 소비자들로부터 대단한 인기를 누렸다. 1970년대 한

국에도 이 전기밥솥이 수입되었고, 1970년대 후반이 되면 국산 전기밥솥이 만들어졌다. 자세한 내용은 주영하, 《음식전쟁 문화전쟁》, 사계절, 151쪽 참조.

18) C씨는 1953년생으로, 1945년생인 남편과 1980년생인 딸과 함께 생활한다.

19) 이것은 주부에게 편리성을 제공한다는 면에서 오늘날 한국의 아파트형 집에서 상당히 보편적이다.

20) 박부진, 〈거주 공간의 이용 관행과 가족관계〉, 《성, 가족, 그리고 문화인류학적 접근》, 집문당, 1997, 152~153쪽.

21) A씨는 1926년생으로 남자이다. 현재 부인 및 셋째아들 가족과 함께 이 아파트에서 살고 있다. 집의 소유주는 A씨로 셋째아들이 더부살이를 하는 형편이지만, 공식적으로는 '모신다'고 이야기한다.

22) 최근 근거리에 시댁과 친정을 두고 있는 여자의 경우 명절 오전에는 시댁에서, 오후에는 친정에서 시간을 보내는 경우가 많아지고 있다.

23) 하루 세 번의 식사에서 점심은 경계가 된다. 사람들은 아침이나 저녁을 중요시 여기지 점심을 강조하는 경우는 드물다. 자세한 내용은 河合利光 編著, 《比較食文化論》, 建帛社, 2000, p. 81 참조.

24) 1941년생으로 현재 거주지에서 출생, 성장했다. 부인은 1945년생으로 전남 무안이 고향이다. 이 부부는 슬하에 5녀 1남을 두었다. H씨는 6남매 중 장남으로 현재 거주하고 있는 집은 부모로부터 물려받은 것이다. 아들을 낳기 위해 자식을 많이 낳다 보니 막내아들은 1982년생이다. 5녀 중 4명의 딸은 모두 시집을 갔으며, 다섯째 딸은 독신으로 양평읍의 아파트에 산다.

25) 농수산물유통공사, 〈김치정보〉, 1986년 제2호 참조.

2장 기대와 현실의 괴리, 한류와 한국음식

1) 나성엽, 〈음식세계 '음식 한류'〉, 《동아일보》 2006년 4월 1일자.

2) 穆秋, 〈東風也有東漸時〉, 《北京青年報》 1999년 11월 19일자, '時尙反彈'.

3) 민족음식의 개념적 틀인 에스닉(ethnic)이란 말은 19세기 이후 작위적으로 형성된 민족에서 나왔다. 이런 의미에서 에스닉 푸드(ethnic food)라는 말도 19세기 이후 민족 개념이 형성된 이후에 그와 관련된 음식을 가리킨다고 해야 옳다.

4) Cweirtka, Katarzyna J., "Introduction", *Asian Food:The Global and Local*, Richmond: Curzon Press, 2002, pp. 5-11.

5) Long, Lucy M., "Introduction", *Culinary Tourism*, Kentuchy: The University Press of Kentuchy, 2004, p. 11.

6) 김근희 사장과 나의 인연은 1993년 겨울에 도쿄에 있는 그의 민박집에서 시작되었다. 이 인터뷰는 2005년 7월 25일과 27일 이틀에 걸쳐 이루어졌다.

7) Long, Lucy M., "Culinary Tourism: A Folkloristic Perspective on Eating and Otherness", *Culinary Tourism*, Kentuchy: The University Press of Kentuchy, 2004, p. 45.
8) 히라타 유키에, 《한국을 소비하는 일본(한류, 여성, 드라마)》, 책세상, 2005.
9) 崔吉城 · 柳尙熙, 〈在日韓國人の燒肉に關する文化人類學的考察〉, 《社會人類學年報》, 1980. 11; 朝倉敏夫, 《日本の燒肉韓國の刺し身 — 食文化がナイズされる時 —》, 社団法人農山漁村文化協會, 1994.
10) 鄭大聲, 〈燒肉店のルーツと歷史〉, 《燒肉店第2集》, 旭屋出版, 1994.
11) 존 피스크, 박만준 옮김, 《대중문화의 이해》, 경문사, 2002, 29~65쪽.
12) 이와부치 고이치, 히라타 유키에 · 전오경 옮김, 《아시아를 잇는 대중문화: 일본, 그 초국가적 욕망》, 도서출판 또하나의문화, 2004, 31쪽.
13) 이와부치 고이치, 히라타 유키에 · 전오경 옮김, 앞의 책, 2004, 31쪽.

3장 한국음식의 매운맛은 어떻게 진화했는가 — 거슬러 올라가는 매운맛의 역사

1) 이필영, 《마을 신앙으로 보는 우리 문화 이야기》, 웅진닷컴, 2000, 79쪽.
2) 주영하, 〈김치의 문화인류학적 연구〉, 한양대대학원 석사학위청구논문, 1993, 27쪽.
3) 인터넷 《조선일보》 2004년 10월 19일자.
4) 《조선일보》 1975년 12월 28일자, 〈서울 무교동(武橋洞) '낙지골목'이 사라진다〉에 따르면, 1975년 현재 무교동 낙지골목에서 가장 오래된 가게는 실비집이며, 1964년 개업 당시 낙지집은 4곳뿐이었고, 드럼통을 세워놓은 선술집이었다고 한다. 실비집의 명함에는 'since 1965'라고 인쇄되어 있는 반면, 《동아일보》 2000년 9월 1일자에는 실비집의 시작이 1966년이라고 보도되어 정확한 시기를 알기 어려운 면이 있다. 그러나 이러한 현상은 실비집뿐 아니라 서린낙지의 경우에도 마찬가지이다. 현 서린낙지의 주인은 1959년에 장사를 시작했다고 하지만, 《동아일보》 1992년 6월 28일자 기사에는 1960년 3월에 시작했다고 되어 있다.
5) '청양고추'라는 이름의 유래에 대해서는 두 가지 설이 있다. 하나는 충청남도 청양에서 생산된 고추라는 주장이고, 다른 하나는 경상북도 청양과 영양에서 생산되는 고추를 두 지역의 이름을 합쳐서 부른 데서 나왔다는 주장이다. 인터넷 포털사이트 네이버 백과사전에는 다음과 같은 자료가 보인다. 고추의 품종을 많이 보유하고 있는 중앙종묘(주)의 홈페이지에는 "1970년대 말부터 1980년대 초에, 소과종이 대과종보다 가격이 높고 특히 국내 최대 주산지인 경상북도 북부 지방의 청송 · 영양 지역에서 소과종이 주로 재배되어 이 지역에 적합한 품종을 육성하고자 하였다"고 하면서 "이러한 육성 목적에 비교적 근접한 품종을 육성하여 청송의 '청(靑)'과 영양의 '양(陽)'자를 따서 '청양고추'로 명명하여 품종 등록하였다"라고 나와 있었다. 2000년 1월 홍농종묘와 중앙종묘가 세미니스사에 인수되어 더 이상 중앙종묘의 홈페이지를 확인할 방법이 없지만, 나는 이 기록을 근거

로 하여 후자의 주장을 따른다.

6) 신동화 · 김용구 · 정도연, 〈순창 전통고추장 성분 및 특성 비교연구〉, 《농대논문집》 Vol. 30, 전북대학교 농업과학기술연구소, 1999, 58쪽.

7) 성행경, 〈"실패의 쓴 맛, 매운맛으로 극복했죠" – '홍초불닭' 홍성표 사장〉, 《디지털타임즈》 2004년 8월 18일자.

8) 홍초불닭 홈페이지의 식후평에 올라온 글이다. "홍정화: 신랑이랑 저랑 둘 다 닭을 워낙 좋아하는데, 홍초불닭이 맛있다는 소리를 들어서 지난주에 처음으로 가봤어요. 홈페이지에서 지도 보고 찾아갔는데 갤러리아 맞은편 뒷골목이라 찾기 쉽더라구요~ 가게에 들어가니 직원들이 직접 불에 조리하는 모습이 보이는데 불이 활활 올라오는 게 재미있었어요. 처음이라 뭘 먹을까 고민하다 쌈닭하고 양념떡을 시켰는데, 쌈닭 직화구이가 이런 맛이구나 하는 걸 느꼈어요. 불맛이 느껴지면서 매우면서도 감칠맛 나는 맛~ 너무 맛있더라구요. 치즈에 찍어 먹으니 매운맛이 좀 중화되는 것 같구요. 양념떡은 좀 양이 모자랄 것 같아서 시켰는데, 처음엔 그냥 맵구나 하는 정도인데 나중엔 눈물콧물이 나올 정도로 정말 맵더군요.이거 먹다 불닭 먹으니 안 맵게 느껴질 정도였어요. 그래도 맵기만 한 게 아니라 자꾸 땡기는 그런 맛이에요. 참! 피클도 정말 최고. 피자집에서 주는 피클보다 더 맛있었어요. 그렇게 갔다온 지 며칠 만에 또 가고 싶더라구요. 그래서 두 번째 갔을 땐 불닭에 우동세트, 그리고 빼놓을 수 없는 양념떡을 시켰어요. 이걸 다 먹을 수 있을까 했는데, 둘이서 정신없이 먹다보니 다 없어지더라구요."

9) Naj, Amal, 林眞理等 譯, 《トウガラシの文化誌》(*Peppers-A Story of Hot Pursuits, 1992*), 晶文社, 1997, p. 149.

10) 최덕경, 〈온돌의 구조 및 보급과 생활문화에 끼친 영향〉, 《농업사 연구》 7-2, 한국농업사학회, 2008, 54쪽.

11) 주영하, 《차폰 잔폰 짬뽕—동아시아 음식문화의 역사와 현재》, 사계절, 2009, 68-69쪽.

12) 볼프강 허버란트, 조홍윤 옮김, 《발명 · 발견자인 인디언과 에스키모》, 정음사, 1984, 20쪽.

13) 소피 D. 코 · 마이클 D. 코, 서싱칠 옮김, 《신들의 열매 초콜릿》(*The True History of Chocolate*, 1996), 지호, 2000, 58쪽.

14) 재배종 고추의 종류에 대해서는 적어도 1950년 캘리포니아대학교의 찰스 하이저와 폴 스미스가 형태학적으로 정리하기 전까지는 상당히 혼란스러웠다. 그들은 세계 각지의 고추 품종을 다섯 종류로 분류했다.(Naj, Amal, 앞의 책, 1997(1992), p. 116) Capsicum annuum, Capsicum frutescens, Capsicum chinense, Capsicum pubescens, Capsicum baccatum. 이 중 Capsicum baccatum이 한국에서 일반적으로 고추라고 부르는 기다란 형태의 품종에 가깝다.

15) Naj, Amal, 1997(1992), pp. 35-39.

16) 장지현, 〈고초도래고(苦椒渡來考)〉, 《성심여자대학논문집》 8, 성심여자대학, 1977, 289

쪽에서 재인용.

17) 장지현, 앞의 글, 289쪽에서 재인용.

18) 일본에서는 고추를 일반적으로 '도우가라시'라 부른다. 한자로는 '唐辛子' 혹은 '唐芥子' 두 가지가 동시에 쓰인다. 겨자를 뜻하는 '芥子'와 고추를 뜻하는 '辛子'의 발음이 같다. 고문헌에서는 당초(唐椒) · 번초(番椒) · 번초(蕃椒) · 고려호초(高麗胡椒) 등의 명칭이 보이지만, 오늘날 '도우가라시'라는 말이 고추를 부르는 대명사이다. 그런데 여기서 문제가 되는 것은 '도우(唐)'라는 표현이다. '도우'는 중국의 당나라 혹은 중국을 뜻하기도 하지만, 더 포괄적으로는 외국을 총칭하는 표현으로도 쓰인다. 가령 '도우진(唐人)'은 "중국인 또는 일반적으로 외국인, 이인(異人)을 가리킨다." (尙學圖書 編, 《故事俗信ことわざ大辭典》, 小學館, 1983, p. 801) 따라서 '도우가라시'란 말의 뜻은 "외국에서 전해진 매운 것"이다.

19) 番者 南番之義也 俗云唐芥子.(장지현, 앞의 글, 284쪽에서 재인용)

20) 南蛮椒有大毒 始自倭國來 故俗呼倭芥子 往往種之 酒家利其猛烈 或和 燒酒以市之 飲者多死.(卷二十 卉木部 木 南蛮椒)

21) 盛京通志 秦椒 長於棗而上銳 生青熟紅 又一種結椒向上 名天椒 余試向上者 實多而辛 不及也倭人稱番椒 我國稱 倭椒氣味酷烈 最宜於野人蔬菜傷 我國只記 其從倭地來 故曰 倭椒云云.(卷二 万物門 番椒)

22) 이규경(李圭景, 1788~1856)은 《오주연문장전산고(五洲衍文長箋散稿)》 권10 '번초남과변증설(番椒南瓜辨證說)'에서 임진란 이후 담배 · 호박과 함께 고추가 일본과 중국에서 전래되어 전국에 퍼졌다고 적었다.

23) 오늘날 중국의 한족들은 고추를 친지아오(秦椒), 라지아오(辣椒), 판지아오(番椒), 하이지아오(海椒), 라치에(辣茄), 다지아오(大椒) 등으로 부른다. 자세한 내용은 中國烹飪百科全書編纂委員會, 《中國烹飪百科全書》, 中國大百科全書出版社, 1992, p. 317 참조.

24) 梁家勉 主編, 《中國農業科學技術史稿》, 農業出版社, 1992, p. 531; 조영광, 〈중국 사람들의 매운맛 기호의 역사적 추이에 대한 논술〉, 한국식생활문화학회, 《한국식생활문화학회지》 Vol. 23-2, 2008.

25) 장지현, 앞의 글, 288쪽에서 재인용.

26) 장지현, 앞의 글, 296쪽.

27) 佐佐木銀弥, 〈海外貿易の國内經濟〉, 歷史學研究會 · 日本史研究會 編, 《講座日本史 3》, 東京大學出版會, 1981, p. 168.

28) 팥꽃나무과에 딸린 늘푸른 큰키나무로 수지(樹脂)를 침향이라 부른다. 예로부터 향료 및 한약재로 쓰였으나 한반도에서는 나지 않고 동남아시아와 인도에서 난다.

29) 콩과에 딸린 작은 큰키나무로 목재는 탄력이 있어서 활을 만들기도 하고, 속의 붉은 부분을 깎아서 붉은색 염료, 뿌리는 황색 염료로 쓰며, 한방 약재로도 쓰인다.

30) 佐佐木銀弥, 앞의 글, 1981, p. 168; 정성일, 《조선 후기 대일무역》, 신서원, 2000, 121~

122쪽.

31) 존 W. 홀, 박영재 옮김, 《선사시대부터 현대까지 일본사》(*Japan: From Prehistory to Modern Times*), 역민사, 1986, 164쪽.

32) 種南椒 或稱倭椒 宜燥土 二月下種 四五月間 遇雨移栽 種當風處則多實(卷第四 治圃).

33) 표현구·최정일·이강희, 《채소원예각론》, 교문사, 1986, 141~160쪽.

34) 유중림, 농촌진흥청 편역, 《증보산림경제 2》, 농촌진흥청, 2003, 40쪽.

35) 중국에 고추가 유입된 과정에 대해서는 다음의 글을 참조하기 바란다. 주영하, 〈중국 서남지역의 고추에 대한 초탐〉, 《사천문화(四川文化)》 제2집, 사천연구회, 2006.

36) 유중림, 농촌진흥청 편역, 앞의 책, 2003, 178쪽.

37) 유중림, 농촌진흥청 편역, 앞의 책, 2003, 179쪽.

38) 유중림, 농촌진흥청 편역, 앞의 책, 2003, 181~182쪽.

39) 유중림, 농촌진흥청 편역, 앞의 책, 2003, 200~201쪽.

40) 尙學圖書 編著, 《故事俗信ことわざ大辭典》, 小學館, 1983, p. 798.

41) 石川寬子 編著, 《食生活と文化》, 弘學出版, 1989, p. 145.

42) 대표적인 문헌으로는 10세기경에 저술된 것으로 알려진 《本草和名》과 《倭名類聚抄》가 있다.

43) 山埼峯次郎, 《香辛料III》, エスビー食品, 1976, p. 218.

44) 魯克才 主編, 《中華民族飮食風俗大觀》, 世界知識出版社, 1992, p. 232.

45) 나는 1996년부터 1997년 사이에 쓰촨성 이족(彝族) 지역 현지조사를 위해 장기간 쓰촨 지역에 체류한 경험이 있다. 이 속담은 이때 수집한 것이다.

46) 이성우, 《한국식품문화사》, 교문사, 1988, 61~62쪽.

47) 기무라 슈이치, 〈문화 형성에 있어서의 인간의 식행동의 특징과 영양학적 배경〉, 《한국식생활문화학회지》 Vol. 6, No. 3, 1991, 312~313쪽.

48) 김후종, 〈조선 후기 어염의 유통실태〉, 《대구사학》 제31집, 1984.

49) 이기열, 《한국인의 식생활》, 연세대학교 출판부, 1976.

50) 이기열, 앞의 책, 25~26쪽.

51) 주영하, 〈김치의 문화인류학적 연구〉, 앞의 논문, 1993, 32~36쪽.

52) 김상순, 《한국전통식품의 과학적 고찰》, 숙명여자대학교 출판부, 1985, 129쪽.

53) 김형국, 《고장의 문화 판촉—세계화시대에 지방이 살 길》, 학고재, 2002, 19쪽.

54) 시드니 민츠, 조병준 옮김, 《음식의 맛, 자유의 맛》, 지호, 1998(1996).

55) Long, Lucy M., "Culinary Tourism: A Folkloristic Perspective on Eating and Otherness", *Culinary Tourism*, Kentuchy: The University Press of Kentuchy, 2004, p. 38.

4장 비빔밥의 진화와 담론 연구

1) Harris, Marvin & Ross, Eric B(ed)., *Food and Evolution,* Philadephia: Temple University Press, 1987, pp. 1-3. 마빈 해리스를 비롯하여 구미의 대표적인 문화인류학자들의 음식연구에 대한 이론적 시각은 다음의 글에 잘 정리되어 있다. 정혜경 · 이정혜, 《서울의 음식문화: 영양학과 인류학의 만남》, 서울시립대학교 부설 서울학연구소, 1996, 250~280쪽.

2) 미셸 푸코, 이정우 옮김, 《지식의 고고학》, 민음사, 2000.

3) 이에 대해서 다음의 글을 참조하기 바란다. 주영하, 〈'비빔밥'의 진화와 담론 연구〉, 《사회와 역사》 87집, 한국사회사학회, 2010, 55~59쪽

4) 마빈 해리스, 서진영 옮김, 《음식문화의 수수께끼》, 한길사, 1992, 18쪽.(Harris, Marvin., *The Sacred Cow and the Abominable Pig: Riddles of Food and Culture,* New York: Simon & Schuster Inc., 1985)

5) 나는 이 연구를 위해 조리서와 신문 · 잡지 자료를 조사하면서, 동시에 전주 · 안동 · 서울에서 비빔밥을 판매하는 사람들과 소비하는 사람들을 면접조사했다. 아울러 2008년 1월부터 8월까지 일본 가고시마 현에서도 현지조사를 수행했다.

6) 《시의전서(是議全書)》는 1919년에 심환진(沈晥鎭)이 경상북도 상주군수로 부임하여, 그곳의 양반가에 소장되어 있던 조리서를 빌려 필사를 해둔 것을 자신의 며느리 홍정(洪貞)에게 주었고, 그것이 이성우 교수에게 전달되어 알려졌다. 자세한 내용은 다음의 글을 참조하기 바란다. 이성우, 《한국식경대전(韓國食經大典)》, 향문사, 1981, 325~329쪽.

7) 이에 대해서는 이성우, 앞의 책, 1981, 331~332쪽을 참조.

8) 방신영, 《조선요리제법(朝鮮料理製法)》, 광익서관, 1921, 67~68쪽.

9) 이용기, 《조선무쌍신식요리제법(朝鮮無雙新式料理製法)》, 영창서관, 1924.

10) 이하라 게이(伊原圭), 《조선요리(朝鮮料理)》, 경성서방, 1940.

11) 대표적인 글로 孫貞圭, 《現代朝鮮の生活とその改善》(京城綠旗聯盟), 1939이 있다.

12) 이 책의 원문은 찾을 수가 없다. 다음의 책에 실려 있는 것을 이용했다. 이성우 편, 《한국고식문헌집성(韓國古食文獻集成)－고조리서(古調理書) Ⅶ》, 수학사, 1992, 2431쪽.

13) 황혜성, 《한국요리백과사전》, 삼중당, 1976.

14) 황혜성, 앞의 책, 1976, 182쪽.

15) 지금도 진주에는 당시부터 영업을 해온 식당이 있다. 진주시 대안동 4-1에 소재하는 천황식당이 바로 그곳이다.

16) 이에 대한 자세한 내용은 다음의 글을 참조하기 바란다. 주영하, 〈'주막'의 근대적 지속과 분화: 한국음식점의 근대성에 대한 일고(一考)〉, 《실천민속학연구》 11집, 실천민속학회, 2008.

17) 윤서석, 《한국요리》, 수학사, 1977, 60쪽.

18) 윤서석, 앞의 책, 1977, 60쪽.

19) 김숙희, 〈조미향신료의 영양학적인 측면(양념의 영양)〉, 《한국식생활문화학회지》 Vol. 5, No. 3, 한국식생활문화학회, 1990; 기무라 슈이치, 〈문화 형성에 있어서의 인간의 식행동의 특징과 영양학적 배경〉, 《한국식생활문화학회지》 Vol. 6, No. 3, 한국식생활문화학회, 1991, 312~313쪽; 河合利光 編著, 《比較食文化論》, 建帛社, 2000, p. 26.

20) 다만 이 점은 논란의 여지가 있는 가설이기도 하다. 향후 조리학 연구자와 더 많은 실험과 토론이 필요하다. 왜냐하면 요즘 쇠고기 육회에는 설탕 · 참기름 · 양조간장 등이 들어가기 때문이다.

21) 善生永助, 〈朝鮮に於ける牛市場〉, 《朝鮮》 1925. 1(제117호), 1925, p. 95.

22) 伊作藍溪, 《晋州案內》, 晋州郡晋州面飛鳳洞, 1914, pp. 93-94.

23) 배영동, 〈안동 지역 전통음식의 탈맥락화와 상품화—1970년대 이후를 중심으로〉, 《사회와 역사》 제66권, 사회사학회, 2004, 42~43쪽.

24) 왕준련, 《한국요리》, 범한출판사, 1977, 61쪽.

25) 강인희, 《한국의 맛》, 대한교과서주식회사, 1987, 51~52쪽.

26) Levi-Strauss, Claude., *Totemism.*, Boston: Beacon Press, 1962.

27) 마빈 해리스, 서진영 옮김, 앞의 책, 1992, 15쪽.

28) 강만길 외, 《한국사 23—한국사의 이론과 방법 I》, 한길사, 1995, 58쪽.

29) 주영하, 〈민속문화의 국제화 요구와 비교민속학의 대응〉, 《한국민속학》 40집, 한국민속학회, 2004.

30) 강신표는 《교수신문》에 게재한 글에서 이규태의 한국학에 대한 평가가 학계에서 전무하다는 점을 지적했다. 자세한 내용은 강신표, 〈'민족지적 축복'…과거에 집착하는 한국학〉, 《교수신문》 인터넷 2006년 4월 2일자 참조.

31) 이규태, 〈머리말〉, 《한국인의 밥상문화 1, 2》, (주)신원문화사, 2000, 머리말.

32) 이규태, 앞의 책, 2000, 171쪽.

33) 이규태, 〈비빔밥〉, 《조선일보》, 1998년 3월 1일자 5면.

34) 《東國歲時記》: 用蕎麥麵, 沈菁菹菘菹和猪肉名曰冷麵, 又和雜菜梨栗牛猪切肉油醬於麵, 名曰骨(滑)董麵, 關西之麵最良. 按羅浮潁老取諸飮食雜烹之名曰骨董羹, 骨董雜之義也. 今之雜麵類, 此江南人好作盤遊飯, 鮓脯膾炙無不埋在飯下, 此卽飯之骨董而自古已有此食品也.

35) 옥영정, 《〈대동운부군옥〉의 편찬과 간행〉, 《조선의 백과지식 '대동운부군옥'으로 보는 조선시대 책의 문화사》, 한국학중앙연구원, 2009.

36) 董其昌(施漢平校注), 《骨董十三說》, http://wenku.baidu.com/view/ae356f225901020207409cf3.html.

37) 이규태, 앞의 글.

38) 이규태, 〈비빔밥 정신〉, 《조선일보》 2000년 6월 15일자 13면.

39) 이규태, 앞의 글.

40) 김광억, 〈음식의 생산과 문화의 소비〉, 《한국문화인류학》 26권, 한국문화인류학회, 1994, 17쪽.

41) 주종재, 〈전주비빔밥〉, 《전북일보 인터넷신문》 2002년 7월 17일자.

42) 주종재, 앞의 글; 송화섭, 〈전주음식 문화 속의 역사적 배경〉, 《'한'브랜드화 정책포럼 자료집—한식》, 문화관광부, 2005; 전주MBC, 〈MBC 9사 공동기획 다큐멘타리—한국의 맛 비빔밥 '전통을 넘어 세계로'〉, 2007년 11월 12일(월) PM 11:05 방송.

43) 《경향신문》 1969년 5월 31일자 4면에는 녹두장군 전봉준에 대한 기사가 실렸다. 당시 기자는 동학혁명 격전지였던 용머리고개에서 한 노인을 만나서 다음과 같은 이야기를 들었다고 한다. "그때 동학군 군사들이 한번 움직이려면 밥 해대기가 얼마나 큰일이었는지…… 군사들에게 일일이 반찬을 갖춰 먹일 수가 없던 탓으로 그냥 밥을 비벼서 지게에 져 날랐던 데서 오늘날 전주비빔밥의 전통이 되었습니다." 그런데 실제로 그 노인이 현장을 목격했을 가능성은 희박하다. 일종의 구전으로 전해진 이야기라고 보아야 하지만, 그 타당성은 검토되어야 한다.

44) 자세한 내용은 주영하, 앞의 책, 2009 참조.

45) 나는 2008년 10월 30일~11월 2일 사이에 전주의 토박이 노인들을 직접 면접했다.

46) 주종재, 앞의 글.

47) 주종재, 앞의 글.

48) 윤서석, 앞의 책, 60쪽.

49) 이기형, 〈담론분석과 담론의 정치학—푸코의 작업과 비판적 담론분석을 중심으로〉, 《언론과 사회》 14권 3호, 성곡언론문화재단, 2006, 111쪽.

50) 이에 대해서는 주영하, 앞의 글, 2008 참조.

제2부 한국음식, 그리고 근대

5장 식탁 위의 근대 — 〈조일통상장정 기념 연회도〉를 중심으로

1) 원문에서는 〈한일통상조약 기념 연회도〉와 함께 묄렌도르프와 관련된 〈기산풍속도〉를 언급하고 있다. "하나는 〈기산풍속도〉로 동독의 하인리히 융커 교수에 의해 묄렌도르프를 기념하는 뜻에서 1958년에 단행본으로 발간된 것이다. 이 그림들에 있어서 특징적인 것은 종래에는 흔히 작품 설명이 한자로 돼 있었는데, 이 화폭들은 한글로 설명되어 있다는 사실이다. 이것은 묄렌도르프가 오랫동안 꿈꾸어 온 일로서 그는 1882년도의 계획 중에서 한국을 위해서는 한자 사용을 금해야 한다고 제의했었다."

2) 발터 라이퍼, 〈과도기의 학자이며 정치가였던 묄렌도르프〉, 《묄렌도르프》, 정민사, 1983, 40쪽.

3) 김현숙, 〈한국 근대 서양인 고문관 연구〉, 이화여대대학원 사학과 박사학위청구논문, 1999.

4) 이성미, 《조선시대 그림 속의 서양화법》, 대원사, 2002, 206쪽.

5) 그런데 조선시대 기록화의 일종인 이 그림이 실제 정황을 똑같이 그렸다고 믿을 수 있는 사진과 같은 방증 자료는 아직 발견되지 않았다. 기록화를 통해서 복식사 · 건축사와 같은 분야사 연구를 하는 경우, 종종 그 그림의 실제를 따지는 작업을 선행하지 않고 무조건 사실(事實)로 인정하는 연구가 많다. 하지만 조선시대 기록화의 대부분은 사실에 가깝게 그린 듯하지만, 상징적인 표상에 더 중점을 둔 경우도 있다. 이에 대해서는 주영하, 〈'홍이상 평생도'를 통해서 본 관리의 평생의례(1)〉, 《문헌과 해석》 통권 23호, 문헌과해석사, 2003, 53쪽을 참조.

6) 이성미, 앞의 책, 2002, 206쪽; 이구열, 《한국근대회화선집 한국화 1—안중식》, 금성출판사, 1990; 중앙일보사 발행, 《한국의 미 19—풍속화》, 중앙일보사, 1985.

7) 김상보는 《영접도감미면색의궤(迎接都監米麵色儀軌)》(서울대학교 규장각 한국학연구원)를 참고하여 1609년 명나라 사신을 대접하기 위한 향찬도를 작성한 바 있다. 김상보, 《한국의 음식생활문화사》, 광문각, 1997, 305쪽.

8) 위르겐 슐룸봄 편, 백승종 외 옮김, 〈미시사-거시사 토론을 시작하며〉, 《미시사와 거시사-역사를 바라보는 두 가지 관점》, 궁리, 2001, 32쪽.

9) 주영하, 〈기독교와 민속, 그리고 근대: 개항기 강화도 성공회 교회를 중심으로〉, 《근대성의 형성과 종교지형의 변동 양상》, 학술진흥재단 기초학문육성지원사업 학술발표회 자료집, 2003.

10) 주영하, 〈출산 의례의 변용(變容)과 근대적 변환(變換): 1940~1990〉, 《한국문화연구》, 경희대학교 민속학연구소, 2003.

11) 대한제국은 음력 1895년(고종 32) 11월 17일을 양력 1896년 1월 1일로 삼아 모든 공식적인 문서를 양력으로 바꾸도록 칙서를 내렸다. 따라서 본문에 나오는 날짜는 별도의 표시가 없는 경우, 음력에 근거한 것이다.

12) 목린덕 부인, 고병익 옮김, 〈목린덕의 수기〉, 《진단학보》 제24호, 1963, 150~196쪽.

13) 《고종실록》 1882년(고종 19) 12월 3일.

14) 퍼시벌 로웰, 조경철 옮김, 《내 기억 속의 조선, 조선 사람들》, 예담출판사, 2001.

15) 《음청사(陰晴史)》 하, 고종 19년 壬午 上六十九年 十二月.

16) 퍼시벌 로웰, 조경철 옮김, 앞의 책, 2001, 70~74쪽.

17) 헤세 바르테그, 김영자 편역, 《서울, 제2의 고향—유럽인의 눈에 비친 100년 전 서울》, 서울시립대학교 서울학연구소, 1994, 137쪽.

18) 퍼시벌 로웰, 조경철 옮김, 앞의 책, 2001, 6쪽.

19) 岡田哲, 《とんかつの誕生》, 講談社, 2000, pp. 142-149.

20) 퍼시벌 로웰, 조경철 옮김, 앞의 책, 2001.

21) 高崎宗司,《植民地朝鮮の日本人》, 岩波書店, 2002, p. 28.

22) 장지현,《한국외래주유입사 연구》, 수학사, 1987, 276~325쪽.

23)《원행을묘정리의궤(園幸乙卯整理儀軌)》, 서울대 규장각본; 한영우,《정조의 화성행차 그 8일》, 효형출판, 1998.

24) 퍼시벌 로웰, 조경철 옮김, 앞의 책, 2001, 74쪽.

25) "朝日通商章程續約成. 通商章程續約. 朝鮮政府. 於義州會寧二處. 徵收値百抽五之. 稅以爲邊界人民隨時往來貿易之便. 此雖與海路貿易自別. 因其徵稅稍輕. 致有海路貿易. 生衰微之兆則朝鮮政府應當速將海陸關稅. 改爲均一. 俾得其平. 大朝鮮國開國四百九十二年六月二十二日. 全權大臣督辦交涉通商事務. 閔泳穆. 大日本國明治十六年七月二十五日. 全權大臣辨理公使. 竹添進一郎."《한성순보》 제6호, 1883년 12월 20일자 조일통상장정해관세칙조; "메이지 16년(1883) 7월 25일 다케조에 신이치로 판리공사와 독판교섭통상사무 민영목은 통리아문에 회동하여 일한통상장정·세칙에 기명조인하였다." 田保橋潔,《近代日鮮關係の研究》上卷, 宗高書房, 1958(1926), p. 670.

26) 野澤敬(編集),《朝日百科世界の食たべもの－日本IV食の文化》, 朝日新聞社, 1984, pp. 12-220.

27)〈식구론(食口論): 현대 한국사회에서의 음식관습〉,《정신문화연구》 2002년 봄호 제25권 제1호(통권 86호), 한국학중앙연구원, 2002, 19쪽.

28) W. R. 칼스, 신복룡 옮김,《조선풍물지》, 집문당, 1999, 73~74쪽.

29) 조현범,《문명과 야만－타자의 시선으로 본 19세기 조선》, 책세상, 2002.

30) 샤를 바라·샤이에 롱, 성귀수 옮김,《조선기행》, 눈빛, 2001, 294~295쪽.

31) 백성현·이한후,《파란 눈에 비친 하얀 조선》, 새날, 1999, 344쪽.

32) 박지향,《일그러진 근대－100년 전 영국이 평가한 한국과 일본의 근대성》, 푸른역사, 2003, 89~128쪽에서 이자벨라 버드 비숍(《한국과 그 이웃나라들(Korea and her Neighbours)》, 1897)과 조지 커즌(《동아시의 문제(Problems of the far East)》, 1893)의 서로 다른 시각에 대해 조망하고 있다.

33) 박지향, 앞의 책, 2003, 78쪽.

34) 신용하,〈김옥균의 개화사상〉,《동방학지》 46~48합집, 연세대학교 국학연구, 1985.

35) 1885년 음력 6월 16일 교섭통상사무아문협판 묄렌도르프는 민씨 수구파와 청국 이홍장의 압력으로 해임을 당하고, 중국으로 건너가 닝보(寧波)에서 죽는다. 묄렌도르프가 조선왕실에서 활동한 시기에 대한 평가는 다양하다. 이에 대해서는 발터 라이퍼,〈과도기의 학자이며 정치가였던 묄렌도르프〉, 앞의 책, 1983; 발터 라이퍼,〈묄렌도르프가 본 갑신정변〉,《갑신정변 연구》 제49호, 한국정치외교사학회, 1985; 김진각,〈묄렌도르프의 조선문명개화론〉,《역사교육》 제46호, 역사교육연구회, 1989; 김진각,〈묄렌도르프의 한국근대화론〉, 서울대대학원 국사학과 석사학위청구논문, 1988; 김현숙,〈한국 근대 서양인 고문관 연구〉, 이화여대대학원 사학과 박사학위청구논문, 1999 등이 있다.

36) 주영하, 〈개혁개방 이후 중국 도시인의 음식 소비가 지닌 문화적 의미〉, 《국제지역연구》, 한국외대외국학종합연구센터, 2000; 주영하, 앞의 논문, 2002.

37) 이른바 민속현상 역시 이러한 과정을 거친 결과물이다. 그래서 민속학 연구에서 역사학적 접근은 다른 의미에서 사회사적 연구와 일정하게 같은 맥락에 놓인다. 하지만 민속현상의 역사적 변화만을 다룬 '민속사'는 사회문화의 변화와 결부시키지 않을 경우 사회사적 연구로 보기 어렵다. 그것은 오히려 민속학적 역사학 혹은 역사학의 분야사(分野史)에 가깝다. 이런 면에서 한국민속학계에서도 역사민속학적 연구방법론에 대한 좀 더 심도 있는 논의가 활발하게 전개되기를 기대해본다. 자세한 내용은 정승모, 〈조선 풍속과 민(民)의 존재방식〉, 역사민속학회 편, 《역사 속의 민중과 민속》, 이론과실천, 1990; 주강현, 〈역사와 민속: 변혁의 문제〉, 역사민속학회 편, 《역사 속의 민중과 민속》, 이론과실천, 1990; 주영하, 〈고추의 상징화 과정에 대한 일고(一考)〉, 《역사민속학》 11, 민속원, 2000 등을 참조.

38) 그후 1902년 러시아 공사 웨베르의 처형인 독일계 러시아인 손탁(Sontag, 孫澤)이 고종의 후원으로 문을 연 '손탁호텔'에 커피점이 처음 생겼다. 그런데 그로부터 100여 년이 지난 지금, 한국인은 커피를 일상적인 음료로 마신다. 이성우, 《한국식품문화사》, 교문사, 1984, 267~268쪽.

39) 일본에서는 메이지유신 이후 "서양을 배우자"는 슬로건 아래 대부분의 전래음식이 자가 제조에서 공장제 제조로 바뀐다. '밥 + 된장국 + 반찬3'의 규정 식사도 이때 생겨난다. 또한 서양음식의 일본화도 이때 이루어진다. 岡田哲, 앞의 책, 2000.

6장 주막의 근대 — 만들어진 전통의 이미지, 주막

1) 조윤아, 〈《토지》에 나타난 주막 크로노토프〉, 《태릉어문연구》 8호, 서울여대 국어국문학회, 1999.

2) 배도식, 〈옛 주막의 민속적 고찰〉, 《한국민속학》 15집, 민속학회, 1982, 85쪽.

3) 今村鞆, 《朝鮮風俗集》(訂正 3版), ウツボヤ書籍店, 1919, p. 271.

4) 周永河, 〈韓國における生活文化研究と生活財生態學〉, 《2002年ソウルスタイル: 研究と展示の評價-日本國立民族學博物館調査報告44》, 大日本國立民族學博物館, 2003.

5) 주영하 외, 《19세기 조선, 생활과 사유의 변화를 엿보다—《오주연문장전산고》를 통해 본 조선 후기 생활문화》, 돌베개, 2005.

6) 한국의 식민지 근대성에 대해 종합적으로 살핀 대표적인 글은 다음과 같다. 마이클 로빈슨 · 신기욱 편저, 도면회 외 옮김, 《한국의 식민지 근대성: 내재적 발전론과 식민지 근대화론을 넘어서》, 삼민, 2006.

7) 신여성에 대한 논의는 한국의 근대성 연구에서 가장 활발한 주제다. 대표적 글은 김경일, 《여성의 근대, 근대의 여성(20세기 전반기 신여성과 근대성)》(푸른역사, 2004)이 있다.

8) 종교학 분야에서 이에 대한 연구는 매우 다양하다. 대표적인 글로는 강돈구 외,《근대성의 형성과 종교지형의 변동 I, II》(한국학중앙연구원, 2005 · 2006)가 있다.

9) 각 학문 분과에서 진행되는 근대성에 대한 연구는 김석근 외,《한국 근대성 연구의 길을 묻다》(돌베개, 2006) 참조.

10) 최영준,《영남대로(嶺南大路): 한국 고도로(古道路)의 역사》, 고려대학교 민족문화연구소, 1990, 284~285쪽.

11) 김정호,《대동지지(大東地志)》 권27, 〈정리고(程里考)〉.(김종헌, 〈한국 교통건축(交通建築)의 변천과 발달에 관한 연구〉, 고려대대학원 박사학위청구논문, 1997, 122쪽에서 번역 인용함)

12) 김종헌, 앞의 논문, 1997, 122쪽.

13) 1795년 51세 때 충청도 연풍현감을 지낸 김홍도는 선비가 세속을 유람하면서 마주치는 각종 장면을 8폭의 도병으로 그렸다. 그중 한 폭을 보면 대장간과 반촌점의 모습이 잘 그려져 있다. 그림의 화제(畫題) 역시 이러한 풍경을 읊조린다. "논에 해로라기 높이 날고 능수버들 흔들리네. 풀무를 불어서 철을 때리고 물건을 팔 준비를 하네. 밥집은 한가로운 사람들로 가득하네. 반면에 안락하고 한가한 풍취가 있네.(水田鷺飛高柳風, 涼冶鑪打鐵行賣, 飯村店芸寒寒衆, 反覓有安閒閒趣)"

14) 김종헌, 앞의 논문, 1997, 124쪽.

15)《반계수록(磻溪隨錄)》 卷1, 전제상(田制上), 분전정세절목(分田定稅節目): 站店俗稱酒幕者. 所居處. 名爲站店頃. 除稅與兵. 但出戶錢. 勿論田等. 每一頃定以二十戶. 每一戶歲納錢四十文. 準米二斗. ○今以米一升. 準錢二文爲式豐凶永定. 若頃內未滿二十戶. 其空戶基陳棄則無稅. 有耕者則耕者納其錢. ○每三十里一置站店. 或十五里. 亦可.

16)《영조실록》 1728년(영조 4) 3월 25일.

17)《영조실록》 1731년(영조 7) 6월 4일.

18)《영조실록》 1743년(영조 19) 9월 5일.

19)《영조실록》 1745년(영조 21) 12월 13일.

20)《영조실록》 1756년(영조 32) 윤9월 5일.

21) 자세한 내용은 권숙인, 〈근세 일본에서 대중관광의 발달과 종교: '이세마이리(伊勢まいり: 이세신궁 참배)'를 중심으로〉, 《지역연구》 6권 1호, 서울대학교 지역종합연구소, 1997 참조.

22) 그 전문은 다음과 같다. "정동서 외국 사람 주막 하는 뻬이노 전〔가게〕에서 작일〔어제〕에 각색 세간을 팔려고 미리 광고하였더니, 마침 공교한 일이 있어서 5월 2일 상오 10시로 물녀〔바꾸어〕 공박〔공포〕하려 하는데, 마닐라 여송연과 이집트 권연초와 법국〔프랑스〕과 영국과 미국에 여러 가지 다과와 총과 륙혈포에 마질 탄환과 탁자와 글씨 쓰는 여러 가지 상과 침방과 목욕방 세간들과 평상과 여러 가지 교의들과 접시와 잔과 화덕이며 또 음식 만들기 좋은 미국 화덕과 또 여러 가지 좋은 물건을 많이 팔 터이니, 첨 군자

는 왕임하심을 바라옵나이다. 정동 삐이노."

23) 자세한 내용은 주영하, 《그림 속의 음식, 음식 속의 역사— '조선'의 표상과 실재에 대해 다시 생각하다》, 사계절, 2005, 150~155쪽 참조.

24) 기사의 전문은 아래와 같다. "창피! 창피하니 이러한 창피가 또 잇겟습닛가. 내가 중학교에 단일 때 올시다. 그 때에 우리 형님 한 분은 엇더한 신문사에 긔자로 잇셧고, 또 한 분은 시골에서 학자임 노릇을 하얏습니다. 어느 해 녀름에 시골 잇는 형님이 서울에 잇는 우리 형데를 만나 보랴고 오셧습니다. 오라간 만에 삼형데가 한자리에 모히니 그 깃뿜이야 엇지 다 말 할 수가 잇겟습닛가. 이러한 이약이 저러한 이약이 하다가 서울의 시가지 구경을 하랴고 나섯습니다. 그러자 마츰내 도중에서 또 고향 친구 한 사람을 맛낫습니다. 그는 우리 형님에게 술을 대접하겟다 하고 어디로 가자고 하얏습니다. 그도 물론 서울의 사정이 생소하고, 우리도 비록 서울에 오랫 동안 잇셧지만은 그 때만 하야도 행세 체면을 엇지나 차리 엿든지, 술 한잔을 함부로 먹지 안엇고 따러서 색주가가 무엇인지 선술집이 무엇 인지 일름도 잘 알지도 못 하얏습니다. 네 사람이 이 골목 저 골목을 차저다니다가 (그 전 우리는 남촌회동南村會洞에 잇셧다.) 결국 한 곳을 가니 기다란 술등에다 '별별악주가(別別樂酒家)'라고 크게 써 붓친 집이 잇셧습니다. 우리는 시골 술집에서 지등(紙燈) 다는 것을 보앗기로 서울에 술집도 그와 가티 등을 다럿거니 하고 무심히 드러가서 술이 잇소하고 차젓습니다. 대문을 드러스니 유두분면(油頭粉面)에 남치마 입은 녀자 삼사 인이 나오면서 "어서 드러옵쇼" 하얏습니다. 그때까지도 우리는 다만 생각하기를 서울 술집은 녀자들이 의레 술을 팔거니 하얏습니다. 급기야 방에를 드러가니 웬걸이요. 기집들이 이 방, 저 방에서 쏘다저 나오더니 연해 술을 권하며 '에웨라 노웨라'의 잡소리를 하며 이 사람 무릅에도 안고 저 사람 무릅에도 안즈며 또 합반주를 하느니 엇저느니 하니 삼 형데가 한자리에 안서서 그 꼴이 무슨 꼴이 겟습닛가. 디구나 학생 신분으로 잇는 나로셔야 그 미안하고 창피한 생각이 오죽하얏겟습닛가."

25) 대표적인 연구서로 정긍식, 《한국근대법사고》, 박영사, 2002가 있다.

26) 최석영, 〈일제의 구관(舊慣)조사와 식민정책〉, 《비교민속학》 14집, 비교민속학회, 1999.

27) 이 같은 경향의 논문으로는 다음과 같다. 심시넉, 〈가성의례준칙이 상례에 미친 영향〉, 《역사민속학》 12권, 역사민속학회, 2001; 주영하, 〈1934년 조선총독부의 '의례준칙'의 발령과 풍속교화 정책〉, 《근대성의 형성과 종교지형의 변동 II》, 한국학중앙연구원, 2006.

28) 신주백, 〈1910년대 일제의 조선 통치와 조선 주둔 일본군— '조선군'과 헌병경찰제도를 중심으로〉, 《한국사연구》 제109호, 한국사연구회, 2000.

7장 생선 소비와 근대 — 민물생선에서 바다생선으로

1) 샤를르 달레, 안응렬 · 최석우 옮김, 《한국천주교회사 (상)》, 한국교회사연구소, 1978, 235

~236쪽.

2) 조현범, 《문명과 야만: 타자의 시선으로 본 19세기 조선》, 책세상, 2002, 63~101쪽.

3) 朝鮮總督府, 《施政30年史》, 朝鮮總督府, 1940, 215쪽.

4) 이 현지조사의 결과는 주영하, 〈생업민속〉, 《고양시민속대관》, 고양문화원, 2002 참조.

5) 박구병, 〈웅어〉, 《한국민족문화대백과사전》 16권, 한국정신문화연구원, 1990, 659쪽.

6) 박구병, 〈숭어〉, 《한국민족문화대백과사전》 13권, 한국정신문화연구원, 1990, 417~418쪽.

7) 도요야마 다이지(김호직), 《조선식물개론(朝鮮食物槪論)》, 생활과학사, 1945, 19~25쪽.

8) http://blog.naver.com/sudony?Redirect=Log&logNo=100061030149. 하미옥, 〈울산 향토 음식에 대한 인지도 및 기호도 조사연구〉, 영남대대학원 외식산업학 석사학위청구논문, 2006에도 울산의 고래고기에 대한 정보는 매우 간단하다.

9) http://www.kbs.co.kr/2tv/sisa/farmnet/vod/1565065_928.html.

10) 프로그램 소개에 나온 내용은 다음과 같다. "진미기행 고향의 맛을 찾아서, 12가지 맛의 황홀한 조화, 울산 고래고기찌개: 바다진미 중 풍부한 영양과 함께 12가지 다양한 맛을 내는 진미, 고래고기! 울산 지역 사람들 모두가 인정하는 진미라는데…… 만화 오돌또기의 작가이자 직설적이고 호쾌한 풍자로 유명한 시사만화가 박재동 씨가 추억하는 울산의 진미는 '고래고기'인데…… 그 흔적을 찾아간 곳, 울산 장생포. 우리나라 유일의 포경기지로 고래고기의 명성을 자랑하는 곳이다! 두툼한 살결이 씹을수록 고소한 회부터, 고래의 모든 부위를 맛볼 수 있는 수육까지…… 다양한 맛만큼 요리도 다양한 고래고기, 그 맛의 절정은?! 고래의 갈빗살을 이용해 부드러우면서도 바다의 깊은 맛이 담긴 고래고기찌개를 찾아간다!"

11) 자세한 내용은 다음의 글을 참조하기 바란다. 주영하, 〈식사, 기호(嗜好), 민족음식: 음식에 대한 민속학적 조망〉, 《비교민속학》 31집, 비교민속학회, 2006.

12) 《동아일보》 1925년 8월 24일자, 〈상어중독(鱶魚中毒)으로 일가삼명참사(一家三名慘死), 상어는 장에서 사온 것, 경북 달성군에 생긴 참사〉.

13) 王仁湘, 《民以食爲天－中國飮食文化 I》, 中華書局, 1989, p. 24.

14) 생존 연대는 알려지지 않았다. 저장(浙江)의 하니닝(海寧) 사람이다. 자(字)는 문정(文鼎)이고는 호는 화산노인(華山老人)이다. 남송 때 태어나서 명나라 초기에 죽었다고 알려진다. 명나라의 태조(太祖) 주원장(朱元璋)이 그를 알현했을 때, "음식이 중요하다"고 하면서 《음식수지(飮食須知)》 한 권을 주원장에게 주었다는 이야기가 전해진다.

15) 유만주, 《대장금 2》, 은행나무, 2003, 145쪽.

16) 馬場駒雄, 《捕鯨》, 天然社, 昭和 17(1942), pp. 271-300.

17) 《동아일보》 1938년 8월 7일자, 〈여러 가지 대용품 중에 고래가 제일 위를 점령, 고기로 실을 만들고 가죽으로 양복감을 만들게 되었습니다〉.

18) 김진구, 《한국어업사 · 포경사》, 국제연합식량농업기구한국협회, 1966, 187~216쪽.

19) 문화공보부 문화재관리국, 《한국민속종합조사보고서》 제3책, 경남편, 문화공보부, 1972.

20) 국립문화재연구소, 《한국민속종합조사보고서》 제15책, 향토음식편, 국립문화재연구소, 1984.

21) 국립문화재연구소, 앞의 책, 1984, 316~317쪽.

22) KBS-1TV, '한국방송 77주년 특집다큐멘터리 생선', 2004년 3월 2일 방송.

23) 사샤 아이센버그, 김원옥 옮김, 《스시 이코노미: 스시의 세계화로 배우는 글로벌 경제》, 해냄출판사, 2008.

8장 타자화된 조선음식 — 일본인의 눈에 비친 조선음식을 중심으로

1) 今村鞆, 《朝鮮風俗集》(訂正 3版), ウツボヤ書籍店, 1919, p. 270.

2) 矢野干城 · 森川清人, 《新版大京城案內》, 京城都市文化硏究所, 1936, p. 473.

3) 鳥越靜岐 · 薄田斬雲, 《朝鮮漫畵》, 日韓書房, 1909, pp. 38-40.

4) 岡田貢, 《日常生活上より見たる內鮮融化の要諦》, 朝鮮事情調査會, 1928.

5) 鳥越靜岐 · 薄田斬雲, 《朝鮮漫畵》, 日韓書房, 1909, pp. 38-40.

6) 鳥越靜岐 · 薄田斬雲, 앞의 책, 1909.

7) 《조선만화》는 당시 조선 관련 서적을 가장 많이 출판한 일한서방에서 출간했다. 이 책은 결코 전체 목차를 하나의 틀 속에서 구성하지 않았다. 그보다 한 가지의 현상에 대해 한 장면의 만화로 그리고, 그에 대한 우스다의 설명을 곁들였다. 만화는 정치만평에 가까운 '신문만화(political cartoon)' 형식을 빌려서 그려졌다. 당시 《경성일보》에서 우스다와 함께 교정 겸 삽화 담당으로 호소키 세이키(細木靑起)라는 사람이 있었는데(정진석, 〈일제 언론 침략의 총본산 제2의 조선총독부 《경성일보》 연구〉, 《관훈저널》 2002년 여름호, 관훈클럽, 2002), 왜 그와 함께 이 작업을 하지 않았는지 궁금하다. 《조선만화》의 차례를 오늘날 한국어로 번역해 소개하면 다음과 같다. 대신행렬, 온돌의 독거, 하이칼라 기생, 우도(牛刀), 종이 연 날리기, 갈보 집, 단단히 좋소, 묘 앞의 동곡, 묘 옆의 식성, 조선장기, 제기차기, 돈치기, 신선로, 엿장수, 점두(店頭)의 쇠머리, 한인의 떡치기, 우동 집, 군밤, 떡팔기, 한인 집의 부엌(본문에서는 '조선가의 부엌'이라 적었다), 옛날 큰 배, 옛날 조선 직업, 옛날 한선(韓船), 옛날 악기, 조선말, 소 밑에서 낮잠, 무동(舞童), 여보의 싸움, 석전, 여보의 목수, 조선 가마, 조선의 인왕상, 조선의 동전, 신문 낭독, 기생의 춤, 여보의 모자, 변기를 씻다, 한인의 우구(雨具), 변기와 세면기, 쌀 찧기, 유방의 노출, 참외, 장사하는 선생, 모발, 걸식, 조선의 모자, 조선 차부(車夫), 부인 풍속, 조선신사, 승려 등이다. 50개의 주제 중에서 조선음식과 직접 관련이 있는 것은 모두 12개에 이른다. 기생 · 놀이 · 주거 · 묘지 · 남녀 등에 관한 주제가 나머지를 구성하지만, 조선음식에 대한 주제는 특별히 많다. 그 이유는 무엇일까? 조선에 온 일본인이 가장 쉽게 자신들의 풍속과 비교, 관찰할 수

있는 주제가 조선음식이며, 동시에 먹는 일은 너무나 일상적인 일이기 때문이 아니었을까? 하지만 조선음식에 관한 각각의 주제를 자세히 들여다보면, 1909년이란 시대에 익숙하지 않은 조선음식에 대한 우스다의 체험적 내용이 중심을 이룬다. 아울러 그가 지녔던 조선에 대한 부족한 정보가 나름대로의 해석으로 이어지고 있다.

8) 빙허각 이씨, 정양완 역주, 《규합총서(閨閤叢書)》, 보진재, 1987, 81~82쪽.

9) 《순종실록》 1권, 1910년 8월 29일 기사: "짐이 영원무궁한 큰 토대를 넓게 하고 국가의 비상한 예의를 마련하고자 하여 전 한국 황제(韓國皇帝)를 책봉하여 왕(王)으로 삼고 창덕궁 이왕(昌德宮李王)이라 칭하니, 이후 이 융숭한 하사를 세습하여 그 종사(宗祀)를 받들게 하며, 황태자(皇太子) 및 장래 세사(世嗣)를 왕세자(王世子)로 삼으며, 태황제(太皇帝)를 태왕(太王)으로 삼아 덕수궁 이태왕(德壽宮李太王)이라 칭하고, 각각 그 배필을 왕비(王妃), 태왕비(太王妃) 또는 왕세자비(王世子妃)로 삼아 모두 황족(皇族)의 예로써 대하여 특히 전하(殿下)라는 경칭(敬稱)을 사용하게 하니, 대대로 따르는 도리에 있어서는 짐이 마땅히 법도와 의례를 따로 정하여 이가(李家)의 자손으로 하여금 대대손손 이에 의지하고 복록(福祿)을 더욱 편안히 하여 영구히 행복을 누리게 한다. 이에 대중에게 널리 알려서 특별한 법을 밝힌다."

10) 鑄銅爲器, 大口寬腹, 名曰銅甕, 旣薄且輕, 易于熟食.

11) 岡田貢, 《日常生活上より見たる內鮮融化の要諦》, 朝鮮事情調査會, 1928, p. 21.

12) 《조선총독부시정 25주년기념 표창자명감》(1935)에 의하면 다음과 같은 경력을 지닌 인물이다. "官歷 從五位 中樞院贊議 平安南道觀察使 平壤官立高等學校 校長, 現任 慶尙北道長官高等官三等 曾在箕城 薦報郡守 一任試取 現在嶺營 扶護儒林 譽聲載塗, 1882년에 무과에 급제, 1887년에 效力副尉龍驤衛左部將에 임명됨, 1894년 9월에 친위제2대대장(육군 參領)에 임명이 되었으나 같은 해 11월의 國事로 일본으로 망명, 1907년 9월에 특별 사면을 받아서 귀국함, 1907년 10월에 중추원 부참의가 됨. 이어서 평안남도 관찰사가 됨, 1910년 10월에 조선총독부 경상북도 장관, 전라남도 장관, 동양척식주식회사 이사를 거침, 1924년 12월에 총독부 학무국장으로 임명됨, 1929년 1월에 퇴관, 1934년 1월에 중추원 참의(勅任待遇)에 임명이 되어 오늘날(1935)에 이름, 正4位 勳3等, 鍊武公院 출신으로는 처음으로 軍籍에 몸을 담갔으며 日本에 망명한 뒤 10여 년 동안, 일찍이 世界의 大勢를 이야기하며 조선 동포의 계발에 노력하였던 혜안의 선비였다. 조선에 돌아와서는 中樞院 副贊議, 平安南道 觀察使, 平壤高等學校長, 全羅北道長官, 勅任 1등 1급으로 승진하였으며, 1924년 總督府 學務局長이 되었다. 1910년 10월 1일 任 朝鮮總督府 慶尙北道長官. 敍 高等官三等. 12월 27일 敍 從五位., 1912년 8월 1일 韓國倂合記念章 亨授. 1912년 11월 14일 陞敍 高等官二等. 1913년 1월 30일 敍 正五位. 1913년 11월 10일 大禮記念章 亨授. 1916년 3월 28일 任 朝鮮總督府 全羅北道長官. 1918년 4월 10일 敍 位四. 1918년 11월 1일 賞勳局으로부터 金杯를 하사받음. 1918년 11월 29일 敍 勳四等 授 瑞寶章. 1920년 9월 25일 陞敍 高等官一等. 1920년 6월 25일 敍 勳三等 授 瑞寶章.

1921년 8월 5일 文官文限令에 의해 休職, 1923년 8월 30일 敍 正四位. 1924년 12월 22일 任 朝鮮總督府 學務局長 敍 高等官一等. 1928년 11월 10일 大禮記念章 亨授. 1929년 1월 9일 依願 免 本官 朝鮮總督府 中樞院 參議. 正四位 勳三等."

13) 山田孝雄,《國民精神作興に關する詔書義解》, 寶文館, 1933, pp. 53-54.

14) 矢野干城・森川清人,《新版大京城案內》, 京城都市文化研究所, 1936.

15) 矢野干城・森川清人, 앞의 책, 1936, p. 433.

16)《삼천리(三千里)》 제4권 제4호, 1932년 4월 1일자, 〈만목주시(万目注視)하는 삼대 쟁패전, 동일은행과 해동은행의 금융전, 조선극장과 단성사의 흥행전, 명월관과 식도원의 요리전〉.

17) 안순환, 〈조선요리의 특색〉,《별건곤(別乾坤)》 제12・13호, 1928. 5. 1, 194~195쪽.

18) 矢野干城・森川清人, 앞의 책, 1936, p. 436.

9장 한국음식이란 무엇인가

1) 안순환, 〈조선요리의 특색〉,《별건곤》 제12・13호, 1928. 5. 1.

2) 황영례, 〈안순환(安淳煥)의 유교 종교화 운동과 녹동서원(鹿洞書院)〉, 영남대대학원 박사학위청구논문, 2004, 35~47쪽.

3)《고종실록》 45권, 1905년 3월 4일.

4) 조선유교회총부(朝鮮儒敎會總部),《조선유교회선언서급헌장(朝鮮儒敎會宣言書及憲章)》, 조선유교회총부, 1933, 136쪽. 여기에 안순환 본인이 직접 쓴 글이 나오는데, 그는 명월관 설립을 1903년이라고 밝혔다.

5) 조선유교회총부, 앞의 책, 1933, 136쪽.

6) 강무, 〈한글 + 한자문화 칼럼: 명월관(5)〉,《한글한자문화》 Vol. 91, 전국한자교육추진총연합회, 2006, 46쪽.

7) 안순환, 〈요리에 대한 관념부터〉,《동아일보》 1923년 1월 1일자.

8) 방신영, 〈서문〉,《조선요리제법(朝鮮料理製法)》, 광익서관, 1921.

9) 정인보, 〈서문〉, 방신영,《(수정증보) 조선요리제법》, 조선도서주식회사, 1931.

10)《동아일보》, 1921년 4월 4일자, 〈가정생활의 개조(3)－음식은 개량보다 부흥, 세계에서 자랑할 만한 조선요리의 맛가로운 방법을 다시 사용하라.(이왕직 선무실 주임 趙東源 씨 말씀)'〉

11) 주영하, 〈'내선융화'와 조선인의 식사풍속:《日常生活上より見 たる內鮮融化の要諦》(1928년)를 대상으로〉,《일본사상》 제9집, 한국일본사상사학회, 2005.

12) 일제시대 일반인의 음식생활에 대한 조사 보고는 사사키 초우(佐佐木忠右), 〈副業의 盛한 道也味里－京畿道 始興郡 北面 道林里의 일부락(一部落)〉,《조선(朝鮮)》, 1924년 1~6월 등의 자료에 보인다. 자세한 내용은 주영하, 〈경기도민의 일상생활과 의식주〉,《경

기도사》, 제7권 일제강점기, 경기도사편찬위원회, 2006 참조.

13) 도요야마 다이지, 《조선식물개론》, 생활과학사, 1945.

14) 도요야마 다이지, 앞의 책, 1945, 115쪽. 이 책에는 식품은 재료 혹은 식료품을 가리키며, 식물(食物)은 한국어로 음식 혹은 음식물을 가리킨다.

15) http: //100.naver.com/100.nhn?docid=188488

16) 자세한 내용은 주영하, 〈음식생활에 대한 연구 50년〉, 이화여대 한국문화연구원 편, 《전통문화연구 50년》, 혜안, 2007 참조.

17) 矢野敬一, 《'家庭の味'の戰後民俗誌-主婦と団欒》, 青弓社, 2007, p. 43.

18) 矢野敬一, 앞의 책, 2007, p. 44.

19) 도요야마 다이지, 앞의 책, 1945, 116쪽.

20) 中央食糧協力會, 《本邦鄕土食の硏究》, 東洋書館, 1944.

21) 《동아일보》 1938년 3월 4일자, 〈삼폐하(三陛下)의 어식선(御食膳) 향토요리를 봉공, 천황, 황후 황태후(東京)〉.

22) 왕준연, 《한국요리》, 범한출판사, 1977, 91~103쪽에는 '향토요리'란 항목에 다음과 같은 음식을 소개하고 있다. 함경도 요리(원산의 명태식혜), 평안도 요리(강계의 깻죽, 평양의 노리, 의주의 오색경단), 황해도 요리(안악의 율란, 해주의 닭고기비빔밥, 해주의 되비지탕, 봉산의 무찜), 경기도 요리(개성의 우메기, 개성의 순대, 인천의 조개국, 경기도 호박범벅, 경기도 산초장, 경기도 오징어순대), 강원도 요리(춘천의 막국수, 원주의 옥수수차, 낙산의 전복죽, 강원도 올챙이묵), 충청도 요리(충주의 내장탕, 충청도 고추젓, 충청도 감자부침, 충청도 말린묵 볶음), 전라도 요리(전주의 천어탕, 광산의 용봉탕, 목포의 생낙지회, 광주의 애저, 전라도 꼬막무침, 전라도 깻집죽), 경상도 요리(대구의 따로탕, 동래의 파전, 부산의 재첩국, 울진의 은어국수, 경상도 풍장어국, 경상도 두루치기), 제주도 요리(제주도 톨국).

23) 왕준련 관련 내용은 다음의 글을 주로 참조하였다. 한국정신문화연구원 편, 《한국민족문화대백과사전》, 〈왕준련〉, 한국정신문화연구원, 1997.

24) 이와 관련 내용은 전재호, 〈박정희 체제의 민족주의 연구: 담론과 정책을 중심으로〉, 서강대대학원 박사학위청구논문, 1997 참조.

25) 《경향신문》 1977년 9월 1일자.

26) 《경향신문》 1978년 1월 20일자.

27) 矢野敬一, 앞의 책, 2007, p. 28.

28) 矢野敬一, 앞의 책, 2007, p. 29.

29) 이에 대한 자세한 내용은 주영하, 〈음식생활에 대한 연구 50년〉, 앞의 책, 2007 참조.

30) 장지현, 〈한국재래장류제조사—특히 고농서류(古農書類) 나타난 장류(醬類)를 중심으로〉, 《민족문화연구》 Vol. 3, 고려대학교 민족문화연구소, 1969, 97~140쪽.

31) 이성우, 《고려 이전의 한국식생활사 연구》, 향문사, 1978.

32) 1970년에 출판된 《한국문화사대계 4—풍속 · 예술사(상)》(고려대학교 민족문화연구소 편)에서 〈한국식품사〉 집필을 맡은 윤서석은 더욱 인문학적 접근을 음식생활 연구에 접맥시킨다. 이것이 기초가 되어 윤서석은 1973년 중앙대대학원 박사학위청구논문으로 〈한국 식품구조 형성의 역정〉을 발표했다. 그리고 1977년 민속학회에서 발표한 〈민속과 음식〉(《한국민속학》 10권, 민속학회, 1977)이라는 제목의 글을 통해서 한국문화에 대한 역사적 맥락을 찾는 데 주력했던 당시 민속학 연구자들에게 음식생활에 대한 관심을 제고했다.

33) 윤서석, 〈식생활의 전통양식〉, 《전통적 생활양식의 연구(중)》, 한국정신문화연구원, 1982.

34) 이어령, 《흙 속에 저 바람 속에—이것이 한국이다》, 현암사, 1963, 104~105쪽.

35) 이어령, 〈한국음식문화의 특징〉, 《환경을 생각하는 음식이야기》, 환경부, 2002, 10~15쪽.

36) 사실 한국인 혹은 한국문화에 대한 종합적이거나 에세이식의 글은 일본과 비교하면 상대적으로 많지 않다. 일본은 일본론 혹은 일본문화론과 관련된 책이 19세기 말 이후 거의 3천여 권 이상 출간되었다고 한다. 伊藤幹治, 《日本人の人類學的自畵像》, 筑摩書房, 2006. 이에 비해 한국에서는 윤태림, 《한국인》, 현암사, 1978을 비롯하여 이규태 · 전경수 · 최준식 · 조흥윤 등의 책이 있을 뿐이다. 향후 이에 대한 연구도 담론분석이란 측면에서 시도되어야 한다.

37) 이규태, 〈머리말〉, 《한국인의 밥상문화 1, 2》, (주)신원문화사, 2000.

38) 이규태, 앞의 글.

39) 이규태, 앞의 책, 171쪽.

40) 이지호, 《한국음식론》, 광문각, 2002,

41) 포털사이트 네이버(naver.com)의 지식in에서 '한국음식의 특징'으로 검색하면 다음과 같은 내용이 나온다. "여러분이 태어나서 지금까지 주로 먹어온 한국음식은 이웃나라 일본, 중국은 물론 유럽, 아메리카의 여러 나라 음식과도 뚜렷이 구분되는 특징이 있습니다. 한국음식의 특징, 한 번 살펴볼까요? 첫째, 우리나라 식사는 준비된 음식을 모두 한 상에 차려놓고 먹습니다. 애피타이저부터 디저트까지 순서대로 나오는 서양음식과는 식사 제공 방식이 확연히 다르죠. 둘째, 주식과 부식이 확연히 구분되는데, 밥을 주식으로 하고 각종 반찬을 부식으로 하며 국물이 있는 음식을 즐겨 먹습니다. 셋째, 조리법이 다양하여 구이, 조림, 볶음, 전, 생채, 숙채, 젓갈, 장아찌, 김치, 국, 찌개, 전골 등 다양한 방법으로 음식을 만들어 먹습니다. 넷째, 장류, 김치, 젓갈 등의 발효음식을 많이 먹습니다. 다섯째, 음식 재료는 잘게 자르거나 다지는 등의 방법으로 한 입에 들어갈 작은 크기로 만들어 조리합니다. 이에 반해 스테이크와 같은 서양의 음식은 덩어리째로 나이프와 포크를 이용하여 직접 잘라 먹게 제공하여 차이가 있습니다. 우리나라 땅덩어리가 조그맣다고 생각하시는 분도 많지만, 그래도 지역마다 자연적 · 기후적 특성이 달라 지역별 음식이 발달하였습니다. 북쪽으로 갈수록 간이 싱겁고 매운맛도 덜하고 담백

하며, 음식의 종류는 적지만 크기가 크고 양이 푸짐한 특성이 있는 반면, 남쪽으로 갈수록 음식의 간과 매운맛이 강해지고 여러 가지 음식을 조금씩 만드는 특징이 있습니다."

42) 구체적인 내용은 주영하, 〈경기 북부의 식생활〉, 〈경기 동부의 식생활〉, 《경기민속지》(IV 의 · 식 · 주편), 경기도박물관, 2001, 236~344쪽 참조.

43) 부부와 중학생 · 초등학생의 아들로 구성된 이 집은 직접 농사를 지으면서 동시에 이천 읍내에 상점을 한다. 일상적인 식사를 위한 음식 재료는 농산물을 대부분 직접 장만하고, 나머지 축산물과 공산품은 구입을 한다. 이 집의 부엌에는 입식 사각형 식탁과 개수대 및 싱크대가 있으며, 가스렌지와 냉장고, 그리고 김치냉장고가 갖추어져 있다. 냉장고에는 대부분의 저장음식이 보관되어 있으며, 김치냉장고에는 김치와 함께 생선 · 육류를 보관한다. 그릇은 주로 싱크대에 부착된 찬장에 둔다. 수저는 부부의 것이 정해져 있는 반면에 아이들은 그렇지 않다. 아침식사는 부부와 중학생 아들이 함께 먹고, 그후에 초등학교 학생인 아들이 먹는다. 평일 점심식사는 집에서 이루어지지 않는다. 저녁식사는 보통 저녁 8시 40분경에 항상 가족이 다 모여서 한다. 모든 식사는 식탁에서 이루어진다. 식탁에는 개인이 앉는 자리가 정해져 있다. 농번기에도 새참을 따로 준비하지 않는다. 주로 음식점에서 배달을 시켜 먹는다. 음식을 만드는 사람은 이 집의 주부이다. 식단 역시 주부의 주도 아래에 계획된다. 다만 설거지는 남편이 종종 하는 편이다. 조사기간 7일 동안 이 집에서 주로 해 먹었던 특별한 음식으로는 돼지고기 보쌈, 무국, 알타리김치, 깻잎김치, 오징어채무침, 돼지등심갈비양념구이, 미역국, 청국장, 오징어찌개, 비지찌개, 시래기된장국 등이다. 이 중 몇 가지 음식은 주부가 친정어머니로부터 배운 조리법을 이용하여 만들었다.

44) 통계청 홈페이지(http: //kosis.nso.go.kr/cgi-bin) 참조. 다른 자료로 통계청, 《2001한국의 사회지표》, 통계청, 2001, 326쪽 '건축년도 및 주택형태별 주택분포' 조사에 의하면, 1990년에는 전국 주택 중에서 단독주택이 66%, 아파트가 22.7%, 1995년에는 전국 주택 중에서 단독주택이 47.1%, 아파트가 37.5%였다.

45) 주영하, 〈김치의 문화인류학적 연구〉, 한양대대학원 석사학위청구논문, 1993.

46) 이에 대해서는 주영하, 《차폰 잔폰 짬뽕: 동아시아 음식문화의 역사와 현재》, 사계절, 2009 참조.

47) 이에 대한 자세한 내용은 주영하, 〈두 가지의 민속학과 의식주 연구—한복 · 한식 · 한옥에서 복식 · 음식 · 주거로〉, 《민속학연구》 20호, 국립민속박물관, 2007 참조.

제3부 한국음식, 오래된 것과의 만남

10장 도구의 닮음과 문화의 다름

1) 박지원, 《열하일기(熱河日記)》, 〈혹정필담(鵠汀筆談)〉, 한국고전번역원. 한국고전종합 DB 참고.
2) 고병익, 〈동아시아 나라들의 상호 소원(疏遠)과 통합〉, 최원식 외 엮음, 《동아시아: 문제와 시각》, 문학과지성사, 1995, 24쪽.
3) 이 글에서 중국인은 한족을 가리킨다. 오늘날 중국인은 한족과 중화인민공화국 안에 살고 있는 소수민족을 모두 포함하지만, 한족과 소수민족 사이의 현저한 문화적 차이로 인해 이 글에서는 한족만을 중국인의 대상으로 다룬다.
4) 한글 음으로 '작'이라 읽는다. 술 같은 것을 뜨는 기구, 혹은 양을 세는 단위로 홉의 10분의 1에 해당한다. 다른 한자로 '杓(표)'가 있지만 이것은 자루만을 가리킬 때 쓴다.
5) 漢語大詞典編纂委員會, 1995, 《漢語大詞典》(總12卷), 漢語大詞典出版社.
6) 대략 기원전 6000~기원전 5000년 사이의 유적지.
7) 대략 기원전 5000~기원전 3000년 사이의 유적지.
8) 대략 기원전 4300~기원전 3500년 사이의 유적지.
9) 山東省文物管理處 · 濟南市博物館, 《大汶口－新石器時代墓葬發掘報告》, 文物出版社, 1974.
10) 대략 기원전 2000년 전후의 유적지.
11) 대략 기원전 5000~기원전 3300년 사이의 유적지.
12) 대략 기원전 2000~기원전 1500년 사이의 유적지.
13) 王仁湘, 《飮食與中國文化》, 人民出版社, 1996, pp. 262-263.
14) 中國科學院考古研究所內蒙古發掘隊, 〈赤峰藥王廟 · 夏家店遺址試掘簡報〉, 《考古》, 1961年 2期.
15) 대략 기원전 1900~기원전 1500년 사이의 유적지.
16) 王仁湘, 앞의 책, 1996, p. 266.
17) 周達生, 《中國の食文化》, 創元社, 1989, p. 131.
18) 중국인의 차 마시는 습속은 당나라 때 이미 일반인에서도 보편화되었다.
19) 오늘날의 장쑤성(江蘇省) 일대를 가리킨다.
20) 王仁湘, 앞의 책, 1996, p. 267. 그런데 선다오(沈濤)는 중국의 젓가락이 윈난(雲南) 소수민족 지역에서 처음 생겨나 강남 지역을 거쳐 중원에 전해졌다는 색다른 주장을 펼친다. 윈난이 고래로부터 벼농사 지역이면서 대나무가 풍부하여 젓가락을 쉽게 만들 수 있었다는 점에서 귀담아 들을 만한 주장이다. 하지만 고대 일본의 경우도 마찬가지였기 때문에 젓가락만의 발생을 두고서 특정한 지역에서 유래했다는 주장은 그다지 타당하

지 않다. 沈濤, 〈箸探〉, 《中國烹飪》 5期, 1987.

21) 배영동, 〈한국문화의 원형을 찾아서: (2)우리의 수저〉, 《한국논단》 26집, 한국논단, 1991, 152쪽; 정의도, 〈한국 고대 청동시저(靑銅匙箸) 연구-고려시대〉, 《석당논총》 38호, 동아대학교 석당학술원, 2007; 정의도, 〈청동 숟가락의 등장과 확산－삼국시대~통일신라시대〉, 《석당논총》 42호, 동아대학교 석당학술원, 2008.

22) 石川寬子 編著, 《食生活と文化》, 弘學出版, 1989, p. 234.

23) 朝倉敏夫, 〈コメの食べ方－韓國食文化の特色について〉, 《稻から見アジア社會》, 放送大學教育振興會, 1988, p. 102.

24) 石川寬子 編著, 앞의 책, 1989, p. 168.

25) 石毛直道, 〈食事と酒, タバコ〉, 《日本人の生活》, 硏究社, 1976, p. 35.

26) 石川寬子 編著, 앞의 책, 1989, p. 234.

27) 노성환은 일본 중세의 밥상 높이는 지면에서 10센티미터도 되지 않으며, 이 때문에 결국 일본인들은 밥그릇을 들고 먹게 되었다고 하면서 이럴 때 필요한 것은 젓가락이지 숟가락이 아니라고 해석한다. 자세한 내용은 노성환, 《젓가락 사이로 본 일본문화》, 교보문고, 1997 참조.

28) 周達生, 앞의 책, 1989, p. 134.

29) 배영동, 앞의 글, 1991, 153쪽.

30) 왕실과 사대부의 연회 식사는 여전히 중국왕실의 영향을 많이 받는다. 그러나 이것이 민간의 일상식사에까지 이어졌다고 볼 수는 없다.

31) 주영하, 〈전통음식과 기술의 문화체계〉, 《먹거리의 문화와 과학》(제7회 인제식품과학 포럼 논총), 인제대 식품과학연구소, 1999, 21쪽,

32) 중국 량산 이족의 경우에도 사자를 상징하는 것은 숟가락이다. 그들은 숟가락만을 사용한다. 이에 대한 자세한 내용은 周永河, 〈中國四川涼山彝族傳統漆器硏究〉, 中國中央民族大學博士學位論文, 1998 참조.

33) 정의도, 앞의 논문, 2008.

34) 전경수, 〈비교의 개념과 문화비교의 적정 수준〉, 《문화의 이해》, 일지사, 1996, 27쪽

11장 음식문화에 나타난 유교적 질서와 일상화

1) 이에 대한 대표적인 논의는 유흔우, 〈유교 종교성 논쟁의 기초 문제: 죽음관〔死亡觀〕과 신비체험(神秘體驗)〉, 《동서비교문학저널》 Vol. 12, 한국동서비교문학학회, 2005 참조.

2) 당나라 때 나온 역사서인 《주서(周書)》 〈무제기(武帝紀)〉에 불교와 도교를 언급하면서 '유교'라는 말이 나온다. 유흔우, 앞의 글, 2005, 232쪽.

3) 《주자가례》에 대해서 주자위작설(朱子僞作說)이 강력하게 대두된 적도 있다. 즉 주자 말년에 나온 저술과 가례는 내용이 서로 다른 것이 많고 주자가 신봉했던 《의례(儀禮)》와도

상이한 곳이 적지 않으므로 결코 주자의 저서가 될 수 없다는 지적이다. 그러나 주자의 이름으로《주자가례》가 대단한 권위를 가지고 유행한 사실을 부정할 수 없기 때문에 주자위작설에도 불구하고, 주자가 편찬한 것이라 믿는 것이 옳다는 주장도 있다. 임민혁, 〈해제〉,《주자가례》, 예문서원, 1999, 13쪽.

4) 임민혁, 앞의 글, 1999, 18쪽.

5) 배영동, 〈안동 지역의 일상음식과 제사음식의 비교〉,《민속연구》 제9집, 안동대민속학연구소, 1999.

6) 주영하, 〈식구론(食口論): 현대 한국사회에서의 음식 관습〉,《정신문화연구》 제25권 제1호, 한국정신문화연구원, 2002.

7) 김상보, 〈한국의 제사음식문화〉,《한국식생활문화학회지》 Vol. 11-2, 한국식생활문화학회, 1996; 윤숙경, 〈향교와 서원의 제례에 따른 제수(祭需)에 관한 연구〉,《한국식생활문화학회지》 Vol. 13-4, 한국식생활문화학회, 1998.

8) 윤숙경, 〈안동 지역의 불천위제례(不遷位祭禮)와 제수〉,《한국식생활문화학회지》 Vol. 11-2, 한국식생활문화학회, 1996; 배영동, 〈전통적 기제사를 통해 본 조상관〉,《비교민속학》 23집, 비교민속학회, 2002.

9) 최진덕, 〈유학의 인간관과 예(禮)의 의미〉,《프랑스학 연구-21세기 인간 밑그림 그리기》, 프랑스학회, 1999, 56쪽.

10) 飮食男女, 人之大欲存焉.

11) 이하《소학》과 관련된 내용은 주자, 김혁제 교열,《소학집주(小學集註)》, 명문당, 1997을 참조하여 적는다.

12)《맹자》에서 다음과 같이 말한다. "사람은 스스로 도리를 가지고 있는데, 배부르게 먹고 따뜻하게 입어서 편안하게 거처하면서 가르침이 없으면 짐승에 가까우니, 성인이 이것을 걱정하여 요임금의 신하인 설을 시켜 사도(司徒)로 삼아 인륜을 가르치게 하니, 부자유친(父子有親), 군신유의(君臣有義), 부부유별(夫婦有別), 장유유서(長幼有序), 붕우유신(朋友有信)이라."

13)《맹자(孟子)》에서 다음과 같이 말한다. "음식만을 바라는 사람은 곧 사람이 천하게 여겨지니 음식과 같이 작은 것을 탐하게 되면 마음과 같은 큰 것을 잃게 된다."

14) 자세한 내용은 왕런샹, 주영하 옮김,《중국음식문화사》, 민음사, 2010, 423쪽 참조.

15) 王者以民爲天, 民以食爲天, 能知天之天者, 斯可矣.

16) 禮不下庶人.

17) 주영하, 〈젓가락의 닮음과 숟가락의 다름-한·중·일 삼국의 일상생활사에 대한 역사인류학적 접근〉, 앞의 책, 1999, 296쪽.

18) 岡田貢,《日常生活上より見たる內鮮融化の要諦》, 朝鮮事情調査會, 1928, p. 26.

19) 岡田貢, 앞의 책, 1928, p. 22.

20) 정일균, 〈《주자가례》와 '예'의 '정신'〉,《한국학보》 104, 1998, 165쪽.

21) 다음에서 인용하는 글은 주자, 임민혁 옮김, 《주자가례》, 예문서원, 1999 참조.

22) 주영하, 《그림 속의 음식, 음식 속의 역사—'조선'의 표상과 실재에 대해 다시 생각하다》, 사계절, 2005, 179쪽.

23) 주영하, 〈식구론: 현대 한국사회에서의 음식 관습〉, 앞의 책, 2002, 9쪽.

24) 자세힌 내용은 쉬양지에(徐揚杰), 윤재석 옮김, 《중국가족제도사》, 아카넷, 2000, 15~16쪽을 참조.

25) 주영하, 〈식구론: 현대 한국사회에서의 음식 관습〉, 앞의 책, 2002, 23쪽.

26) 親始死, 三日不擧火, 故隣里爲之糜粥以飮食之.

27) 문옥표, 《〈예서(禮書)》에 나타난 유교식 관혼상제례의 의미 분석〉, 《한국 인류학의 성과와 전망》, 집문당, 1998, 206쪽.

28) 주영하, 〈젓가락의 닮음과 숟가락의 다름—한·중·일 삼국의 일상생활사에 대한 역사인류학적 접근〉, 앞의 책, 소나무, 1999.

29) 岡田貢, 앞의 책, 1928, p. 30. "머리나 꼬리와 같이 불필요한 것을 상 위에 내는 것은 주부의 무성의이기 때문에 꺼려 한다. 대부분의 요리는 바로 입에 넣도록 하는 것이 원칙"이다.

12장 제물, 인간과 신령의 연결고리 — 서울 밤섬 도당굿에 오른 무속음식을 중심으로

1) 조흥윤, 《한국의 무(巫)》, 정음사, 1990, 130쪽.

2) 최재선, 〈밤섬 '부군당굿'에 대한 교육인류학적 연구〉, 연세대교육대학원 석사학위청구논문, 1985, 42쪽.

3) 내가 직접 현지조사를 하여 확보한 자료이다.

4) 조흥윤, 앞의 책, 1990, 132쪽.

5) 유동식, 《한국무교(韓國巫敎)의 역사와 구조》, 연세대학교 출판부, 1989, 243~253쪽.

6) 김후종, 〈조선 후기 어염의 유통실태〉, 《대구사학》 제31집, 1984.

7) 유동식, 앞의 책, 1989.

8) 이재곤, 《서울의 민간신앙》, 백산출판사, 1996, 128쪽.

9) 이길표, 〈이조시대의 제찬고(祭饌考)—제물과 설찬(設饌)을 중심으로〉, 《성심여사대연구논문집》 제8집, 1975, 311~315쪽.

10) Douglas, Mary., *Purity and Danger: An Analysis of Concepts of Pollution and Taboo*, NewYork: Praeger, 1966, pp. 29-40.

11) Harris, Marvin., *Food and Evolution*, Philadelphia: Temple University Press, 1987, p. 58.

12) 小野重朗, 〈肉と餅との連續—供犧儀禮について〉, 《日本民俗學》 第71號, 民俗學會, 1970.

13) 又有胡州好養牛及猪.
14) 강면희, 〈돼지〉, 《한국민족문화대백과사전》 7권, 한국정신문화연구원, 1992, 385쪽.
15) 안완식, 《우리가 지켜야 할 우리 종자》, 사계절, 1999.
16) 김상보, 〈무속 · 불교 · 유교를 통하여 본 식생활문화 및 그 의식절차에 대한 연구-서울 지방을 중심으로〉, 이화여대교육대학원 석사학위청구논문, 1974, 73~74쪽.
17) 박구병, 〈한국어업사〉, 《한국문화사대계 4-풍속 · 예술사》, 고려대 민족문화연구소 출판부, 1970, 119쪽.
18) 제물을 나누는 반기 돌리기 과정과 별도로 굿이 진행되는 중에 무당과 마을사람들은 별도로 준비된 막걸리 · 양지머리고기 · 김치 · 밥 · 육개장 등으로 식사와 홍을 돋운다. 부군신 모시기 거리가 끝나면 무당 · 악사 · 단골 들을 위한 별도의 음식이 나누어진다. 사람들은 제각기 술과 안주, 그리고 밥을 먹고 굿의 각 거리에 참여하여 춤을 추며 논다.

13장 상상 속의 조선음식 — 소설 《임꺽정》에 묘사된 조선음식을 중심으로

1) 신재성, 〈풍속의 재구: 《임꺽정(林巨正)》〉, 임형택 · 강영주 편, 《벽초 홍명희, 《임꺽정(林巨正)》의 재조명》, 사계절, 1988, 128쪽. 이 논문은 원래 신재성, 〈1920~30년대 한국역사소설 연구〉, 《현대문학연구》 69집, 서울대학교 현대문학연구회, 1986에서 일부 발췌한 것이다.
2) 한희숙, 〈16세기 임꺽정 난의 성격〉, 《한국사연구》 Vol. 89, 한국사연구회, 1995, 88쪽.
3) 강영주, 《한국역사소설의 재인식》, 창작과비평사, 1991, 154쪽.
4) 이기인, 〈《임꺽정》의 심미적 특성에 대하여〉, 《어문논집》 Vol. 40, 민족어문학회, 1999, 352~353쪽.
5) 신재성, 앞의 글, 1988, 136쪽.
6) 주강현, 〈벽초 홍명희의 《임꺽정(林巨正)》과 풍속의 제문제-1920년대 후반 한국민속학 형성기에서 홍벽초가 반드시 기록되어야 하는 이유〉, 《역사민속학》 15, 민속원, 2002, 128~133쪽.
7) 사위 나리가 서로 떠나게 될 날도 가깝고 하니, 집안식구가 한자리에 모이어 조석을 같이 먹자고 주장하여 웃방이 조석 먹는 방이 되었는데, 구미 잃은 봉단이가 험한 밥 먹는 것을 사위 나리가 딱하게 여기어서 자기의 입쌀밥을 주고 싶으나 여러 사람 보는 곳에 유난스러워서 주삼의 아내를 보고 "혼자서 좋은 밥을 먹자니 첫째 염치가 없어. 이 밥을 좀 노놔들 자시지" 하고 위만 헐다가 만 밥그릇을 내어주니 주삼의 아내가 "고만두고 더 잡수시요" 하고 권하다가 사위 나리가 정히 그만 먹겠다고 하니까 "네나 먹어라" 하고 봉단에게 내주었다. 사위 나리 맘에는 봉단이가 "네" 하고 받아먹었으면 좋겠는데, 봉단이는 남의 맘도 모르고 "아버지 잡수세요" 하고 주삼을 주고, 주삼은 "나는 조밥이 좋아. 당신 자시요" 하고 아내를 주고, 주삼의 아내는 "아재 자시오" 하고 주팔을 주고, 또 주팔은 "나

도 조밥이 좋아. 너 먹어라" 하고 돌이를 주었다. 입쌀밥 담은 밥그릇이 한 차례 식구 앞에 조리를 돌아 돌이에게 간 뒤에 돌이가 "다 싫다면 내가 먹지" 하고 처치하게 되니 사위 나리의 소료와는 틀리었다.

8) 이규경, 《오주연문장전산고(五洲衍文長箋散稿)》.

9) 조재영, 〈감자〉, 《한국민족문화대백과사전》, 한국정신문화연구원, 1991.

10) 조재영, 앞의 글, 1991.

11) "경상도는 명년의 종자를 반드시 미리 지급한 뒤에야 농사를 지어 내년의 생계를 이어 갈 수 있습니다. 도내(道內)의 상주(尙州)·금산(金山)·개령(開寧)·선산(善山) 등의 고을은 충청도와 좌도(左道) 중 온전히 보존되어 있는 읍의 곡식 종자를 벼·기장·피·조·옥수수·콩·팥을 막론하고 옮겨다가 제급하고, 본 고장의 백성이 실어다주기 어려우면 잔패된 지방의 백성으로 하여금 각기 힘닿는 대로 가지고 가게 해야 합니다."

12) 《동아일보》 1946년 8월 7일자, 〈경성과 인천 시민에게 옥수수 1홉 5작씩 배급 결정〉.

13) 주영하, 《그림 속의 음식, 음식 속의 역사— '조선'의 표상과 실재에 대해 다시 생각하다》, 사계절, 2005, 229~237쪽 참조.

14) 이경재, 《청계천은 살아 있다》, 가람기획, 2002.

15) 조풍연 해설, 《사진으로 보는 조선시대-생활과 풍속》, 서문당, 1999. 21쪽.

16) 이상태, 〈고지도를 이용한 18~19세기 서울 모습의 재현〉, 《서울학연구》 제11호, 서울시립대학교 서울학연구소, 1998.

17) 이 책은 1919년에 심환진(沈晥鎭)이 경상북도 상주군수로 부임하여, 그곳의 양반가에 소장되어 있던 조리서를 빌려 필사를 해둔 것을 며느리 홍정(洪貞)에게 주었고, 그것이 이성우 교수에게 전달되어 알려졌다. 자세한 내용은 이성우, 《한국식경대전(韓國食經大典)》, 향문사, 1981, 325~329쪽 참조.

18) 주영하, 〈짠지, 장아찌, 침채, 그리고 김치〉, 《문헌과 해석》, 문헌과해석사, 2002.

19) 주영하, 《김치 한국인의 먹거리》, 도서출판 공간미디어, 1994, 96쪽.

20) 南蠻椒有大毒 始自倭國來 故俗呼倭芥子 往往種之 酒家利其猛烈 或和 燒酒以市之 飲者多死.(卷二十 卉木部 木 南蠻椒)

21) 주영하, 〈고추의 상징화 과정에 대한 일고(一考)〉, 《역사민속학》 11집, 한국역사민속학회, 2000.

22) 전경수, 〈진도 하사미 의례생활〉, 서울대대학원 석사학위청구논문, 1977.

23) '此湯今京中泮人盛行'.(《오주연문장전산고》 卷二十八, 〈행주음선변증설(行廚飲膳辨證說)〉)

24) 이이화, 《이야기 인물 한국사》 제2권, 한길사, 1993, 154쪽.

25) 주영하, 〈홍명희와 일제시대 조선민속학〉, 《충북작가》, 충북작가회의, 2002.

보론: 한국음식의 역사와 문화에 대한 연구사 50년

1) 주강현,《북한의 민속학》, 역사비평사, 1989.
2) 이한창,《장(醬) 역사와 문화와 공업》, 신광출판사, 1999.
3) Yoder, Don., "Folk Cookery", *Folklore and Folklife,* Chicago: The University of Chicago Press, 1972, pp. 326-327.
4) 당시 출판될 때는 김호직의 창씨개명한 이름으로 되어 있다. 도요야마 다이지(豊山泰次),《조선식물개론(朝鮮食物概論)》, 생활과학사, 1945.
5) 이춘녕,〈나의 한국농업기술사 연구〉,《한국사 시민강좌 18》, 일조각, 1996.
6) 방신영,《조선요리제법(朝鮮料理製法)》, 한성도서출판주식회사, 1934.
7) 이성우,《고려 이전의 한국식생활사 연구》, 향문사, 1978.
8) 依田千百子,〈韓國の食文化に關する文化人類學的諸問題〉,《斗山金宅圭博士華甲紀念文化人類學論叢》, 斗山金宅圭博士華甲紀念論文集刊行 委員會, 1989, pp. 1-7.
9) 윤서석,〈한국의 절식음식〉,《대한가정학회》Vol. 3, 대한가정학회, 1962, 385~392쪽.
10) 고려대학교 민족문화연구소 편,《한국문화사대계 4-풍속·예술사(상)》, 고려대학교 민족문화연구소 출판부, 1970.
11) 윤서석,〈한국 식품구조 형성의 역정〉, 중앙대대학원 박사학위청구논문, 1973.
12) 윤서석,〈민속과 음식〉,《한국민속학》10권, 민속학회, 1977.
13) Lévi-Strauss, Claude., "Le triqngle culinaire", *L'Arc*, No. 26, Aix-en-provence, 1965.(이광규,《레비스트로스》, 대한기독교서회, 1983)
14) 한희순·황혜성·이혜경,《이조궁정요리통고(李朝宮廷料理通攷)》, 학총사, 1958.
15) 이기백,〈한국사 연구에서의 문류사 문제〉,《민족문화연구》5, 고려대학교 민족문화연구소, 1971, 84쪽.
16) 이어령,《흙 속에 저 바람 속에-이것이 한국이다》, 현암사, 1963.
17) 이기열,《한국인의 식생활》, 연세대학교 출판부, 1976.
18) 김상보,〈무속·불교·유교를 통하여 본 식생활문화 및 그 의식 절차에 대한 연구-서울 지방을 중심으로〉, 이화여대 교육대학원 석사학위청구논문, 1974.
19) 崔吉城·柳尙熙,〈在日韓國人の燒肉に關する文化人類學的考察〉(《社會人類學年報》, 1980. 11)이 대표적이다. 그 이후 일본인 학자 중에서 아사쿠라 도시오(朝倉敏夫)의 연구(《日本の燒肉 韓國の刺身》, 農山漁村文化協會人間選書, 1994)와 이토 아비토(伊藤亞人)의 연구(〈韓國農村における土器の使用〉, 吉田集而 編,《生活技術の人類學-國立民族學博物館シンポジウムの記錄》, 平凡社, 1995) 등이 주목을 받는다.
20) 이성우,《조선시대 조리서의 분석적 연구》, 한국정신문화연구원, 1982.
21) 윤서석,〈식생활의 전통양식〉,《전통적 생활양식의 연구(중)》, 한국정신문화연구원, 1982.

22) 이성우, 《한국식경대전(韓國食經大典)》, 향문사, 1981.

23) 이성우, 《한국요리문화사(韓國料理文化史)》, 교문사, 1985; 이성우, 《한국식품문화사(韓國食品文化史)》, 교문사, 1988; 이성우, 《한국식품사회사(韓國食品社會史)》, 교문사, 1988.

24) 장지현, 《한국전래발효식품사 연구》, 수학사, 1989.

25) 장지현, 《한국외래주유입사 연구》, 수학사, 1987.

26) 장지현, 《한국전래 대두이용음식의 조리 · 가공사적 연구》, 수학사, 1993.

27) 장지현, 《한국전래면류음식사 연구》, 수학사, 1994.

28) 장지현, 《한국전래유지류사 연구》, 수학사, 1995.

29) 장지현, 《한국전래면류음식사 연구》, 수학사, 1994.

30) 이성우, 〈머리말〉, 《고려 이전의 한국식생활사 연구》, 향문사, 1978.

31) 국내에서는 다음과 같은 제목으로 번역 출판되었다. 시노다 오사무, 윤서석 옮김, 《중국음식문화사》, 민음사, 1995.

32) 이성우, 앞의 책, 1978, 84~85쪽.

33) 국립문화재연구소, 《한국민속종합조사보고서》 제15책, 향토음식편, 국립문화재연구소, 1984.

34) 강인희 · 이경복, 《한국 식생활 풍속》, 삼영사, 1984.

35) 이성우, 〈조선왕조 궁중식에 대한 문헌학적 연구〉, 《한국식문화학회지》 Vol. 1-1, 한국식문화학회, 1986; 이효지 · 윤서석, 〈조선시대 궁중음식 중 찬물류의 공석적 연구〉, 《한국식문화학회지》 Vol. 1-2, 한국식문화학회, 1986; 김춘련, 〈18세기 궁중연회음식고—원신을묘정리의궤를 중심으로〉, 《한국식문화학회지》 Vol. 1-2, 한국식문화학회, 1986; 이효지 · 윤서석, 〈조선시대 궁중연회음식 중 과정류의 분석적 연구〉, 《한국식문화학회지》 Vol. 1-3, 한국식문화학회, 1986; 이효지 · 윤서석, 〈조선시대 궁중연회음식 중 병이류의 분석적 연구〉, 《한국식문화학회지》 Vol. 1-4, 한국식문화학회, 1986; 이성우, 〈궁중연회식의궤에 나타나는 초출연도별의 음식명〉, 《한국식문화학회지》 Vol. 3-1, 한국식문화학회, 1988; 한복진 · 이성우, 〈조선조 궁중 탄생상 발기의 분석적 연구〉, 《한국식문화학회지》 Vol. 4-1, 한국식문화학회, 1989; 김상보 · 한복진 · 이성우, 〈원행을묘정리의궤 중 조리면에서 본 수자상고〉, 《한국식문화학회지》 Vol. 4-2, 한국식문화학회, 1989; 김상보 · 한복진 · 이성우, 〈원행을묘정리의궤 중 조리면에서 본 죽상 · 미음상 및 현륭원에서의 상차림고〉, 《한국식문화학회지》 Vol. 4-4, 한국식문화학회, 1989; 한복진 · 이성우, 〈원행을묘정리의궤에 나타나는 음식명 · 식기명 · 조리기구명〉, 《한국식문화학회지》 Vol. 4-4, 한국식문화학회, 1989 등.

36) 이성우 · 이현주, 〈한국 고문헌 속의 주류색인〉, 《한국식문화학회지》 Vol. 1-1, 한국식문화학회, 1986; 이미순, 〈한국 산채류 이용의 역사적 고찰〉, 《한국식문화학회지》 Vol. 1-2, 한국식문화학회, 1986; 이성우 · 이현주, 〈한국 고문헌 속의 장류색인〉, 《한국식문화학

회지》 Vol. 1-2, 한국식문화학회, 1986; 김귀영 · 이성우, 〈《주방문》의 조리에 관한 분석적 연구〉, 《한국식문화학회지》 Vol. 1-4, 한국식문화학회, 1986; 이효지 · 최종희, 〈조선시대 술에 관한 분석적 고찰—조선 중기 1600년대를 중심으로〉, 《한국식문화학회지》 Vol. 2-1, 한국식문화학회, 1987; 이철호 · 맹영선, 〈한과류의 문헌적 고찰〉, 《한국식문화학회지》 Vol. 2-1, 한국식문화학회, 1987 등.

37) 김희선 · 정혜경 · 김숙희, 〈조선 후기 기근 만성화와 구황식품 개발의 사회 · 경제적 고찰〉, 《한국식문화학회지》 Vol. 2-1, 한국식문화학회, 1986.

38) 정혜경, 〈한국의 사회 · 경제적 변동에 따른 식생활 변천: 조선 말기부터 1980년대까지〉, 이화여대 박사학위청구논문, 1988.

39) 서혜경 · 윤서석, 〈우리나라 젓갈의 지역성 연구(1)—젓갈의 종류와 주재료〉, 《한국식문화학회지》 Vol. 2-1, 한국식문화학회, 1987; 서혜경, 〈우리나라 젓갈의 지역성 연구(2)—젓갈의 담금법〉, 《한국식문화학회지》 Vol. 2-2, 한국식문화학회, 1987; 윤숙경, 〈안동식혜의 조리법에 관한 연구: I. 조리법의 유래에 따른 사적 고찰〉, 《한국식문화학회지》 Vol. 3-1, 한국식문화학회, 1988; 윤숙경, 〈풍기 지역 식문화 양상에 관한 연구〉, 《한국식문화학회지》 Vol. 8-1, 한국식문화학회, 1993.

40) 서혜경, 〈우리나라 젓갈의 지역성 연구〉, 중앙대대학원 박사학위청구논문, 1987.

41) 윤숙경, 〈안동 지역의 불천위제례(不遷位祭禮)와 제수〉, 《한국식생활문화학회지》 Vol. 11-2, 한국식생활문화학회, 1996; 윤숙경, 〈향교와 서원의 제례에 따른 제수(祭需)에 관한 연구〉, 《한국식생활문화학회지》 Vol. 13-4, 한국식생활문화학회, 1998.

42) 최진호 · 편재형 · 임채환 · 양종순 · 김수현 · 김정한 · 이병호 · 우순임 · 최선남 · 변대석, 〈우리나라 장수자의 생활 및 의식주조사에 관한 연구〉, 《한국식문화학회지》 Vol. 1-3, 한국식문화학회, 1986; 문수재 · 이영미, 〈청소년의 식품에 대한 가치 구조의 분석연구〉, 《한국식문화학회지》 Vol. 1-2, 한국식문화학회, 1986; 계승희 · 윤석인 · 이철, 〈주부들의 한과류 이용에 관한 실태조사〉, 《한국식문화학회지》 Vol. 2-2, 한국식문화학회, 1987 등.

43) 김민기, 〈한국 동물과 식문화부작과 식문화〉, 《한국식문화학회지》 Vol. 1-1, 한국식문화학회, 1986; 김민기, 〈부적을 통해서 부엌의 신 조왕님〉, 《한국식문화학회지》 Vol. 1-3, 한국식문화학회, 1986.

44) 주남철, 〈한국의 전통적 식생활 공간〉, 《한국식문화학회지》 Vol. 2-2, 한국식문화학회, 1987.

45) 이훈종, 〈언어학상으로 보는 한국의 부엌세간과 식기〉, 《한국식문화학회지》 Vol. 3-2, 한국식문화학회, 1988.

46) 송일병, 〈사상체질과 체질음식(음식섭생)〉, 《한국식문화학회지》 Vol. 3-4, 한국식문화학회, 1988.

47) 한국음식문화연구원, 《한국음식문화논문집》 제1집, 한국음식문화연구원, 1988. 이 책은 1997년까지 총 7집이 발간되었다.

48) 한국음식문화오천년전준비위원회 편, 《한국음식 오천년》, 유림출판사, 1988. 집필자는 다음과 같다. 자연환경: 이춘녕, 간략한 역사: 이성우, 통과의례 음식: 윤서석, 밥: 김태홍, 죽: 허필숙, 국수와 만두: 박승애, 찌개와 전골: 이효지, 국: 염초애, 장류: 윤덕인, 장아찌: 우순임, 김치: 조재선, 젓갈과 식해: 이철호, 쌈: 황춘선, 생채: 성기희, 나물: 임희우, 튀각과 부각: 장정욱, 두부: 허태완 · 한억, 적: 조창숙, 전: 김영애, 회: 김춘달, 조림과 초: 이효지, 좌반: 정순자, 포: 정순자, 구이: 홍성야, 떡과 과자: 강인희, 향토음식: 황혜성, 궁중음식: 한복려, 절식: 김경진, 사찰음식: 서혜경, 양생음식: 윤숙경, 음청: 조후종, 차: 김명배, 담배: 이훈종, 전통주: 장지현.

49) 이종미 · 최성은, 〈전통적 증편 제조의 표준화〉, 《한국식품과학회지》 Vol. 25-6, 한국식품과학회, 1993; 주영하, 〈민속문화의 국제화 요구와 비교민속학의 대응〉, 《한국민속학》 40호, 한국민속학회, 2004.

50) Harris, Marvin., *The Sacred Cow and the Abominable Pig: Riddles of Food and Culture*, 1985.(마빈 해리스, 서진영 옮김, 《음식문화의 수수께끼》, 한길사, 1992)

51) 김광억, 〈음식의 생산과 문화의 소비〉, 《한국문화인류학》 26권, 한국문화인류학회, 1994, 8쪽.

52) 한경구, 〈어떤 음식은 생각하기에 좋다: 김치와 한국민족성의 정수〉, 《한국문화인류학》 26권, 한국문화인류학회, 1994.

53) 황익주, 〈향토음식 소비의 사회문화적 의미: 춘천 닭갈비의 사례〉, 《한국문화인류학》 26권, 한국문화인류학회, 1994.

54) 전경수, 〈진도 하사미(下沙美) 의례생활〉, 서울대대학원 석사학위청구논문, 1977.

55) 전경수, 〈선사문화의 변동과 소금의 민속고고학〉, 《한국문화론—상고편》, 일지사, 1994.

56) 정혜경 · 이정혜, 《서울의 음식문화—영양학과 인류학의 만남》, 서울시립대학교 서울학연구소, 1996.

57) 아래의 연구가 이 분야를 개척하는 데 참고가 된다. Fieldhouse, Paul., *Food and Nutrition: Custom and Culture*, New York: Chapman & Hall, 1986.

58) 한국사회사학회, 《사회와 역사—특집 음 · 식의 사회사》 제66집, 문학과지성사, 2004.

59) 배영동, 〈안동 지역의 일상음식과 제사음식의 비교〉, 《민속연구》 제9집, 안동대 민속학연구소, 1999; 배영동, 〈마을사회의 의식주생활 조사의 관점〉, 안동대 민속학연구소 편, 《민속연구—마을 민속조사 어떻게 할 것인가》 제11집, 민속원, 2002.

60) 김상보, 〈무속 · 불교 · 유교를 통하여 본 식생활문화 및 그 의식 절차에 대한 연구—서울 지방을 중심으로〉, 이화여대 교육대학원 석사학위청구논문, 1974.

61) 주영하, 〈밤섬 부군당 도당굿의 제물과 음식—신과 인간의 공식(共食)〉, 앞의 책, 1999.

62) 심우성, 〈'서울 새남굿'의 굿상 차림〉, 《샤머니즘 연구》 1집, 한국샤머니즘학회, 1999.

63) 홍태한, 〈서울 무속의 상차림에 대하여〉, 《한국무속학》 6권, 한국무속학회, 2003.

64) 주영하 · 최진아, 〈새남굿과 제물〉, 《무속과 제물》, 국립문화재연구소, 2006.

65) 권숙인, 〈현지화 · 정형화 · 지구화: 재멕시코/일본 한인의 민족음식문화〉, 《비교문화연구》 11-2, 서울대학교 비교문화연구소, 2005.

66) 김상보, 《한국의 음식생활문화사》, 광문각, 1997.

67) 한복진, 《우리생활 100년 - 음식》, 현암사, 2001.

68) 한복진, 《조선시대 궁중의 식생활문화》, 서울대학교 출판부, 2005.

69) 주영하, 〈고추의 상징화 과정에 대한 일고(一考)〉, 앞의 책, 2000; 주영하, 〈식탁 위의 근대: 1883년 조일통상조약 기념 연회도를 통해서〉, 앞의 책, 2004.

70) 주영하, 《그림 속의 음식, 음식 속의 역사 - '조선'의 표상과 실재에 대해 다시 생각하다》, 사계절, 2005.

71) 주영하, 〈'내선융화'와 조선인의 식사풍속 - 《日常生活上より見 たる內鮮融化の要諦》(1928)를 대상으로〉, 《일본사상》 제9호, 일본사상사학회, 2005.

72) 주영하, 〈민속의 표상과 실재: 안동 지역 의식주 민속에 대한 담론적 접근〉, 《지역민속연구와 국학》, 집문당, 2005.

73) 주영하, 〈유교와 음식: 음식의 유교적 질서와 일상화〉, 《유교와 민속》, 민속원, 2006.

74) 김호, 《허준의 동의보감 연구》, 일지사, 2000; 주영하 · 김소현 · 김호 · 정창권, 《19세기 조선, 생활과 사유의 변화를 엿보다》, 돌베개, 2005.

75) 주영하, 〈경기 동부의 식생활〉, 《경기민속지》(IV. 의 · 식 · 주편), 경기도박물관, 2001; 주영하, 〈경기 북부의 식생활〉, 《경기민속지》(IV. 의 · 식 · 주편), 경기도박물관, 2001; 주영하, 〈식구론: 현대 한국사회에서의 음식 관습〉, 앞의 책, 2002.

76) 주영하, 〈야키니쿠에서 비빈멘까지: 일본에서의 한국음식 유행과 한류〉, 앞의 책, 2005; 주영하, 〈식사, 기호(嗜好), 민족음식: 음식에 대한 민속학적 조망〉, 《비교민속학》 31집, 비교민속학회, 2006.

77) 이종미 · 김미경 · 박혜진, 〈연변 조선족 주부와 여대생의 식생활 조사〉, 《한국식생활문화학회지》 Vol. 16-1, 한국식생활문화학회, 2001.

도 판 목 록 및 출 처

서설: 인문의 시선으로 읽는 음식학

〈그림 1〉 조선시대 조리서의 계보도

이성우, 《조선시대 조리서의 분석적 연구》, 한국정신문화연구원, 1982.

〈그림 2〉 음식과 음식 행위의 문화적 구조

〈그림 3〉 음식문화의 기본어에 관한 자료

아사쿠라 도시오, 〈현대 일본에서의 한국음식〉, 《한국식문화학회》, Vol. 17-2, 한국식문화학회, 2002.

1장: 식구론—주택과 가족제도의 변화가 음식 소비에 미친 영향

〈표 1〉 음식의 생산과 소비 과정도

〈그림 1〉 이천시 율면 고당리 Y씨의 살림집 개조

〈그림 2〉 A씨 친척도

〈그림 3〉 A씨의 명절 식사 좌석 배치도

〈그림 4〉 양평군 강상면 세월리 H씨의 김장김치를 함께 나누는 확대가족

3장: 한국음식의 매운맛은 어떻게 진화했는가—거슬러 올라가는 매운맛의 역사

〈표 1〉 조선시대 고추 관련 문헌자료

4장: 비빔밥의 진화와 담론 연구

〈그림 1〉 1890년대 주막에서의 식사 장면

출처 불명

〈그림 2〉 일상적인 한국음식의 문화적 구조와 '밥+국', '밥+반찬'의 결합

5장: 식탁 위의 근대—〈조일통상장정 기념 연회도〉를 중심으로

〈그림 1〉 안중식, 〈조일통상장정 기념 연회도〉

비단에 채색, 53.9x35.5cm, 숭실대학교 부설 한국기독교박물관

〈그림 2〉 〈조일통상장정 기념 연회도〉에 그려진 인물 추정

〈그림 3〉 한국의 외무장관이 유럽 외교관에게 베푼 연회

강명숙 외, 《서양인이 만든 근대 전기 한국 이미지 III》, 청년사, 2009.

6장: 주막의 근대—만들어진 전통의 이미지, 주막

〈그림 1〉 김홍도, 〈행려풍속도병〉의 '노변야로' 중 일부

비단에 담채, 90.0x42.7cm, 국립중앙박물관.(허가번호: 중박 201012-568)

〈그림 2〉 20세기 초반의 주점, '쥬졈'

조풍연 해설, 《사진으로 보는 조선시대 생활과 풍속》, 서문당, 1999.

7장: 생선 소비와 근대—민물생선에서 바다생선으로

〈그림 1〉 조선시대 〈대동여지도〉에 나타난 고양시

김정호, 《대동여지도》(복간), 광우당, 1985.

〈표 1〉 20세기 중반 한강의 어업력
〈그림 2〉 그물에서 쓰이는 길이 단위

8장: 타자화된 조선음식－일본인의 눈에 비친 조선음식을 중심으로
〈그림 1〉《조선만화》에 그려진 신선로 먹는 모습
鳥越靜岐 · 薄田斬雲, 《朝鮮漫畵》, 日韓書房, 1909.
〈그림 2〉《조선무속의 연구》 출판 기념 모임
주영하 외, 《제국 일본이 그린 조선민속》, 한국학중앙연구원, 2006.

9장: 한국음식이란 무엇인가
〈그림 1〉 한국음식의 역사문화적 구조

10장: 도구의 닮음과 문화의 다름
〈그림 1〉 중국 고대 주요 유적지
〈그림 2〉 중국 시대별 숟가락의 형태 변화
王仁湘, 《民以食爲天 I》, 中華書局, 1989.
〈그림 3〉 당나라 둔황 473호 동굴에서 발견된 〈연음벽화모본〉
王仁湘, 《民以食爲天 II》, 中華書局, 1989.
〈그림 4〉 무령왕릉에서 출토된 청동제 숟가락과 젓가락 세트, 안압지에서 출토된 청동제 숟가락
정의도, 〈청동 숟가락의 등장과 확산 삼국시대~통일신라시대〉, 《석당논총》 42권, 동아대학교 석당학술원, 2008.
〈그림 5〉 쇼진요리 식사
樋口清之, 《新版 日本食物史－食生活の歴史》, 紫田書店, 1994.

11장: 음식문화에 나타난 유교적 질서와 일상화
〈그림 1〉《주자가례》와 《사례편람》의 제물 진설도 비교

12장: 제물, 인간과 신령의 연결고리－서울 밤섬 도당굿에 오른 무속음식을 중심으로
〈표 1〉 1984년과 1999년 제물용으로 구입한 물품 비교
〈그림 1〉 부군상
〈그림 2〉 삼불제석상
〈그림 3〉 군웅상
〈표 2〉 유교식 굿상의 제물과 밤섬 도당굿의 제물 비교
〈그림 4〉 당마루상
〈그림 5〉 밤섬 도당굿 장면
사진 김창호
〈그림 6〉 뒷전상
〈표 3〉 1998년 진지치성 때 차려진 굿상

13장: 상상 속의 조선음식－소설 《임꺽정》에 묘사된 조선음식을 중심으로
〈그림 1〉《시의전서》의 상차림 그림
이효지 외, 《시의전서 우리음식 지킴이가 재현한 조선시대 조상의 손맛》, 신광출판사, 2004.

참 고 문 헌

1. 고문헌

김정호, 《대동지지(大東地志)》 권27.
박지원, 《열하일기(熱河日記)》.
유형원(柳馨遠), 《반계수록(磻溪隨錄)》.
이규경, 《오주연문장전산고(五洲衍文長箋散稿)》.
이수광, 《지봉유설(芝峯類說)》.
이익, 《성호사설(星湖僿說)》.
조선유교회총부, 《조선유교회선언서급헌장(朝鮮儒教會宣言書及憲章)》, 조선유교회총부, 1933.
홍만선, 《산림경제(山林經濟)》.
홍석모, 《동국세시기(東國歲時記)》.
《고종실록(高宗實錄)》.
《삼국지위지동이전(三國志魏志東夷傳)》.
《순종실록(純宗實錄)》.
《영조실록(英祖實錄)》.
《원행을묘정리의궤(園幸乙卯整理儀軌)》.

2. 국문문헌

강만길 외, 《한국사 23—한국사의 이론과 방법 I》, 한길사, 1995.
강면희, 〈돼지〉, 《한국민족문화대백과사전》 7권, 한국정신문화연구원, 1992.
강무, 〈한글+한자문화 칼럼: 명월관(5)〉, 《한글한자문화》 Vol. 91, 전국한자교육추진총연합회, 2006.
강영주, 《한국역사소설의 재인식》, 창작과비평사, 1991.

강영환, 《집의 사회사》, 웅진출판, 1992.
강인희, 《한국의 맛》, 대한교과서주식회사, 1987.
강인희 · 이경복, 《한국 식생활 풍속》, 삼영사, 1984.
계승희 · 윤석인 · 이철, 〈주부들의 한과류 이용에 관한 실태조사〉, 《한국식문화학회지》 Vol. 2-2, 한국식문화학회, 1987.
고려대학교 민족문화연구소 편, 《한국문화사대계 4—풍속 · 예술사(상)》, 고려대학교 민족문화연구소 출판부, 1970.
고병익, 〈동아시아 나라들의 상호 소원(疏遠)과 통합〉, 최원식 외 엮음, 《동아시아: 문제와 시각》, 문학과지성사, 1995.
국립문화재연구소 편, 《한국민속종합조사보고서》 제15책, 경남편, 국립문화재연구소, 1984.
국립문화재연구소 편, 《한국민속종합조사보고서》, 제15책, 향토음식편, 국립문화재연구소, 1984.
권삼문, 〈어촌 미역채취 관행에 대한 연구〉, 영남대대학원 석사학위청구논문, 1991.
권숙인, 〈근세 일본에서 대중관광의 발달과 종교: '이세마이리(伊勢まいり: 이세신궁 참배)'를 중심으로〉, 《지역연구》 6권 1호, 서울대 지역종합연구소, 1997.
권숙인, 〈현지화 · 정형화 · 지구화: 재멕시코/일본 한인의 민족음식문화〉, 《비교문화연구》 11-2, 서울대학교 비교문화연구소, 2005.
기무라 슈이치, 〈문화 형성에 있어서의 인간의 식행동의 특징과 영양학적 배경〉, 《한국식생활문화학회지》 Vol. 6, No. 3, 1991.
김광억, 〈음식의 생산과 문화의 소비〉, 《한국문화인류학》 26권, 한국문화인류학회, 1994.
김귀영 · 이성우, 〈《주방문》의 조리에 관한 분석적 연구〉, 《한국식문화학회지》 Vol. 1-4, 한국식문화학회, 1986.
김민기, 〈한국 동물과 식문화부작과 식문화〉, 《한국식문화학회지》 Vol. 1-1, 한국식문화학회, 1986.
김민기, 〈부적을 통해서 부엌의 신 조왕님〉, 《한국식문화학회지》 Vol. 1-3, 한국식문화학회, 1986.
김상보, 〈무속 · 불교 · 유교를 통하여 본 식생활문화 및 그 의식 절차에 대한 연구〉, 이화여대 교육대학원 석사학위청구논문, 1974.
김상보, 〈한국의 제사음식문화〉, 《한국식생활문화학회지》 Vol. 11-2, 한국식생활문화학회, 1996.
김상보, 《한국의 음식생활문화사》, 광문각, 1997.
김상보, 《조선시대의 음식문화》, 가람기획, 2005.
김상보 · 한복진 · 이성우, 〈원행을묘정리의궤 중 조리면에서 본 수자상고〉, 《한국식문화학회지》 Vol. 4-2, 한국식문화학회, 1989.
김상보·한복진·이성우, 〈원행을묘정리의궤 중 조리면에서 본 죽상·미음상 및 현륭원에서의 상차림고〉, 《한국식문화학회지》 Vol. 4-4, 한국식문화학회, 1989
김상순, 《한국전통식품의 과학적 고찰》, 숙명여자대학교 출판부, 1985.
김숙희, 〈조미향신료의 영양학적인 측면(양념의 영양)〉, 《한국식생활문화학회지》 Vol. 5, No. 3, 한국식생활문화학회, 1990.
김시덕, 〈가정의례준칙이 상례에 미친 영향〉, 《역사민속학》 12권, 역사민속학회, 2001.
김종헌, 〈한국 교통건축(交通建築)의 변천과 발달에 관한 연구〉, 고려대대학원, 박사학위청구논문, 1997.
김진각, 〈묄렌도르프의 한국근대화론〉, 서울대대학원 국사학과 석사학위청구논문, 1988.
김진각, 〈묄렌도르프의 조선문명개화론〉, 《역사교육》 제46호, 역사교육연구회, 1989.
김진구, 《한국어업사·포경사》, 국제연합식량농업기구한국협회, 1966.
김춘련, 〈18세기 궁중연회음식고》원신을묘정리의궤를 중심으로〉, 《한국식문화학회지》 Vol. 1-2, 한국식문화학회, 1986.
김현숙, 〈한국 근대 서양인 고문관 연구〉, 이화여대대학원 사학과 박사학위청구논문, 1999.
김형국, 《고장의 문화판촉》세계화시대에 지방이 살 길》, 학고재, 2002.
김호, 《허준의 동의보감 연구》, 일지사, 2000.
김호직(도요야마 다이지), 《조선식물개론》, 생활과학사, 1945.
김후종, 〈조선 후기 어염의 유통실태〉, 《대구사학》 제31집, 1984.
김희선·김숙희, 〈조선 후기 기근 만성화와 구황식품 개발의 사회·경제적 고찰〉, 《한국식문화학회지》 Vol. 2-1, 한국식문화학회, 1986.
노성환, 《젓가락 사이로 본 일본문화》, 교보문고, 1997.
농수산물유통공사, 〈김치정보〉, 1986년 제2호.
W. R. 칼스, 신복룡 옮김, 《조선풍물지》, 집문당, 1999.
마빈 해리스, 서진영 옮김, 《음식문화의 수수께끼》, 한길사, 1992.
목린덕 부인, 고병익 옮김, 〈목린덕의 수기〉, 《진단학보》 제24호, 1963.
문미옥·류칠선, 〈소학에 나타난 아동교육론〉, 《한국아동학회지》 21-1, 한국아동학회, 2000.
문수재·이영미, 〈청소년의 식품에 대한 가치 구조의 분석 연구〉, 《한국식문화학회지》 Vol. 1-2, 한국식문화학회, 1986.
문옥표, 〈《예서(禮書)》에 나타난 유교식 관혼상제례의 의미 분석〉, 《한국 인류학의 성과와 전망》, 집문당, 1998.
문화공보부 문화재관리국, 《한국민속종합조사보고서》 제3책, 경남편, 문화공보부,

1972.
미셸 푸코, 이정우 옮김, 《지식의 고고학》, 민음사, 2000.
박구병, 〈한국어업사〉, 《한국문화사대계 VI》, 고려대학교 출판부, 1970.
박구병, 〈숭어〉, 《한국민족문화대백과사전》 13권, 한국정신문화연구원, 1990.
박구병, 〈웅어〉, 《한국민족문화대백과사전》 16권, 한국정신문화연구원, 1990.
박부진, 〈거주 공간의 이용 관행과 가족관계〉, 《성, 가족, 그리고 문화인류학적 접근》, 집문당, 1997.
박지향, 《일그러진 근대》100년 전 영국이 평가한 한국과 일본의 근대성》, 푸른역사, 2003.
발터 라이퍼, 〈과도기의 학자이며 정치가였던 묄렌도르프〉, 《묄렌도르프》, 정민사, 1983.
발터 라이퍼, 〈묄렌도르프가 본 갑신정변〉, 한국정치외교사학회 편, 《갑신정변연구》 제49호, 평민사, 1985.
방신영, 《조선요리제법(朝鮮料理製法)》, 광익서관, 1921.
방신영, 《(수정증보) 조선요리제법》, 조선도서주식회사, 1931.
방신영, 《조선요리제법(朝鮮料理製法)》, 한성도서출판주식회사, 1934.
배도식, 〈옛 주막의 민속적 고찰〉, 《한국민속학》 15집, 민속학회, 1982.
배영동, 〈한국문화의 원형을 찾아서: (2)우리의 수저〉, 《한국논단》 26집, 한국논단, 1991.
배영동, 〈안동 지역의 일상음식과 제사음식의 비교〉, 안동대 민속학연구소 편, 《민속연구》 제9집, 1999.
배영동, 〈마을사회의 의식주생활 조사의 관점〉, 안동대 민속학연구소 편 《민속연구》마을민속조사 어떻게 할 것인가》 제11집, 민속원, 2002.
배영동, 〈전통적 기제사를 통해 본 조상관〉, 《비교민속학》 23집, 비교민속학회, 2002.
배영동, 〈안동 지역 전통음식의 탈맥락화와 상품화》1970년대 이후를 중심으로〉, 《사회와 역사》 제66권, 사회사학회, 2004.
백성현 · 이한후, 《파란 눈에 비친 하얀 소신》, 새날, 1999.
볼프강 허버란트, 조홍윤 옮김, 《발명 · 발견자인 인디언과 에스키모》, 정음사, 1984.
빙허각 이씨, 정양완 역주, 《규합총서(閨閤叢書)》, 보진재, 1987.
빙허각 이씨, 이효지 옮김, 《부인필지》, 교문사, 2010.
샤를 바라 · 샤이에 롱, 성귀수 옮김, 《조선기행》, 눈빛, 2001.
샤를르 달레, 안응렬 · 최석우 옮김, 《한국천주교회사 (상)》, 한국교회사연구소, 1978.
서유구, 이효지 · 조신호 · 정낙원 · 차경희 편역, 《임원십육지 정조지(鼎俎志)》, 교문사, 2007.
서혜경 · 윤서석, 〈우리나라 젓갈의 지역성 연구(1)》젓갈의 종류와 주재료〉, 《한국식문화학회지》 Vol. 2-1, 한국식문화학회, 1987.

서혜경, 〈우리나라 젓갈의 지역성 연구(2)》젓갈의 담금법〉, 《한국식문화학회지》 Vol. 2-2, 한국식문화학회, 1987.
소피 D. 코 · 마이클 D. 코, 서성철 옮김, 《신들의 열매 초콜릿》, 지호, 2000.
손정규(이하라 게이), 《조선요리(朝鮮料理)》, 경성서방, 1940.
송일병, 〈사상체질과 체질음식(음식섭생)〉, 《한국식문화학회지》 Vol. 3-4, 한국식문화학회, 1988.
송화섭, 〈전주음식 문화 속의 역사적 배경〉, 《'한'브랜드화 정책포럼 자료집—한식》, 문화관광부, 2005.
쉬양지에, 윤재석 옮김, 《중국가족제도사》, 아카넷, 2000.
시노다 오사무, 윤서석 옮김, 《중국음식문화사》, 민음사, 1995.
시드니 민츠, 김문호 옮김, 《설탕과 권력》, 지호, 1998.
시드니 민츠, 조병준 옮김, 《음식의 맛, 자유의 맛》, 지호, 1998.
신동화 · 김용구 · 정도연, 〈순창 전통고추장 성분 및 특성비교연구〉, 《농대논문집》 Vol. 30, 전북대학교 농업과학기술연구소, 1999.
신용하, 〈김옥균의 개화사상〉, 《동방학지》 46~48합집, 연세대학교 국학연구, 1985.
신재성, 〈1920~30년대 한국역사소설 연구〉, 《현대문학연구》 69집, 서울대학교 현대문학연구회, 1986.
신재성, 〈풍속의 재구: 《임꺽정(林巨正)》〉, 임형택 · 강영주 편, 《벽초 홍명희, 《임꺽정(林巨正)》의 재조명》, 사계절, 1988.
신주백, 〈1910년대 일제의 조선 통치와 조선 주둔 일본군》'조선군'과 헌병경찰제도를 중심으로〉, 《한국사연구》 제109호, 한국사연구회, 2000.
심우성, 〈'서울 새남굿'의 굿상 차림〉, 《샤머니즘 연구》 1집, 한국샤머니즘학회, 1999.
안순환, 〈조선요리의 특색〉, 《별건곤(別乾坤)》 제12~13호, 1928. 5. 1.
안완식, 《우리가 지켜야 할 우리 종자》, 사계절, 1999.
옥영정, 〈《대동운부군옥》의 편찬과 간행〉, 《조선의 백과지식 '대동운부군옥'으로 보는 조선시대 책의 문화사》, 한국학중앙연구원, 2009.
왕런샹, 주영하 옮김, 《중국음식문화사》, 민음사, 2010.
왕준련, 《한국요리》, 범한출판사, 1977.
위르겐 슐룸봄 편, 백승종 외 옮김, 《미시사와 거시사》역사를 바라보는 두 가지 관점》, 궁리, 2001.
유동식, 《한국무교(韓國巫敎)의 역사와 구조》, 연세대학교 출판부, 1989.
유만주, 《대장금 2》, 은행나무, 2003.
유중림, 농촌진흥청 편역, 《증보산림경제 2》, 농촌진흥청, 2003.
유흔우, 〈유교 종교성 논쟁의 기초 문제: 죽음관[死亡觀]과 신비체험(神秘體驗)〉, 《동서비교문학저널》 Vol. 12, 한국동서비교문학학회, 2005.

윤서석, 〈한국의 절식음식〉, 《대한가정학회》 Vol. 3, 대한가정학회, 1962.
윤서석, 〈한국 식품구조 형성의 역정〉, 중앙대대학원 박사학위청구논문, 1973.
윤서석, 〈민속과 음식〉, 《한국민속학》 10권, 민속학회, 1977.
윤서석, 《한국요리》, 수학사, 1977.
윤서석, 〈식생활의 전통양식〉, 《전통적 생활양식의 연구(중)》, 한국정신문화연구원, 1982.
윤숙경, 〈안동식혜의 조리법에 관한 연구: I. 조리법의 유래에 따른 사적 고찰〉, 《한국식문화학회지》 Vol. 3-1, 한국식문화학회, 1988
윤숙경, 〈풍기 지역 식문화 양상에 관한 연구〉, 《한국식문화학회지》 Vol. 8-1, 한국식문화학회, 1993.
윤숙경, 〈안동 지역의 불천위제례(不遷位祭禮)와 제수〉, 《한국식생활문화학회지》 Vol. 11-2, 한국식생활문화학회, 1996.
윤숙경, 〈향교와 서원의 제례에 따른 제수(祭需)에 관한 연구〉, 《한국식생활문화학회지》 Vol. 13-4, 한국식생활문화학회, 1998.
윤태림, 《한국인》, 현암사, 1978.
이경미, 〈수산물 유통방식의 변화와 상인의 존재양식—마산어시장의 사례〉, 영남대대학원 박사학위청구논문, 2005.
이경재, 《청계천은 살아 있다》, 가람기획, 2002.
이광규, 《레비스트로스》, 대한기독교서회, 1983.
이구열, 《한국근대회화선집》한국화 1, 안중식), 금성출판사, 1990.
이규태, 《한국인의 밥상문화 1, 2》, (주)신원문화사, 2000.
이기백, 〈한국사 연구에서의 분류사 문세〉, 《민족문회연구》 5, 고려대학교 민족문화연구소, 1971.
이기열, 《한국인의 식생활》, 연세대학교 출판부, 1976.
이기인, 〈《임꺽정》의 심미적 특성에 대하여〉, 《어문논집》 Vol. 40, 민족어문학회, 1999.
이기형, 〈담론분석과 담론의 정치학》푸코의 직업과 비판저 담론분석을 중심으로〉, 《언론과 사회》 14권 3호, 성곡언론문화재단, 2006.
이길표, 〈이조시대의 제찬고(祭饌考)》제물과 설찬(設饌)을 중심으로〉, 《성심여사대연구논문집》 제8집, 1975.
이미순, 〈한국 산채류 이용의 역사적 고찰〉, 《한국식문화학회지》 Vol. 1-2, 한국식문화학회, 1986.
이상태, 〈고지도를 이용한 18~19세기 서울 모습의 재현〉, 《서울학연구》 제11호, 서울학연구소, 1998.
이성미, 《조선시대 그림 속의 서양화법》, 대원사, 2002.
이성우, 《고려 이전의 한국식생활사 연구》, 향문사, 1978.

이성우, 《한국식경대전(韓國食經大典)》, 향문사, 1981.
이성우, 《조선시대 조리서의 분석적 연구》, 한국정신문화연구원, 1982.
이성우, 《한국식품사회사(韓國食品社會史)》 교문사, 1984.
이성우, 《한국요리문화사(韓國料理文化史)》, 교문사, 1985.
이성우, 〈조선왕조 궁중식에 대한 문헌학적 연구〉, 《한국식문화학회지》 Vol. 1-1, 한국식문화학회, 1986.
이성우, 〈궁중연회식의궤에 나타나는 초출연도별의 음식명〉, 《한국식문화학회지》 Vol. 3-1, 한국식문화학회, 1988.
이성우 · 이현주, 〈한국 고문헌 속의 주류색인〉, 《한국식문화학회지》 Vol. 1-1, 한국식문화학회, 1986.
이성우 편, 《한국고식문헌집성(韓國古食文獻集成)》고조리서(古調理書) Ⅶ》, 수학사, 1992.
이시케 나오미치(石毛直道), 〈식문화 연구의 전망과 과제〉, 《한국식문화학회지》 Vol. 1, 한국식문화학회, 1986.
이어령, 《흙 속에 저 바람 속에》이것이 한국이다》, 현암사, 1963.
이어령, 〈한국음식문화의 특징〉, 《환경을 생각하는 음식이야기》, 환경부, 2002.
이와부치 고이치, 히라타 유키에 · 전오경 옮김, 《아시아를 잇는 대중문화: 일본, 그 초국가적 욕망》, 도서출판 또하나의문화, 2004.
이용기, 《조선무쌍신식요리제법(朝鮮無雙新式料理製法)》, 영창서관, 1924.
이이화, 《이야기 인물 한국사》 제2권, 한길사, 1993.
이재곤, 《서울의 민간신앙》, 백산출판사, 1996.
이종미 · 김미경 · 박혜진, 〈연변 조선족 주부와 여대생의 식생활 조사〉, 《한국식생활문화학회지》 Vol. 16-1, 한국식생활문화학회, 2001.
이종미 · 최성은, 〈전통적 증편 제조의 표준화〉, 《한국식품과학회지》 Vol. 25-6, 한국식품과학회, 1993.
이지호, 《한국음식론》, 광문각, 2002.
이철호 · 맹영선, 〈한과류의 문헌적 고찰〉, 《한국식문화학회지》 Vol. 2-1, 한국식문화학회, 1987.
이필영, 《마을신앙으로 보는 우리 문화 이야기》, 웅진닷컴, 2000.
이한창, 《장(醬) 역사와 문화와 공업》, 신광출판사, 1999.
이해준, 〈고문서 분류체계 시안〉, 한국고문서학회, 《고문서연구》 22집, 2003.
이효지 외, 《시의전서(우리음식 지킴이가 재현한 조선시대 조상의 손맛)》, 신광출판사, 2004.
이효지 · 윤서석, 〈조선시대 궁중음식 중 찬물류의 공석적 연구〉, 《한국식문화학회지》 Vol. 1-2, 한국식문화학회, 1986.

이효지 · 윤서석, 〈조선시대 궁중연회음식 중 과정류의 분석적 연구〉, 《한국식문화학회지》 Vol. 1-3, 한국식문화학회, 1986
이효지 · 윤서석, 〈조선시대 궁중연회음식 중 병이류의 분석적 연구〉, 《한국식문화학회지》 Vol. 1-4, 한국식문화학회, 1986.
이효지 · 최종희, 〈조선시대 술에 관한 분석적 고찰》조선 중기 1600년대를 중심으로〉, 《한국식문화학회지》 Vol. 2-1, 한국식문화학회, 1987.
이훈종, 〈언어학상으로 보는 한국의 부업세간과 식기〉, 《한국식문화학회지》 Vol. 3-2, 한국식문화학회, 1988.
임민혁, 《주자가례》, 예문서원, 1999.
장지현, 〈한국재래장류제조사(韓國在來醬類製造史)》특히 고농서류(古農書類) 나타난 장류(醬類)를 중심으로〉, 《민족문화연구》 Vol. 3, 고려대학교 민족문화연구소, 1969.
장지현, 〈고초도래고(苦椒渡來考)〉, 《성심여자대학논문집》 8, 성심여자대학, 1977.
장지현, 《한국외래주유입사 연구》, 수학사, 1987.
장지현, 《한국전래발효식품사 연구》, 수학사, 1989.
장지현, 《한국전래 대두이용음식의 조리 · 가공사적 연구》, 수학사, 1993.
장지현, 《한국전래면류음식사 연구》, 수학사, 1994.
장지현, 《한국전래유지류사 연구》, 수학사, 1995.
전경수, 〈진도 하사미(下沙美) 의례생활〉, 서울대대학원 석사학위청구논문, 1977.
전경수, 〈선사문화의 변동과 소금의 민속고고학〉, 《한국문화론》상고편》, 일지사, 1994.
전재호, 〈박정희 체제의 민족주의 연구: 담론과 정책을 중심으로〉, 서강대대학원 박사학위청구논문, 1997.
정긍식, 《한국근대법사고》, 박영사, 2002.
정성일, 《조선 후기 대일무역》, 신서원, 2000.
정일균, 〈《주자가례》와 '예'의 '정신'〉, 《한국학보》 104, 1998.
정진석, 〈일제 언론 침략의 총본산 세2의 조선총독부 《경성일보》 연구〉, 《관훈저널》 여름호, 관훈클럽, 2000.
정혜경, 〈한국의 사회 · 경제적 변동에 따른 식생활 변천: 조선 말기부터 1980년대까지〉, 이화여대 박사학위청구논문, 1988.
정혜경 · 이정혜, 《서울의 음식문화》영양학과 인류학의 만남》, 서울학연구소, 1996.
조영광, 〈중국사람들의 매운맛 기호의 역사적 추이에 대한 논술〉, 한국식생활문화학회, 《한국식생활문화학회지》 Vol. 23-2, 2008.
조윤아, 〈《토지》에 나타난 주막 크로노토프〉, 《태릉어문연구》 8호, 서울여대 국어국문학회, 1999.
조재영, 〈감자〉, 《한국민족문화대백과사전》, 한국정신문화연구원, 1991.

조풍연 해설, 《사진으로 보는 조선시대(생활과 풍속)》, 서문당, 1999.
조현범, 《문명과 야만》타자의 시선으로 본 19세기 조선》, 책세상, 2002.
조흥윤, 《한국의 무(巫)》, 정음사, 1990.
존 피스크, 박만준 옮김, 《대중문화의 이해》, 경문사, 2002.
존 W. 홀, 박영재 옮김, 《선사시대부터 현대까지 일본사》, 역민사, 1986.
주강현, 《북한의 민속학》, 역사비평사, 1989.
주강현, 〈벽초 홍명희의 《임꺽정(林巨正)》과 풍속의 제문제》1920년대 후반 한국민속학 형성기에서 홍벽초가 반드시 기록되어야 하는 이유〉, 《역사민속학》 15, 민속원, 2002.
주강현, 《돌살, 신이 내린 황금그물》, 들녘, 2006.
주남철, 〈한국의 전통적 식생활 공간〉, 《한국식문화학회지》 Vol. 2-2, 한국식문화학회, 1987.
주영하, 〈김치의 문화인류학적 연구〉, 한양대대학원 석사학위청구논문, 1993.
주영하, 《김치 한국인의 먹거리》, 도서출판 공간, 1994.
주영하, 〈문화체계로서의 기술(technology): 중국 이족의 옻칠기술을 중심으로〉, 《비교문화연구》 제5호, 1999.
주영하, 〈밤섬 부군당 도당굿의 제물과 음식—신과 인간의 공식(共食)〉, 《마포 부군당 도당굿 연구》, 문덕사, 1999.
주영하, 〈전통음식과 기술의 문화체계〉, 《먹거리의 문화와 과학》(제7회 인제식품과학 포럼 논총), 인제대식품과학연구소, 1999.
주영하, 〈젓가락의 닮음과 숟가락의 다름 한 · 중 · 일 삼국의 일상생활사에 대한 역사인류학적 접근〉, 국제한국학회 편, 《실크로드와 한국 문화》, 소나무, 1999.
주영하, 〈고추의 상징화 과정에 대한 일고(一考)〉, 《역사민속학》 11집, 민속원, 2000.
주영하, 《음식전쟁 문화전쟁》, 사계절, 2000.
주영하, 〈경기 동부의 식생활〉, 《경기민속지》(IV. 의 · 식 · 주편), 경기도박물관, 2001.
주영하, 〈경기 북부의 식생활〉, 《경기민속지》(IV. 의 · 식 · 주편), 경기도박물관, 2001.
주영하, 〈생업민속〉, 《고양시민속대관》, 고양문화원, 2002.
주영하, 〈식구론(食口論): 현대 한국사회에서의 음식 관습〉, 《정신문화연구》 제25권 제1호(통권 86호), 한국학중앙연구원, 2002.
주영하, 〈짠지, 장아찌, 침채, 그리고 김치〉, 《문헌과 해석》 18집, 문헌과해석사, 2002 참조.
주영하, 〈홍명희와 일제시대 조선민속학〉, 《충북작가》, 충북작가회의, 2002.
주영하, 〈'홍이상 평생도' 를 통해서 본 관리의 평생의례(1)〉, 《문헌과 해석》 통권 23호, 문헌과해석사, 2003.
주영하, 〈민속문화의 국제화 요구와 비교민속학의 대응〉, 《한국민속학》 40집, 한국민속학회, 2004.
주영하, 〈벽화를 통해서 본 고구려의 음식풍속〉, 《고구려연구》 17, 학연문화사, 2004.
주영하, 〈식탁 위의 근대: 1883년 조일통상조약 기념 연회도를 통해서〉, 《사회와 역사》 제66권, 한국사회사학회, 2004.
주영하, 《그림 속의 음식, 음식 속의 역사—'조선' 의 표상과 실재에 대해 다시 생각하다》, 사계절, 2005.
주영하, 〈'내선융화(內鮮融化)' 와 조선인의 식사풍속—《日常生活上より見たる內鮮融化の要諦》(1928)를 대상으로〉, 《일본사상》 제9호, 일본사상사학회, 2005.
주영하, 〈민속의 표상과 실재: 안동 지역 의식주 민속에 대한 담론적 접근〉, 《지역민속연구와 국학》, 집문당, 2005.
주영하, 〈소설 《임꺽정》의 조선음식 묘사에 대한 연구〉, 홍명희문학제학술논문집 기획위원회 엮음, 《통일문학의 선구 벽초 홍명희와 《임꺽정》》, 사계절, 2005.
주영하, 〈강, 어로, 그리고 음식 19세기에서 20세기 사이 한국에서의 변용 과정〉, 《강문화국제학술대회: 아시아 강문화의 보존과 발전》, 국제아시아민속학회, 2006.
주영하, 〈경기도민의 일상생활과 의식주〉, 《경기도사》, 제7권 일제강점기, 경기도사편찬위원회, 2006.
주영하, 〈식사, 기호(嗜好), 민족음식: 음식에 대한 민속학적 조망〉, 《비교민속학》 제31집, 비교민속학회, 2006.
주영하, 〈유교와 음식: 음식의 유교적 질서와 일상화〉, 《유교민속의 연구시각》, 한국국학진흥원, 2006.
주영하, 〈중국 서남지역의 고추에 대한 초탐〉, 《사천문화(四川文化)》 제2집, 사천연구회, 2006.
주영하, 〈1934년 조선총독부의 '의례준칙' 의 발령과 풍속교화 정책〉, 《근대성의 형성과 종교지형의 변동 II》, 한국학중앙연구원, 2006.
주영하, 〈고추와 매운맛: 동북아시아 매운맛의 유행에 대한 연구〉, 《비교민속학》 제34집, 비교민속학회, 2007.
주영하, 〈두 가지의 민속학과 의식주 연구 한복 · 한식 · 한옥에서 복식 · 음식 · 주거로〉, 국립민속박물관 편, 《민속학연구》 20호, 2007.
주영하, 〈야키니쿠에서 비빈멘까지: 일본에서의 한국음식 유행과 한류〉, 《일본 한류, 한국과 일본에서 보다》, 한국학중앙연구원, 2007.
주영하, 〈음식생활에 대한 연구 50년〉, 이화여대 한국문화연구원 편, 《전통문화연구 50년》, 혜안, 2007.
주영하, 〈'주막' 의 근대적 지속과 분화 한국음식점의 근대성에 대한 일고(一考)〉, 《실천민속학연구》 제11호, 실천민속학회, 2008.
주영하, 〈'호루몬야키' 와 '카오뤄' 의 해체, 그리고 '한국음식' 의 세계시민화〉, 《월간 신동아》 2008년 2월호.
주영하, 〈지역 음식문화로서의 고래고기 식용 지식 보존방안〉, 《세계 고래문화와 역사의 재조명》, 울산대 고래연구소, 2009.
주영하, 《차폰 잔폰 짬뽕: 동아시아 음식문화의 역사와 현재》, 사계절, 2009.
주영하, 〈한국음식론의 담론형성 과정에 대한 비판적 검토와 민속학의 과제〉, 사단법인 한국민속학술단체연합회 편, 《민속학과 민족문화의 정체성》, 2009.
주영하, 〈'향토음식' 담론의 역사적 변화와 문화권론〉, 전북대쌀삶문명연구원 편, 2009.
주영하, 〈'비빔밥' 의 진화와 담론 연구〉, 《사회와 역사》 87집, 한국사회사학회, 2010.
주영하 외, 《19세기 조선, 생활과 사유의 변화를 엿보다—오주연문장전산고》를 통해 본 조선 후기 생활문화》, 돌베개, 2005.
주영하 외, 《조선시대 책의 문화사: 삼강행실도을 통한 지식의 전파와 관습의 형성》, 휴머니스트, 2008.
주영하 · 김소현 · 김호 · 정창권, 《19세기 조선, 생활과 사유의 변화를 엿보다》, 돌베개, 2005.
주영하 · 최진아, 〈새남굿과 제물〉, 《무속과 제물》, 국립문화재연구소, 2006.
주자, 김혁제 교열, 《소학집주(小學集註)》, 명문당, 1997.
주자, 임민혁 옮김, 《주자가례》, 예문서원, 1999 참조.
중앙일보사 발행, 《한국의 미 19《풍속화》, 중앙일보사, 1985.
최석영, 〈일제의 구관(舊慣)조사와 식민정책〉, 《비교민속학》 14집, 비교민속학회, 1999.
최영준, 《영남대로(嶺南大路): 한국 고도로(古道路)의 역사》, 고려대학교 민족문화연구소, 1990.
최재선, 〈밤섬 '부군당굿'에 대한 교육인류학적 연구〉, 연세대교육대학원 석사학위청구논문, 1985.
최진덕, 〈유학의 인간관과 예(禮)의 의미〉, 《프랑스학 연구》21세기 인간 밑그림 그리기》, 프랑스학회, 1999.
최진호 · 편재형 · 임채환 · 양종순 · 김수현 · 김정한 · 이병호 · 우순임 · 최선남 · 변대석, 〈우리나라 장수자의 생활 및 의식구조사에 관한 연구〉, 《한국식문화학회지》 Vol. 1-3, 한국식문화학회, 1986.
통계청, 《2001한국의 사회지표》, 통계청, 2001.
퍼시벌 로웰, 조경철 옮김, 《내 기억 속의 조선, 조선 사람들》, 예담출판사, 2001.
표현구 · 최정일 · 이강희, 《채소원예각론》, 교문사, 1986.
하미옥, 〈울산 향토음식에 대한 인지도 및 기호도 조사연구〉, 영남대대학원 외식산업학 석사학위청구논문, 2006.
한경구, 〈어떤 음식은 생각하기에 좋다: 김치와 한국민족성의 정수〉, 《한국문화인류학》 26권, 한국문화인류학회, 1994.

한국문화인류학회 편,《한국민속종합보고서》각 지방권, 문화재관리국.
한국음식문화연구원,《한국음식문화논문집》제1집, 한국음식문화연구원, 1988.
한국음식문화오천년전준비위원회 펴냄,《한국음식 오천년》, 유림출판사, 1988.
한국정신문화연구원 사회민속연구실 편,《전통적 생활양식의 연구(중)》, 한국정신문화연구원, 1982.
한국정신문화연구원 편,《한국민족문화대백과사전》,〈왕준련〉, 한국정신문화연구원, 1997.
한복진,《우리생활 100년 · 음식》, 현암사, 2001.
한복진 · 이성우,〈조선조 궁중 탄생상 발기의 분석적 연구〉,《한국식문화학회지》Vol. 4-1, 한국식문화학회, 1989.
한복진 · 이성우,〈원행을묘정리의궤에 나타나는 음식명 · 식기명 · 조리기구명〉,《한국식문화학회지》Vol. 4-4, 한국식문화학회, 1989.
한희숙,〈16세기 임꺽정 난의 성격〉,《한국사연구》Vol. 89, 한국사연구회, 1995.
홍태한,〈서울 무속의 상차림에 대하여〉,《한국무속학》6권, 한국무속학회, 2003.
황영례,〈안순환(安淳煥)의 유교 종교화 운동과 녹동서원(鹿洞書院)〉, 영남대대학원 박사학위청구논문, 2004.
황익주,〈향토음식 소비의 사회문화적 의미: 춘천 닭갈비의 사례〉,《한국문화인류학》26권, 한국문화인류학회, 1994.

3. 일문 문헌

岡田貢,《日常生活上より見たる內鮮融化の要諦》, 朝鮮事情調査會, 1928.
岡田哲,《とんかつの誕生》, 講談社, 2000.
高崎宗司,《植民地朝鮮の日本人》, 岩波書店, 2002.
今村鞆 ,《朝鮮風俗集》(訂正 3版), ウツボヤ書籍店, 1919.
Naj, Amal, 林眞理等 譯,《トウガラシの文化誌(Peppers—A Story of Hot Pursuits, 1992)》, 晶文社, 1997.
魯克才 主編,《中華民族飲食風俗大觀》, 世界知識出版社, 1992.
大月隆寬,〈都市とフォークロア〉,《民俗學という不幸》, 青弓社, 1992.
馬場駒雄,《捕鯨》, 天然社, 昭和 17(1942).
正宗敦夫(編纂校訂),《覆刻日本古典全集19 · 本草和名》, 現代思潮新社, 2007.
山埼峯次郎,《香辛料III》, エスビー食品, 1976.
山田孝雄,《國民精神作興に關する詔書義解》, 寶文館, 1933.
尙學圖書 編,《故事俗信ことわざ大辭典》, 小學館, 1983.

石毛直道 編,《論集東アジアの食事文化》, 平凡社, 1985.
石毛直道,〈食物と文化〉,《文化と人類》, 平凡社, 1974.
石毛直道,〈食事と酒,タバコ〉,《日本人の生活》, 研究社, 1976.
石毛直道,〈なぜ食の文化なのか〉,《人間・たべもの・文化》, 平凡社, 1985.
石川寛子 編著,《食生活と文化》, 弘學出版, 1989.
善生永助,〈朝鮮に於ける牛市場〉,《朝鮮》, 1925年 1月.
小野重朗,〈肉と餅との連續―供犧儀禮について〉,《日本民俗學》第71號, 民俗學會, 1970.
小早川九郎 編,《朝鮮總督府農事試驗場25周年記念誌》, 友邦協會, 1931.
孫貞圭,《現代朝鮮の生活とその改善》, 京城綠旗聯盟, 1939.
矢野干城・森川清人,《新版大京城案內》, 京城都市文化研究所, 1936.
矢野敬一,《'家庭の味'の戰後民俗誌―主婦と団欒》, 青弓社, 2007.
野澤敬 編集,《朝日百科世界の食たべもの―日本IV食の文化》, 朝日新聞社, 1984.
正宗敦夫(編纂校訂),《覆刻日本古典全集21-4・倭名類聚抄》, 現代思潮新社, 2007.
依田千百子,〈韓國の食文化に關する文化人類學的諸問題〉,《斗山金宅圭博士華甲紀念文化人類學論叢》, 斗山金宅圭博士華甲紀念論文集刊行 委員會, 1989.
伊藤幹治,《日本人の人類學的自畵像》, 筑摩書房, 2006.
伊藤亞人,〈韓國農村における土器の使用〉, 吉田集而 編,《生活技術の人類學―國立民族學博物館シンポジウムの記錄》, 平凡社, 1995.
伊作藍溪.《晋州案內》, 晋州郡晋州面飛鳳洞, 1914.
田保橋潔,《近代日鮮關係の研究》上卷, 宗高書房, 1958(1926).
鄭大聲,〈燒肉店のルーツと歷史〉,《燒肉店第2集》, 旭屋出版, 1994.
鳥越靜岐・薄田斬雲,《朝鮮漫畵》, 日韓書房, 1909.
朝倉敏夫,〈コメの食べ方―韓國食文化の特色について〉,《稻から見アジア社會》, 放送大學教育振興會, 1988.
朝倉敏夫,《日本の燒肉韓國の刺し身―食文化がナイズされる時》, 社》法人農山漁村文化協會, 1994.
佐佐木忠右,〈副業의 盛한 道也味里―경기도 시흥군 북면 도림리의 일부락(一部落)〉,《朝鮮》, 1924年 1~6月.
佐佐木銀弥,〈海外貿易の國內經濟〉, 歷史學研究會・日本史研究會 編,《講座日本史 3》, 東京大學出版會, 1981.
周達生,《中國の食文化》, 創元社, 1989.
周永河,〈韓國における生活文化研究と生活財生態學〉,《2002年ソウルスタイル: 研究と展示の評價―日本國立民族學博物館調査報告44》, 大日本國立民族學博物館, 2003.
中央食糧協力會,《本邦鄕土食の研究》, 東洋書館, 1944.
崔吉城・柳尙熙,〈在日韓國人の燒肉に關する文化人類學的考察〉,《社會人類學年報》,

1980. 11.
Cuisenier, Jean, 野村訓子 外 譯,《フランスの民族學(Ethnologie de la France)》, 白水社, 1991.
河合利光 編著,《比較食文化論》, 建帛社, 2000.
조선총독부,《조선총독부시정25주년기념표창자명감》.
조선총독부,《시정30년사》, 1940.

4. 중문 문헌

Malinowski, B. K, 費孝通等 譯,《文化論》(A Scientific Theory of Culture, 1944), 中國民間文藝出版社, 1987.
穆秋,〈東風也有東漸時〉,《北京青年報》 1999년 11월 19일자 '時尚反彈'.
山東省文物管理處·濟南市博物館,《大汶口》新石器時代墓葬發掘報告》, 文物出版社, 1974.
沈濤,〈箸探〉,《中國烹》》 5期, 1987.
梁家勉 主編,《中國農業科學技術史稿》, 農業出版社, 1992.
王仁湘,《民以食爲天》中國飮食文化 I 》, 中華書局, 1989.
王仁湘,《飮食與中國文化》, 人民出版社, 1996.
張伯行,《養正類編》 卷一.
周永河,〈中國四川凉山》族傳統漆器硏究〉, 中國中央民族大學博士學位論文, 1998.
周永河,〈韓流對韓國飮食文化的影響〉,《第十五屆中韓關係國際學術會議: 韓流現象國際學術會議》, 中華民國韓國硏究學會, 2006.
中國科學院考古硏究所內蒙古發掘隊,〈赤峰藥王廟·夏家店遺址試掘簡報〉,《考古》, 1961年 2期.
中國烹飪百科全書編纂委員會,《中國烹飪百科全書》, 中國大百科全書出版社, 1992.
漢語大詞典編纂委員會,《漢語大詞典》(總12卷), 漢語大詞典出版社, 1995.

5. 영문 문헌

Chang, K. C., ed., *Food in Chinese Culture.*, New York: The Vail-Ballou Press, 1977.
Cweirtka, Katarzyna J., "Introduction", *Asian Food: The Global and Local*, Richmond: Curzon Press, 2002.
Douglas, Mary., *Purity and Danger: An Analysis of Concepts of Pollution and Taboo.*,

NewYork: Praeger, 1966.
Fieldhouse, Paul., *Food and Nutrition: Custom and Culture*, New York: Chapman&Hall, 1986.
Goody, Jack., *Cooking, Cuisine and Class: A Study in comparative sociology*, Cambridge: Cambridge University Press, 1982.
Harris, Marvin & Ross, Eric B(ed)., *Food and Evolution*, Philadelphia: Temple University Press, 1987.
Harris, Marvin., *The Sacred Cow and the Abominable Pig: Riddles of Food and Culture*, New York: Simon & Schuster Inc., 1985.
Levi-Strauss, Claude., *Totemism.*, Boston: Beacon Press, 1962.
Levy, Paul., "The joy of soy", *The Times*, March 4, 2009.
Long, Lucy M., "Culinary Tourism: A Folkloristic Perspective on Eating and Otherness", *Culinary Tourism*, Kentucky: The University Press of Kentucky, 2004.
Long, Lucy M., "Introduction", *Culinary Tourism*, Kentucky: The University Press of Kentucky, 2004.
Mintz, Sidney W., *Sweetness and Power*, 1985.
Wiegelmann, G., *Everyday and Festive Dishes: Change and Contemporary Position*, N. G. Elwert: Marburg, 1967.
Yoder, Don., "Folk Cookery", *Folklore and Folklife*, Chicago: The University of Chicago Press, 1972.

6. 신문 · 방송 자료

강신표, 〈'민족지적 축복'…과거에 집착하는 한국학〉, 《교수신문》 인터넷 2006년 4월 2일자.
나성엽, 〈한국음식 음식한류〉, 《동아일보》 2006년 4월 1일자.
성행경, 〈"실패의 쓴 맛, 매운맛으로 극복했죠" - '홍초불닭' 홍성표 사장〉, 《디지털타임즈》 2004년 8월 18일자.
안순환, 〈요리에 대한 관념부터〉, 《동아일보》 1923년 1월 1일자.
이규태, 〈비빔밥 정신〉, 《조선일보》 2000년 6월 15일자 13면.
이규태, 〈비빔밥〉, 《조선일보》, 1998년 3월 1일자 5면.
주종재, 〈전주비빔밥〉, 《전북일보 인터넷신문》 2002년 7월 17일자.
《경향신문》 1969년 5월 31일자, 1977년 9월 1일자, 1978년 1월 20일자.
《동아일보》 1921년 4월 4일자, 1925년 8월 24일자, 1938년 3월 4일자, 1938년 8월 7일자,

1946년 8월 7일자, 1992년 6월 28일자, 2000년 9월 1일자.
《삼천리(三千里)》 제4권 제4호, 1932년 4월 1일자, 〈만목주시(萬目注視)하는 삼대 쟁패전, 동일은행과 해동은행의 금융전, 조선극장과 단성사의 흥행전, 명월관과 식도원의 요리전〉.
《조선일보》 1975년 12월 28일자, 2004년 10월 20일자.
《한성순보》 제6호, 1883년 12월 20일자, '조일통상장정 해관세칙조'.

전주MBC, 〈MBC 9사 공동기획 다큐멘터리–한국의 맛 비빔밥 '전통을 넘어 세계로'〉, 2007년 11월 12일 방송.
KBS-1TV, 〈한국방송 77주년 특집다큐멘터리–생선〉, 2004년 3월 2일 방송.

찾아보기

ㄱ

가(家) 356, 357, 366, 368, 372, 373
가가례(家家禮) 355
가명(賈銘) 240
가양주(家釀酒) 372
《가정백과전서》 387
《가정의례서》 387
《가정의례준칙》 387
감자 18, 23, 311, 434, 435
갑신정변 175, 176, 189
강인희(姜仁姬) 139, 268, 462, 464, 465,476
개장국(보신탕) 187, 188
갱(羹) 331, 377, 378, 383, 384, 440
갱지미 449
《경도잡지(京都雜誌)》 27, 223
경어(鯨魚) 242
경예(鯨鯢) 242, 243
《계산기정(薊山紀程)》 242
고래고기 220, 235~247
고래고기수육 239
고래고기찌개 239
고래고깃국〔鯨魚羹〕 242
고래껍질수육 237
고래대창 237
고래우네 237
고래혓바닥 237
《고려 이전의 한국식생활사 연구》 463, 472, 473
《고려사》〈식화(食貨)·화폐(貨幣)〉 199
고려호초(高麗胡椒) 110
고렴(高濂) 109
《고사기(古事記)》 474
고임 402, 408
고임음식 182, 183, 408
《고종실록(高宗實錄)》 172
고초(苦椒) 113, 118
고초말(苦椒末) 113
고쵸 113, 118
고추 22, 23, 49, 99, 100, 102, 104~125, 219, 441
고추장 20, 23, 54, 66, 100, 101, 103, 105, 122, 132, 135, 136, 138~141, 144, 153, 154, 156, 219, 232, 308, 311, 374, 398, 439, 442, 449
골동면(骨董麵) 147
골동반(骨董飯) 129, 146~148
《골동십삼설(骨董十三說)》 148
골비(骨匕) 328, 330
공식(共食) 47, 65, 149, 150, 374, 425, 487
공식집단(共食集團) 46, 65, 66, 374, 375
공자(孔子) 334, 353, 356, 358, 412
곶(串) 382
관광음식 294
관정(關亭) 199, 200
관혼상제(冠婚喪祭) 22, 122, 346, 354, 355, 384

광 49, 50, 51
광어 446
구디, 잭(Jack Goody) 47
구라모토 요시코(倉本善子) 79
쿠시야키(串焼き) 82
구해법(鉤蟹法) 229
《구황촬요(救荒撮要)》 27
국 54, 55, 57, 144, 305, 315
국립법인 나라(奈良)문화재연구소 339
국민식 291
국밥 144, 156, 315, 438
국수장국 437, 438
국일관(國一館) 274
국화주 448
군웅상 409, 419
굽는 법 313, 315, 317
굿상 393, 396, 398, 405~407, 410, 412, 414, 416, 419, 448, 487
궁중음식 7, 139, 151, 465, 466, 477, 490
궁중음식설 150, 151, 154,
궁중음식연구원 465
권숙인 488
《규곤시의방(閨壼是議方)》 442
《규합총서(閨閤叢書)》 24~27, 113, 117, 118, 122, 232, 257, 422
《그림 속의 음식, 음식 속의 역사》 486
근대(modern) 219, 431
근대성(modernity) 197
급조만초장법(急造蠻椒醬法) 115
기무라 슈이치(木村修一) 22, 121
기장〔黍粟〕 433, 436
김광억 483, 484
김근희 74~79, 90
김민기 479
김상보 357, 467, 477, 487~489
김숙희 477
김옥균(金玉均) 173, 174, 176, 189, 244
김정호(金正浩) 200
김창한(金昌漢) 434
김치 20~23, 54, 56, 64~66, 89, 99, 100, 106, 113, 121, 123, 124, 239, 251, 305, 306, 308, 313, 347, 374, 377, 381, 383, 385, 406, 439~441, 443, 449, 450, 468, 478, 480, 483, 484
김치냉장고 56
김치박물관 480
김호 492
김호직(金浩稙) 289~293, 460, 461
김홍도(金弘道) 201~203
김희선 477

ㄴ

나이프 177, 340
낙지볶음 101, 102, 105
《난호어목지(蘭湖漁牧志)》 225, 243
남만초(南蠻椒) 108, 112~114, 118, 442
남만호초(南蠻胡椒) 108
내신융화 262, 263
《내선융화요체》 252, 260, 261, 264, 272, 276
내셔널 푸드 37, 94, 153
내외주점(內外酒店) 207, 209, 210, 213, 214
냉면 85, 147, 152, 310, 437, 438, 472
냉장고 52, 53, 56, 57, 305, 306
〈노변야로(路邊冶鑪)〉 201, 202
《농가월령가(農家月令歌)》 113
농번기 음식설 149, 150, 152, 154
뉴커머 75, 78

ㄷ

다블뤼, 앙투안(Antoine Daveluy) 219

다식 273
다케조에 신이치로(竹添進一郞) 170~173, 176, 184, 189
달레, C. 샤를르(Claude Charles Dallet) 219
당고초(唐苦草) 113
당마루상 407, 413, 414, 417, 419, 424
당산제 410
당저(唐箸) 341
당초(唐椒) 113, 115
대구탕반 296
〈대장금〉 72, 89~91, 241
《대학(大學)》 354
《대화본초(大和本草)》 110
도가 395, 396, 398, 400~402, 406, 412, 424, 425
도곡(陶穀) 19
도당굿 347, 393~396, 400, 404~407, 410~412, 414~419, 421, 424, 425, 487
도리고에 시스에(鳥越靜岐) 254
《도문대작(屠門大爵)》 24, 360, 441, 451
도비(挑匕) 331
도요야마 다이지(豊山泰次) → 김호직
도우가라시(唐芥子) 108, 112, 125
《동국이상국집(東國李相國集)》 21, 241
동기창(董其昌) 148
동벽(東壁) 184
《동의보감(東醫寶鑑)》 27, 108, 121
동이 449
동찬(銅爨) 259
동학혁명설 150, 152, 154
돼지 82, 269, 363, 399~401, 403, 416, 421, 445, 446
돼지머리 403, 416, 421
두루미 449
두부 19, 117, 141, 314, 397, 405, 408, 411, 436
두송자주(杜松子酒) 181
뒷전상 407, 417, 418, 424
디스토마 220, 235, 248
떡시루(시루) 56, 232, 306, 313, 314, 404, 405, 408, 413, 414, 417, 421, 422

ㄹ

레비, 폴(Paul, Levy) 33
레비스트로스, 클로드(Claude Lévi-Strauss) 141, 465
로웰, 퍼시벌(Percival Lowell) 176, 179, 183
롱, 루시(Lucy M. Long) 79

ㅁ

마라(麻辣) 119, 120
막걸리 195, 397, 399, 406, 411, 413, 416~419, 424, 448
《만기요람(萬機要覽)》 27
만복주의 271, 272
만초장(蠻椒醬) 113, 442
매리 더글라스(Mary Douglass) 46
매운맛 72, 99~106, 112, 113, 117, 119~121, 123~126, 251, 316
매운탕 232, 233
《매천야록(梅泉野錄)》 244
먹기에 좋은(good to eat) 음식 130, 140, 142, 144, 154~156
메기 223, 224, 228, 229, 232~234
메물묵 296
면(麵) 378, 382, 437
명식물(名食物) 295~297
명월관(明月館) 274~277, 285
명음식지절(明飮食之節) 359
모나르데스, 니콜라스(Nicolas Monardes) 104

《목은집(牧隱集)》 21
묄렌도르프(P. G. von, Mölendorff) 163, 165, 170, 171, 173~176, 189
무당 393, 396, 402, 406, 410, 414, 416~418, 425, 446, 488
무쇠솥 55, 57, 311, 403, 444
무치는 법 239, 313, 315, 317
묵은 음식설 150
문화유물론(cultural materialism) 481, 482
물김치〔沈菜〕 21, 251, 378, 380, 381, 385, 441
미식(米食) 377, 378, 383, 411, 412
미역국 311, 443
민속주의(folklorism) 55
민영목(閔泳穆) 170~174, 184, 189
민영익(閔泳翊) 173~176, 183, 189
민이식위천(民以食爲天) 361
《민족생활어사전》 450
민족성 263~265, 273, 288
민족음식(ethnic food) 73, 83, 84, 93, 94, 153, 484, 488
민족학적인 음식연구(Ethnological Food Research) 458
민츠, 시드니(Sidney Mintz) 21, 125

ㅂ

박영효(朴泳孝) 176
박지원(朴趾源) 323, 344, 347
반(飯) 377, 378, 384
《반계수록(磻溪隨錄)》 203
반기 425
반비(飯匕) 331, 332, 334
반인(泮人) 445
반찬 23, 55, 57, 89, 122, 123, 129, 136, 140~144, 152, 156, 215, 241, 242, 273, 300~302, 305, 310~313, 315, 316, 325, 326, 343, 347, 432, 439, 443, 444, 469
반촌점(飯村店) 203
밤섬 222, 230, 347, 393~396, 398, 400, 402, 404~406, 410~412, 414~416, 418, 419, 421, 424, 425
밥 19, 22, 49, 54, 55, 59, 60, 122, 123, 129, 131~134, 136, 139~144, 146~148, 150, 152, 154, 196, 200, 201, 215, 239, 265, 268, 270, 273, 300~302, 310, 311, 315, 316, 323, 324, 326, 327, 330~332, 334~336, 341~344, 346, 347, 349, 361, 363~365, 368, 373, 375~377, 383~386, 396, 417~419, 433, 436, 437, 439, 440, 443, 444, 457, 469
밥맛 민족주의 145, 302
방신영(方信榮) 131, 282, 287, 462
배도식 195
배영동 344, 357, 486, 487
배추김치 18, 20, 147, 347, 441, 442
번초(番椒) 107~109, 113, 118
번초설(番椒屑) 113
《베이징칭녠바오(北京青年報)》 71
변원규(卞元圭) 173, 174
《별건곤(別乾坤)》 135~137, 139, 210, 276, 283, 286, 296, 297, 437
별신굿 410
병(餠) 378, 383
《병초지(病草紙)》 341
보리 347
보시기 449
《본초강목(本草綱目)》 109, 443
〈봉수당진찬도(奉壽堂進饌圖)〉 182, 183
부군상 408, 409, 419
부군할아버지 394, 400
부뚜이탕(部隊湯) 90
부엌 30, 48~53, 55~60, 305~307, 315, 373, 479
부엌살림 49, 50, 54

《부인필지(夫人必知)》 27
북어 397, 399, 405, 408, 409, 411, 414, 417, 419, 421, 423
북저변증설(北藷辨證說) 434
불닭 100~103, 106
비(匕) 328
비겔만, 군터(Gunter Wiegelmann) 18, 157
비빔밥 20, 89, 90, 129~142, 144~146, 148~156, 248, 296, 312, 315, 383
비저(匕箸) 385
빙허각 이씨(憑虛閣李氏) 24, 26, 232, 360, 422

ㅅ

사례편람(四禮便覽) 346, 358, 368, 377~380, 382~384, 387, 388, 410, 423
《사소절(士小節)》 365
사시미(刺身) 119, 234, 267
사오즈(勺子) 327, 328
《산거사요(山居四要)》 24
《산림경제(山林經濟)》 26, 113~115, 231, 446, 470
산초(山椒) 109, 120
살림집 45, 48~53, 57, 58, 63, 105, 309, 479
삶는 법 239, 311, 315, 317
《삼강행실도(三綱行實圖)》 26
《삼국사기(三國史記)》 473
《삼국유사(三國遺事)》 473
《삼국지위지동이전(三國志魏志東夷傳)》 421, 473
삼불제석상 408, 409, 419
《삼천리(三千里)》 275
《상서(尙書)·주고(酒誥)》 423
《상서(尙書)·홍범(洪範)》 361
상어 240, 241, 246, 446, 447
상어돔배기 240
상어돔배기구이 245
〈새남굿과 제물〉 488
색주가(色酒家) 207, 209, 210, 213, 215
생동숙서(生東熟西) 387
생비(牲匕) 331
서벽(西壁) 184
서유구(徐有榘) 24, 123, 225, 243, 360, 441
서혜경 478, 489
선술집 207, 215, 438
설넝탕 296
설렁탕 136, 151, 152, 296
《설문해자(說文解字)》 49
《설탕과 권력》 21
성 역할 47, 53, 59, 60, 308
《성경통지(盛京通志)》 108
성리학(性理學) 149, 272, 343, 348, 353, 354, 356, 464
《성호사설(星湖僿說)》 200
성황제 410
《세종실록지리지(世宗實錄地理志)》 27, 225, 432, 446, 447
소(蔬) 378
소비(疏匕) 331
소임 394~396, 400~403, 405~407, 412, 416, 418
소주 82, 90, 99, 108, 112, 179, 181, 188, 196, 246, 397, 442, 448
《소학(小學)》 354~356, 359, 362~366
손정규(孫貞圭) → 이하라 게이
《송남잡지(松南雜識)》 225
《송씨양생부(宋氏養生部)》 335
송응성(宋應星) 336
송일병 479
송죽관(松竹館) 274
송후(宋詡) 335
쇼진(精進)요리 342

쇼쿠안도리 74~76, 78, 80, 90
《수문사설(謏聞事說)》 257
수반 270
《수원식단(隨園食單)》 259
수퇘지 396, 397, 399~403, 418, 421
《숙원잡기(菽園雜記)》 336
숙채(熟菜) 305, 380
《순종실록》 258
숟가락 140, 201, 323~328, 330~336, 338~350, 365, 366, 374, 376, 385
《술의 사회학》 487
술잔 179, 181, 267~269, 323, 337, 364, 449
숭늉〔熟水〕 55, 377, 383, 443, 444
숭어 223~228, 231~234, 447
슈닷세이(周達生) 332, 343
스키야키 253, 260, 266
스테인리스 수저 343, 348
시노다 오사무(篠田統) 33, 463, 473
《시의전서(是議全書》 27, 131~134, 439, 440
식구(食口) 46~48, 58, 59, 63~68, 227, 306, 307, 310, 356, 357, 365, 366, 373
식구론(食口論) 43
식구집단 63, 65, 66, 310, 373~375
식색(食色) 360, 451
식생활개선운동 138, 293, 294
식생활의 근대화 299
《식시오관(食時五觀)》 360
식혜(食醯) 378, 380, 381, 383, 398, 399, 405, 408~411, 419
신선로 253, 254~260, 265, 266, 274, 277, 284, 288, 296
《신증동국여지승람(新增東國輿地勝覽)》 221
신파이베이징차이(新派北京菜) 90
《신판 대경성 안내(新版大京城案內)》 251, 252, 274, 277
심우성 487
쌀(입쌀) 22, 82, 122, 146, 171, 203, 204, 223, 229, 311, 323, 327, 330, 332, 334, 341, 342, 347, 365, 366, 370, 376, 386, 396, 397, 399, 404, 407, 422, 424, 433, 436, 461, 484

ㅇ

아관파천 191
아궁이 49, 50, 227
아사쿠라 도시오(朝倉敏夫) 34
《아언각비(雅言覺非)》 437
안동 장씨(安東 張氏) 24, 442
안동식혜 381, 478
안순환(安淳煥) 275, 276, 282~286, 300
안중식(安中植) 163~166, 415
야노 게이이치(矢野敬一) 291
야점(夜店) 200
야키니쿠(燒肉) 82, 83
야키도리(燒鳥) 82
약식동원(藥食同源) 153
약주(藥酒) 196, 372, 448
양주(洋酒) 179
양푼 347, 449, 450
어(魚) 378, 382
어동육서(魚東肉西) 387
어업력(漁業曆) 221, 223, 224
어채(魚菜) 231, 232
에스닉 푸드 36, 37, 94, 125, 126
여막(旅幕) 200, 214
여점(旅店) 200
역사상의 조리법(historical recipe) → 히스토리컬 레시피
〈연음벽화모본(宴飮壁畵摹本)〉 337, 338
연초(煙草) 265
연회(宴會, party) 166~170, 172, 175~179, 181, 182, 184~188, 191, 259, 265, 268, 269, 271, 272, 274, 277, 285, 334, 338, 340, 381,

477
열구자신선로(悅口子神仙爐) 259
열구자탕(悅口子湯) 256
열구자탕(熱口子湯) 257, 259
열구지(悅口旨) 256
《열하일기(熱河日記)》 324
영양 민족주의(nutritional nationalism) 153
《영조실록》 204
《예기(禮記)》 345, 356, 374
《예기》〈문상(問喪)〉 376
《예기》〈예기(禮器)〉 361
오베기 235, 237~240
《오주연문장전산고(五洲衍文長箋散稿)》 24, 26, 27, 113, 118, 243, 244, 434, 442
오징어 248, 446, 447
오카다 미쓰구(岡田貢) 252, 260
옥두어 446, 447
옥수수 311, 435, 436
와리바시(割箸) 338, 343
왕런샹(王仁湘) 331
왕여무(汪汝懋) 24
왕준련(王晙連) 138, 293
왜개자(倭芥子) 108, 112, 113, 442
왜구 110, 111
왜초(倭椒) 108, 113, 114
외식 68, 129, 205, 214, 215, 297, 303, 305, 309, 310, 312, 316
요리옥음식점영업취체규칙(料理屋飮食店營業取締規則) 211
요리의 삼각형 465
요리점 211, 212
《우리생활 100년 · 음식》 488
《우리음식》 133, 134
우마감(牛馬監) 445
우마노 세이치(馬野精一) 262
우물 49, 50, 424
우스다 잔운(薄田斬雲) 254
《운부군옥(韻府群玉)》 147
웅어 221, 223~228, 231, 232, 234
원매(袁枚) 259
《원저보(圓藷譜)》 434
《위서(魏書)》 259
위스키 279~281
위어(葦魚) 221, 223~225
위어소(葦魚所) 224, 225
유교(儒敎) 338, 353~358, 366, 370, 375, 385, 386, 388, 389, 406, 467
유교식 굿상 410~412, 419
유기 265~267, 345~348, 385, 450
유사길(惟斯吉) 181
유안(劉安) 19
유자징(劉子澄) 359
유중림(柳重臨) 114
《유취잡요초(類聚雜要抄)》 342
유학(儒學) 353, 354
유형원(柳馨遠) 203
육(肉) 377, 378, 382
육용(陸容) 336
육회비빔밥 20, 137, 138
윤덕인 489
윤서석 136, 138, 154, 282, 299~302, 304, 462, 463~465, 469, 470, 477
윤숙경 357, 478, 489
은구어(銀口魚) 221, 447
음복 68, 136, 138, 148, 383, 384, 424, 425
음복설 150
《음식 · 문화 · 사회(Food, Culture, and Society)》 32
음식과 사회 연구회(ASFS) 32
음식남녀(飮食男女) 94, 358, 359
《음식디미방(飮食知味方)》 21, 24~27, 432
음식문화 27, 32, 34~36, 68, 93, 136, 301, 350, 458, 480~486
음식문화심포지엄 '80 인간 · 음식 · 문화 458

《음식문화의 수수께끼》 481
음식민속지 305
《음식수지(飮食須知)》 240
음식잡팽(飮食雜烹) 147, 148
《음식전쟁 문화전쟁》 486
음식제조기술사적 접근 470
음식학(Food Studies) 31~34, 36, 37, 318, 461, 490, 493
음식한류 71, 72, 95
《의궤(儀軌)》 27
《의례(儀禮)》 331
이규경(李圭景) 26, 118, 243, 360, 434, 442, 451
이규태 145~149, 282, 302~304
이기열 467
이기형 154
이덕무(李德懋) 356, 365, 366
이마무라 도모(今村鞆) 196, 200, 210, 251
이성우 23, 24, 27, 33, 121, 299, 462, 463, 468, 469, 472~475, 477
이수광(李睟光) 108, 112, 114, 360, 442, 451
이시진(李時珍) 109, 443
이시케 나오미치(石毛直道) 458
《이야기 인물 한국사》 제2권 451
이어령 231, 302, 467
이열치열(以熱治熱) 104, 105
이와부치 고이치(岩渕功一) 92
이용기 132, 133
이이화 451
이익(李瀷) 26, 108, 200, 360
이정혜 485
《이조궁정요리통고(李朝宮廷料理通攷)》 465
《이조농업기술사(李朝農業技術史)》 461
이조연(李祖淵) 173, 174, 189
이진호(李軫鎬) 262
이철호 477
이춘녕 461
이표 256
이하라 게이(伊原圭) 133
이해응(李海應) 242
이효지 477, 489
이훈석 480
이훈종 450, 479
인절미 296, 445
《일본서기(日本書紀)》 474
일본음식 118, 119, 125, 179, 234, 286, 315, 350
《일상생활에서 본 내선융화의 요체(日常生活上より見たる內鮮融化の要諦)》 252
임금 몽진 음식설 150
《임꺽정》 429~433, 436, 437, 439, 444, 448~452
임오군란 171, 174
《임원십육지(林園十六志)》 24, 441, 471
《임원십육지(林園十六志)·정조지(鼎俎志)》 26, 27
임진왜란 110, 243, 432
입식 주방 50, 52, 53, 56, 58, 59

ㅈ

자가사리 223, 224, 228, 234
자이니카 74~76, 78, 81~83
잔폰(ちゃんぽん) 486
장(醬) 49, 381
장독대 49, 50, 53, 54, 56, 294
장문덕(張文德) 87~89
장어 223, 224, 228
장지현 110, 181, 299, 462, 463, 470~472, 491
장찌개 443
저(箸) 336, 438
적(炙) 378, 382, 403, 411
전경수 484
전복 231, 257, 446, 447

전안상 407, 409, 410, 412, 414, 419
《전어지(佃漁志)》 229, 243
전주비빔밥 151~154, 156
점막(店幕) 200
젓가락 132, 177, 227, 253, 266, 268, 274, 324~327, 332, 334~347, 349, 350, 363, 364, 374, 385
젓국지 441, 442
젓무 441, 442
정근식 487
정약용(丁若鏞) 437
정양완 257
정착성 식사문화 145, 302, 303
제물 99, 234, 240, 377, 378, 380, 382, 386, 387, 393~398, 400~407, 409~412, 414, 416, 418, 419, 421~425, 436, 445, 487, 488
제사음식 136, 138, 148, 150, 240, 305, 357, 358, 378, 478, 485
제사음식설 154
제의음식(祭儀飮食) 300, 469
제조기술사적 접근 470, 471, 492
조 328, 330, 332, 433, 436
조광조(趙光祖) 354
조동원(趙東源) 288
조리는 법 313~315, 317
조만초장법(造蠻椒醬法) 115~117
조선관(朝鮮館) 274
《조선농업기술소사(朝鮮農業技術小史)》 461
《조선농회보(朝鮮農會報)》 435
조선담수산명어(朝鮮淡水産名魚) 233
조선령멘(朝鮮冷麪) 85
《조선만화(朝鮮漫畵)》 252, 254~256, 277
《조선무쌍신식요리제법(朝鮮無雙新式料理製法)》 132
《조선시대 궁중의 식생활문화》 488, 489
《조선시대 조리서의 분석적 연구》 468, 469
《조선식물개론(朝鮮食物槪論)》 233, 289, 460
《조선왕조실록》 180, 203, 206, 432, 435, 443, 447
《조선요리 연회 안내서》 276
〈조선요리(朝鮮料理)의 특색(特色)〉 283
《조선요리(朝鮮料理)》 133
《조선요리옥(朝鮮料理屋)》 274
《조선요리제법(朝鮮料理製法)》 131, 287
《조선유교회선언서급헌장(朝鮮儒敎會宣言書及憲章)》 285
조선음식 86~88, 191, 214, 251~253, 260, 265, 274~277, 282~284, 286, 288, 289, 301, 448
《조선의례준칙》 387
조선정조(朝鮮情調) 282, 430, 431, 434, 439, 444, 447, 450~453
조선총독부 210~213, 220, 253, 262, 263, 289, 460
《조선총독부관보(朝鮮總督府官報)》 211
《조선총독부시정25주년기념표창자명감》 260
조영하(趙寧夏) 173~175, 189
조왕/조왕신령 49, 50, 309, 479
조왕신앙(竈王信仰) 49, 53
조율이시(棗栗梨柹) 380
조익(趙翼) 336
조일통상장정조약 166, 176, 180, 184
〈조일통상조약 기념 연회도〉 163~165, 168, 172, 177, 179, 188, 191
조전찬(朝奠饌) 377
조회개법(造膾芥法) 231
종교음식 487
종구락 449, 450
종자법적(宗子法的) 질서감각 356, 357, 367
종지 449
주가(酒家) 200, 213
주강현 431
주남철 479
《주례(周禮)》 343, 381, 474
주막(酒幕) 142, 143, 195~201, 203~207, 210,

211, 213~215, 251, 438
《주방문(酒方文)》 27
《주부지우(主婦之友)》 295
주사(酒肆) 285
주식점(酒食店) 199
주영하 486~488
주자(朱子) 346, 353~356, 359, 367, 381
《주자가례(朱子家禮)》 346, 354, 355, 357, 358, 367, 368, 376, 378~380, 382, 383, 385, 386, 388
《주자가례》〈혼례〉 367, 368
《주자가례》 권2 〈관례 · 계례〉 370
《주자가례》 권3, 〈상례〉 375
주포(酒鋪) 200
주희(朱熹) 346
《준생팔전(遵生八箋)》 109
《중국식물사(中國食物史)》 473
중국음식 90, 240, 241, 286, 323, 335, 492
쥬점(酒店) 207, 208, 438
《증보산림경제(增補山林經濟)》 27, 113~115, 117, 123, 442
지방병 220, 235
《지봉유설(芝峯類說)》 108, 113, 114
지역음식 125, 135, 150, 156, 236, 240, 289, 466, 475, 476, 478, 484
지지는 법 313~316
진수(晋州)비빔밥 135~137, 139
진지치성 418, 419
《진찬의궤(進饌儀軌)》 113, 118
진초(秦椒) 108, 109
진화(evolution) 100, 129~131, 140, 144, 155~157, 452
찌는 법 239, 313~315, 317

ㅊ

《차폰 잔폰 짬뽕: 동아시아 음식문화의 역사와 현재》 486
찬방 49, 50, 52, 59
찬츠(餐匙, 찬시) 328
참게 223, 224, 228, 229
참점(站店) 200, 203
《천공개물(天工開物)》 336
천초(天椒) 108, 109, 112, 117, 119~121, 123
천향원(天香園) 274, 277
청동제 숟가락과 젓가락 339, 340
청양고추 102~105, 125
《청이록(清異錄)》 19
초국가적 왕래 92
초례(醮禮) 371, 436, 446
《초목육부경종법(草木六部耕種法)》 107
촉초(蜀椒) 108, 109
최무룡 479
최원기 487
최항섭 487
축의음식(祝儀飮食) 300, 469
《춘추좌씨전(春秋左氏傳)》 242
침나포함저법(沈蘿葡鹹菹法) 115, 116
침채(沈菜) 21, 251, 378, 380, 381, 385

ㅋ

카오뤄(烤肉) 84, 85, 87~89
카오야(烤鴨) 84
칼스, 윌리엄 리처드(William Richard Carles) 185, 186
캡사이신 22, 102
캐스터(caster) 177
커틀릿 179
콰이즈(筷子) 326, 336

ㅌ

탁백이국 151, 296
탕지(湯漬) 270
태서관(太西館) 274
토장국 443
《토지》 195

ㅍ

팔정(八政) 361
팥시루떡 399, 404, 409, 414, 417, 419, 422
편수 296
평양냉면 151, 296~298, 437, 438
포(脯) 356, 376, 378, 423
《포경(捕鯨)》 244
포경 금지 237
포경사(捕鯨使) 244
포크 177, 340
푸코, 미셸(Michel Foucault) 129

ㅎ

한국가정학회 33
한국광장 75, 78, 80
한국농화학회 33
《한국문화사대계—4 풍속 · 예술사(상)》 464
《한국문화인류학》 483
한국문화인류학회 482
《한국민속종합조사보고서》 245, 475
한국민속종합조사사업 245, 463, 465, 475
한국사회사학회 486
《한국수산지》 228
《한국식경대전(韓國食經大典)》 23, 27, 469
한국식문화학회 33, 34, 476, 479, 480
《한국식문화학회지》 479
한국식생활개발연구회 293
한국식생활문화학회 34, 489
《한국식생활사》 464
《한국식생활풍속》 476
한국식품과학회 33
한국영양식량학회 33
한국영양학회 33
《한국요리》 138, 293
《한국요리백과사전》 134
한국음식 23, 24, 27, 36~39, 58, 71~73, 75, 77, 78, 80, 83, 84, 86~91, 94, 100~102, 105, 106, 123, 139, 143, 145, 146, 153, 157, 191, 215, 234, 239, 277, 281~283, 289, 298~306, 308, 311~313, 315~318, 326, 343, 350, 389, 457, 459, 460, 462~464, 466~469, 471, 472, 475~481, 484, 487~493
《한국음식 오천년》 480
한국음식론 281~283, 298, 304
《한국음식문화논문집》 479
한국음식문화연구원 477, 479,
한국음식의 세계화 191, 281, 283
한국음식의 역사문화적 구조 311, 312
한국응용생명화학회 33
《한국의 맛》 139
《한국의 음식생활문화사》 488
《한국인의 밥상문화》 145, 302
《한국인의 식생활》 467
한국정신문화연구원 → 한국학중앙연구원
한국조리과학회 33
《한국천주교회사》 219
한국학중앙연구원 468~470
한나산 88, 89
한류(韓流) 71~74, 77~80, 84, 91~94, 283, 493
한복진 477, 488, 489
《한서(漢書) · 역이기전(酈食其傳)》 361
《한성순보(漢城旬報)》 172

한식 세계화 36, 90, 91, 94, 281
한식(韓食) 36, 91, 281
〈한일통상조약 기념 연회도〉 163
한희순(韓熙順) 465, 466
합근례(合巹禮) 367, 368
핫소스 100, 103, 105, 126
항한류(抗韓流) 93
해(蟹) 221
해(醢) 376~378, 381
해리스, 마빈(Marvin Harris) 129, 130, 141, 142, 481, 482
해삼 231, 257, 446, 447
《해여총고(陔餘叢考)·호저위쾌(呼箸爲快)》 336
행주외동 220, 221, 223~226, 228~231
향토식 289~293, 295
향토요리(郷土料理) 133, 292~295
허균(許筠) 24, 360, 441, 451
허준(許浚) 108, 109
《허준의 동의보감 연구》 492
헛제삿밥 138
현구고례(見舅姑禮) 369
현촉서포해법(懸蜀黍捕蟹法) 229
혐한류(嫌韓流) 93
혜(醯) 381
호루몬(ホルモン) 81, 82
호루몬야키(ホルモン焼き) 74, 82, 83
〈혹정필담(鵠汀筆談)〉 324
혼·분식장려운동 293
《홍길동전》 451
홍동백서(紅東白西) 380
홍만선(洪萬選) 446
홍명희(洪命熹) 429, 430, 434, 448, 451
홍영식(洪英植) 173, 174, 176, 189
홍태한 487, 488
홍합 446, 447
화궈(火鍋) 259
《화한삼재도회(和漢三才圖會)》 107
확대가족 62, 64, 66, 306, 373~375
황과담저법(黃瓜淡菹法) 115
황과함저법(黃瓜鹹菹法) 115
황복 223, 224, 226, 227, 234
황익주 484
황정견(黃廷堅) 360
황현(黃玹) 244
황혜성 134, 138, 151, 298, 300, 462, 465, 466, 475
후지와라 요리나가(藤原賴長) 342
《흙 속에 저 바람 속에 이것이 한국이다》 467
히스토리컬 레시피(historical recipe) 23, 27

음식인문학

음식으로 본 한국의 역사와 문화

1판 1쇄 발행일 2011년 3월 28일
1판 5쇄 발행일 2015년 12월 21일

지은이 주영하

발행인 김학원
발행처 (주)휴머니스트출판그룹
출판등록 제313-2007-000007호(2007년 1월 5일)
주소 (03991) 서울시 마포구 동교로23길 76(연남동)
전화 02-335-4422 **팩스** 02-334-3427
저자·독자 서비스 humanist@humanistbooks.com
홈페이지 www.humanistbooks.com
유튜브 youtube.com/user/humanistma
인스타그램 @humanist_insta

편집 최세정 박정선 김은미 **디자인** 김태형 **조판** 새일기획 **디지털POD** 교보피앤피

ISBN 978-89-5862-394-6 93900